社會科學質的研究

陳向明

五南圖書出版公司 印行

作者前言

我想說什麼？

關於社會科學的研究方法，學術界素有「量的研究」（quantitative research）和「質的研究」（qualitative research）之爭，雙方都各持其理，認為自己的方法更加「合理」、「真實」、「可信」。「量」的研究從特定假設出發將社會現象數量化，計算出相關變量之間的關係，由此得出「科學的」、「客觀的」研究結果；而「質」的研究強調研究者深入到社會現象之中，通過親身體驗瞭解研究對象的思維方式，在搜集原始資料的基礎之上建立「情境化的」、「主體間性」（intersubjective）的意義解釋。這兩種研究方法之所以能夠在社會科學界形成如此聲勢浩大的對壘，是因為它們被認為分別代表了兩種十分不同的科學「範式」（*Kuhn, 1968*）。它們在方法上的不同實質上反映了它們在本體論、認識論和方法論方面存在的分歧。

本書無意介入社會科學界這場曠日持久的論戰，只是希望對質的研究作一個儘量全面的評介。我希望借助自己對有關文獻的瞭解以及從事質的研究所獲得的經驗教訓，對有關問題進行討論。本書的重點偏向質的研究是因為中國社會科學界目前雖然對量的研究有所瞭解和運用，但是對質的研究的瞭解卻很不夠。西方社會科學界目前對質的研究的有關問題探討得十分熱烈，而據我所知，中國大陸目前尚沒有一本系統介紹質的研究的專著。因此，我希望通過評介有關的理論和實踐激發同行的興趣和關注，共同探討在中國社會科學界從事嚴謹、規範的質的研究的具體思路和操作手段。

我之所以選擇對一種研究方法進行探討，是因為我認為這麼做非常重要。研究方法不僅僅涉及到具體技術和程序的運用，而且還有其自身本體論、認

識論和方法論方面的基礎。而這一切與我們對世界的看法以及建構世界的方式密切相關，對其進行探討可以使我們自己「日用而不知」的思維方式和行為習慣進行反思。作為研究者，我們對自己使用的方法進行反思不僅可以改進自己的研究實踐，使研究更加具有解釋力度，而且可以增進我們對自己和他人的瞭解，使研究活動成為一種更加具有自覺意識的行為。因此，以這個意義上說，對方法進行反思對我們從事任何形式的研究活動都是至關重要的。

然而，在強調對研究方法進行反省的同時，我們也要特別注意避免「為方法而方法」的傾向。研究方法本身並不存在「對」與「不對」、「好」與「不好」之分，只有與研究的問題以及研究過程中其他因素相聯繫時才可能衡量其是否「適宜」。研究方法與其他因素之間的關係就像是一個銅板的兩面——既不一樣，又相互依存、相互定義。因此，我們在對方法進行探討時應該注意保持一種平衡：一方面，給予研究方法以必要的注意，不能只埋頭拉車而不抬頭看路；而另一方面，我們要防止「方法至上」主義，不要認為只要方法「對頭」，研究的結果就必然是「正確的」。

本書由前言和六個部分組成，共二十七章。第一部分「質的研究的理論背景」由三章組成，主要從方法論的角度對質的研究的定義、起源和發展進行一個歷史的追溯，同時介紹了這種方法的哲學思想基礎以及操作方式的分類。第二部分「質的研究的準備階段」共六章（第四章到第九章），主要討論的是研究課題的設計、研究對象的抽樣、研究者個人因素對研究的影響、研究者與被研究者之間的關係對研究所產生的作用、研究者進入現場的方式等。這一部分不僅呈現了對質的研究進行通盤計畫和籌措的步驟，而且討論了研究者在開始研究之前必須考慮的一些重要問題。第三部分「質的研究的資料搜集」共八章（第十章到第十七章），介紹了質的研究中最主要的三種搜集資料的方法：訪談、觀察、實物分析。第十章討論了訪談的性質和具體操作程序；第十一章到十三章分別對訪談中的「問」、「聽」、「回應」方式進行了辨析；第十四章介紹了一種特殊的訪談形式——焦點團體訪談；第十五章和第十六章分別對觀察的作用、觀察方式的分類以及觀察的具體實施

進行了討論；第十七章探討的是實物分析的類型、實施步驟和作用。第四部分「質的研究的資料分析」共四章（第十八章到第二十一章），呈現的是質的研究對原始資料進行分析的方法，其中包括初步的資料整理（第十八章）、概念分析和歸類（第十九章）、建立結論和初步理論（第二十章）、研究報告的寫作成文（第二十一章）。第五部分「質的研究的檢測手段」共四章（第二十二章到第二十五章），探討的是質的研究中十分重要的理論問題，涉及到研究的質量、效度、信度、推論和倫理道德問題。由於質的研究在這些方面與量的研究思路不太一樣，該部分對這兩者之間的有關異同進行了比較。第六部分「質的研究的發展前景」共兩章（第二十六章到第二十七章），對質的研究未來發展的趨勢進行了展望，同時對在社會科學研究中結合使用質的研究與量的研究方法的可能性途徑進行了探討。

　　意識到中國社會科學界目前對質的研究方法及其有關的理論問題尚不夠瞭解，我在本書中試圖將比較抽象的理論問題與比較具體的操作方法結合起來進行討論。在對一些熱點問題和難點問題進行理論探討的同時，我還提供了大量的研究實例，包括西方著名學者和中國學者（學生）以及我個人的一些研究實踐，以便讀者對有關理論和方法有比較直觀的感受。那些希望對質的研究的哲學思想基礎、歷史背景和理論探討有所瞭解的讀者可選擇閱讀本書的第一、五、六部分，而那些希望知道具體如何操作的讀者則可以重點閱讀本書的第二、三、四部分。當然，這兩類讀者（如果我們假設主要存在這麼兩大類讀者的話）還可以在這兩部分內容之間來回參閱。閱讀了具體操作方法部分的讀者如果希望對有關的理論問題進行深入探討，可以隨時查閱第一、五、六部分；而那些閱讀了理論部分的讀者希望知道有關理論問題在實踐中是如何處理的、或者自己希望動手實踐的話，也可以隨時查閱第二、三、四部分。因為同時結合了理論和實踐兩個方面，本書既可以作為社會科學方法課的教材，也可以供從事社會科學研究的專業人員和業餘愛好者參考使用。

　　也許是因為自己「野心」太大，希望把目前有關質的研究的大部分理論問題和實踐經驗都「塞」到一本書裡，因此我在寫作時常常感覺難以駕馭。

理論方面的問題需要一種論理的、探究的、商榷的文風，而實踐方面的介紹
需要一種比較明確的、有一定程序的、告誡式的口吻。如何將這兩種不同的
寫作風格結合起來，這對我是一個很大的挑戰。此外，質的研究因其傳統之
複雜、發展道路之崎嶇，很多有關的理論問題目前都還沒有「定論」，實踐
性知識也呈現出紛繁多采的景象。要在一本書裡既把有關的理論問題說清楚，
又同時介紹有關的操作技巧——我發現這確實不是一件容易的事情。

　　有好心的朋友勸我，先寫一本「簡單的」、操作性比較強的、適合實踐
者使用的介紹性的書，將理論問題（特別是那些目前在質的研究領域尚無定
論的、「說不清楚的」問題）留到以後再寫。他們認為，我可以等本書的讀
者對「什麼是質的研究？如何進行質的研究？」這類比較基礎的問題有所瞭
解，並且自己有了一些實踐經驗以後，再就那些「糊塗的」、比較複雜的理
論問題進行探討。然而，經過仔細考慮，我仍舊覺得將理論與實踐結合在一
本書裡有一定的長處。如果本書只介紹具體操作方法，讀者可能會感到單調、
膚淺、缺乏方法背後的理論分析；而如果本書只對理論問題進行探討，讀者
也可能會感到過於抽象、空洞、沒有血肉支撐。正是由於中國大陸目前尚沒
有一本介紹質的研究的專著，我感覺將這兩個方面結合起來有利於讀者比較
全面地瞭解這個領域，也可以滿足不同讀者的需求。因此，這本書與目前國
內外出版的大部分有關社會科學研究方法的書有所不同。與那些旨在對讀者
的研究實踐進行指導的書相比，本書不只是給出一些綱領性的原則和條例，
告訴讀者怎麼做，而且提供了很多研究的案例以及我自己的思考。與那些專
門討論方法論的書籍相比，本書結合了具體的方法和實踐過程，將對方法論
的討論「坐落」在具體的、情境化的研究活動之中。

　　當然，這麼做的代價就是這本書目前在內容上顯得過於臃腫、龐雜，在
寫作風格上有「文體混雜」之嫌。「描述性」語言和「規定性」語言相互交
織，介紹性陳述和論爭性話語相互抗爭。其結果是，雖然本書對很多理論的
問題和實踐知識都有所涉及，但探討得都不夠完整、系統、有條理。所幸的
是，質的研究認為，生活本身就是雜亂無章、豐富多采的，質的研究本身的

一個主要目的就是追求複雜、多樣、模糊性，過於清晰、確定、單一的描述和解釋往往容易使質的研究者產生懷疑。

在本章的寫作過程中，我得到了很多個人和機構的幫助，希望藉此機會向他們表示感謝。首先，我要向國家教育部留學生基金會表示感謝，如果沒有該基金會慷慨解囊，我的寫作將會是一個十分清貧和艱難的過程。其次要感謝「社會科學跨學科方法論研討班」的同仁們，特別是高一虹、楊宜音、龍迪、周作宇、毛亞慶、石中英、景天魁、馮小雙、張婉麗、覃方明、趙亮、趙麗明等人的理解和支持。北京大學副校長閔維方教授代表北京大學給予研討班以經費支持，也間接地為本書寫作提供了幫助。教育科學出版社的韋禾老師、魯民老師及其他同行對本書的選題和寫作都給予了支持和指導，也一併在此致謝。此外，我還要感謝遠在美國的我的老師（特別是 Joseph Maxwell 和 Courtney Cazden 教授）以及朋友李謹、蔡利明、許迪、薛燁、肖陽、孫笑東等。他們不吝金錢，萬里迢迢為我買書、寄書、複印文章、提供最新信息。還有我在中國的同學、朋友和學生們，他們幾乎每天給我以靈感，為我的寫作提供了豐富的素材。這樣的人實在太多了，無法在此將他們的名字一一列出，只能列出少數本書直接引用了他們的研究實例的：Susan Champaign、文東毛、袁本濤、陳彬、陰悅、王建、董南燕、李蘭巧、呂春紅、成運花、李惠斌、鄢波、周雷、王峰、劉晶波、戎庭津、蔡暉、金頂兵等。

在寫作過程中，我還得到了北京大學高等教育研究所同事們的熱心幫助，特別是陳定芳、陸小玉、胡榮娣、房茜、陳學飛、葛長麗老師等給予了很多幫助。與此同時，我還受到課題組成員（如李文利、宋映泉、丁延慶、李春燕、崔豔紅等）的很多啟發，一些研究結果也被用來作為本書的資料。老前輩汪永銓先生對本書的寫作十分支持，並且為具體行文提供了高見。初稿出來以後，北京大學的高一虹博士撥冗相助，通讀了全稿，並提出了非常寶貴的修改意見。教育科學出版社聘請的專家藍永蔚先生對本書稿進行了嚴格的審閱，提出了非常尖銳但中肯的意見，為書稿的後期修改提供了更為開闊、清晰的思路。我在牛津大學訪學時，謝亞玲和房茜老師慷慨相助，為我打印

出全書定稿，侯華偉老師在烈日炎炎的夏天為我往出版社送書稿。我的家人在本書的寫作過程中也給予了無私的支持與體諒，在此一併對他們致以真誠的感謝。

陳向明

1998 年 8 月初稿於北京大學燕北園

1999 年 4 月修訂於英國牛津大學

目　錄

第二部分 質的研究的準備階段

第四部分　質的研究的資料分析

第五部分 質的研究的檢測手段

第二十二章　質的研究的質量評價
——我如何知道什麼是一個「好的研究」？ **513**

第二十三章　質的研究中的效度問題
——我如何知道研究結果是否「真實」　**529**

第六部分）質的研究的發展前景

第二十六章　質的研究的發展趨勢
　　　　　　——我們將往哪裡走？　**607**

第二十七章　質的研究與量的研究的結合
　　　　　　——我們有什麼新的機遇？　**631**

第一部分

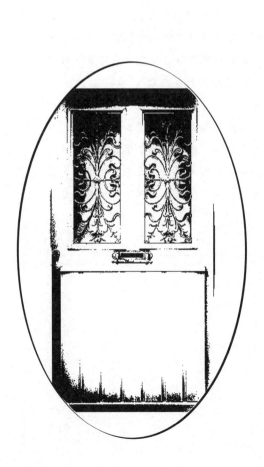

質的研究的理論背景

這一部分由三章組成，主要從方法論的角度對質的研究的定義、質的研究的起源和發展進行一個歷史的追述，同時對這種研究方法的哲學思想基礎以及分類進行了探討。第一章「導論——什麼是『質的研究方法』？」對「質的研究」的定義（特別是學術界圍繞著定義所展開的討論）、質的研究的理論基礎（如後實證主義、批判理論和建構主義）以及與質的研究有關的一些概念（如「質」、「本質」、「量的研究」、「定性研究」等）進行了探討。

　　第二章「質的研究的歷史發展」主要對質的研究的起源和發展進行了回顧，同時介紹了一種對質的研究之歷史進行分期的方式。

　　第三章「質的研究的分類」按照不同的標準（如研究的對象範疇、研究的目的、研究的傳統、類型等）對質的研究進行了分類，同時對分類的作用、分類是否可能、分類有何利弊等問題進行了探討。

　　這一部分內容理論性比較強，其中涉及的很多問題目前在質的研究內部還存在爭議。因此，讀者可以根據自己的需要選擇閱讀其中的章節。如果讀者對質的研究方法已經有一些實踐經驗，希望對一些理論性問題進行進一步的探討，可以選擇閱讀這一部分的內容。而如果讀者是初學者，更加關心的是如何具體地使用這種方法，也許直接從第二部分開始閱讀會更加清楚、容易一些。

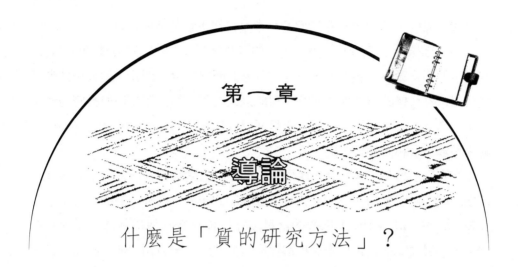

第一章

導論

什麼是「質的研究方法」？

　　社會科學研究是人們瞭解、分析、理解社會現象、社會行為和社會過程的一種活動。從事這種活動可以使用很多不同的方法，如哲學思辨的方法、邏輯分析的方法、科學抽象的方法、直覺思維的方法、文獻研究方法、量的研究方法、質的研究方法、定性的方法、學科研究的方法等❶。本書討論的是社會科學研究中「質的研究方法」。

　　在對「質的研究方法」進行定義之前，讓我們先討論一下本書的書名中其他幾個重要的概念，如「科學研究」、「社會科學」、「方法」、「研究方法」等。首先，讓我們看一看什麼是「科學研究」。對「科學研究」這個概念的定義因社會科學研究者的立場不同而有所不同，通常存在兩種相互對立的觀點。即客觀主義的（或實證主義的）觀點和主觀主義的（或解釋主義的）觀點。前者認為「科學研究」是以系統、實證的方法獲取知識的一種活動，使用實驗、觀察、檢驗等方法對客觀現象進行研究，保證所獲得的知識

---

1. 有關研究方法的分類沒有看到比較清楚、統一的標準。我意識到自己列出的這些種類不符合「排他率」或「平行率」等邏輯關係，但是這是我目前能夠找到的最好方式。

是真實可靠的，其判斷知識真假的標準是客觀事實與邏輯法則（袁方，*1997: 4*）。後者認為，人具有自由意志，人的行為是無規律的、無法預測的，社會歷史事件都是獨特、偶然的，不存在普遍的歷史規律。因此，對人和社會不能使用自然科學的方法進行研究，只能以人文學科的主觀方法對具體的個人和事件進行解釋和說明。科學家不是通過尋找真理和本質、而是通過獲得知識來理解自身和人類社會的。

在客觀主義和主觀主義這兩個對立的觀點之間還存在一種折中的態度，即既承認客觀現實的存在，又強調主觀理解的作用。德國著名的社會學家馬克斯・韋伯（M. Weber）採取的就是這樣一種立場（他稱其為「理解社會學」）。目前很多社會科學家也都採取這種態度。一方面，他們認為，自然現象與社會現象存在著本質上的不同，後者含有社會成員對自己和他人行為的主觀理解，社會事實最終必須歸結為可以被人理解的事實；但另一方面，他們又認為，社會行為是有一定的「規律」可尋的，研究可以通過一定的手段和方法找到這些「規律」。因此，社會科學研究必須「客觀地」觀察行動者的行為和思想狀態，同時依靠研究者的「主觀」直覺和理解對這些行為和思想的意義作出判斷。我個人比較傾向於採取這種折中的態度，但同時非常贊同藍永蔚（*1999: 2*）的觀點，即：無論是自然科學還是社會科學中的「規律」都是有條件的，都受到一定時空的限制，適合宏觀層面的「規律」不一定適用於微觀層面。我們在使用理解的方法對這些「規律」進行探究時，一定要首先限定其時空條件和抽象層次，在特定的範圍內討論問題。

對「社會科學」的定義涉及到對知識的分類問題，目前比較流行的方法是根據不同的研究對象領域將知識分成自然的、社會的和人類思維的三大類別，與此對應的研究領域是自然科學、社會科學和人文科學。從學科史和方法論史來看，「社會科學」是一個相對晚出的概念，是近二三百年才發展出來的一個學科群（朱紅文，*1994: 119*）。它的母體是古典人文學科，是直接從「人文學科」中分娩出來的。也許是因為這種「母子關係」，「社會科學」與「人文科學」之間的界限比較模糊，經常被合起來作為一個與自然科學相

對立的整體，如「社會科學」或「道德科學」（J.密爾）、「歷史科學」（W.文德爾班）、「文化科學」（H.李凱爾特）、「精神科學」（W.狄爾泰）、「人文科學」或「人文研究」等（景天魁，1994: 57）。在中國的高中和大學裡，學科的分類就是按照文科和理科兩分法，將社會科學和人文科學合為一體。

　　有關「社會科學」的定義，一九八〇年版的《美國百科全書》認為，「社會科學」主要是指那些對人類關係進行學習和研究的領域，其知識範圍非常廣泛，一般包括人類學、歷史學、政治學、心理學、社會學、精神病學、宗教學等，後來又發展出一些分支，如人種學、人口統計學、經濟地理學、地理政治學、社會心理學等。上海辭書出版社一九七九年版的《辭海》認為，「社會科學」是以社會現象為研究對象的科學，如政治學、經濟學、軍事學、法學、教育學、文藝學、史學、語言學、經濟學、宗教學、社會學等，「社會科學」的任務是闡述各種社會現象及其發展規律。相比之下，「人文科學」（根據《美國百科全書》的觀點）是有關人類思想和文化的學科，原來專指對古希臘和古羅馬文學作品的研究，現在已經擴大到對一切有關語言、文學、歷史和哲學的研究，在現代的課程中包括建築學、美術、舞蹈、戲劇、歷史、語言文學、音樂、哲學、神學等（陳波等，1989: 28-30）。《大英百科全書》對「人文學科」的定義是：「那些既非自然科學也非社會科學的學科的總和……人文學科構成一種獨特的知識，即關於人類價值和精神表現的人文主義的學科」（朱紅文，1994: 124）。有關歷史學、人類學、教育學等學科應該屬於社會科學還是人文科學，目前學界仍舊存在爭議。我個人認為，這些學科研究的領域不僅涉及到社會而且涉及到個人，可以橫跨於社會科學與人文學科之間。

　　雖然目前有關「社會科學」的定義比較含混，但是我希望對本書將要探討的範圍有一定的界定。對「社會科學」中的「質的研究方法」進行探討時，我涉及的範圍主要是目前被學術界基本公認的「社會科學」分支（如社會學、人類學、政治學、經濟學、法學、心理學、宗教學、管理學等）以及那些與

「社會科學」之間關係比較模糊的學科（如教育學、歷史學、護理學等），基本不包括那些明顯屬於「人文科學」的學科（如語言學、文學、藝術、哲學等）。

「方法」從語義學的解釋是「按照某種途徑」（出自希臘文「沿著」和「道路」的意思）；從字面上講指的是「一門邏各斯」，即「關於沿著——道路——（正確地）行進的學問」。它指的是人的活動的法則，是「行事之條理和判定方式之標準」（引自《中文大辭典》）。具體地說，「方法」就是人為了達到一定的目的而必須遵循的原則和行為（陳波等，1989: 8；裴娣娜，1994: 4）。

在我看來，「研究方法」是從事研究的計畫、策略、手段、工具、步驟以及過程的總和，是研究的思維方式、行為方式以及程序和準則的集合。對「研究方法」進行探討可以包括方法的特點、理論基礎、操作程序、具體手段、作用範圍等方面。一般來說，「研究方法」可以從三個層面進行探討：(1)方法論，即指導研究的思想體系，其中包括基本的理論假定、原則、研究邏輯和思路等；(2)研究方法或方式，即貫穿於研究全過程的程序與操作方式；(3)具體的技術和技巧，即在研究的某一個階段使用的具體工具、手段和技巧等（袁方，1997: 1）。本書在對「質的研究方法」進行討論時對這三個層面均有所涉及。

第一節 有關「質的研究方法」的定義

近年來，國外（特別是美國和西歐）社會科學界出版了很多有關「質的研究方法」的理論論述和方法指導方面的書籍，但是大家對這種研究方法尚無一個明確、公認的定義。下面，我先把研究界的一般看法以及這種研究方法的主要特點作一個簡單的介紹，然後提出自己的一個初步定義，供大家參考。

一、「質的研究像一把大傘」

如果在質的研究者中進行一項民意測驗的話，我可以肯定，大多數人都會同意「質的研究像一把大傘」這種說法（*Van Maanen et al.,1982*）。質的研究的定義是如此的寬泛，似乎什麼都可以放到這把大傘下面。正如下面這張圖（圖表 1-1-1）所示，質的研究就像一棵蒼天大樹，下面掩蔭著各色各樣的方法分支。❶

根據質的研究領域內兩位權威人物林肯（Y. Lincoln）和丹曾（N. Denzin）的觀點（*1994: 576*），質的研究是一個跨學科、超學科、有時甚至是反學科的研究領域。之所以會出現如此龐雜的局面，是因為質的研究不是來自一種哲學、一個社會理論或一類研究傳統。它受到很多不同思潮、理論和方法的影響，起源於很多不同的學科。它同時跨越於人文科學、社會科學和物理科學，具有多重面相和多種焦點的特色。在其曲折漫長的歷史發展進程中，質的研究者在理論上和實踐上對一些重大的問題進行了探討和澄清，但是迄今為止很多理論問題和操作方式仍在摸索之中。

二、質的研究方法的主要特點

雖然社會科學界對「質的研究」這一術語的明確定義存在分歧，但是大部分研究者已經就質的研究的主要特點達成了一定的共識。根據有關文獻（*Bogdan & Biklen, 1982; Denzin & Lincoln, 1994; Glesne & Peshkin, 1992; Hammersley & Atkinson, 1983; Maxwell, 1996; Strauss & Corbin, 1990*）以及我自己的理解，質的研究可以被認為具有如下一些主要的特點。

---

1. 此圖只是對教育研究中常用的質的研究方法的一個匯集，其他學科可能因其學科特點不同而有所不同。

圖表 1-1-1 教育研究中質的研究方法

(資料來源：Wolcott, 1992)

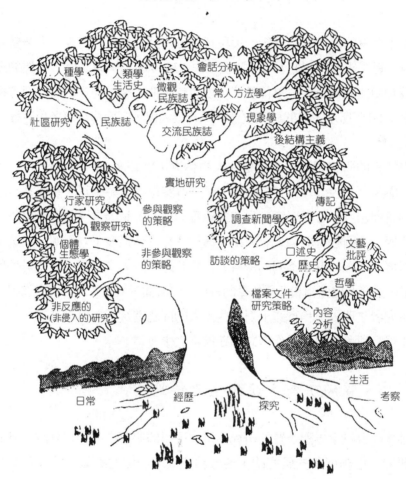

1.自然主義的探究傳統

首先，質的研究必須在自然情境下進行，對個人的「生活世界」以及社會組織的日常運作進行研究。質的研究認為，個人的思想和行為以及社會組織的運作是與他們所處的社會文化情境分不開的。如果要瞭解和理解個人和

社會組織，必須把他們放置到豐富、複雜、流動的自然情境中進行考察。研究者必須與研究對象有直接的接觸，在當時當地面對面地與其交往。研究者本人就是一個研究工具，需要在實地進行長期的觀察，與當地人交談，瞭解他們的日常生活、他們所處的社會文化環境以及這些環境對其思想和行為的影響。由於駐紮在實地，研究者可以瞭解事件發生和發展的全過程。

自然探究的傳統還要求研究者注重社會現象的整體性和相關性，對所發生的事情進行整體的、關聯式的考察。在對一個事件進行考察時，不僅要瞭解該事件本身，而且要瞭解該事件發生和變化時的社會文化背景以及該事件與其他事件之間的關係。質的研究認為，任何事件都不能脫離其環境而被理解，理解涉及到整體中各個部分之間的互動關係。對部分的理解必然依賴於對整體的把握，而對整體的把握又必然依賴於對部分的理解——這便形成了一個「闡釋的循環」。

在自然環境下獲得的研究結果更適合以文字的形式（而不是數據的形式）呈現，因此質的研究報告多用文字表達，輔以圖表、照片和錄影等。即使採用統計數據，也是為了描述社會現象，而不是對數據本身進行相關分析。

2.對意義的「解釋性理解」（interpretive understanding）

質的研究的主要目的是對被研究者的個人經驗和意義建構作「解釋性理解」或「領會」（verstehen），研究者通過自己親身的體驗，對被研究者的生活故事和意義建構作出解釋。因此，研究需要在自然情境中進行，研究者需要對自己的「前設」和「傾見」（bias）進行反省，瞭解自己與被研究者達到「解釋性理解」的機制和過程。除了從被研究者的角度出發，瞭解他們的思想、情感、價值觀念和知覺規則，研究者還要瞭解自己是如何獲得對對方意義的解釋的、自己與對方的互動對理解對方的行為有什麼作用、自己對對方行為進行的解釋是否確切。

3.研究是一個演化發展的過程

質的研究認為，研究是一個對多重現實（或同一現實的不同呈現）的探究和建構過程。在這個動態的過程中，研究者和被研究者雙方都可能會變，搜集和分析資料的方法會變，建構研究結果和理論的方式也會變。因此，質的研究是一個不斷演化的過程，不可能「一次定終身」。變化流動的研究過程對研究者的決策以及研究結果的獲得會產生十分重要的影響，研究過程本身決定了研究的結果，因此需要對其進行細緻的反省和報導。

在實際研究過程中，研究者是社會現實的「拼湊者」（bricoleur），將某一時空發生的事情拼湊成一幅圖畫展示給讀者。他們採取的是「即時性策略」，而不是按照一個事先設計好的、固定的方案行事。他們不僅是「多面手」，善於為自己的研究目的選擇合適的操作手段，而且還是「自己動手的人」，能夠根據當時當地的實際情況自己即興創造。他們承認自己的研究承載著個人的價值傾向，自己所做的一切不過是對研究現象的一種理解和解釋而已。因此，他們不必受到事先設定的「科學規範」的嚴格約束，在建構新的研究結果的同時也在建構著新的研究方法和思路。

4.使用歸納法

從研究的基本思路看，質的研究主要採納的是一種歸納的方法。歸納的過程通常由如下步驟組成：(1)研究者將自己投入實地發生的各種事情之中，注意瞭解各方面的情況；(2)尋找當地人使用的本土概念，理解當地的文化習俗，孕育自己的研究問題；(3)擴大自己對研究問題的理解，在研究思路上獲得靈感和頓悟；(4)對有關人和事進行描述和解釋；(5)創造性地將當地人的生活經歷和意義解釋組合成一個完整的故事（*Moustakis, 1990*）。

歸納的方法決定了質的研究者在搜集和分析資料時走的是自下而上的路線，在原始資料的基礎上建立分析類別。分析資料與搜集資料同時進行，以便在研究現場及時搜集需要的資料。資料呈現的主要手法是「深描」（thick description）（*Geertz, 1973a*），透過縝密的細節表現被研究者的文化傳統、價值觀念、行為規範、興趣、利益和動機。

質的研究中的理論建構走的也是歸納的路線，從資料中產生理論假設，然後通過相關檢驗和不斷比較逐步得到充實和系統化。由於沒有固定的預設，研究者可以識別一些事先預料不到的現象和影響因素，在這個基礎上建立「紮根理論」（grounded theory），即從研究者自己搜集的第一手資料中構建的理論。

由於採納的是歸納的方法，質的研究結果只適應於特定的情境和條件，不能推論到樣本以外的範圍。質的研究的重點是理解特定社會情境下的社會事件，而不是對與該事件類似的情形進行推論。研究的結果需要通過相關檢驗等方法進行證偽，其效度來自研究過程中各個部分之間的相互關係，與特定的時空環境密切相關。

5.重視研究關係

由於注重解釋性理解，質的研究對研究者與被研究者之間的關係非常重視。質的研究不可能設想研究者可以脫離被研究者進行研究，因為正是由於雙方之間的互動，研究者才可能對對方進行探究（*Owens, 1982*）。因此，在研究報告中，研究者需要對自己的角色、個人身分、思想傾向、自己與被研究者之間的關係以及所有這些因素對研究過程和結果所產生的影響進行反省。

質的研究對倫理道德問題（ethical issues）非常關注，研究者需要事先徵求被研究者的同意，對他們提供的資訊嚴格保密。研究者需要公正地對待被研究者和研究的結果，恰當地處理敏感性資料。此外，研究者需要與被研究者保持良好的關係，並合理地回報對方所給予的幫助。

與其他的研究方法相比，質的研究具有非常明顯的「平民性」。由於強調從當事人的角度看待問題，重視研究者個人與被研究者之間的互動，這種研究方法給參與研究的「人」（而不是某些先在的「理論」、「假設」或「測量工具」）以極大的尊重。這種從事研究的態度使得研究與「人」的日常生活更加接近，使社會科學研究中本來應該具有的人文精神得到了肯定和倡導。

正如法國社會學家布迪厄（P. Bourdieu）所認為的，社會學家們可以堅定地
確立他們的福樓拜式的座右銘：「好好地寫寫那些平庸無奇的世事人情吧！」
（布迪厄，華康德，*1998: 342*）我認為質的研究者遵循的也是這樣一種原則。
我的一位學生在學期結束後所作的研究報告中曾經就這一點談到了自己的感
受，對此我深有共鳴：

> 「這一研究（指他自己應課程要求剛剛完成的一項小型的
> 質的研究）使我第一次感覺到學術和生活是如此地貼近，而每
> 個人的經歷又都是如此地精彩。它使我深深地被這一研究方法
> 和它所體現的人文和平民精神所吸引，並讓我對自身和許多自
> 我固有的觀念進行了反思。我第一次感到，做人與做學問竟可
> 以如此的統一。」

三、從「質的研究」和「量的研究」的區別看「質的研究」的定義

近二〇年來，「質的研究」與「量的研究」在西方社會科學界形成了比
以往任何時候都要強大的對壘，有關「質的研究」的很多問題都是與「量的
研究」相聯繫而形成和展開的。因此，為「質的研究」定義必須結合「量的
研究」進行，從兩者的對比中我們也許可以對「什麼是『質的研究』」這一
問題獲得一個更加清楚的答案。

「量的研究」（又稱「定量研究」、「量化研究」）是一種對事物可以
量化的部分進行測量和分析，以檢驗研究者自己關於該事物的某些理論假設
的研究方法。量的研究有一套完備的操作技術，包括抽樣方法（如隨機抽樣、
分層抽樣、系統抽樣、整群抽樣）、資料搜集方法（如問卷法、實驗法）、
數字統計方法（如描述性統計、推斷性統計）等。其基本研究步驟是：研究
者事先建立假設並確定具有因果關係的各種變量，通過概率抽樣的方式選擇

樣本，使用經過檢測的標準化工具和程序採集數據，對數據進行分析，建立不同變量之間的相關關係，必要時使用實驗干預手段對控制組和實驗組進行對比，進而檢驗研究者自己的理論假設。這種方法主要用於對社會現象中各種相關因素的分析，如貧窮與家庭人口數量的關係、年齡與離婚率的關係、性別與職業的關係等。

關於量的研究與質的研究之間的區別，很多研究者都試圖進行一對一的比較。圖表 1-1-2 列出的是我根據有關文獻以及自己的研究經驗總結出來的兩種方法的一些主要區別（*Bogdan & Biklen, 1982; Glesne & Peshkin, 1994; Polgar & Thomas, 1991*）。

由於在指導思想和操作手段上存在差異，質的研究和量的研究所關注的焦點各有不同，分別使用不同的方法、從不同的角度對事物的不同側面進行探究。總的來說，量的研究依靠對事物可以量化的部分及其相關關係進行測量、計算和分析，以達到對事物「本質」的一定把握。而質的研究是通過研究者和被研究者之間的互動對事物進行深入、細緻、長期的體驗，然後對事物的「質」得到一個比較全面的解釋性理解。在研究設計上，量的研究走的是實驗的路子，而質的研究則強調盡可能在自然情境下搜集原始資料。

量的研究和質的研究各有其優勢和弱點。一般來說，量的方法比較適合在宏觀層面對事物進行大規模的調查和預測；而質的研究比較適合在微觀層面對個別事物進行細緻、動態的描述和分析。量的研究證實的是有關社會現象的平均情況，因而對抽樣總體具有代表性；而質的研究擅長於對特殊現象進行探討，以求發現問題或提出新的看問題的視角。量的研究將事物在某一時刻凝固起來，然後進行數量上的計算；而質的研究使用語言和圖像作為表述的手段，在時間的流動中追蹤事件的變化過程。量的研究從研究者自己事先設定的假設出發，搜集數據對其進行驗證；而質的研究強調從當事人的角度瞭解他們的看法，注意他們的心理狀態和意義建構。量的研究極力排除研究者本人對研究的影響，儘量做到價值中立；而質的研究十分重視研究者對研究過程和結果的影響，要求研究者對自己的行為進行不斷的反思。

圖表 1-1-2　質的研究與量的研究比較

	量的研究	質的研究
研究的目的：	證實普遍情況，預測，尋求共識	解釋性理解，尋求複雜性，提出新問題
對知識的定義：	情境無涉	由社會文化所建構
價值與事實：	分離	密不可分
研究的內容：	事實，原因，影響，凝固的事物，變量	故事，事件，過程，意義，整體探究
研究的層面：	宏觀	微觀
研究的問題：	事先確定	在過程中產生
研究的設計：	結構性的，事先確定的，比較具體	靈活的，演變的，比較寬泛
研究的手段：	數字，計算，統計分析	語言，圖像，描述分析
研究工具：	量表，統計軟體，問卷，電腦	研究者本人（身分，前設），錄音機
抽樣方法：	隨機抽樣，樣本較大	目的性抽樣，樣本較小
研究的情境：	控制性，暫時性，抽象	自然性，整體性，具體
蒐集資料的方法：	封閉式問卷，統計表，實驗，結構性觀察	開放式訪談，參與觀察，實物分析
資料的特點：	量化的資料，可操作的變量，統計數據	描述性資料，實地筆記，當事人引言等
分析框架：	事先設定，加以驗證	逐步形成
分析方式：	演繹法，量化分析，蒐集資料之後	歸納法，尋找概念和主題，貫穿全過程
研究結論：	概括性，普適性	獨特性，地域性
結果的解釋：	文化客位，主客體對立	文化主位，互為主體
理論假設：	在研究之前產生	在研究之後產生
理論來源：	自上而下	自下而上
理論類型：	大理論，普遍性規範理論	紮根理論，解釋性理論，觀點，看法
成文方式：	抽象，概括，客觀	描述為主，研究者的個人反省
作品評價：	簡潔、明快	雜亂，深描，多重聲音
效度：	固定的檢測方法，證實	相關關係，證偽，可信性，嚴謹
信度：	可以重複	不能重複
推廣度：	可控制，可推廣到抽樣總體	認同推廣，理論推廣，積累推廣
倫理問題：	不受重視	非常重視
研究者：	客觀的權威	反思的自我，互動的個體
研究者所受訓練：	理論的，定量統計的	人文的，人類學的，拼接和各方面的
研究者心態：	明確	不確定，含糊，多樣性
研究關係：	相對分離，研究者獨立於研究對象	密切接觸，相互影響，變化，共情，信任
研究階段：	分明，事先設定	演化，變化，重疊交叉

上面這種將量的研究和質的研究對立起來的方式可以使我們更加清楚地看到它們各自的特點；但與此同時，我們也要注意不要人為地誇大兩者之間的差別。其實，即使是在量的研究中也不可能排除主體間性的成分，如選擇

研究的問題、設定理論假設、設計統計變量等（*Vidich & Lyman, 1994*）。質的研究與量的研究與其說是相互對立的兩種方法，不如說是一個連續統一體，它們相互之間有很多相輔相成之處。正是出於這方面的考慮，我在上面的圖表 1-1-2 中將質的研究與量的研究兩者之間的對比看成是在數個不同層面上的連續延伸。（有關質的方法與量的方法相結合的問題，第二十七章有更加詳細的討論）

四、一個初步的定義

根據上述有關文獻以及我個人的理解，我在一九九六年的一篇論文中對「質的研究方法」的定義曾經作了一個初步的歸納（陳向明，*1996/6*）。現在兩年過去了，我對這種研究方法又有了一些新的認識，因此我在原定義的基礎上進行了修改，得出如下初步的結論：

> 「質的研究是以研究者本人作為研究工具，在自然情境下採用多種資料搜集方法對社會現象進行整體性探究，使用歸納法分析資料和形成理論，通過與研究對象互動對其行為和意義建構獲得解釋性理解的一種活動。」

必須說明的是，上述定義是對質的研究「方法」本身的定義，而不是一個「方法論」意義上的定義。我採取的是「文化主位」（emic）的方式，即：對質的研究者從事研究的具體實踐進行描述和總結，而不是按照一種外在的衡量標準對其進行概念上的抽象和概括❶。因此，這個定義不免顯得比較「冗

---

1. 「文化主位」（emic）這一概念是和「文化客位」（etic）相對而提出的。這兩個詞分別來自語言學中「phonetic」（語音學）和「phonemic」（音位學）的後綴〔見 *Pike, 1966（1954）: 8*〕。在社會科學研究中，「文化主位」和「文化客位」分別指的是被研究者和研究者的角度和觀點。

長」。如果把它「掰開」來看，這個定義包括如下幾個方面的意思（同時補充一些有關的內容）❶。

(1)研究環境：在自然環境而非人工控制環境中進行研究。

(2)研究者的角色：研究者本人是研究的工具，通過長期深入實地體驗生活從事研究，研究者本人的素質對研究的實施十分重要。

(3)搜集資料的方法：採用多種方法，如開放型訪談、參與型和非參與型觀察、實物分析等搜集資料，一般不使用量表或其他測量工具。

(4)結論和／或理論的形成方式：歸納法，自下而上在資料的基礎上提升出分析類別和理論假設。

(5)理解的視角：主體間性的角度，通過研究者與被研究者之間的互動理解後者的行為及其意義解釋。

(6)研究者與被研究者的關係：互動的關係，在研究中要考慮研究者個人及其與被研究者的關係對研究的影響，要反思有關的倫理道德問題和權力關係。

從以上定義以及對質的研究的主要特點進行的討論中，我們可以看出，目前質的研究實際上處於三種不同傳統的張力（tension）之中。一方面，它注重對研究現象作後實證的、經驗主義的考察和分析，強調的是自然主義的傳統，注重對研究結果的「真實性」和「可靠性」進行探究。另一方面，它要求研究者對研究對象進行「解釋性理解」，強調的是闡釋主義的傳統，關注研究者與被研究者之間的主體間性和「視域融合」（fusion of horizons）。而與此同時，它又意識到任何研究都受到一定政治、文化、性別和社會階層的影響，注意研究中的權力關係以及研究對知識建構和社會改革的重要作用，因此它同時又具有一種後現代的批判意識（*Emerson, 1983: 1-2*）。下面，我分別對這些不同的理論傳統進行一個梳理。

───────────────

1. 此分析得到卜衛對我的論文（*1996/6*）所做的回應文章（*1997*）的啟發，在此致謝。

第二節 質的研究方法的理論基礎

有學者認為，社會科學研究可以從四個方面來探討其理論淵源：(1)實證主義；(2)後實證主義；(3)批判理論；(4)建構主義（*Guba & Lincoln, 1994; Bredo & Feinberg, 1982*）❶。從總體上看，這些理論範式主要是在本體論、認識論和方法論三個方面對一些重要的問題進行探討。比如，在本體論方面，它們要回答的是「真實性」問題：「現實的形式和本質是什麼？事物到底是什麼樣子？它們是如何運作的？」在認識論的層面，這些範式探詢的是「知者與被知者之間的關係」問題，即「知者是如何認識被知者的？」而對這個問題的回答又受到前面本體論方面的制約，即：「知者和被知者之間相對分離的關係是否存在？」從方法論的角度看，這些範式需要解決的問題是：「研究者是通過什麼方法發現那些他們認為是可以被發現的事物的？」而對這一問題的探討又受到前面本體論和認識論兩個方面的制約，因為不同範式在這些方面的不同會導致對方法的不同看法和處理方式。下面的圖表 1-2-1 對這四個理論範式在本體論、認識論和方法論三個方面的異同進行了一個簡單的對比。

一、實證主義

實證主義理論起源於經驗主義哲學，是一種「樸素的現實主義」。在主客體之間的關係上，實證主義認為社會現象是一種客觀的存在，不過主觀價

---

1. 這種對範式命名和分類的方式只是我所見到的很多種類中的一種，比如，在同一本書中斯旺德特（T. Schwandt）、奧利森（V. Olesen）、斯坦菲爾德（J. Stanfield II）以及菲斯克（J. Fiske）等人分別對建構主義和解釋主義之間的異同、女性主義研究模式、人種模式和文化研究範式進行了討論。我選擇這個分類方式是因為我認為它比較全面地概括了目前社會科學研究的主要理論傾向。

圖表 1-2-1 社會科學探究範式的基本觀點

（資料來源：Guba & Lincoln, 1994: 109）

	實證主義	後實證主義	批判理論	建構主義
本體論	樸素的現實主義—現實是「真實的」，而且可以被瞭解。	批判的現實主義—現實是「真實的」，但只能被不完全地、可能性地得到瞭解。	歷史現實主義—真實的現實是由社會、政治、文化、經濟、種族和性別等價值觀念塑造而成，是在時間中結晶化而成的。	相對主義—現實具有地方性的特點，是具體地被建構出來的。
認識論	二元論的／客觀主義的認識論；研究結果是真實的。	修正的二元論／客觀主義的認識論；批判的傳統／研究群體；研究結果有可能是真實的。	交往的／主觀的認識論；研究結果受到價值觀念的過濾。	交往的／主觀的認識論；研究結果是創造出來的。
方法論	實驗的／操縱的方法論；對假設進行證實；主要使用量的方法。	修正過的實驗主義的／操縱的方法論；批判的多元論；對假設進行證偽；可以使用質的研究方法。	對話的／辯證的方法論。	闡釋的／辯證的方法論。

值因素的影響，不被知識、理論所過濾。主體和客體是兩個截然分開的實體，主體可以使用一套既定的工具和方法程序獲得對客體的認識。主體與客體、知者與被知者、價值與事實之間是二元分離的，不能相互滲透。

在對客體的認識方式上，實證主義認為社會現象必須被經驗所感知，一切概念必須可以還原為直接的經驗內容，理論的真理性必須由經驗來驗證。實證主義遵循的是自然科學的思路，認為事物內部和事物之間必然存在著邏輯因果關係，對事物的研究就是要找到這些關係，並通過理性的工具對它們加以科學的論證。

量的研究就是建立在實證主義的理論基礎之上的。這種方法的重要前提

是：研究對象不依賴於研究者而獨立存在；事物本身具有其內在固定的、可以重複發生的規律；事物的量化維度可以用來考察事物的本質。因此，量的研究不考慮研究者對研究對象的影響，而對操作工具的科學性和規範性十分重視。

二、「另類範式」
（後實證主義、批判理論、建構主義）

質的研究因其自身的特點，與量的研究具有十分不同的理論範式。一般認為，質的研究主要基於另外三種「另類範式」（alternative paradigms），即後實證主義、批判理論和建構主義（*Denzin & Lincoln, 1994*）。這三類範式是對科學理性主義的一種反動，提出研究探究的過程是一個知者和被知者相互參與的過程，知者本人看問題的角度和方式、探究時的自然情境、知者與被知者之間的關係等都會影響到研究的進程和結果。

1.後實證主義

簡單地說，後實證主義是一種「批判的現實主義」。它認為客觀實體是存在的，但是其真實性不可能被窮盡。客觀真理雖然存在，但是不可能被人們所證實。它就像一個被遮蔽在雲霧中的山頂，一個人到達此處時，由於看不清周圍的景物，無法輕易地確定自己是否已經站在山頂（*Popper, 1968: 226*）。我們所瞭解的「真實」永遠只是客觀實體的一部分或一種表象，所謂「研究」就是通過一系列細緻、嚴謹的手段和方法對不盡精確的表象進行「證偽」而逐步接近客觀真實❶。根據波普（*K. Popper, 1968*）的觀點，證實與證偽

---

1. 根據波普（*K. Popper，1986*）的定義，證偽的步驟是 P1 － TT － EE － P2。其中 P1（problem 1）為科學家原先遇到的問題；TT（tentative theory）為暫時性理念；EE（error elimination）指的是在檢測時排除錯誤；P2（problem 2）為排除舊有錯誤以後建立的新問題。然後，我們用同樣試錯的方式來批評、反證暫時性理論，不斷減少錯誤，逐步逼近真理。

之間的關係是不對稱的，不論多少次證實都可以被一次證偽所推翻；只要找來一隻黑天鵝，就可以推翻「凡天鵝都是白色的」這樣一個被多次反覆證實的「真理」。因此，我們無法通過對經驗的歸納來證明某種理論，而只能對理論進行證偽。理性批判是知識增長的唯一途徑，必須通過不斷的「猜想與反駁」，才可能逐步接近真理。

根據我個人對後實證主義範式的瞭解，我認為可以將其分為兩類，我將它們稱為「唯物的後實證主義」和「唯心的後實證主義」。前者認為事物是客觀存在，不以人的主觀意識而有所改變；由於目前人的認識能力有限，因此不可能認識其真實面貌。持這種看法的人一般採取「文化客位」的路線，從自己事先設定的假設出發，通過量或質的方法進行研究。後者認為客觀事實（特別是被研究者的意義建構）客觀地存在於被研究者那裡，如果採取「文化主位」的方法便能夠找到客觀事實。它們大多採用質的方法，到實地自然情境下瞭解被研究者的觀點和思維方式，然後在原始資料的基礎上建立「紮根理論」。

2.批判理論

批判理論是一種「歷史現實主義」。在本體論上，它也承認客觀現實的存在，但是在認識論上，它認為所謂的「現實」是歷史的產物，是在歷史發展進程中被社會、政治、文化、經濟、種族和性別等因素塑造而成的。因此，研究者的價值觀不可避免地會影響到被研究者。研究的目的是通過研究者與被研究者之間的對話和互動來超越被研究者對「現實」的無知與誤解，喚醒他們在歷史過程中被壓抑的真實意識，逐步解除那些給他們帶來痛苦和掙扎的偏見，提出新的問題和看問題的角度。這是一種行動型、帶有強烈政治和道德傾向的研究。在這裡，「不講道德就是不道德」（*R. Keesing*，轉引自北晨，*1988*）。

批判理論指導下的研究主要使用辯證對話的方式，通過研究者與被研究者之間平等的交流，逐步去除被研究者的「虛假意識」（false consciousness），達到意識上的真實。衡量研究質量的標準不是證實，也不是證偽，而是消除參與者無知和誤解的能力。比如，研究者應該問的問題是：「被研究者通過與我們進行辯證對話是否獲得了自知和自我反思的能力？他們是否在認知、情感和行為上變得更加自主、更加願意自己承擔責任了？他們是否在強權面前變得更加有力量了？」

布迪厄在介紹自己的一項研究時所說的一段話可以用來說明批判理論者所強調的研究的「批判」和「解放」功能（布迪厄、華康德，*1998: 264-265*）。在這項研究中，他通過與各種不同的、占據著社會世界中戰略性位置的「實踐專家們」（如警察、社會工作者、工會活動家、法官）交談，從這些「活生生的，具有自發性知識的寶庫」中瞭解了社會運行的機制：

「在充分地瞭解了個人的社會閱歷和生活背景之後，我們就可以進一步進行非常詳盡的、高度互動的深度訪談，以協助被訪者發現和表述他們生活中所存在的慘痛的悲劇或日常的不幸背後所潛藏的規律，幫助他們擺脫這些外在現實的禁錮和襲擾，驅散外在現實對他們的內在占有，克服以『異己』的怪戰面目出現的外在現實對人們自身存在之中的創造力的剝奪。」

3.建構主義

與以上範式不同，建構主義者不是現實主義者，他們在本體論上持相對主義的態度。在建構主義者看來，所謂「事實」是多元的，因歷史、地域、情境、個人經驗等因素的不同而有所不同。因此，用這種方式建構起來的「事實」不存在「真實」與否，而只存在「合適」與否的問題；因為我們只可能判斷某一個行為或一種想法是否達到了自己的預期，而無法知道它們是否「真實」（*von Glasersfeld, 1993: 29*）。研究者與被研究者之間是一個互為主體的關係，研究結果是由不同主體通過互動而達成的共識。正如加達默爾（*H. Gad-*

amer, 1994）所指出的，「領會」不是主體對客體的認識，而是不同的主體之間「視域的融合」。意義並不是客觀地存在於被研究的對象那裡，而是存在於研究者和被研究者的關係之中。「一切意識只有作為再認識才叫認識」（柏拉圖，轉引自加達默爾，*1994: 26*）。每一次理解和解釋都是對原有詮釋的再詮釋。這是一個詮釋的螺旋，可以永無止境地詮釋下去（*Osborne, 1991*）。因此，研究者要做的不是進入被研究者的頭腦（事實上這也是不可能的），而是通過反思、「客觀地」審視和領會互為主體的「主觀」。在這裡，本體和認識、主觀和客觀、知者和被知者、事實和價值之間的界限已經不存在了。研究是一個交往各方不斷辯證對話而共同建構研究結果的過程；不是為了控制或預測客觀現實，也不是為了改造現實，而是為了理解和建構——在人我之間、個體和世界之間、過去和現在之間建構起理解的橋樑。通過主體之間的理解，人類將擴大自身描述和解釋事物的認識結構和敘事話語。

建構主義者認為，不帶「傾見」的理解實際上是一種對理解的不合適的理解，所謂「理解」和「解釋」之間的區別實際上是不存在的。人們看待事物的方式決定了他們所看到事物的性質（*Goodman, 1978*）。研究者個人的思維方式、使用的語言和解釋原則必然（也必須）符合他們生活中基本的、約定俗成的規範，否則便不可能對研究的現象進行任何意義上的闡釋，更不可能與他人進行交流。比如：當我們看見在一個房間裡有一些七八歲的孩子一排排地坐在桌子後面，手裡拿著書，眼睛望著前面一位正在說話的成年人，我們馬上會將這一場景解釋為「上課」。而我們對這一事物的理解是基於我們對自身文化的瞭解和認同之上的。如果我們從來沒有在這個星球上居住過（像外星人），或者我們從來沒有上過學或者目睹過此類場面，我們有可能將其解釋為「一些孩子坐在一個屋子裡，前面有一個大人在講話」。或者更有甚者，我們對「孩子」、「坐」、「屋子」、「大人」、「講話」這些概念都會有不同的解釋。

三、對質的研究之理論範式的分析

從上面的討論中我們可以看出，作為質的研究的理論基礎的三個「另類範式」（後實證主義、批判理論和建構主義）在以下幾個方面存在異同。在本體論上，後實證主義和批判理論都認為存在一個客觀的現實，不同的是前者認為這個現實是客觀存在，而後者認為這個現實受到歷史、文化和社會的塑模。建構主義在本體論上持相對主義的態度，不認為存在一個唯一的、固定不變的客觀現實。在認識論上，後實證主義認為，知者可以通過相對嚴謹的方法對被知者進行「客觀的」瞭解，雖然這種瞭解始終是對最終真實的部分的瞭解；批判理論和建構主義卻認為，理解是一個交往、互動的過程，必須通過雙方價值觀念的過濾。在方法論上，後實證主義採取的是自然主義的做法，強調在實際生活情境中搜集「真實」的資料；而批判理論和建構主義則強調研究者與被研究者之間的辯證對話，通過互為主體的互動而達到一種生成性的理解。

就其各自的長處而言，後實證主義與其他範式相比在實踐層面比較容易操作，可以通過一些程序和手段（如證偽、相關驗證）對研究的過程和結果進行檢驗。批判理論考慮到了研究的價值和權力層面，與其他理論範式相比可以更為有效地對社會現實進行干預。建構主義看到了人和社會的相互性和交往性，注意到了研究者在理解中的能動作用，使研究成為一種發展生成的過程。

就各自的弱點而言，後實證主義假設人們的行為有其內在聯繫，人們對自己行為的動機和意義十分清楚，如果研究者採取嚴謹的方法，可以（雖然是局部地）瞭解和理解當事人的行為和意義解釋。這種對當事人觀點絕對尊重的態度很容易導致相對主義，使研究者群體失去衡量研究質量的標準。相對主義聲稱所有的文化價值系統都具有平等的有效性，主張對所有人類社會文化的差異性給予基本的尊重，這就使得研究者無法進行任何道德評判，也

無法建立任何科學進步所不可缺少的理論綱領❶。

批判理論為社會科學研究提出了批判的向度，但是如果使用不當的話，有可能表現出一種「精英意識」，把自己認為重要的觀點強加給被研究者。批判理論者的理論有時過於「宏大」，是一種自上而下建構起來的理論，而且在研究的過程中有時過於注重對自己理論的驗證。此外，批判理論自身存在著一個致命的矛盾：即本體論上的「客觀主義」和認識論上的「主觀主義」（Smith, 1990）。一方面，他們承認「真實」是客觀存在，而另一方面又認為所謂的「真實」只能被歷史地認識，那麼這些存在於歷史之中的人們又怎麼可能「真實地」認識「客觀真實」呢❷? 這涉及到一個無法解決的「自相關」的問題，即批判理論自身無法知道自己的理論是不是也帶有偏見、也需要被批判❸。

---

1. 然而，也有人認為，學者們總是習慣於把相對主義又當成一種教條，而沒有把它看成是一種方法以及一種對解釋過程本身的認識論反思（馬爾庫斯，費徹爾，1998: 55）。這種相對主義（如解釋人類學）並不否認人類價值的等級，並不推崇極端的寬容主義，而是對那些占據特權地位的全球均質化觀點、普同化價值觀、忽視或削弱文化多樣性的社會思潮提出了挑戰而已。

2. 為了解決這個矛盾，有學者提出了「修正現實主義」的觀點，認為批判理論所說的「客觀」不是指一個外在的、獨立存在的實體，而是指那些動態變化的、由歷史和社會所塑模並且影響到我們日常生活的「模式」。這些模式之所以被認為是「客觀」存在，是因為它們在人類歷史上受到特定文化和社會的塑造，現在已經基本定型了（Bleicher, 1980）。

3. 有關「自相關」的問題，趙汀陽（1998a: 180）認為，這是人類濫用邏輯而製造出來的一個困難。我們以為一個觀點總需要進一步的證明，假如實在找不到進一步的證明，我們就只好自我證明。但其實我們可以換一種思維來考慮這個問題。我們的證明其實不一定非要是「進一步的」，而是就在「周圍」；構成證明的理由也不一定是在「後面」，而是「在旁邊」。需要被證明的東西和可以用來作為證明的東西就在同一個層次、同一個空間、同一個環境裡，沒有什麼在後面、在遠方、在更深處的東西。證明不一定都是知識性的或規範性的東西；而且，如果沒有進一步的證明，也不能自我證明，這並不等於就不能證明。

　　建構主義在理論上十分迷人，為我們從事研究提供了無限廣闊的空間和可能性，但是在實踐層面卻很難付諸實施。在建構主義者的眼中，一切都在流動之中，只有此時此刻才是「真實」的——這種理論不僅不能提出一套可供後人遵循的方法原則，而且無法設立任何衡量研究質量的標準。

　　上述三種「另類範式」落實到質的研究的具體實踐中呈現出如下一些異同。這三種範式都注重在自然情境而不是人為的實驗環境下進行研究；都強調對社會現象進行整體的探究，而不是對其中一些孤立的變量進行調查；都要求對當事人的意義建構獲得解釋性的理解，而不只是對他們可觀察到的外顯行為進行測量，也不只是對研究者自己的理論假設進行證實；都注意反思研究者個人因素對研究過程及結果的影響，而不是力圖排除或否認這些影響。在對研究結果的評價和使用上，這三種範式存在一些分歧。後實證主義強調使用一定的檢測手段對研究結果進行嚴謹的驗證；而批判理論和建構主義則更加重視反省自己與研究對象之間的互動關係。後實證主義注重用研究結果來擴展知識；而批判理論主張將研究結果用來喚醒人們，改造社會中的不公；建構主義則著眼於當下的構成性理解，生成新的社會現實。

　　上面的討論表明，質的研究來自很多不同的理論和實踐傳統。正是由於這些豐富多采但又在很多方面相互矛盾的傳統，質的研究本身在其不同層面、不同角度、不同部分都表現出衝突和張力，因而也就孕育著巨大的發展潛能。在下面整本書裡，我們都會不斷地遇到這些張力的挑戰和困擾❶，同時也會受到這些張力給質的研究帶來的發展可能性的誘惑。正是通過對這些張力的

---

1. 高一虹在讀完本書初稿後所用的一個比喻可以在此用來描繪質的研究內部目前存在的「混亂」狀況：好像質的研究已經推倒了實證主義的大廈，但是卻沒有很好地清理地基，就又開始用原來的磚瓦蓋房子，使用的仍舊是一些實證主義的術語（如「真實」、「客觀」），因此很多問題都討論不清楚。我對此深有同感。由於質的研究內部範式不一致，這種「相互打架」的現象時有發生。在本書中，儘管我盡了最大的努力對有關問題加以說明，但感覺很多地方仍舊存在「相互矛盾」的情形。

親身體檢和深入探索，我希望讀者在讀完本書（並且同時完成了自己的一個質的研究項目）以後，能夠對「什麼是『質的研究』」這個問題得出自己的、合乎自己目前具體研究情境的定義。作為一個建構主義的倡導者，我認為讀者在閱讀時就是在進行一種建構，在與作者和文本之間的對話中建構新的現實。因此，在這個對話中，任何定義都會發展和變化的，而當事人自己最有資格對自己所從事的活動給出一個自己的定義。對「文化主位」觀念的尊重，在辯證互動中生成意義——這本身就是質的研究的精神所在。

我的一位學生在完成一個質的研究項目以後，對自己使用的方法所蘊涵的方法論問題進行了探討（崔艷紅，*1997: 1*）。我認為下面這段陳述與上面所討論的有關質的研究的定義和理論基礎有密切的關聯，特別是與建構主義者的觀點有共同之處，在此與讀者分享。

「假設有一個外在於我們心靈和思想的客觀世界，如昔日古城一樣埋在深處；假設它是一個邏輯嚴密的體系，如古城中縱橫交錯的街道一樣。而我們手揮鋤鎬，小心挖掘，每挖出一條街道就順著它假想另一條街道的可能方位與走向。這樣不斷地猜測街道可能的布局，不斷地通過挖掘來驗證或推翻自己的假設，不斷地挖出一塊塊區域……直到有一天，整個城市赫然出現在我們面前。我們在欣賞著古城的偉大與精緻時，同時也感到了它的冷漠：我們原來只不過是一件工具，一件有思想的鋤鎬而已。研究的意義就在於此麼？

我對這種所謂的『純客觀的研究假想』表示懷疑。

作為一名質的研究者，我不斷地問別人，試圖理解、發現他們內心深處的想法，也不斷地問自己，試圖發現、理解自己的思想。這裡決非如考古者那樣以完整地發掘出一座古城為最後目的，而是只能通過我自己去理解、去把握他們，如一個畫家一樣觀察、體驗和創造。這便是我的『研究理想』。

對於一個考古挖掘者，古城對它的回答只能是『對』或『否』。而在這裡，我們得不到這樣絕對肯定或否定的回答，我們只能問自己：『這裡是否有豐富的含義？它意味著什麼？如何進一步發掘？研究的問題是否需要改變？』不斷地記下自己調查、分析的每一個步驟，記下自己思考的過程，給自己看，也給讀者看。在這裡，過程比結果更重要。」

第三節　對有關概念的辨析

　　在討論質的研究的定義以及質的研究的理論基礎時，我們經常不得不面對（並使用）很多現存的概念，如「質」、「本質」、「定性」等。「質的研究中的『質』與人們常說的『本質』有什麼不同？質的研究與中國社會科學界常說的『定性研究』有什麼不同？」──這些都是我們經常不得不面對的問題。

一、有關「質」與「本質」

　　本書將英文的「qualitative research」譯為「質的研究」，在台灣、香港、新加坡等地，也有人將其譯為「質性研究」、「質化研究」、「定質研究」等（陳伯璋，1989；高敬文，1996；胡幼慧，1996）。我之所以選擇「質的研究」這個譯名，主要考慮到可以與「量的研究」相對應，相對「質性研究」這類詞語使用起來較為方便。此外，在中文中「質性研究」中的「性」和「質化研究」中的「化」這兩個詞的意思比較含糊，似乎有一種「推而廣之」的意味；而「定質研究」中的「定」又在語氣上似乎顯得太肯定了。因此，我決定選擇目前這個雖然讀起來有點拗口、但是意思比較溫和、立場比較「中性」的譯名。

　　如果望文生義的話，「質的研究」似乎是對社會現象「性」、「質」的研究，而「量的研究」好像是將重點放在事物的「量」化表現上。我認為，這種理解實際上是一種誤會。其實，所有的研究，不論是質的、量的還是其他任何形式的研究，都是為了瞭解事物的「質」，即，該事物以區別於其他事物的屬性，用通俗的話來說就是：「這個東西是什麼？」（包括其產生、發展和變化的過程）而要瞭解這個東西是什麼，就不得不瞭解這個東西的各個組成成分，包括其規模、程度、速度、空間排列等可以量化的部分。比如說，如果我們想瞭解某學校的課程設置情況，我們除了應該知道該課程的內容和結構以外，還必須知道其數量，如學生每週上幾門課，每天上幾節課，每節課多長時間；進度，如這門課用了多少學時；程度，如該課程的難易程度，學生對課程的理解是否有差異等。因此，一個事物的「質」實際上指的是該事物的「性質」、「屬性」和「特質」，是該事物以區別於其他事物的特徵和組成部分，包括該事物中可以「量」化的特徵和組成部分。

　　那麼，我們所說的「質」和「本質」又有什麼不同呢？中文中的「本質」一詞在英文中的譯名是「essence」、「nature」。就我個人的理解，「本質」這個概念是相對於「現象」而言的，來源於自柏拉圖始到笛卡爾集大成的二元認識論。這種「主─客」對立的思維方式認為，人們日常看到的東西只是事物的現象（或表象），一定要通過深入的分析（或通過實證的、可以感知的資料，或通過概念的、邏輯的哲學辨析），才能夠獲得對事物表象下面「本質」的瞭解。而質的研究由於受到現象學的影響，認為現象本身就是本質（劉放桐等，1981: 551）。現象學強調對事物的本質進行直觀，在變動不居的意識流中把握事物穩定的、常駐不變的狀態。正像人能夠直接聽到聲音一樣，人也能夠通過自己的意識活動直觀現象的本質。現象學中的「現象」不是人的感官所感覺到的東西，而是人通過自己的意識活動「激活」感覺材料之後而獲得的一種意向。人時刻處於一種具有時空維度的視域之中，在看到感覺對象的同時也就看到了範疇、關係和內在結構（張祥龍，1998）。這是人的一種帶有意向性的意識活動，是一種不能對之進行論證或邏輯分析的「本質的洞

察」（倪梁康，1994）。現象學的集大成者胡塞爾（E. Husserl, 1994）早期提出的「本質還原」的辦法主要有如下兩個具體的步驟：(1)中止判斷，將自己的前設「括」起來，直接面對事實本身；(2)在個別直觀的基礎上使現象的共相呈現出來。

由於受到上述現象學的影響，質的研究不認為現象和本質、形式和內容之間是可以相互分離的。事物（或意義）就像是一個洋蔥（與二元論的核桃模式不同），其本質和現象實為一體；如果對其進行分解，一瓣一瓣地剝到最後便什麼也不存在了。研究者實際上是一個社會現象的「拼湊者」，使出「渾身解數」將自己構造的「現實」展示給世人。這個「現實」其實是研究者個人的一種勾勒，是一個把現象拼湊起來的「大雜燴」，其中既有事情本身複雜、密集、濃縮的「質」，也有研究者個人的自我反思和過濾（Denzin & Lincoln, 1994: 2）。質的研究遵循的是一種具體的邏輯，具有直接、具象和整體性的特點（卡西爾，1991: 15）。它與人的知覺經驗密切相關，而不是使人的心靈從知覺「總體」的糾纏中抽象地解脫出來。

所以，在質的研究中，重要的不是「透過現象看本質」，而是針對現象本身再現現象本身的「質」。事物的「質」與「本質」之間的主要區別在於：後者是某種假定普遍地存在於事物之中的、抽象的屬性；而前者本身就是一個整體的集合，其存在取決於當時當地的情境，而不是一個抽空了時空內容的概念。

二、「質的研究」與「定性研究」的區分

兩年前我剛開始在中國社會科學界介紹「質的研究」時，我像現在一些中國學者一樣把「qualitative research」翻譯成「定性研究」（陳向明，1996/1，1996/6，1996/7，1998；維爾斯曼，1997）。後來，從讀者的反饋中，我意識到這個譯名很容易與中國社會科學界目前常用的「定性研究」混為一談，而實際上它們的所指是很不相同的。因此，在後來的一些文章以及本書中，我改

為使用「質的研究」這個譯名。

我個人對中國的「定性研究」尚未進行系統的研究，但據我所知，目前尚無學者對其進行明確、系統的定義和梳理。通過我個人平時的觀察以及與有關學者交談，我感覺「定性研究」的所指似乎比較寬泛，幾乎所有非定量的東西均可納入「定性」的範疇，如哲學思辨、個人見解、政策宣傳和解釋，甚至包括在定量研究之前對問題的界定以及之後對數據的分析。「定性是定量的基礎，定量是定性的精確化」（陳波等，*1989: 122*）——這類陳述表達的就是中國學者目前普遍認可的這樣一層意思。

我認為，「定性研究」雖然在一些方面與「質的研究」有類似之處（如強調對社會現象之意義的理解和解釋），但在很多方面存在差異。首先，在本體論和認識論上，「定性研究」像「定量研究」一樣也堅守實證主義的立場，都認為存在絕對的真理和客觀的現實，不論是通過「定量」的計算還是「定性」的規定，目的都是為了尋找事物中普遍存在的「本質」❶。而「質的研究」已經超越了自己早期對自然科學的模仿，開始對「真理」的唯一性和客觀性進行質疑。

其次，在研究方法上，我認為，中國學者目前從事的大部分「定性研究」基本上沒有系統搜集和分析原始資料的要求，具有較大的隨意性、習慣性和自發性，發揮的主要是一種議論和輿論的功能（景天魁，*1994: 46-48*）。它更多的是一種研究者個人觀點和感受的闡發，通常結合社會當下的時弊和需要對有關問題進行論說或提供建議❷。而「質的研究」卻十分強調研究者在自然情境中與被研究者互動，在原始資料的基礎上建構研究的結果或理論，其

---

1. 這個觀點受到陰悅在課堂上發言的啟發，特在此致謝。

2. 在這裡，我把中國史學、社會學、人類學、考古學、民族學、民俗學等領域常用的「文化人類學的方法」（藍永蔚，*1999: 2-4*）排除在「定性研究」的範疇之外。這些領域所使用的方法與本書所探討的「質的研究方法」十分類似，或者說「質的研究方法」就是在「文化人類學的方法」以及其他相關領域的基礎上發展起來的。有關這方面的發展線索，參見第二章。

探究方式不包括純粹的哲學思辨、個人見解和邏輯推理，也不包括一般意義上的工作經驗總結。比如「定性研究」中的「哲學研究」在英文中被稱為「philosophical study」，「個人反思」被稱為「personal reflection」，「政策分析」被稱為「policy analysis」，這些部分都不在「質的研究」的範疇。在這一點上，「質的研究」與「量的研究」有一定的共同之處，即：兩者都強調研究中的經驗主義成分：儘管搜集的資料類型以及分析資料和利用資料的方法有所不同，但是都必須有深入、細緻、系統的調查資料作為基礎，從研究者自己搜集的資料中尋找意義解釋或理論的根據。而「定性研究」大多沒有原始資料作為基礎，主要使用的是一種形而上的思辨方式。

雖然在對社會現象的理解和解釋上，「質的研究」與「定性研究」似乎存在某些共同之處，但是前者更加強調研究的過程性、情境性和具體性，而後者比較偏向結論性、抽象性和概括性。至今，「質的研究」已經建立起了一些比較系統的方法規範，研究者需要對有可能影響研究的諸多個人因素以及研究的具體過程有明確的意識和反省，而「定性研究」尚無這類意識和要求（高一虹，1998: 4）。從這個意義上看，「定性研究」似乎主要基於的是形而上的、思辨的傳統，而「質的研究」主要遵循的是現象學的、闡釋學的傳統。與這兩者相比，經驗主義的和實證主義的傳統似乎在「量的研究」中要更為明顯一些。

毫無疑問的是，「定性研究」是一種對社會現象進行探究的方式，有其自身的意義和作用。但是，由於中國社會科學研究界目前對這種方式的理論基礎和運作機制缺乏研究，我本人也沒有對其進行系統的探究，因此很難對其進行準確的描述或評價。「定性研究」本身的定義和運作方式及其與「質的研究」的區別和融合──這將是今後一個十分重要的、有待探究的課題。

第二章

質的研究的歷史發展

我從哪裡來?

　　質的研究發源於許多不同的理論傳統和學科領域,經歷了一個漫長、曲折的發展過程。由於傳統豐富、道路崎嶇,學者們對質的研究的發展進程、歷史分期等各個方面都存在很多相同或不同的看法。下面,我根據有關文獻以及自己的理解對這些看法及其相關的歷史「事實」進行一個初步的梳理。

第一節 質的研究的歷史淵源

　　根據斯密司(*A. Smith, 1989*)的觀點,質的研究的歷史淵源可以追溯到人類文明發源地之一的古希臘。質的研究中一個最主要的方法「ethnography」(民族誌)一詞中的詞根「ethno」就來自希臘文中的「ethnos」,意指「一個民族」、「一群人」或「一個文化群體」。「ethno」作為前綴與「graphic」(畫)合併組成「ethnography」以後,便成了人類學中一個主要的分支,即「描繪人類學」(「ethnography」一詞目前在中國一般被翻譯成「民族誌」、「人種誌」或「文化人類學的方法」;本書取「民族誌」這個譯名)。「民族誌」是對人以及人的文化進行詳細地、動態地、情境化描繪的

一種方法，探究的是特定文化中人們的生活方式、價值觀念和行為模式（*Pea-cock, 1986*）。這種方法要求研究者長期地與當地人生活在一起，通過自己的切身體驗獲得對當地人及其文化的理解。目前，「民族誌」已經成為質的研究中一種主要的研究方法。

一、民族誌的發展

早期民族誌研究發源於西方一些「發達」國家的學者對世界上其他地區殘存的「原始」文化所產生的興趣。通過對一些原始部落進行調查，他們發現，那些被西方社會認為比較「落後的」民族實際上是人類進化鏈中的一個環節（*Hodgen, 1964*）。因此，他們對這些原始部落產生了極大的興趣，希望通過對異文化的瞭解來反觀自己的文化發展歷程。從十五到十六世紀，西方人對原始部落的興趣與哥倫布發現新大陸和南太平洋島國有著密切的關係，哥倫布的探險為西方人帶來了很多自己當時不知道的有關世界的新知識。對此他們感到十分不安，迫切地希望瞭解整個世界的「本相」，以此來修正西方學術界有關人類社會的知識結構。

十九世紀下半葉以前，民族誌的研究尚未專業化，有關其他文化的資料通常是由非專業人士提供的。人類學家一般使用一些探險家、貿易商、傳教士和殖民官員所寫的文字資料作為研究異文化的素材，自己很少親自到實地去搜集第一手資料。這個時期的人類學研究帶有十分明顯的殖民色彩，從事研究的大多數是出身中產階級的男性白種人，而被研究的都是被西方社會認為「不發達」的原始「土著人」。這些研究者認為，被研究的土著人與自己屬於不同的人種，是原始的「野蠻人」，對這些人種進行研究不是為了瞭解他們，而是希望通過他們發現歐洲白人文明社會的起源。因此，研究者通常採取一種客觀的態度，與被研究的土著人保持一定的距離。他們很少在當地長期居住，即使有時候不得不在當地停留，時間通常也很短暫。他們的主要工作是搜集當地人的一些人造物品、文獻資料、頭顱和體質測量數據，有時

甚至將一些當地的土著人帶到自己「文明」社會的博物館裡進行展覽（*Rohner, 1966*）。這個時期的人類學家普遍認為，對文字和實物資料進行比較分析比在實地工作更加重要；前者是學術，而後者只是搜集資料而已（*Denzin & Lincoln, 1994:19*）。

質的研究中實地調查方法的始作俑者是博厄斯（F. Boas）。他是一位德籍美國人類學家，從一八九六年到一九四六年去世之前在哥倫比亞大學人類學系擔任系主任達五十年之久。從一八八六年開始，博厄斯便經常到美國西北海岸的印第安部落去作實地調查，並想盡辦法把自己的學生趕出圖書館，要他們從學者的安樂椅中站起來，走入實地進行實際調查工作。博厄斯的主要興趣是對當地人的語言文本以及他們的歷史進行研究，認為通過文本可以瞭解當地人看問題的視角。因此，他對研究對象當時的日常生活和社會組織結構不是特別關注。儘管他也不斷要求自己的學生和同事們學習當地人的語言，和他們一起生活，傾聽他們的談話，可是他自己卻很少這麼做。在研究中，他通常依靠一位會說英語的當地「知情人士」（informant）為自己提供資訊。這些資訊提供者一般對自己部落的歷史和文化比較瞭解，而且願意為研究者口授或翻譯文本（*Wax, 1971*）。博厄斯本人很少居住在當地印第安人的村子裡，他通常在離村子不遠的一家旅館裡就宿，只是在萬不得已的情況下才在當地住上一兩天。

在社會科學研究領域真正開創了長時期實地調查傳統的當推馬林諾夫斯基（B. Malinowski）。馬林諾夫斯基是一位從波蘭移民到英國的人類學家，他通過自己的研究創立了人類學中的功能學派。由於第一次世界大戰的滯留，他於一九一四至一九一五年和一九一七至一九一八年間在新幾內亞和特羅比恩（Trobriand）島上進行了長期艱苦的實地工作。通過與當地人一起生活，他發現，白人研究者只有離開自己的文化群體，在當地人的村子裡安營紮寨，參與到他們的日常生活之中，才可能真正瞭解他們的所思所想（*Malinowski, 1961*）。他深切地感到，當地的殖民社會結構以及白人群體對土著人的偏見極大地約束了自己從事人類學方面的研究，因此他想盡辦法去擺脫這些約束，

自己深入到當地人之中去。然而，當他真正與本地人生活在一起時，卻很少深入地、親密地、完全地與他們分享自己的生活與想法。大部分時間，他仍舊是在使用一種比較傳統的方式對當地人的生活習慣進行詢問，只不過他詢問的地點與前人有所不同罷了。本地人對他來說仍舊是「野蠻人」，他對他們看問題的方式仍舊缺乏透徹的瞭解，他對資料的分析仍舊使用的是自己的理論框架（*Wax, 1972*）。但是，由於他自己親身經歷了「在這裡」、「到過那裡」和「回到家裡」的三階段過程，他對當地人的制度風俗、行為規範以及思維方式進行了比較整體性的、處於文化情境之中的研究（*王銘銘，1997: 135-136*）。

博厄斯和馬林諾夫斯基的實地調查方法極大地影響了後來西方的人類學家，如博厄斯的學生本尼狄克特（R. Benedict）、M. 米德（M. Mead）、羅威（R. Lowie）和克羅伯（A. Kroeber）以及英國的社會人類學家普利查德（Evans-Pritchard）、弗斯（R. Firth）和保德玫克（H. Powdermaker）等人（*Emerson, 1983*）。他們各自在非洲、太平洋島國、美國本土以及世界上其他地區就自己感興趣的問題進行了長期的實地研究，其工作為人類學實地調查方法的實施和傳播起到了十分重要的作用。

二、社會學領域的發展

除了人類學以外，質的研究中實地調查的傳統還可以追溯到社會學領域。社會學中的實地調查開始於十九世紀末和二十世紀初西方國家的社會改革運動，當時一些西方國家的社會學家非常重視對城市裡的勞動人民進行細緻的實地研究。比如美國的杜·波依斯（Du Bois）在對費城的黑人社區進行研究時，除了進行大規模的統計調查以外，還對那裡的黑人進行了五千例訪談，其著作《費城的黑人》（*1899/1967*）被認為是早期城市民族誌研究的一個優秀典範（*Vidich & Lyman, 1994*）。德國的共產主義者恩格斯（F. Engels）長期深入到工廠和工人居住區，在自然情境下使用實地調查和解釋的手法對英國

工人階級的現狀進行了細緻的描寫和分析，其《英國工人階級的狀況》（*1845/1969*）也被視為實地研究的佳作（*Hamilton, 1994*）。布思（C. Booth）的《倫敦人民的生活和勞動》（*1927*）被認為是二十世紀上半葉一個著名的社會調查，這個調查揭示了迄今為止尚未被研究界所知的倫敦勞動人民的生活世界。他將倫敦劃分為五十個區，按照不同的標準（如貧窮率、出生率、死亡率、早婚率等）將這些區域進行排序，然後對它們進行區際比較。除了使用統計數據以外，布思還廣泛地進行了訪談和觀察，深入到普通勞動人民家庭中對他們的日常生活進行系統、詳細的考察。

　　美國的芝加哥學派在二十世紀上半葉為促進城市內的實地調查工作發揮了舉足輕重的作用。該學派的代表人物帕克（R. Park）等人對美國一些城市內不同少數民族群體、亞文化群體（特別是貧困人群）進行了廣泛的研究。一九一六年，帕克在其著名的《城市》一文中明確地把博厄斯和羅威的人類學方法作為研究城市的社會學方法。此時的社會學除了使用民意測驗的方法以外，還與被研究者進行面對面的訪談和觀察，搜集被研究者個人的實物、信件、日記以及傳媒界可以找到的傳記、新聞故事、官方紀錄等。托馬斯（W. Thomas）和茲南尼斯基（F. Znaniecki）的《歐洲和美國的波蘭農民》（*1927*）就是一個著名的通過大量個人信件對當事人的主觀心態進行探究的事例。據說，托馬斯得到這些信件純屬偶然（*Collins & Makowsky, 1978*）。有一天，他在芝加哥波蘭移民的貧民窟中走過時，突然頭上一扇窗戶裡丟出來一堆垃圾。他趕忙閃到一邊躲開，結果看見垃圾中有一紮信件，是用波蘭文寫的。十分幸運的是，他懂波蘭文，於是便興趣勃勃地瀏覽起來。通過這些信件，他瞭解了寫信的這些波蘭人的局內人觀點，體會到了他們如何看待自己移居美國以後的日常生活（*Bogdan & Biklen, 1982: 10*）。

　　與此同時，林德（Lynd）夫婦在美國一些教會的支持下開始對美國的城市生活進行研究，他們關注的焦點是當時美國人的道德觀念和精神狀況。林德夫婦使用了威斯勒（C. Wissler）提供的文化調查表，將美國中部城鎮居民的生活分成了六個方面（謀職、成家、生兒育女、閒暇、宗教、社會活動），

全面地對居民的生活進行了考察。他們的研究成果先後發表在兩本專著中：
《中鎮──美國現代文化研究》（*1929/1956*）和《過渡中的中鎮──文化衝
突研究》（*1937*）。

　　這個時期的社會學研究對研究者個人在搜集資料過程中所起的作用尚未
給予足夠的重視，研究的重點主要放在如何從文件中挖掘當事人的觀點和態
度。由於受科學實證主義的影響，此時的研究者仍舊認為被研究者那裡存在
著「客觀的現實」，即使研究的內容涉及被研究者的主觀世界，這個主觀世
界也是「客觀存在」的。因此，研究者對自己本人的角色身分、決策策略以
及與被研究者之間的互動過程反省較少。

三、自我反省意識的覺醒

　　從一九三○年到一九六○年之間的三十年間，隨著殖民主義的衰落以及
非洲和亞洲民族國家的興起，西方的人類學開始受到獨立國家人民的排斥，
因此西方的人類學家們也逐漸具有了自我反省的意識。殖民主義制度曾經使
這些人類學家將被研究者作為一個完全與自己無關的群體，就好像土著文化
是一個自然科學的實驗室，可以供「文明」社會的白人研究者客觀地進行觀
察和分析。而現在，隨著當地人文化水平的提高，西方人類學家的研究成果
不僅可能被自己所屬的學術圈子所使用，而且可能被當地的政府部門所利用。
同時，這些西方研究者也意識到，自己的研究實際上一直受到自己殖民主義
國家利益的驅使，要保持學術上的「客觀中立」是不可能的。

　　很多研究者意識到，自己原來所持有的文化進化觀過於偏狹：把非西方
文化當成西方文化的史前文化或者是沒有歷史的文化，沒有給予這些文化以
應有的尊重和欣賞。西方學界開始認識到，西方學者對非西方文化的研究實
際上是一種文化滲透，雖然他們聲稱自己是在「客觀地」對當地的文化進行
描述，但是他們的描述是有自己的視角和傾向性的。由於對自己的文化身分
和「殖民」作用開始有所意識，西方的很多人類學家體會到了一種集體的負

罪感，開始著手對自己作為研究者的「政治」身分和權力地位進行認真的反省（*Nader, 1972*）。

　　由於沒有機會進入其他文化進行研究，美國和歐洲的人類學家逐漸將注意力放到對歷史文獻、語言學以及自己國家本土文化的研究上面（*Vidich & Lyman, 1994: 29*）。在對本土社會的研究上（特別是對城市貧民的研究上），人類學與社會學開始了學科上的合流。兩者均在民族誌方法上找到了共同點，即長期地與被研究的城市居民群體生活在一起，瞭解他們所關心的事情以及日常的困擾（*Erickson, 1986*）。比如，芝加哥學派借鑒人類學的方法，對城市的貧民、種族、區域特徵等問題進行了長期的實地研究，因此而開創了一個新的「城市生態學」研究領域，將人類學的社區研究方法成功地運用到了對現代城市的研究之中。起初，人類學家和社會學家的主要研究對象是外國移民、城市移民和城市貧民，後來把民族誌的方法運用到企業文化、實驗室文化、搖滾音樂等西方社會生活的不同側面。學習人類學專業的學生們仍舊被集中地進行有關非洲人、印第安人以及太平洋島民的經典民族誌訓練，但是那些在海外完成異文化研究的學者們，紛紛轉向對本土文化的關注，形成了一個「回歸」的趨勢。他們意識到，那種認為人類學研究的對象（即異文化）正在消失的恐懼是沒有根據的；獨特的文化變異無處不在，在國內把這些變異記錄下來常常比在異地更加重要。這些研究不僅可以為行政部門或政府機構提供改革的豐富資料，而且可以提醒公眾注意社會上的受害者和失利者（馬爾庫斯、費徹爾，*1998: 159-160*）。

　　隨著自我反省意識的增強，此時的人類學家和社會學家越來越多地對自己的主觀角度進行反思和分享（*Emerson, 1983: 9*）。他們開始將自己的「傾見」公布於眾，主動「亮身分證」，探討自己的角色及其對研究過程和研究結果的影響（*Lewis, 1953; Mead,1949; Paul, 1953; Redfield, 1953*）。此時的研究者不再是一個客觀、中立、保持一定距離的觀察者，而是一個具有人性的科學家，其自我及其與被研究者的關係成了衡量研究結果的一個重要標準（*Nash & Wintrob, 1972*）。美國社會學家懷特（W. Whyte）在其著名研究《街角社會》

中便直接與多克等知情人士相互交往，親自參與到對方的各種活動之中。通過在街上與這些意大利移民的後裔們一起「閒逛」，他瞭解了對方各種行為的意義及其社團組織的結構特徵。懷特的研究給芝加哥學派帶來了一種新的風氣，將參與型觀察正式引入了社會學研究的範疇。

二十世紀六〇年代以後，受現象學和闡釋學的進一步影響，質的研究者們進一步意識到，自己與被研究者之間實際上是一種「主體間性」的關係。研究者的自我意識不僅可以包容被研究的對象世界，而且可以創造一個對象世界。研究不僅僅是一種意義的表現，而且是一種意義的給予；而在這個意義的給予中，研究者本人起到了至關重要的作用。研究者也是一個行動者，是組成實地的一個部分；研究者本人的工作方式在很大程度上決定了研究結果的性質（*Cicourel, 1964*）。因此，研究不再只是對一個固定不變的「客觀事實」的瞭解，而是一個雙方彼此互動、相互構成、共同理解的過程。這種理解不僅僅涉及到研究者在認知層面上「瞭解」對方，而且需要研究者通過自己的親身體驗「理解」對方；研究者不僅僅只是客觀地搜集「事實」資料，而且要切身地體察對方的行為、思想和情感（*Whyte, 1955: 280*）。只有當研究者對對方的生活方式、價值觀念以及所關切的問題持一種欣賞的態度時，對方才有可能向他們展現自己的「真實」面貌（*Matza, 1969*）。

四、對政治權力的反思

冷戰結束以後，世界各地的民族意識和國家意識進一步上漲，世界政治和文化格局在逐漸地「去中心」、「邊緣與中心互換」。在「文化多元」這一旗幟的鼓舞下，質的研究地被捲入了多種相互不可通約的、甚至相互衝突的價值觀念和理論範式的論戰之中。在後現代的今天，很多研究者都意識到，研究永遠不可能「客觀」，自己也永遠不可能成為「他人」（*Rorty, 1989; Taylor, 1989*）。「研究」其實就是一種寫作方式，是一種「寫文化」的行為（*Clifford & Marcus, 1986*）。研究者就是作者、寫者，他們不僅僅是在再現世界，而且

是在創造世界。因此，研究者需要做的不是努力成為他人，進入他人的皮膚和頭腦進行思考（或者天真地認為自己可以這麼做），而是認真反省自己，瞭解自己在建構研究結果的過程中所可能起的重新「築構」現實的政治作用。

　　此時的質的研究已經從以往對自我和他人關係的反思轉到了對語言、政治、歷史以及社會科學家作為一種職業的反省（布迪厄、華康德，1998）。與早期研究者對自己的身分進行「懺悔式」的自白相比，現在的研究者更加注意自己所處的社會場域（field）、自己所面臨的文化衝撞以及自己所具有的文化資本和個人習慣（habitus）（Bourdieu,1977）。他們不僅對不同文化中的「人觀」（personhood）、自我和情感繼續進行探究，瞭解小型社區與世界全球化之間的關係，而且將社會科學研究本身作為一種文化批評。在這種集體的、學科性的自我批判中，他們試圖揭示在自己的文化中，人的心理因素是如何被政治和權力所操縱的，社會中的邊緣文化是如何受到文化霸權的控制的。通過認識論上的「轉熟為生」和跨文化並置（juxtaposition），研究者試圖使本文化成為一個「怪異的」實體，在與他文化的比較中找到本文化中存在的「病態」現象（王銘銘，1997: 145-148）。

　　在後現代時期，質的研究與社會變革和社會行動之間的結合越來越緊密。這就使研究者越來越強烈地意識到，自己的研究有可能對社會中不同的人群造成影響，可能被某些政治家、政府機構或財團所利用，也可能成為自己國家對別國、別民族的主權進行干涉的工具。在對笛卡爾所開創而後被實證主義（特別是邏輯實證主義）所強化的二元論進行批判的同時，質的研究越來越關注研究的價值影響和政治意義。研究者認識到，人類社會存在著各種各樣的等級制度和權力約束，研究永遠不可能保持道德上和政治上的中立。研究與實踐兩者之間不可能絕對分離，它們在心理、社會和經濟各個層面都存在密切相關的聯繫，純粹意義上的學究式的「研究」是不存在的，研究更多的是一種政治行為（藍永蔚，1999: 6）。

第二節　質的研究的分期

　　在對質的研究的歷史發展進行了一個簡單的回顧以後，現在讓我們來看一看質的研究者是如何對自己的歷史進行分期的。目前在質的研究領域，有關歷史分期的問題尚沒有明確統一的定論，只是有一些學者提出了自己的看法而已。比如，丹曾和林肯（*1994: 7-11*）認為，質的研究的發展可以大約分成五個時期：(1)傳統期（1900-1950）；(2)現代主義期，又稱黃金期（1950-1970）；(3)領域模糊期（blurred genres）（1970-1986）；(4)表述（representation）危機期（1986-1990）；(5)後現代主義期，又稱「第五次運動（1990-）。下面，我分別對這五個時期的主要特徵和主導思想潮流進行一個簡單的介紹，同時結合我自己對有關思想流派的理解對一些理論問題進行探討。

一、傳統期（1900-1950）

　　這個時期占統治地位的指導思想是實證主義。由於受到自然科學以及社會科學中量的研究的影響，此時的研究者都著意追求研究的「客觀性」和「真實性」。研究者是一個來自「發達」地區的學者，被研究者對他／她來說屬於一個陌生、怪異、「原始的」文化。這個文化與研究者自己的文化很不一樣，是一個有待「研究」的對象。研究者與這個對象之間是相互隔離的，研究者應該做的就是「客觀地」、「真實地」表現被研究者的生活方式和社會結構。

　　這個時期的研究者對自己的實地工作有一種複雜的、愛恨參半的心情：一方面，他們似乎看不起實地工作，認為自己看到的都是一些雜亂無章的東西；而另一方面，他們又都以實地工作的「科學性」和「客觀性」而自豪，

似乎通過這種個人化的經歷可以從雜亂的原始資料中形成「客觀的」「規律」
和法則。比如，人類學鼻祖馬林諾夫斯基對自己在新幾內亞和特羅比恩島上
所作的實地研究曾經進行如下反思（*1916/1948: 328*）：

> 「在實地不得不面對一大堆混亂的事實……在這種原始的
> 狀態下它們根本不是科學事實；它們是絕對鬆散的，只有通過
> 解釋才能夠被整理出來……只有公理和普遍性判斷才是科學事
> 實，實地工作只是（而且完全是）對混亂的社會現實的解釋，
> 將社會現實歸納到一般性的規律下面。」

這個時期的研究者具有強烈的個人傳奇色彩：一個西方的（通常是白人
男性）科學家長途跋涉，隻身到遠方一個陌生的地方去尋找「土著」；結果，
他遇到了自己尋找的對象，忍受了實地工作的種種艱辛，通過了學科規範的
種種考驗，從實地帶著資料滿載而歸；然後，他開始以一種「客觀的」方式
對自己所研究的文化進行分析和報導，他按照民族誌的傳統規範進行寫作，
用自己的語言講述遠方陌生人的故事。這些人是「孤獨的民族誌研究者」
（*Rosaldo, 1989*），他們通常單槍匹馬地進入一個陌生的「初民社會」，經歷
了實地工作的千辛萬苦，然後回到自己的文化裡來講述陌生人的故事。這些
故事通常具有如下特徵：(1)客觀性，認為自己看到的事情是真實存在的，是
可靠的；(2)固定性，相信自己的研究對象永遠不會變；(3)永恒性，相信自己
的作品就像博物館裡的藝術品，可以永垂不朽；(4)殖民性，以一種帝國主義
者的眼光從上往下看待被研究者的文化。比如，馬林諾夫斯基在自己的日記
中就曾經表達過這種明顯的殖民主義者的感受（*1967*）：

> 「沒有什麼事情可以吸引我作民族誌的研究……總的來說，
> 我不喜歡這個村子。這裡一切都很混亂……人們在笑的時候、
> 盯著東西看的時候以及撒謊的時候所表現出來的那種粗暴和頑

固使我感到有點灰心喪氣……到村子裡去，希望照幾張巴拉
（bara）舞蹈的照片；我給他們半截煙草，他們讓我看幾個舞
蹈，然後我給他們照相──但是效果很不好……他們不願意做
出跳舞的姿態等著我給他們照相；有時候我對他們非常生氣，
特別是當我給了他們煙草，他們卻走掉了的時候。」

　　除了馬林諾夫斯基，早期人類學中的大師級人物如萊德可里夫‧布朗
（Redcliff Brown）、M. 米德、貝特森（G. Bateson）等人的研究都具有上述
特點。他們都來自「文明社會」中的中產階級知識分子階層，都認為客觀現
實是存在的，可以通過嚴格的觀察和記錄將這些客觀現實保留下來。這些大
師們的研究方法一直是質的研究新手們學習的榜樣，即使是在各種後現代思
潮盛行的今天，人類學學生的入門課還是閱讀這些大師們的作品。學生們向
這些大師學習如何做實地筆記、如何分析資料、如何從資料中產生理論。
　　質的研究的傳統期開始於十九世紀末二十世紀初，當時社會科學已經從
人文學科中完全分離出來，成為了一種受人尊重的、獨立的話語系統（*Clough,
1992: 21*）。特別是社會學中的芝加哥學派強調對生活歷史和生活片斷進行研
究，力圖尋求一種對社會現象和個人生活進行解說的方法。這種對生活故事
進行敘事的方法後來發展成為質的研究的主流，它賦予研究者一種講述被研
究者故事的權力。研究者使用一種直接的、沒有情感的、社會寫實主義的手
法對被研究者的生活故事進行述說，他們使用的是一般人的語言，表現的是
文學自然主義在社會科學中的一種翻版（*Denzin & Lincohn, 1994: 7*）。

二、現代主義期（1950-1970）

　　現代主義期被認為是質的研究的「黃金時代」，各種社會思潮和研究方
法如雨後春筍般發展起來。總的來說，這個時期的主導思潮是後實證主義。
質的研究者開始意識到，雖然社會現象是客觀存在著的，但是研究者對它的

認識只可能是部分的、不確切的。只有不斷地從各個不同的角度對社會現象進行考察，將研究的結果進行證偽，才有可能逐步接近客觀真理。

在具體方法上，這是一個極富創造力的時期，很多研究者希望將質的方法規範化、嚴謹化（*Bogdan & Taylor, 1975; Cicourel, 1964; Filstead, 1970*）。例如，貝克（H. Becker）等人的《白衣男孩》（*1961*）就是一個有益的嘗試。他們按照量的研究的思路儘量嚴謹地進行質的研究，結合使用了開放型訪談、半結構型訪談和參與型觀察，對資料進行了仔細的標準化定量分析，注意尋找資料中的因果關係。其他一些研究者在進行參與型觀察的同時結合使用準統計學的方法，即：使用一些表示數量的詞語和概念（如「很多」、「不少」、「經常」）對研究結果進行分析和描述。使用這種方法的目的不在對有關數量進行運算或對其相關關係進行分析，而是對研究的現象進行事實性的描述和說明（*Lofland, 1971; Lofland & Lofland, 1984*）。格拉塞（B. Glaser）和斯特勞斯（A. Strauss）提出的紮根理論方法（*1967*）也是對質的研究進行規範化的一個有效嘗試，現在這個傳統仍舊能夠在斯特勞斯和寇賓（J. Corbin）（*1990*）以及邁爾斯（M. Miles）和惠泊曼（M. Huberman）（*1993*）等人的工作中看到。

在研究的內容上，這個時期的質的研究者對一些重大的社會過程和社會問題比較感興趣，如課堂上和社會中的非常規行為和社會控制。現代主義思潮強化了質的研究者作為文化浪漫主義者的形象，他們似乎具有巨大的人性力量，可以將那些「邊緣人」和「壞人」作為「英雄」來進行描繪。在政治思想上，他們與左派思潮比較靠近，同情社會上貧困、弱小的人群，提倡社會改革（*West, 1989: 6*）。在這個時期裡，一代新生的人文社會科學研究生們開始接觸到一些與質的研究有關的新型理論（如現象學、闡釋學、批判理論和女性主義等）。他們受到這些理論的吸引，認為質的研究可以為處於社會底層的人們說話。

1.現象學的影響

在現代主義時期，質的研究在很大程度上受到現象學的影響，開始注意研究者與被研究者之間的理解何以可能以及這種理解是如何發生的問題。這個時期，現象學對質的研究的影響主要表現在如下幾個方面。首先，現象學懸置了物質的實在（物）與超越的實在（心）兩個層面，只在主體和客體之間討論人的意識活動，探討實項的內在（包括感覺材料和意向活動）是如何構成具有意向性、構成性的超越的（張祥龍，*1998*）。現象學認為，意識總是關於某物的意識，這個某物是由意識活動所構成的，人的意向活動「激活」了感覺質料以後才形成了人的意義賦予。現象學的這種觀點對質的研究的指導意義在於：研究應該有所指向，應該關注被研究者與世界之間的意識活動。「生活世界」是由社會成員構造和經歷出來的，社會成員使用他們自己的常識和實踐理性將社會形態「客觀化」、「意義化」了。因此，研究者需要站到當事人的視角，瞭解他們是如何對自己的生活經驗進行解釋的、他們是如何理解別人的意圖和動機的、他們是如何協調彼此的行動的（*Holstein & Gubrium, 1994: 262-264*）。

其次，現象學認為本質就是現象，如果意向活動受到感覺質料的充實，本質直觀便具有「明證性」（evidence）。現象學的「本質直觀」是一個一氣呵成的過程，不是一個部件一個部件的建造。本質以一個整體的知覺形象呈現在人的意識之中，人可以一次性地直觀它。這種直觀既是一種超概念的活動，但同時又是一種十分嚴格的科學方法。現象學上述觀點對質的研究的啟示是：研究要注意整體性、情境性和關聯性，不能孤立地看待問題。對現象要進行「深描」，以此揭示社會行為的實際發生過程以及事物中各種因素之間的複雜關係。描述越具體、越「原汁原味」，就越能夠顯示現象的原本；對「問題」本身構成的展示就包含了對問題的解決。因此，研究要「面向實事自身」。

再次，現象學認為理解之所以可能，是因為在人的意向活動中存在著一

種內在的時間性。時間的三項（過去、現在、將來）由視域所連接，意識活動本身就是（或者總是）處於這個視域之中。人對過去的意識是通過回憶而實現的，對將來的意識是通過期待而獲得的，而回憶和期待的機制都是通過人的想像來運作的。這種想像不是再現式的想像，而是產生性的想像，是為了使時間或現在本身呈現在人的意識之中所必然需要的一種想像。通過產生性想像而構成的東西是一種「純構成」，一種在構成的東西還沒有出現之前就已經構成了的構成。現象學這方面的觀點對質的研究的啟示是：研究要進入人的意識境域，要同時考慮到現象的共時性和歷時性；研究者要深入現象的內在聯繫之中，貼近被研究者自己對時間、歷史、空間等概念的理解。

2.闡釋學的影響

這個時期的質的研究在很大程度上還受到與現象學密切相關的闡釋學（hermeneutics）的影響。闡釋學發源於對聖經的解釋，其希臘文「hermeneutik」是從詞根「Hermes」（赫爾墨斯）引申而來的。「赫爾墨斯」本是神的一位信使的名字，其使命是傳達和解釋神的指令，把神諭轉換成人可理解的語言闡明出來，從而建立起人與神之間的關係。因此，「hermeneutik」最基本的含義就是通過翻譯和解釋把一種意義關係從一個陌生的世界轉換到我們所熟悉的世界裡來（洪漢鼎，1995）。

闡釋學經歷了一個曲折的發展過程，從最初弗萊修斯（Flacius）強調就文字本身對聖經的意義進行破譯，施萊爾馬赫（F. Schleimacher）從語言和作者的心理層面對聖經進行闡釋，到狄爾泰（W. Dilthey）從歷史的角度強調讀者在閱讀文本時通過移情達到對作者和文本的理解，進而對人類生活進行整體性的自我認識（Hamilton, 1994: 64）。海德格爾（M. Hedgel）於一九一○年左右提出的「現象學的闡釋學」突破了古典闡釋學的對象性思維，開始強調一種「無成見的」、「無前設的」和「面對實事本身」的思維態度。他提出「理解」首先不是一套社會科學的「方法」，而是常理世界的本體生活模式，是「此在」本身的存在方式。「理解」是人存在的先決條件與基本模式，是

人之為「人」的存在基礎，而不是主體認識客體的「方法」。「理解」的意義不是尋求客觀知識對象，而是人面對「我是誰」的終極問題。加達默爾在一九六○年發表的《真理與方法》中所完善的「哲學闡釋學」則更進了一步，大張旗鼓地為人的「傾見」（或「成見」、「偏見」）平反。他認為，任何解釋都必然具有在先的結構和形式，「一切理解本質上都包含著傾見性」，人的「傾見」必須（也必然）會運用到理解之中（加達默爾，1986: 274）。每一種新的知識的獲得都是過去的知識與一種新的並且是擴展了的環境的調解或重新匯合，是一種新的「視域的融合」。我們在視域中移動，它也在移動著我們；我們無法跳出現在的立足點而跳到過去的視域裡，因為我們在本體上已經紮根於現在的情境和視域之中（Bernstein, 1983: 143）。在「理解」中永遠不存在「主觀」和「客觀」的截然區分。它是一種既非主觀也非客觀的東西，同時又是一種既是主觀也是客觀的東西。

　　闡釋學主要在如下三個方面對質的研究產生了影響。首先，確認「理解」是質的研究的一個主要目的和功能。正如狄爾泰所言，「自然需要說明，而人需要理解」，質的研究強調在研究中獲得被研究者的理解。這是因為，「人」既不是一個「實物」，也不是一個「概念」，對人的研究不能通過「證實」的手段，而只能通過「理解」和「闡釋」（葉秀山，1988: 9-10）。「理解」不是對某一個「客觀實在」的事物的直接觀察或即時辨認，而是通過研究者的「闡釋」把該物「作為某物」的結果。「理解」是在研究者的闡釋意圖與解釋對象之間的一個循環互動，因此「理解」和「闡釋」是永遠沒有完結的（McCarthy, 1992: 221）。

　　其次，對研究者本人「傾見」的認可和利用。「闡釋」受到歷史、文化和語言各方面的制約，闡釋者自己的「前設」和「傾見」是「理解」的基礎。研究者在研究中是不可能選擇立場的，因為在開始研究之前他／她就已經有了自己的立場（Becker, 1967）。研究者的個人因素，包括自己的文化身分、對研究問題的前設、自己與被研究者之間的關係等，都會影響到研究的進程和結果，需要認真地加以清理和利用。研究者必須意識到，所謂「他人的觀

點」不是客觀存在的、自足的一個實體,而是透過研究者個人的視鏡構造而成的。

再次,「理解」中參與者之間主體間性的確立。從「理解何以可能?」的角度看,研究者之所以能夠理解被研究者是因為雙方處於一種新的、可以相互溝通的歷史視域之中。兩個主體之間的相互理解是雙方努力的結果,而不是一方被動地被另外一方所「認識」。因此,對研究者和被研究者之間的主體間性進行有意識的探究成了質的研究的一個重要的主題,而不是研究方法上的一個「禁忌」。在探尋當事人意義建構的過程中,質的研究強調研究者長期在當地與當事人生活在一起,通過親身體驗瞭解自己與對方相互之間的如何影響、互動的,自己是如何理解對方的。

3.其他思潮和方法的影響

在現代主義時期裡,質的研究還受到其他思想潮流和方法的影響,如民族誌的方法、紮根理論的方法、象徵互動主義、批判理論、女性主義等。首先,這個時期的民族誌方法有了長足的發展,注重從當地人的語言、符號和社會結構中尋找本土意義。民族誌研究者認為,被研究者的所有行為都是有意義的,因此需要關注他們的行為所表達的意義以及產生這一意義的廣闊的社會文化背景(*Wax, 1967*)。研究者應該作為異文化群體中的一分子,與當地人長期地生活在一起,瞭解他們的意義建構,然後對他們的文化進行整體性的描述。根據馬爾庫斯(G. Marcus)和費徹爾(M. Fischer)的觀點(*1998: 47*),此時的民族誌不僅仍舊關注過去的民族誌所具有的現實主義的旨趣,即對文化進行整體性的描述,而且將興趣轉移到了理解、翻譯和解釋當地人的思想觀點上面。一部「好」的民族誌不僅應該賦予異文化以整體的意義,而且應該通過描寫實地的生活環境以及解說當地人日常生活的意義來暗示研究者「曾身臨其境」,通過對異文化及其語言進行跨越邊界的翻譯,顯示出自己的語言功底以及自己對土著文化的意義和主體性的把握。

斯特勞斯和寇賓(*1967*)於一九六七年提出的「紮根理論」在質的研究

以及其他社會科學領域產生了十分重要的影響。這種理論認為，研究的目的是建立理論，而理論必須建立在從實地搜集的原始資料的基礎之上。研究的焦點應該放在具有核心意義的社會心理發展過程以及社會結構上，通過不斷比較的方法發展出紮根在社會情境脈絡之中的實質理論（substantive theory），然後再在實質理論的基礎上形成形式理論（formal theory）。（有關紮根理論的具體觀點和操作方法，第二十章第三、四節還有詳細的介紹）

象徵互動主義認為，人的心靈和自我完全是社會的產物，是人在社會化過程中與他人的互動中產生出來的。「心靈」與「交流」之間的關係與傳統的認識不太一樣：心靈通過交流而產生，而不是交流通過心靈而產生。人在交流中借助於與他人的對話而構造出自己的身分和人格，意義存在於關係之中。正如 G.米德（*1992: 69,115*）所言，「有機體的過程或反應構成了它們對之作出反應的對象。若沒有能夠消化食物的有機體，便不會有任何食物，不會有任何可吃的對象……以食物為例，當一種能消化草的動物，如牛，來到這個世界上時，草才成為食物。那個對象，即作為食物的草，以前並不存在。牛的到來帶來了一種新的對象。」象徵互動主義對交流和互動的形成性作用十分重視，認為人的行為和意義都是在與他人的社會性互動中產生的。這種觀點對質的研究的啟示在於：研究者應該特別注意考察被研究者與周圍環境和他人之間的關係，反省自己與被研究者之間的關係，以此探究被研究者是如何在與他人互動中建構自己的行為和意義的。

在這個黃金時期，批判理論和女性主義研究也開始興盛起來。批判理論認為，社會研究是研究者與被研究者之間平等互動的過程，前者不應該將其作為一種控制後者的手段。研究應該關注社會正義，而不是強化被研究者的社會性順從。人具有實踐理性的自由，可以定義和實現自己的目標，具體的社會現實是由參與者在辯證互動中相互建構而成的（*Freire, 1992*）。因此，如果研究者和被研究者都有足夠的機會對自己的行為和周圍的環境進行反省，雙方的自我意識和社會意識都會得到提高。批判理論者主張將社會文本作為經驗材料進行解讀，結合使用民族誌的方法和文本分析的方法，力圖為多元

聲音提供說話的空間。由於特別關注社會關係中的權力不平等，批判理論對闡釋學中有關「理解是視域的融合」這一說法持懷疑態度。法蘭克福學派的代表人物之一哈貝馬斯（J. Habermas）認為，真正的交往需要以理想的言語情境為前提，即雙方選擇和運用言語的機會是平等的，除了「更好的論據」之外，彼此不得使用任何形式的強力。而在現實情境中，交往由於意識形態霸權的統治而受到了系統的扭曲，因此所謂「視域的融合」只能是幻想。對批判理論者來說，闡釋學缺乏「批判的向度」，因而無法達到具有解放意義的交往和理解（劉鋒，1992；高一虹，1998: 3）。

女性主義研究的興起是對男性占統治地位的學術界的一種反抗，它呼籲社會瞭解女性看世界的方式以及她們在日常生活中的關懷。在政治立場上，女性主義研究關注社會現實中的性別和等級特性，指出我們現在生存於其中的這個「世界」以及我們現在使用的「語言」都具有性別和等級的記號。因此，任何研究都不可能採取一種「中性的」立場，研究者必須意識到自己性別特徵和權力地位。在「知」的方式上，女性主義強調「關聯的知」（connected knowing）和「關懷的知」（knowing as caring）。前者指的是：「知」可能在人際關聯中獲得，在知者與被知者之間的關係中獲得，而不是知者自上而下「客觀地」、有一定距離地給予被知者（Belenky et al., 1986）。弱小的被知者應該在「知」的關係中追尋並重新確立自我，以便與知者形成平等的關係。後者強調的是「知」主觀中的情感成分和倫理道德關懷，知者應該是一個「有激情的知者」（passionate knower），對被知者有母性一般的愛（Noddings, 1984）。受女性主義思想的影響，此時的質的研究開始關注弱者的心聲，重視研究關係中的情感因素和人際和諧以及研究中出現的倫理道德問題。

三、領域模糊期（1970-1986）

這個時期以解釋人類學家格爾茨（C. Geertz）的兩本書作為開始和結束

的主要標誌：《文化的解釋》（*1973a*）和《地方性知識》（*1983*）。在這兩本書裡，格爾茨指出，過去人文社會學科裡那種功能主義的、實證的、行為主義的、整體性的探究方式已經被多元的、解釋的和開放的角度所代替。這個新的角度將文化呈現及其意義解釋作為出發點，對文化中特殊的事件、儀式和風俗進行「深描」。所有人類學的寫作其實都是對當地人的解釋的再解釋，研究者本人不僅應該對當地人的日常經驗進行描述，而且要對他們的象徵符號進行意義解釋。這些解釋坐落在特定文化情境下，不具有普遍的說明意義，理論只可能對區域性情況進行解釋。

與此同時，格爾茨在其論文《模糊的文體》（*1980*）中把當代學術發展的趨勢描述成學科之間觀念和方法的流動性借用，即社會科學與人文學科之間並不存在一個明顯的界線，文學的體裁和手法也可以運用到科學論文的寫作之中，事實上，很多社會科學家已經在向人文學科借用理論、模式和分析的方法（如符號學、闡釋學等），各種文體相互之間交叉使用的情況越來越普遍。例如，讀起來像小說的紀實作品（梅勒，Mailer），假冒為民族誌的諷刺笑話（卡斯塔尼達，Castaneda），看上去像是旅遊雜記的理論探討（列維·斯特勞斯，C. Levi-Strauss）。同時，在社會科學研究界出現了很多新的文體，如後結構主義（巴特，R. Bathes）、新實證主義（菲利浦，Philip）、新馬克思主義（阿爾修舍，Althusser）、微觀—宏觀描寫（格爾茨，C. Geertz）、戲劇和文化的儀式理論（特納，V. Turner）、解構主義（德里達，Derrida）等。這種打破學科界限的觀點和實踐為學界看待社會科學研究的性質以及研究報告的寫作文體帶來了新的視角和實驗方法。許多傑出的學者如M.道格拉斯（M. Douglas）、列維·斯特勞斯和特納等人的研究已經打破了科學與文學的界限，對科學的所謂「嚴謹」、「真實」和「中立」進一步提出了挑戰（*Vidich & Lyman, 1994*）。格爾茨本人也使用了一些生動、活潑的文學技法（如雙關語、比喻、景色描繪等）對自己的實地研究經歷進行形象的、印象式的勾勒。如在《深度遊戲——有關巴厘人鬥雞的的筆記》（*1973b*）一文裡，他對巴厘島民鬥雞的情形進行了十分生動、有趣的描寫，其中包括一

段警察襲擊當地鬥雞者的有趣情景，他自己與妻子當時也在被追趕之列。

社會科學內部具有統一標準、統一規範的「黃金時代」已經過去了，取而代之的是一個含混的、解釋的、多元的新時代。藝術文本正在代替科學論文，藝術的手法與科學的規範已經混為一體了。人們對社會科學界內部「科學主義」的做法提出了更嚴肅的質疑：「什麼是科學？科學是否一定要有實證資料作為基礎？知識是否一定是關於這個世界上人可以感知到的東西？科學知識是否一定要遵從形式邏輯的法則？人文學科（如語言、文學、藝術、哲學等）算不算科學？等等。其實，在西方學界內部，有關「科學」的定義一直存在爭議，如德語中的「科學」（wissenschaft）一詞就比英文中的「科學」（science）一詞所表達的概念要寬泛得多，它包括一切系統化的概念和知識體系，如數學、法學、神學等。德語中的「邏輯」一詞表示的是一個概念框架，借助這個框架可以更好地理解各種「文化科學」，因此任何具有嚴密系統的概念框架都很容易被納入德國人所說的「科學」的範疇（卡西爾：1991: 11）。以這種比較寬泛的定義，「科學」不僅僅是對事實以及事實之間關係的描述，而且是一種更加深層的東西，包括人在日常生活中與自然界以及人自身直接交往時已經「瞭解」到的那些更加深奧、實用的知識。

在對「科學」的定義進行擴展的同時，也有學者對「科學」一詞的「濫用」提出了質疑。他們認為，文學、歷史、哲學等只能被視為人文「學科」，而不應該被稱為人文「科學」（林毓生：1988）。當前學術界對科學的過分崇拜使人文傳統受到了削弱，似乎任何事情都要冠以「科學」的桂冠、經過科學原理的檢驗才具有「合法性」。這樣一種傾向已經嚴重地威脅到了學科的合法性問題，同時也對知識的合法性問題提出了嚴峻的挑戰。在這個科學威力無比的世界裡，科學已經意味著權力，科學的話語已經成為了一種「元敘事」（利奧塔爾，1997）。而質的研究就是為了反對這種科學的話語，找回前科學時期人類所熟悉的「敘事話語」，將學術界在「科學」與「藝術」之間人為製造的隔離再次彌合起來（Geertz, 1973b）。

在這個時期裡，自然主義和建構主義的範式在質的研究領域裡獲得了一

定的影響地位。在上個時期已趨成熟的後實證主義、現象學、符號互動論、
女性主義、批判理論等流派在質的研究中的影響依然存在，文本分析、敘事
分析、語義分析、內容分析、符號學、結構主義、有色人種研究等方法也開
始進入質的研究的範疇。這個時期質的研究者常用的方法包括紮根理論、個
案研究、歷史研究、傳記研究、民族誌行動研究、臨床研究等。搜集資料的
手段也十分豐富，如開放性訪談、觀察、實物分析、視聽技術、電腦運用、
研究者個人經驗的運用等。具有應用性質的質的研究領域（如教育學、社會
工作、護理學等）開始受到學界的重視，特別是在教育研究領域，沃克特（H.
Wolcott）、谷巴（E. Guba）、林肯、斯台克（R. Stake）和艾斯納（E. Eis-
ner）等人的研究產生了非常重大的影響。有關研究的政治和倫理方面的問題
也越來越多地進入研究者的議事日程，研究者對研究的社會文化背景開始給
予更多的關注。到七〇年代後期，質的研究領域出現了一些比較正規的學術
刊物，如《城市生活》（即現在的《當代民族誌》刊物）、《質的社會學》、
《象徵互動》、《象徵互動研究》等。

　　這個時期，常人方法學（ethnomethodology）開始在質的研究領域廣泛運
用❶。這種方法由社會學家伽芬格在一九六七年發展成一個比較完整的理論。
該理論認為，社會現實是由人的客觀意念構造而成的，但是人往往忘記了這
一點，習慣於將自己的行為「客觀化」（*Lofland & Lofland, 1984: 115*）。人自
己在設計了組織社會的種種策略以後，隨著時間的流失卻忘記了這個事實，

---

1. 此詞國內一般譯成「人種誌方法論」、「民族學方法論」、「民俗學方法論」或
「本土方法論」等。根據李猛和李康在布迪厄和華康德所著的《實踐與反思》一
書中的譯注（*1998: 9*），這些譯法的根據主要在於 ethno 是民族誌（ethnography）
的詞根。但根據發明此詞的伽芬格（H. Garfinkel）本人的解釋，ethno 是指 everyone，
即普通人、平常人；而 method 是普通人的方法，即常人方法，而不是與 -ology 連
讀指方法論（methodology）。因此，ethnomethodology 指的是 the study of everyone's
method，即對常人的研究，所以譯做「常人方法學」比較恰當，既區別於研究民
族文化的各種民族學科，也區別於一般所說的方法論。本書採納他們的譯法。

因為社會結構使自身變成了一個先在的客體，導致了人的觀念中的「客觀性」。因此，常人方法學的目的就是要「去客觀」、「去神秘」，採取實地觀察、主動理解和語言分析的手段瞭解特定文化中人們的社會交往規則和行為方式，使這些思想和行為「非客觀化」。研究者常常採取一些不同尋常的方法來考察當常規受損時「常人」通常採取什麼行動來對常規進行修復，以此探討「常人」將日常現象轉換成似乎「理所當然的」生活常識的習慣性機制。研究的重點大多放在「常人」日常生活中使用的「方法」上面，如語言、行動、符號、規範、儀式等。這些「方法」本身就是「常人」所處生活情境中的一部分，而這個「情境」本身也是研究的對象。因此，研究者應該將這些「方法」和「情境」本身作為研究的內容，而不是作為尋找「常人」的表面行為背後所隱藏的某種深層「本質」的工具。常人方法學要求研究者將自己的「傾見」懸置起來，通過與對方的互動尋找對方的生活意義（*Holstein & Gubrium, 1994: 264-265*）。

四、表述危機期（1986-1990）

在八〇年代中期，質的研究領域內部發生了一個深刻的變化。在短短的兩年間（1986-1988），質的研究領域出版了一系列對研究的表述危機進行深刻反省的作品，如馬爾庫斯（G. Marcus）和費徹爾（M. Fischer）的《作為文化批判的人類學》（*1986*）、特納和布魯納（E. Bruner）的《經驗人類學》（*1986*）、克利福德（J. Clifford）和馬爾庫斯的《寫文化》（*1986*）、格爾茨的《作品與生活》（*1988*）以及克利福德的《文化的困境》（*1988*）。這些作品對「科學研究」和「寫作」中隱含的性別、社會階層和種族問題提出了進一步的質疑，使質的研究者對自己的研究及其寫作方式具有更強的反思性和批判性。

在這個時期裡，質的研究者進一步感到了語言表述中存在的危機，開始對語言中隱含的意識形態進行批判。批判理論、女性主義以及有色人種的知

識論進一步擴展了質的研究者的視野，他們越來越強烈地意識到，研究和寫作本身就是權力、階層、種族和性別的反映。在現實主義和實驗民族誌的寫作中，研究者聲稱自己的文本具有「科學」的權威，這種聲稱為經驗科學提供了證實的依據，相信所謂「生活著的經歷」（lived experiences）是可以被捕捉到的。而實際上，作為產生「知識」和權力的工具，這些作品複製了經驗科學的霸權，忽略了文本中隱含的性別和社會地位歧視（*Clough, 1992: 8*）。現在研究者不得不追問的是：「作者在解釋性文本中應該以什麼身分出現？在現在這樣一個沒有固定的文本規則、衡量標準和寫作內容的時代，作者如何有權威說話？」（*Denzin & Lincohn, 1994: 8*）。

這個時期的研究者已經完成了對傳統人類學經典的徹底摧毀，曾經被認為已經解決了的「效度」、「信度」和「客觀性」問題重新變成了「問題」。研究者除了繼續關注現象學所強調的「生活世界」及其解釋以外，開始進一步深入到政治、歷史、社會和文化的情境之中思考研究及其寫作的性質問題。研究者更加具有自我反省能力，更加自覺地對自己作為作者的角色和身分進行反思，對傳統的真理和意義模式進行挑戰，在摸索中尋找新的「真理」和「方法」（*Rosaldo, 1989*）。這種文化批判不僅發生在質的研究領域內部，而且對世界範圍內的信息經濟、民族─國家政治體制、大眾傳播、特別是經驗科學產生了深刻的影響。

在具有批判意識的質的研究者眼裡，寫作與實地工作之間的界限開始消失，寫作不再被看成是對「客觀現實」或「研究結果」的表述或再現，其本身就是一種對現實的構造。作為一種探究的方式，寫作可以推動研究者不斷進行自我反思。研究者的寫作是一種實地工作的流溢，通過研究者在實地的工作過程，最後成為呈現在公眾面前的民族誌敘事經驗。寫作就是實地研究，兩者之間的邊界是十分模糊的，沒有實質上的區別。

質的研究在這個時期遇到的「危機」可以被看成是一個雙重的危機，它潛伏在後結構主義和後現代主義的話語之中，與認識論方面的轉向和語言的轉向有關。這種轉向使質的研究中的兩個重要的假設成了問題：(1)研究者是

否可能直接捕捉「生活著的經歷」？是否可以通過社會文本創造這些經歷？——這是一個表述的危機；(2)如何對質的研究進行衡量？在沒有標準的後結構時代如何重新思考「效度」、「信度」、「推論」等概念？——這是一個合法性危機。很顯然，這兩個危機之間存在著相互滲透的關係；任何表述都必須使自己獲得合法性，而合法性必須有一定的表述標準。研究者如何在文本和世界之間建立起聯繫？如何衡量自己的表述？——這是質的研究者面臨的重要難題。

對這個時期質的研究者體驗到的「表述危機」，斯多勒（P. Stoller）在與歐克斯（C. Olkes）一起進行實地工作時深有體會（1987: 229）；「當我開始寫作人類學的文本時，我嚴格遵守自己所受訓練的規範，我搜集資料，當資料被整齊地分門別類以後，我將它們寫出來；在一個個案中，我把松黑（Songhay）人使用的粗鄙話組成一個邏輯的公式。」可是，後來他對這種寫作方式感到很不滿意，因為他瞭解到「每個人都在向我撒謊，我花費了如此大的精力搜集的資料沒有一點價值；我獲得了一個教訓：一般來說，資訊提供者都向人類學家撒謊」。這個發現促使他重新開始寫作，用一種新的方式對資料進行分析。這次他寫的是一個備忘錄（memo），通過講故事的方式敘述自己在當地人的世界裡生活和工作的經歷。在這個故事裡，他自己是主角。通過分析他自己的世界與當地人的巫術世界之間的衝突，他展示了一個實地工作者在面對表述危機時所做的努力（Denzin & Lincoln, 1994: 10）。

除了在政治層面對研究的表述進行反思以外，一些學者此時也開始設法突破語言表述的內在限制，如艾斯納（1996）等人認為，傳統的語言表述只能線性地表現研究的結果，很難再現被研究者生活世界中的立體維度，結果他們的這一部分「知識」往往就被忽略掉了。這些研究者提倡使用一些「另類的資料呈現形式」，如錄影、照相、錄音、詩歌、舞蹈等。這些形式大大地擴展了研究結果的表述能力，使讀者獲得更多的「身臨其境」的感覺。比如，費爾德（S. Feld）在《聲與情》（1982）中詳細地敘述了他與被研究者一起經歷的音樂體驗。他用當地人的方式創作歌曲，然後演奏自己的作品給

當地人聽，從中體驗他們的情感威力。此外，他還試圖用兩種不同的攝影方法捕捉一位當地人的舞姿，一張照片使用的是傳統的中程攝影法，拍下這位舞者全副武裝、威風凜然的樣子；另一張則是一種模糊的動感攝影，給人一種夢幻的感覺。通過呈現這兩張不同的照片，他希望強調傳統的圖像是比較容易閱讀的，而帶有「象徵主義」色彩的圖像更能夠喚起表意感（馬爾庫斯，費徹爾，*1998: 96-97*）。

又如，里查遜（*L. Richardson, 1992*）試圖使用詩歌的方式表現自己的研究結果，她將自己對一個未婚母親的長達三十六頁的訪談紀錄壓縮為一首由五個詩節組成的三頁長的詩歌。圖表 2-2-1 摘錄的是該詩歌的第一段。

里查遜在編織這首詩歌時使用的完全是受訪者自己的語言，但同時使用了一些詩歌的修辭手段，如重複、押韻、音節和停頓等。這種形式可以將讀者直接帶到濃縮的資料本身，迫使讀者按照詩歌的流動形式進行密集的思考，不允許讀者進行任何表面的瀏覽，因為詩歌這一形式本身就使讀者進入了一個更強烈的、深刻的、充滿了情感力量的思維空間（*Miles & Huberman, 1994: 110*）。這種寫作方式打破了傳統的社會科學寫作的規範，於科學研究的所謂「變量」而不顧，強調的是被研究者個體的主觀經驗，展現的是一個特定個案的內容。詩歌的表現手法不僅從情感上更加吸引讀者和研究者，而且改變了作者的著作權。在這裡，講述故事的不是作為「研究者」的里查遜，而是作為「被研究者」的露依莎·梅，後者已經獲得了「作者」的身分。

五、後現代主義期（1990-）

從一九九〇年起，質的研究進入了後現代時期，也就是說受到後現代主義思潮的主要影響。後現代主義不僅僅是一個時間概念，而主要是一種社會思潮。它興起於第二次世界大戰之後，是西方社會對隨工業化而來的現代主義的一種反動。兩次世界大戰以及工業文明給西方社會帶來的種種弊端使人們對現代主義的信仰產生了懷疑，不再承認任何形式的「權威」。現代文化

圖表 2-2-1　詩歌形式的資料片斷

（資料來源：*Richardson, 1992*）

露依莎・梅的生活故事

想說的最重要的事情
是
我生長在南方。
作為南方人形成了
我作為一個人的理想，
形成了你認為你是誰
以及你認為你將成為什麼樣。
　　　（當我聽自己說話時，我聽到磁帶上我那瓢蟲
　　　一般的口音，我想，啊上帝，
　　　你來自田納西。）
沒有人曾經向我建議
說我的生活中可能發生
任何事情。
我在一個租來的房子裡貧困地長大
以一種非常正常的方式
在一條非常正常的街上
與一些可愛的中產階級的朋友一起長大
　　　（有的到現在還是朋友）
因此我想我會有很多孩子。
我住在外邊。
一個不愉快的家。一個穩定的家，直到它散了架。
在密爾夫容特（Milfrount）縣第一次離婚。
瞧，這就是我的生活。

中的機械論世界觀已經陷入了危機，所謂的「決定性、穩定性、有序性、均衡性、漸進性、線性關係」等現代科學的基本範疇逐漸被「不穩定性、不確定性、非連續性、斷裂、突變」等後現代的觀念所代替。建立在普適意義上的語言、社會和知識結構的整體性和統一性已經崩潰了，現代文化創造的三種元神話（人性解放、精神目的論、意義闡釋）也已經失去了合法性。在這

樣一個中心失落、價值多元的時代裡，後現代主義主張徹底的多元化，反對
任何統一的企圖以及將自己的選擇強加於別人的霸權。它堅決維護事物的多
樣性和豐富性，在承認差異的基礎上主張各種範式並行不悖、相互競爭（參
見威爾什：《我們後現代的現代》，轉引自姜靜楠，劉宗坤，*1998: 229-231*）。在
這樣的思想導引下，現代社會的權威中心受到了前所未有的衝擊和挑戰，弱
小的民族和個人（如少數民族、女性、殘疾人、同性戀者）都開始要求擁有
自己的權利。

　　與此同時，由於缺乏統一的價值和信仰體系，後現代社會裡人的「自我」
開始呈現出零散化和「精神分裂」的狀態。人與自己的歷史斷絕了往日的聯
繫，人已經失去了自我身分。人類的生活變得越來越物化，非真實化、商品
化，人與現實的距離感也開始消失了（杰姆遜，*1997*）。隨著「深度模式」的
被拋棄，人的意識變得平面化了，不再有現代主義時期那種追求事物「本質」
的焦慮、異化和孤獨感。一切都被解構了，固定的意義不再存在了，意義只
存在於關係之中（*Spretnak, 1991*）。在社會科學研究中，人們不再追求「元敘
事」和「元神話」，也不再固守一個特定的敘事結構和敘事內容。信奉後現
代主義的人們以無信念為信念，以無基礎為基礎，以無限制為限制，以無規
則為規則。他們不對任何信念、基礎、限制、規則持確定的態度，而這本身
就反映了他們的一種確定的態度（楊壽堪，*1996: 187*）。

　　在這個時期裡，質的研究呈現出更加多元的狀況，更加注重不同人群（特
別是弱小人群）的聲音，在方法上也更加兼容並包。社會科學在一些學者的
眼裡變成了「雜貨攤」（garage sale），各種文化作品以不尋常的方式在無法
預料的地方浮現出來，沒有任何一樣東西可以被認為是「神怪的」，「永恆
不變的」或「永不開封的」。雖然像杜·波依斯這樣的知名學者認為，「（我
對）過去我曾經覺得是一個可以證實的、富有挑戰性的學科現在變得如此的
複雜和混亂（感到）有一種距離感……這就好像從一個尊貴的藝術博物館來
到了一個雜貨攤」，而羅沙多（*Rosaldo, 1989: 44*）等人卻認為，這一比喻絕
妙地描繪了後殖民時期世界範圍內社會科學研究的新局面。

　　由於對研究的價值取向和實際作用的意識更加敏銳，這個時期質的研究者更加重視以行動為取向的研究。比如，勒溫（K. Lewin）的行動科學和阿吉里斯（C. Argyris）的實踐研究範式就是建立行動理論的有益嘗試。他們將研究視為一種社會實踐，將研究的過程視為一種社會批判。行動研究提倡讓被研究者成為研究者，親自參與研究，直接從研究中獲得行動的力量和策略。被研究者不再是被研究的對象，而成了研究的主人。他們的參與打破了科學界對研究的一統天下，消除了籠罩在「研究」本身這一現代神話之上的神秘感。在行動研究中，參與者不再承認任何普適的、絕對的宏大理論，不再企圖尋找放之四海而皆準的「真理」，而是更加重視對區域性小型理論的建構。（有關質的研究這方面的發展趨勢，參見第二十六章）

　　上面我們對質的研究的發展淵源和歷史分期進行了一個簡單的介紹。從上面的討論中可以看出，質的研究來自很多不同的思想和方法傳統，其歷史發展道路也十分曲折。總的發展趨勢似乎有如下特點：從傳統、現代到後現代，從封閉到開放，從一元到多元，從事實描述到意義解釋，從論證理論到建構現實，從追求「科學」到重視人文，從「客觀性」到「主體間性」，從寫語言到寫文化，從構建宏大理論到地域性知識，從價值無涉到價值有涉，從學術研究到實踐行動。

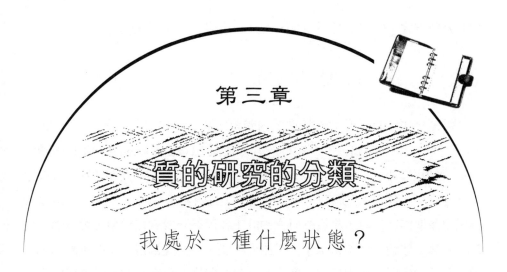

第三章

質的研究的分類

我處於一種什麼狀態？

　　有關質的研究的分類，學者們的分類標準很不一樣，呈現出一種色彩紛呈的景象。有的人按照研究者所探討的研究問題分類；有的人按照研究內容的範疇進行分類；有的人按照研究者從事研究的興趣進行歸類；有的人按照學術「傳統」對研究的具體實踐進行劃分；有的人按照「類型」對研究的活動進行探討；還有的人反對對質的研究進行任何形式的分類。下面我對這些不同的歸類方式進行一個簡要的述評。由於資料比較繁雜，各種歸類的標準也不太一樣，因此不同類別之間在內容上有時有重疊之處。但是，為了保持每一種分類方式本身的完整性，我仍舊列出了每一個分類下面所有的類別。

第一節　按研究的對象範疇分類

　　在質的研究領域，有的學者傾向於將質的研究按照所探討的對象範疇進行分類。這裡所說的「對象範疇」指的是研究的問題、現象、範圍等，是相對下面第三、四節中有的學者就「學術傳統」和「探究類型」本身進行分類而言的。在「對象範疇」這個大的類別下面至少有兩種不同但又彼此密切相

關的分類方式：(1)按研究的問題分類；(2)按研究的範疇分類。

一、按研究的問題分類

這種分類法將研究者經常探討的問題作為分類的標準。例如，莫斯（*J. Morse, 1994: 224*）將研究的問題分成五大類型：(1)意義類問題；(2)描述類問題；(3)過程類問題；(4)口語互動和對話類問題；(5)行為類問題（在行類問題下又分成「宏觀」和「微觀」兩個層面）（見圖表 3-1-1）。然後，他以這五種問題類型作為主導，將質的研究中的主要策略分成六種類型（現象學、民族誌、紮根理論、常人方法學／言語分析法、參與性觀察、質的生態學）。與此同時，他還在表中列出了與這些策略相對應的科學範式、具體研究方法和其他資料來源。

圖表 3-1-1 表明，對不同的研究問題，研究者通常使用不同的研究策略，這種研究策略屬於特定的「範式」（這裡似乎與我們平時所說的「學科」類似），研究者往往使用一些特定的研究方法以及相關的搜集資料的方式對這些研究問題進行探究。比如，當研究的問題是「描述類問題」時，研究者的研究策略是民族誌，與此對應的範式是人類學，特別是文化人類學，同時可以使用無結構訪談、參與型觀察和記實地筆記的方法，其他搜集資料的來源可以有各種官方的和私人的文件、文字紀錄、照片、地圖、譜系圖、社會關係圖等。

這個分類表從研究的問題入手，將質的研究常用的各種策略及其對應的範式、方法和資料進行了比較簡明的分類，對我們瞭解這幾個因素之間的關係很有幫助。但是，我發現其中有明顯的重複和分類不對等的情況。比如，「現象學」被同時放在「範式」和「策略」兩個欄目裡。也許「策略」中的「現象學」指的是現象學常用的方法，如本質直觀的方法、一氣呵成的步驟、意識的意向性等；而「範式」中的「現象學」指的是「學科」意義上的一種哲學流派。又比如，「參與型觀察」被放在回答「宏觀的行為問題」的「策

圖表3-1-1　質的研究的主要策略比較

（資料來源：Morse, 1994: 224）

研究問題的類型	策略	範式	方法	其他資料來源
意義類問題：瞭解生活經歷的本質	現象學	哲學（現象學）	錄音「談話」；筆錄個人經歷中的有關軼事	現象學文獻；哲學反思；詩歌；藝術
描述類問題：對文化群體的價值觀念、信念和行為進行描述	民族誌	人類學（文化）	無結構訪談；參與型觀察；實地筆記	文件；記錄；照片；地圖；譜系圖；社會關係圖
「過程」類問題：瞭解時間維度上事情發生的變化，研究問題可以呈現階段性和不同的層面	紮根理論	社會學（象徵互動主義）	訪談（錄音）	參與型觀察；寫備忘錄；記日記
口語互動和對話類問題	常人方法學；話語分析	語用學	對話（錄音／錄影）	觀察；記實地筆記
行為類問題：宏觀微觀	參與型觀察	人類學	觀察；實地筆記觀察	訪談；照相錄影；記筆記

略」一欄中，而與此對應的「方法」一欄裡卻列上了「觀察」。在我看來，「參與型觀察」應該是一種方法，是「觀察」的一個分支，與其相對應的另外一個分支是「非參與型觀察」。（有關觀察的分類，詳見第十五章第一節）

二、按研究的範疇分類

與上述按研究問題分類的思路類似，其他一些研究者將質的研究按照研究的範疇進行分類。我認為，所謂「研究的範疇」指的就是研究的現象，它

比「研究的問題」更加寬泛一些。「研究的問題」是從「研究的範疇」內提取出來的一個比較集中、具體、需要回答的疑問，而「研究的範疇」是研究者意欲探討的一個現象領域。例如，在米勒（W. Miller）和克萊伯特利（B. Crabtree）的分類中（*1992: 24*），他們把質的研究的範疇分成七種類型，然後從這七個範疇入手，將質的研究的學術傳統分成如下不同的種類（見圖表3-1-2）。

從圖表 3-1-2 中列出的研究範疇看，我很難瞭解研究者的分類標準是什麼。他們的分類似乎不在一個水平上，大到「文化」，小到「個人」，既有「行為／事件」又有「交流」和「實踐過程」。似乎他們更多地是從質的研究的學術傳統入手，找到相應的現象範疇，指出不同學科與這些範疇之間的對應關係，以及每個學科內部在探究相應範疇時在方法上的側重。比如，當研究的範疇是文化時，研究者通常使用人類學的方法。其中，如果把文化作為一個整體來進行研究，研究者往往使用人類學中的民族誌的方法；如果把文化作為符號世界進行探究，研究者則選擇使用人類學中符號人類學的方法；如果把文化作為社會組織分享意義和語義規則的認知圖式，研究者則會選擇使用人類學中認知人類學的方法。

在我看來，這個分類法將質的研究的學術傳統進行了一個逐級的分類，首先是學科層次的分類（人類學、社會學、心理學、社會語言學、應用專業），然後是各個學科內部次一級的分類（如人類學中的民族誌、符號人類學、認知人類學等）。其中有的層次不完全對等，如將護理學、教育學、組織／市場研究和評估研究等放到「應用型專業技術」，與上面所列的各類學科不在一個分類層次上；護理研究、教育研究、組織／市場研究和評估研究可以同時使用量的方法和質的方法，不一定是「質的研究的學術傳統」。但是，從這個圖中，我們可以看出，米勒和克萊伯特利試圖在質的研究這個大的分類框架下，從質的研究的主要內容範疇出發，對傳統的學科分類進行一個新的梳理和細化。

圖表 3-1-2　研究的範疇與質的研究的學術傳統

（資料來源：*Miller & Crabtree, 1992: 24*）

研究的範疇	研究的學術傳統
生活經驗（生活世界） 　　作為個體的行動者的意向與社會情 　　境相連的行動者	心理學 　　現象學 　　闡釋學
個人的 　　個人的傳記	心理學與人類學 　　生活史（闡釋性傳記）
行為／事件 　　有時間性並且處於情境中與環境有 　　關	心理學 　　性格形成學 　　生態心理學
社會世界 　　人們如何達成共識 　　人類如何創造象徵、符號和環境， 　　並在其中互動 　　社會中各種類別的一般關係	社會學 　　常人方法學 　　象徵互動主義（符號學） 　　紮根理論
文化 　　作為一個整體 　　作為符號世界 　　作為社會組織分享意義和語義規則 　　的認知圖式	人類學 　　民族誌 　　符號人類學 　　人種科學（認知人類學）
交流／說話 　　實際會話的方式與輪換規則 　　非語言交流的方式與輪換規則 　　交流的形態與規則	社會語言學 　　會話分析（話語分析） 　　人體運動與說話之關係的科學 　　交流民族誌
實踐與過程 　　看護工作 　　教與學 　　管理／消費	應用型專業技術 　　護理研究 　　教育研究 　　組織／市場研究

　　在上面這個分類圖中，雖然特定的研究範疇被對應於特定的研究學術傳統，但是它們之間並不是一個唯一的、一一對應的關係。在特定的研究情境下，不同的學術傳統可以被運用於相同的研究範疇，同樣的學術傳統也可以被運用於不同的研究範疇。比如，人類學的方法既可以用於對個人行為和意義的研究，也可以用於對一個文化整體的研究。米勒和克萊伯特利將這些範疇和傳統對應起來，只是為了表現它們相互之間經常出現的親合關係而已。

　　我認為，米勒和克萊伯特利的這個分類圖不僅從研究的範疇入手對質的研究的學術傳統進行了逐級的分類，而且還從一個側面（也許作者本人是無意識地）反映了有關學科內部與質的研究有關的方法類型。比如，在社會學領域，從事質的研究的學者大多使用常人方法學、象徵互動主義、紮根理論的方法；在社會語言學領域，回答質的研究問題的學者大都使用話語分析、交流民族誌以及人體運動與說話之關係的科學。儘管大多數質的研究者都同意質的研究是一個跨學科、甚至反學科的研究方法，但由於各種各樣的歷史原因、學科特點以及科學家群體的傾向性，不同學科在使用質的研究策略時仍舊有所側重。當然，這些側重只是相對而言，而且目前各種學科之間相互借鑒的現象也越來越普遍。

　　雖然我在上面指出這個分類圖將「學科」（discipline）與「專業技術」（profession）放在一個層面進行討論，違背了分類中的「對等」原則，但是它同時也指出了這兩者之間的區別，對我們理解質的研究的應用範圍很有幫助。在一些「應用型專業技術」領域（如護理、教育、企業管理等），因其實踐性、應用性和過程性，研究者在選擇研究的方法上比在「學科」領域有更多的自由。他們可以根據自己的需要選擇不同的方法，不必拘泥於一些固定的、「規範的」方法和程式。比如，在教育學領域，對教與學、教學評估、隱性課程和師生互動方面的研究，研究者可以採用現象學、符號人類學、認知人類學、闡釋學和象徵互動主義等很多不同的研究策略。

第二節 按研究的目的分類

　　質的研究還可以從研究者從事研究的目的入手來進行分類。雖然學者們使用了一些不同的詞語（如「興趣」、「意圖」）來描述這類分類方式，但是我認為可以將這幾種分類方式統統放到研究的「目的」這一個分類標準下面。

一、按研究者的興趣分類

　　一些質的研究者認為，研究者從事研究的「興趣」可以作為質的研究的一個分類標準。所謂「興趣」指的是研究者在從事此項研究時最關心的事情、希望達到的目標、計畫完成的任務。比如，特西（*R. Tesch, 1990: 72*）的分類法就是將研究者從事某項研究時的「興趣」作為分類的標準（見圖表3-2-1）。

　　首先，特西把研究者的「興趣」分成四種類型：(1)探討語言特點；(2)發現常規（regularities）；(3)理解文本和行動的意義；(4)反思。然後，在每一個層面下面有相應的內容範疇和探究方式。由於各個興趣下面包含的內容密度不一樣，因此分類的次級層次也不一樣。比如，第一個興趣「探討語言特點」下面有三個次級層面，第二個興趣「發現規律」和第三個興趣「理解文本和行動的意義」下面有兩個次級層，第四個興趣「反思」下面只有一層。不論每一種興趣下面包含多少層面，最下面的那一層都是「研究的方法」，其他上面的層次都是對第一層興趣所包含的內容的進一步分層。

　　在第二個層面，特西將第一個興趣「語言特點」進一步分成兩個部分：(1)將語言作為交流方式；(2)將語言作為文化。在第三個層面，她將第二個層面裡的「語言作為交流方式」又進一步分成「內容」和「過程」兩個分支；

圖表 3-2-1　質的研究類型一覽表

(資料來源：Tesch, 1990: 72)

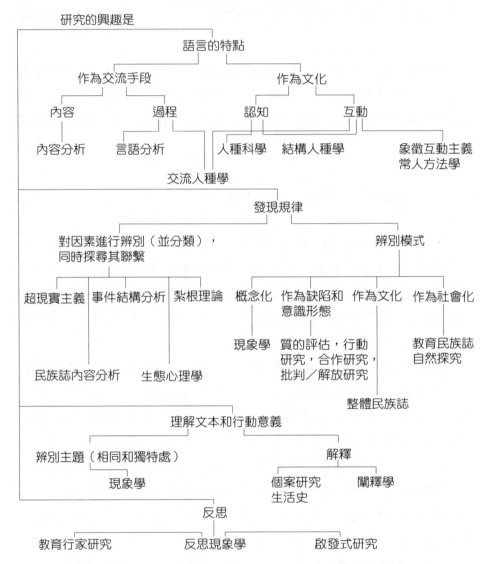

與「內容」相對應的研究方法是「內容分析」，與「過程」相對應的方法是「話語分析」和「交流民族誌」。與此同時，第二個層面裡的「語言作為文

化」也被細分成兩個部分：(1)認知的；(2)互動的。對「認知的文化」進行研究的方法是「人種科學」；對「互動的文化」進行研究的方法是「象徵互動主義」和「常人方法學」；兩者結合以後對應的方法是「結構人種學」。

第二個興趣「發現規律」也被分成兩個部分：(1)對因素進行辨別（和分類）並探尋其聯繫；(2)辨別模式（pattern）。對第一部分進行分析的研究方法是：超現實主義、民族誌內容分析、事件結構分析、生態心理學和紮根理論。第二部分（辨別模式）又進一步分成四個方面的內容：(1)以概念形式出現的規律（其對應的方法是現象學）；(2)作為缺陷和意識形態的規律（對應的方法是質的評估、行動研究、合作研究、批判／解放研究）；(3)作為文化的規律（對應的方法是整體民族誌）；(4)作為社會化過程（其研究方式是教育民族誌，自然探究）。

第三個興趣「理解文本和行動的意義」被細分成兩個部分：(1)辨別主題（相同和獨特處），其方法是現象學；(2)解釋，使用的方法是個案研究、生活史和闡釋學。第四個興趣「反思」部分由三種方法完成：(1)教育行家研究；(2)反思現象學；(3)啟發式研究。

二、按研究者的意圖分類

還有學者認為，質的研究可以根據研究者從事研究的「意圖」進行分類。比如，丹曾和林肯（1994）提出，民族誌可以按照研究者從事研究的「意圖」進一步分成下面四個不同的分支（我感覺，這裡所說的「意圖」其實指的是研究者在從事研究時所採取的「立場」。除了方法上的不同以外，這些分支主要表現的是研究者的政治態度和價值取向）。

(1)批判民族誌：這一分支認為研究是一種社會批判，不僅應該考慮到個人的行動，而且還要改變社會的權力結構。研究應該特別注意弱小人群所關心的事情，通過自己與他們的平等對話使他們獲得批判社會不公的力量。

(2)後現代主義民族誌：這一分支對現代主義的觀點進行批判，強調對權

力和理性進行解構。在方法上，這種民族誌特別講究使用精緻的操作技巧。因其指導思想，這類研究者在對研究結果的衡量方面缺乏價值權威和意義權威，把現實作為一種「遊戲」來對待。

(3)女性主義民族誌：這是一種新的世界觀，反對科學對自然的征服，崇尚感情，反對人的過分理性化。女性主義研究重視研究中的情感關懷和批判性交流，認為研究者應該對自己的行為進行認真的反省。研究被認為是對社會的鼓動，幫助受壓迫的人獲得精神上的解放。研究不是對「客觀現實」的瞭解，而是對生活世界的重新解釋。

(4)歷史民族誌：這一分支強調歷史在研究中的重要性，主張將歷史與理論和社會實踐結合起來進行考量。這類研究者認為，任何理論和實踐的形成都有其歷史淵源和發展歷程，因此對這些理論和實踐的研究應該放到歷史發展的過程中進行。

上述這四種民族誌類別由於各自持有不同的立場和觀點，在實際操作中各有不同的側重點。但是，它們都共有民族誌的主要特徵，即在自然情境下進行長期的體驗性研究，使用無結構的方式搜集資料，探究研究對象的意義建構等。

第三節　按「傳統」分類

另外一種對質的研究進行分類的方式是追溯質的研究的「傳統」，然後按照這些「傳統」的不同特點進行分類。比如，美國學者杰克布（*E. Jacob, 1987*）在一九八七年發表的一篇著名的論文《質的研究的傳統人——一個回顧》中提出，質的研究可以追溯到五個「傳統」：(1)生態心理學；(2)整體（holistic）民族誌；(3)交流民族誌；(4)認知人類學；(5)象徵互動主義。借用庫恩（*1968*）對科學「傳統」做出的定義，杰克布將質的研究中的「傳統」定義為：某些質的研究者群體內部對自己所探究的世界的本質、所研究的問

題類型以及尋求解決辦法的技術所達成的基本共識。我感覺，她所定義的「傳統」與前面按研究的內容範疇和研究目的分類的方式有類似之處，只是「傳統」似乎包含的內容範圍更大一些，不僅包括研究的問題和內容、研究者的興趣和意圖，而且包括具體的操作技術。

一、生態心理學

　　生態心理學是由巴克（R. Barker）和瑞特（H. Wright）以及他們在堪薩斯大學的同事們（1955）發展起來的，其研究成果來自一九四七到一九七二年間他們在美國中西部主持的一個心理研究實驗基地。這種研究方法與傳統的心理實驗方法很不一樣，著重考察自然情境下人的行為及其與環境的關係，強調對人的自然行為進行詳細、客觀的描述。

　　生態心理學家認為，個體的行為既有客觀的一面，又有主觀的一面。客觀的一面包括人的生理行為，如五官和四肢的運動；而主觀的一面則發生在將人作為一個整體的情況下人的身心活動的統一。人的客觀行為和主觀行為兩個方面是密不可分的，即使是生理運動也受到主體之目的的驅使，也發生在個體認知意識的範圍之內。與個體的行為類似，環境也包括客觀和主觀兩個方面，客觀的部分被稱為「生態環境」，主觀的部分被稱為「心理習慣」。個體的心理習慣主要是個體對環境的情感反應，它導致個體在一定情形下採取一定的行為。個體與環境之間是一種相互依賴的關係，個體的行為受到周圍環境的影響。

　　生態心理學研究的內容主要在兩個方面：(1)個體的心理習慣和以目的為導向的行為；(2)行為的場景，如超個體的行為模式以及與這些模式相關的特定地點、時間和事件。生態心理學家使用的方法主要是描述，通過對個體行為的具體描述發現其規律（Wright, 1967）。常用的一種描述方法是抽樣記錄，即在自然環境下（如幼稚園）長時間地（如整整一天）觀察一個個體（如小孩）的行為，然後用平實的語言將行為中具有目的取向的行為記錄下來。觀

察者通常處於隱蔽狀態，被觀察者不知道自己在被觀察。觀察者儘量保持客觀、友好、不評價、不介入的態度，讓被觀察者自然地表現自己，以期獲得具有一定代表性的研究結果。另外一種描述的方法是行為場景調查法，重點觀察某些特殊行為發生時的環境。通常是在某一時段內（通常是一年）對某一群體（如某小學五年級某班所有的男生）中所有發生的某類特殊行為（如打架）的有關場景（如上課時、下課時、踢球時、閒逛時）進行比較完整的描述。調查的具體步驟是：(1)首先確定所有可能出現的行為場景；(2)限定符合本研究條件的場景；(3)對這些場景進行量的描述。

二、整體民族誌

整體民族誌的方法主要來自博厄斯和馬林諾夫斯基的實地工作傳統。這種方法認為文化是研究的主要焦點，「文化」在這裡指的是所有人類在後天學習到的東西。「文化」又進一步分成「行為的模式」（patterns of behavior）和「為了行為的模式」（patterns for behavior）。後者指的是人的思維現象，決定了人用以解答和衡量如下問題的標準：「事物是什麼？事物可以是什麼樣子？事物應該是什麼樣子？人如何感覺？人應該做什麼？人可以如何做？」（*Keesing & Keesing, 1971*）。在整體民族誌傳統裡，有的研究者只注重思維現象的研究，關注當地人看問題的方式，認為對他們使用的概念進行考察便可以對其行為進行解釋（*Pelto, 1970*）。其他一些研究者則認為，研究應該著重觀察當地人的行為，只有對可以觀察到的行為進行研究才是可能的和「科學的」（*Harris, 1968*）。

整體民族誌通常將一個文化群體（如部落、城鎮、社會機構、種族）作為研究的對象，對其中那些對於理解該文化十分重要的部分（如社會結構、經濟、家庭、宗教行為和信仰、政治關係、象徵儀式、社會化過程、禮儀行為等）進行重點的考察。研究者通常使用描述和分析的方法，通過被研究者的眼睛看待他們自己的文化模式。研究者必須深入到當地進行實地調查，直

接搜集第一手資料，使用當地人自己的語言記錄他們對自己生活世界的解釋，同時使用多種方法（如參與型觀察、非正式訪談、搜集實物等）盡可能廣泛地搜集資料（*Malinowski, 1922*）。整體民族誌研究者在抽樣時使用的是非概率抽樣的方法，他們認為文化意義是特定文化群體的所有成員所共有的，因此可以在任何一個成員、事件或人造物品上反映出來。如果不斷地對該文化中的人和事進行資料搜集，有關資訊到一定時候便會達到飽和狀態，此時便可以找到一些共同的文化模式（*Agar, 1980*）。如果研究的結果非常「真實」，讀者應該可以按照研究結果的表述，像一名文化成員那樣按照該文化群體的行為規範做人和做事（*Wolcott, 1975*）。

三、交流民族誌

交流民族誌〔又稱微觀民族誌、形成型（constitutive）民族誌〕來自社會語言學、非言語行為交流學，人類學和社會學等研究領域（*Erickson & Mohatt, 1982; Erickson & Wilson, 1982*）。這種方法著重研究一個文化群體內成員之間以及不同文化群體成員之間的社會互動模式，考察微觀層面的互動方式與宏觀層面的社會文化結構之間的聯繫。與整體民族誌一樣，交流民族誌也認為文化是理解人類行為的主要途徑，人們的言語行為和非言語行為都受到文化的塑模，雖然這些受到文化塑模的人們對自己的行為並沒有清醒的意識。特定群體的文化主要表現在該群體成員之間相互交流的方式上，該文化的「社會結構」是在人們面對面的交往中產生的，具體的情境（如時間、地點、人物）影響到人們交往的規則。

這類研究主要集中在重要社會機構中的特定文化場景，如課堂、父母與孩子在家庭裡的互動、政府部門的會議、公共場合的人際交往等。通過觀察和描述這些面對面的人際交流方式，交流民族誌研究者希望瞭解特定文化群體中重要的社會交往規則、文化解釋模式以及由社會交往所帶來的社會結果的過程和動因。此類研究的設計通常採用漏斗式，開始時比較開放，隨著研

究的逐步深入進行聚焦。搜集資料的方式通常是錄音和錄影，在特定時間內對某一文化場景進行觀察，比如對某學校每天第一個小時的活動連續一週進行錄影。錄音帶和錄影帶經過整理以後，根據資料中呈現的主題進行分類、歸檔和分析。

四、認知人類學

認知人類學〔又稱人種科學（ethnoscience）、新民族誌〕是由古德諾（W. Goodenough）和弗雷克（C. Frake）在語言學的基礎上發展起來的（*Jacob, 1987*）。持這種傳統的研究者像整體民族誌和交流民族誌研究者一樣，也認為文化是研究的主要內容，但是他們只對人的思維進行研究，認為文化主要是一種思維方式，是人對物質現象的認知組織形式（*Tyler, 1969*）。人的這種認知方式非常豐富複雜，相互之間密切關聯，通常通過語言（特別是語義）表現出來。早期，此流派只從語義系統中某些詞語之間的關係入手對文化知識的認知構成進行探究，如對顏色、植物、昆蟲和疾病的分類等（*Langness, 1974*）。現在，此類研究的範圍有所擴大，包括比較複雜的話語結構及其隱含的認知理解（*Agar, 1982; Clement, 1976; Holland, 1985*）。該傳統的研究內容現在也有所延伸，包括對學校文化、酒吧文化和城市文化中的各種亞文化的研究（*Spradley, 1970; Spradley & Mann, 1975; Spradley & McCurdy, 1972*）。

認知人類學不重視那些可以觀察到的、實際發生的行為，而特別注重那些被人們所期待的、被認為是「合適的」行為。研究的焦點是那些被當地人認為組成他們自己文化的的部分以及這些部分之間的關係，特別是他們的社會、文化組織原則（*Spradley, 1979*）。研究的設計通常遵循循環式模式，從一個非常寬泛問題開始，初步分析資料，建立試探性假設；然後逐步縮小範圍，提出更加集中的問題。由於強調使用參與者自己的概念和分類方式對該文化的組織形式進行描述，此類研究通常在自然情境下搜集當事人所說的話，或者設置一定的情境，使用控制性引發的辦法讓當事人就一定的文化規則進行

談話，以此來發現他們在特定文化範圍內是如何組織自己的文化知識的。比如，為了找到當地人對某些事物的分類方式，研究者還可以問：「蕃茄屬於水果還是蔬菜？」「蕃茄、蘋果是否屬於同一種類型？」如果為了瞭解當地人區別不同類型的方式，研究者還可以問：「搗蛋鬼和精明人之間的區別是什麼？」「名牌大學和非名牌大學有什麼不同？」

斯伯萊德里（*J. Spradley, 1979, 1980*）認為，認知人類學可以有四種不同的分析方式：(1)領域分析；(2)類別分析；(3)成分分析；(4)主題分析。「領域分析」主要通過一小部分語言樣本來確定文化領域中的符號類別以及有關術語，然後對這些文化領域與符號之間的關係建立有關假設。比如，我們可以先選出一個單一的語義關係，如「嚴格包含關係」：「X是Y的一種」（如「橡樹是一種樹」）。這裡X（如「橡樹」）是被包含詞語，Y（如「樹」）是包含詞語。然後，我們可以按照這個語義關係準備一張領域分析表，標出所有被當地人認為可以包含在「一種樹」下面的詞語（如松樹、槐樹、白楊等）。

「類別分析」指的是：通過比較文化領域內符號的異同和語義關係來尋找當地人對文化領域進行分類的方式。我們可以首先設定一個可以代表某領域內所有術語的分類方式，然後通過結構替補方式向被研究者發問。比如，通過對一所大學進行調查，我們初步發現該大學的組織結構如下：校級領導下設若干個院，每個院下面再分設若干個系，每個系下面再分設若干個教研室。那麼我們可以問受訪的教授們：「教研室屬什麼部門管？系屬什麼部門管？院的上下級各是什麼部門？還有什麼部門屬學校管？」結果，在詢問中我們發現，學校裡還存在「研究所」和「研究中心」這樣的機構，它們既不下屬於院，也不是系，而是直屬於學校，與系平級。那麼我們就必須修改自己初步的分類方式，將「研究所」和「研究中心」放到該類別分析表中合適的位置上。

「成分分析」是通過對比差異的方式尋找文化領域中有關術語的成分屬性，然後將其進行分類。比如，如果我們希望瞭解中國的一些中學教師是如

何定義「好學生」的，我們可以將事先瞭解的有關這個概念的成分屬性列出來，然後逐一地詢問受訪的教師：「紀律好的學生是好學生嗎？考試成績好的學生是好學生嗎？字寫得好的學生是好學生嗎？上課有時講小話但是成績很好的學生是好學生嗎？考試成績不好但是上課經常有自己見解的學生是好學生嗎？」等等。通過提這些問題，我們可以瞭解這些教師心目中的「好學生」這一概念的構成成分。

「主題分析」指的是：通過對不同的文化領域進行比較，找到其中共同的主題，其目的是辨別各個領域之間的關係以及這些領域與文化整體之間的關係。比如，我們在瞭解了中國某些中學教師對「好學生」的定義以後，可以將這些定義與中國社會目前更為宏觀的政治、經濟、文化背景聯繫起來加以考慮。結果，我們可能會發現那些認為「考試成績好的學生才是好學生」的教師大都來自重點中學，學校比較看重高考，教師的業績以及學校工作的評定以學生的升學率為主要的衡量標準。這樣，我們可以將「好學生」這一領域與其他領域（如「教育觀念」、「教學評估」、「人才流動」、「教師職業」等）結合起來進行分析，發展出一個更加宏觀的研究主題。

五、象徵互動主義

象徵互動主義是由布魯默（H. Blumer）以及他的同事們在 G. 米德、庫利（C. Cooley）、杜威（J. Dewey）和托馬斯（W. Thomas）等人的研究成果之上建立起來的（*Manis & Meltzer, 1978; Meltzer et al., 1975*）。這個傳統認為，個體的經驗必須得到與他人互動的中介，意義是個體在與他人的互動中創造出來的。這些意義不僅幫助個體獲得自我意識，而且被個體用來達到自己的既定目標。人與動物不一樣的地方是：人不僅生活在物質環境中，而且更重要的是生活在符號裡。某一件事對一個人是否有意義、有什麼意義、為什麼有意義——這一切在很大程度上取決於他人就此事對這個人所採取的態度和行為（*Blumer, 1969*）。

根據 G. 米德的理論（1992），人的「自我」包括兩個方面：主格的我（I）和賓格的我（Me）。「主我」代表的是個體衝動的傾向，是自我的主動性、生物性的一面，是有機體對他人態度採取的反應；「客我」是個體適應群體的傾向，是自我關於他人對自我形象的心理表象，是有機體自己採取的、有組織的一組他人態度。自我是一個過程而非一個實體，在這個過程中自我中的「主我」和「客我」通過內在的對話相互互動。「主我」既召喚「客我」，又對「客我」作出響應，它們共同構成一個出現在社會場景中的「人」。

象徵互動主義認為，個體和社會是兩個不可分離的部分，它們之間相互依存、相互影響，理解其一必須理解其二。與社會學中的功能學派相左，象徵互動主義不認為社會是由具有獨立生命的宏觀結構所組成的。相反，社會是由行動著的個體組成的，所謂的「社會」就是這些個體行動的總和。

象徵互動主義研究的焦點主要放在個體互動的過程以及他們看問題的視角上，特別是個體之間如何相互接受彼此的視角、在具體的互動情境中如何學習意義和符號（*Denzin,1978; Ritzer, 1983*）。此類研究的主要思路是通過對符號互動的過程進行描述，從而達到對人的行為的理解。研究者必須採取同情的內省（sympathetic introspection）和解釋性理解的方式，進入並體驗被研究者的個人經驗。象徵互動主義的研究設計是一個逐步演化的過程，前期的資料分析通常為後續的資料搜集和分析工作提供導引方向（*Becker,1970; Bogdan & Tyler, 1975*）。具體做法是：首先對搜集到的資料進行類別分析，形成命題，然後將命題整合為理論框架，最後對結論進行檢驗。搜集的資料可以包括被研究者的生活史、自傳、個案研究、信件、開放型訪談和參與型觀察的紀錄等（*Schatzman & Strauss, 1973*）。

第四節　按「類型」分類

　　英國學者阿特肯森（P. Atkinson）等人（1988）對杰克布的上述分類提出了疑問，認為她將質的研究分成如此鮮明的「傳統」，不僅不符合質的研究領域目前的實際情況，而且對質的研究將來的發展不利。這些學者認為，質的研究擁有十分豐富多樣的方法和類型；把它們分門別類地放到一些定義明確的「傳統」裡面，似乎它們本身是一些自足的實體，具有統一的理論基礎和操作方法——這實際上是不符合實際情況的。在質的研究中，方法很難被如此清晰地分類，不同的「傳統」之間存在很多共同的地方。通常，屬於一個「傳統」的學者實際上同時在使用其他不同「傳統」的觀念和方法，不同「傳統」裡的學者也在使用基本相同的方法。而且，即使是在同一「傳統」裡，研究者也經常對方法類別的特徵和評價標準持不同意見，對有關人性和社會的假定也缺乏統一的認識。此外，按照「傳統」對質的研究進行區分還有可能壓制新的研究範式的出現，迫使人們把新鮮事物統統放到既定的「傳統」裡面，排斥不屬於這些傳統的方式。這種做法很容易導致學者們相互之間劃分地盤、互不相容、互相批評。這種無效的派系鬥爭往往帶來的更多的是情感上的衝動，而不是理性上的啟迪（Hammersley, 1984）。

　　除此之外，阿特肯森等人還提出，杰克布的「傳統」式分類只包括了美國的情況，沒有考慮英國等國的情況，有明顯的大國沙文主義的味道。因此，他們在自己的論文中對英國質的研究的發展概況進行了一個簡單的介紹，然後提出了在英國教育界目前質的研究中呈現出來的七種「類型」：象徵互動主義、人類學的方法、社會語言學的方法、常人方法學、民主評估、新馬克思主義民族誌和女性主義研究方法。之所以使用「類型」而不使用「傳統」這個詞，是因為前者的定義不如後者那麼「堅固和緊密」。「類型」不像「傳統」那樣可以追溯到一個相對統一的歷史淵源，而且其內部的構成也相對鬆

散一些。此外,「按『類型』分類」,這個說法本身就是同義重複（高一虹,
1998: 10）,也許這麼做可以避免對任何「實體」進行分類所帶來的問題。

(1)象徵互動主義:根據阿特肯森等人的分析,象徵互動主義在英國不如
在美國那麼興盛,但是具有與美國學界不同的研究重點。比如,在對學校和
教師的研究上,美國人通常將師生關係作為一個研究資本主義社會主流文化
通過學校教育複製自身的重要線索;而英國研究者則將其作為各種社會利益
之間發生衝突和爭奪權力的中心。因此,英國的象徵互動主義研究不僅停留
在人際層面,而且包容了更大的社會政治背景。

(2)人類學的方法:在人類學方法這個類型中,除了美國式的整體民族誌
和認知人類學,阿特肯森等人提出了英國的社會人類學和美國的應用人類學
類型。這兩種類型擴展了人類學研究的範圍,為人類學與社會學以及其他應
用學科之間的跨學科研究提供了新的視野和方法。

(3)社會語言學的方法:阿特肯森等人在這裡所說的社會語言學與杰克布
的交流民族誌類似,也是對特定人群的社會交往言語、語義和語用規則進行
研究。唯一不同的是,在英國這種研究被賦予一個不同的名稱「社會語言
學」。

(4)常人方法學:阿特肯森等人所說的常人方法學與本書第二章第二節中
所介紹的基本類似,但是他們特別強調常人方法學與話語分析之間的聯繫。
常人方法學和話語分析都強調對人們的言語交流規則和習慣進行細緻的分析,
從中發現他們的思維方式。

(5)民主評估:民主評估研究主要來自對學校過程進行的評估型研究,強
調邀請教育實踐者參與到評估的過程中來,使評估真正成為一個民主決策的
過程。這種方法不僅在英國的教育界十分普遍,而且也被廣泛地使用於美國
各級各類學校的課程評估。評估的具體方式早期以定量測量為主,現在通常
採取一種綜合性的、過程性的、形成性的方式。

(6)新馬克思主義民族誌:新馬克思主義民族誌於七〇年代早期在英國教
育研究院興起,旨在建立一種新型的學校機構,使教師和學生能夠平等地在

其中生活和工作。這種民族誌研究的最終目的是創造一種新型的、具有解放功能的新型社會（*Young, 1971*）。

(7)女性主義研究方法：雖然不同的女性主義者在研究方法上各有自己的特色，但是它們在理論上比較一致，都強調對性別、種族和社會階層有足夠的批判意識。極端的女性主義者甚至認為，女性比男性更加適合從事質的研究，因為她們富有同情心和共情的能力，善於傾聽（*Oakley, 1981*）。女性主義研究認為，傳統的「客觀的」、「中性的」、「科學的」研究態度實際上是父權統治的表現，應該得到研究界的強烈抵制（*Roberts, 1981*）。

從上面十分簡單的討論中，我感覺，阿特肯森等人所說的「類型」與杰克布所說的「傳統」似乎沒有什麼根本的不同。除了「傳統」這個詞語本身可能對研究者另闢蹊徑有更大的制約以外，兩者在其他方面都很類似。

第五節　無法分類

對於上面各種不同的分類方式，一些質的研究者提出了異議。他們認為，質的研究是一個多元、綜合、豐富多采的研究領域，不可能將它進行任何形式的分類。比如，沃克特（*1992*）認為，質的研究與其可以分成「傳統」或「類型」，不如說它是一個折中、多元、綜合的方法。質的研究不論在理論上還是在方法上都提供了很多不同的選擇，研究者可以從大量不同的理論和方法中選擇適合自己的方式，找到自己具體的戰略地位。所謂的「傳統」其實也可以是一種選擇，不必一定要被繼承或被更新。

漢密爾頓（*D. Hamilton, 1994: 62*）也認為，「傳統」是一個不斷演化的過程，它代表了研究者對知識的定義和疆界限定。根據對「tradition」（傳統）這個詞的詞源分析，他指出「tradition」與「trading」一樣來自拉丁詞根「tradere」，意指「傳遞、傳送」。因此，傳統是被期待著由後人「正確地」傳遞和修訂的，不必拘泥於既定的經典。

丹曾和林肯（*1994*）等人也一再強調，質的研究者實際上是一個多面手，他／她的任務就是把豐富複雜的世界拼湊起來，作為一個畫面呈現給讀者。只要為了滿足自己的研究目的，研究者可以使用任何方法（甚至包括量化的數據）對研究結果進行解釋和說明。事實上，很多質的研究者已經在使用量化資料為自己的研究服務，力圖探討一條結合質和量的研究的新路子。（有關質的研究與量的研究之間的結合，詳見第二十七章）

第六節　分類的作用

上面各種質的研究的分類方式似乎十分「混亂」，沒有「規律」可循，而且一些學者也對分類本身提出了異議，認為對質的研究進行分類是「沒有意義」的。分類這種做法似乎與質的研究的基本精神相悖，違反了質的研究者所力圖追求的一些理念，如注意研究現象的地方性和整體性、研究方法與其他成分之間的關聯性等。這就向我們提出了分類的作用問題，即：質的研究是否需要分類？分類的作用是什麼？我們應該如何看待質的研究的分類？上述哪一種分類方式更「好」？是否存在一個衡量的標準？

我認為，對質的研究進行分類有其一定的實踐意義。首先，就像對任何事情進行分類一樣，用分類的方式對質的研究進行梳理可以幫助我們比較系統地瞭解目前質的研究呈現出一種什麼樣的狀態、學術界有哪些對其進行分類的方式（儘管這些分類方式可能不夠完善）。其次，通過分類的方式瞭解了質的研究的整體狀況以後，我們可以有一定的參照系來判斷自己的研究在這個體系中占有什麼位置（儘管這個體系可能不夠系統）。而只有知道了自己在哪裡，我們才有可能決定自己是否需要保持、調整或改變自己的定向。

然而，對質的研究進行分類也有其弊端。正如上面一些學者指出的，系統的分類可能使質的研究本身變得僵化。由於存在這些分類的方式，研究者會受到它們過多的約束，不能自由地進行創新。既存的分類系統還很容易使

研究者把自己的研究放到前人限定的分類「盒子」裡，忘記了自己的具體研究問題和研究情境的特點和特殊要求。

因此，面對分類的兩難局面，我們似乎需要採取一種辯證的態度。一方面，為了瞭解質的研究這個「龐然大物」，我們需要對其進行分類；但與此同時，我們不必窮盡所有的類別，不要希冀將所有質的研究囊括到一個完整的分類體系中。對上面介紹的分類方式，我們與其把它們當成規定性的分類方式，不如把它們當成對目前分類狀況的一種描述。研究者應該根據自己的需要選擇更「好」的方法，而不是根據一種事先設定的標準對這些分類方式進行評價和選擇。

此外，我們也可以改變自己的分類思路，將質的研究作為一個連續體來看待，而不是一個具有明顯界限的分類系統。根據我自己的教學經驗，對於初學者，下面的連續體圖示可能對他們瞭解質的研究的「類型」更加有幫助（見圖表 3-6-1）。

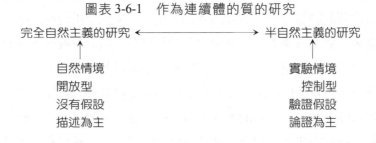

圖表 3-6-1　作為連續體的質的研究

完全自然主義的研究 ←───────────→ 半自然主義的研究

自然情境	實驗情境
開放型	控制型
沒有假設	驗證假設
描述為主	論證為主

在這個連續體中，一頭是「完全自然主義」的研究，另一頭是「半自然主義」的研究。在「完全自然主義」一頭，研究者到達研究實地時態度非常開放、儘量懸置自己對研究現象的假設。有的研究者甚至沒有自己的研究問題，通過與當地人一起生活和工作一段時間以後才逐步形成自己的研究問題。這種研究者是真正的「學習者」，從事研究的目的是向當地人瞭解他們所關心的問題、他們對問題的看法以及他們看待問題的方式。研究的結果通常以描述性資料為主，報導研究者在自然情境下通過與當地人互動而獲得的有關

資訊。在「半自然主義」一頭，研究有比較強的理論傾向，從事這類研究的
人主要是「研究者」，他們通常有比較正式的研究設計，搜集資料的主要目
的是對自己原有的假設進行證偽，建構自己的理論。這種研究結果通常有比
較強的論證色彩，研究者按照自己的思路使用原始資料對有關理論性問題進
行論說。在「自然主義」和「半自然主義」之間存在很多不同的變體，研究
者可以根據自己的研究的特性和需要選擇自己的位置。

　　高德（*R. Gold, 1958*）對觀察的分類遵從的基本上也是這樣一種連續的思
路，我認為也可以在此作為借鑒（見圖表 3-6-2）。

圖表 3-6-2　觀察連續體

　　雖然高德在這個連續體上限定了四個固定的身分，但是他的分類是按照
連續的思路進行的，不排除在每兩個身分之間存在的變體。他將「參與」和
「觀察」作為連續體的兩個頂端，暫時將這兩個概念分開，然後在不同的參
與程度和觀察角色上將它們進行各種不同的兩兩結合。「完全的觀察者」是
一個「局外人」，不參與當地人的活動，在活動之外進行觀察。「作為參與
者的觀察者」其研究身分是公開的，參與到群體的日常活動中進行觀察。「作
為觀察者的參與者」是一個隱蔽的觀察者，假扮成群體中的一員對群體進行
觀察。「完全的參與者」類似間諜，其研究身分不被當地人所知曉，被認為
是當地社會中一名普通的成員（*袁方，1997: 343-346*）。

　　我認為，將質的研究作為一個連續體，而不是一個具有平行類別的分類
系統，對於我們理解和從事質的研究更有幫助。平行分類的方式很容易將豐
富的質的研究人為地分成一些類別，而排除了那些無法被納入分類標準的類

型。連續體的好處是可以給我們很大的思維和想像的空間，不會排除那些目前我們還沒有發現的以及今後有可能出現的新類別。當然，正如世界上任何事物一樣，質的研究的連續體也需要一個基本的邊界（如上面我選擇「自然主義」和「半自然主義」、高德的「參與」和「觀察」），分類（即使是非常模糊或無限細化的分類）只能在這個邊界之內進行。如果我們設定其他的一些邊界條件，用來分類的內容可能會非常不同。

此外，值得注意的是，當把質的研究作為一個連續體看待時，我們仍舊是在對質的研究本身進行分類，這麼做仍舊是出於學者們對研究規範化的關懷。其實，在具體實踐中，研究者最需要思考的是研究的內容與手段之間的關係問題。我們考慮任何事情都必須有一個起點，而選擇研究方法的起點應該是研究的問題，而不是相反。我們首先應該弄清楚自己要研究什麼問題，然後根據自己的研究問題尋找可以回答這一研究問題的方法和手段。這似乎類似於本章第一節介紹的有關學者根據研究的對象範疇對質的研究進行分類的方式。當然，這裡的一個假設前提是：內容和手段是可以分開的；而在研究的實踐中這兩者可能無法分開。但是，為了理解的方便，我們必須把它們先掰開進行分析，然後再把它們放回到實際的情境中加以考慮。

第二部分

質的研究的準備階段

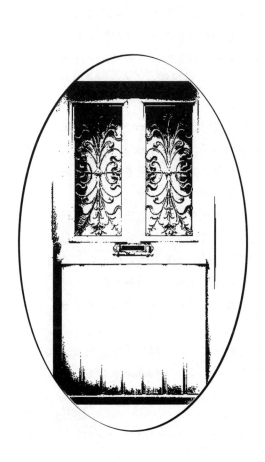

這一部分由六章組成，主要討論的是研究者正式到實地進行研究之前需要做的準備工作，其中包括研究課題的設計、研究對象的抽樣、研究者個人因素對研究的影響、研究者與被研究者之間的關係對研究的作用以及研究者進入現場的方式。這一部分不僅呈現了對質的研究進行通盤計畫和籌措的步驟，而且討論了進行研究之前研究者必須考慮的一些重要問題。

　　第四章和第五章對質的研究的設計進行了探討。第四章「質的研究的設計」主要從基本思路上探討設計在質的研究中的特殊作用、質的研究設計的主要模式（如建構主義的模式、批判理論的模式和各種互動模式）、質的研究設計與研究提案之間的區別。第五章「研究設計的組成部分」則從比較具體的操作層面探討如何對質的研究進行設計，如確定研究的現象、尋找研究的問題、討論研究的目的、檢索有關文獻、探討個人背景知識、對研究對象進行抽樣、進入研究現場、搜集資料和分析資料、建構理論、寫作研究報告、檢驗研究的效度、討論研究的推論和倫理道德問題等。

　　第六章「研究對象的抽樣」介紹了質的研究對研究對象進行抽樣的基本原則，同時對質的研究者常用的「目的性抽樣」（purposive sampling）中的十四種策略以及制約抽樣的一些關鍵性因素進行了探討。

　　第七章「研究者個人因素對研究的影響」探討了研究者的個人身分和個人傾向對研究有可能產生的影響。「研究者的個人身分」包括性別、年齡、受教育程度、社會地位、個性特徵；「研究者的個人傾向」包括研究者的角色意識、看問題的視角、研究者本人與研究問題有關的個人經歷。

　　第八章「研究關係對研究的影響」主要對一種研究關係（即「局內人」與「局外人」）進行了探討，同時結合其他關係（如研究隱蔽與否、公開的程度、研究者與被研究者關係之親疏程度、研究者參與當地活動的程度等）對有關的問題進行了辨析。

　　第九章「進入研究現場」討論的是研究者可以採取什麼措施使自己被當地人所接受，如何確定當地人中誰是「守門員」（gatekeeper），以什麼方式接觸被研究者，如何與他們建立並保持友好的關係。

第四章

質的研究的設計

我可以如何做？

　　無論我們從事什麼形式的研究，都需要事先進行研究設計。研究是一種有計畫的活動，需要研究者事先將自己的計畫勾畫出來。「研究設計」通常指的是研究者在研究開始之前對研究項目的一個初步設想，其中包括問題的提出、具體的方法和手段、研究的步驟和進程、所期待的研究結果以及檢驗研究結果的方式等。研究設計是研究者事先基於自己對研究現象的初步瞭解，根據自己所擁有的研究手段、方法、能力、時間和財力等條件因素，為滿足自己的研究目的而進行的一個初步的籌劃。它以簡要的方式集中提煉出研究的具體思路、步驟和實施方案，目的是為今後的研究實踐提供一個綱領性的指南。

第一節　設計在質的研究中的作用

　　與其他類型的研究相比，設計在質的研究中享有十分特殊的地位：既非要不可，又必須十分靈活。由於質的研究是一個循環反覆、不斷演化發展的過程，允許研究者在研究的進程中根據情況對事先設定的方案進行修改，因

此質的研究中的設計不能像量的研究那樣確定和固定。質的研究中的設計不能一次定終身，而是要根據研究的具體情況作出相應的調整和修改。

即使是在質的研究內部，不同思想流派對於研究設計的看法和做法也存在不同的意見。一般來說，後實證主義者比較強調事先對研究的設計有比較完整、系統的規劃，對研究的過程和結果有所預測，對今後有可能發生的問題及其處理策略進行討論。而非實證主義者（如建構主義者）卻認為，研究是一個發現的過程，具有不可預測性，任何過早、過多或過於僵硬的設計都會妨礙研究者即興創造。研究是一個不斷演化的過程，事先進行明確的設計不僅不太可能，而且會對研究者的及時應變能力產生負面的抑制。

然而，正如上面所提到的，任何科學研究（包括質的研究）都需要有一個設計，設計是研究中不可或缺的一環，可以為研究確定一個初步的方向，還可以幫助研究者預想今後可能發生的問題以及有可能採取的對策。其實，無論是否事先進行一個正式的書面設計，研究者對自己的研究都有一定的設想。研究設計就像是人的生活哲學，每個人都有一套自己的信仰和原則，只是有的人對此比較明確，有的人不太清楚而已。因此，為了更加有效地指導自己的研究工作，研究者需要使自己的設計明朗化，對自己的想法有比較清楚的瞭解。這樣，研究者才有可能加強設計中的長處，修改不足的地方，對設計的整體方案進行改善。所以，質的研究不是不要進行事先的設計，而是需要一種比較開放的、靈活的、留有餘地的設計。

第二節　質的研究設計的主要模式

傳統的研究設計模式（如量的研究）通常採取的是一種線性結構，按照一定的前後步驟逐步地進行研究。圖表 4-2-1 表現的就是這樣一個階梯式的研究設計，上一級的工作必須要在下一級的工作完成以後才能進行。

圖表 4-2-1 階梯式研究設計模式

（資料來源：*Miller & Crabtree, 1992: 9*）

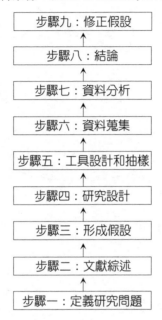

步驟九：修正假設

↑

步驟八：結論

↑

步驟七：資料分析

↑

步驟六：資料蒐集

↑

步驟五：工具設計和抽樣

↑

步驟四：研究設計

↑

步驟三：形成假設

↑

步驟二：文獻綜述

↑

步驟一：定義研究問題

一、建構主義的模式

而質的研究者認為，研究的各個部分之間的關係不是一個線性的關係，而是一個循環往返、不斷演進的過程。研究中的每一部分工作都不可能一次性完成，都受到上一輪循環中其他部分的影響。質的研究的循環過程表現為一個建構主義的探究循環（見圖表 4-2-2）。在這個循環中，所有的組成部分都在流動之中，沒有開始，也沒有結束。

圖表 4-2-2　建構主義的探究循環設計模式

（資料來源：*Miller & Crabtree, 1992:10*）

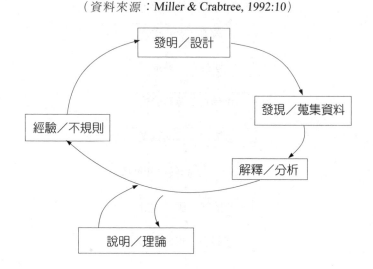

二、批判理論的模式

　　與質的研究中其他流派相比，持批判理論範式的學者也認為質的研究應該遵循一種循環的模式，但是他們更加強調研究的批判作用和政治作用。他們認為，研究應該採取一種批判的態度，從整體意義上對人類的生態狀況進行批判性的探究。這種模式十分關注研究的政治介入效果，希望通過自己的研究使社會上的弱者群體獲得力量。圖表 4-2-3 展示的就是這樣一種概觀全局的研究設計模式。在這個模式裡，「經驗」被認為是一種受到社會、文化和歷史壓抑的「虛假意識」，研究者和被研究者通過對其進行歷史的回顧和批判性研究而達到「真意識」。整個研究過程是一個由經驗到發明、發現、解釋和理解的循環。

圖表 4-2-3　宏觀批判／生態探究設計模式

（資料來源：*Miller & Crabtree, 1992: 11*）

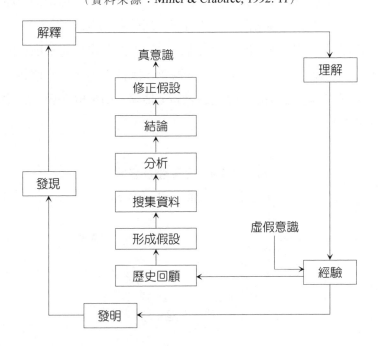

三、各種互動模式

　　與上面的循環模式相比，有的學者走得更遠，認為質的研究中各個部分之間是一個同時發生、相互作用的關係。比如，在格拉第（K. Grady）和威爾斯頓（B. Wallston）（*1988*）發明的「垃圾桶模式」中，其中四個成分（理論、方法、資源、解決方法）像在處理垃圾時那樣同時在桶中一起滾動。它們處於相互平等的地位，相互依賴，相互融合，沒有時間上的先後序列之分（*Martin, 1982*）。在格拉第和威爾斯頓後來發明的「垃圾桶模式第二」中，他們在前面四個成分的基礎之上又加入了另外三個成分：研究的問題、研究的現象、研究者個人的關懷。這七個成分都處於相互平等的地位，在「垃圾

桶」裡一起滾動（*Maxwell, 1996: 2*）。高一虹（*1998: 10*）認為，這種「垃圾桶」模式比前面的幾個模式更加符合質的範式之「道」；但是如果將其變成「和麵式」，各個部分被揉合為一個整體，那就更加徹底了。

馬克斯威爾（*1996: 5*）認為，上述模式仍舊沒有完全反映出質的研究設計的特點，即各個成分之間相互互動的關係，因此他提出了一個新的互動模式，其中包括五個主要成分：研究的目的、情境、研究的問題、方法和效度（見圖表 4-2-4）。

圖表 4-2-4　互動設計模式
（資料來源：*Maxwell, 1996: 5*）

在這個模式裡，各個部分之間相互關聯，互相影響，任何一個部分的運動都受到其他部分的牽引和拉扯。馬克斯威爾把這個模式叫做「橡皮圈」模式，就像小孩子經常玩的橡皮圈遊戲一樣，各個部分之間隨著任何一個方位的拉力而變形。這個模式可以被看成由兩個三角形所組成，上面的三角形代表的是研究設計的外部成分（即研究者的目的、經驗、知識、假設和理論）；下面的三角形表示的是研究設計的內部成分（即研究者的具體研究活動以及檢驗研究結果的步驟和手段）。兩個成分之間關係十分密切，其中的任何一

個部分都會對其他的部分產生牽一髮而動全身的作用。

在對上面所有的圖示進行了分析以後，我認為，它們還不能完全反映質的研究進程的實際情況。我感覺，質的研究的實際發生過程更像一個不斷往下轉動的螺旋圓錐體（與靜止的漏斗模式不同），研究中的每一個部分都隨時間的流逝而不斷地縮小聚焦範圍。與此同時，這個螺旋圓錐體的任何一個橫切面都可以由上述馬克斯威爾的互動模式中的五個成分組成，這五個成分相互之間同時也在平面水平上發生著互動。通過與我的一些學生一起討論，我設計了如下「立體兩維互動模式」（見圖表 4-2-5）。「兩維」指的是：在螺旋圓錐體的橫切面上，質的研究的五個組成成分（研究問題、目的、情境、方法、效度）在相互互動；「立體」指的是：在螺旋圓錐體的縱切面上，質的研究的每一個組成成分自身也在不斷地往下聚焦。橫切面的運動實際上不是發生在一個平面上，而是以螺旋轉動的方式在不斷地往下旋轉，同時帶動圓錐體的縱切面往下運動。我認為，這個模式可以同時在時間和空間兩個維度上更加直觀地表現質的研究之動態、變化、互動以及不斷深入的進程。質的研究的各個部分不僅在一個兩維的平面上相互作用，而且在時間的立體進程中不斷將自己聚焦，以適應研究實地的實際情況以及研究者當時的思考狀態。

圖表 4-2-5　立體兩維互動模式

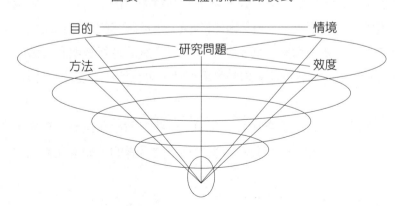

　　上面我們對質的研究的設計模式進行了一個比較直觀探討。應該特別注意的是，模式只是一種可以比較直觀地、簡化地、抽象地看待事情的方式，事情在其具體發生的過程中可能呈現千姿百態。比如，在我所設計的「立體兩維互動模式」中，有的部分可能在圓錐旋轉時被拋出去，一些部分可能脫離總體運動的時速和頻率而大起大落，還有的部分可能在旋轉時上下左右跳躍或與其他部分相互交叉❶。因此，對待質的研究的設計，我們必須採取一種開放、靈活的態度，根據研究實地的情況隨時對其進行修改。如果我們來到研究實地進行了一輪資料搜集和分析以後，發現自己事先設計的研究問題並不符合當地的實際情況，就必須回到最初的「提出問題」階段，從圓錐的最上層重新開始。

第三節 研究設計與研究提案之間的區別

　　上兩節我們討論的主要是質的研究中「研究設計」的主要作用和基本模式（有關設計的具體組成部分和步驟，下一章有比較詳細的探討）。然而，在從事質的研究時，我們還會經常遇到需要呈交「研究提案」（research proposal）的時候。「研究提案」與「研究設計」在組成成分上看起來似乎十分相似，但是它們表達的內容以及希望達到的目的卻很不相同。「研究設計」通常表現的是一項研究的內在邏輯和結構，包括研究的部分以及這些部分之間的關係；而「研究提案」通常是一份對研究設計進行說明和論證的文件，其目的是向特定的讀者群論證自身的合理性、可行性和重要性（Maxwell, 1996: X）

　　「研究設計」和「研究提案」在如下一些方面存在差異。首先，它們擁有十分不同的讀者群。研究設計一般是寫給內行看的，如論文委員會、任課

---

1. 這個想法受到陳彬同學在課堂上發言的啟發，特在此致謝。

教師、研究者的同事（甚至包括研究者本人）；而研究提案通常是寫給非專業人員看的，是一份試圖說服對方給予財政資助的材料。因此，雖然兩者的語言都要求嚴謹、清晰，論理合乎邏輯、行文流暢，但是相比之下，研究提案的語言更加需要生動有趣，使評審委員會的成員能夠看得懂，覺得有意思、有意義。

　　研究設計的主要目的是列出研究者打算實施的具體行動和步驟，而研究提案的主要目的是向有關人員或社會機構論證研究的合理性和可行性。因此，前者講究具體、細緻、有條理，而後者最重要的是要具有感染力和說服力。在一個研究設計中，研究者應該介紹自己打算從事一項什麼樣的研究、計畫如何進行這項研究、為什麼打算這麼做。而在一個研究提案裡，研究者應該明確說明為什麼自己的這項研究非常重要、自己擁有什麼資歷和條件來從事這項研究、為什麼有關的財團應該投資支持這項研究。因此，研究設計基本上採取的一種心平氣和的、介紹性的文風，而研究提案的基調則主要是辯論或辯護。從某種意義上說，研究提案本身就是一個為研究者說話的證據，因此提案應該從各個角度和層面為自己研究的重要性和必要性辯護；但即便如此，論說的語氣應該平和，不要對別人的研究進行攻擊。

　　有關研究設計的具體寫作方式，下一章有比較詳細的討論，因此我在這裡主要介紹一下研究提案的寫作要求。首先，在寫作研究提案之前，研究者應該仔細閱讀有關資助單位的申請指南，按照對方的要求進行寫作。研究提案的內容通常包括：摘要、概論、背景知識、預研究的結果、研究的問題、研究的地點和人群、研究的方法（研究關係、抽樣、搜集資料，分析資料）、倫理道德問題、效度、初步預測研究結果、研究的意義、時間安排、經費的使用等。莫斯（ *1994: 228* ）認為質的研究的提案應該包括如下具體組成成分（圖表 4-3-1）。

　　一般來說，評審研究提案的委員們對量的研究方法比較熟悉，即使不太熟悉，他們也往往傾向於認為這種方法比較「科學」、「客觀」，提供的結果比較「真實」、「可靠」、「有代表性」。相比之下，評委們對質的研究

圖表 4-3-1　質的研究提案的組成成分

（資料來源：Morse, 1994: 228）

1.題目／簽名頁
　　1.1.完整的研究項目的題目和項目帶頭人
　　1.2.所有研究者的姓名和簽名、工作單位、電話和傳真號
　　1.3.經費預算、項目開始和完成的時間
　　1.4.申請人單位領導的姓名、簽名、地址
2.摘要頁（研究項目的內容摘要）
3.提案正文
　　3.1.導論
　　3.2.目的陳述
　　3.3.文獻綜述
　　　　項目的重要性
　　　　研究的問題
　　3.4.方法
　　　　3.4.1 對研究地點和對象的描述
　　　　3.4.2 資料搜集
　　　　　　資料搜集的過程
　　　　3.4.3 資料分析
　　3.5.對研究對象的保護措施
　　3.6.時間安排（研究時間進度）
4.推薦書
5.附錄
　　5.1.研究者的個人簡歷
　　　　主要研究者的個人簡歷總結（每個人不得超過兩頁）
　　5.2.同意書
　　5.3.訪談提綱
　　5.4.出版物
　　　　研究者計畫通過此研究項目出版的文章和專著

方法通常不太熟悉，而且很容易對這種方法產生「歧視」或「偏見」，認為「太主觀」、「不夠嚴謹」、「樣本太小沒有代表性」，等等。而更加糟糕的是，質的研究不像量的研究那樣可以事先明確地列出搜集資料、分析資料

和建立理論的具體方式和步驟，對質的研究方法不太熟悉的評委可能會對這種研究路數感到陌生。因此，質的研究者在寫作研究提案時可以有意提供一些具體的例子對自己將要使用的方法進行說明。這樣做可以使那些對質的研究不太瞭解的評委獲得一些感性的認識，為自己作決定提供一些具體的判斷依據。

　　此外，就像研究設計一樣，研究提案本身也是一個表現研究者本人的風格、氣質和抱負的機會。正如人們往往根據作品來判斷作者一樣，評委們也習慣於根據研究提案來猜測研究者為人處事的方式。因此，研究提案的版面設計一定要精美、整潔，看起來比較專業；論證要嚴謹、邏輯性強；行文要簡潔、流暢，具有說服力。如果提案的版面看起來不賞心悅目，內容拖杳、鬆散，文字含混不清，評委會可能認為「文如其人」，因此而對研究者失去信心。

　　本章對質的研究設計的作用和模式以及研究設計與研究提案之間的區別進行了一個簡單的介紹，主要目的是說明研究設計在質的研究中占有一個十分特殊的地位：既必不可少，又必須十分靈活，隨研究的變化而發生變化。正如上述各類設計模式所展示的，質的研究的設計是一個不斷演化、循環、互動的過程，不僅設計中各個部分之間相互牽制，而且設計本身也與研究所處的整個社會文化情境相互影響、相互構成。因此，我們在思考研究設計方面的問題時，一定要採取一種開放的、流動的和形成性的態度和思路。

第五章

研究設計的組成部分

我具體打算怎麼做？

　　如第四章中圖表 4-2-4 和圖表 4-2-5 所示，質的研究設計的主要內容一般包括如下幾個大的部分：(1)研究的現象和問題；(2)研究的目的和意義；(3)研究的情境；(4)研究方法的選擇和運用；(5)研究的評估和檢測手段。在設計階段，對研究的問題、目的和情境進行討論是最重要的，其他部分則更加依賴於研究的具體進程，在設計階段只能做一些初步的猜想。因此，本章的重點將放在研究的問題、目的和背景知識方面，對其他部分只作一些簡單的介紹。如果讀者希望對其他這些部分（如方法的選擇、抽樣的方式、研究關係的反省，進入現場的方式、資料搜集和分析、成文的方式、質量的檢測等）有更多的瞭解，可以參照第二部分中的第六章到第九章以及第三、四、五部分的全部章節。

　　需要說明的是，雖然本章不對具體的方法和檢測手段進行詳細討論，但是在研究設計階段對它們進行「猜想」是十分必要的。正如拉夫（C. Lave）和馬奇（J. March）所言（1975: 1），「猜想是社會科學的靈魂」。對研究中尚未發生的事情進行猜想，同時設想自己可以採取哪些措施來對付可能出現的困難——這是質的研究設計中必不可少的一種思維方式。當然，「猜想」並不等於盲目地胡思亂想，還是應該有一定的基礎和範圍，而基礎和範圍的

確定在很大程度上取決於研究者本人的研究功底以及前人的經驗教訓。

第一節 界定研究的現象

　　一個研究的問題總是來自一定的研究現象,因此我們在選擇具體的研究問題之前首先需要確定自己的研究現象。所謂「研究現象」指的是研究者希望集中暸解的人、事件、行為、過程、意義的總和,是研究者在研究中將要涉及的領域範圍。研究的現象就像是一張地圖,事先為研究的範圍劃定了一定的地域和邊界。與研究的問題相比,研究的現象更加寬泛一些,後者限定了前者的範圍,前者產生於後者的疆域,是從後者中提升出來的一個比較具體、集中的焦點。

　　現在,讓我們來討論一下如何選擇和確定自己的研究現象。根據我個人的經驗,在選擇研究現象之前我們需要特意為自己留出一段(或數段)比較長的時間,認真、細緻、安靜地對如下問題進行思考(也可以與善於傾聽的同行、同事、朋友或家人交談):「我的研究興趣究竟在哪裡?哪些方面的問題能夠使我興奮起來,一想起來就激動不已?為什麼我會對這些問題如此感興趣?這些問題與其他哪些方面的問題有關係?它們之間是什麼關係?在這些問題之上和之外是否存在我更加關心的問題?我提出這些問題是否與我自己的『終極關懷』有關係?有什麼關係?」

　　找到了自己的興趣所在以後,我們便可以著手對研究現象的範圍進行界定了。一般來說,在設計階段,研究現象的範圍應該比較寬泛,以免排除掉其他重要的可能性。研究開始以後,隨著問題的不斷深入,可以逐步縮小研究範圍。質的研究的過程是一個不斷聚焦的過程,需要研究者隨機應變,隨過程的變化不斷調整鏡頭、縮小聚焦的範圍。比如,如果我們在設計時發現自己對中國女大學生的自我意識感興趣,可以首先將研究的現象限定在這個範圍;今後在研究的過程中如果我們發現自己對這些女大學生的自我意識中

自信心的建立和變化尤為感興趣，便可以將主要關注點放到「中國女大學生的自信心」上面。

除了保持開放、靈活的態度以外，在對研究現象進行界定時我們還要特別注意不要把自己一些沒有經過檢驗的「前設」塞到對研究現象的表述之中。比如，如果我們將一項研究的現象命為名「中學生因父母離異而學習成績下降研究」，這其中就隱含了我們的一個前設，即「父母離異」必然會導致孩子的「學習成績下降」。而如果我們不帶這個前設對父母離異的中學生進行調查，可能會發現實際情況並不都是如此。此外，在上面這個陳述中「成績下降」的具體所指很不明確，也可能隱含了研究者個人的某些前設。單從字面上看，我們很難知道這裡所說的「學習成績」指的是什麼，什麼情況屬於「下降」，對誰來說是「下降」。也許對研究者來說，「這些學生的考試分數不如父母離婚以前的分數高」就是「學習成績下降」；而對這些學生本人來說，可能「考試分數」並不能代表自己的「學習成績」，「考試分數不如以前高」也不見得就表明自己學習成績「下降」了。因此，我們在對研究現象進行表述時，要注意避免自己或社會上某些人想當然的前設。在對上述研究現象進行表述時，我們也許可以改用一種不同的方式，如：「從中學生的角度看待父母離異對自己學習情況的影響」。

此外，我們還要考慮自己選擇的研究現象在現有的條件下是否可行。比如，我在北京大學教授「質的研究」課程時，有一位學生對湖南土家族的文化風俗十分感興趣，閱讀了不少有關這方面的文獻資料，非常希望對這個現象進行研究。但是，由於她在上課期間不可能親自到湖南去從事實地調查，而她的研究課題又必須在本學期完成，因此她不得不放棄這個選題。

第二節　確定研究的問題

在界定了研究的現象以後，我們需要確定研究的具體問題。如上所述，

我們選擇的研究現象可能是一個比較寬泛的領域，但是在進行設計的時候，我們必須在這個寬泛的領域裡尋找一個主要的、具體的、可以不斷會聚的焦點，這便是我們的研究問題。

※※※ 一、尋找研究的問題

像質的研究設計本身一樣，質的研究中對研究問題的設計也是一個不斷演化、發展的過程。通常，我們在設計階段提出研究問題只可能是一個初步的設想，今後隨著研究進程的變化可能會發生變化，也可能因不適用而被完全拋棄。尋找研究的問題是一個不斷聚焦的過程，從開始一個比較寬泛的視野，逐步縮小關注的範圍，最後集中到自己認為最重要的一個或數個問題上。

有讀者可能要問：「什麼樣的問題適合質的研究？」或換言之：「質的研究適合探討什麼類型的問題？」我認為，這個問題可以從幾個方面來回答。首先，質的研究中的問題應該是學術界和／或實踐界尚有疑問，研究者本人確實希望探討的有意義的問題。質的研究的目的是對研究的現象進行解釋性理解，而不是為了對某些假設進行證實，因此應該選擇對研究者和被研究者來說有意義的問題。所謂「有意義的問題」起碼有兩重含義，一是研究者對該問題確實不瞭解，希望通過此項研究對其進行認真的探討；二是該問題所涉及的地點、時間、人物和事件在現實生活中確實存在，對被研究者來說具有實際意義，是他們真正關心的問題。比如，「下崗的部級幹部是如何調整自己的心態和進行職業定位的」這樣一個問題在目前中國社會科學領域便是一個「有意義的問題」，因為「部級幹部下崗」是在社會主義市場經濟下出現的一個新現象，社會科學界對此很不瞭解，而且這是一個實實在在發生在我們周圍的事情。

如果研究者提出的問題是研究者本人確實希望瞭解的，但是並不符合研究現場的實際情況，或者當事人認為這個問題對他們來說並不重要，那麼研究者應該修改或拋棄這個問題。比如，我的博士論文研究問題在設計的時候

是這樣界定的：「中國留學生在中國是如何定義和形成『朋友』關係的？來到美國以後他們在交朋友方面的文化概念和行為方式有哪些變化？」結果，在美國前六個月的調查中，我的研究對象都說他們還沒有交上任何中國意義上的「朋友」。因此，我將研究問題的範圍從「交友」擴大到「跨文化人際交往」，研究的問題改為：「中國留學生是如何和美國人交往或交友的？這些經歷對他們來說意味著什麼？」

與「有意義的問題」相對，「沒有意義的問題」指的是那些研究者（或研究者群體）為了某種學術或其他方面的需要自己憑空杜撰出來的問題，或者為了證實自己的假設以說服別人而不得不進行的、自己已經知道答案的問題。前者對看待和處理現實生活中的實際問題沒有密切的關聯，特別是對被研究者的實際「問題」沒有多少幫助；後者對人類知識的增長沒有實質性的貢獻，只是對一些一般人都知道的常識進行了所謂「科學的」驗證。比如，我認為，「家庭收入與大學生交學費能力之間的關係」就是一個「沒有意義的問題」，因為此問題十分明顯地暗含了一個假設，即家庭收入水平與孩子交學費的能力成正相關關係。這個假設是如此地明顯，以至於我們不進行這樣一項研究，一般人也能夠推測出答案。

在研究設計階段認真尋找「有意義的問題」不僅對學術界增長知識和實踐界解決問題有實際的價值，而且對研究本身具有十分重要和持久的意義。「有意義的問題」不僅可以提出新的看待事物、改進現狀的角度，而且可以在精神上激勵研究者本人從事此項研究工作。一項質的研究往往需要研究者投入較長的時間、較多的精力和較大的財力，而且研究的過程可能十分枯燥、艱難；因此，要成功地進行一項質的研究，除了條件、信念和意志以外，還需要研究者個人的興趣來支援。而「有意義的問題」往往比「沒有意義的問題」更加容易引起和保持研究者的興趣，使他們雖含辛茹苦但卻樂此不疲。因此，在研究設計時，我們應該認真地反省自己，對自己儘量地坦率、誠實，努力找到一個有意義的、自己確實感興趣的、而且能夠在長時間內保持興趣的研究問題。為了瞭解自己所選擇的是否是一個「有意義的問題」，我們在

設計階段可以問自己：「通過這個研究我到底想瞭解什麼？我對這個研究現象中的哪些方面特別感興趣？這些方面我還有什麼不知道而又確實想知道的？我的研究結果有可能對什麼疑問作出回答？這項研究對被研究者有什麼意義？他們可以如何從中受益？」

在尋找「有意義的問題」時，我們還要考慮該問題與研究中其他部分之間的關係。正如第四章中圖表 4-2-4 中的「橡皮圈」模式所顯示的，研究的問題不可能在真空中形成，它與研究的其他部分（研究的目的、方法、情境、樣本的大小、時間、財政資助等）之間存在不可分割的關係。比如，如果我們只有一名研究人員、三個月的時間和兩千元人民幣經費，我們就只可能選擇一個規模比較小的研究題目，如「蘭州市第一醫院住院部護士的職業觀念調查」。而如果我們有六名研究人員，半年的時間和一萬元人民幣經費，我們也許可以將研究的問題改為：「蘭州市第一醫院住院部護士的職業觀念及其對醫院工作的影響」。

※※※ 二、選擇合適的問題類型

在找到了「有意義的問題」以後，我們還需要選擇適合質的研究的問題類型。有學者認為，社會科學研究中的問題可以分成很多不同的類型（*Maxwell, 1996*）。這些類型的設定與研究問題所要探討的內容、問題陳述中所隱含的前設以及研究所期待的結果之間有密切的關係。

1.「概括性問題」和「特殊性問題」

「概括性問題」是一個指向某一特定人群的、對其具有一定普遍意義的問題，其抽樣方法是從這個特定人群中抽取一些有「代表性」的樣本進行調查。「特殊性問題」指的是一個特殊的個案所呈現的問題，研究只對這個個案本身進行探討。比如，如果我們對「1998 年春節期間中國的城市居民放鞭炮現象有所加劇」這一現象很感興趣，希望通過挑選幾所鞭炮放得比較厲害

的城市（如長沙、武漢、廣州等）調查這個問題，那麼我們所提出的問題就是一個「概括性問題」，因為我們主要關心的是「放鞭炮比較厲害的城市的一般情況」。而如果我們首先選擇一個城市（如北京）進行個案研究，瞭解這個城市在春節期間放鞭炮的情況，並不特別關心北京的情況是否代表中國所有其他城市的情況，那麼我們提出的問題就是一個「特殊性問題」。

在質的研究中，「概括性問題」和「特殊性問題」都可以被使用，但後者使用得比較多。這是因為質的研究認為，「野心」過大反而會「欲速而不達」。此外，獨特的個案研究雖然不能證實整體的情況，但是可以為人類提供新的認識事物的方式，因此對「特殊性問題」的研究比對「概括性問題」的研究更有價值。

2.「差異性問題」和「過程性問題」

「差異性問題」探討的是事情的異同，將研究的重點放在事情的相同點和不同點以及它們之間的相互關係上面。比如，「中國的大學生對希望工程是否支持？」就是一個「差異性問題」，尋求的答案是「是」或「否」。「過程性問題」探究的是事情發生和發展的過程，將研究的重點放在事情的動態變化上面。比如，「中國的大學生在希望工程的發展進程中起到了什麼作用？」就是一個「過程性問題」，目的是瞭解中國大學生在這個過程中做了什麼、如何做的、起到了什麼作用。

一般來說，「差異性問題」比較適合量的研究，「過程性問題」比較適合質的研究。「差異性問題」涉及的變量通常比較少，可以用計量的方法進行研究。如果在質的研究中過於專注「差異性問題」，很容易導致對社會現象進行人為的分割，將事情簡化為各種變量及其相關關係，忽略事物的複雜性和動態性。而「過程性問題」注重研究情境對研究現象的影響，考察研究現象在具體情境下的動態過程，因此比較適合質的研究。

3.「意義類問題」和「情境類問題」

這兩類問題實際上是上述「過程性問題」下面的兩個分支，前者探討的是當事人對有關事情的意義解釋，後者探討的是在某一特定情境下發生的社會現象。比如，一個典型的「意義類問題」可以是：「濟南市的交通警察是如何看待自己的職業的？」一個明顯的「情境類問題」可以是：「濟南市的交通警察每天是如何履行自己的職責的？」這兩類問題是質的研究者經常使用的問題，因為它們反映了質的研究的兩個重要的長處：(1)對被研究的意義建構進行研究；(2)在自然情境中進行研究。

4.「描述性問題」、「解釋性問題」、「理論性問題」、「推論性問題」和「評價性問題」

「描述性問題」主要是對社會現象進行描述，如：「上海棉紡廠是如何安排下崗工人再就業的？」「解釋性問題」是從當事人的角度對特定社會現象進行解釋，如：「上海棉紡廠安排下崗工人再就業的舉措對這些工人意味著什麼？」「理論性問題」是對特定社會現象進行理論上的探討，如：「上海棉紡廠安排下崗工人再就業的舉措對宏觀經濟學理論有何貢獻？」「推論性問題」是為了探討此研究結果是否適合其他類似的情形，如：「上海棉紡廠安排下崗工人再就業的舉措是否適合中國其他的國營企業？」「評價性問題」就是對所研究的現象進行價值上的判斷，如：「上海棉紡廠安排下崗工人再就業好不好？」

一般來說，質的研究通常使用「描述性問題」和「解釋性問題」，因為這兩類問題可以對現象的本相和意義進行探究。「理論性問題」容易先入為主地將前人的理論生硬地套到研究的現象上面，使用時應該特別謹慎。「推論性問題」和「評價性問題」不適宜作為質的研究探討的對象，因為質的研究不強調對研究結果進行推論，也不貿然對研究結果進行價值評判。雖然持批判理論範式的研究者有自己比較明確的理論傾向和價值判斷，但是也需要

首先瞭解當事人的具體情況，與對方一起進行平等的對話，使對方自己領悟到「真實意識」，而不是將自己的觀點強加到對方頭上。

5.「比較性問題」

「比較性問題」指的是就一個（或一類）以上的人或事進行比較研究。雖然有學者認為這種研究可以在同樣的時間內大大豐富研究的內容（*Denzin & Lincoln, 1994*），但是我本人認為研究新手不宜過早使用此類問題。比較性研究除了難度比較大外，還很容易使初學者著意尋找那些具有可比性的資料，而忽略那些沒有可比性、但對於理解該研究現象卻十分重要的資料。

比如，我的一位學生在設計研究課題時曾經提出作一項「北京大學英語系好生和差生的比較研究」。這位學生認為自己已經知道了「好生」和「差生」的定義，準備對這兩類人進行比較和對照。由於她把關注點放在對這兩類人的比較上，只注意搜集這兩類人之間可比的情況，結果完全忽略了被調查的個人對有關事情的意義解釋。她沒想到，那些被她命名為「好生」或「差生」（特別是「差生」）的學生是否認為自己也是如此，他們自己對「好」與「差」是如何定義的，他們如何看待自己被當成「好生」或「差生」這一現象，做「好生」和「差生」對他們自己意味著什麼，對上述問題他們內部存在什麼不同的意見。因此，為了培養初學者對每一個研究現象之獨特性的敏感和重視，我建議研究者在初學階段不要選擇「比較性問題」。當然，如果研究者已經作過很多非比較的個案研究，已經培養了對「個性」的重視和關注，特別是當研究者是一個群體時，也不妨根據研究問題的需要進行一些多地點、多對象、多時段的比較研究。

6.「因果性問題」

「因果性問題」指的是那些對事情的前因後果直接進行探尋、以「為什麼」開頭的研究問題，比如，「為什麼北京市很多大學教師外流？」一般來說，這類問題比較適合量的研究，而不適合質的研究。雖然大部分社會科學

研究的最終目的都是為了尋找原因，但是如果在研究一開始就著意尋找事物發生的原因，很容易忽略那些非因果關係的資料。研究的現象可能非常複雜，一件事情之所以發生不一定能夠必然地追溯到導致該事物發生的具體原因。而且，一個果可能由數個因所導致，一個因也可能導致數個果的出現。如果我們過分熱衷於尋找事情發生的因果關係，可能會忽略事情的複雜性、動態性和無邏輯性。比如，在上述問題中，「北京市教師外流」這個「果」中可能有很多辛酸的故事和複雜的情節，不可能被簡單地歸納為幾條明確的「因」（如「工資待遇太低」、「沒有住房」、「工作不受重視」等）。

在質的研究中，比較合適的研究問題一般是以「什麼」和「如何」開頭的問題，如：「北京市大學教師外流的現象具體是一個什麼狀況？」「北京市大學教師是如何外流的？」而不是直接以「為什麼」開頭的問題。當然，質的研究並不是不能尋找因果關係。相反，有的研究者甚至認為質的研究的一個長處就是尋找因果關係（*Maxwell, 1993; Scriven, 1974*）。然而，與量的研究不同的是，質的研究中的因果關係不是在脫離具體情境的條件下進行邏輯推理而獲得的，而是在探究特定事情發展的過程中獲得的。通過詢問「什麼」和「如何」這類問題，我們可以間接地對事情發生的因果關係進行一種情境化的、過程化的推導。即使一項研究的主要目的是為了瞭解「為什麼」，我們也需要通過對事情的狀態和過程進行探究，從中找到事件發生的先後順序以及有關的因果關係（*Denzin, 1970: 26*）。而通過這種方式得到的因果關係往往比直接詢問所得到的回答更加「自然」、「真實」和「豐富」。

三、對研究問題作出界定和表述

就「有意義的問題」選擇了合適的問題類型以後，我們需要對其進行界定和表述。研究的問題應該限定在一定的範圍之內，不能太寬，也不能太窄。而「什麼是『寬』和『太寬』」、「什麼是『窄』和『太窄』」取決於其他方面的因素，如研究的時間、地點、研究者人數、被研究者人數、研究事件

的多寡、研究的方法類型等。假設一名家住南京的研究者有六個月的時間和兩千元人民幣作一項有關校園文化的研究，如果他／她選擇「中國各類大學校園文化研究」作為自己的研究問題，這顯然就「太寬」了；而如果他／她將研究的問題改成「南京大學學生社團負責人領導風格研究」，也許就比較可行了。

　　有的研究問題不是因為研究者時間或資金不足（如上例所示），而是因為問題本身的範圍限定得不清楚，使人難以明白研究的重點和邊界所在。比如，我的一名學生曾經計畫對「北京師範大學的教學工作」進行研究，而「教學工作」這個概念的範圍十分寬泛，既可以包括本科生和研究生的教學工作，也可指成人教育中的教學工作；既可以包括教師對教材的選擇和編寫，也可以指教師的具體教學活動；既可以包含教師與學生在課堂上的互動，也可以指教師在課外對學生的輔導。這位學生對自己究竟要探討其中哪些方面的內容不太清楚，在研究問題中沒有給予明確的界定，因此感覺研究沒有重點，不知道從哪裡入手。

　　確定了研究問題的範圍以後，我們需要對其進行語言表述。由於語言具有形成現實的作用，研究問題的語言表述直接影響到研究的焦點和覆蓋範圍。在很多需要考慮的問題中，一個討論得較多的問題是：「研究問題的表述應該具體／概括到什麼程度？」比如，如果我們計畫向北京大學高等教育研究所的十位教師瞭解他們對自己教學工作的看法，我們是應該將研究的問題表述為「對北京大學高等教育研究所十位教師對自己教學工作看法的研究」？還是應該將其表述為「高等院校教師對教學工作看法的研究」？我個人認為應該採用前者。質的研究注重對問題的邊界進行界定，前者的邊界顯然比後者更加確切。有時候，為了使我們的研究問題在論文委員會、資助研究的財團或一般讀者眼裡不顯得如此「瑣細」，我們也可以使用後者，但是在對研究問題的說明部分應該明確指出，這裡所說的「高等院校」僅指「北京大學」，「教師」僅指「十名北京大學高等教育研究所的教師」。

　　對研究的問題進行表述以後，我們還需要對該表述中重要的概念進行定

義，使這些概念在研究中具有可操作性。比如，如果我們的研究問題是「大學生的心理適應問題研究」，我們需要說明這裡所說的「大學」是什麼類型的學校，是否包括大專、私立大學、民辦大學，是否侷限在中國境內，是否只在北京這一個城市，具體指的是哪（幾）所大學：「大學生」具體指的是一群什麼人，他們是幾年級的學生，他們的性別、民族、家庭背景是什麼；「心理」包括哪些方面，是否指的是情感、意志和認知；「適應」指的是一種什麼狀態，「不適應」又是一種什麼狀態（比如，「抑鬱」的表現可以是「食欲不佳，睡覺不穩，面部表情低沉」等）；「問題」指的是什麼；「研究」指的是什麼類型的研究，等等。除了給重要概念定義以外，研究者還應該說明自己是如何獲得這些定義的；如果這些概念尚未被學術界明確定義，自己打算如何對其進行定義；自己為什麼選擇如此進行定義；如果在研究過程中發現此定義不符合實際情況，自己打算怎麼辦。

第三節　討論研究的目的和意義

確定了研究的問題以後，我們還需要在設計中說明自己從事此項研究的目的和意義。「研究的目的」指的是研究者從事某項研究的動機、原因和期望，這些目的可能因研究者個人的生活背景、自己所屬的社會團體以及所研究的現象不同而有所不同。「研究的意義」指的是研究結果對有關人員、事情或社會機構的作用。

其實，不論說明與否，我們之所以從事某項研究一定是有目的和意義的，否則自己不會熱衷於此項研究。因此，我們需要認真思考：「我進行這項研究究竟是為什麼？為什麼我對這項研究如此感興趣？我希望通過這個研究獲得什麼結果？這個研究將對社會、對別人、對我自己有什麼影響？為什麼我對這項研究的結果如此關心？這項研究有什麼意義？對什麼人或社會機構有意義？為什麼我認為這項研究是有價值的？這項研究的內容與目的之間是什

麼關係？它們之間是否存在一定內在的邏輯相關性？此研究的內容和方法是否有可能達到我的目的？」我們對自己的目的越清楚，就越容易明白為什麼自己有某些想法和情緒反應而沒有其他的想法和情緒反應，因而也就越能夠瞭解自己的哪些個人動機對研究產生了何種影響。因此，在設計階段，我們就應該認真地對那些有可能促成自己從事此項研究的目的和意義進行反省。

有學者認為，研究者的目的可分成三種類型：個人的目的、實用的目的和科學的目的（*Maxwell, 1996: 15-16*）❶。

一、個人的目的

「個人的目的」指的是那些促使研究者從事研究的個人動機、利益和願望，如希望改變某項現存的社會制度、對某一社會現象感到好奇、希望親身體驗從事某類研究的滋味、通過發表研究成果提高自己的聲譽、把研究經歷作為報考研究生的一個籌碼等。

如果一項研究主要是為了「個人」的目的，研究的質量可能會在很大程度上受到個人傾向的影響。由於研究的主要動因是個人，研究的設計以及對研究結果的解釋都很容易帶有研究者個人的「主觀」色彩。在傳統的研究以及量的研究中，研究者通常不直接表露自己的個人目的。雖然，研究者個人可能對研究抱有濃厚的興趣，但在研究報告中通常採取一種「客觀」、「中立」的態度，不說明自己的個人目的及「前設」對研究過程和研究結果的影響。但是在質的研究中，個人的關懷不僅不被認為是一個障礙，而且被認為是從事研究的一筆寶貴的財富，可以為研究提供靈感、理論和資料。因此，研究者應該做的不是拋棄或否認自己的個人動機，而是應該想辦法積極地（然

---

1. 馬克斯威爾原來的分類中包括「個人的目的」、「實用的目的」和「研究的目的」，我將「研究的目的」改為「科學的目的」，更加符合中國人的習慣，也可以避免將「研究的目的」混同為上一級概念。

而是有意識地）利用它們。

二、實用的目的

「實用的目的」指的是研究者通過此項目可以完成某些具有實際價值的任務，如改變現存的不良現象、揭示有關社會人士關心的問題、解決某些具體的困難、完成某項工作、滿足某類人或某些組織的需要、向有關人員提供決策和行動指導等。

如果研究的主要目的是為了「實用」，那麼研究者受政治和經濟方面的影響可能會比較大。具有實用指導意義的研究項目一般比較容易獲得政府機構或財團的支持，因而也比較容易受到這些利益集團的控制，研究者很難保持科學研究所需要的「中立」和「公正」。但是，如果研究者能夠設法在一定程度上擺脫這些控制，使自己的研究服務於需要的民眾，那麼這種研究還是十分有價值的。例如，目前在質的研究領域「行動研究」比較盛行，而這種研究除了與傳統的應用型研究有一些主要的差別之外（如邀請被研究者參與研究、研究的主旨是解放而不是壓制被研究者等），其主要目的之一就是「實用」。（有關「行動研究」的理論和實踐方法，詳見第二十六章第一節）

當然，實用的目的不一定必然和科學的目的或群眾的需要相悖，研究者需要具有協調能力，將政策的指向（包括某些利益集團的需要以及政府部門的短期行政需要）、民眾的需要和科學的目的這三者協調起來，找到一個最佳的結合點。研究者要善於引導短期目的或局部需要，將其納入科學軌道，並善於使純科學的目的與實際結合，使之具有可操作性（藍永蔚，1999: 9）。

三、科學的目的

此類目的與「純粹的」科學研究有關，指的是為人類認識世界、追求真理提供有益的知識和探索思路。持有這種目的的研究通常是為了瞭解有關事

情發生的原委、過程和效果，加深對有關問題的理解，為人類增長知識，為本研究領域提供新的資訊、理論框架和研究方法等。

如果研究的主要目的是為了純粹的科學探究，那麼研究者可能受本領域學術權威的影響比較大，對一些宏大理論情有獨鍾。因此，在具體從事自己的研究時，研究者可能以這些理論作為先入為主的假設，希望在研究過程中驗證或批駁這些假設。與此同時，如果研究者認為自己在對研究對象進行「純粹的」「科學研究」，他們有可能對自己的價值判斷和個人偏好意識不夠。這種對「純科學」的偏好可能會掩蓋研究本身的政治意義和個人動機，忽略研究給研究者本人和被研究者有可能帶來的思想上和情感上的衝擊以及生活上的改變。

下面讓我舉一個例子來說明上述三種目的的不同。假設有一位美國的女研究人員身材比較高大肥胖，不但自己在日常生活中感到不方便，而且經常在找工作和社交活動時受到歧視。如果她計畫對美國社會裡其他一些同樣肥胖的婦女進行調查，看她們是如何處理自己的自我形象和自信心受挫的情況的，以便為自己所借鑒，那麼她的研究便主要是出於「個人的目的」。如果她從事這項研究主要不是為了個人方面的關切，而是受一個肥胖人俱樂部的委託設計一個培訓計畫，以幫助肥胖人學會對付社會對肥胖人的歧視，那麼她的研究就主要是出於「實用的目的」。又假設她進行這項調查純粹是為了瞭解肥胖人的日常生活和內心世界，為人類對肥胖人的理解增添知識，那麼她的項目便主要是為了「科學的目的」。

雖然上面我們對研究的三種目的分別進行了探討，但是在實際研究工作中這三類目的常常相互揉合在一起，共同對研究的決策發生作用。在很多情況下，這三種目的可能同時激發研究者從事一項研究，雖然側重點可能有所不同。比如，在我的博士論文中，調查了一群中國留學生在美國進行跨文化人際交往的經歷。我之所以選擇這個題目和這一群人，主要是因為我自己對這個問題十分感興趣。作為一名在美國的中國留學生，我很想知道別的中國同學是如何處理不同文化間思維方式和行為規範之間的差異的。與此同時，

我自己在交美國朋友方面遭到了一些挫折，因此希望通過自己的研究探索一條跨文化的路子，為今後從中國到美國去留學的人們提供一定的借鑒，同時也為美國大學有關的機構瞭解中國學生提供一點「局內人」的資訊和觀點。此外，通過這個研究，我還希望對來自不同文化的人們之間的相互交往有比較深刻的理解，從學術的角度對他們的自我概念和文化認同進行理論上的探討。因此，我的研究既帶有「個人的」目的，又具有「實用」和「科研」的性質。

第四節 界定研究的背景知識

質的研究中的「背景知識」指的是研究者目前對將要研究的現象和問題所瞭解的情況，其中包括至少三個方面的內容：(1)前人有關的研究成果；(2)研究者個人的經驗性知識；(3)研究者自己有關該研究問題的概念框架。這三個方面的內容可能相互交織，共同構成研究者的問題視域。

一、現有研究成果

「現有研究成果」指的是：在研究者將要探討的研究現象與問題的範圍內，目前學術界已經完成的有關研究及其發現。研究者在開始設計之前和之中需要對所有這些有關的成果進行文獻檢索。對前人的研究成果進行檢索是為了回答如下問題：「前人在這個領域已經作過哪些研究？我的研究在這個領域裡處於什麼樣的位置？通過此項研究我可以作出什麼新的貢獻？如果此研究問題前人還沒涉及，我的研究可以如何填補這一空白？如果此研究問題前人已經討論過了，我的研究可以如何提供新的角度和看法？如果前人的研究中存在明顯的漏洞和錯誤，我的研究可以如何對這些謬誤進行糾正？」

在設計階段，研究者需要對有關文獻的內容和方法進行詳盡的檢索。文

獻的類型、數量以及研究者對文獻的把握程度都可以表明該研究項目是否處於一個寬厚的理論基礎之上、研究者本人的理論功底是否紮實、該項目是否具有研究的價值。因此，在研究設計裡研究者應該對如下問題有所說明：「我將對哪些研究成果進行檢索？為什麼這些成果對我的研究十分重要？有什麼理論和發現可以用來指導或豐富我的研究？目前在什麼地方可以找到我所需要的資料？我將使用什麼方法來進行文獻檢索？我為什麼要使用這些方法？」如果在設計之前研究者已經在圖書館裡和電腦網絡上查到了一些有關的資料，可以將這些資料的題目或內容提要附在研究設計的後面。這些資料對於研究設計的審批十分重要，因為有關人員（如論文委員會、政府機構、財團）往往將文獻資料的性質、數量和組成形式作為衡量研究是否可行的一個重要標準。

　　在閱讀文獻時，研究新手們經常碰到的一個問題是：「我應該檢索多大範圍的文獻？」這是一個十分棘手的問題，特別是在我們目前這個資訊爆炸的時代。我個人的經驗是，首先檢索與自己的研究問題有關的領域，同時關照相關領域的主要理論和研究發現。比如，如果我們希望對「中國農村中小學生輟學問題」進行研究，檢索的重點應該放在前人有關輟學的研究以及中國農村中小學生輟學的現狀和原因上面；與此同時可以兼顧其他相關領域，如中國農村的基本情況（包括社會、文化、政治、經濟、家庭、個人各個方面）、中國教育的總體狀況（如入學率、升學率、教育投入、教育質量、師資水平、教學設施、學校管理風格）、中國的義務教育政策和措施等。在設計階段，文獻檢索可以相對寬泛、粗略一點，不必花費大量的時間對一些具體的細節糾纏不清，也不要為了查尋一個不詳的參考書而在圖書館裡泡上一整天。研究項目在這個階段尚未完全定型，過多地糾纏細節可能會使研究者誤入歧途，「撿了芝麻丟了西瓜」，「見樹不見林」。設計階段的當務之急是對有關文獻獲得一個大概的瞭解，今後隨著研的深入如果需要瞭解某些文獻的具體內容，可以再仔細查閱。

　　進行文獻檢索的目的不是羅列所有有關的理論和發現，而是批判性地閱

讀這些文獻，然後從自己的研究問題的角度對它們進行評判和選擇。首先我們應該對前人研究的概貌作一個簡單的勾勒，然後找到有待發掘、存在漏洞或空白的地方。通過對現有文獻進行批判性的解讀，我們可以比較有力地說明自己的研究的重要性和意義所在。如果我們在設計的時候便可以預料某些理論今後可以運用到自己的研究之中，也可以對這些理論進行比較詳細的介紹。介紹的時候應該將這些理論與自己的研究之間可能存在的關係交代清楚，以便讀者瞭解我們的研究前景與前人的成果是否融合。

在如何使用前人已經建立的理論方面，質的研究者內部存在不同的意見。有人認為，前人的系統理論就像是一個大衣櫃，可以為自己的研究提供一個框架；如果將自己的研究放到這個櫃子裡合適的地方掛起來，可以看到自己的研究與其他研究之間的聯繫（*Maxwell, 1996*）。還有的人認為，前人的理論就像是數盞探照燈，可以揭示研究現象的某些側面，幫助研究者對自己的研究問題聚焦；探照燈的光束不僅可以為本研究領域勾勒出一個基本的地域範圍，而且可以為本研究照亮方向。此外，有學者認為，在設計階段就開始閱讀有關文獻不僅可以為自己的研究在理論上做準備，而且可以對自己的研究過程和結果進行聯想，是一個鍛鍊思維的好機會（*Mills, 1959: 205*）。因此，這些研究者認為，在質的研究中應該使用前人的理論。

與此同時，很多研究者也指出，在使用前人理論的同時要特別注意防止這些理論所造成的「意識形態霸權」（*Becker, 1986*）。在質的研究中使用理論不是為了將這些理論用來指導自己的研究設計，也不是為了證實這些理論是否「正確」或「錯誤」，而是為了幫助自己找到研究的問題、提出新的看問題的角度、提供新的分析資料的思路。瞭解前人的理論可以使自己的觸角更加敏銳，更加容易捕捉問題和自己的靈感，也可以用來豐富自己已經建構的紮根理論。

有關文獻檢索的時間問題，質的研究者內部也有不同的意見。有的人認為文獻檢索應該在研究開始之前進行，因為前人的理論可以為研究設計提供一定的指導；有的人堅持在研究進行過程中對文獻進行檢索，因為研究者在

研究中需要不斷地與前人的理論展開對話；還有的人提倡在搜集資料之後再
瞭解前人的理論，因為過早使用這些理論會妨礙研究者自己建構紮根理論。
這些人的主張各有各的理由，分別強調的是理論文獻在研究的不同階段可能
發生的作用。我個人認為，像質的研究中其他的部分一樣，文獻檢索也應該
是一個不斷演化發展的過程，既應該在研究開始之前，也應該在研究開始之
後進行。事實上，任何一項研究都是原始資料、現有理論和研究者本人知識
三者之間的一個既循環往復又交錯作用的互動過程（見圖表 5-4-1）。

圖表 5-4-1　研究互動關係圖

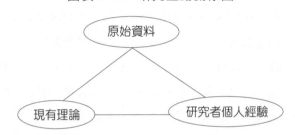

　　在對前人的發現進行回顧時，我們還可以討論自己就同一研究問題所作
的預研究（pilot study）所獲得的結果。為了保證一致性，預研究的對象通常
來自正式研究的同一地點和人群。進行預研究的主要目的不是為了獲得資料，
而是為了給正式研究提供一定的資訊和指導。具體地說，預研究具有如下功
能：(1)初步瞭解研究的現象（如果該現象對研究者來說比較陌生的話）；(2)
發現當事人對有關問題的看法和感受；(3)與當事人建立初步的人際關係；(4)
檢驗研究者自己的構想是否合適，自己的假設是否符合當地的情形，選擇的
方法是否有用，自己的心理準備做得如何，自己應該以什麼樣的姿態出現在
現場等。在進行預研究之前，我們應該告訴被研究者這是一個預研究，希望
他們能夠幫助我們一起來修改研究計畫。同時，我們還要告訴對方，自己今
後還會再來進行比較詳細深入的研究，以便對方有所準備。如果研究者在進
行研究設計時尚未作任何這類預研究，也可以在設計中討論是否需要或打算

進行這麼一項研究。

二、研究者的經驗性知識

「研究者的經驗性知識」指的是研究者本人與研究問題有關的個人經歷以及自己對該問題的瞭解和看法。在進行研究設計的時候,我們應該問自己:「我自己在這個方面有哪些個人生活經歷和觀點?這些經歷和觀點會對研究產生什麼影響?我應該怎樣處理這些影響?」

與其他的研究方法相比,質的研究特別強調對研究者的個人背景進行反思。質的研究認為,研究者的個人生活和工作是不可能截然分開的,個人的經歷和看法不僅影響到個人從事研究的方式,而且對研究本身來說是十分有價值的經驗性知識。正如格拉斯納(C. Glesne)和派司金(A. Peshkin)所說的(1992: 104):「我的主觀性是我能夠述說的故事的基礎,這是我的一個力量的支柱,它使我成為既是一個人又是一名研究者的現在的我。」任何觀點都必須透過一定的視角才能形成,而研究者的視角與自己過去的生活經歷和看法之間存在著十分密切的關係。比如,在對某醫院一些醫生的工作情況進行觀察時,我的幾位學生發現自己對醫院裡的擁擠狀況感到如此吃驚,以致無法集中注意力對醫生的工作進行觀察,轉而觀察掛號大廳和病房外面排著長隊的病人。他們對醫院裡病人如此之多,而醫生卻如此之少的狀況感到非常氣憤,結果在觀察筆記的旁邊不斷地寫下「需要增加醫生和醫療設備」等字樣。事後,通過進一步思想上的挖掘,這些同學反省說,他們之所以對這種狀況感到氣憤,是因為他們自己的父母已經年老體弱,很快也會經常需要光顧醫院。而一想到自己的父母也將不得不在這種擁擠的狀況下候醫,心裡就覺得特別難受。從這個例子中可以看出,這些學生的不滿情緒已經嚴重地影響了自己的觀察內容和效果。如果他們在研究設計的時候就對自己有可能產生的這些想法和情緒進行清理,也許可以對自己將來的反應有所調整,或者對自己之所以產生這些反應的原因有一定的認識和監控。

對自己經驗性知識的瞭解不僅對我們從事研究非常重要，而且還是我們形成研究問題的一個重要的知識來源。比如，我的一位學生之所以選擇了「大學生退學」作為自己的研究問題，就是因為他在學校的教務處工作，看到一些農村來的孩子，父母和老師含辛茹苦把他們培養成材，好不容易考到北京來上學，結果卻面臨退學的境遇，為此他感到十分痛心。他自己也來自農村，深深地感到一個農村家庭要培養一名大學生是多麼地不容易。因此，他個人的經歷和感受使他對這些孩子特別關注，特別希望通過自己的研究來瞭解他們、幫助他們。

三、概念框架（conceptual framework）

質的研究者在明確了研究的現象、目的和問題，並且獲得了以上背景知識以後，便可以開始著手構建研究的概念框架了。「概念框架」展現的是研究者的初步理論設想，通常包括：(1)組成研究問題的重要概念以及這些概念之間的各種關係；(2)研究問題的範圍、內容維度和層次；(3)研究者自己目前發展出來的工作假設。概念框架可以用語言表述，也可以用圖表直觀地表現出來。建立概念框架的目的是促使研究者在研究開始之前就用比較簡潔、直觀的方式將研究問題所包含的重要方面呈現出來。概念框架一方面可以將研究者心中隱蔽的一些理論假設明朗化，另一方面可以進一步加深研究者對問題的理解，發展自己原有的理論。這是一種在紙上思考的方式，可以揭示研究者事先沒有想到的一些意義聯繫以及現存理論中的漏洞或矛盾，幫助研究者找到解決這些問題的辦法（*Howard & Barton, 1986*）。

概念框架可以有很多不同的形式，如樹形結構、因果網絡、圓圈相交關係、時序流程等。圖表 5-4-2 是一個比較簡單的概念框架舉例，研究的問題是「教育創新的傳播研究」。

設計概念圖時需要特別注意的是，不要設計一個沒有任何風險的概念圖，即圖中列出了所有可能探討的方面，而且所有的概念之間都存在相互影響的

社會科學質的研究

圖表 5-4-2　概念框架圖舉例（有關教育創新傳播研究的概念框架）

（資料來源：*The Network, Inc., 1979*）

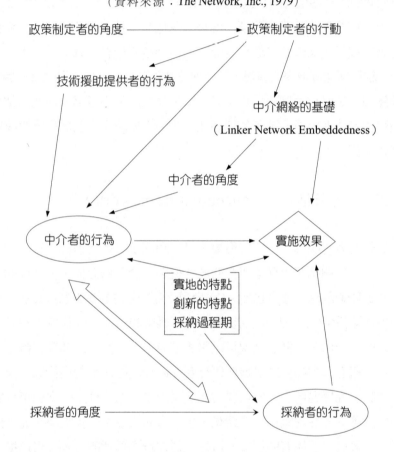

關係。這樣的概念圖雖然具有包容量比較大的優點，但是沒有突出研究的重點，對研究者思考問題沒有好處。此外，概念圖不必過於追求簡潔、乾淨和優雅。如果一個概念圖看起來十分漂亮，這說明設計者對形式的注意已經超過了對內容的注意。概念圖是研究者對研究問題進行思考的一種外在表現，它應該充滿思考的內在衝撞和起伏，不可能總是四平八穩、左右對稱。

　　設計概念圖不僅需要嚴謹的思維條理，而且需要一定的創造力和想像力。我們可以採取一種「玩遊戲」的態度，將各種概念進行不同的排列和組合，

設想各種不同的可能性。比如，我們可以先採取「頭腦風暴」（brain storm）的方式對如下問題進行思考：「我對這個研究問題已經有了哪些理解？這些理解是否可能形成一些概念？這些概念之間存在什麼關係？這些關係是否可以形成一個大的理論框架？我可以如何來勾畫這個框架？」此外，我們還可以進行一種思考性試驗，對今後的研究結果預先進行猜測，比如，我們可以問：「如果……又如何呢？」（*Maxwell, 1996*）。

第五節　確定研究對象

在確定研究的問題和回顧背景知識的同時，我們還應該考慮研究對象的抽樣問題。在質的研究中，抽樣不僅包括被研究者，即人，而且包括時間、地點、事件和研究搜集的原始資料。因此，在研究設計的階段，我們就應該問自己：「我希望到什麼地方、在什麼時間、向什麼人搜集什麼資料？我為什麼要選擇這個地方、這個時間和這些人？這些對象可以為我提供什麼資訊？這些資訊可以如何回答我的研究問題？」

抽樣的對象被確定了以後，我們需要決定採取什麼樣的抽樣方式進行抽樣。與量的研究不同的是，質的研究不可能（也不需要）進行隨機抽樣。質的研究的目的是就某一個研究問題進行比較深入的探討，因此樣本一般比較小，採取的是「目的性抽樣」的原則，即抽取那些能夠為本研究問題提供最大資訊量的人或事（*Pattern, 1992*）。（有關目的性抽樣的原則、具體步驟和注意事項，詳見第六章）

第六節　討論研究關係

質的研究中的「研究關係」涉及到兩個方面的問題：(1)研究者個人因素

對研究的影響；(2)研究者與被研究之間的關係對研究的影響。「研究者的個人因素」又可以進一步分成兩個部分；(1)研究者的個人身分，如性別、年齡、文化背景、種族、社會地位、受教育程度、個性特點和形象整飾等；(2)研究者的個人傾向，如研究者的角色意識、看問題的角度、個人與研究問題有關的生活經歷等。「研究者與被研究者的關係」主要包括局內人與局外人、熟人與生人、上下級與平級、性別異同、年齡異同等關係。（有關這方面的具體討論，參見第七章和第八章）

第七節 選擇研究的方法

　　質的研究的方法豐富多樣，具體選擇什麼樣的方法應該根據具體研究的問題、研究的目的、研究的時空情境、研究的對象等各種因素而定。研究方法本身只是一個手段，它們應該為一定的目的服務。所以，在問到「我應該用什麼方法來進行研究」這個問題時，質的研究者經常提供的一個回答是：「視情況而定」（It depends）。當然，事先對方法的選擇和使用進行考慮總是需要的；但是，如果事先過於明確地作出決定，很容易導致研究缺乏靈活性和應變性。質的研究認為，研究者應該是一個多才多藝的多面手，可以根據研究的需要隨時使用各種技藝，也可以隨時從自己的聚寶盆裡拿出所需要的工具和財寶。因此，具體使用什麼研究方法這個問題只能在研究進行時才可能最後確定。在研究設計階段對這個問題進行考慮只可能是初步的、猜測性的，應該為今後的修改留有充分的餘地。但與此同時，事先對方法的選擇進行設計又是必要的。研究者腦子裡通常對方法的選擇已經有一些想法，如果不作出必要的決定，這意味著研究者在有意回避自己思考中隱藏著的設計方案。

　　其實，任何有關方法的決定都必須以回答研究的問題為主要前提，而不是為了方法本身而選擇方法。方法本身並不能保證研究設計的「正確」，也

不能保證研究結果的「準確性」和「真實性」。如果我們過於注重方法，往往容易忘記自己研究的目的和任務，走向「為方法而方法」的歧路。因此，在對研究的方法進行選擇時，我們可以有意識地尋找研究問題與方法之間的相互匹配關係。比如，如果我們希望對一個現象的意義進行研究，可以選擇闡釋學的方法；如果我們的研究問題涉及現象的發生過程和具體細節，可以使用民族誌的方法；如果研究主要通過研究者自己與被研究者之間的互動獲得研究的結果，可以選擇象徵互動的方法；如果研究的重點是通過觀察被研究者的行為過程來瞭解其認知方式，可以使用常人方法學；如果研究的主要目的是建立理論，可以使用紮根理論的方法；如果研究的主旨是改變現存的社會現象，可以使用行動研究；如果研究的關注點主要在探討社會結構中的權力關係，特別是性別、種族和社會階層帶來的差異，可以使用女性主義的方法；如果研究的資料主要是對話或文字分析，可以採取話語分析的方法；如果研究的重點是對一個個體進行整體性的瞭解，可以使用個體生態學的方法等。

另外一種選擇方法的腦力練習是回溯法，即詢問自己「通過這項研究我究竟想要獲得什麼樣的研究結果？」此類問題迫使我們首先在腦子裡設想自己今後有可能獲得什麼樣的研究結果，然後回過頭來設想自己可以採用何種方法和步驟獲得這些結果。在設計階段問這類問題不僅可以幫助我們對研究的大致輪廓有一個基本的估計，而且可以減少研究開始之前我們每一個人都可能體驗的、因為對未來不可知而產生的高度焦慮。

從實際操作的層面看，質的研究的方法部分可以由如下幾個大的方面組成：進入現場的方式、搜集資料的方法、整理和分析資料的方法、建構理論的方式、研究結果的成文方式等。在進行研究設計時，我們必須對以上每一階段所使用的方法作出選擇，並且陳述自己選擇這些方法的根據和理由。

一、進入現場的方式

在設計進入現場的方式時，我們需要認真考慮如下問題：「我應該如何進入研究現場？我可以如何與被研究取得聯繫？我應該如何向對方介紹自己的研究？我為什麼要這樣談？他們會如何看我？他們會對我的研究有什麼反應？他們為什麼會有這些反應？如果在他們之上還有『守門人』，是否應該獲得這些人的同意？到達實地以後我應該如何與各類人員協商關係？在研究的過程中我如何與被研究者始終保持良好的關係？」

在有的情況下，我們需要被研究者以書面形式表示同意參加研究項目（如小學生需要父母簽字）。在這種情況下，我們可以事先設計一份類似「同意書」的文件，在進入現場時給被研究者閱讀。文件中應該包括對研究項目的簡單介紹、對研究者本人的介紹、希望被研究者完成的任務、研究的意義、研究結果的處理方式等。「同意書」應該特別強調自願原則和保密原則，即被研究者有權拒絕參加研究，研究者將嚴格為被研究者的姓名、工作／學習地點和其他有關的資訊保密。此文件應該作為附件附在研究設計本文的後面。應該注意的是，使用這種文件應該特別謹慎，視研究對象的具體文化習慣而定。在有的地方（如比較偏遠的中國鄉村），使用這種文件可能使研究對象感到「困惑」或「生分」，不如口頭交流效果更好。（有關進入研究現場的注意事項和行動策略，詳見第九章）

二、搜集資料的方法

質的研究中的「資料」與其他類型（如量的研究）有所不同，定義比較寬泛。一條基本的原則是：只要這些「東西」可以為研究的目的服務，可以用來回答研究的問題，就可以作為研究的「資料」。如上所述，質的研究是特定研究者以某種自己選擇的方式將世界「打碎」，根據自己的需要從中挑

選一些自己喜歡的「碎片」，然後將它們以某種特定的方式「拼湊」起來，展示給世人看的一種活動方式。所以，任何現實世界中研究者可以找到的「碎片」，不論它們是如何的「不規範」、「不科學」，只要它們「有用」都可以被作為研究的「資料」。其實，資料本身無所謂「規範」和「不規範」，衡量資料是否「規範」的主要標準是研究者使用這些資料的方式，即：研究者是如何搜集和分析這些資料的？這些資料被拿來做什麼用？這些資料與研究的問題和研究的目的是否匹配？

　　質的研究中搜集資料的方法十分豐富，如訪談、觀察、實物分析、口述史、敘事分析、歷史法等，其中最常用的是前三種。因此，本書只對此三種方法進行重點的介紹（詳見第十章到第十七章）。選擇搜集資料的方法在很大程度上取決於研究的問題、目的、情境和有可能獲得的資源，即在特定的時空環境下使用這些方法是否可以搜集到回答研究問題所需要的資料。例如，如果研究的問題涉及到小學教師如何看待自己的教學工作，那麼就應該以訪談法作為搜集資料的主要手段；如果研究的問題有關這些教師的課堂教學風格，那麼就應該主要使用觀察法來搜集資料，同時輔助以訪談；而如果研究的目的是瞭解某些小學生寫墨筆字時容易出現的書寫錯誤，那麼就應該以分析他們的墨筆字練習本為主要搜集資料的方法。

　　不論選擇什麼方法搜集資料，我們都應該在研究設計中說明自己為什麼要選擇這個（些）方法，它們與研究的其他部分是什麼關係，自己打算如何運用這個（些）方法。如果我們選擇的是訪談的方法，那麼就應該討論訪談對本研究的具體作用，如瞭解當事人的想法和意義建構、回憶過去發生的事情與從觀察中獲得的資料進行相關檢驗等。同時，我們應該說明自己對訪談的具體打算，如訪談的具體方式、時間、地間、人數、次數、是否打算錄音或錄影、如果對方不同意錄音或錄影自己打算怎麼辦等。在設計時還應擬訂一份訪談提綱，將其附在設計的附件部分。訪談提綱是研究問題具體化的一種方式，一般只提出大綱性的問題（包括主要的訪談問題和需要進一步追問的問題）。訪談問題不同於研究問題，後者表示的是研究者希望通過研究而

獲得答案的問題，而前者是為了獲得對後者的答案而用來詢問被訪者的問題。因此，訪談的問題應該儘量真實、具體、形象、多樣，力求自然、生動地從不同角度向被訪者探詢有關情況。如果我們預測在訪談中需要就一些問題進行追問，可以在訪談提綱中將這些追問的部分列出來。訪談提綱的形式應該比較靈活，允許訪談者隨時根據實際訪談的具體情況進行修改和即興創造。

同理，如果我們決定選擇觀察作為搜集資料的手段，也需要在設計中討論選擇這種方法的理由（如可以直接看到和聽到被研究者的行為和自然語言，可以通過與對方的自然互動瞭解對方的行為反應等）。然後，我們需要探討具體實施觀察的方式，如觀察的地點、時間、場合、對象、具體內容、記錄方式等。像訪談一樣，觀察也需要設計一個初步的提綱，對計畫觀察的內容進行一個大致的勾勒。

如果我們選擇實物分析作為搜集資料的方式，也要在設計中介紹為什麼採用這種方法、計畫搜集什麼實物、打算如何對這些實物進行整理。在質的研究中，實物分析通常與其他方法一起使用，因此在設計時我們還需要討論實物分析與其他方法之間的關係，比如：實物分析與其他方法相比有什麼特點和長處？不同的方法在搜集資料方面各自能起什麼作用？它們可以如何相互補充、相得益彰？

至於「資料什麼時間可以搜集完畢？研究者什麼時間可以退出現場？」這類問題，我們在研究設計的時候可以提出一些原則性的衡量標準，比如：(1)資料達到了飽和，進一步搜集的資料已經與前面搜集的資料出現了內容上的重複，沒有新的資料出現；(2)研究者本人已經「成為本地人」了，對當地的情況失去了敏感，注意力開始明顯減退；(3)資料分析比較密集，分析的理論框架越來越精細；(4)研究者對自己的結果越來越感到激動，急於向同行、朋友和家人介紹自己的研究。當然，在實際研究中，導致研究者離開現場的原因可能很多（如預定的時間已到、經費已使用完畢、研究者與當地人發生了衝突、研究者突然生病等），很難在研究設計階段就作出明確的預測。

三、整理和分析資料的方式

由於質的研究十分強調根據資料本身的特性來決定整理和分析資料的方法，因此我們很難在設計階段對這個問題提出比較明確的想法。我們只可能根據自己以往的經驗以及前人經常使用的方式，預想自己將來搜集的原始資料可能屬於什麼類型，有什麼特點，以此來設想自己可以用何種方式對資料進行整理和分析。

質的研究中的資料整理和分析不是兩個截然分開的階段，整理的思想基礎是分析，分析的操作基礎在整理。因此，在設計的時候，我們很難（也沒有必要）將兩者完全分開。當然，整理資料時有一些部分具有一定的相對獨立性，比如對資料準確性的檢查和對遺漏部分的補充，但是大部分時候整理和分析資料都是集兩者為一身。

資料整理的主要方式是歸類，而歸類的基礎是建立類屬（category）。類屬的確定和建立必須通過登錄（coding），即將有意義的詞、短語、句子或段落用一定的碼號（code）標示出來。碼號是在認真閱讀原始資料的基礎上從反覆出現的現象（pattern）中提升出來的，它們被賦以一定的標記符號。碼號設立以後被列入一個編碼本，編碼本中的碼號可以用來對所有的資料進行設碼。原始資料被登錄以後，被分門別類地放到按一定系統分類的檔案袋裡。幾乎所有質的研究的資料都要經過這麼一個整理的過程，這是因為質的研究者相信這是一個必不可少的過程。雖然資料整理看起十分機械、單調，需要逐字逐句地對資料進行標示和歸類，然而這個過程可以為研究者提供不這麼做便無法獲得的分析思路。資料本身似乎有自己的生命，需要研究者對它給予積極的關注和足夠的互動。

資料分析主要有類屬型（categorization）和情境型（contextualization）兩種方式，前者將資料按主題分成類別，後者將資料按照一定的時間序列或意義關聯進行敘述。對分析方式的選擇取決於原始資料本身的特點。比如，如

果我們搜集的資料大多以分類的方式呈現出來（如大學生轉系的主要原因有：
(1)對本學科沒有興趣；(2)本學科成績不好；(3)與本學科的教師產生了矛盾；
(4)轉系的學科找工作比較容易等），那麼我們就可以採取類屬分析的方式對
資料進行整理和分析。如果資料是以講故事的方式出現（如某公司一位經理
一天的活動內容），那麼我們就可以採取情境化的方式對資料進行整理和分
析。資料本身的特點不是自己單獨形成的，它受到資料搜集方式的影響，而
資料搜集的方式又受到研究者對研究結果的期待以及研究者自己思維方式的
影響。因此，在選擇分析方式時，我們不僅需要考慮資料本身的特點，還必
須考慮其他方面的因素。（有關資料整理和分析的具體方法和步驟，詳見第
十八章和第十九章）

四、建立結論和初步理論的方式

在對資料進行整理和分析的同時，我們實際上已經開始了初步的為研究
結果做結論的工作。由於對研究的結果尚不清楚，我們在設計中只能嘗試性
地討論一些問題，如自己將如何為研究的如果做結論，如何在結論和資料證
據之間建立起聯繫，如何保證研究的結論具有一定的可信度和說服力，如何
在自己研究的基礎上建構區域性理論，自己的理論與前人的理論之間將存在
什麼關係，自己是否可以在分析資料的基礎上建立一個工作模式以對同類事
物進行理論上的詮釋等。（有關建立結論和初步理論的具體原則和方法，詳
見第二十章）

五、研究結果的成文方式

雖然我們在設計時無法確切地知道自己的研究結果將來會是什麼樣子，
因此更加難以決定以什麼方式來呈現自己的研究結果，但是如果我們在設計
時就對研究的成文方式進行預測，將有助於我們現在進行研究。比如，如果

我們估計今後研究的結果將以文字的形式表現出來，那麼我們就應該特別注意整理訪談資料，記觀察筆記；如果我們今後有可能結合圖片和錄影的形式表現研究結果，現在則應該注意搜集這方面的內容。當然，這種猜測只可能（也應該）是極其初步的，否則將會對研究的進程產生過多的約束和限制。在研究設計階段，我們可以說明的是，自己打算選擇什麼寫作方式，為什麼選擇這種寫作方式，為什麼排除了其他可能的方式，如果用不同的方式寫此項研究可能會產生什麼不同的結果。

在思考成文方式的時候，我們還需要考慮作品的讀者是誰。一般來說，讀者可能有如下幾類人：(1)論文委員會的委員；(2)本領域的同行；(3)相關領域的學術工作者；(4)被研究者；(5)一般的公眾；(6)資助研究的財團或政府機關。顯然，不同的讀者群體需要不同的寫作風格。比如，如果我們心目中的讀者是一個由本專業著名學者組成的博士論文委員會，那麼我們除了採取比較專業的行文風格對結果進行表述以外，還必須詳細報告前人的有關研究成果、自己的研究設計以及自己對研究過程的反思。而如果讀者是一般大眾，我們則不必如此「正式」和「規範」，可以將結果寫得通俗、大眾化一些，不僅要有學術性，而且還要考慮到作品的可讀性和娛樂性。

無論讀者是誰，當今質的研究者幾乎一致強調應該在研究報告中討論研究者本人對研究的影響。因此，作為「寫文化」的作者，研究者可以採取很多不同的方式來講述自己的故事。研究者在作品中應該有自己的位置，行文應該採取第一人稱敘述角度，對研究結果作個人化的描述和解釋。（有關研究結果的成文方式，詳見第二十一章）

第八節　確定研究結果的檢測手段

在設計階段，研究者除了對上述方面進行設計以外，還要探討如何對研究的質量進行檢測，其中包括結果的真實性、可靠性、代表性以及有關的倫

理道德問題。由於研究尚未開始，在研究設計中便討論結果的檢測問題，顯得是「紙上談兵」。但是，這種「談」還不得不談，因為它可以促使自己認真地思考有關問題，從研究一開始就「小心翼翼、戰戰兢兢」，認真細緻地對待自己的每一個決策和行動。

一、討論效度問題

「效度」是傳統的實證主義量化研究的一個判定標準，目的是通過客觀的測量和量化推論尋求一種普遍的法則。質的研究遵循的是與量的研究不同的思維範式，關注的不是客觀的分類計量、因果假設論證或統計推論，而是社會事實的建構過程和人們在特定社會文化情境中的經驗和解釋。這種過程性的、發生在人際互動之中的對意義的探索很難用「效度」這類遊戲規則來進行判斷。然而面對實證主義者的質詢，質的研究者也不得不思考有關研究的效度問題。

有關質的研究中效度的定義和分類，質的研究者們有很多不同的意見（有關這方面的詳細討論，參見第二十三章）。在研究設計階段，我們可以追問自己：「我的研究結果是否將會是真實的？我如何知道它是否真實？我在研究的過程中有可能在真實性方面犯哪些錯誤？我將如何排除（或減少）這些錯誤？我的研究結果可以找到哪些其他的解釋？我的研究結果有可能存在哪些不真實的資訊？我將如何對待和處理這些不真實的資訊？如果我繼續在實地搜集資料，這些資料可以如何支持（或反駁）我所做出的結論？我如何使自己的研究結果令人信服？為什麼別人要相信我的研究結果？如果我採取不同的方式進行此項研究會獲得什麼不同的結果？」

除了詢問上述問題，在設計階段我們還可以探討自己打算採取什麼辦法處理研究中有可能出現的「效度威脅」（validity threat），即那些使我們有可能在效度方面犯錯誤的因素。比如，我們可以有意尋找資料中相互衝突的內容以及結論中自相矛盾之處，尋找反例對已經建立的初步理論進行證偽，

使用相關檢驗的手段對那些來自不同的時間和地點、不同的理論角度、不同的研究方法和不同的抽樣人群的研究結果進行對比。我們還可以將研究結果與同行或被研究者分享，看他們有什麼反饋意見。為了保證研究結果可以回溯到原始資料和研究的決策過程進行檢驗，我們可以在研究一開始就保持一份審計紀錄（audit trail）。典型的記錄研究過程的方式是研究者日誌（log），日誌應該記錄研究者在研究過程中作出的所有重要決策以及研究者本人的直覺、猜測和感受。這樣，當研究結論出來以後，我們可以一步步按照日誌追溯到最初研究過程的每一個階段（*Morse, 1994: 230*）。

二、討論信度問題

「信度」這個概念來自量的研究，指的是研究結果的可重複性。大多數質的研究者都認為，量的研究意義上的「信度」這一概念不符合質的研究的實際工作情況，對質的研究沒有實際意義。質的研究將研究者作為研究的工具，強調研究者個人的獨特性和唯一性。因此，即使是在同一地點、同一時間、就同一問題、對同一人群所作的研究，研究的結果也有可能因不同的研究者而有所不同。比如，如果我們就貧困問題進行研究，社會學家、經濟學家、人類學家、政治學家、女性主義者、教育學家、醫學人類學家、神學家、法學家都有可能因為自己的出發點不同而對這一問題作出不同的描述和解釋。除了研究者的職業傾向以外，這些研究者個人的價值偏好、信念、性格特徵、年齡、性別、經濟地位、家庭背景、個人與貧窮有關的生活歷史以及他們與被研究者的關係等都可能導致他們對社會貧窮問題採取不同的態度和不同的切入方式。更何況，所謂「同一時間」、「同一地點」、「同一人群」、「同一問題」這些概念都不是一成不變的。它們隨研究的進程而不斷變化，在與研究者的互動中共同重新構築自己。正如赫拉克利特所說的，人不可能兩次踏入同一條河流，我們也不可能讓一件事情兩次以同樣的方式發生（*Fernandez, 1994: 136*）。

現在在質的研究內部之所以仍舊有學者在討論信度問題，是因為他們受到實證主義的影響，認為存在著客觀的、可以重複發生的事情；只要研究者嚴格地記下自己的研究手段和步驟，後繼的研究者便可以通過模仿而重現過去曾經發生過的事情。比如，科克（J. Kirk）和 M. 米勒（M. Miller）在一九八六年曾經提出三種信度類型（*1986*）：(1)狂想信度（quixotic reliability），即對不同的個案持續不斷地採用同一種方式進行探究，看是否會出現不一致或誤導的現象；(2)歷時信度，即在不同的時間用同樣的研究方法對同一研究現象進行探究，考察研究結果之間的相似性；(3)共時信度，即不同的研究者使用同樣的方法在同一時間內對同一個研究現象進行探究，考察不同研究者所獲得的研究結果之間的相似性。

雖然科克和 M. 米勒對質的研究中的「信度」進行了一些修正，但目前大部分質的研究者都認為「信度」這個概念在質的研究中不適用。有的學者甚至認為，即使是在量的研究中，能夠反覆出現的現象也不一定就是準確的（*Wolcott, 1995: 167*）。如果測量的工具有問題，那麼這個工具無論用到什麼地方都可能得出錯誤的結果。雖然用這個工具獲得的研究結果的信度可能很高，但是並不可靠。其實，即使是在自然科學中也是如此。自然科學家在宣布自己的研究結果時，就已經限定了研究的步驟、方法及其檢驗手段，對研究結果的重複本身是有條件限制的。質的研究不強調證實事物，不認為事物能夠以完全同樣的方式重複發生，因此目前大多數質的研究者基本上達到了一個共識，即在質的研究中不討論信度問題。

三、討論推論問題

由於質的研究採取的是目的性抽樣的原則，而且樣本通常都比較小，其結果很難在量的研究的意義上進行「推論」（generalization）。但是質的研究者像其他類型的研究者一樣，也希望自己的研究結果對其他的人和組織具有借鑒作用，因此也不得不討論研究結果的推論問題。（有關這方面的詳細

討論，參見第二十四章）

　　在研究設計階段，我們需要說明研究的結果屬於地方性知識，只侷限在樣本本身，不企求推論到抽樣總體。但是，如果讀者在閱讀研究報告時得到了思想上的共鳴，那就是一種認同性的推論（或稱思想上的啟發或啟示）；而如果本研究建立的理論具有一定的詮釋性，也可能起到理論性推論（或稱理論的影響或輻射）的作用（藍永蔚，*1999: 10*）。

四、討論倫理道德問題

　　雖然我們將研究的倫理道德問題放到最後一部分進行討論，但實際上這個問題在研究的各個方面和全過程中都存在，是一個十分重要的問題。倫理道德問題主要包括自願原則、保密原則、公正合理原則、公平回報原則等。在設計時，我們應該充分考慮到自己的研究在這些原則方面可能會犯哪些錯誤或可能會遇到什麼困境，同時設想自己可以通過什麼途徑和方式處理或解決這些問題。比如，我們應該明確說明，自己是否會向研究對象承諾對他們的身分嚴格保密，是否打算與對方分享研究結果，計畫如何回報對方的幫助和支持。（有關這些方面的詳細討論，參見第二十五章）

第九節　其他安排

　　在研究設計中，我們還要對研究項目的其他安排加以說明，如時間、人員和經費安排等。時間安排應該比較具體，落實到每一項工作完成的年、月、日。在安排時間時，我們還應該考慮到被研究者的時間安排，以便在他們方便的時間進行研究。比如，如果我們打算觀察學生在暑假期間的活動，就必須將搜集資料的時間安排在暑假期間。時間的安排也許還會受到有關機構的規章制度的限制，如高等院校的論文委員會便對學生論文的呈交時間有嚴格

的限制。

　　人員安排指的是研究隊伍的組成和任務分配情況。在研究設計中應該將一定時間內具體的研究任務落實到人，使每一位參加研究的人都事先知道自己的職責範圍。

　　經費安排指的是研究經費的使用計畫。在研究設計中應該詳細列出每一項開支的具體預期費用，使參與研究的人員以及支持研究項目的財團或政府機構對研究的經費情況有一個大概的估計。

　　綜上所述，質的研究的設計包括很多重要的方面，需要在研究開始之前就進行認真細緻的思考和安排。雖然很多方面的工作需要研究者到達研究實地以後才知道如何具體進行，但是事先的「猜想」和「假設」是十分必要的。無論我們從事什麼類型的研究，自己的頭腦中總是事先有一些計畫和想法。通過研究設計這個似乎比較「機械」、「單調」、「紙上談兵」的過程，我們可以強迫自己比較嚴謹地對待自己隱蔽的想法和直覺，使自己比較嚴格地、一步一步地將研究的過程事先思考一遍。雖然有些計畫只可能代表我們目前一些初步的想法，而且主要依靠我們自己目前對研究現象的瞭解，但是今後我們完成研究項目再回到這個最初的研究設計，會發現自己當時的很多想法都是有一定依據的。在研究的過程中（有時候這個過程可以是幾年之久），設計中的很多內容可能已經發生了變化，我們自己作為研究者也可能在人格上發生了轉變。但是，只要我們保持一種開放的心態和靈活的思維方式，我們的研究設計就會變得更加成熟和完善。

第六章

研究對象的抽樣

我想找誰進行研究？

　　研究設計完成以後，我們需要開始研究的對象進行選擇。「抽樣」指的就是這樣一種根據研究的需要對有關的人、時間、地點、事件、行為、意義等進行選擇的行為。一般而言，社會科學研究中的抽樣可以分成兩大類：概率抽樣和非概率抽樣。

第一節　「概率抽樣」和「非概率抽樣」

　　「概率抽樣」指的是：在被限定的研究對象中每一個單位都具有同樣大的被抽中的概率。比如，如果被界定的研究對象是一千人、一千座房子或一千個小時，我們計畫從中抽取一百個進行研究，那麼所有這些單位的命中率都是十分之一（*Honigmann, 1982: 79*）。為了使從樣本中獲得的研究結果可以推論到總體，我們通常需要比較大的樣本，樣本的數量取決於研究的精確度要求、總體的規模以及總體的異質程度。比如，如果研究的允許誤差為百分之五，置信水平為百分之九十五，總體為一千，那麼樣本數應該占總體的百分之三十五，即三百五十人（袁方，*1997: 225-226*）。社會科學研究中常用的

量的研究就是建立在概率抽樣的基礎之上的。如果樣本的數量充足，從中獲得的研究結果便可以推論到抽樣總體。

「非概率抽樣」指的是：按照其他非概率標準進行抽樣的方式。質的研究中使用得最多的「非概率抽樣」方式是「目的性抽樣」，即按照研究的目的抽取能夠為研究問題提供最大資訊量的研究對象（*Patton, 1990: 169*）。這種方法也被稱為「理論性抽樣」，即按照研究設計的理論指導進行抽樣（*Glasser & Strauss, 1967*）。由於質的研究注重對研究對象（特別是他們的內在經驗）獲得比較深入細緻的解釋性理解，因此研究對象的數量一般都比較小，不可能（也不必要）採取概率抽樣的方式。

「非概率抽樣」遵循的是與「概率抽樣」十分不同的邏輯。按照 M. 米德（*1953: 654*）的觀點，在人類學的抽樣邏輯中，研究結果的效度不在於樣本數量的多少，而在於樣本的限定是否合適，即該樣本是否能夠作為一個典型的、能夠代表本文化完整經驗的個案進行準確的研究。我同意 M. 米德這一觀點的前半部分（即「樣本的限定是否合適」），但是對於後半部分（即「該樣本是否能夠作為一個典型的、能夠代表本文化完整經驗的個案進行準確的研究」），我希望用一種不同的方式進行表述：「該樣本是否可以比較完整地、相對準確地回答研究者的研究問題」。在本書中，我有意回避「典型的」、「有代表性的」這類表述，因為我不想讓自己捲入一場目前尚無結果的論戰之中。「典型的」、「有代表性的」這類詞語遵循的仍舊是量的研究的思路，仍舊希望將質的研究按照從樣本推論到總體的方式來討論研究結果的代表性問題。這種拉力不論是在質的研究界的外部還是內部都始終存在，而且在本書中也將不斷出現。（有關此類問題，詳見第二十四章）

布迪厄在將「專門職業」作為一個「場域」來進行探究時曾經就研究的抽樣原則說過一段話（布迪厄，華康德，*1998: 367-368*）。我認為這段話可以用來說明「非概率抽樣」的原則以及研究目的在抽樣中占有的重要地位：

「一旦我不從表面意義來看待『專門職業』這個觀念，而

是著重探討產生這個觀念所必需的聚類工作與符號強加過程，一旦我把它看成一個場域，即一個具有結構並充斥著各種社會力量和爭鬥的空間……在這個場域裡，你怎麼去抽取樣本？如果你按照方法論教科書所規定的教條，做一個隨機抽樣，就會支解了你想要去建構的對象。比如說，在研究司法場域時，你沒有抽選最高法院的大法官，或者在考察五十年代法官知識場域時，你漏掉了薩特，或者在研究美國學術界時，你忽略了普林斯頓大學。但只要這些人物類型或制度機構還在獨當一面，占據著一個舉足輕重的位置你的場域就是個殘缺不全的場域。某種場域或許有不少位置但它卻允許一個位置的占據者控制整個結構。

第二節　「目的性抽樣」的具體策略

　　有關目的性抽樣的具體策略，質的研究領域已經產生了一些可行的思路。下面的介紹的十四種方法主要來自派頓（M. Patton）的分類方式（*1990: 169-180*）。但是，由於他所列出的抽樣策略主要用於評估類研究，有的不適合非評估類研究，因此我作了一些相應的刪改。比如，我刪去了「抽取政治上重要的個案」，並且將「效標抽樣」（criterion sampling）和「以理論為基礎的或操作性理論抽樣」（theory-based or operational construct sampling）合併為一類「效標抽樣」。此外，我發現他的分類將兩種不同的抽樣策略混雜在一起，一類是有關樣本本身的特性（如是否具有「典型性」、「同質性」、「異質性」等）；另外一類是有關抽樣方式本身（如「機遇式」、「滾雪球式」、「方便式」等）。因此，我將這十四類抽樣策略分成兩大類進行評介。此外，派頓在介紹這些策略時沒有提供足夠的說明，因此我根據自己的理解

對有關定義進行了闡發，並且提供了一些研究實例。目前歸納的這十四種方法雖然相互之間仍舊有重疊之處，但總的來說各有各的側重。

一、根據樣本的特性進行抽樣

在這個類別裡，抽樣的標準是：所選擇的樣本本身是否具有完成研究任務的特性及功能。我認為，派頓列出的抽樣策略中的九種可以歸入這個類別。

1.極端或偏差型個案抽樣

在這種抽樣方式中，研究者通常選擇研究現象中非常極端的、被一般人認為是「不正常」的情況進行調查。這麼做的理由，從一個極端的例子中學到的經驗教訓可以用來為一般情況服務。雖然這種現象比較極端，不具有「代表性」，但是就研究目的而言，對這種獨特現象的揭示有可能比一個典型現象更加具有說服力。

比如，如果我們打算對全國一百所養老院內的衛生情況進行調查，事先我們透過有關資訊管道瞭解到，有的養老院衛生情況「很好」，有的「一般」，有的則「不太好」❶。如果我們希望對整體情況有一個比較全面的瞭解，可以對這一百所養老院進行隨機抽樣，這麼做樣本量會比較大。但是，如果由於時間、精力和財力有限，我們只可能對少數幾個地方進行現場調查，那麼便可以採取極端個案抽樣的方法。我們可以在「最好的」養老院和「最差的」養老院中各選擇一到兩個，對其進行密集的現場調查。在這種情況下，研究的問題主要集中在：「人們一般認為的一個養老院的『好』與『差』具

---

1. 這裡，對養老院衛生情況「好」與「差」的判斷只是作為一個暫時的抽樣標準，作為我們的一個前設。在實際調查時，我們需要將這個前設「懸置」起來，首先瞭解這個判斷是否確切，對誰來說這個養老院的衛生情況被認為是「好」／「差」。如果實際情況不是如此，我們應該隨時改變抽樣的原則。

體是什麼情況？在什麼情況下一個養老院的衛生會特別『好』與『差』？」
如果我們知道了這些極端條件下一個養老院的情形會是如此，那麼我們便可
以推測一般情況下的養老院也可能會是如此。然後，我們可以著手探尋在此
類情況下推動該養老院進行改革的可能性。如果在此類極端的情況下我們可
以創造某些條件促使事情發生轉變，那麼可以設想在其他一般情況下應該也
可以如此「炮製」。從這個養老院的研究中，我們獲得的不是反映所有養老
院的一般情況，而是在特殊條件下事物發展和變化的「模式」。這種「模式」
在表面上不一定適合所有其他的養老院，但是可以說明在類似情況下有可能
發生的事情。

　　在質的研究的不同分支裡，常人方法學經常使用這種抽樣的方法。常人
方法學的宗旨是通過觀察一般人平時的日常行為來探究他們的風俗習慣和價
值標準，「極端個案抽樣」的策略可以被用來選擇那些被當地人認為「反常」
的現象，然後通過觀察當地人對這些「反常」現象的反應來瞭解那些被當地
人所共享、但又不被他們自己明顯意識到的行為規範。比如，研究者可以故
意安排一位本地人在當地一個餐廳裡饕餮，然後訪談其他在場的人，問他們
看到了什麼，有什麼感受。通過瞭解當地人對「反常」現象的反應，研究者
可以知道他們對「正常」現象的定義和行為表現。

　　除了常人方法學，其他類型的質的研究者也使用這種抽樣方法。比如，
布朗（*A. Browne, 1987*）在其《當受虐待的婦女殺人時》的研究中，選擇的就
是一群受到丈夫毒打而產生殺人念頭乃至付諸行動的婦女。雖然這些個案具
有很大的極端性，但是對這群人眼中的社會問題進行揭露比一個表現平均情
況的概率性抽樣研究更加有力。

2.強度抽樣

　　「強度抽樣」指的是：抽取具有較高資訊密度和強度的個案進行研究。
這個抽樣方式的邏輯與上述「極端型抽樣」比較類似，但是不像後者如此強
調案例的極端性。強度抽樣的目的是尋找那些可以為研究的問題提供非常密

集、豐富資訊的個案，但是這些個案並不一定是非常極端或不同尋常的。

　　比如，在我參與的中國義務教育課程研究中，一個調查的重點是「中國城鎮中小學學生課業負擔的現狀」。如果我們選擇一個不但課業繁重而且可以為我們提供豐富的有關課業繁重的案例的學校作為個案調查的基地，我們便可以比較充分地瞭解，目前中國城鎮的中小學學生學習負擔過重的現象可以是一種什麼狀況。這個學校提供的資料可以使我們對所關注的現象有比較深入的瞭解，從而揭示存在於該現象中的複雜、細微之處。

3.最大差異抽樣

　　「最大差異抽樣」指的是：被抽中的樣本所產生的研究結果將最大限度地覆蓋研究現象中各種不同的情況。假設被研究的現象內部的異質性很強，如果我們只抽取其中少數幾個個案進行研究，便很難反映該現象的全貌。在這種情況下，我們可以先找出該現象中具有最大異質性的特點，然後使用這個因素作為抽樣的標準對現象進行篩選。這麼做的主要目的是瞭解在差異分布狀況下事物的某一個特點具體有何種同質或異質表現。

　　比如，中國某省最近建立了一個新型的醫療保健系統，遍布該省各個不同的地區，如高原、平原、丘陵、沙漠地帶等。如果我們想瞭解該醫療系統在不同地理環境下是如何運作的，便可以將地理分布作為一個抽樣的原則，分別在高原、平原、丘陵和沙漠地帶抽取一定的樣本。這種抽樣方式可以使我們同時得到兩個方面的資訊：(1)被抽樣的各個地區實施該醫療系統的具體情況；(2)在這些不同地區實施該醫療系統時出現的共同或不同的情況及這些情況相互之間的比較意義。

4.同質型抽樣

　　「同質型抽樣」指的是：選擇一組內部成分比較相似（即同質性比較高）的個案進行研究。這麼做的目的是對研究現象中某一類比較相同的個案進行深入的探討，因而可以集中對這些個案內部的某些現象進行深入的分析。比

如，如果我們希望對中國的小學生家長課外輔導孩子學習的情況進行調查，我們可以選擇單親家庭的家長進行研究。這些家長通常比雙親家庭的家長負擔重，有他們自己的苦衷，而且一般人對他們的情況不太瞭解，對他們進行研究可以發現一些鮮為人知的事情。對一組單親家庭的家長（可以同是母親或父親，也可以父母同時參加）進行研究還可以為他們提供一個分享共同經驗和情感共鳴的機會。由於遭遇比較類似，他們可能會對做小學生的單親家長這個問題進行比較深入的討論。

質的研究中的焦點團體訪談使用的便是典型的同質型抽樣。在這種訪談中，通常有四到八位背景比較相似的被訪者在一起就共同關心的問題進行探討。（有關此類訪談的具體操作方式，參見第十四章）

5.典型個案抽樣

「典型個案抽樣」選擇的是研究現象中那些具有一定「代表性」的個案，目的是瞭解研究現象的一般情況（注意，這裡使用的是派頓的語言）。在質的研究中，對典型個案進行研究不是為了將其結果推論到從中抽樣的人群，而是為了說明在此類現象中一個典型的個案是什麼樣子。這種研究的目的是展示和說明，而不是證實和推論。

比如，如果我們希望瞭解目前中國國營企業職工的工資待遇狀況，而專家諮詢和統計資料顯示，長沙市在全國範圍內具有一定的「代表性」，大約處於全國國營企業職工工資收入的平均水平，那麼我們便可以對長沙市的國營企業職工進行調查。調查的目的不是為了說明全國的情況均是如此，而是為了表明一個典型的國營企業內職工的工資情況處於一種什麼狀態。

6.分層目的型抽樣

在這種抽樣方法中，研究者首先將研究現象按照一定的標準進行分層，然後在不同的層面上進行目的性抽樣。這麼做是為了瞭解每一個同質性較強的層次內部的具體情況，以便在不同層次中進行比較，進而達到對總體異質

性的瞭解。與上面的「最大差異抽樣」相比，「分層目的型抽樣」的重點是瞭解研究現象中不同層次的具體情況，進而對研究現象的整體異質性進行探究；而「最大差異抽樣」的主要重點是瞭解研究現象中不同情況下某一個特點所呈現的相同點或不同點。

比如，如果我們知道在中國目前的企業內部國營企業、集體企業、私人投資企業和外資企業在投資方面存在差異，但是我們不瞭解這些差異的具體形態以及它們對投資產生的影響。因此，我們可以在上述四種企業類型中的每一個種類裡選擇一定的樣本進行研究，對研究結果進行對比分析，以此瞭解它們之間的異同。最後的研究結果可能表明，這些不同的企業在投資結構、機制、手段等方面都存在這樣或那樣的差異，而這些差異也就構成了中國目前企業內部投資方面的總體異質性。

7.關鍵個案抽樣

「關鍵個案抽樣」選擇那些可以對事情產生決定性影響的個案進行研究，目的是將從這些個案中獲得的結果邏輯地推論至其他個案。推論的邏輯是：「如果這個事情在這裡發生了，那麼它也就一定會在其他的地方發生」；換言之，「如果這個事情沒有在這裡發生，那麼它也就不會在其他的地方發生」。這類個案通常不具有典型性，不代表一般的情況，而是一種「理想」的狀態。比如，伽利略對自由落體運動的發現使用的便是「關鍵個案抽樣」的方法。他在檢測物體的重量是否會影響到物體下降的速度時，選擇了一個關鍵的物體──羽毛。如果他可以顯示在真空裡一片羽毛的下落速度與一個更重的物體（如銅板）是一樣的，那麼他就可以將自己的結論推論到任何其他的物體。

伽利略的實驗是一個自然科學的例子，而在我們的社會科學研究中也可以找到類似的情形。比如，如果我們要對一套新設計的課程方案進行試驗，可以選擇一所大家（如國家教育部、課程專家、學校管理人員、教師、學生和家長等）都公認的、可以進行這類實驗的「好」學校進行試點。如果這所

「理想型」的學校都不能成功地實施這套課程體系的話，那麼我們就可以推斷，其他類型的學校更加難以適應這套新的方案。

這種抽樣策略與上面的「極端個案抽樣」有類似之處，都是選擇研究現象中的「特殊」情況進行研究，以此瞭解研究現象的一般情況。它們的不同之處在於：「極端個案抽樣」選擇的是研究現象中「極端」、「反常」的個案，而「關鍵個案抽樣」選擇的是一種在「理想」狀態下有可能影響到研究現象的「關鍵性」個案。

8.效標抽樣

「效標抽樣」指的是：事先為抽樣設定一個標準或一些基本條件，然後選擇所有符合這個標準或這些條件的個案進行研究（*Goetz & LeCompte, 1984:* *73*）。例如，一般正常的產後住院時間是一到兩周的時間，如果有產婦在醫院住院的時間超過了兩個星期，便會被醫院認為發生了「不正常」的病情。於是，我們可以將抽樣的標準定在住院兩周以上的病人範圍內，然後對所有這類病人進行調查，瞭解她們超長住院的原因以及醫院對其病情的處理方式。這種抽樣方式只針對符合選樣標準者，目的是確保抽樣的質量。

「以理論為基礎的或操作性理論抽樣」也可以被認為是一種「效標抽樣」的方式，但是其效標是以一定的理論作為基礎，目的是尋找可以對一個事先設定的理論進行說明或展示的實例，然後對這一理論進行進一步的修訂。比如，如果我們認為環境對人的成長具有十分重大的影響，那麼我們可以選擇一對生長在不同環境下的雙胞胎，對他們的生長過程進行觀察，考察環境因素對他們的成長有什麼影響。如果我們的研究證明這個理論並不完全正確，孩子的先天條件對他們的成長作用更加重大，我們就需要修改原來的理論。

9.證實和證偽個案抽樣

在這種抽樣方式中，研究者已經在研究結果的基礎上建立了一個初步的結論，希望通過抽樣來證實或證偽自己的初步理論假設。這種抽樣的方式通

常在研究的後期使用，目的是驗證或發展研究者本人的初步結論。

例如，我們通過一項研究已經瞭解到大部分女性希望自己的丈夫比自己有更高的學歷和成就，現在我們希望對這個初步的結論進行證實或證偽。我們可以抽取更多的、不同類型的婦女就這個結論進行調查。比如，如果我們希望瞭解知識型婦女的情況，便可以抽取一些大學的女教師進行調查；而如果我們希望知道知識型婦女和勞動婦女之間的區別，則可以抽取工廠裡的女工、農村的婦女、服務行業的女服務員與大學的女教師進行對比研究。

二、抽樣的具體方式

這個部分介紹的是研究者為了達到自己的研究目的在實地研究中可能採用的抽樣策略，強調的主要是研究者本人的行動方式，而不完全是樣本本身所具有的特性（當然，在有的情況下，這兩者之間很難分開）。因此，在我看來，這個部分介紹的內容與其說是「抽樣的標準」，不如說是對質的研究者主要使用的抽樣策略的一種描述。我認為，在派頓介紹的抽樣策略中有五種屬於這個類型。

1.滾雪式或鏈鎖式抽樣

這是一種用來選擇知情人士或決定性個案的操作方式。當我們透過一定的管道找到了一位知情人士以後，我們可以問他／她：「您知道還有誰對這類事情特別瞭解嗎？您認為我應該再找誰瞭解情況？」通過如此一環套一環地往下追問，我們的樣本像一個雪球一樣越滾越大，直到搜集到的資訊達到了飽和為止。這是一種通過局內人尋找消息靈通人士的有效辦法。

假設，某企業的職工醫療保險工作被政府和一般公眾認為做得比較「差」，我們計畫對這個企業有關的人員進行調查，瞭解他們的做法和看法。首先，通過熟人介紹，我們認識了該企業的一位普通工人，瞭解了很多有關的情況。然後，我們可以問她：「您認為還有誰對這件事情比較瞭解？」也

許，她會推薦自己的工友或者企業的有關負責人作為我們的資訊提供者，而她所推薦的這些人又會為我們推薦其他一些相關的人。

這種抽樣方式的一個弱點是：找到的資訊提供者很可能是同一類人。由於所有的知情人士都是由他們的熟人或朋友介紹的，他們可能具有同一類型的特點或觀點。如果研究者希望瞭解一個研究現象內部的異質情況，這種抽樣方式可能會給研究帶來困難。此外，由於所有的資訊提供者相互之間都是熟人（或者至少在一個環節上是如此），他們中有些人可能會礙於情面或出於對保密的擔心而向研究者隱瞞「實情」。

2.機遇式抽樣

「機遇式抽樣」指的是：根據當時當地的具體情況進行抽樣。這種抽樣通常發生在研究者到達研究實地以後，特別是當他們對本地的情況不太瞭解、而且有較長的時間在實地進行調查時。這種方法給研究者比較大的靈活性，而且可以得到一些事先意想不到的結果。很多人類學家在進行實地調查時都喜歡採用這種抽樣方法。

我的一位學生就曾經使用「機遇式抽樣」的策略對一項觀察研究進行過抽樣。她計畫到自己所在大學唯一的一個食堂裡進行參與型觀察，希望瞭解人們就餐時的人際交往方式。起初她不知道自己應該選擇什麼樣本進行重點觀察，後來經過一周每天一小時的觀察，她發現這個食堂裡從來沒有學生與教師同桌吃飯或交談的現象。由此她產生了對該校的師生關係進行調查的念頭，決定抽取一定數量的學生和教師進行訪談和觀察，瞭解他們對師生關係的看法和做法。

3.目的性隨機抽樣

這種抽樣方式指的是：按照一定的研究目的對研究現象進行隨機抽樣。在質的研究中進行「隨機抽樣」是為了提高研究結果的「可信度」，而不是像量的研究那樣保證研究結果的「代表性」。質的研究選擇一定數量的樣本

進行研究不是為了回答「有多少」或「有多頻繁」這樣的問題,而是為了更加有力地說明「發生了什麼事情」、「事情是如何發生的」。質的研究中的目的性隨機抽樣與量的研究相比的另一個不同點是,前者是建立在立意取樣的基礎之上,先設定了研究的目的範圍,然後才開始抽樣,而後者的抽樣標準是固定的,不因某項研究的具體情況而改變其原則。「目的性隨機抽樣」的方法通常使用於研究的範圍限定以後樣本數量仍舊太大的情況下,因為其中的「隨機抽樣」部分可以縮小樣本的數量。

假設,我們計畫對某醫院眼科因白內障開刀的病人術後痊癒情況進行比較詳細的個案調查,不僅希望瞭解他們身體上的變化,而且瞭解他們的心情和感受,因此我們需要同時進行觀察和訪談。結果,我們發現目前在醫院住院的病人高達一百人,不可能全部進行深度訪談和觀察。因此,我們可以從住院部找到此類病人的名單,通過隨機抽樣的方法從中抽取一部分人(比如二十至二十五人)進行重點的調查。

4.方便抽樣

方便抽樣指的是:於由受到當地實際情況的限制,抽樣只能隨研究者自己的方便進行。比如,如果我們假冒成犯人到一所監獄裡去瞭解犯人之間的人際互動,便沒有很多選擇樣本的自由,只能選擇自己所在牢房內的犯人。

與其他方式相比,這種方式比較省時、省錢、省力,但是會影響到研究結果的質量。這種抽樣方式的可信程度最低,通常是在上述抽樣方式無法使用時才不得不為之權宜之計。這種抽樣方式沒有一定的標準,因此而獲得的研究結果往往比較鬆散,缺乏針對性,很難在理論上進行一定程度的歸納。事實上,在很多情況下,這是一種「懶人」的辦法。由於很難找到自己需要的樣本,研究者便求助於方便抽樣的方式。而這種方式往往掩蓋了研究者原初的研究意圖,使研究的進程和結果受到抽樣方便的任意撥弄。

5.綜合式抽樣

　　「綜合式抽樣」指的是：根據研究的實際情況結合使用上面不同的抽樣
策略選擇研究對象。一種抽樣策略不一定使用於一項研究的全過程，也可以
在研究的進程中根據實地的具體情況與其他策略結合起來使用。比如，在研
究開始的時候，我們可能對研究實地的情況尚不瞭解，此時可以採取「方便
式抽樣」或「機遇式抽樣」的方式選擇研究的對象。隨著研究的逐步深入，
我們可能對研究現場的情況越來越瞭解，抽樣也可以變得越來越嚴格、精細、
有系統，此時可以採用「目的式隨機抽樣」或「分層目的型抽樣」等方式。

　　綜合式抽樣的優勢在於：可以結合上述不同抽樣策略的長處，在需要的
時候靈活地使用各種不同的抽樣方法為研究服務。其短處是：由於上述各種
抽樣策略的標準不一樣，在評價研究結果的時候可能會產生一些衝突。當然，
我們把這一點當做綜合式抽樣的「短處」，是因為我們仍舊認為研究的結果
應該有一定的「代表性」，而「代表性」在很大程度上取決於研究對象的抽
樣方法。如果抽樣的方法不一致，「代表性」的問題就無法討論。然而，現
在質的研究者對研究結果的「代表性」問題已經有很多不同的看法和建議，
正在試圖超越「從樣本到總體」的單一思路。（有關這方面的詳細討論，參
見第二十四章）

第三節　對「目的性抽樣」原則的分析

　　以上對「目的性抽樣」中的十四種主要策略進行了一個簡單介紹。從這
個介紹中可以看出，這些策略各有自己的長處和短處，研究者可以根據自己
研究項目的具體需要以及實際實施的可能性選擇不同的抽樣策略。

　　需要特別指出的是，除了上述各自具有的長處和短處之外，所有這些抽
樣策略都面臨著一個共同的難題，即雖然它們在理論上都是按照「目的性抽

樣」的原則選擇研究的對象，但是我們很難根據每一項研究的具體「目的」對抽樣的「標準」進行確定。由於「目的」本身可以是一個非常不確定的概念，從這個不確定概念出發而定義的「標準」顯然也很難獲得確定性。比如，我們很難確定，在「極端個案抽樣」中，研究現象內部何種情況屬於「極端」或「反常」；在「強度抽樣」中，什麼樣的個案可以被認為具有一定的「強度」；在「最大差異抽樣」中，研究現象的什麼特點具有「最大異質性」。我們必須事先對這些「標準」進行界定，然後才可能提出自己的抽樣原則。而我們的「標準」只可能來自自己個人的經驗、此研究項目的目的以及前人的研究，而對前兩個因素（在一定程度上也包括第三個因素）的判斷有可能受到我們自己「主觀」意向的限制。因此，我們在選擇抽樣策略時，最重要的是要對自己的研究項目的「目的」有一個清醒的認識。只有「目的」清楚了，才可能導引出清楚的抽樣「標準」，而「標準」清楚了才可能產生清楚的抽樣「策略」。所幸的是，在質的研究中任何「標準」（包括衡量「目的」的「標準」和選擇「策略」的「標準」）都不是一成不變的。如果某一個「標準」在研究的過程中被發現是不合適的，研究者可以隨時調換其他更加合適的「標準」。

我的一位學生曾經非常敏銳地指出，其實「樣本」（sample）這個詞本身就帶有實證的味道，似乎現實中已經先定地存在著某些可以被研究者使用的東西，等待著研究者去「提取」。而質的研究中對研究對象的確定是一個過程，其本質就是「偶遇式」的，甚至沒有經過「選擇」這個動作。「樣本」不僅與課題同時生成，而且隨課題的變化而變化。因此，在這個意義上，他認為「樣本」這個詞本身就不符合質的研究的精神，他寧願稱自己的研究對象為「案主」（client）。我認為他的批判非常中肯，抓住了質的研究中一個無法逃避的內在矛盾：既追求動態的研究過程又講究嚴謹的篩選標準。如果我們不僅把抽樣看成是一個動態變化的過程，而且把研究的目的也看成是一個形成性過程的產物，也許我們可以在這兩個不斷往前運動的過程之間找到一定的磨合點。而在這個磨合的過程中，有許多方面的因素會影響到樣本的

確定。

　　此外，我們至此談到的抽樣策略似乎一直隱含了這樣一個關切，即，「我如何提取一個有『代表性』的樣本？我抽取的個別樣本的情況是否可以『推論』到從中抽樣的總體？」雖然我一再強調質的研究中的抽樣不能按照量的研究的抽樣原則進行，因此其研究結果也不可能自動地概括到抽樣總體，但是上面的各類策略以及我自己的討論似乎都懷有這樣一種期望。我認為，我們之所以會得出這樣一個印象，是因為我們已經習慣了實證主義的標準，總是希望自己的樣本及其研究結果可以「代表」一些更「大」的、更「高」的、更「廣」的、更「深刻」的東西。我們很難將自己放到現象學的位置，只是來考察自己現在面前的這個東西「是什麼」。其實，「抽樣」、「樣本」這類概念本身就與質的研究的精神相悖，隱含的意思仍舊是從總體「抽」出一個「樣本」，從這個「樣本」獲得的結果可以推論到總體（高一虹，*1998/10*）。如果可能的話，我希望使用「選擇」這類比較日常的詞語來回避因實證主義「統治」而帶來的思想侷限。然而，現在質的研究領域仍舊比較廣泛地使用「抽樣」這類詞語，我也就暫時「隨大流」吧。

　　在質的研究領域內部有關「抽樣」原則與研究結果的「推論」之間的關係問題，討論十分熱烈，意見也很不一致。有的人認為，我們可以採取「個案綜述法」，在不同研究者所作的個案研究的基礎上歸納出一些「普遍的規律」。另外一些人（包括我自己）認為，除了這種「證偽」式的思維方式，我們還可以發展出一些新的概括原則來思考質的研究結果的「推論」問題。比如，我們除了可以將概括的目標定為「是什麼」（what is）、「潛在的可能是什麼」（what could be），我們還可以選擇「今後可能是什麼」（what may be）作為抽樣的目標（*Eisner & Peshkin, 1990*）。一般來說，為了達到「是什麼」的目標，我們抽取的是一些「典型的」、具有一定「普遍」意義的事例（這種抽樣策略與上面派頓所說的「典型個案抽樣」、「最大差異抽樣」、「同質型抽樣」等類似）；為了知道「潛在的可能是什麼」，我們通常抽取一些特殊的、不同尋常的、達到極限的事例來進行調查（這種策略與派頓所

說的「極端或偏差性個案抽樣」、「強度抽樣」、「關鍵個案抽樣」等方法類似）。但是，如果我們把「今後可能是什麼」作為抽樣的標準，我們的思維便超出了實證（包括後實證）的窠臼，超越了「存在什麼」的疆界，而進入了「可能有什麼」的領域（高一虹，*1998: 6-7*）。在這種抽樣標準下，我們可以選擇一些代表了未來發展方向的事例，以此對相關的事情進行導引。比如，如果我們判斷中國目前的一些民辦學校代表了今後教育發展的一個方向，我們可以對這樣的學校進行研究，以便為今後中國教育的發展提供導向。在這裡，研究的目的不僅僅是為了對現存事物進行證實或證偽，而是在價值判斷和實踐理性的基礎上導引社會和人的未來發展。

第四節 制約抽樣的因素

除了上面提到的各種抽樣策略和原則，我們在抽樣時還必須考慮到其他一些方面的問題，還可能受到其他一些因素的制約。比如，抽樣時研究新手經常提出的問題是：「我應該抽多少人作為研究的對象？我應該選擇什麼人作為研究的對象？」要回答這類問題，我們還是不得不求助於質的研究者常用的一個法寶：「看情況而定」。像質的研究中其他的部分一樣，樣本量和樣本類型的選擇也取決於研究的其他部分（如研究的目的、問題、範圍、時間、地點、經費、人員等）以及樣本與這些部分之間的關係。

一、樣本與研究問題之間的關係

在對研究對象進行抽樣時，人們經常問的一個問題是：「我應該選什麼人進行研究？」其實，上面對各類目的性抽樣策略的討論已經暗含了對這個問題的回答，即樣本的類型與研究的「目的」有關（這裡所說的「目的」其實還包括了「研究的問題」）。在選擇研究對象的時候，我們應該仔細考慮

哪些因素與自己希望研究的問題以及所要達到的目的關係最為密切。這些因素可以是地點、事件、人物、活動或時間，人物還可以進一步按照其性別、年齡、職業、家庭背景等作為抽樣的因素。對有關的因素進行確定和篩選以後，我們可以根據這些因素建立一個抽樣框架，即抽樣因素的分布狀態。假設我們研究的問題是中國社會的親屬網絡關係，那麼我們就應該選擇如下因素作為抽樣的根據：研究對象在家庭網絡中占有的地位、研究對象的性別、年齡、研究的地點（如家庭、鄰里、工作單位、社交場合）、觀察行為（如人際交往、衝突處理、特殊事件）、訪談內容（如研究對象如何看待家庭成員彼此之間的關係、他們如何為這些關係命名、他們如何解釋這些關係對自己的意義等）。

二、樣本的個人條件

在確定了抽樣的類型以後，我們還可能面臨從一群符合抽樣標準的人中選什麼人的問題。在對具體的個人進行選擇時，我們需要問自己：「我希望選什麼人來回答我的研究問題？我為什麼要選這些人？這些人有什麼特點？這些人與其他符合條件的人有什麼不一樣？為什麼說他們對我的研究項目來說是最好的資訊提供者？」這些問題涉及到樣本的個人條件，需要對每一位被選中的研究對象的具體情況進行比較詳細的瞭解和說明。

一般來說，我們希望挑選那些在被研究的文化或組織裡生活了比較長的時間、瞭解該文化內部的實情、具有一定的觀察和反思能力、性格比較外向、而且善於表達自己的人。很多來自實地的研究報告表明，最好的訪談對象通常是那些對自己的文化有比較敏銳的觀察和反省能力、自己經歷了與研究問題有關的重大事件、並且有能力將自己的經歷和想法用語言表達出來的人（*Whyte, 1984*）。因此，很多研究者都注意尋找這樣的人作為自己的「主要資訊提供者」（key informant）。他們不僅可以幫助研究者尋找有關的資訊，創造條件使研究者看到或聽到本文化內部的典型事件，而且可以從局內人的

角度對這些事件作一些「文化主位」的解釋。此外，他們還可以根據研究者的需要，使用「滾雪球」的方式向研究者提供本文化群體中其他有關的人員作為訪談的對象。

但是，研究者如果過多地依賴這些「主要資訊提供者」，也可能給自己的研究帶來一些弊端。首先，這些「主要資訊提供者」通常與本文化中大多數人不一樣，是所謂的「不合群者」、「邊緣人」，他們的想法不一定代表了該文化群體中大多數人的意見。其次，由於他們與本群體的主流文化規範不太相容，可能受到大多數人的排斥，結果給研究者進入該文化群體造成困難。該群體的大多數成員可能認為研究者與這些「邊緣人」是「一夥的」，因此而不願與他們來往。再次，由於與外邊來的研究者接觸比較多，這些「資訊提供者」學會了一些學術界的術語（或者他們認為是研究者所屬學術界的術語）。因此，他們可能用這些聽起來「堂而皇之」的語言對自己的文化作理性分析，按照自己對「研究」的理解將本地人的日常經驗進行過濾。結果，他們不僅為研究者的分析工作越俎代庖，而且給研究者的理解帶入很多他們自己的「傾見」（或「偏見」），對「無知的」研究者產生「誤導」。因此，研究者在尋找訪談對象時，不僅要考慮到他們是否有可能為自己提供寶貴的資訊，還要考慮到他們在本文化群體中的地位以及他們的交往方式對研究有可能產生的影響。

三、樣本與研究者之間的關係

制約樣本類型的另外一個十分重要的因素是研究者與被研究者之間的關係，比如是局內人還是局外人、熟人還是陌生人、隱蔽關係還是公開關係等（有關研究關係的詳細討論，參見第八章）。如果研究者本人具有雙重身分，即：既是一名研究人員（或者是在職學生），同時又在一個單位正式工作，那麼最好不要選擇自己的工作單位或單位裡的同事作為研究的樣本。自己在工作單位上難免與別人（特別是領導）有各種各樣的利害關係，很難在各種

利益的制衡中進行相對「客觀」的研究。此外,本單位的研究對象也可能對研究者心存顧慮,不知道自己提供的資訊是否將來會給自己或自己認識的人帶來傷害,因此不願意與研究者深談,特別是涉及敏感性話題時。

比如,我的一位學生在北京大學攻讀在職研究生的同時在一所醫院裡擔任領導工作,她想利用自己工作之便對本院護士的職業觀念進行一些深度訪談。雖然她花費了很多時間和精力尋找研究對象,結果她發現很多護士都不願意參加此項目。這些護士的「托詞」大多是「工作太忙」、「要回家照顧孩子」、「沒有什麼好說的」,但是她可以明顯地感到,由於自己是醫院的領導,對這些護士的切身利益有一定的控制權,因此她們都不願意將自己的心裡話告訴她。

上面我們對質的研究中抽樣的基本原則、具體策略以及制約抽樣的一些因素進行了一個簡單的評介。質的研究中的抽樣遵循的是「非概率抽樣」的原則,不完全遵守量的研究中的抽樣規則和程序,也不強調將其研究結果「推論」到抽樣整體。上面介紹的所有抽樣策略都建立在「目的性抽樣」的原則之上,制約抽樣的因素也與研究的其他部分密切相關。因此,質的研究中的抽樣與其說一個「規則」的問題,不如說是一個「關係」的問題。不論我們的研究範圍有多大(或多小)、不論我們的研究問題有多麼宏觀(或微觀),抽樣必須考慮到研究的目的、研究者所具備的條件、樣本與研究者之間的關係等這類關係性的問題。從根本上說,質的研究是一種關於「關係」的研究,任何選擇或衡量標準都必須放到一定的關係加以考量。

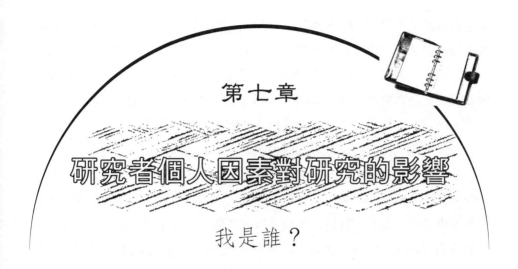

第七章

研究者個人因素對研究的影響

我是誰？

在選擇了研究的問題和研究的對象以後（其實也包括以前和其中），研究者必須仔細反省自己的個人因素將對研究產生什麼樣的影響。本書將「研究者的個人因素」分成兩個部分：(1)研究者的個人身分，如性別、年齡、社會地位、受教育程度、性格特點、形象整飾等；(2)研究者的個人傾向，如研究者從事研究的目的、研究者的角色意識、研究者看問題的視角、研究者對自己生活經歷的體驗和評價等。下面我分別對研究者個人因素在研究中的重要性以及這兩類因素在研究中發揮的具體作用進行一個簡要的討論。

第一節 討論研究者個人因素的重要性

與自然科學不同，社會科學主要是人對「人」（或者說包括人在內的社會現象）的研究，認識的「主體」和「客體」（或者說兩個「主體」）雙方

都是有意識的人 ❶。即使是對沒有「人」或者不以「人」為主要對象的社會
現象進行研究時，也涉及到研究者個人對社會現象的概念化過濾。正如書伯
所言，社會「事實」（fact）不能憑借「讓事實本身來說話」這種方法而被人
所理解，社會事實並非像「事物」（thing）那樣憑自身的權力而存在，宛如
海灘上的卵石那樣等待著被人來揀拾。什麼東西算做社會現實，這在很大程
度上取決於我們用來打量世界的精神眼鏡（帕金，1987: 26-27）。

　　社會科學中質的研究不僅把人當成有意識的研究對象，把社會事實作為
研究者選擇或構造的結果，而且特別強調通過研究者本人與研究對象之間的
互動而獲得研究對象的理解。因此，研究者個人在從事研究時所反映出來的
主體意識對研究的設計、實施和結果都會產生十分重要的影響。對研究者的
主體性進行反省不僅可以使研究者更加「客觀」地審視自己的「主觀性」，
瞭解「主體」和「客體」之間的「主體間性」，而且可以為研究結果的可靠
性提供一定的評價標準和「事實」依據。如果對自己的個人因素不進行反省，
我們不僅有可能對這些因素所產生的影響毫無察覺，而且捨棄了一個重要的
為研究提供假設、靈感和效度檢驗的源泉。

　　對研究者的個人因素進行探討在質的研究中非常重要，這是因為在這種
研究中研究者本人是一個「研究工具」，而「研究工具」的靈敏度、精確度
和嚴謹程度對研究的質量至關重要。作為一個人化了的（而不是機器類的）
「研究工具」，我們通常將自己個人的「經驗性知識」和「科學知識」結合
起來運用，我們的個人生活與職業生涯之間並沒有一道不可逾越的鴻溝。我
們的每一個看法都來自一定的角度，而這一角度的形成是與我們個人的生活

---

1. 其實，即使是自然科學也需要科學家個人的想像力和創造力，科學研究很少像局
　　外人所想像的那樣按照嚴格的邏輯方法按部就班地進行，它往前（或往後）的每
　　一步都是人為的行動，其中人的個性和文化傳統都會發揮十分重要的作用（Burgess,
　　1982）。普利高金（Prigogine）和斯登杰斯（Stengers）在《新同盟》（La nouvelle
　　alliance）一書中倡導「世界的復魅」就是要打破人與自然之間人為的界限，看到
　　人在科學研究活動中的價值涉入和概念化作用（華勒斯坦等，1997: 81）。

經歷和思想觀念分不開的。我們個人的「前設」和「傾見」是使我們成為現在的「我」的關鍵，我們個人的看法和生活經歷構成了自己現所擁有的研究能力，並且決定了我們向世界的某一個方面開放自我（*Bernstein, 1984: 123-128*）。因此，在從事研究時，我們必須對自己的個人因素及其與研究對象之間的互動進行反省和審視。只有這樣，我們才有可能比較「客觀地」看待自己的「主觀意向」，使自己的「主觀性」獲得一種比較「客觀」、嚴謹、自律的品質（disciplined subjectivity）（*Wolcott, 1990*）。

雖然研究者的很多個人因素會對研究產生這樣或那樣的影響，但是這些因素及其產生的影響並不是固定不變的。在不同的時空環境下、在與被研究者互動的過程中，研究者的個人因素可能會發生不同程度的變化，新的因素可能出現，舊的因素可能過時，在某類情境下發生作用的因素在其他場合可能不發生作用。研究者的個人因素與研究本身的關係也不是一個一一對應的因果關係，經常涉及到其他更加複雜、間接和迂迴的關係，如時間順序、事件序列、共生共存、相關聯想等。因此，我們在對自己的個人因素進行探討時，應該採取一種動態的、多側面的、相互關聯的態度。與此同時，我們還應該注意到，在實際研究過程中這些因素不是孤立地、單獨地發生作用的。在大多數情況下，它們之間相互交織，共同對研究產生影響。我在此對它們分別進行討論，只是為了論述和理解上的方便。

第二節　研究者個人身分對研究的影響

研究者的個人身分包括研究者本人與研究現象有關的個人特徵，如性別、年齡、社會地位、受教育程度、性格特點和形象整飾等。下面我結合有關的文獻以及自己從事研究的體會對這些特徵分別進行討論。

一、性別

「性別」不僅僅指人的生理特徵，而且更主要的是指由這些生理特徵而帶來的心理傾向和性別角色意識，它包括人在社會化過程中習得的已經內化的價值觀念和外顯的行為規範。以往很多質的研究都表明，研究者的性別對研究的各個方面都可能產生十分重要的影響（*Olesen, 1994*）。比如說，研究者往往對那些與自己的性別關係比較密切的社會現象比較關注，男性研究者通常對宏觀的政治制度和社會問題比較熱衷，而女性研究者則對人的平等、女性解放和人的情感生活比較敏感。綜觀本世紀有關西方女性主義的研究，雖然也有男人的參與，但是大部分倡導者和參加者都是女性（*Harding, 1987*）。在我加入的一個有關女性教育平等的世界性網絡組織中，幾乎百分之九十五以上的成員都是婦女 ❶。我認為，之所以會出現這種情況，是因為人們一般對與自己利益相關的問題比較關切，而性別對個人的社會身分和角色意識都具有至關重要的意義。

性別不僅影響到研究者如何選題，而且對研究的具體操作也有一定的影響。有研究表明，在實際操作中女性一般比男性更加適合做個人訪談（*Weiss, 1994: 140*）。就像在日常生活中不論是男人還是女人都願意找一位女人傾訴心曲一樣，在訪談中女研究員往往更加容易讓對方感到親切、自如和安全。在當前男人占據統治地位的社會裡，女人通常被認為比較軟弱，不具有男人

---

1. 當然，這些人對研究問題的選擇除了受到性別方面的影響以外，還可能受到其他多種因素的影響。當分析每一個具體的研究情境時，我們都應該考慮到其他的可能性因素，如個人的興趣、受教育程度、生長環境等。以下對性別（以及其他個人身分特徵）的討論都涉及到多因素相互作用的問題。由於每一節只涉及一個方面的問題，因此討論可能會顯得比較片面。但是，我希望讀者始終記住，當我在對一個方面進行討論時，並沒有忘記其他可能性因素的存在。對一個方面著重進行討論是為了突出這方面的問題，是為了說明當其他因素都相等時（假設這是可能的話），這個因素會發揮什麼樣的特殊作用。

所特有的競爭力和權力。因此，女研究人員在這方面的「優勢」往往使被研究者感到比較輕鬆，不必擔心自己的地位或臉面受到威脅。除此之外，大部分女性一般比男性心細，更適合做細緻、深入的訪談工作。

從研究者與被研究者之間的互動關係來看，雙方性別方面的異同也會對研究產生一定的影響（*Seidman, 1991: 78-79*）。一般來說，同性關係可能使雙方產生一種認同感，先入為主地認為彼此共同享有某些身心方面的共同之處。比如，如果兩位女性在一起談「做女人」的艱辛，她們之間的共同語言可能就會比兩位異性之間要多得多。而如果兩位男性在一起談體育運動或汽車款式方面的話題，他們之間的談話可能也會比兩位異性之間要投機得多。但是，有時候雙方性別相同也可能給研究帶來不良的影響，特別是當他們的社會經濟地位比較相近時。兩位女性也許會暗中對比雙方的相貌和衣著，而兩位男性可能會相互攀比各自的職位和才智。由於受到這類競爭心理的干擾，交往雙方可能較難將自己的注意力集中到研究的問題上，在談話時不能完全坦誠地向對方吐露心跡。

如果研究者和被研究者的性別不同，研究的關係和結果也有可能受到影響。在男性占主導地位的社會裡，如果研究者是男性，他往往傾向於控制談話的方向、主題和風格。而女被訪者由於受到性別社會化的影響，很可能被男性研究者牽著鼻子走。即使她可能對這種談話方式不滿意，也沒有膽量向對方提出質疑或主動發問。同理，如果研究者是女性，她有可能缺乏自信，在訪談時不敢或難以控制談話的走向。而男受訪者則可能對女研究人員有意無意地表示出某種輕視，認為對方沒有足夠的能力或「資格」向自己「刨根問底」。不過，當女研究人員從城市到農村或者從「發達」國家到「落後」地區去作研究時，當地不論男女老少都可能把她們看成「女強人」。他們認為，這些女人在很多方面比本地的女人要「強」，可以享受與職業男人一樣的地位。在他們眼裡，這些女人好像屬於一個不同的性別類別，一種「中性人」，或者是一個「假男人」，不在當地人意義中的「女人」之列（*Hammersley & Atkinson, 1983: 84-85*）。

女研究人員一方面可能在相對「落後」的地區獲得一種較高的社會地位，但另一方面也可能因為自己的性別而受到當地領導的輕視。而如果當地領導對研究者不夠重視的話，他們在與研究者合作時便可能敷衍潦草，隨便打發一下對方。在我所參與的一項調查中國農村輟學現象的研究中就出現過這種情況。有一次，純粹出於偶然，我所在的北京大學總課題組派到西北某縣的四名成員全部都是女性。當縣領導（也屬於被研究者之列）看到我們時，頭一句話就問：「怎麼你們都是女的啊？」後來，在席間談話時，我可以明顯地感到縣領導對我們的「怠慢」。他們或者只顧自己悶頭吃飯，或者自己之間談一些我們不知所云的公事。當時我想，如果我們這個組的成員全部是男性，他們絕對不會感到如此詫異，乃至採取這種「無所謂」的態度的。當然，也許縣領導對我們不太重視還有其他一些原因，如我們四人中有三個年紀都比較輕，我們都來自高等院校，看上去對農村的情況不太瞭解，等等。但是，現在回想起來，我總的感覺仍舊是：即使性別不是唯一的原因，起碼也是一個十分重要的原因。

如果研究者和被研究者屬於不同的性別，雙方還可能受到相互性方面的吸引或排斥。作為研究者，如果我們感到對方對自己有吸引力，可能有意無意地給對方以特別的注意，對對方的動作表情和情感變化格外敏感。而如果對方對我們有性方面的拒斥力，我們則可能在生理上和情感上排斥對方，不給予對方應該享有的注意程度。同理，如果被研究者受到了我們的吸引，也有可能有意無意地設法討好我們，故意說一些迎合我們心思的話，提供一些他們認為我們希望得到的資訊。而如果被研究者在心理上排斥我們，有可能不願意向我們談自己的事情，特別是當這些事情與自己的個人隱私或男女關係有關時。

因此，如果我們發現自己已經被對方吸引，應該立刻設法排除這種心理。如果沒有辦法排除，則應該立刻停止與對方的研究關係，考慮如何進一步處理自己的感情。而如果我們發現對方有這樣的意思，也應該立刻停止與對方的研究關係。那種為了與對方保持友好關係而繼續進行研究，或者為了獲得

自己需要的資訊而利用對方的感情的行為，都是違背研究中的倫理道德原則
的。我們如果不設法趁早撤出，最終將陷入窘境而不可自拔，而這種後果不
論是對我們研究者還是對被研究者都是十分不利的。雖然，我個人認為，作
為研究者，我們的學術生涯與個人生活之間存在著密切的關係，但是這並不
意味著我們可以利用自己的性別優勢來獲得研究所需要的資訊，或者利用自
己研究者的「權勢」與被研究者建立戀愛關係。性吸引會使研究關係變得十
分複雜，使我們失去清醒的頭腦和判斷事物的能力，同時也會使被研究者產
生非分之想。因此，當這種情況發生時，我們應該弄清楚是什麼使自己被對
方吸引或吸引了對方，然後採取一定的辦法處理這種感情。

　　與此同時，我們也應該承認在研究關係中確實存在性吸引這一現象。異
性之間如果相處和諧，便很容易彼此產生好感——這是一件十分正常的事
情。更何況在質的研究中，研究者與被研究者在個人層面有比較多的接觸，
研究者一般對被研究者都表現出尊重和信任，而且研究的內容通常涉及到被
研究者的內心世界，因此被研究者特別容易對研究者產生好感。我們應該對
這種現象有所意識，並且認識到這種現象有可能對研究產生的影響。如果我
們一味地否認這種現象的存在，自欺欺人或佯裝不知，那麼我們的研究結果
的可靠性便值得懷疑。無論如何，研究不是在真空中進行的，而是由有性別、
有情感的人在真實的生活世界中進行的一種交流。因此，任何脫離人性情感
的研究其「真實性」都是值得進一步探究的。

二、年齡

　　「年齡」在這裡指的不僅僅是人的生理發育程度，而且包括與年齡有關
的人生閱歷和生活經驗、社會上一般人對年齡的看法以及年齡帶給人的象徵
意義。在質的研究中，研究者的年齡也會對研究的實施和結果產生一定的影
響。一般來說，在實地從事長期追蹤調查的研究者多半是年輕人（*Hammersley
& Atkinson, 1983: 87*）。這一方面是因為他們有比較多的時間和精力，作這種

類型的研究有比較好的條件保證；另一方面是因為他們的適應性比較強，比較容易與被研究者群體打成一片，特別是當被研究者不屬於社會規範允許的範圍之內時，如流氓集團、犯罪團夥、同性戀俱樂部等。

從選題上來看，研究者的年齡也是一個影響因素。一般來說，年輕的研究者往往對青少年的問題比較關注；而老年人則對一些有關人生晚年生活的問題比較感興趣。比如，在質的研究中，很多有關青少年亞文化方面的研究都是由年輕研究者完成的；而有關退休、養老、死亡方面的問題往往是老年研究者關注的範疇。這是因為研究者隨著自己年齡的增長，其興趣和愛好相應也有所變化。此外，如果研究者與被研究者的年齡相仿，相互之間的共同語言也會多一些，在從事追蹤調查（特別是隱蔽型）時也會相對方便一些。

在實際操作中，研究者和被研究者之間年齡的差異也可能給研究帶來一些影響。年長的研究對象有時不太願意接受年輕研究者的採訪，因為他們覺得年輕人生活閱歷太淺，「乳臭未乾」，不可能理解自己所受的人生磨難。而年長的研究者在調查年輕的研究對象時有可能採取一種居高臨下的態度，試圖（甚至是無意地）運用自己在年齡（及其社會地位和權力）上的優勢對對方施加影響。在這種情況下，受訪的年輕人可能對年長者所擁有的操縱能力沒有察覺，因此而受到對方的誤導，提供一些對方希望知道的（但不一定是「準確的」）資訊。在一些年齡受到特別尊重的社會裡（如中國），這種情況尤其普遍。當然，在現代社會裡，年長者的這種態度和做法有可能引起一些年輕人的反感，因此而拒絕坦率地回答他們提出的問題。

有時候，研究者與被研究者之間年齡相差太大也可能給研究帶來一定的困難。如果研究者計畫對實地進行隱蔽式參與型觀察，年齡便成為一個十分重要的影響因素。比如，如果一位六十多歲的研究人員到一所中學的課堂上進行隱蔽式參與型觀察便不太合適，因為無論他如何打扮也沒法變成一位中學生。而一位二十多歲的研究者不暴露自己的身分到一個養老院去作參與性觀察也會很麻煩，因為他年輕的長相會立刻受到門衛的質詢。在這種情況下，研究者應該改變研究方法，將隱蔽型改為公開型，或者改變研究的問題，選

擇適合自己年齡段的社會現象進行研究。

三、文化背景與種族

　　研究者的文化背景與種族對質的研究的進程和結果也會產生一定的影響。通常，雙方代表的不僅僅是他們個人，而且還代表了各自的國家和民族。如果研究者相對被研究來說處於比較「先進」、「發達」的社會經濟形態，前者可能會比後者受到更多的尊重和重視。

　　如果研究者與被研究者雙方的文化或種族處於敵對狀態，研究者所面臨的困難就不僅僅是尊重與否或多少的問題了。雙方國家有可能處於一種政治上的緊張狀態，特別是當其中一個文化或種族在歷史上曾經（或現在仍舊）受到另外一個文化或種族的壓迫時。如在美國，如果一位白人研究者計畫對黑人的情況進行研究的話，他／她必須特別地小心謹慎。他／她必須意識到自己的民族在歷史上曾經對黑人施行過暴虐，這種壓迫給黑人民族帶來了政治上和情感上的傷害（*Keiser, 1970*）。因此，作為白人的代表，他／她應該與對方坦誠相待，表達自己對對方真正的尊重、信任與興趣。而如果一位黑人計畫對白人進行研究，他／她也要考慮到種族差異方面的問題。他／她應該表現得不卑不亢，注意不要把自己的憤怒或弱者情緒帶到研究之中。當然，即使是在白人或黑人內部也存在著不同的社會階層和性別差異，種族不是一個單獨發生作用的因素。當既來自不同種族又具有不同的社會經濟地位或性別的研究者和被研究者相遇時，他們之間的關係會變得更加複雜。

　　研究者的文化如果與被研究者的文化十分不同，而研究者對這種差異程度又沒有足夠意識的話，雙方的關係也有可能出現障礙。我記得在美國學習時，曾經有一位美國白人同學與我訪談。她訪談的題目是「中國文化」，而她給我的時間只有一個小時。當我聽完她對訪談計畫的介紹後，一股怒火從心中衝騰而起：「難道你以為我們中國五千年的文化可以在一個小時內就說完嗎？難道你以為我們坐在這裡說就可以瞭解中國這樣一個如此博大精深的

文化嗎?」當時,我對這位美國同學的「企圖」感到十分氣憤,結果在整個訪談過程中都帶有這種敵對情緒,不願意很好地與她合作。

四、社會地位與受教育程度

研究者與被研究者的相對社會地位以及受教育的程度對研究的關係也有著至關重要的影響。如果研究者的地位比對方高,對方可能感到誠惶誠恐,不知道自己是否能夠達到研究者對自己的預期,自己所提供的資訊是否對研究者有「用」。例如,當我在中國農村的一些貧困地區向輟學兒童的家長們進行訪談時,我可以明顯地感到他們對訪談都十分重視。他們大都穿戴得非常整齊,衣服是嶄新的,頭髮仔細地梳理過,說話時注意挑選比較正規的詞語,面部表情也顯得比較緊張。

如果研究者比被研究者的社會地位要低,研究者則有可能感到力不從心,在對方面前感到緊張,擔心自己是否可以在這位「權威」面前扮演「研究者」這一角色。例如,我的一位同事曾經就大學課程設置問題對一位中科院院士進行訪談。過後他告訴我,他當時是如此地緊張,以至於在整個訪談的過程中一直不敢插話。儘管他有很多問題希望進一步澄清,但是因為擔心自己的問話「不合時宜」或「不夠專業」,他一直沒有向這位院士提問題,只是聽對方滔滔不絕地談了一個多小時。

研究者與被研究者之間這種不對稱的關係還可以反映在上下級關係之中。如果研究者是被研究者的直接上級,後者可能因害怕自己平時與前者的關係受到影響,而選擇回避一些敏感性話題(*Seidman, 1991*)。例如,如果一位老師對一些平時學習成績比較差、但考試時卻得了高分的學生進行調查,這些學生很可能不願意告訴老師自己在考試時舞弊的行為。由於老師對他們的行為評定有很大的權力,他們不願意自己在老師的頭腦中留下一個「不誠實」的印象,更不希望受到校方的懲罰。而如果研究者是被研究者的直接下級,研究者也可能難以得到「真實」的資訊。例如,如果一位老師向自己學校的

校長瞭解學校的財政收支情況，他／她很可能難以如願。校長可能礙於面子不告訴他／她學校的一些醜聞，而他／她也因為與校長有直接利益關係而不敢對有關的問題窮追不捨。

在有些情況下，被研究者可能認為研究者是「上級」派來的，代表了「上級」的旨意，因此有意投合研究者，故意報喜不報憂，或者害怕研究者給他們帶來厄運。當我隨北京大學重讀輟學問題調查組下鄉時，就經常遇到這種情況。由於所到之處都有各級領導陪同，各類下級人員都以為我們是「上級」政府派來瞭解情況的（或者是檢查工作的）。儘管我們一再申明自己是來從事「研究」的，與他們的「上級」毫無關係，但是學校領導向我們報告的重讀輟學率總是大大低於我們觀察到的實際情況。當我訪談輟學學生時，他們大多數人看上去都非常緊張不安，特別是當我身邊有學校或鄉里的領導陪同時。不少孩子在訪談時都哭了，當我問他們原因時，有的回答說是因為失學傷心，但不少孩子承認是因為「害怕」。他們一方面因輟學而害怕有關領導批評他們，而另一方面也害怕我這個從「京城」裡來的、不知有什麼「背景」的「專家」，不知道我對他們的命運將形成什麼樣的威脅。

如果研究者與被研究者雙方地位相等（特別是處在同一工作領域時），雙方則有可能受到競爭心理的干擾。比如，崴斯（*R. Weiss, 1994: 138*）發現自己在採訪資歷比他高或低的人時都比較容易對付，因為他只要注意最基本的作為訪談者所需要的品質就行了，比如尊敬對方、不卑不亢、謙和有禮等。但是，如果他去訪談一位與他處於同一研究領域而且事業上非常成功的同行時，他往往覺得非常困難。他發現自己常常不自覺地提到自己在該領域所作出的各種貢獻以及自己目前享有的各種學術頭銜，好像要以此來建立自己作為一名「合格的研究者」的地位似的。

儘管上面的討論似乎試圖說明，研究者應該想辦法使自己與被研究者在地位上「平等」，但實際上研究這項工作本身就是一個不平等的關係。研究者通常來自有產階級，有高深的學問和耀眼的頭銜作為後盾，而被研究者的社會經濟地位往往比較低下，因為他們那裡存在「問題」才需要到那裡去進

行「研究」。研究過後，研究者通常可以從研究的結果中獲得一定的利益，如發表文章，晉升職稱等；而被研究者則可能一無所獲。有的被研究者可能會從研究的過程中獲得一種被尊重或被理解的感覺，但是在很多情況下，他們參加研究主要是出於好心幫助研究者完成任務。因此，我們對研究者角色的反省不能僅僅停留在個人心理的層面，而應該擴大到對整個學術群體和學術制度的反思（布迪厄，華康德，*1998*）。有學者認為，在有的情況下，研究者與其追求「平等」，不如承認不平等，以幫助者或被幫助者的姿態與被研究者交往，這樣的結果往往比「平等」更好（高一虹，*1998: 10*）。我非常同意這個觀點，而且也有切身體會。既然「客觀現實」就是不平等的，如果研究者刻意地追求「平等」，可能不僅不會拉近自己與對方的距離，反而容易給對方造成一種「虛偽」、「假天真」或「過於天真」的感覺。研究者本人應該對自己實際擁有的不平等地位有所意識，坦率地承認和面對這種不平等，用自己的坦誠而不是「姿態」來贏得對方的信任。

正是因為存在不平等關係，「研究」這一形式本身對有的被研究者並不適合。那些較少受到正規學校教育的人一般不太習慣於訪談這種人為的形式，不善於長篇大論地談論自己的想法和感受。因此，這些人在研究過程中大多感到不舒服，不知道如何與研究者合作。在這種情況下，研究者應該意識到自己與研究對象在社會地位和知識水平方面的差別，儘量給對方空間和時間，讓他們決定研究的地點、時間以及具體進行研究的方式。研究者應該儘量爭取在自然環境下與他們接觸，和他們一起做事，請他們用自己的語言描述生活中發生的事情。

五、個性特點與形象整飾

由於研究者是一個研究「工具」，這個「工具」的內部心理結構和外部表現方式在質的研究中也具有十分重要的功能。一般來說，質的研究對研究者本人有比較高的要求，「質的研究的好壞取決於調查者的好壞」（*Morse,*

1994: 225-226）。例如，威克斯（*R. Wax, 1971*）認為，質的研究者除了需要掌握特定的技能以外，還特別需要有耐心和智慧，思維要靈活機智，善於獲得對方的信任，並且願意使自己在對方眼裡看起來像一個「傻瓜」；研究者既要有堅忍不拔的毅力，辦事認真負責、一絲不苟，但同時又要有想像力，注意捕捉自己的直覺和靈感；既可以容忍不確定性和含糊性，又不因遇到困難而過分沮喪或急躁，匆匆做出結論。在搜集資料時，研究者應該反應敏捷，善於抓住有關線索及其隱含的意義；在分析資料時，他／她應該不僅對社會科學的有關理論十分熟悉，而且注意自下而上使用歸納的方法對資料進行分析；在寫作的時候，他／她應該能夠清楚地表達自己的看法，寫作的風格樸實、清楚、生動。依黎（**M. Ely**）等人（*1991: 132-136*）也認為，具有下述性格特徵的人特別適合從事質的研究：思維和行動敏捷靈活、有幽默感、可以容忍事物的模糊性、具有共情的能力、接受自己的情感反應。我的一位學生在完成自己一個學期的研究項目以後，在研究報告中寫道：「我深深地感到，一名合格的質的研究者應該有一個『簡單無知』的大腦和一顆『好奇』的心。」另外一位學生生也深有同感：「我認為質的研究對研究者的要求比較高，一個合格的質的研究者必須具有廣博的知識、豐富的閱歷、宏大的胸襟、公正的態度、高尚的品格，能夠尊重並理解別人，不僅具有嚴謹認真的態度，還必須對人生有深刻的理解。」沃克特（*1995: 237*）則從反面提出了質的研究對研究者的要求，他認為如下這些人不適合作質的研究：有權力欲望的人、企望仰仗自己的專業知識而高人一籌的人、希望對他們所接觸的事情瞭如指掌的人、喜歡控制別人的人。一般來說，如果研究者為人謙和、善於傾聽對方，對方會感到比較親切、輕鬆，樂意與研究者合作。而如果研究者喜歡一個人夸夸其談，在對方談話時不斷打斷對方，對方則很可能對研究者產生反感，不主動與研究者配合。如果研究者不僅謙恭有禮，而且性格開朗，主動與對方分享自己的情感感受，雙方會比較容易建立起友好的關係。而如果研究者不善搭訕，交談時缺乏隨機應變的能力，對方可能會感到緊張，不知如何與研究者交往。

　　研究者的性格不僅會影響到研究的質量，而且對研究者選擇課題也有一定的影響。馬克斯威爾（*1996: 30*）曾經談到，他之所以二十多年來對「文化差異」這一問題如此感興趣就與自己的性格有關。他從小就比較害羞，習慣於一個人獨處，不善於同家人和同伴相處。由於他總覺得自己與別人不同，一直希望能夠找到一個既不需要改變自己的性格又可以與別人和睦相處的方式。結果，他發現在學術上對「文化差異」方面的問題進行探討可以為自己找到一條出路。因此，他對「文化差異」問題進行了比較深入的研究，決心致力於尋找一條不是為了認同而是通過相互幫助而使不同文化的人們和平共處的方式。他的親身經歷驗證了密爾斯（C. Mills）四十年前說過的一句話（*1959: 196*）：「學問既是一個人的職業選擇，也是一個人生活方式的選擇。」

　　除了性格，有時候研究者的形象整飾也可能對研究的關係產生影響。如果研究者的髮型、衣著和形體動作與所研究的文化群體和具體情境格格不入，被研究者可能很難在心理上接受對方。比如，如果一位男研究人員穿著警服去瞭解街頭流氓集團的亞文化，該集團成員不但不會與他合作，而且還會避而遠之。而如果一位生長於大城市的女研究人員打扮得花枝招展、披金戴銀地到一個貧困山區去調查當地的扶貧情況，當地的山民也可能對她如此不合時宜的穿著產生反感。在通常情況下，研究者的形象整飾會在一定程度上向被研究者傳遞一種信息，即表明自己希望與當地某一類人認同（*Bogdan & Biklen, 1982: 130*）。假設一位男研究人員到一所學校去做研究工作，如果他西裝革履，言談舉止十分正規，學校裡的老師、學生和員工可能認為他是「上面」派來的，與學校的領導有關係。如果他身著夾克衫，談吐比較隨和，學校的老師們可能認為他屬於「自己人」，願意和他交談。而如果他身穿 T 恤和牛仔褲，說話比較「隨便」，學生們和員工們可能更容易接受他，認為他與自己是「一夥的」。

　　對「研究者應該以什麼形象出現在被研究者面前」這個問題，研究界沒有定論，只能視具體情況而定。一個普遍認可的原則是：盡可能與被研究者

的期待保持一致，不要讓自己的外表形象引起他們過多的注意。如果研究者故意穿得和當地人一模一樣，反倒有可能使對方感到奇怪或不舒服。一般來說，當地人並不期待著外來人和他們一模一樣；只要研究者尊重他們，對他們表現出真正的興趣，他們對研究者的不同是可以接受的。因此，研究者應該在尊重自己意願的基礎上，選擇符合自己在當地人眼中身分的衣著和行為舉止。

第三節　研究者的個人傾向對研究的影響

在質的研究中，研究者不僅對研究有自己的目的和動機，對研究現象有自己的看法和假設，而且在自己的生活經歷中通常也可以找到從事該研究的理由。這些因素直接影響到研究各個方面的實施。本書所討論的「研究者的個人傾向」主要包括四個方面的內容：(1)研究者從事研究的目的；(2)研究者的角色意識；(3)研究者看問題的視角；(4)研究者與研究問題有關的個人經歷。第一點「研究者從事研究的目的」已經在第五章第三節中有比較詳細的討論，在此省略不贅。

一、研究者的角色意識

「研究者的角色意識」指的是：研究者在研究中對自我形象和功能的設計和塑造。由於不同的研究者在從事研究時希望達到的目的不同，他們在研究中可能採取不同的角色，如「學習者」、「鼓動者」或「研究者」（*Glesne & Peshkin, 1992: 36-37*）。而這些角色又與研究者個人所信奉的科學範式有關。

一般來說，信奉建構主義的人大多將自己看成是一名「學習者」，研究的主要目的是向當地人學習，瞭解他們的所作所為和所思所想。研究者應該像一名「學生」那樣，謙虛、認真、恭恭敬敬地傾聽和觀看，而不應該像一

名「專家」那樣對當地人指手畫腳。作為一名「學生」，研究者應該主動向當地人表示：自己對他們的生活經驗和日常知識非常尊重，自己有濃厚的興趣希望瞭解他們。與此同時，作為一名「學習者」，研究者還必須設法瞭解自己的學習風格，從而找到適合自己風格的研究課題以及與此相適應的研究對象和研究情境。

遵從批判理論的人大多將自己看成是社會改革的「鼓動者」，他們認為研究的使命就是揭露現實中的不公正現象，喚醒當地人的思想意識，提高他們批判社會、改造社會的能力。「鼓動者」一般都有比較明確的行動綱領，從事研究的目的就是為了解決實際問題。大部分政府機構和財團資助的研究項目都帶有這種「實用」的傾向，雖然它們的批判意識不是很強。這些機構通常有自己的價值標準和利益傾向，它們在向研究者提供資助的同時往往附加有一定的條件。當然，真正從事社會批判的研究者與為政府和財團服務的研究者在「鼓動」方面的作用和結果是很不一樣的。前者通常與既存的制度和常規作對，而後者則致力於維護現存的利益和權威。

推崇後實證主義的人們心中的自我形象不像建構主義和批判理論者那麼複雜。在他們看來，研究者就是「研究者」。研究者在從事研究之前有自己的理論假設，他們的任務就是到實地去瞭解有關的情況，然後根據自己的研究結果對假設進行證偽。持這種態度的研究者認為，「現實」是客觀實在，是不以人的意志為轉移的。雖然研究者不可能完全認識「客觀現實」，但是「客觀真理」是存在的。研究者的任務就是通過各種方法對研究對象進行「研究」，在修正現有結論的基礎上逐步接近「客觀真理」。

由於研究者與被研究者處於相互關聯、相互定義的關係之中，研究者的身分定位也就決定了被研究者的身分定位。「學習者」認為被研究者是自己的「老師」，對方不僅僅是一個個有意識的「主體」，而且是掌握了研究所需要的資訊的提供者。「老師」對研究的方向和進程起著主導的作用，「學習者」只是跟隨著他們，向他們學習。「鼓動者」也認為被研究者是一個個行動著的「主體」，但是其作用與其說是提供資訊，不如說是參與行動。「鼓

動者」通過「參與者」之間積極、平等的對話逐步喚醒對方的「虛假意識」，使對方獲得自身解放的能力。「研究者」則把對方看成研究的「對象」或「回答問題的人」，他們像舞台上的「演員」一樣，其行動受到研究者「客觀地」、不帶感情色彩的「研究」。對「研究者」來說，「研究對象」的作用比較被動，只能按照對方的思路為研究的問題提供對方所需要的答案（*Spradley, 1979: 25-33*）。

從上面的討論中可以看出，研究者的角色意識不僅對研究的實施方式有一定的影響，而且對研究的結果也會產生重要的作用。一般來說，「學習者」獲得的研究結果大多揭示了被研究者自己看待事物和解釋事物的方式，其研究報告通常使用被研究者自己的語言，目的在於再現他們的行為習慣和意義建構。「鼓動者」則可能更多地看到研究現象中「不公正」的地方，呼籲對這些現象進行批評和改革，並且提出自己的一些改進建議。「研究者」則從自己的理論框架出發，「中立地」對「客觀事實」進行冷靜的描述和分析。當然，不同的研究態度是研究者個人的指導思想所致，但是也有人（包括我自己）認為，初學者不宜過早地採用「鼓動者」身分。「鼓動者」的價值傾向太強，不宜於對現存的問題進行「客觀」、「中性的」瞭解。與此同時，「鼓動者」有可能對被研究者採取一種居高臨下的態度，認為自己的使命是來改造對方（*Glesne & Peshkin, 1992: 36*）。

二、研究者看問題的視角

「研究者看問題的視角」指的是：研究者看待研究問題的角度以及對研究問題的有關看法。作為一個有先在意識的活生生的「人」，研究者是不可能對一個課題「開始」進行研究的。事實上，研究者在「開始」研究之前就已經在「進行」研究了（*Mills, 1959: 222*），在潛意識中對這一課題已經有了某些「先見」或「前設」，而「選擇」該課題本身通常與自己看問題的視角有關。比如，我在教授質的研究這門課時，班上好幾位研究生都選擇「北京

大學的研究生為什麼報考北京大學」這類題目作為自己的研究課題。作為北京大學的研究生，他們不僅自己對這類問題很感興趣，而且都有自己的看法和假設。他們認為這些研究生報考北京大學必定有自己的「原因」，而且這些「原因」是可以用語言來表達的。

研究者的「前設」不僅會促成自己對某一類課題情有所鍾，而且還會對自己的研究設計產生影響。比如，我的一位學生對自己孩子的培養制定了分層次的目標，因此他在設計訪談提綱時，一個主要的問題就是：「您對自己孩子的培養是否有一個理想的目標和最低的目標？如果理想的目標不能夠實現，退而求次的目標是什麼？」結果，他在訪談中發現自己的訪談對象根本就不承認存在一種「退而求次的目標」。他們或者認為「理想的目標」是一定會實現的，或者認為「理想的目標」本身的定義就比較寬泛，而且是可以隨情況的變化而變化的。很顯然，這些訪談對象在考慮自己孩子教育問題時的思路與研究者本人不太一樣。但是，由於這位研究者自己有一套教育孩子的想法，因此他在訪談時便總想問對方類似的問題。

研究者個人對研究問題的價值判斷還有可能影響到自己與被研究者的關係以及對被研究者的態度。假設研究者對觸犯法律的犯人在道德上不能接受，認為他們都是「壞人」，應該受到法律的制裁，那麼，如果研究者到監獄裡去調查犯人的生活情況，便很難保持「中立」的立場。在對犯人進行訪談時，研究者有可能採取一種居高臨下的態度，對他們頤指氣使。在觀察時，如果研究者看到年老體弱的犯人受到身強力壯的犯人的「欺負」，可能認為這是他們自己「活該」，不值得為他們打抱不平。

在研究結果的闡釋方面，研究者個人的觀念和想法也經常留下一些明顯的痕跡。例如，在我所參與的對中國大學生人才素質培養的調查中，我們的課題組內既有教師又有學生。大多數教師研究人員認為，目前的大學生普遍缺乏人生理想和道德責任感，需要在這方面採取措施加以改進；而所有的學生研究人員都認為，老一輩的想法過時了，我們應該傾聽學生自己的聲音。因此，在訪談材料搜集上來以後，大都分教師研究人員認為被調查的大學生

沒有很好地考慮自己在「德育」素質方面的培養；而學生研究人員則很快抓住了被訪學生的觀點，發現他們更關心的是自己與人交往和適應社會的能力，是自己的「情商」。

　　上面的例子似乎說明，研究者看問題的視角以及對研究問題的「前設」，似乎大多給研究帶來負面的影響。但是，我想指出的是，「看問題的視角」和「前設」都是中性詞，它們對研究者的影響可以是負面的，也可以是正面的（藍永蔚，*1999: 13*）。問題是研究者如何瞭解自己看問題的視角和前設，觀察它們是如何影響自己的研究的，而不是受其影響而茫然不知。對視角和前設的瞭解和運用影響到研究的質量，我們應該不斷地鍛鍊自己，提高自己這方面的意識。

三、研究者的個人經歷

　　「研究者的個人經歷」指的是：研究者自己生活中與研究問題有關的經歷以及研究者本人對這些經歷的體驗和評價。在研究的過程中，研究者需要問自己：「我有哪些與本研究問題有關的生活經歷？這些經歷與我目前的研究有什麼關係？我本人對這些經歷有什麼情緒和看法？這些情緒和看法可能如何影響此項研究的進行？」上面我們談到的研究者對研究問題所持有的「前見」和「傾見」往往與他們自己的個人經歷有關，這些個人經歷不僅影響到他們對特定研究課題的選擇，而且影響到他們對自己的職業乃至終身研究方向的選擇。比如，人格特質理論的創始人阿爾波特（G. Alport）一生對精神分析理論深感不滿，就與他在維也納與弗洛伊德（S. Freud）的一次會面有關（陳仲庚，張雨新，*1987: 59-60*）。當時他是在從西亞回美國的途中，在維也納作短暫停留，慕名去拜訪弗洛伊德。弗洛伊德把他帶到自己的治療室，坐下以後一言不發。為了打破尷尬，阿爾波特開始敘述自己剛才在電車上遇到的一件事情──一個四歲的小孩特別怕髒，在車上什麼地方也不願意坐，好像有恐怖症似的。他剛剛敘述完這件逸事，弗洛伊德突然以一種治療師的眼

光盯著他說：「這個孩子是否就是你？」這使阿爾波特大吃一驚，感到受到了極大的傷害。從這次個人邂逅中，阿爾波特意識到，「深度」心理學如果挖掘得過深了，有可能對人的實際生存狀況忽略不計。於是，他開始了自己對人格特質理論的探討，強調機能自主的「人」在心理學中的重要作用。

在實際研究中，研究者的個人經歷不僅對自己選擇研究的課題，而且會對研究的具體實施和結果分析產生一定的影響。研究者往往會將自己有關的個人經歷及其感受帶入研究之中，將自己的經驗與研究對象進行比較和對照。特別是當研究者與被研究者同是「局內人」時，這種情況尤其普遍。由於雙方共有相同的文化背景和生活經歷，研究者很容易將從自己生活經歷中總結出來的價值觀念作為檢驗研究結果的標準。比如，如果中國某大學一位校長計畫對其他大學的校長們的決策過程進行研究，他在研究設計和建立理論框架時會十分自然地運用自己在這方面的經驗。如果他在決策時經常受到上級部門的干擾，他便會將這一點作為校長們決策時必須考慮的一個重要的因素。在進行研究時，他會著重詢問這方面的情況，瞭解其他的校長們是如何處理與上級領導的關係的。原始資料搜集上來以後，他會運用自己這方面的個人經驗對資料進行分析，然後將自己個人的體會與有關的文獻結合起來對結果進行進一步的概括和理論抽象。

除了與研究有關的過去的生活經歷以外，研究者在研究過程中的個人經歷也會影響到研究的進行以及對研究結果的解釋和評價。如果研究者在研究過程中感覺比較愉快，與研究對象相處得比較和睦，便很容易對研究的結果持褒揚的態度；否則，則有可能對研究的對象持比較苛刻的評價標準。比如，派司金在對美國三個學區進行研究時，由於自己在這些學區有不同的個人經歷，結果他對這些學區的評價很不一樣，寫出來的研究報告也迥然各異（*Glesne & Peshkin, 1992: 104-106*）。在第一個項目中，他研究的是一個鄉村學區。在那裡他受到了當地人熱情的接待，他非常喜歡這個學區，因此在研究報告中竭力強調保存學區的重要性。在第二個項目中，他研究的是一個基督教學校，該學校不認可猶太教的教義。作為一個猶太人，他在那裡的十八個

月中一直感到十分孤立。因此，他對這個學區的描述就充滿了不滿和怨恨的情緒。在第三個項目中，他研究的是一個由多種族、多文化人群組成的城市學區。由於吸取了前兩次項目的教訓，他在這次研究中對自己的個人身分進行了深刻的反省，列出了自己六個不同的與該研究項目有關的自我身分：(1)種族保持的「我」，認可自己作為猶太人的價值觀念和行為方式；(2)學區保持的「我」，贊同學區團結和學區成員之間的交流；(3)文化融合的「我」，願意與其他民族和文化相互交融；(4)尋求正義的「我」，試圖糾正鄰近富裕學區對該貧困學區的偏見；(5)教學改進的「我」，希望改革學校低質量的教學；(6)非研究的、人性的「我」，感謝學區人民對自己的歡迎，對學區的建設表示關心。由於對自己的「主觀性」進行了比較「客觀」的反省，他在這個學區進行研究時對自己的情感和思想有了更加自覺的調控，他的研究報告也比較「客觀」地對現實情況進行了描述。

　　綜上所述，研究者的個人因素不僅會對研究產生一定的影響，而且可以為研究者提供豐富的資訊以及檢驗結果的依據。研究者不僅應該對自己的個人特徵和思維傾向保持足夠的警惕，而且也可以在研究過程中利用它們為自己的研究服務。正如斯特勞斯（1987: 11）在下面這個雙關語中所說的：「挖掘／注意（mind）你自己的經歷吧，那裡可能有金子！」無論如何，質的研究是對社會現象的認識，而對社會現象的認識主要是對人的認識，而「對人的認識，本質上是一種自我認識」（景天魁，1993: 230）。

第八章

研究關係對研究的影響

我與被研究者是什麼關係？

　　質的研究不僅受到研究者個人因素的影響，而且也在很大程度上受到研究者與被研究者之間關係的影響。質的研究中所說的「研究關係」主要包括研究者與被研究者之間的相互角色以及雙方在研究過程中的互動方式。這些關係可以從很多不同的層面來進行探討，比如群體隸屬關係、親疏關係、局內人與局外人關係等。

　　質的研究認為對研究關係進行反省至關重要，這是因為研究不是在一個「客觀的」真空環境中進行的。研究者在從事一項研究的時候必然與研究對象之間存在著一定的關係，而這些關係，對研究的進程和結果都有著十分重要的意義。在質的研究中，研究的問題和方法都是在研究者與被研究者的關係中協商和演化出來的，對研究結果的判斷也依賴於雙方互動的方式。研究關係的定位和變化不僅決定了雙方如何看待對方，而且還影響到雙方如何看待自己以及如何看待研究本身。

　　在質的研究內部，持不同的科學範式的研究者對研究關係的看法存在一定的差異。信奉後實證主義的研究者大多認為，被研究者的思想和行為是客觀存在，研究者「主體」與被研究者「客體」之間處於相對分離的狀態，研究者可以通過一定的研究手段獲得有關對方的資訊。因此，研究者在對研究

關係（包括研究者自己的個人因素）進行反省以後，應該將其「括」起來，在與被研究者互動時努力控制自己對對方的影響，設法將這些影響中的不利因素排除出去。而持建構主義範式的研究者則認為，所謂的「客觀現實」是研究者與被研究者之間互動的產物，研究者對被研究者的理解是一種當時當地的現實建構，是雙方知識和意義的共振和融合（*Schwandt, 1994*）。視覺生理學中有關雙眼視覺的原理可以直觀地說明這個道理。人的雙眼在相互配合觀察物體時比單眼能夠更好地分辨物體的邊緣與周圍環境之間的反差，而且只有運用兩只眼睛才可以形成關於深度的資訊（貝特生，*1979*）。研究者和被研究者的視角就像是人的兩只眼睛，他們彼此的理解就是雙方「視域」的融合。因此，研究者應該做的不是努力將研究關係中的影響因素排除出去，而是應該在充分反省自己角色的基礎上積極地利用這些因素。

在研究的過程中，研究者與被研究者雙方可能同時或在不同的時刻擁有不同的角色或多重角色，這些角色的內容也可能因情境的變化而有所變化。不同的角色可能導致雙方不同的互動方式，多重角色也可能使雙方互動的方式變得更加複雜。本章主要討論質的研究關係中研究者相對於被研究者來說是「局內人」還是「局外人」這一角色問題。這個問題一直是質的研究者們討論的一個熱點，在研究關係中占有十分重要的地位。

第一節　「局內人」與「局外人」

「局內人」指的是那些與研究對象同屬於一個文化群體的人，他們享有共同的（或者比較類似的）價值觀念、生活習慣、行為方式或生活經歷，對事物往往有比較一致的看法。「局外人」指的是那些處於某一文化群體之外的人，他們與這個群體沒有從屬關係，與「局內人」通常有不同的生活體驗，只能通過外部觀察和傾聽來瞭解「局內人」的行為和想法。「局內人」和「局外人」的區別可以在質的研究者們常用的一些成對的詞語中表現出來，如「文

化主位的」和「文化客位的」，「近經驗的」和「遠經驗的」，「第一人稱的」和「第三人稱的」，「現象學的」和「對象化的」，「認知的」和「行為的」，等等（*Geertz, 1976*）。

　　研究者不論是研究對象的「局內人」還是「局外人」，這種角色定位都會對研究的實施和結果產生正負兩方面的影響。這些影響與研究者在每一個具體的研究項目中的角色定位本身共生共滅，不可能事先通過某種計算方式而加以排除，也沒有統一的、適用於所有研究現象和研究情境的「規律」可循。下面對這兩種角色的利弊進行探討，目的只是表現它們的基本趨向，其具體呈現方式可能因研究的具體情況不同而有所不同。

一、「局內人」的優勢和劣勢

　　一般來說，「局內人」由於與研究對象共有同一文化，他們可以比較透徹地理解當地人的思維習慣、行為意義以及情感表達方式。他們在與當地人的對話中比「局外人」更容易進入對方的「期待視界」（董小英，*1994*），對對方常用的本土概念中的意義也會有更加深刻的理解。對很多事情，被研究者不必進行詳細的描述和解釋，研究者就能夠心領神會。由於自己與當地人有類似的生活體驗，「局內人」對當地人情緒的體察可能更加入微，從而比較容易與其產生情感上的共鳴。在構建研究結論時，「局內人」可能比較容易考慮到當地人看事情的視角，注意在尊重對方意見的基礎上對研究結果進行解釋。比如，如果要對中國雲南省傣族地區人民的生活方式進行調查，一位土生土長的女傣族研究人員就會比一位來自北京的女漢族研究人員具有一定的優勢。她可以說傣族的語言，她的長相與被研究者比較相似，她穿上傣族服裝不會像她的漢族同行那麼彆扭（也許她平時一直就穿著傣族服裝）。而且更重要的是，她可以利用自己的文化觀念和生活經歷瞭解被研究者的意義建構和思維方式。同樣是看到寺廟裡一排排小男孩在讀經文，漢族研究員和傣族研究員可能會得出完全不同的解釋：前者可能認為這些孩子不去學校

上學而跑到寺廟裡來念經是「愚昧落後」的表現；而後者則可能認為這是傣族人的文化信念，男孩在寺廟裡念經就是「上學」。

然而，研究者和被研究者來自同一文化也可能給研究佈下陷阱。正是由於他們共同享有的東西太多，研究者可能失去研究所需要的距離感。研究者可能對自己文化中人們常用的一些語言和行為習以為常，對對方言行中隱含的意義失去敏感。例如，我在對一些中國留學生的跨文化人際交往進行研究時，由於我和他們來自同一文化，自己也是一名在美國的留學生，因此我對他們所說的很多事情都自以為明白了，不再進行深入的追問。在研究的初期，不少留學生告訴我，「在美國人情味比較淡」。我覺得這種說法很容易理解，沒有必要再進一步進行追問。直到後來，我的一位美國教授在閱讀我的研究報告時問我在中國語言中「『人情』是什麼意思」這類問題時，我才明白，對外國人來說這個詞語是非常「中國化」的。由於我自己太「中國化」了，結果沒有能力站出來看自己的文化，沒有向讀者（特別是來自異文化的讀者）揭示中國人常用的這些「文化主位」概念的含義。

研究者與被研究者共有同一文化不僅有可能使研究者難以看到本文化的特點，而且可能使研究者對被研究者個人的獨特之處視而不見。由於他們來自同一文化，研究者很容易對被研究者的言行「想當然」，按照自己的方式去理解對方。例如，當我對人們在日常生活中的分類方式進行研究時，我把自己的丈夫當成了一名「被試」。有一天，當他抱怨一個抽屜裡雜物太多時，我問他為什麼不將這個抽屜裡的雜物整理一下，分別放到別的抽屜裡去。他兩眼瞪得圓溜溜地對我說：「那雜物放到哪裡去呢？」很顯然，在他的概念裡，「雜物」是一個分類的類別。而對我來說，如果這些東西被分別放到其他的抽屜裡去，「雜物」這一概念也就不存在了。由於我和他生活在一起，自認為對他的思維方式十分瞭解，因此沒有意識到他對事物有一套與我非常不同的分類方式。

二、「局外人」的優勢和劣勢

　　像「局內人」一樣，作為「局外人」的研究者在研究過程中也同樣具有一定的優勢和劣勢。首先，「局外人」由於與被研究者分屬不同的文化群體，有自己一套不同的價值觀念和行為習慣，因此在研究中可以與研究的現象保持一定的距離。正如欣賞一幅油畫需要有一定的距離一樣，研究者要瞭解事物的整體狀況以及事物之間的聯繫也需要與事物保持一定的距離。「局外人」由於在心理上和空間上與研究的現象保持了一定的距離，因此往往比「局內人」更加容易看到事物的整體結構和發展脈絡。出於文化上的「無知」，「局外人」可能會對一些「局內人」視為「理所當然」的事情產生好奇，因而產生對這些事情進行深入探究的強烈興趣。這種自發的探究往往會產生研究者事先無法預料的結果，不僅使研究者而且使被研究者也對自己的行為獲得更加深入的理解。假設一位漢族的男研究人員到新疆去作研究，他可能以前從未看到過奶茶，來到新疆以後對這種飲料十分好奇。通過向當地的維吾爾人詳細詢問製作奶茶的原料和工序以及供應奶茶的場合和作用，他可能比一個當地的研究者對奶茶的發展歷史以及奶茶在現代維吾爾人生活中的重要性獲得更加透徹的瞭解。而當地的研究人員可能天天喝奶茶，並不覺得這種飲料有什麼特殊的意義，因此也不會將這樣一個「無關緊要」的事情當做一個研究課題來進行探究。

　　研究者作為「局外人」的另外一個優勢是可以在研究的過程中利用自己的文化觀念來幫助自己理解異文化。由於研究者來自一個不同的文化群體，對事物往往有不同的看法和情感反應，因此他們通常會對在異文化中看到和聽到的事情產生與當地人不同（或不盡相同）的解釋。如果他們將自己的解釋與當地人的解釋進行對照，便會產生一種文化差異感；而這種文化差異感不僅可以使他們體會到文化多元的現實狀況，而且還可以借助自己原有的解釋框架來對當地人的解釋進行解釋。這種再詮釋實際上是研究者與被研究者

在意義層面進行的一種積極的對話，是前者對後者的理解之所以可能的基礎。例如，美國社會學家懷特（1984）在一項對秘魯的研究中就提到，他很慶幸自己不會說西班牙語，否則他將無法瞭解將英語和西班牙語相互翻譯時所遇到的困難，因此也就無法理解當地人使用的一些本土概念中所隱含的微妙之處。通過使用英語這一自己熟悉的語言作為參照系，他對西班牙語以及使用這種語言的人和文化獲得了比某些「局內人」還要深刻和獨特的理解。

正如「局外人」可以利用自己的文化觀念來理解異文化一樣，「局外人」也可以利用異文化對自己的衝擊來加深對自己文化的理解。當研究者面臨自己不熟悉的異文化的觀念和行為時，很容易將其與自己習慣的文化觀念和行為進行並列對照。而在這種對照中，研究者會對自己的文化重新進行審視，從一個新的角度對那些自己平時「日用而不知」的東西進行思考。比如，作為一名中國的留學生，我是在美國對那裡的「種族歧視」問題進行了一些研究以後，才突然意識到中國也存在十分嚴重的類似的現象，在我所居住的城市裡就經常發生歧視農村孩子、從「小地方」來的人、外來人或社會地位低下的人的事情。

除了距離感和文化比較的角度以外，「局外人」研究者還享有一些「局內人」一般沒有資格享受的「優惠待遇」。比如說，研究對象對「局外人」往往比對「局內人」更加寬容，他們對「局外人」的外表和行為表現通常不是特別苛刻。「局外人」不必像「局內人」那樣嚴格仿效當地人的行為規範，也不必特別在意當地人怎麼看待自己的外表和衣著。如果他們對當地人的語言或行為不太理解，幾乎可以隨時提問，而且提的問題無論如何「愚蠢」也不會遭到本地人的奚落和恥笑。例如，如果一名中國的研究人員去問一名中國大學生「你們所說的『應試教育』是什麼意思」，這個學生可能會覺得這位研究人員怎麼如此「無知」，不屑於向對方作詳細的解釋。而如果一名來自非洲的研究人員問同樣的問題，這位學生可能就會十分耐心地向對方解釋了。因此，「局外人」研究者可以有意識地利用自己這方面的優勢，對一些本地人看來習以為常的事情佯裝「無知」，對這些事情刨根問底，挖掘其深

層的文化意義。

此外，由於「局外人」處於「局」之「外」，他們通常不會像「局內人」那樣與被研究對象之間形成比較密切的人際關係或利益糾葛，對「局內」發生的事情也不會如此介意或衝動。由於在心理上保持了一定的距離感，「局外人」在研究時可以保持一種相對「客觀」的心態，看待事物時也許會比「局內人」冷靜一些，在為研究做結論時也比較容易堅持一種相對「中立」的立場❶。

然而，身為「局外人」也有自己的難處。由於沒有長期在本地文化中生活浸潤的歷史，「局外人」很難對當地人的社會結構、行為規則以及社會事件中隱含的微妙意義有深刻的理解。正是由於和當地人總是保持著一定的距離，他們很難體察對方內心複雜的情感感受和深層的意義建構，在與對方對話時缺乏足夠的「共通性」。在這裡，距離成了一把兩刃劍，一個銅板不可分割的兩面。它既給研究者帶來一定的便利和輕鬆感，但同時又給他／她帶來一些理解上的障礙。比如，如果一名美國學生去訪談一位中國留學生，他／她很可能對對方所說的複雜的人際關係以及諸如「人情」、「民族自尊」之類的詞語感到不知所云。而如果一位中國學生去訪談一位美國同學，他／她也可能很難理解對方所說的「自我意識」、「個體主義」等詞語的真正含義。

---

1. 在此使用「客觀」和「中立」等詞語是因為我無法找到更加合適的詞語來表達即使在建構主義範式指導下所從事的研究中也不得不看到「現實」。這裡涉及到了在「科學主義」占統治地位的社會科學研究中人類語言貧乏的問題。不過，使用這類詞語也有其長處。用「括號」將這些詞語「括」起來不但表示我在此使用這些詞語的意思與通常人們所使用的有所不同，同時也可以與通常的用法形成對照，從而幫助讀者理解我的意圖。這也許比使用一個陌生的詞語更有作用。

第二節 「內」「外」角色與其他維度的關係

「局內人」和「局外人」各自還可以進一步在研究關係中的公開與否、親疏關係和參與程度等維度上進行分類。這些分類使研究者的「內」「外」身分變得更加複雜和豐富，對研究的進程和結果也各有不同的影響。

一、公開與否

首先，「局內人」和「局外人」可以再各自分成「公開的」和「隱蔽的」兩種類型。前者指的是被研究的群體知道研究者在對他們進行研究，研究者的身分是公開的；後者指的是被研究者不知道研究者在對自己進行研究，研究者的身分是隱蔽的。假設一位女售貨員希望對本商店售貨員的服務態度進行一個調查，而且事先取得了商店有關人員的批准，那麼她就是一位「公開的局內人」。可是，如果她自己偷偷地在工作時進行這項研究，沒有得到有關人員的同意，那她就變成了一名「隱蔽的局內人」。如果從事這項研究的是一位科研單位的研究人員，而且事先獲得了商店有關部門的批准，那麼她／他就是一位「公開的局外人」。但是，如果她／他不暴露自己的真實身分，偷偷地跑到商店裡把自己裝扮成一名顧客，那麼她／他就變成了一個「隱蔽的局外人」。

有關研究是否應該向被研究者公開的問題，學者們一直是仁者見仁、智者見智。同意不公開的學者認為，人的本性中存在著不向別人祖露自己秘密的特點，因此只有隱蔽地進行研究才有可能得到真實的資訊（*Douglas, 1976*）。這種看法在本體論和認識論上代表的是實證主義的觀點，認為被研究者是一個固定不變的客觀實體，研究者的任務就是去「發現」他們。美國社會學家 J. 道格拉斯（J. Douglas）等人對裸體海灘的參與型觀察就是一個

「隱蔽型局內人」的研究（*Douglas & Rasmussen, 1977*）。J. 道格拉斯本人把自己裝扮成裸體海灘上的一名遊客，通過與其他遊客聊天來瞭解他們的想法和感受。而與此同時，他還是附近海灘上一幢別墅的擁有者，而這個別墅擁有者群體對在海灘上設立裸體浴場一直持反對意見。因此，J. 道格拉斯本人扮演的是一個雙料的、相互衝突的、「隱蔽的局內人」角色。作為一個「局內人」，他既是一名裸體遊客，又是一個別墅的主人。而對這兩個相互衝突的群體來說，他都是一個隱蔽的「研究者」。由於在一個短暫的研究時間內他的「真實」身分沒有被暴露，他得以在這兩者之間游刃有餘、來回穿梭。

　　與 J. 道格拉斯等人相反，很多質的研究者都認為研究的意圖應該向被研究者公開（*Glesne & Peshkin, 1992; Maxwell, 1996*）。他們認為，從倫理的角度看，被研究者有權利瞭解研究的真實目的和實施計畫，然後根據自己的意願決定是否參加研究。至於這樣做是否可以瞭解到事實的「真相」，他們認為，世界上並不存在絕對「客觀的真相」，被研究者在知道研究計畫的情況下向研究者披露的情況就是「真相」。這個世界是一個「真實的世界」，每個人對任何他人或任何事物的瞭解都是在一定的情境下通過社會交往而獲得的。被研究者選擇向研究者袒露的信息也就是他們此時此地向這一特定交往對象所展現的「真相」，被研究者沒有一個唯一的、固定不變的「真相」，研究者也無法窮盡被研究者的「真相」。被研究者和研究者雙方都在不斷地變化，他們之間的每一次相遇都受到特定時空的限定，他們的每一次理解都是一次新的建構。因此，研究者不論是「局內人」還是「局外人」，都應該向被研究者公開自己的身分。

二、親疏關係

　　除了「公開的」和「隱蔽的」身分以外，「局內人」和「局外人」還可以各自按照「熟悉的」和「陌生的」身分進一步分類。前者指的是研究者與被研究者相互認識，在研究之前就已經建立起了一定的關係和交情；後者指

的是研究者與被研究者相互不認識，只是在研究中才開始建立聯繫。比如，如果一位女售貨員對自己商店的服務質量進行調查，她就是一位「熟悉的局內人」。但是，如果她跑到另外一家自己不熟悉的商店去進行調查，那她就是一位「陌生的局內人」。如果一位專業研究人員希望對一家商店的服務質量進行調查，而他的妻子就在這家商店工作，商店的很多售貨員都認識他，那麼他就是一位「熟悉的局外人」。但是，如果他與這個商店的人都不認識，只是透過正式管道來從事這項研究，那麼他就是一名「陌生的局外人」。

在一般情況下，「熟人」參加研究的可能性比「陌生人」要大一些。這是因為前者往往礙於面子或出於好心而接受研究者的要求，而後者則不必如此顧及人情。有的「熟人」不僅很「熟」，而且已經成了「朋友」，甚至是「親戚」，而為「朋友」和「親戚」幫忙則被認為是天經地義的事情，不容推託。此外，如果研究者與被研究者之間是「熟人」，研究者會比較容易理解對方。雙方可能共同經歷過一些生活事件，彼此對對方的個性脾氣也有所掌握，因此在對有關事情進行解釋時會有比較豐富的背景知識作為支撐。

不過，「熟人」這一角色也可能給研究帶來不良的後果。由於雙方是「熟人」或「朋友」，被研究者可能不願意將自己的一些個人隱私告訴對方。研究過後雙方彼此還會經常見面，如果被研究者將自己的個人隱私暴露給對方，可能會感到十分尷尬。有時候，雙方還可能有一些共同的朋友或熟人，被研究者提供的情況可能會涉及到這些人；因此為了避免引起不必要的麻煩，被研究者可能選擇向對方隱瞞真情。此外，「熟人」關係還可能使被研究者受到面子觀念的影響，為了自己的名聲而不願向研究者暴露真實情況。

從我們日常的觀察中可以發現，很多人情願向陌生人傾訴心曲，也不願向一位「靠不住的」朋友訴說隱私。這是因為陌生人不會對他們的生活造成威脅，而一位粗心的朋友卻有可能給他們的名聲帶來損害。在這種情況下，作為「局外人」的研究者通常享有一種「局內人」沒有的優勢，即「陌生人效應」（ *Goldstein, 1987: 69* ）。由於研究者是一個陌生人，被研究者往往更加願意袒露自己內心的隱私。陌生人來了又走了，不像長期居住在本地的「局

內人」那樣時刻有可能向彼此都熟悉的人洩露自己的機密。因此，被研究者很可能選擇向一位「陌生的局外人」吐露更多的、更加隱秘的信息。

此外，「朋友」之間因為關係親密，可能很難產生研究所需要的距離感。研究者從「朋友」突然變成了「研究者」，這其間的角色轉換可能過於唐突，使對方難以馬上適應。由於雙方關係友好，研究者可能難以採取一種嚴肅認真的態度來對待研究。如果研究者過於嚴肅，他／她的「朋友」可能會覺得他／她「裝模作樣」、「假門假式」；而如果他／她態度過於隨便，又很難保證研究的規範性和有效性。此外，如果研究者對對方的情況過於熟悉，還有可能在搜集資料和探詢意義方面產生困難。如果他／她堅持追問「朋友」之間常用的一些詞語或行為的含義，對方會覺得他／她「明知故問」，不予理睬。結果，研究者可能會感到心灰意懶，不得不放棄自己的一些研究計畫。

三、參與程度

除了公開與否和親疏關係以外，「局內人」和「局外人」各自還存在著參與程度上的不同。這種不同呈現為一個連續體，一頭是「完全的參與者」，另一頭是「完全的觀察者」（*Junker, 1960*）。比如，如果一位農民在田裡一邊勞動一邊注意瞭解其他農民的工作強度，那麼他就是一位「參與型的局內人」。但是，如果他自己不參加勞動，而是坐在田邊用錄影機為其他農民錄影或記筆記，那麼他就成了一名「觀察型局內人」。如果一位研究者來到這個村子裡當「農民」，通過與其他的農民們一起勞動來體驗他們的工作強度，這時他就是一位「參與型局外人」。但是，如果他不參加勞動，只是坐在田邊觀察其他的農民勞動，那麼他就變成了一位「觀察型局外人」。在「完全的參與者」和「完全的觀察者」之間還可以有很多角色形態，如「觀察型參與者」和「參與型觀察者」等。

做一名「完全的參與者」的一個長處是研究的情境比較自然，比較容易獲得相對「可靠」的資訊。在與被研究者一起做事的過程中，研究者可以即

時瞭解對方做事的方式以及有關事件發生時的具體情境和過程。與人為製造的研究環境相比，參與型研究搜集到的資料往往比較「真實」，因為被研究者可以比較自如地表現自己。研究者與被研究者一起做事情還可以密切彼此之間的關係，幫助研究者進入對方的內心世界。此外，如果研究者到比較「原始」的地方去從事調查，或者對沒有接受過正規教育的人們進行研究，對方可能對人為的研究環境（如訪談）不習慣。研究者如果參與到他們的日常生活中，結合當時的具體情形與他們進行交談或對他們進行觀察，一般可以獲得比人為環境更加有效的資料。

參與型研究的另外一個長處是研究者可以將自己作為一名研究的對象，通過自己的親身體驗來瞭解被研究者的心理感受。由於與被研究者享有共同的工作和生活經歷，研究者可以將自己對有關人物和事件的反應作為參照，以此來對照被研究者的感受。不論研究者的反應與被研究者的相同還是不同，這種對比都會為研究結果的解釋提供多重角度。而看待事物的角度就像是投向同一物體的光束，光束越多，照射角度越不同，獲得的資訊就越多，對該物體的理解也就會越全面、深刻。

然而，研究者參與程度太高也不是沒有弊端。研究者有可能忙於向被研究者學習做事，沒有時間和空間在思想上對周圍發生的事情進行處理。有時候，被研究者可能完全把研究者當成了自家人，對他／她有很高的期待，希望他／她做一些他／她不願意做或者做不到的事情。比如，美國文化人類學家格爾茨在爪哇島上作實地調查時，他的一位最好的資訊提供者碰巧也是一名作家（*Rosaldo, 1993: 174*）。他經常向格爾茨借打字機，弄得格爾茨自己工作起來很不方便。有一天，格爾茨不得不給他留了一個條子，委婉地向他暗示自己那天急需使用打字機。結果這個條子觸怒了作家，他們的合作關係也就從此而結束了。

像「參與者」一樣，做一名「觀察者」（特別是「完全的觀察者」）也有它的利與弊。一方面，「觀察者」可以全神貫注地從事自己的研究，不必同時花費腦筋按當地人的行為規矩與他們「應酬」或「周旋」。而與此同時，

由於研究者只能從外部對研究對象進行觀察，很難準確地把握對方一些行為的意義。比如，格爾茨（1973a）提供了十分有趣的事例來說明這個問題：如果我們看到一個男孩眨了一下右眼，起碼可以提供三種不同的解釋：(1)有一粒沙子落進了他的右眼，他眨眼是一個自然的條件反射；(2)他在向一位姑娘暗送秋波；(3)他在模仿另外一個男孩眨眼，目的是逗樂。如果我們與這位男孩一起玩耍，對他當時眨眼的特定情境有所瞭解，那麼我們對他這一舉動的解釋就會準確一些。即使我們感到困惑不解，也可以當時馬上問他，不必等到回去以後才對他的真實意圖反覆進行沒有根據的猜測。

從上面的討論中，我們可以看出，研究者的「內」「外」角色可以與公開與否、親疏關係、參與程度相互交叉形成許多複雜的關係。下面的圖表8-2-1中列出的只是上面討論過的一些主要的關係。在「局內人」和「局外人」各自的內部，上述維度相互之間還可以形成很多角色上的重疊和交叉。由於篇幅所限，在這裡就不一一舉例說明了。

圖表 8-2-1　研究關係一覽表

	公開與否		親疏關係		參與程度	
局內人	隱蔽的局內人	公開的局內人	熟悉的局內人	陌生的局內人	參與型局內人	觀察型局內人
局外人	隱蔽的局外人	公開的局外人	熟悉的局外人	陌生的局外人	參與型局外人	觀察型局外人

第三節　「局內人」還是「局外人」

實際上，在大多數情況下研究者由於受到外部條件的限制，自己並沒有辦法選擇做「局內人」還是「局外人」。研究者的個人身分如年齡、性別、職業、社會經濟地位、文化背景、種族、受教育程度等都可能限制研究者的

角色定位。例如,如果一位英國的大學教授計畫到中國某個村莊去調查那裡的計畫生育現狀,他無論如何努力也不可能把自己裝扮成一個「局內人」。他的長相、膚色和語言都事先決定了他不可能被當成中國農村中的一員。

研究者的「內」「外」角色並不總是固定不變的,有時會隨著研究的進程而有所變化。例如,美國社會學家約翰遜(J.Johnson)等人(1975)在對家庭爭端和暴力進行調查時,起初是作為觀察者與戶警們一起在社區巡邏來瞭解情況。後來,他們通過觀察戶警的工作逐步學會了如何處理家庭矛盾,慢慢地被戶警和一些當地的家庭當成了處理家庭爭端的專家。這時,他們便開始幫助一些家庭進行協商和調停,運用自己的法律知識為他們提供咨詢,或者將無法解決的問題付諸其他法律機關。最後,他們成了當地戶警有用的幫手,在處理家庭糾紛方面扮演了一個十分積極的角色。當然,他們並沒有(也不可能)被戶警和當地的居民當成完全意義上的「戶警」,但是與研究剛開始時相比,他們與這一角色的距離已經被大大地拉近了。

其實,從一定意義上來說,真正的「局內人」是不存在的。當一個人作為一名研究者對自己的文化進行研究時,他／她就已經與自己的文化拉開了一定的距離。他／她已經(而且必須)站到一個與自己的同胞不同的觀察視角上,才有可能看清楚自己的文化和人民(包括他／她自己)。因此,所謂「局內人」與「局外人」、「自己的文化」與「他人的文化」之間的區別在某種意義上來說是沒有意義的。這些區別只是在程度上有所不同而已,並不存在本質上的差別。所有的科學研究者實際上都是一定意義上的「局外人」,他們在從事研究的時候必然地帶有自己的理論框架,代表的是特定科學家群體所信奉的研究範式。比如,在我的博士論文研究中,我自己是一名中國留學生,與我的研究對象有相同的經歷,因此相對他們來說,我應該可以算是一個「局內人」。但是由於我同時又是一名「研究者」,我不得不將自己從「中國留學生」這一身分中抽身出來,站在這一群體之外來觀察、傾聽並分析他們。此外,由於我是在美國做的論文,我的整體構思基本上遵循的是一條西方文化的思路:從跨文化人際交往的角度看中國留學生的「自我意識」

和「文化認同」方面發生的變化，而「自我意識」和「文化認同」都是十分「西化」的概念，我實際上是在用一種西方的理論體系來研究中國人。因此，從這個意義上來說，我已經變成了一個「局外人」。結果，在研究的過程中，我不得不經常提醒自己：我已經不是一個完全的「局內人」了，我必須在思維上跳出這個圈子，把「熟悉」的東西視為「陌生」，重新審視我所調查的中國留學生們告訴我的每一句話和每一件事情。

第四節　「局外人」如何理解「局內人」

如果我們同意，在一定意義上研究者都是「局外人」的話，那麼「局外人」如何才能理解「局內人」呢？這個問題是質的研究者們討論的一個難點和熱點，很難作出一個令人滿意的回答。

一、「局外人」變成「局內人」

有的研究認為，如果「局外人」要真正理解「局內人」，就應該設法變成「局內人」（*Ely et al., 1991: 49*）。變成「局內人」意味著從自己的皮膚裡跳出來，進入研究對象的身體，用他們的頭腦來思維，用他們四肢和形體來行動。只有這樣，研究者才可能真正理解當地人的語言和行為以及他們看世界的方式。這種努力的結果便產生了研究者在實地工作中「本地化」、「成為他人」和「賓至如歸」的狀態。如果用我們上面所使用的語言來表達，這種狀態表明研究者與被研究者之間關係非常「熟悉」，「參與程度」非常高。

與此同時，另外一些研究者則認為，如果「局外人」變成了「局內人」，這對研究者來說是一個危險的信號（*Hammersley & Atkinson, 1983: 102*）。這標誌著研究者已經離開了科學家群體所共同遵守的規範，意味著科學探究的結束。如果研究者過分地追求與被研究者之間的認同，自己會失去進行研究所

需要的心理距離和空間距離。雙方已經融為一體，研究者不可能將「熟悉的」東西再變為「陌生」了。由於沒有足夠的分析空間，研究者只能對當地人的故事進行自傳式的描述，而不能對自己的思考進行反省。這些故事本身可能很有意思，但這已經不是真正意義上的「研究」了。

此類研究者認為，除了研究的規範性可能受到影響以外，研究者與「局內人」徹底同化還可能影響到研究的「客觀性」。由於在價值觀和情感方面完成了與被研究群體的認同，研究者有可能被捲入到這一群體內部的權力爭鬥之中。研究者很難再保持科學研究所需要的「中立」和「公正」，在對研究結果進行解釋時難免帶入自己的個人傾向。當然，研究者不可能沒有自己的「個人傾向」，但重要的是應該對此有所意識。如果研究者與被研究者群體中的一個政治社團結為同盟，將很難「客觀」地站出來看自己和該社團。而更糟糕的是，如果這個政治社團在當地的權力鬥爭中有自己的對立面，這一對立面便會對研究者進行排斥和打擊。在這種情況下，研究者將很難從不同的角度對研究的現象進行一個比較「全面」的瞭解。他／她很可能會落入一個十分難堪的地步，難以從當地的政治糾紛中脫身出來。

在我看來，以上對「局外人」變成「局內人」利弊的探討基本上是基於後實證主義範式的思路。這種範式認為，研究的主體和客體之間是相互分離的，「局外人」通過同化的方式「真實」地瞭解「局內人」是可能的。雖然，「局外人」本人不可能真正「變成」一個「局內人」，但是他／她可以通過一定的手段對研究中的某些「主觀」因素進行控制或排除，從而獲得有關「局內人」的「客觀」的、「真實」的資訊。以上對「局外人」變成「局內人」這一現象不論持贊同態度還是反對態度的人都是基於這麼一種認識。贊同者認為成為「局內人」是獲得「真實」資訊的最可靠的方式，反對者則認為這麼做會影響到研究的「規範性」和「客觀性」。從表面上看，反對者似乎不同意「局外人」變成「局內人」，但是他們對這麼做給研究的「規範性」和「客觀性」帶來的危害如此關注——這本身就說明他們是承認「局外人」可以認識「局內人」這一前提的。因此，在認識論上，他們與贊同派沒有本質

上的區別，只是對這種做法持不同意見而已。

　　然而，在質的研究中，很多研究者並不認為主體與客體、主觀與客觀、事實與價值之間是可以絕對分離的。研究者與被研究者被認為是兩個主體，研究是這兩個主體通過平等的對話共同建構「現實」的一個過程。因此，研究者必然（也必須）有自己的身分，他／她在與被研究者互為主體的關係中占據的是一個十分重要的位置。當然，研究者可以選擇一個儘量靠近被研究者的身分，儘量縮短自己與他們之間的距離，擴大自己與對方的「共通性」，但是他／她永遠不可能（也沒有必要）「變成」一個「局內人」。研究者在實地進行研究時既不可能像一個「局外人」那樣，只是簡單地搜集資料，然後拿回家去閉門進行分析；也不可能完全變成一個「局內人」，聲稱自己已經掌握了開啟當地人心靈的鑰匙。研究者需要的是一種使自己和當地人的「視域」相互融合的方式，在自己與當地人之間建立起一座理解的橋樑。

二、保持雙重身分

　　因此，有人認為，研究者與其努力從一名「局外人」變成一名「局內人」，不如設法獲得既是「局內人」又是「局外人」的雙重身分。漢莫斯里（M. Hammersley）和阿特肯森（1983: 79）把這種角色稱為「可以被接受的邊緣人」。在這種情況下，研究者已經獲得了當地文化群體的認可，已經被接受為他們中的一員，但是他／她只是一個「邊緣分子」，一個「不合格的」成員。就像對待自己文化群體中的那些邊緣分子一樣，本地人也允許研究者保持自己與大多數人不同的行為方式。這種雙重身分可以使研究者處於一種十分有利的位置：他／她既可以和當地人接近，瞭解他們的所思所想；同時又可以伺機撤出，不必完全拘泥於大多數人的禮節。他／她可以同時享有「局內人」和「局外人」的雙重身分，既有一種歸屬感，又有一定的個人空間。在公開程度上，他／她是一個「公開的」研究者，不必為掩藏自己的真實身分而苦心積慮；在人際關係上，他／她處於「朋友」和「陌生人」之間，對

本地人不必像「朋友」那樣親密和忠實，也不必像「陌生人」那樣視同路人；在處理資訊方面，他／她在「熟悉」和「陌生」兩者之間徘徊，既有「近經驗」的體驗，又有「遠經驗」的視角；在參與程度上，他／她處於「參與」和「觀察」之間，既可以親身體驗對方的生活，又可以獲得一定的空間距離；在情感投入上，他／她處在冷靜和熱情之間，既可以對對方保持一種熱烈的情感，又可以比較清醒地觀察對方的情感表露（*Rosaldo, 1993: 172*）。這兩種角色之間所形成的張力為研究者創造了一定的空間，為他／她獲得靈感和創造力提供了一個豐富的刺激源。

美國人類學家 J. 比瑞格斯（J. Briggs, 1970）對愛斯基摩人的情感表達所進行的研究便是一個典型的「雙重人」例子。在實地從事調查時，她不顧當地人的不解和反對，堅持在野地裡給自己搭了一個帳篷。當夜幕降臨，與當地人在一起呆了整整一天以後，她回到自己的帳篷裡，靠吃花生醬、凍棗子等自己熟悉的西方食品以及讀享利・詹姆斯（H. James）的小說來驅散內心深處的孤獨，修復身心所受的磨損。雖然當地人多次邀請她搬過去和他們一起住，她堅持留有自己的一塊隱私。由於她設法與當地人保持了一定的距離，她從他們對她西方式的「奇特的」情感表達方式的反應中瞭解了他們對情感的定義和解釋（*Rosaldo, 1993: 178*）。

事實上，來自實地的很多事例表明，被研究者群體並不期望研究者成為他們中的一員。如果研究者企圖這麼做，他們反而有可能感到奇怪。一般來說，「局內人」對「局外人」的態度比較寬容，並不指望對方有能力可以完全按照他們的方式思維和行動。例如，懷特（*1984: 66-67*）在哈佛大學做本科生時曾經對波士頓的意大利裔青年進行了一個長期的實地研究，當時他便遇到過這種情形。由於他希望盡可能與這些年輕人接近，學會了很多他們平時經常掛在嘴邊的髒話。有一天晚上，他和這些年輕人一起在街上漫步時順口說了幾句髒話，這幾位年輕人突然停了下來，對他說：「比爾，你可不該這麼說話，這聽起來可不像是你在說話。」儘管他竭力向他們解釋說這幾句話是街角文化中司空見慣的語言，他們卻告訴他，他是不一樣的，而且他們希

望看到他不一樣。從這件事情，懷特意識到，這些年輕人並不期待著他和他們一樣。他們對他所表現出來的「不同」不但沒有反感，而且感到十分有趣。只要他對他們態度友好，保持對他們的興趣，他的「不同」對他們來說就不是一個「問題」。

有時候，如果研究者仿效「局內人」的行為做得過分的話，還可能使「局內人」感到惱怒，甚至覺得自己的文化受到了侵犯。例如，如果一位無神論者到穆斯林居住的地方去作研究，為了與當地人接近而把自己裝扮成一名穆斯林的話，他很可能不但不被接受，而且還會受到當地信徒們的懷疑和反感。如果他只是在外表上模仿穆斯林的行為，而在自己的信仰中並沒有真正皈依真主，他會在很多關鍵的時刻暴露自己的真實面貌。因此，作為研究者，我們應該接受自己的身分特徵。我們只有充分地瞭解了自己，學會了與自己和睦相處，才有可能與被研究者和睦相處，也才有可能將自己的身分特徵作為與被研究者互動時的一個寶貴資源。

當然，在「局內人」和「局外人」兩者之間保持騎牆的姿勢並不總是十分舒服。這種雙重身分不僅會給研究者帶來很大的心理焦慮，而且會對他們的自我概念和形象整飾帶來挑戰。在按照當地人的風俗習慣行事的同時，他們必須牢記自己的研究者身分，在親近和疏遠之間保持一定的距離。這種既參與又不參與、既在「內」又在「外」的狀態使很多研究者感到自己似乎有一種雙重人格，好像得了「精神分裂症」似的（*Lofland & Lofland,1971: 108-109*）。美國心理學家溫特羅布（*R. Wintrob, 1969*）曾經對一些人類學家進行了一個心理測評，結果表明大多數人的焦慮程度都很高。他們大多表現出一種「適應不良症」，感到自己很「無能」，害怕不能被當地人所接受。特別是當他們不能被當地人理解時，很容易感到憤怒和沮喪。像許多他的後繼者一樣，人類學的鼻祖馬林諾夫斯基（*1967*）在日記中也記載了自己在特羅比恩島上作研究時所感受到的各種矛盾複雜的心情。對島上的土著人他有一種既恨又愛的複雜感情，而與此同時他又對自己的身心狀況以及形象整飾經常感到無所適從。

░░░ 三、全身心地投入

　　有學者（包括我自己）認為，上述「雙重身分」依據的仍舊是一種「主」「客」分離的世界觀，希望對研究者的「主觀性」進行系統的處理（*Heshusius, 1994*）。而在實際研究中研究者需要將自己的全身心（包括全部的身分和個性特點、價值觀、行為方式和情感表露）都投入進去，才可能真正與對方完全「視域的融合」。那種希冀將自己的一部分身分用括號「括」起來，然後在研究中對這些身分加以反省或排除的做法實際上是行不通的。研究者既不可能將自己的某些身分「摘」出來扔掉，也不可能將其「懸置」起來進行「客觀」地反思。

　　美籍日本文化人類學家孔杜（*D. Kondo, 1986: 74-78*）對這一點有十分切身的體會。當她在日本從事研究的時候，有一天她突然在超級市場的金屬陳列板上看到了自己的身影：一個典型的日本家庭主婦的形象。她驚恐自己已經變成了一個地道的「本地人」，趕快回到美國居住了一個月，希望回來以後可以與本地人保持一定的距離。然而，令她失望的是，她回來以後，周圍的日本人並不把她看成是一個外來的研究者。她的長像與當地的日本人是如此地相似，以至於他們總是期待著她像他們一樣說話和行事。她不能像她的西方同行那樣向本地人問一些「不合時宜的問題」，也不能超越社會地位與不同的人「平等」交談。最後，她只好採取一種折衷的辦法，利用自己的多重身分，在不同的親疏關係和權力關係之中來回斡旋。

　　美國人類學家卡浦（*D. Karp, 1980*）在對紐約時代廣場附近的紅燈區進行調查時也利用自己的親身體驗對被研究者的心態獲得了比較深入的瞭解。他把自己裝扮成一名普通的遊客，通過在當地淫穢書店和電影院裡進行觀察以及與那裡的人們閒聊來瞭解他們的行為和想法。他發現自己儘管在那裡待了將近九個月，但是每次一想到要進入一個淫穢戲院便感到十分緊張。當走近戲院時，他的心會加劇跳動，他會有意選擇附近人比較少的時候進入戲院，

事先很早就拿出買票的錢攥在手裡，到了門口他會有意避開與女售票員的目光接觸。通過自己的這些親身體驗，他意識到那些在淫穢場合活動的人們都像他自己一樣面臨著一個形象整飾的問題。他們對自己行為的評價很不確定，而且很在意周圍的人如何看自己，因此他們在進入這些場合時都經歷了不同程度的心理波折。

孔杜和卡浦等人的例子表明，研究者個人的身分（不論是單一的還是多重的）對研究本身來說並不是一個障礙，而是一個十分豐富的、為研究提供資訊的來源。研究者應該對自己的這種資源有充分的意識，努力在自己的實踐中對其加以利用（*Rosaldo, 1993: 178*）。研究者應該做的不是努力將自己變成一個「局內人」（像懷特試圖做的那樣），或者執意保持自己的「局外人」身分（像孔杜曾經努力做的那樣），而是應該具有參與的意識，調動自己的全身心，與被研究者之間進行積極、平等、互為主體的對話。

科學史方面的研究表明，不僅人文社會科學領域需要這種「參與的意識」，即使是在自然科學界人們也在呼喚科學的「復魅」。這種「復魅」不是純粹的對人的「主觀性」的反思，而是一種希望超越「主—客」之間的分裂、達到主體之間融合的努力（*Griffin,1988*）（在這裡我們看到了加達默爾的「視域融合」）。諾貝爾獎獲得者、著名的女生物學家麥克林托克（B. McClintock）在對玉米的研究中就表現出這麼一種「參與的意識」，下面的引言表達了她與玉米之間一種親密無間、主客不分的狀態：

　　「沒有兩棵玉米是一樣的……我從播種開始一直和它們在一起，不想離開它們。如果我不一直看著它們成長，我會覺得自己對它們生長的故事會不瞭解。所以，我對田野裡所有的玉米都非常熟悉，與它們有非常親密的關係。而且，我發現，瞭解它們，這對我來說是一個極大的快樂。我發現我越和它們在一起工作，它們個兒就長得越大。當我和它們一起工作時，我不是一個局外人，我也在下面那個地方……我就在下面那個地

方，和它們在一起……當你望著它們的時候，它們就成了你的
一部分。結果，你忘記了你自己。最重要的事情是，你忘記了
你自己」（*Keller, 1983: 117,198*）。

　　質的研究中經常討論的「主觀性」仍舊是一種對象性的思維，雖然不是
把「客觀」當成對象，卻是把「主觀」當成了對象。但是「參與的意識」和
「復魅」已經不再是對象性的思維，而是一種混沌一體的生存狀態（在這裡
我們聽到了海德格爾的聲音）。它不是關於（about）某一個外在的東西，而
是與這個東西在一起（with）。因此，在質的研究中，我們最為關心的不應
該是如何把自己的「主觀性」「客觀化」，而是如何在我們自己身上培養出
「物我兩忘」和「完全關注」的能力。

　　總之，質的研究是一種研究者與被研究者互為主體的研究，研究者的角
色是多元和動態的，既可以從「內」到「外」，也可以從「外」到「內」；
既可以由近及遠，也可以由遠及近；既可以是單一的，也可以是多重的。研
究者正是在這些豐富的互動關係之中與被研究者一起協商和建構著一個構成
性的、不斷往前發展著的「現實」。質的研究是一種「理解」的「藝術」，
需要研究者與被研究者的共同努力和創造。其實，「他人」就是「我們」的
一部分，而「我們」既是研究的主體，又是研究的對象（華勒斯坦等，*1997:
61*）。「局內人」、「局外人」或「雙重人」這些詞語只是學術界對研究者
一部分個人身分的描述而已，一項紮實、充分的研究需要研究者將自己全部
的「自我」投入進去。研究者只有認識到自己首先是一個「人」然後才是一
名「研究者」，才有可能真正將自己投身於與其他「人」（同時也是「被研
究者」）一起構建世界的共同努力之中，才可能認識到此時此地的「真實」。

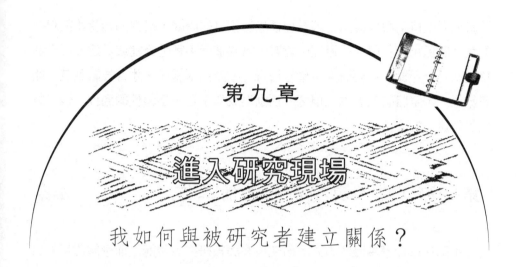

第九章

進入研究現場

我如何與被研究者建立關係？

　　研究者明確了研究的問題，選好了研究的對象，並且思考了自己的個人因素及其與被研究者之間的關係對研究的影響以後，便面臨著如何進入研究現場的問題了。所謂「進入研究現場」至少可以指兩種不同的行動：(1)研究者與被研究者取得聯繫，徵求對方是否願意參加研究；(2)研究者個人置身於研究現場，在與當地人一起共同生活和勞動的同時與對方協商從事研究的可能性。研究者可以在這兩種方式中選擇一種，選擇的標準取決於具體研究項目的要求以及研究實地的可能性。比如，如果我們的研究是對十名優秀工人進行個別訪談，那麼我們「進入現場」的方式可以採用前者，直接與被訪者個人進行聯繫；而如果我們打算對一個村子裡的勞動生產情況進行長期的實地調查，則應該採取第二種進入現場的方式。

　　研究者進入現場主要包括如下幾個方面的工作：進入前的準備工作、確定和接觸「守門員」、選擇進入現場的方式、瞭解被研究者內部的權力結構、選擇合適的交流方式、正確處理進入失敗的情況等。在實際操作中，這些部分通常是相互交叉、循環反覆或同時進行的。本章將這些部分分開來討論，主要是為了理解上的方便。

　　進入研究現場不是一個一次性的工作，也不是一件一勞永逸的事情，需

要研究者堅持不懈地努力。因為種種無法預料的原因，研究開始時建立起來的良好關係可能在研究的過程中變質，需要進行不斷地修補或重建。研究關係就像是一棵樹，需要研究者精心培育，不斷澆水施肥，才會枝繁葉茂、開花結果。本章將研究者進入現場的活動寫成似乎是一個線性的過程，也只是為了敘述上的方便。

第一節 進入現場前的準備工作

　　不論採取什麼具體的方式，研究者在與被研究者接觸之前應該儘可能做一些準備工作。首先，研究者應該設法瞭解當地的權力結構、人員關係以及人們一般認可的行為規範。如果研究者認識當地的人或者他們的朋友和家人，可以事先與這些人取得聯繫，儘量充分地瞭解當地的情況，聽取他們對進入研究現場的建議。如果研究者與當地人不認識，可以事先瞭解一下當地人中有沒有態度比較開明、願意幫助別人的人。如果有這樣的人，研究者可以親自上門拜訪，看對方有什麼高見。雖然研究者個人的經驗和判斷力在進入研究現場時通常起主要作用，但是「局內人」的視角和經驗對於研究者瞭解當地的情況有著至關重要的意義。「局內人」可以向研究者提供一些「文化主位」的觀點和信息，而且還可以為研究者在本地從事研究提出一些有用的建議。

　　如果所研究的問題對當地人來說是一個敏感話題，研究者預料當地人不一定會熱情地接待自己，那麼研究者可以考慮事先到研究實地去進行一個初步的調查，看在那裡從事此類研究是否可能。此外，研究者也可以在這個地方先做一項不太敏感的研究項目，藉此瞭解當地人對外來研究者的基本態度，然後決定自己是否應該從事先前已經計畫好的研究項目。如果研究者針對一項研究設計了幾種不同的方案，也可以先到實地作一個預研究，瞭解哪種方式比較合適。研究者還可以與其他曾經在這個地方作過研究的人員聯繫，瞭

解他們的經驗和教訓。

　　為了增加自己身分的「可信度」，研究者可以在研究開始之前請自己單位的領導寫一封介紹信，或者請被研究單位的上級領導寫一封批文。但是，這麼做的時候必須十分小心。單位領導或上級的文件可能會給被研究者造成心理上的壓力，使他們強迫自己參加研究。此外，官方的文件還可能使被研究者認為研究者有一定的「來頭」，與上級機關串通一氣來對他們進行「監督檢查」，因此而不願意與研究者合作。

　　有時候，即使研究者獲得了被研究者單位的同意，但是出於保密原因該單位不願暴露被研究者的姓名，拒絕研究者直接與他們聯繫。在這種情況下，研究者可以寫一封「盲信」，通過被研究者的單位與他們取得聯繫。比如,在我對中國留學生的研究中，接受他們入學的大多數美方學校都不願意提供他們的姓名，因此我寫了一封自我介紹的信（其中包括對研究項目的介紹、許諾保密原則等），通過這些學校寄給他們。在這麼做的時候，我不知道這些中國學生的姓名，但是他們可以通過學校轉來的這封「盲信」瞭解我和我的項目，然後自己決定是否答覆我的請求。

　　如果研究者擔心自己在向當地人介紹研究項目時說不清楚，可以在進入現場之前先練習一下。研究者可以找一些自己的同行或朋友當聽眾，試著向他們說明自己的研究和意圖。這些聽眾可以扮演當地人的角色，問一些他們認為當地人可能會問的問題。在角色扮演之後，大家可以坐下來進行討論，看研究者哪些方面做得比較好，哪些方面應當進一步改進。

　　在進入現場之前，研究者還應該學習一些與被研究者建立良好關係的「訣竅」，如謹慎、誠實、不作預設、當一個反思的聽眾、願意表露自己等（*Bogdewic, 1992: 52-53*）。馬克斯威爾（*1994*）提出了協商研究關係中的「4C」原則：(1)關 係（connections）；(2)交 流（communication）；(3)禮 貌（courtesy）；(4)合作（cooperation）。「關係」與我上面討論的通過自己的朋友或同事尋找被研究者的途徑類似，即通過一定的人際關係與被研究者建立信任和友好的關係；「交流」指的是研究者應該心胸坦蕩，願意與被研究者交流

自己的意見和感受；「禮貌」指的是研究者應該尊重被研究者的風俗習慣，對他們彬彬有禮，注意傾聽他們的心聲；「合作」指的是在被研究者需要幫助的時候研究者應該主動為他們排憂解難，使研究成為一種相互受益的行為。我認為以上這些原則都非常重要，但是最最重要的是獲得被研究者的信任。如果被研究者對研究者產生了信任，其他一切問題便都可以迎刃而解了。而要獲得被研究者的信任，研究者自己必須做到坦率、真誠、信任對方。

很多來自實地的報導表明，研究者進入研究現場通常靠的不是理論，而是研究者本人的機敏，特別是研究者本人處理人際關係的策略、即興的創造力以及應付突發事件的靈活性。其實，每個人（包括研究者與被研究者）在日常生活中都經常使用這些策略，只是有的人比較在行，有的人不太注意罷了。因此，研究者需要在日常生活中注意操練自己，提高自己的敏感性和想像力。

第二節 確定並接觸「守門員」

研究者在進入現場時需要瞭解很多方面的情況，其中重要的一環是「守門員」。「守門員」指的是那些在被研究者群體內對被抽樣的人具有權威的人，他們可以決定這些人是否參加研究。

一、「守門員」的類型

「守門員」一般可以分成兩種類型，一類是「合法的守門員」；另一類是「不合法的、自己任命的守門員」（*Seidman, 1992: 34*）。如果研究涉及到中小學學生，他們的家長以及學校的領導和老師就屬於「合法的守門員」之列，因為他們具有社會所認可的、決定孩子是否參與研究的身分和權力。對這類「守門員」，研究者應該表示尊敬，慎重地徵求他們的意見，努力獲得

他們的許可。

　　但是，在有的文化群體裡存在著一些自己任命的「不合法的」守門員，他們認為自己應該知道群體內發生的一切事情，應該對其他成員的行為有所控制。這種人沒有正式的權威地位，而且群體內其他成員對他們並不尊重。在這種情況下，研究者最好對他們敬而遠之，避免與他們接觸。如果研究者認可他們的權威，群體中其他成員可能會感到不快，因此而拒絕參加研究。

　　在「合法的守門員」中還存在著「正式的」和「不正式的」兩種類型。前者指的是那些對被研究者來說具有正式權威頭銜或職位的人，如中小學生的家長。後者指的是那些沒有正式官銜的人，但是他們在被研究者群體內享有一定的聲譽，受到其他成員的廣泛尊敬（如某個村子裡的前任村長）。通常，如果這些人加入到了被研究者的行列，其他的人便覺得比較放心，也願意加入進來。而如果這些人沒有參與研究，其他的人則可能覺得該研究可能有某種蹊蹺，不願意自己冒險一試。因此，在這種情況下，研究者應該首先爭取這些人的參與。

二、誰是「守門員」

　　研究者在開始研究之前必須決定誰是「守門員」，而每一項研究因其具體情況不同其「守門員」的類型也有所不同。在確定「守門員」的時候，我們首先應該瞭解被研究者所處環境中的權力結構及其與我們的關係。進入現場不僅僅是一個方法技巧的問題，而且也是一個權力協調的問題。如果我們瞭解了包括我們自己在內的權力運行機制，進入現場的過程對我們來說就是一個獲知的過程（朱蘇力，1998）。獲知不僅僅需要一定的方法，而且還涉及到有關人員所擁有的權力和「文化資本」（Bourdieu, 1977）。通過對權力運作機制的瞭解，我們不僅可以將研究的現象放到一個更大的政治、經濟和社會的背景中加以考量，而且可以根據當地的實際情況確定合適的「守門員」。

　　一般來說，如果研究要對某一個社會機構進行深入的個案調查，那麼我

們就必須獲得所在機構領導的批准（*Lincoln & Guba, 1985*）。如果我們只是獲得了該機構中被研究者本人的同意，而沒有徵求領導的意見，我們的研究就有可能受挫。假設我們計畫向一所中學裡的部分教師進行訪談和觀察，瞭解他們的教學情況。如果我們只獲得了這些教師本人的同意，而沒有與他們的校長商量，那麼校長一旦知道了，而他／她正巧對這種研究問題比較反感，或者對自己的權威沒有得到尊重而感到不滿，便很可能出來阻撓研究的正常進行。

雖然在大多數情況下我們必須考慮到權力高位者的意見，但有時候如果我們先接觸被研究者的上級，獲得了他們的批准以後才接觸被研究者，後者也可能感覺不快。他們可能會感到自己不受尊重，因此而產生抵觸情緒。我個人就曾經作為一名「被試」「被迫」參與了一項這樣的研究，因此而感到十分「窩火」。這是一項由國家教育部支持的調查回國留學生情況的研究。為了保證所有被抽樣的教師都參與調查，研究者通過教育部向教師所在學校的人事處頒發了一份「紅頭文件」，各學校的人事處則通過教師所在的系、所通知教師本人在指定的時間到指定的地點去接受訪談。我記得當時自己接到通知時，以為是學校人事處佈置的一項不得不做的工作，來到訪談現場以後才瞭解到事情的真實情況。像其他一些被訪的教師一樣，我當時感到非常氣憤，認為這種做法不但沒有考慮我們這些教師是否有時間參加，而且嚴重違反了社會科學研究的道德規範，沒有給被研究者選擇的自由。

在上述情況下，被研究者還可能懷疑研究者與他們的上級有某種「默契」，企圖通過研究來對他們的工作進行「檢查」或「評估」。這種情況在研究受到財團或政府機構支持的時候尤為突出。如果研究還涉及到一些敏感性話題，或者被研究者的觀點與上級的想法不一致，他們更有可能拒絕與研究者合作，即使口頭上同意合作，行為上也會敷衍了事。

因此，我的建議是，如果研究者不認識被研究者，最好自己直接與他們接觸，或者通過一些在權力上與他們平等的人與他們接觸。如果研究的項目不涉及對一個地方進行長期的追蹤調查，主要是對一些個人進行研究，研究

者可以直接去找這些個人，瞭解他們是否願意參加，不必獲得他們單位領導
的同意。比如，如果我們計畫對一些公司老板進行訪談，瞭解他們的經濟觀
念和管理策略，我們就可以直接與他們聯繫，到他們家去瞭解情況。如果我
們認識這些老板的同事、熟人、朋友或家人，也可以通過他們與這些老板聯
繫。這樣做可以在一定程度上避免權力上的不平等，消除被研究者對權威「守
門員」的顧慮。通常，被研究者對自己的熟人和朋友推薦的人比較信任，因
此而願意與研究者合作。

　　對上面的看法和建議，也有學者提出了不同意見（高一虹，1998: 10）。
他們認為，「守門員」就像一把雙刃劍，既可能產生不好的作用，也可能產
生好的作用。而且，在不同的文化裡，「守門員」的作用也可能不一樣。比
如說，在現在的中國，如果研究者首先接觸「守門員」，與其達成了一定的
「默契」，然後再接觸被研究者，後者可能覺得此研究「非常重要」，因此
而很好地與研究者配合，否則可能不好好配合，或者不配合。如果「守門員」
動用領導權力通知被研究者參加研究，後者可能感覺「受寵若驚」，從而竭
力提供自己認為對方需要的情況。

三、「守門員」與研究的關係

　　「守門員」由於自己的特殊位置，通常對研究者一定的考慮或顧慮（Bo-
gdan & Biklen, 1982: 125）。他們通常會有一種自我防禦心理：或希望影響我
們，以便獲得對他們自己有利的研究結果；或希望限制我們，使我們只能與
某些特定的人接觸（高敬文，1996: 63）。例如，幾乎所有的校長對自己學校
的形象十分在意，他們不願意過多地暴露自己學校工作中不好的一面，更不
希望研究者把自己的學校報導得一無是處（Hammersley & Atkinson, 1983: 65）。
因此，在研究的過程中，他們很可能想方設法阻止研究者瞭解學校的陰暗面，
或者試圖對研究者的行為進行控制或「指導」。在某些學校裡，校長可能認
為自己是教師和學生的保護者，擔心研究活動會攪亂學校的正常教學，占據

教師太多的時間，影響學生的注意力，因此不同意研究者進入學校。在這種情況下，如果在一所學校被抽樣的人數比較少，研究者可以權且將這些人當成沒有組織關係的人，與他們個人直接接觸。研究者這樣做有時候可能反而會使校長如釋重負，不必自己承擔過多的責任。

通常，「守門員」和當地的被研究者對研究者都抱有一定的期待。他們認為研究者是某一領域裡的「專家」，應該有能力對他們的工作進行指導。在這種情況下，研究者可能被當成一個「權威」，不得不做一些他們也許沒有能力做的事情，比如為企業的改革出謀劃策。如果研究者有能力這麼做，企業的領導會非常高興，認為他們除了進行「純研究」以外，還對本單位的管理工作有一些使用價值。但是，如果研究者因此而變成了「行動者」，他們的身分可能會與自己希望著意表現的既「無知」又「無能」的「學習者」形象不相吻合（Smigel, 1958）。他們不得不勉為其難，努力扮演一個「專家」的角色，因此而失去了很多向當地人「學習」的機會。另外，作為一名「專家」，研究者的存在也可能使「守門員」感到焦慮不安。他們不知道研究者如何評價自己的工作，甚至可能認為研究者在對自己的工作評頭論足。因此，他們可能故意製造一些障礙，不讓研究者看到自己工作中不足的一面。

研究者的出現有時候還會給「守門員」和當地的人們帶來疑慮和恐慌，特別是當他們的一些行為與本地人的規範不相符時。比如，美國人類學家巴萊特（R. Barrett, 1974）在一個西班牙村子裡作實地調查時，他對當地人的言行做筆錄的行為便給他們帶來了極大的不安。他們不知道他這個舉動是什麼意思，也不知道他都寫了些什麼東西。由於他這種奇怪的舉動，當地人對他的身分產生了各種各樣的猜測：共產黨間諜？美國中央情報局的情報人員？新教牧師？政府派來的收稅官？

第三節　進入現場的方式

　　進入研究現場可以有很多不同的方式，比如在實地自然地進入、直接說明意圖地進入、隱蔽地進入等。理想的狀態是自然地、直接向被研究者說明意圖地進入，但是在有的情況下這樣做卻比較困難。

一、隱蔽地進入

　　在有的情況下，研究者預料自己的研究肯定會受到「守門員」的拒絕，因此他們只能採取隱蔽進入的方式。比如，如果一位男性研究者計畫對上海市的販毒集團進行研究，他不可能得到集團頭目的同意。因此，他只能把自己裝扮成一名吸毒分子或毒販子，在毒品活動頻繁的地方接近集團內部的人員來瞭解情況。

　　隱蔽式研究使研究者避免了協商進入研究現場的困難，而且研究者有較多的個人自由，可以隨時進出現場。但是，這種隱蔽的方式也有其弊端。由於研究者成了一個「完全的參與者」，他／她不可能像在公開型研究中那樣廣泛地接觸被研究者，只能在自己的角色範圍以內與人交往。假設一名研究人員在一個學校裡找到了一份教書的工作，利用自己的教師身分平時進行隱蔽式研究。她／他也許可以通過與其他教師和學生交談的方式瞭解學校裡的一些情況以及這些人的想法，但是她／他不可能像一位公開的研究人員那樣就一些敏感性話題（如學生的體罰問題、學校的財政收入問題）正式與校長或其他管理人員進行訪談。此外，撒謊總不是一件令人愉快的事情。研究者可能時刻受到自己良心的譴責，而且擔心無意中暴露自己的真實身分。如果真相不慎敗露，不僅會使研究者處於十分尷尬的境地，而且會使被研究者感到受到了侮辱。已經建立起來的良好關係可能會毀之一旦，研究可能不得不

因此而終止。

二、逐步暴露式

在進入現場時，研究者如果預感到「守門員」有可能對自己的研究有顧慮，也可以採取逐步暴露的辦法。在研究開始的時候，研究者可以簡單地向被研究者介紹一下自己的研究計畫，然後隨著被研究者對自己信任程度的增加而逐步展開。其實，大部分被研究者並不需要瞭解研究的全部內容和過程，他們最關心的是：「研究者是什麼人？他／她到底要幹什麼？我能夠從這個研究中得到什麼？」因此，我們只要對上面這幾個問題作出解釋就行了，不必詳細介紹研究的具體程序和細節。

另外，在質的研究中，研究的問題和方法都會隨著研究的進行而不斷變化，研究者事先設定的步驟不一定會如期實現。一開始就向被研究者和盤端出一個複雜的研究計畫不但沒有必要，而且可能不符合今後真正會發生的「客觀實際」。被研究者可能會對這個「堂而皇之」的計畫感到不知所措，不知道自己是否可以很好地與研究者合作，因此而拒絕參加研究。因此，在向被研究者介紹自己的研究時，研究者可以保持一種低調的姿態。隨著研究者與被研究者之間關係的深入，後者對前者的信任程度會逐步提高，到那時原來看上去複雜、困難的研究計畫也許會變得不複雜、不困難了。

在有的情況下，如果我們知道在被研究的群體中有一部分人肯定會拒絕參加研究，而其他的人則沒異議，那麼我們可以對後者坦誠相告，而對前者則暫時保守秘密。隨著研究的進行，那些知道底細的人會逐步地把研究的情況告訴其他不知道的人。如果他們之間相互信任，而我們與所有的人又都已經建立起了良好的關係，那些事先沒有被告知真相的人到這個時候多半會接受既成事實。不過，這麼做有一定的冒險性。如果那些不知實情的人十分在意這件事情，而我們尚沒有與他們建立起良好的關係，那麼他們可能奮起反抗，設法讓研究半路擱淺。因此，如果可能的話，我們最好使用通俗易懂的

語言事先與所有被研究者一起以粗線條的方式討論一下研究的計畫。

　　有時候，研究者如果在研究開始之前採取自然接觸被研究者的方式，然後再逐步暴露自己，效果也許比一開始就直接協商更好一些。在研究開始的時候，研究者可以在被研究的地點「閒逛」一陣，參與當地人的一些活動，與他們隨便交談。然後，隨著當地人對研究者的瞭解逐步加深，他們會對對方的出現比較習慣，對他／她的信任感也會不斷增強。美國人類學家利波（*E. Liebow, 1967*）在華盛頓地區對低收入家庭的育兒方式進行調查時採取的就是這種進入方式。他第一天到達指定的街區時，正好碰到一位婦女在和警察吵架。他在旁邊看了一會兒，便與身邊的幾位旁觀者搭訕了起來。結果其中的一位小伙子特別健談，和他一聊就是幾個小時。第二天，他來到同樣的地方，又碰到了幾位中年「酒鬼」，於是便又和他們閒聊了起來。就這樣，他很快和當地的人熟悉了起來，他們中的一個人成了他的「親信」，在研究中為他提供了很多有用的關係和寶貴的資訊。

三、制約進入方式的因素

　　研究者進入現場的方式取決於很多有關的因素，如研究所在地的性質是屬於「封閉型」還是「公共型」。如果研究涉及到某些個人和社會機構，那麼這些地域便具有「封閉」的性質，研究者必須事先取得被研究者和（或）他們的「守門員」的同意。而如果研究是在一些「公共」場合進行，研究者則不必（有時候也不可能）獲得被研究者的批准。比如，如果一位女研究人員到一所幼稚園對孩子的學前教育進行調查，她必須獲得幼稚園領導、老師以及孩子家長的同意。而如果她到一條大街上觀察每分鐘車輛的流量，她就不必事先通知本市的交通大隊或車輛管理局。

　　在上面的兩個例子裡，研究者與被研究現象之間的關係似乎比較清楚，研究者比較容易決定是否應該向有關人員獲取批准。然而，在很多情況下，研究者可能很難對「封閉型」和「公共型」之間的區別做出定論。在大街和

幼稚園之間進行區分比較容易，而對一個商店或食堂進行歸類就比較困難了。
比如，如果一名男性研究人員希望到一個商店瞭解產品的包裝質量，他是否
應該事先徵得商店經理和服務員的同意呢？如果他計畫到一個食堂裡觀察就
餐人員的互動關係，他是否要獲得食堂管理人員（甚至他們的上級機關）的
批准呢？我們可能很容易就回答說：「沒有必要」，因為這位研究人員並不
會影響商店的正常營業，也不會妨礙食堂裡的人們就餐。但是，假設這位研
究人員在商店裡一轉就是幾個小時，拿起一件商品琢磨半天，那麼他會不會
引起服務員的注意，以為他是想偷東西呢？又比如，如果他在食堂裡架起了
一台錄影機，對食堂裡就餐的人們進行近距離的聚焦觀察，那些就餐的人們
會不會感到十分惱火呢？因此，「公共」和「封閉」這一對概念的定義不僅
僅取決於地點本身的性質（如大街沒有明顯的所屬管理機構，而幼稚園則有
比較明顯的管轄邊界），而且在於研究者個人的行為。在上面食堂的例子中，
由於研究者架起了錄影機，食堂這一本來被認為是「公開」的場所變成了一
個「封閉」的場所，研究者需要獲得有關人員的同意才能進行研究。

上面的例子同時說明，即使是在一個「公開型」場合，研究者的個人行
為也會受到一定的制約，其異常行為也會影響到自己的「公開進入」（藍永
蔚，1999: 17）。比如，在上面商店的例子中，研究者之所以引起了服務員的
注意，不是因為他身在商店，而是因為他的行為與眾不同。如果他只是像一
般的顧客一樣，對架子上的商品端詳片刻便往前移動，他便不會受到服務員
的懷疑了。

第四節 接觸研究對象的策略

在具體與研究對象接觸時，我們可以採取很多不同的策略。每一個研究
實地和每一個被研究者都有自己的特性，我們需要根據實際情況選擇合適的
接觸方式。在與被研究者個人進行接觸時，我們需要考慮至少兩個方面的問

題：(1)研究者與被研究者交流的方式；(2)研究者處理進入失敗的態度和策略。

一、選擇交流方式

　　進入研究現場時，研究者向被研究者交流有關資訊的方式對自己進入現場會產生非常重要的影響。一般來說，在首次與被研究者聯繫時，研究者應該向對方作自我介紹，告訴對方自己的個人背景、研究的內容和目的、自己對對方的期待、研究結果的去向等。與此同時，研究者還要向對方許諾志願原則和保密原則，明確告訴對方可以選擇不參加研究，自己會為對方提供的所有資訊保密。此外，雙方還應該就研究的大致內容、時間（包括具體的時刻和長度）、地點等方面達成共識。原則上說，研究應該在被研究者認為合適的時間和地點進行，而且應該以不影響他們的正常工作和生活為基本前提。

　　格拉斯納和派司金（1992: 32）建議，在向被研究者作介紹時，研究者可以提供如下十二個方面的資訊：(1)研究者的個人身分；(2)研究的內容；(3)研究的目的；(4)處理研究結果的方式；(5)選擇研究地點和參與者的方式；(6)參與者參加此項研究的風險和好處；(7)對參與者和研究地點保密，使用匿名；(8)研究者希望進行觀察或訪談的頻率；(9)當日從事研究的時限；(10)請求對觀察和語言進行記錄、錄音或錄影；(11)聲明研究者不是來評論或評估對方，而是來理解對方的；(12)聲明被研究者是專家和老師；他們對研究者提出的問題所作的回答無所謂對錯。

　　有時候，在介紹了上述問題以後，被研究者可能還會問一些另外的問題，如：「我可以看你搜集的材料嗎？我會得到一份最後的研究報告嗎？」在這種情況下，研究者應該如實地告訴對方自己能夠做的事情，並且向對方解釋為什麼自己只能做到這一步。向對方做超出自己能力的許諾不但是不明智的，而且也是不道德的。許諾如果到時候不能兌現，不僅會使被研究者感到失望，而且會使他們對研究者失去已經建立起來的信任。

　　有的被研究者可能希望知道自己能夠從研究中得到什麼，當被問及這類問題時，我們應該坦率、如實地回答對方。首先，我們應該向對方表示感謝，為對方願意花費時間和精力幫自己的忙而深表謝意。然後，我們可以根據研究的具體情況告訴對方本研究有可能為對方帶來的「實用」價值。比如，如果研究結果得以發表，或者有機會向上級匯報，被研究者所關心的問題也許會得到公眾和有關部門的注意，有關領導也許會出面來解決問題。如果雙方關係不錯，研究者還可以向對方指出，也許研究可以使他們感到自己受到了尊重，有機會把自己壓抑的情緒釋放出來；向一位關心自己命運、願意耐心傾聽的人傾訴心曲，這本身也可以算是一種「收穫」；同時，有機會和研究者一起對研究的問題進行深入探討，被研究者也許可以對這個問題獲得更加深刻的瞭解和認識。但是，在很多情況下，我們也許不得不告訴對方，本研究對任何個人都沒有太大的「實用」價值，只是為人類瞭解自身增添一些知識而已。

　　研究者向被研究者介紹自己的研究的一般原則是：提供足夠的資訊，避免對方產生不必要的猜忌或好奇；但要注意適可而止，過多或過少都不合適。當然，所謂的「足夠」或「合適」並沒有一個明確的量化標準，只能視研究的問題、情境、被研究者的身分等具體情況而定。比如，如果一位研究人員到一所中學去瞭解學校的教學改革，學校的教務長很可能比一般的教師和學生希望對研究的內容有更多的瞭解；而一個接受訪談的教師比一個受到觀察的教師更有機會直接向研究者詢問研究的詳情。在通常情況下，研究者可以將心比心，設想如果自己處於對方的位置，需要瞭解什麼情況以後才能決定是否參加研究。如果研究者提供的資訊過少，被研究者可能心存疑慮，不知道如何判斷對方的誠意和意圖；而如果研究者提供的資訊過多（特別是過於專業），對方可能感到不知所措，不知道自己是否能夠與對方合作，而且可能懷疑對方有意說服自己參加研究。如果被研究者對研究的計畫有異議，研究者應該根據對方的意見對研究設計進行修改。進入現場是一件有得有失的事情，研究者應該在不違背自己的價值標準和研究的實際需要的前提下，根

據被研究者的要求作一些必要的妥協。

二、處理進入失敗

　　有時候，出於某種原因，被研究者可能拒絕研究者的請求，不願意參加研究。拒絕本身對研究者來說是一個重要的信息，研究者應該根據當時的情況反省自己在哪些方面做得不對。比如，美國人類學家懷丁（N. Whitten, 1970）在加拿大挪瓦斯格夏省對黑人的生活進行研究時，當地人告訴他應該首先與當地黑人居住區的議員通電話，徵求他的同意。在和議員談話時，懷丁聲稱自己是美國的一名教授，對那些在主流文化之外的「黑鬼們」的生活特別感興趣。結果，他遭到了議員十分有禮貌但非常堅決的拒絕。議員告訴他本地的「有色人種」已經過多地受到外來研究者的騷擾和傷害，他們已經對被當成「不同」的人而感到厭煩了。過後，懷丁通過進一步調查才意識到，他之所以遭到議員的拒絕主要有兩個原因。首先，當一些本地人建議他與議員通話時，他們只是表示一下自己對地方官員的尊重，並沒有指望他真的這麼做。按照當地人的慣例，他應該首先與一位認識議員的人建立良好的關係，然後通過這個人與議員面談。這個中間人非常重要，因為他應該對研究者所犯的所有錯誤負責。而如果研究者直接與議員通話的話，則可以免去人們可能擔當人間人的負擔，因此他們提出了這麼一個建議。既然當地人都知道這麼做是絕對不明智的，所以他們向懷丁提出這個建議時並沒有指望他真的會這麼做。其次，外人是不能用「黑鬼」這個詞來指當地的有色人類的。這個詞只能在當地人的社區內部使用，外人使用這個詞語被認為是大不敬的行為。

　　在上面這個例子裡，研究者遭到拒絕在很大程度上是因為自己的行為不符合當地人的規範。但是，有時候研究者受到拒絕卻可能與自己的行為毫無關係。比如，當派司金和一名助手一起對美國某學校的種族問題進行調查時，一位女教師拒絕接受派司金到她的教室裡進行觀察（Glesne & Peshkin, 1992: 35）。而對他的助手季米，她卻沒有表示異議，因為季米比派司金年輕，而

且剛剛從研究生院畢業。這位女教師覺得季米不會對她的教學構成威脅，因此和他在一起時感到很自在。而如果派司金到她班上來作觀察，她會感到十分緊張，因為他是一位「重要人物」。因此，當遭到拒絕時，研究者除了檢查自己的行為以外，還可以考慮一下自己的個人身分（如性別、年齡、社會地位、種族等）對自己進入現場有什麼影響。

不管因為什麼原因而遭到了拒絕，我們都可以設法換一個方式與被研究者進行協商。當然，被研究者不一定直接說明原因，我們需要自己多動腦筋，注意觀察被研究者拒絕時所說的話以及他們的神情舉止。通過對這些線索進行分析，我們有可能瞭解對方拒絕我們的「真實」原因，然後選擇其他的方式與他們協商。正如我的一位學生所認為的，如果我們第一次遭到了拒絕，應該繼續努力，「精誠所致，金石為開；如若不開，下次再來」。另外一位學生則採取了比較迂迴的方式，在遭到對方口頭上的拒絕以後，又主動給對方寫信，再一次向他發出熱情的邀請。

當然，在一些情況下，被研究者的拒絕就是「拒絕」。雖然他們可能不好意思明確向我們說明，但是他們都有自己的理由：他們可能工作太忙，生活太緊張，沒有時間參與研究；他們可能對研究的題目不感興趣，覺得沒有什麼可說的；他們可能對研究者印象不好，不想與其繼續來往；他們可能對「研究」這種形式本身就有反感，覺得這種「研究」沒有用，研究者是「吃飽了飯沒事幹」；他們可能自己心情不好，不想和人交談，等等，原因不一而足。正如接受的理由可以有很多種一樣，拒絕的理由也可以千奇百怪。

面對這種情況，我們應該怎麼辦呢？我認為，除了應該反省在協商研究關係時自己的行為以外，我們還應該認真分析被研究者的具體情況，瞭解他們提供的這些理由是否「真實」。而不管被研究者的理由是否「真實」，我們都應該分析對方的拒絕對我們自己的研究意味著什麼。例如，如果被研究者拒絕參加是因為他／她認為這種研究「沒有用」，那麼我們是否應該調整研究的方向或重點呢？在質的研究中，所有的東西都是資料，進入研究現場本身就是一個搜集資料的過程。我們在進入現場時使用的策略、遇到的障礙

以及克服阻力的方式——這本身就是研究的一個重要組成部分（*Hammersley & Atkinson,1989: 54*）。協商研究關係中發生的很多事情不僅可以幫助我們瞭解當地的社會結構、權力網絡和人際關係，而且可以幫助我們修改自己的研究問題和研究方法。

　　上面的討論可以看出，在質的研究中，研究者進入研究現場的方式對研究關係以及研究的質量都有十分重要的影響。確定並接觸「守門員」、選擇進入現場的公開程度、瞭解被研究者內部的權力結構及其與研究者的關係、採納合適的交流的方式、正確處理進入失敗的情況——這都是我們在研究開始時不得不考慮的問題。我們只有對這些問題有清醒的意識，才可能知道這些問題對自己的研究有什麼影響，也才能最終對研究結果的質量進行有根據的評價。

第三部分

質的研究

的資料搜集

在質的研究中，搜集資料的方法可以有很多種。這是因為在質的研究中任何東西只要可以為研究的目的服務都可以成為「資料」，因此幾乎任何方法都可以成為質的研究中搜集資料的方法。在搜集資料的時候最重要的問題是：「如何從被研究者那裡獲得能夠表現他們的所思所想、所作所為的資料？如何從他們的角度理解他們的行為和意義建構？」

本部分主要介紹質的研究中最主要的三種搜集資料的方法：訪談、觀察、實物分析。訪談主要回答的問題是：「我如何瞭解被研究者的所思所想？」這個問題在重視意義解釋的質的研究中非常重要，因此本書使用了五章的篇幅（第十章到第十四章）討論這個問題。觀察主要回答的問題是：「我如何瞭解被研究者的所作所為？」第十五章和第十六章主要對觀察的作用和具體實施手段進行了介紹。實物分析主要回答的問題是：「我如何解釋自己所看到的物品的意義？」第十七章探討的是對實物具體進行分析的方法。

首先，第十章討論了訪談的定義、作用、類型、訪談前的準備工作、有關的注意事項以及訪談的具體操作程序等。接下來的三章（第十一章到第十三章）重點討論訪談的具體實施，其中包括訪談中的提問、傾聽和回應技術。第十一章探討的是訪談者提問的基本原則、所提問題的類型、追問的重要性以及訪談問題之間的銜接和過渡。第十二章對訪談者傾聽的方式以及應該注意的基本原則進行了探討，如強調開放地、積極關注地、有感情地傾聽對方，不要隨便打斷對方的談話等。第十三章主要討論訪談者的回應方式和回應的時機，要求訪談者按照受訪者的思路作出回應。第十四章介紹的是一種特殊的訪談形式——焦點團體訪談，討論了這種訪談的作用（如集體建構知識、觀察群體成員之間的互動等）以及具體實施這種訪談的步驟。

本部分的第十五章和第十六章對觀察的方法進行了探討。第十五章主要從比較宏觀的層面討論了觀察的作用、觀察的分類以及不同流派對觀察的理解。第十六章則在比較具體的層面對觀察前的準備工作、觀察的實施步驟、觀察中的記錄方式以及觀察者對自己的反思進行了討論和分析。

第十七章探討的是實物分析的理論基礎、分類方式以及具體實施步驟。由於實物分析大多與其他手段結合使用，本章還對實物分析本身的作用及其與其他手段結合的途徑進行了探討。

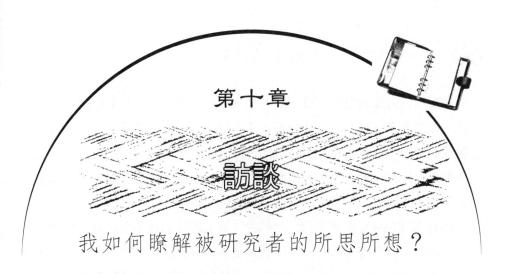

第十章

訪談

我如何瞭解被研究者的所思所想？

　　本章著重探討質的研究中最重要的一種搜集資料的方式——「訪談」，討論的內容包括「訪談」的定義、作用、類型、訪談前的準備工作、記錄的方式、訪談中的非言語行為、訪談收尾的方式等。接下來的四章（第十一章到第十四章）將重點討論訪談的具體實施，如訪談中的提問、傾聽、回應技術以及一種集體訪談的方式——焦點團體訪談。

第一節　什麼是「訪談」

　　顧名思義，「訪談」就是研究者「尋訪」、「訪問」被研究者並且與其進行「交談」和「詢問」的一種活動。「訪談」是一種研究性交談，是研究者通過口頭談話的方式從被研究者那裡搜集（或者說「建構」）第一手資料的一種研究方法。由於社會科學研究涉及到人的理念、意義建構和語言表達，因此「訪談」便成為社會科學研究中一個十分有用的研究方法。

一、訪談與日常談話的區別

訪談與日常談話很不一樣，前者是一種有特定目的和一定規則的研究性交談，而後者是一種目的性比較弱（或者說目的主要是情感交流）、形式比較鬆散的談話方式。兩種交談方式都有自己的交流規則，交談雙方一旦進入交談關係，便會自動產生一種默契，不言而喻地遵守這些規則。一般來說，訪談與日常談話有如下主要區別（*Spradley, 1979: 57-68*）。

(1)日常談話通常沒有明顯的目的性，或者說目的性不像訪談那麼強。在日常談話中，雖然雙方都有一些事情想談，但不會直接對對方說：「讓我們來談一談某某事吧。」而訪談卻有十分明確的目的性，交談雙方對這個目的都十分清楚，而且在訪談開始之前和之中對此都開誠佈公、直言不諱。

(2)日常談話通常以友好的招呼開始，經常還伴有身體上的接觸，如握手、拍肩、擁抱等。交談雙方打招呼以及身體接觸的方式表示的往往是雙方關係的親密程度，比如，擁抱比握手要更加親密一些。訪談一般也以友好的招呼開始，雙方也會握手，但不會有超出握手的身體接觸。招呼過後，雙方便會就預定的計畫開始訪談。

(3)在日常談話中，雙方通常有意避免重複，以免使對方感到自己沒有聽清楚對方所說的話，或者使對方感到自己意思表達得不夠清楚。比如，很少有人在日常談話時會說：「請你就剛才談到的那一點多說一說好嗎？」可是，在訪談中訪談者卻經常要求對方做這樣的重複，以便瞭解事情的來龍去脈和具體細節。

(4)在日常談話中，交談雙方可以相互問對方問題，問題的內容多半與個人的生活和工作有關。一方在詢問了對方一個問題（如「你最近好嗎？」）以後，通常會設法為對方提供問這一同樣問題的機會。比如，發話者在聽完對方的回答「我很好」以後，通常會停頓一下，等候對方問自己同樣的問題：「你呢？」而在訪談中，通常是訪談者向對方發問。雙方達成的默契通常是：

訪談主要是為了滿足訪談者的要求，受訪者必須向訪談者提供「有用」的資訊。

(5)日常談話中，交談雙方往往頻繁地向對方表示自己希望繼續交談下去的興趣，如，「是嗎？」「真棒！」「真有意思！」同時還伴有許多表示興趣的形體動作，如微笑、點頭、揮舞手臂等。而訪談只要求訪談者向對方表示興趣和熱情，受訪者不需要（通常也不會）這麼做。

(6)在日常談話中，為了使對方感到自己所說的話很有意思，雙方會經常使用一些表示自己無知的話語，以襯托出對方話語的重要性，比如「我從來沒有去過那個地方」，「你說的話對我很有啟發」等。在訪談中，這種表示無知的話語比日常交談時使用得更加頻繁，但是主要是訪談者這麼做，目的是鼓勵受訪者盡可能多地說出自己的經歷和看法。受訪者一般不會這麼做。

(7)在日常交談中，雙方的言語輪換是平等的，雙方以幾乎同樣的頻率問對方問題，一方問（或回答）了一個問題以後，往往等待對方問（或回答）下一個問題。而在訪談中，輪換規則是不平等的，通常訪談者提問題的時候比較多，而且主要是由訪談者挑起新的話題。

(8)日常交談時，雙方使用大量的簡略語和參照物，彼此都認為對方對一些事情已經有所瞭解，不必詳細介紹細節，對方自己會在腦子裡對這些細節加以補充。而在訪談時，訪談者通常要求對方詳細說明細節，舉例說明自己的觀點，通常是越具體、越明確越好。

(9)日常交談允許比較長時間的沉默，交談雙方如果在某一時刻都覺得不必說話，可以保持沉默。他們這麼做也許是在思考如何回答對方的問題，也許打算轉換一個話題，也許希望結束談話。在訪談中，雖然訪談者被告之要容忍沉默，但通常不會長時間地保持沉默。如果受訪者沉默不語，訪談者會想盡辦法讓對方說話。

(10)在日常談話中，雙方在談話結束時一定要使用結束語。這些結束語通常表達的是說話人的一個「藉口」，作為結束談話的理由，比如「我要去趕汽車了」，「我現在馬上要去開會」。而在訪談中，結束不必有「藉口」，

訪談者只需表示時間到了，或者資訊夠了就行。當然，訪談者要向對方表示感謝，如果需要的話還要與對方商量下一次訪談的時間和地點。

從上面的討論中可以看出，訪談是一種與日常交談十分不同的談話方式，具有一定的目的和形式，交談雙方的地位和權力也是很不一樣的。這是一種「人為的」談話環境，明顯地改變了人們日常交流的結構和風格。訪談這一形式本身使研究者有權力控制雙方交談的方式，包括交談的內容、談話的風格以及資訊的類型和容量（*Bernard, 1988: 207*）。研究者可以在一定程度上忽略當地人不得不考慮的一些制約因素，如親屬關係、年齡、性別、親密程度、發話的主動權等。在這裡，人們日常談話時彼此共享的談話情境、交流規則、知識交換和互惠的目的都被弱化了（*Mishler, 1986: 1*）。因此，訪談不是一種輕鬆隨便的「聊天」，雙方的地位是不平等的。當然，如果受訪者可能而且願意的話，他們也有權利顛覆這種「不平等」的關係，對訪談者採取不合作態度，拒絕回答對方的問題，或者故意「歪曲事實」欺騙對方。但是，一般來說，只要受訪者同意接受受訪談，便不由自主地接受了這套規則，並且會主動遵守這套規則。如果他們不遵守這些規則，便會被認為十分「奇怪」，無法得到訪談者的理解。

因此，一些研究者發現，訪談這樣一種「人為的」交談形式不一定適合所有的被研究者，特別是那些接受正規教育較少的人。比如，美國人類學家C. 比瑞格斯（*C. Briggs, 1986*）在新墨西哥州通過訪談瞭解一位年長的木匠師傅的勞動技術時，對方總是無話可說。實在逼得急了，這位木匠師傅便會突然冒出一句：「誰知道呢？」後來，通過與當地人交談，比瑞格斯意識到，這位木匠師傅不說話是因為：(1)他不習慣用語言來描述自己的工作技藝；(2)當地的風俗習慣不允許一位年幼的人反覆向一位年長的人提問題，學習應該通過觀看和示範，而不是詢問和說明。後來，他採取了與對方一起幹木匠活的方式，結果從對方的行為中發現了很多實踐性知識。

基於上述類似情況，有研究者認為，訪談是一種不「真實的」談話情境，不能完全「客觀」、「真實」地反映「現實」。這種觀點隱含的一個觀點是：

「客觀真實」是存在的，訪談者的任務就是通過提問將答案問出來。但與此同時，也有一些研究者認為，訪談本身就是「現實」存在的一種形式，它是一種言語事件，反映的是一種特定的社會現實（*Briggs, 1986; Mishler, 1986*）。

二、訪談作為言語事件

「訪談作為言語事件」的說法至少具有三個方面的含義：(1)訪談是一個「真實」發生的社會事件，是人們交談的一種方式；(2)訪談作為一種話語，本身是一個有機的整體，其各個部分之間具有一定的意義聯繫；(3)訪談中雙方所說的話都是言語行為，不僅可以「以言表意」（locutionary act），而且可以「以言行事」（illocutionary act）和「以言取效」（perlocutionary act）（*Austin, 1962*）。

首先，訪談本身就是參與雙方共同建構的一個社會事件，對雙方都有一定的「現實」意義。交談雙方同意進行訪談，這本身就預設了一個特定的社會情境。雙方對自己的位置和地位都有一個基本的估計，對自己的言語和非言語行為也有一定的規定。訪談的言語風格是雙方共同構建的，訪談者提問以及受訪者回答的方式都受到彼此對訪談這一社會事件的理解。當訪談者向受訪者提出問題時，就已經在向對方進行一種攪動，為對方的意義建構提供了一個契機。而對方的回答，不論是回憶還是對現實的描述，都是一種對事實或意義的重構。通過訪談這種對話的方式，受訪者讓訪談者進入自己的生活，對訪談的內容重新進行意義上的解釋。訪談所獲得的結果不是訪談者獨自從對方那裡「搜集」來的，而是交談雙方在訪談這一特定社會情境下相互「建構」出來的。因此，在對訪談的認識上，我們應該打破「客觀主義」的虛假意識，認識到集體構建社會現實的「真實」。

其次，訪談作為一種言語事件，其本身是一個有機的整體。交談雙方的每一段對話（或提問、回答）都只是這個言語事件中的一個部分，各個部分之間都存在著相互關聯的關係。受訪者的回答不僅僅是對訪談者所提問題的

回答，而且是針對訪談的整體情境而言的。作為訪談的一個部分，受訪者的回答經常標示了（index）訪談這一整體事件中各種因素和利益之間相互衝突、相互競爭的狀態（*Peirce, 1932*）。除了訪談中原本存在的交談權力以外，雙方的社會角色、交往目的和個人興趣都有可能影響到受訪者的回答。受訪者之所以接受訪談，多半有自己個人的動機，而這些動機往往會暗中導引受訪者談話的內容和方式。

例如，我的一位學生是一所大學下屬分院的院長，當她就「新生入學後對學校教學的感受」這一課題訪談一位一年級學生時，對方向她滔滔不絕地說了兩個小時，抱怨自己最近在一位老師那裡受到的委屈。雖然，這些內容與她所希望瞭解的問題有所偏差，但是無論她如何「糾偏」，也無法把這位學生的思路拉到「正道」上來。很顯然，在這個訪談中，交談雙方的動機是很不一樣的：訪談者希望瞭解對方入學後對學校教學工作的想法；而受訪者看到對方是學校的領導，希望利用這個機會向上級領導「倒苦水」，甚至可能期待著對方採取措施為自己「申冤」。因此，在這種情況下，我們不僅應該對受訪者所說的話加以注意，而且（更加重要的是）要考慮到受訪者的個人動機以及訪談雙方的關係，特別是受訪者如何看待這個關係以及這個關係對受訪者所關心的問題是否具有實用價值。在對這樣的訪談內容進行分析時，我們需要將受訪者的談話與訪談中其他部分結合起來考慮，而不只是在語言層面對受訪者的個別言詞進行細部的分析。只有將個別和整體同時納入自己的視野，不斷地在這兩者之間聚焦和擴焦，我們才可能真正明白受訪者接受訪談的真實意圖。

再次，訪談作為言語行為，不僅可以表達意義，而且可以「以言行事」和「以言取效」。「以言行事」是指說話者使用語言來完成某種超出於語言的行為；「以言取效」是指說話者借助於語言來達到改變聽話人的思想和行為的效果。比如，假設訪談者問對方：「你中午吃飯了嗎？」對方回答「今天是星期天」，這似乎很不符合一般人的思維「邏輯」。可是，如果我們仔細詢問受訪者，可能會發現，對受訪者而言這個回答至少可以表達如下四種

言語行為（同時伴有相應的語氣、語調和表情）。(1)傳遞信息：「今天是星期天，我星期天中午不吃飯」（可能是出於宗教原因實行齋戒，也可能是出於經濟困難）。(2)責備對方：「我星期天中午不吃飯，你難道不知道嗎？」(3)感謝對方：「謝謝你問我，我星期天中午不吃飯」（此時受訪者理解對方的問話是一個「表示關心」的言語行為）。(4)謝絕對方的幫助：「你不必為我買飯，我星期天中午不吃飯」（此時受訪者理解對方的問話是一個「提供幫助」的言語行為）。因此，我們在訪談時，不能只是將對方的語言表達作字面上的理解，還要瞭解對方的文化群體對言語行為是如何定義和分類的，對方的語言表達在現在這個具體的情境下實施的是什麼言語行為，這個情境中有哪些因素（如語氣、語調、表情、動作、交談雙方的關係、談話的時間、地點、其他在場的人等）決定了我們對對方言語行為的理解。

上面的討論表明，訪談不是一個一方「客觀」地向另一方瞭解情況的過程，而是一個雙方相互作用、共同建構「事實」和「行為」的過程。在訪談進行的時候，雙方實際上是在相互探詢、相互博弈、相互協調。雙方的個人身分和相互關係都會影響到訪談的風格和進程，交談雙方實際上是在一起營造訪談的氛圍和話語情境。

三、訪談的具體功用

訪談是建立在這樣一種信念之上的，即通過語言交流，人可以表達自己的思想，不同的人之間可以達到一定的相互「理解」；通過提問和交談，人可以超越自己，接近主體之間視域的融合，建構出新的、對雙方都有意義的社會現實。歸納起來，我認為質的研究中的訪談主要有如下幾個方面的功能：

(1)瞭解受訪者的所思所想，包括他們的價值觀念、情感感受和行為規範；

(2)瞭解受訪者過去的生活經歷以及他們耳聞目睹的有關事件，並且瞭解他們對這些事件的意義解釋；

(3)對研究的對象獲得一個比較廣闊、整體性的視野，從多重角度對事件

的過程進行比較深入、細緻的描述；

(4)為研究提供指導，事先瞭解哪些問題可以進一步追問、哪些問題是敏感性問題，需要特別小心；

(5)幫助研究者與被研究者建立人際關係，使雙方的關係由彼此陌生變成相互熟悉、相互信任；

(6)使受訪者感到更加有力量，因為自己的聲音被別人聽到了，自己的故事被公開了，因此有可能影響到自身文化的解釋和構建。

與其他研究手段相比，訪談具有自己獨特而又十分重要的功能。首先，與觀察相比，訪談可以瞭解受訪者的所思所想和情緒反應、他們生活中曾經發生的事情、他們的行為所隱含的意義。觀察往往只能看到或聽到被研究者的外顯行為，很難準確地探究他們的內心世界；而訪談卻可以進入到受訪者的內心，瞭解他們的心理活動和思想觀念。

與問卷調查相比，訪談具有更大的靈活性以及對意義進行解釋的空間。問卷通常使用的是研究者自己的語言，向被研究者詢問研究者自己認為重要的問題；而訪談可以直接詢問受訪者自己對問題的看法，用自己的語言和概念表達自己的觀點。此外，在研究關係和具體情境許可的情況下，訪談者還可以與受訪者探討問卷中無法處理的一些敏感性話題（如犯罪行為、婚姻、性傾向等）。如果訪談的結構足夠開放，訪談者還可以通過讓受訪者講故事（或舉例）的方式對自己的生活細節進行比較細緻的描述。

與實物分析相比，訪談更具有靈活性、即時性和意義解釋功能。實物往往沒有自己的嘴巴，無法直接向研究者表白自己；而訪談者可以在與受訪者交談的時候詢問他們的看法，瞭解他們對自己創造的實物的意義解釋，探詢這些實物與他們生活中其他事件之間的關係。

在使用觀察、問卷或實物分析的同時使用訪談還可以起到相關檢驗研究結果的作用。在訪談中，研究者可以對受訪者在觀察中的行為表現、在問卷中所作的選擇以及他們製作的實物在意義層面上進行比較深入、細緻的詢問。如果受訪者在訪談時回答與他們在觀察中的行為不一致，訪談者可以一方面

通過追問瞭解這種不一致產生的原因，另一方面也可以再回到研究實地對對方進行觀察。通過往返不斷的、各種方法之間的相關檢驗，研究的結果有可能逐步接近一致。

第二節 訪談的類型

社會科學研究中的訪談可以分成很多類型，依分類的標準不同而有所不同。一般的分類標準有：訪談的結構、訪談的正式程度、接觸方式、受訪者的人數以及訪談的次數等。下面分別對這些分類方式進行簡單介紹。

一、按結構分類

就研究者對訪談結構的控制程度而言，訪談可以分成三種類型：封閉型、開放型、半開放型。這三種類型也分別被稱為「結構型」、「無結構型」和「半結構型」（*Bernard, 1988; Fontana & Frey, 1994*）。

在封閉型的訪談中，研究者對訪談的走向和步驟起主導作用，按照自己事先設計好了的、具有固定結構的統一問卷進行訪談。在這種訪談中，選擇訪談對象的標準和方法、所提的問題、提問的順序以及記錄方式都已經標準化了，研究者對所有的受訪者都按照同樣的程序問同樣的問題。

與此相反，開放型訪談沒有固定的訪談問題，研究者鼓勵受訪者用自己的語言發表自己的看法。這種訪談的目的是瞭解受訪者自己認為重要的問題、他們看待問題的角度、他們對意義的解釋，以及他們使用的概念及其表述方式。在開放型訪談中，訪談者只是起一個輔助的作用，儘量讓受訪者根據自己的思路自由聯想。訪談的形式不拘一格，訪談者可以根據當時的情況隨機應變。

在半開放型訪談中，研究對訪談的結構具有一定的控制作用，但同時也

允許受訪者積極參與。通常，研究者事先備有一個粗線條的訪談提綱，根據
自己的研究設計對受訪者提出問題。但是，訪談提綱主要作為一種提示，訪
談者在提問的同時鼓勵受訪者提出自己的問題，並且根據訪談的具體情況對
訪談的程序和內容進行靈活的調整。

　　一般來說，量的研究通常使用封閉型的訪談形式，以便搜集統一的數據，
對其進行統計分析。而質的研究方法在研究初期往往使用開放型訪談的形式，
瞭解被訪者關心的問題和思考問題的方式；然後，隨著研究的深入，逐步轉
向半開放型訪談，重點就前面訪談中出現的重要問題以及尚存的疑問進行追
問。由於本書是對質的研究方法進行探討，因此從現在起，除了特別說明以
外，本書中所說的「訪談」一詞一律指開放型訪談和半開放型訪談。

二、其他分類標準

　　除了按結構分類以外，訪談還可以根據正式程度、接觸方式、受訪者的
人數以及訪談的次數進行分類（*Bernard, 1988*）。首先，按照正式程度，訪談
可以分成正規型和非正規型。前者指的是研究者和被研究者雙方事先約定好
時間和地點，正式就一定的問題範圍進行交談；後者指的是研究者根據受訪
者日常生活的安排，在與對方一起參加活動的時候根據當時的情形與對方交
談。在質的研究中，這兩種訪談方式都可以使用。有時候，結合使用兩者還
可以提高研究結果的豐富性和「可靠性」，因為從這兩種不同方式中獲得的
資料相互之間可以進行補充和交叉檢驗。從正規訪談這種人為的研究環境中
獲得的結果有時候可能不如從非正規訪談這種自然環境中獲得的結果來得「貼
切」、「自然」；而從非正規訪談中獲得的結果有時可能不如從正規訪談中
獲得的結果「深入」、「細微」。

　　其次，根據訪談者與受訪者雙方接觸的方式，正規型訪談還可以進一步
分成直接訪談和間接訪談兩種類型。前者指的是研究者與被研究者一起坐下
來，進行面對面的交談；後者指的是研究者與被研究者事先約好時間，通過

電話等溝通工具對對方進行訪談。直接訪談的好處是：研究者可以看到對方的表情和動作，對對方的情緒波動、精神狀態、特別是對方的言語行為與非言語行為之間的關係可以有一個比較完整、準確的把握。電話訪談的好處是：(1)可以解決因地域距離或時間匱乏而帶來的困難；(2)如果受訪者不願意讓訪談者看到自己，或者談話的內容讓自己感到尷尬，這種訪談方式可能使受訪者感到輕鬆一些。但是，在電話訪談中，訪談者無法看到對方的面部表情和形體動作，因此很難判斷對方的「真實」態度和情緒。因此，我的建議是，如果不是萬不得已，最好不要使用間接訪談的方式。如果確實沒有其他更好的辦法，而研究者又在這之前已經與被研究者進行過多次面對面的訪談，對對方的形象、神態、語氣和動作等非言語行為都有所瞭解，也可以適當地採用電話訪談的形式。另外，如果研究者在與對方進行了多次直接接觸以後，發現自己對一些問題還不太清楚（特別是一些不太複雜的事實性問題），而此刻又沒有機會與對方見面，也可以通過電話向對方詢問。但是，如果問題非常複雜，涉及到研究中一些重大的概念性問題，訪談者最好還是想辦法與對方面談。

　　再次，根據受訪者的人數，訪談還可以進一步分成個別訪談和集體訪談兩種情況。個別訪談通常只有一名訪談者和一名受訪者，兩個人就研究的問題進行交談；而集體訪談可以由一到三名訪談者和六到十名參與者組成，訪談者主要協調談話的方向和節奏，參與者自己相互之間就有關的問題進行討論（有關這種訪談的具體實施步驟，詳見第十四章）。在個別訪談中，受訪者可以得到訪談者較多的個人關注，有較多的機會與訪談者交流，因此可能對自己的內心世界進行比較深刻的挖掘。由於只有訪談者一個人在傾聽自己的故事，受訪者可能感到比較放鬆，不像在公眾場合那樣不願暴露自己的隱私（當然，這裡的前提是，受訪者必須信任訪談者）。與個別訪談相比，集體訪談可以為參與者提供一個相互交流的機會，挑動大家對有關問題進行爭論，對「事實」和「知識」進行集體性建構。由於人們在集體環境中的表現往往與個人獨處時不太一樣，集體訪談還可以為訪談者提供一個機會，觀察

參與者在集體互動中的行為表現。在質的研究中，個別訪談和集體訪談可以結合起來使用。就像結合使用正規型訪談和非正規型訪談一樣，結合使用個別訪談和集體訪談也可以提高研究結果的豐富性和「可靠性」。從不同環境中獲得的研究結果可以相互充實、相互驗證，從多重角度對研究的現象進行透視。

　　此外，根據訪談的次數，訪談還可以分成一次性訪談和多次性訪談。一次性訪談通常內容比較簡單，主要以搜集事實性資訊為主；多次性訪談則通常用於追蹤調查，或深入探究某些問題（特別是意義類問題），可以有一定的結構設計，逐步由淺到深，由表層到深層，由事實資訊到意義解釋。在質的研究中，如果不是特殊情況，研究者都提倡進行多次訪談。第一次訪談往往是研究者與對方建立關係的好機會，通常只能瞭解受訪者一些一般的情況，很難就研究的問題進行深入的探討。此外，研究者在第一次訪談以後可能發現其中提到的一些重要概念和事件需要進一步澄清，而多次訪談可以為此提供更多的機會。美國學者塞德曼（*I. Seidman, 1991*）認為，如果要就有關問題對受訪者的經歷和看法進行比較深入的瞭解，起碼應該進行三次訪談。第一次訪談主要粗略地瞭解一下受訪者過去的經歷，訪談的形式應該絕對開放，以受訪者自己講故事的方式進行。第二次訪談主要就研究的問題詢問受訪者目前有關的情況，著重瞭解事情的有關細節。第三次訪談主要請受訪者對自己行為的意義進行反省和解釋，重點在認知和情感層面對受訪者的反應進行探索，在受訪者的行為、思想和情緒之間建立起一定的聯繫。塞德曼的模式只是很多模式中的一種，我們可以採取其他不同的方式。但是，不論進行多少次訪談，一個應該遵循的原則是：搜集的資料要盡可能達到飽和狀態。如果我們在後續訪談中得到的資料只是對以前搜集到的資料的重複，那就說明訪談的次數已經夠了。

　　雖然訪談的形式多種多樣，對訪談形式的選擇應該依研究的問題、目的、對象、情境和研究階段不同而有所不同，在必要的時候還可以結合不同的方式。例如，如果某一項研究課題希望對某商店裡的服務員就「優秀服務員」

的定義進行調查，研究者可以採取正規與非正規訪談、個別與集體訪談相結合的形式對該店的服務員進行面對面的、多次而又深入的、先開放後半開放型的訪談。而如果該店一位十分重要的服務員恰好在外地出差，而研究者又不得不在她／他返回之前聽取她／他的意見的話，可以進行電話訪談。同時採取這些不同的方式對該店的服務員進行訪談不僅可以從多方管道搜集資料，而且可以起到相關驗證研究結果的效果。服務員們在集體場合不好說出口的一些事情可能會在個別訪談中披露出來，而那些在正規訪談中被認為敏感的話題可以在非正規場合進行探討。

第三節　訪談前的準備工作

在訪談開始之前，研究者要做一些必要的準備工作，這通常包括：抽取訪談對象、確定訪談的時間和地點、建立訪談關係、設計訪談提綱等。第六章已經對研究對象的抽樣進行了詳細的討論，這裡不再贅述，只對其他部分進行探討。

一、確定訪談的時間和地點

一般來說，訪談的時間和地點應該儘量以受訪者的方便為主。這麼做一方面是為了對受訪者表示尊重，另一方面也是為了使受訪者在自己選擇的地點和時間裡感到輕鬆、安全，可以比較自如地表現自己。假設，如果一位女受訪者被邀到研究者與其同事共同的一間辦公室裡談自己最近離婚時的痛苦心情，她不僅在談話時會表現得侷促不安，而且會擔心自己的隱私被辦公室裡其他的人宣揚出去。如果她可以在下班以後按照自己的意願在家裡接待研究者，她的心情可能會輕鬆得多，談起話來也不會像在辦公室裡那麼瞻前顧後。當然，如果她的家裡人員太多（如與母親和兒子同住一套公寓），她也

許希望選擇一個公共場所來進行訪談。在這種情況下，研究者要考慮選擇一個比較僻靜的地方，避免過多的人員來往以及噪音的干擾。

研究者在與受訪者初次接觸時，還應該就訪談的次數和時間長短與對方進行磋商。一般來說，一個比較充分的搜集訪談資料的過程應該包括一次以上的訪談；每次訪談的時間應該在一個小時以上，但是最好不要超過兩個小時。與研究者交談兩個小時以上往往會使受訪者感到十分疲勞，如果不及時打住可能會使受訪者對討論的話題產生厭倦情緒，甚至可能認為研究者「不近人情」。如果受訪者產生了不滿情緒，其思維活動有可能趨於緩慢乃至停滯──這顯然不利於研究者今後進一步與受訪者合作。當然，如果受訪者自己興趣盎然，希望在兩小時以後繼續交談，訪談也可以繼續進行下去。但是，在這種時候，訪談者應該密切注意對方的神情，並且不時地用言語或動作表示訪談已超過約定的時間，如果對方願意的話可以隨時結束。

二、協商有關事宜

訪談成功與否在很大程度上取決於訪談者與受訪者之間的關係，而訪談關係的建立和保持又在很大程度上取決於雙方就有關事宜達成的共識。一般來說，訪談者在訪談開始之前就應該向受訪者介紹自己和自己的課題，並且就語言的使用、交談規則、自願原則、保密原則和錄音等問題與對方進行磋商。

訪談者在向受訪者介紹自己的研究課題時，應該告訴對方他們是如何被選擇作為訪談對象的，自己希望從他們那裡瞭解哪些情況。訪談者應該儘量做到坦率、真誠，盡自己的可能回答對方提出的問題，幫助對方消除疑慮。訪談者應該向受訪者本人表示高度的興趣，通過自己的言語和非言語行為向對方傳遞這樣一個信息，即：自己不僅僅希望從對方那裡得到有關的信息，而且更重要的是瞭解對方這個人；對方不僅僅是一個「信息源」，而且更重要的是一個活生生的「人」，自己很希望瞭解這個「人」；自己是一名「學

習者」，希望從受訪者那裡「學」到經驗；因此希望對方積極配合，毫無保留地對自己這名「學生」進行「指導」。與此精神相一致的是開放型訪談的交談風格：訪談者在一開始就應該鼓勵受訪者主動發表自己的意見，並且明確地告訴對方可以隨時打斷自己的談話。

　　此外，在訪談開始之前，訪談者應該再次向對方許諾志願原則，說明在研究的過程中受訪者有權隨時退出，而且不必對研究負任何責任。同時，研究者應該向受訪者作出明確的保密承諾，保證對受訪者提供的資訊保守秘密。如果在研究報告中需要引用受訪者提供的資料，研究者將對所有的人名和地名使用匿名。

　　如果受訪者的語言是訪談者不熟悉的，訪談者要尊重受訪者的語言表達方式，鼓勵他們用自己的母語來表達自己的思想。一個人的母語往往離自己內心的情感最近，最容易用來表達自己深層次的思想和感受，因此訪談者應該努力學習當地人的語言，只是在迫不得已的時候才僱用翻譯。同時，訪談者應該學會用受訪者習慣的語言方式提問題，而不應該要求對方用自己熟悉的表達方式來交談。

　　在訪談開始之前，訪談者還應該與受訪者探討是否可以對訪談進行錄音。一般來說，如果條件允許而受訪者又沒有異議的話，最好對談話內容進行錄音。由於開放型訪談強調使用受訪者自己的語言對他們的意義進行分析和再現，因此錄音可以幫助研究者日後分析資料和撰寫報告。此外，錄音還可以使訪談者從記筆記的負擔下解放出來，將全部注意力放在受訪者身上。訪談者全神貫注不僅有助於自己與對方共情，而且可以使受訪者感到自己所說的內容十分重要，因此而願意開放自己，與對方進行更深層次的交流。在有的情況下，錄音機還可能成為促使交談雙方接近的媒介。比如，朱克曼（1982: 367）在對美國的諾貝爾獎獲得者進行訪談時，她的錄音機碰巧很漂亮，結果許多受訪者都問及它的性能和價值，還有的人對它的錄音效果表示關切。在這種情況下，錄音機成了她與受訪者開始交流的一個十分自然而又便利的話題。

　　但是，在某些情況下，錄音也會產生負作用。如果良好的訪談關係尚未建立起來，受訪者感到不安全，錄音有可能使他們感到緊張不安，甚至選擇隱瞞那些今後有可能給他們帶來不利後果的信息。另外，有的受訪者可能覺得談話被錄音是一件非常重要的事情，有可能今後「名垂千古」，因此在談話的時候儘量使用正規的、堂而皇之的語言，不願意使用自己日常使用的語言。此外，雖然大多數質的研究者認為錄音十分重要，但是也有研究者不習慣錄音。他們說，錄音使自己變得懶惰，因為想到事後可以聽錄音帶，訪談時便不強迫自己對訪談內容進行即時的記憶（*Champaigne, 1996*）。結果，訪談時他們的思維變得遲鈍，不能敏銳地捕捉住受訪者的語言和思路，當然就更談不上對訪談的內容進行即時追問了。

　　然而，如果訪談者不錄音的話，有的受訪者可能感到自己受到了冷落，似乎自己提供的資訊不夠重要，不必逐字逐句地記錄下來。我本人最近就有過這樣一次經歷。一位美國歷史學家就中國文化大革命期間工廠女工的工作情況對我進行訪談時，事先沒有與我討論是否需要錄音的問題。當交談進行得十分熱烈的時候，我突然發現對方慌慌張張地往筆記本上記著什麼，還不時地停下來打斷我的話，詢問一些細節。作為一個不僅訪談過很多人而且接受過很多次訪談的人，我對她這種窘態實在是感到「慘不忍睹」，情不自禁地問她：「你需要錄音機嗎？」她對我的問話好像如釋重負，馬上表示願意接受我的建議。結果，我（一名受訪者）不僅為我的訪談者提供了一部錄音機，而且還免費提供了一卷錄音帶。當然，撇開我是否對自己的談話內容被「永久地」錄了下來而感到欣慰，起碼我對這位訪談者連問都不問我是否願意錄音感到十分不滿。這次經歷給我的教訓是：不管受訪者是否願意接受錄音，訪談者一定要徵求對方的意見。如果對方拒絕了，那是對方的權利。作為研究者，我們起碼應該給對方一個選擇的機會。

三、設計訪談提綱

　　雖然開放型和半開放型訪談要求給受訪者較大的表達自由，但是訪談者在開始訪談之前一般都會事先設計一個訪談提綱。這個提綱應該是粗線條的，列出訪談者認為在訪談中應該瞭解的主要問題和應該覆蓋的內容範圍。訪談問題與研究問題不一樣，後者是從研究的現象提煉出來的、研究者尚有疑問的問題，而前者是為了回答後者而設計的問題。因此，訪談問題應該明白易懂、簡要具體、具有可操作性。訪談提綱應該盡可能簡潔明瞭，最好只有一頁紙，可以一眼就全部看到。

　　訪談提綱的作用就像是一個舞台提示，在訪談中只是起一個提醒的作用，以免遺漏重要的內容。因此，訪談者在使用訪談提綱時一定要保持一種開放、靈活的態度。訪談的具體形式應該因人、因具體情境而異，不必拘泥於同一程式，也不必強行按照訪談提綱的語言和順序提問。如果受訪者在訪談結束的時候還沒有提到訪談者在提綱中列出的重要問題，訪談者可以詢問對方。訪談提綱應該隨時進行修改，前一次（或者是對前一個受訪者）訪談的結果可以為下一次（或者是對下一個受訪者）的訪談設計提供依據。

　　通常，訪談者在設計訪談提綱的時候，並不知道什麼訪談問題比較適合受訪者的實際情況，往往只能根據自己的經驗進行猜測。因此，訪談提綱中列出的問題應該儘量開放，使受訪者有足夠的餘地選擇談話的方向和內容，在我的教學中就有一個十分有趣的例子可說明這個問題。在一次課堂訪談練習中，我要同學們當場訪談一位在美國生活了十年、獲得了博士學位以後最近回國工作的中國留學生，研究的問題是「留學生回國後的文化適應」。首先，全班同學利用一堂課的時間設計了一個訪談提綱，先分組討論，然後一起商議，列出了大家認為比較重要的訪談問題。在這個訪談提綱中，第一個問題是：「您回國以後感覺怎麼樣？」這是一個開放型的訪談問題，可以給受訪者足夠的機會談自己的感受。但是，在討論中同學們一致認為，這位留

學生在美國生活了十年以後才回國，各方面一定很不適應，因此大家設計了很多子問題，就受訪者可能有的各種不適應的情況進行追問，如：「您回國以後有什麼不適應的地方嗎？比如說，住房？工資？工作條件？交通？空氣？食品？孩子上學？」然後，全班同學經過個人自薦、全班通過的辦法選出了一位訪談者。下節課開始，受訪者進來，雙方坐下以後便開始了正式訪談。訪談者問了對方第一個開放型問題以後，對方立刻爽快地回答：「我回國以後很適應，沒有任何不適應的地方。」全班同學一個個面面相覷，顯得非常吃驚的樣子。十五分鐘訪談結束後，受訪者退去，同學們開始就剛才的訪談進行討論。在場的很多同學都說，受訪者的第一個回答使他們大吃一驚，萬萬沒有想到對方會如此做答，他們都暗暗地為那位擔任訪談者的同學捏一把汗，不知道下面她該怎麼問。訪談者說，她自己也一下子慌了手腳，不知道應該如何回應，由於大家的猜測失誤，訪談提綱裡準備的那些追問的問題一個也沒用上。從這個例子得到的教訓是：不論是在設計訪談提綱還是正式訪談時都應該儘量保持一種開放的心態，準備接受受訪者不同的反應，然後按照對方的思路深入下去。在上面的訪談中，訪談者雖然使用了一個非常開放的問題作為開頭，但是由於自己（以及全班同學）的前設太強，訪談提綱中的問題太「偏執」，結果沒能跟上對方出乎意料的回答。

第四節 其他注意事項

除了選擇合適的訪談類型、瞭解訪談對自己研究課題的具體作用、做好訪談前的各項準備工作以外，訪談者還要考慮如下幾方面的問題：對訪談內容進行筆錄、觀察並解釋交談雙方的非言語行為、選擇合適的方式結束訪談。（具體的訪談實施，如提問、傾聽和回應，將在下面三章詳細進行討論）

一、訪談記錄的方式

訪談記錄在質的研究中占據了一個十分重要的位置。由於質的研究的目的是捕捉受訪者自己的語言，瞭解他們建構世界的方式，因此受訪者的談話最好能夠一字不漏地被記錄下來。如果可能的話，訪談者應該對訪談進行現場錄音或錄影。如果條件不允許的話，訪談者應該對訪談內容進行詳細的筆錄。

現場筆錄一般有四種方式：內容型記錄、觀察型記錄、方法型記錄和內省型記錄。「內容型記錄」記的是受訪者在訪談中所說的內容，這種記錄在無法錄音的情況下尤其重要。「觀察型記錄」記下的是訪談者看到的東西，如訪談的場地和周圍的環境、受訪者的衣著和神情等。「方法型記錄」記的是訪談者自己使用的方法以及這些方法對受訪者、訪談過程和結果所產生的影響。「內省型記錄」記下的是訪談者個人因素對訪談的影響，如性別、年齡、職業、相貌、衣著、言談舉止、態度等。

有時候，訪談者可能認為受訪者所說的話已經「離題」了，沒有記錄的必要。但是過後在分析資料的時候，可能會發現那部分資料實際上非常有價值。一般來說，在訪談初期，訪談者很難知道哪些資料有用，哪些資料沒有用。因此，最好的預防措施是：記下所有的事情。

然而，過多的現場筆錄有可能影響到訪談的質量和研究關係。如果訪談者低頭忙於記筆記，受訪者可能感到自己沒有得到夠的關注，而訪談者自己也很難從對方的表情捕捉到重要的信息。結果，訪談者可能顯得思維遲鈍，不能很快地對對方所說的內容做出回應。而為了彌補這一點，訪談者往往身不由己地加快問話的速度，結果使訪談的質量進一步下降（*Whyte, 1982*）。在這種情況下，受訪者可能聽不清楚對方的問題，或者被對方心神不寧的樣子弄得忐忑不安。

因此，訪談者與其急匆匆地試圖記下所有的內容，不如發明一些自己看

得懂的速記方法，在訪談進行時對談話內容進行速記，然後等訪談結束後再找機會將細節補充進去。詳記的時間應該越早越好，在記憶尚未消失之前立刻進行。通常，訪談者事後做記錄時往往習慣於用自己的語言對談話內容進行總結和概括，容易忽略說話者自己的語言和說話的方式。因此，訪談者在事後補充記錄時一定要注意將自己放回到訪談的情境之中，身臨其境地回憶當時受訪者所說的原話。比如，我在對輟學學生進行調查時，他們自己以及家長對輟學所用的詞語是「不讀了」，他們的老師所用的詞語是「不上學了」。因此，我在對資料進行整理時注意使用了他們自己的語言，而沒有使用學術界上常用的「失學」乃至「輟學」這種文縐縐的表達方式。

二、訪談中的非言語行為

訪談中交談雙方除了有言語行為，還有各種非言語行為，如外貌、衣著、打扮、動作、面部表情、眼神、人際距離、說話和沉默的時間長短、說話時的音量、音頻和音質等。雙方的非言語行為可以提供很多重要的、言語行為無法提供的信息。根據拉康的觀點，在兩個人進行對話時，至少總是存在一個「第三參與者」，這個第三者就是嵌入語言中的無意識結構、術語、行為等各種非言語代碼（馬爾庫斯，費徹爾，1998: 54）。交談雙方的非言語行為可以比言語行為更加有力地表現雙方的態度、關係以及互動的狀態。

受訪者的非言語行為不僅可以幫助訪談者瞭解對方的個性、愛好、社會地位、受教育程度以及他們的心理活動，而且可以幫助訪談者理解他們在訪談中所表現出來的言語行為。一般來說，受訪者在說話的時候會表現出相應的非言語行為，如高興時會笑，痛苦時會哭。如果受訪者的非言語行為與其語言表達之間不相吻合（如談到痛苦的心情時臉上的表情卻是在笑），這便為訪談者瞭解受訪者的人格提供了可見的依據。因此，在訪談過程中，訪談者可以對受訪者的面部表情和形體動作進行觀察，同時做一些簡短的記錄。錄音往往無法記錄下這些重要的資訊，因此即使有錄音，訪談者也應該同時

對這部分信息進行筆錄。例如，朱克曼（*1982: 368*）在訪談美國的諾貝爾獎獲得者時，就注意通過對方的一些非言語行為來瞭解對方的態度。比如，在一次訪談開始時，受訪者坐在輪椅上，離她大約四英尺，接著他就開始往後撤。到訪談結束時，他離開原來的位置至少有十英尺。朱克曼注意到這是對方對訪談不感興趣或懷有敵意的一種暗示，因此採取了一些其他的辦法來改善雙方的關係。

訪談者本人的非言語行為（如服飾、打扮、動作、表情和目光等）也會對訪談產生十分重要的影響。訪談者的穿著如果與受訪者所處的文化環境格格不入，可能會使對方感到不舒服，從而影響對方與自己合作。如果訪談者的形體動作過於頻繁、目光左右環顧、表情過於誇張，也可能使受訪者受到干擾，不能集中注意力思考問題。比如，我曾經接受過一位美國教育學家的訪談。當我談到中國的文化大革命時，她的表情是如此地驚恐萬狀，似乎她不能理解我這樣的中國人是如何活下來的。也許，她做出這樣的表情是為了向我表示同情，但是她這種不可理解的神情使我覺得她沒有能力理解我所說的事情，因此也就不想繼續向她述說下去了。

另外一類交談雙方都可能使用的非言語行為包括在訪談時使用輔助工具，如繪畫、照片和分類卡片等。這些投射型工具可以刺激受訪者的感覺器官，幫助他們從其他的角度看待正在討論的問題。比如，繪畫可以付諸受訪者的視覺感受，激發他們的認知和情感反應；照片可以喚醒記憶，使受訪者產生聯想和想像；為研究特意設計的分類卡片可以幫助受訪者對某些概念進行命名和分類。訪談者在使用這些輔助工具時不僅可以運用自己的非言語行為（如畫畫兒、寫字），而且可以觀察對方的非言語反應（如大笑、皺眉頭、表示驚奇等）。

三、訪談的收尾工作

訪談應該在什麼時候結束？——這是質的研究者經常遇到的一個難題。

一般的建議是：訪談應該在良好的氣氛中進行，因此如果訪談已經超過了事先約定的時間、受訪者已經面露倦容、訪談的節奏變得有點拖杳、訪談的環境正在往不利的方向轉變（如受訪者有客人來訪）等，訪談應該立刻結束。訪談者要善於察言觀色，在適當的時機結束訪談。

有時候，有的訪談新手希望在一次訪談中獲得所有希望獲得的資訊，結果任意延長訪談時間，不能在適當的時候結束訪談。這樣做對訪談的關係極為不利，容易使受訪者產生「受剝削」的感覺。有時候，由於訪談者自我暴露太少，受訪者不知道對方對已經提供的資訊是否感到滿意，結果（往往是出於好心）按照自己的猜測不停地說下去。這樣做的一個後果是：訪談時間可能被無限制地延長，訪談者失去了控制，而受訪者過後也可能因耽誤自己過多的時間而感到不快。

訪談應該以什麼方式結束？──這也是質的研究者經常詢問的一個問題。通常的建議是：盡可能以一種輕鬆、自然的方式結束。訪談者可以有意給對方一些語言和行為上的暗示，表示訪談可以結束了，促使對方把自己特別想說的話說出來。比如，訪談者可以問對方：「您還有什麼想說的嗎？」「您對今天的訪談有什麼看法？」如果必要的話，訪談者還可以做出準備結束訪談的姿態，如開始收拾錄音機或筆記本。為了給結束訪談做一些鋪墊，訪談者也可以談一些輕鬆的話題，如詢問對方：「您今天還有什麼活動安排？」「您最近在忙什麼？」如果受訪者在此時對研究仍舊表現出疑慮，訪談者可以再一次許諾自願原則和保密原則。如果本研究需要對同樣的受訪者進行多次訪談，訪談者也可以利用這個機會與對方約定下次見面的時間和地點。當然，對所有的受訪者，訪談者都應該在訪談結束的時候表示自己真誠的感謝，為他們付出的時間和精力、他們對自己的信任以及他們願意進行自我探索的勇氣（因為並不是每個人都能夠這麼做）。

綜上所述，訪談是質的研究中一個十分重要的搜集資料的方式。訪談與日常談話不一樣，是一種有目的的研究性談話。但與此同時，訪談又可以作為一種言語事件，其本身的存在和作用便可以作為一個十分有意義的研究現

象。在質的研究中，訪談發揮的不僅僅是一個簡單的、訪談者向受訪者「搜集」資料的作用，而且更重要的是一個交談雙方共同「建構」和共同「翻譯」社會現實的過程。因此，質的研究中的訪談不能僅僅依靠訪談者運用個人的技藝，而且還需要訪談者理解訪談的作用、把握訪談的情境、對研究關係有足夠的意識。雖然本章對訪談的程序（如準備工作、記錄方式、非言語行為、收尾的策略等）進行了一個簡單的介紹，而且下面四章將對訪談的具體實施（如提問、傾聽、回應、組織集體訪談等）進行比較詳細的討論，但是我們應該時刻牢記的是：訪談的成功不僅需要訪談者將自己的「心」打開，而且需要想辦法讓受訪者打開自己的「心」。只有「心」與「心」之間進行交流，我們才有可能進入「心」的深處；而對「深處」進行探究才是訪談的真正使命。

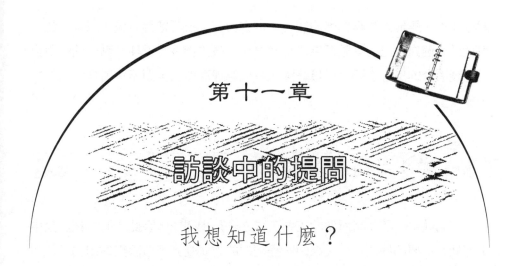

第十一章

訪談中的提問

我想知道什麼？

在上一章裡，我們討論了訪談的定義、類型、作用、準備工作、記錄和收尾方式等，下面的三章將分別討論訪談實施中三個主要的工作：提問、傾聽、回應。訪談的實施可以被認為主要包括這三個方面，但是它們在實際操作時其實是相互交融、密不可分的。比如，在很多情況下回應的方式就是提問的方式，只是前者更加強調與受訪者前面所說內容之間的聯繫，而後者更多地出自訪談者自己的籌謀（agenda）。質的研究要求訪談者的提問始終與受訪者前面所說的內容密切相關，因此從這個意義上來說，提問與回應幾乎可以說是一回事。而傾聽則對提問和回應都具有指導性的作用，因為不會傾聽就不會回應和提問。訪談者如果聽不到受訪者的真實意圖，根本就無法進入對方的內心世界，也就不可能對對方的意圖做出積極的回應和進一步的探詢。本書將訪談的這三個組成部分分開來進行討論，主要是為了分析上的方便。

此外，很多來自研究實地的經驗表明，訪談在很大程度上受到訪談者個人素質及其與受訪者之間關係的影響，訪談成功與否並不完全取決於訪談者使用的具體技巧。如果我們希望成為一名成功的訪談者，不僅需要學習一些必須的訪談技術，而且（更重要的是）需要在日常生活中培養自己理解他人、

關心他人、與他人和睦相處的能力。本書對訪談技巧進行討論，只是為訪談者提供一個對自己的具體行為進行檢驗和反省的機會。這種一點一滴的對自己實踐活動的反思也許可以最終匯入我們為提高自己全面素質所作的努力之中。

第一節 提問的基本原則

在訪談中，訪談者所做的主要工作之一是提問題，因此「問」在訪談中占據極其重要的地位。一般來說，提問題的方式受到很多因素的制約，比如研究問題的性質（如公開或隱私話題）、訪談者和受訪者雙方的個性、年齡、性別、民族、職業、受教育程度、社會地位以及訪談者與受訪者之間的關係（如信任程度、相互喜歡程度）、訪談的具體情境（如公共場合或私下交談）等。因此，訪談者應該學會隨機應變，根據具體情況選擇最佳的方式提問。如果研究的問題屬於敏感性話題，訪談者應該十分謹慎，採取迂迴的方式進行。如果受訪者性格比較內向、不善言談，訪談者可以多問細節，以此啟發受訪者做出回應。如果訪談關係尚未建立起來，訪談者應該避免直接詢問個人隱私，等到關係融洽了以後再試探性地進行詢問。

「在訪談中如何開始說第一句話？」──這是訪談新手們經常問的一個問題。回答可以有很多種，但是一個重要的原則是：盡可能自然地、結合受訪者當時的具體情況開始談話。比如，訪談者可以先與受訪者聊聊天，詢問一下對方的個人經歷、家庭背景和生活工作情況。如果合適的話，雙方也可以就共同感興趣的話題（如球賽、國家大事、衣著等）先閒聊一會兒。如果訪談者走進訪談的地點（如受訪者的家）時對方正在做事（如做作業、縫衣服、看電視），訪談者也可以就這些事情與對方開始交談，如：「你在做什麼作業呀？」「你縫的衣服真漂亮！」「電視上有什麼節目啊？」訪談者這麼做可以使氣氛變得比較輕鬆，增進雙方的情感交流，消除（或減少）雙方

心理上的隔膜。一定的人際關係建立起來以後，訪談者就可以開始正式提問
了。

第二節　訪談問題的類型

　　訪談者提的問題可以千變萬化，依研究的問題、訪談者的習慣、受訪者
的個性以及當時的具體情境不同而有所不同。如果我們希望對訪談問題進行
分類的話，我認為可以大致分成開放型和封閉型、具體型和抽象型、清晰型
和含混型三組類型。不同的問題類型會在很大程度上影響到受訪者的言語行
為，不僅對他們回答內容的範圍和長度，而且還會對整個訪談的風格有所限
定。

一、開放型與封閉型問題

　　開放型問題指的是在內容上沒有固定的答案、允許受訪者作出多種回答
的問題。這類問題通常以「什麼」、「如何」和「為什麼」之類的詞語為語
句的主線，如：「您對高校入學收費有什麼想法？你們學校是如何收費的？
你們學校為什麼這麼收費？」而封閉型問題指的是那些對受訪者的回答方式
和回答內容均有嚴格的限制、其回答往往只有「是」或「不是」兩種選擇的
問題，因此這類問題又被稱為「是或否問題」，比如：「您認為高校入學收
費合理嗎？你們學校對每個學生都收費嗎？是不是國家有規定要求這樣收
費？」

　　很顯然，在開放型訪談中，封閉型問題應該儘量少用。開放型訪談的目
的是瞭解受訪者看待研究問題的方式和想法，因此訪談問題不僅在結構上還
是內容上都應該靈活、寬鬆，為受訪者用自己的語言表達自己的想法留有充
分的餘地。而封閉型問題首先在結構上就限制了回答者的選擇，使其無法自

由地表達自己的想法。比如，在上例中，當訪談者問對方：「您認為高校入學收費合理嗎？」對方只能說「合理」或「不合理」。儘管受訪者可能對高校入學收費的問題有很多自己的看法（如「對富裕家庭的孩子而言，收費是合理的；對熱門專業來說，收費也是合理的」等），但是如果訪談者不繼續追問的話，對方只能就此打住。這類提問獲得的資訊量類似於書面問卷，沒有發揮面對面開放型訪談的優勢。

封閉型問題不僅在形式上對受訪者的回答有所限定，而且在內容上也嚴重地限制了受訪者的思路。這類問題往往帶有提問者個人自己的定見或「傾見」，有意無意地將自己對事物的概念定義和分類方式強加給對方。例如，如果訪談者問一位受訪者：「你認為自己是什麼類型的性格，內向還是外向？」這個問題本身就已經將人的性格分成了兩類：「內向」或「外向」，而受訪者也只可能在這兩者之間作一個選擇。可是，這位受訪者很可能不使用「內向」和「外向」這樣的詞語來描述人的性格；或者，即使他／她平時使用這樣的詞語，但是並不認為自己的性格可以被放入其中一類。他／她也許認為自己在某些場合（如上班、社交活動時）表現得比較「內向」，而在其他一些場合（如與家人和朋友在一起時）卻表現得比較「外向」。當訪談者提出這樣一個先入為主的問題時，他／她很可能不知如何作答，隨便搪塞一下說「內向」或「外向」。也許訪談者對他／她來說是一位「權威人物」，在這之前他／她曾經受到對方的暗示，說他／她的性格有點「害羞」，因此而「不得不」（甚至是無意識地）回答說「內向」；也許他／她心裡對這個問題不太滿意，可是又不知道問題出在哪裡，心裡覺得挺彆扭。如果訪談者連續不斷地問這類封閉型的問題，他／她可能會感到自己被強迫放到了一個被動的位置，因此而漸漸失去談話的興趣。

雖然訪談者應該儘量使用開放型問題，但是使用這類問題時也必須考慮到受訪者的個人特點。有時候，問題過於開放，或者開放的問題過多，受訪者可能會對對方的意圖感到迷惑不解，因此而產生心理上的焦慮。比如，懷特（1982）在一家餐館裡研究人際關係時，對每一位餐廳服務員都使用了一

個類似下面這樣的「非指導型問題」：「請告訴我，您認為在您的工作中什麼事情比較重要，而您又對此比較關心？」結果，他得到的回答通常是；「你到底想要知道什麼？」這些受訪者好像被這種過於開放的問題弄得十分不安，不知道對方究竟想幹什麼。由於訪談者所提的問題過於開放，給對方留的餘地過多，對方不能有針對性地作出回答。我本人對一些小學生進行訪談時，也曾發現類似的問題。如果我問一位小學生：「你對學校有什麼感覺？」他／她會抬起頭來，十分疑惑地望著我，好像我是一個從外星球上下來的怪物似的。而如果我改變提問的方式，問這位小學生：「你喜歡上學嗎？」他／她可能會回答：「喜歡。」然後，如果我再繼續追問：「為什麼喜歡？」「學校裡什麼事情你最喜歡？」「能多告訴我一些你們學校的事情嗎？」這位小學生的反應會立刻變得生動起來。因此，如果受訪者對過於開放的訪談結構不習慣（這種情況多半發生在受教育程度較低或年齡較小的受訪者身上），訪談者可以考慮適當地問一些封閉型的問題。通過這類問題，訪談者可以為對方確定一個思考的基本方向（但不是具體的內容）。

除了引導方向以外，在其他一些特殊情況下訪談者也可以適當地使用一些封閉型問題。比如，訪談已經進行到一定階段，訪談者希望對自己的某個初步結論進行檢驗。在這種情況下，此類問題因其明確的導向性也被稱為「導向型問題」，其主要目的是引導受訪者往訪談者希望探討的方向走。比如，如果訪談者發現某大學很多學生都對學校食堂的伙食不滿意，希望在訪談中明確地知道是不是所有被訪的大學生都有這類看法，那麼他／她可以直接問每一位受訪者：「你對學校食堂的伙食滿意嗎？」有時候，訪談者甚至可以故意使用一個與目前發現的「事實」相反的陳述，有意邀請對方對此進行糾正，以求從不同側面來檢驗自己的初步結論（*Sullivan, 1954*）。比如，如果訪談者明明知道某大學內大部分學生都對食堂的伙食不滿意，但是在訪談時故意問被訪的學生：「你對學校食堂的伙食很滿意吧？」以此來邀請對方對這個問題進行反駁。另外一種具有導向性的封閉型問題被稱為「控制型投射」即：使用別人的意見或在別的情境下發生過的類似事件對受訪者進行檢驗

（*Whyte, 1982*），比如：「你們學校有的同學認為食堂的伙食很不錯，不知你的意見如何？」或者「我訪談過的中文系的幾位同學都認為食堂的伙食很不好，不知你是否同意這種看法？」

當然，使用這種檢驗性封閉型問題有一定的危險性，很容易造成對受訪者的誤導。由於訪談者在很多情況下都出於權力的高位，提出的問題中所隱含的思維傾向很容易影響到受訪者的回答。因此，使用這類問題時一定要十分謹慎，不到迫不得已時不要使用。如果一定要用，也應該控制在訪談的後期進行（個別特殊情況除外，如上面所談的受訪者不習慣過於開放的訪談結構）。一般來說，如果訪談者在前期成功地使用了開放型訪談結構和開放型問題，受訪者通常在訪談結束之前便涵蓋了訪談者希望瞭解的所有情況。如果受訪者在結束時還沒有談及一些訪談者認為十分重要的問題，訪談者可以採用相對封閉的方式對這些問題進行比較有針對性的提問。

二、具體型與抽象型問題

從所期待的回答內容來看，訪談的問題還可以分成具體型和抽象型。前者指的是那些詢問具體事件（特別是事情的細節）的問題，如：「昨天在你們學校裡發生了什麼事情？在哪裡發生的？當時都有誰在場？在場的人都說了（做了）什麼？」後者則具有較高的總結性和概括性，如：「你們學校的學生一般在什麼情況下上課遲到？你們平時下課時都幹些什麼？現在的中學生最喜歡看什麼課外書籍？」具體型問題有利於受訪者回到有關事件發生時的時空和心態，對事件的情境和過程進行細節上的回憶或即時性建構。抽象型問題則便於對一類現象進行概括和總結，或者對一個事件進行比較籠統的、整體性的陳述。

如果研究的目的是瞭解受訪者個人的獨特經歷和想法或者探尋某一事件的來龍去脈，訪談者應該儘量使用具體型問題。總的來說，抽象型問題應該儘量少用，因為受訪者對這類問題往往容易憑自己的印象想當然，作出的回

答可能與實際情況有所出入。由於思維理性化的影響，人們（特別是「知識分子」）往往習慣於在理性層面探討問題，不習慣落實到具體的實處。如果訪談者使用過於理性化的問題，受訪者也會傾向於作出理性化的回答，而這樣的回答通常不能「真實地」表現說話人思維和行動的具體方式。比如，如果訪談者問一位新郎：「你是出於什麼原因決定與你愛人結婚的？」這位新郎可能感到無從答起。而如果訪談者問：「你們當時是怎麼認識的？」「在一起你們都說了些什麼？」「做了什麼？」「後來關係是如何發展的？」「如何確定戀愛關係的？」「是誰提出來要結婚的？」「雙方如何決定結婚的？」「你們雙方的家人是如何看待你們的關係的？」等等。對於這類問題，這位新郎也許會告訴對方很多有趣的故事。而通過對這些故事情節的分析，訪談者可以得出比較「真實可靠」的、不僅僅侷限於因素分析的結論。

所以，如果一項研究課題是以因果關係為主線的話，訪談者不應該總是直接向受訪者問以「為什麼」這樣的詞語開頭的訪談問題。當人們回答一個以「為什麼」開頭的問題時，往往傾向於在理性層面上作因果分析，而實際發生的情況可能不是如此的理性、線形或簡單。比如，當上述例子中那位新郎被問及「你是出於什麼原因而決定與你愛人結婚的」這個問題時，他可能馬上想到：長相？家庭條件？受教育程度？個性？雙方是否匹配？……而實際情況也許並不是按照這樣的邏輯思路發生的。也許這位青年與他的愛人恰巧是同班同學，他們在一起學習時不知不覺地就產生了愛情。他當時並沒有因為某些「原因」而喜歡上她，也沒有一個明確的「決定」結婚的時間或行動。他們的戀愛和結婚是一個自然發生的過程，其中有很多有趣的故事和具體的細節。因此，訪談者應該首先把「為什麼結婚」這個問題「掰開」，將各個部分「打碎」，然後再從具體的細節著手對他們結婚的前因後果進行情境化的、過程化的、多角度的分析。

當然，幾乎所有的研究問題都具有一定的抽象性，問題不是不應該研究抽象的問題，而是應該在訪談的過程中將抽象的問題具體化，然後在歸納的基礎上再進行分析層次上的抽象。如果直接從抽象到抽象，訪談者是不可能

獲得「真實」、生動的訪談內容的。如前所述,訪談的問題與研究的問題是不一樣的,研究的問題通常比較抽象,而訪談的問題則應該比較具體,抽象的研究問題應該通過具體的訪談問題而體現出來。

具體型問題不僅可以「掰開」抽象的研究問題,幫助訪談者瞭解事情的細節、情境和過程,而且還可以調動受訪者的情緒和情感反應。一般來說,人的情感往往與具體事件密切相關,當事件的具體細節在受訪者的意識中栩栩如生時,受訪者比較容易回到當時的情境氛圍之中。因此,向受訪者詢問比較具體的問題可以引導他們將自己的注意力集中在可見、可觸、可聞的細節上,以此將他們浸潤在其中的情感引發出來。例如,在我的一項對留美中國學生的調查中,一位受訪者在談到自己與美國同學的交往時總是說:「我感覺不錯。」當我進一步問他:「『感覺不錯』是什麼意思」時,他回答說:「就是感覺很好。」我發現自己這種詢問方式很難使他接觸到與美國同學交往時的具體感受,於是改變了提問的策略:「你們在一起都幹些什麼?」結果,他興緻勃勃地告訴我他們曾經在一起栽花除草,當他們倆一邊幹活一邊聊天時,他感到與那位同學「十分親近」,心情也「很愉快」。在敘述具體故事的過程中,他的「愉快」心情便自然而然地表露出來了。我發現這種方法對男性受訪者特別有效,因為相對女性來說,男性往往更加難以直接表露和描述自己的情感。

有的受訪者在回答問題時習慣於使用時下流行的口號式語言,有意無意地用很多大道理來美化、標榜或貶低自己。特別是當受訪者認為訪談者有一定的「來頭」,是上級機關派來進行調查時,他們更加習慣於用比較正規的、被社會規範所接受的方式來表達自己。根據美國組織行為研究專家阿吉里斯(1985)的理論,每個人至少有兩套行為指導理論,一套是自己認為應該如此的理論,一套是自己在實際行動中遵循的理論。比如,大部分中國人都認為與人交往時應該「重義輕利,不計回報」,但是在實際交往中卻很難做到這一點,特別是在現代中國社會。因此,訪談者應該注意到這種普遍的「人格分裂」傾向,採取相應的措施來瞭解受訪者個人「真實的」行為和意義解

釋。比如，在訪談時，訪談者與其問：「您認為人與人交往應該遵循什麼原則？」不如仔細詢問受訪者在與朋友、同事、鄰居之間具體禮尚往來的細節。如果只是與受訪者就做人的標準泛泛而談，訪談者很可能只會得到一些理論上的皮毛，而無法深入到對方的日常行為和內心世界。

對上述理性化的、泛泛而談的現象，訪談者除了直接詢問受訪者個人的行為和想法以外，還可以採取其他一些迂迴的方式來獲得相對「真實」的資訊。比如，訪談者可以詢問對方他們周圍的人對有關問題的看法和行為方式，通過觀察對方談論他人時所使用的語氣和詞語來瞭解其「真實」態度。沿用上例，訪談者可以問受訪者：「您的鄰居是如何與人交往的？您的同學是如何與人交往的？您的家人呢？您的妻子（丈夫）呢？您的孩子呢？您對他們的行為有什麼看法？您對他們做的事情有何評價？您認為他們為什麼會這麼做？他們如何評價您的行為？您認為他們為什麼會這麼看您？」通過看待別人、評價別人以及從別人的角度來分析同一問題，受訪者在視覺上和心理上與所談論的對象產生了一定的距離，因此可能談論得比較「客觀」、「真實」、具體一些。

有時，即使訪談者使用的是具體型問題，但是受訪者出於習慣或某種外在的壓力有意無意地迴避具體情況，而選擇使用抽象的語言作出回答。在這種情況下，訪談者應該堅持不懈地使用具體型問題，從不同的角度、在訪談的不同時刻、用不同的辦法進行追問。比如，我的一位加拿大朋友在對中國農村的計畫生育問題進行調查時問被訪的婦女：「您有幾個孩子？」有兩個孩子以上的母親通常回答說：「我們一般都只有一個孩子。」於是，訪談者採取了迂迴的方式繼續追問：「您有兄弟姐妹嗎？」（答：「有」）「他們每個人有幾個孩子？」（答：「兩個」或「三個」）「您有多少個侄兒侄女？」（答：「四個」）「他們各是誰的孩子？」（答：「我姐姐和妹妹的」）或者問：「您的鄰居有幾個孩子？你們村總共有多少人家？村裡總共有多少孩子？村辦小學裡有多少學生？每個年級有多少學生？每個班有多少學生？」等等。通過這種迂迴的詢問方式，訪談者對本地計畫生育的現狀獲

得了相對「真實」的瞭解。這個例子進一步說明，受訪者在對具體細節的描述中所（無意）透露出來的態度和事實通常比他們自己（有意）聲稱的要「真實可靠」一些。

三、清晰型與含混型問題

從語義清晰程度上來看，訪談的問題還可以進一步分成清晰型問題和含混型問題。前者指的是那些結構簡單明瞭、意義單一、容易被受訪者理解的問題；而後者指的是那些語句結構複雜、疊床架屋、承載著多重意義和提問者個人「傾見」的問題。比如：「你今天是幾點鐘到校的？」就是一個清晰型問題，問題比較明確，只問「到校時間」這一個問題。而「你今天什麼時間、和哪幾個同學一起到校的？到校以前是不是和這些頑皮的同學跑到附近的遊樂場去轉了一圈？」就是一個含混型問題，不僅詢問「到校時間」、「到校時的狀況」和「到校前的行為」，而且包含對對方有關行為的指責和批評。

通常，清晰的問題因其意義明瞭，往往容易獲得同樣清晰的回答；而含混的問題因為意義重疊不清，容易得到同樣含混的回答。比如，如果訪談者問受訪者：「怎麼樣？」對方的回答多半是：「還可以」或「不怎麼樣」。而如果訪談者問：「你今天心情怎麼樣？」受訪者的回答可能是：「比較愉快」或「不太好」。很顯然，「比較愉快」比「還可以」、「不太好」比「不怎麼樣」在語義上要清晰一些；但是，「愉快」、「不太好」對這位受訪者究竟意味著什麼？上述回答仍舊沒有提供明確的解釋，還有待訪談者使用更加清晰一些的問題來進行詳細、具體的提問。

含混的問題不僅因為意思含混，有時還因為問題中包含一層以上的意思而給受訪者的回答帶來困難。受訪者受到一連串問題的「轟炸」之後會感到頭腦發矇，不知從何答起，結果往往出於記憶規律只抓住了問題中的最後一層意思，只就這一部分作答。比如在上面有關含混問題的例子中，被訪的小學生可能只記住了該問題的三個部分中的最後一個部分「到校以前是不是和

這些頑皮的同學跑到附近的遊樂場去轉了一圈？」而把前面的部分統統忘記了。而這個部分不僅是一個封閉型問題，而且還隱含了訪談者自己強烈的價值判斷。因此，被訪的小學生只可能被迫回答「是」或「不是」，根本沒有機會對訪談者的「傾見」進行反駁（也許他根本就不認為這幾位同學「頑皮」）。

　　一般來說，訪談者提問的方式、詞語的選擇以及問題的內容範圍都要適合受訪者的身心發展程度、知識水平和談話習慣，要能夠使對方聽得懂。如果對一位兒童使用大人腔，對一位老農大談相對論，便不是十分合適的談話方式。總的來說，在訪談中應該遵循口語化、生活化、通俗化和地方化的原則，儘量熟悉受訪者的語言，用他們聽得懂的語言進行交談。訪談畢竟是一種類似（雖然不是）生活中經常發生的口頭交談，不宜使用過於艱深的書面用語和專業行話。通俗化的口語更容易接觸受訪者的心靈深處，更貼近他們的日常生活，更能表現他們所處時代的特徵，也更符合當地的風俗習慣。而學術界的行話往往令受訪者丈二和尚摸不著頭腦，不知道訪談者葫蘆裡賣的究竟是什麼藥。我在自己的研究中就曾經遇到過這類問題。我在美國學習了四年以後回到中國瞭解中國大學生的交友方式，在訪談時我經常問的一個問題是：「交朋友對你的個人成長和自我認同有什麼影響？」結果，我發現，被訪的大學生幾乎個個面露疑色，不知道我在說什麼。通過與他們進一步交談，我才意識到，我使用的「個人成長」（personal growth）和「自我認同」（self identity）這些詞語都是十分「西化」的表達方式，對土生土長的中國人來說是十分陌生的。由於我在美國受了幾年教育，我的研究設計又是用英文寫成的，結果我的思想也因此而變得含混不清了。從那以後，我改變了自己的提問方式：「交朋友在你的生活中有什麼作用？朋友對你來說意味著什麼？」雖然這些問題聽起來仍舊有點「洋」味兒，但是在意思上起碼可以讓對方聽懂了。而讓受訪者聽懂所問的問題，是訪談得以進行的最基本的前提。

第三節 追問的作用

在質的訪談中,訪談者除了應該儘量使用開放型、具體型和清晰型問題以外,還應該有意識地使用追問這一手段,對有關問題進行深入的探討。「追問」指的是:訪談者就受訪者前面所說的某一個觀點、概念、語詞、事件、行為進一步進行探詢,將其挑選出來繼續向對方發問(*Seidman, 1994*)。在開放型訪談中,追問的一個最基本的原則是:使用受訪者自己的語言和概念來詢問受訪者自己曾經談到的看法和行為。比如,訪談者在傾聽了一位中學教師對自己教學經驗的介紹以後,發現對方提到的「發現型學習」這一概念很有意思,希望進一步瞭解,於是問道:「您剛才使用了『發現型學習』這個詞,請問這個詞是什麼意思?」在教師對這個詞進行瞭解釋以後,也許訪談者還想瞭解這位教師是如何針對自己的情況進行「發現型學習」的教學的,因此又繼續追問:「您剛才解釋了『發現型學習』這個概念,請問您自己在教學中是如何做的?」

一、追問的時機與度

追問可以幫助訪談者進一步瞭解受訪者的思想,深挖事情發生的根源以及發展的過程,是開放型訪談中一個不可或缺的提問手段。但是,與此同時,訪談者也應該特別注意追問的時機和度。「追問的時機」指的是訪談者就有關問題向受訪者進行追問的具體時刻;「追問的度」指的是訪談者向受訪者追問問題的合適程度。

就追問的時機而言,一般來說,追問不要在訪談的開始階段頻繁進行。訪談初期是訪談者與受訪者建立關係的重要階段,訪談者應該儘量給對方自由表達自己思想的機會,不要急於就自己感興趣的問題進行追問。在很多情

況下，受訪者有自己想說的事情，即使有時候他們想說的話與訪談者希望知道的不太「相干」，他們也要想方設法把自己的想法說出來。他們通常有自己的（甚至是無意識的）動機和籌謀，會「頑強地」在訪談的過程中將自己的意願表現出來。因此，訪談者應該給他們機會「表現自己」，然後再在他們所談內容的基礎上進行追問。這樣做不僅可以將受訪者希望說的事情與訪談者自己感興趣的問題自然地連接起來，而且可以不傷害受訪者的感情，不使他們感到難堪。

當然，如果在受訪者談話時，訪談者發現自己對一些具體的細節不太清楚（如學校上課的時間、班級的人數等），希望對方進行補充或澄清，這種時候訪談者可以即時進行追問。但是，如果訪談者希望追問的內容涉及到重大的概念、觀點或理論問題（如「素質教育」、「為人師表」等），應該先用筆將這些問題記下來，等訪談進行到後期時再進行追問。這樣做可以使訪談進展自然、順暢，按照受訪者的自由聯想進行下去。

追問不僅要注意適時，而且還要講究適度（水延凱，1996：205）。訪談者在追問時要考慮到受訪者的感情、訪談者本人與受訪者之間的關係以及訪談問題的敏感程度。如果問題比較尖銳，訪談者應該採取迂迴的辦法，從側面進行追問。例如，如果一位小學生在談到有的老師對學生施行體罰時表現出遲疑，研究者應該避免正面追問，待與對方建立了信任關係以後再委婉地詢問詳情。

訪談中最忌諱的追問方式是：訪談者不管對方在說什麼或想說什麼，只是按照自己事先設計的訪談提綱挨個地把問題拋出去。這樣的追問不僅把訪談的結構砍得七零八碎，妨礙訪談自然地往前流動，而且沒有抓住受訪者的思路，強行將訪談者自己的計畫乃至偏見塞給對方。

二、追問的具體策略

要使追問適時和適度，訪談者必須首先將自己的「前見」懸置起來，全

身心地傾聽對方談話。在傾聽的時候，訪談者應該對對方使用的語詞保持高度的敏感，發現了重要的詞語、概念或事件以後需要記下來，在適當的時候進行追問。

　　追問適時和適度的一個具體辦法是注意捕捉受訪者在談話中有意或無意拋出的言語「標記」（Weiss, 1994）。通常，受訪者之所以接受訪談，除了為研究者提供資訊以外，還有一些自己的動機、興趣或利益，因此在回答問題時，他們常常「滑」向自己的意願，好像是順口隨意地說出一兩句與研究問題無關的話來。比如，在回答我的問題「您上課的時候通常使用什麼教學方法？」時，一位大學教師說：「在我調到這個學校來以前，我比較喜歡使用討論法。現在嘛，只好用講授法了。」我立刻意識到，對這位教師來說，工作調動與她的教學方法之間存在著重要關係。雖然我並沒有詢問她工作調動的事情，但是她自己主動提到了這一點，這說明這是她生活中一個十分重要的事件，她希望引起我的注意。於是，我就她工作調動的情況進行了追問。結果發現她原來所在的學校是一所研究型大學，她教的是研究生，班級不大，可以採取討論式的教學方法。而現在她所在的學校是一所省級師專，教課的對象是專科生，班級很大，只好進行課堂講授。通過對受訪者好像是無意中流露出來的「調動學校」這個「標記」進行追問，我獲得了對自己的研究十分重要的資訊，即學校和學生類型對教師教學風格的影響。

　　有時候，訪談者的追問可能使自己顯得很「蠢」，好像對自己希望研究的問題一無所知。而一般來說，受訪者總認為訪談者是「專家」，期待著訪談者就研究的問題高談闊論。然而，在開放型訪談中，訪談者的角色應該主要是一名「學習者」，而不是「專家」。因此，訪談者不必隱瞞自己的無知，而應該公開承認自己的無知，並且主動向對方表示自己向對方學習的願望和需要。也許，在某些問題上，訪談者並不是如此地「無知」，也確實有一些自己的看法。但是，從事訪談的目的不是讓訪談者自己發表意見，而是向受訪者學習，瞭解他們的觀點和看法。因此，即使訪談者對研究的現象有一些自己的看法，也要有意地從受訪者的視角重新審視這些現象。

第四節　訪談問題之間的內在聯繫

　　與日常談話一樣，訪談中所提的問題相互之間也有自己內在的結構性聯繫，問題與問題之間存在一個先後順序、承前啟後的關係。在對訪談問題進行籌劃時（如編制訪談提綱時），訪談者應該考慮到這些問題之間的邏輯關係以及對這些問題進行提問的前後順序。在進行訪談時，訪談者則應該根據當時的具體情況使所問的問題自然連貫、首尾呼應。

一、訪談問題的順序

　　一般來說，訪談應該以非指導性問題開始，從開放型結構逐步過渡到半開放型結構，一步一步地對問題進行聚焦。訪談開始是交談雙方相互試探、瞭解對方最為重要的時刻：一旦談話的基調定了下來，往後便很難作較大的改變。因此，訪談者對受訪者所做的第一次回應十分重要，對後者瞭解訪談的預期形式具有導向（或暗示）作用。如果訪談者在一開始就打斷受訪者的談話，執意追問自己感興趣的事情，受訪者可能立刻改變自己的談話方式（或放棄打算長談的計畫），在下面的談話中總是提供比較簡短的回答。這是因為，訪談者的行為容易給受訪者一個印象，以為這是對方所希望的談話方式，因此只好採取與對方「合作」的態度。而如果訪談者後來意識到了這個問題，希望改變訪談風格，時機已經過去了，被訪者已經被塑模成型了。因此，訪談者在開始的時候應該格外注意，儘量追隨對方的思路，不要隨便打斷對方。

　　一般來說，訪談的問題應該由淺入深、由簡入繁。訪談者可以先問一些開放的、簡單的、對方容易理解的問題，然後隨著訪談關係和內容的深入再逐步加大問題的難度和複雜性。這裡所說的「難度」和「複雜性」不一定指的是內容上的艱深或語句上的複雜，而更多的是指對受訪者來說比較難以啟

齒的事情，比如個人的隱私、政治敏感性話題、有違社會規範的行為和想法等。如果訪談一開始就問這類問題，受訪者在心理上尚沒有完全接受對方，可能會感到唐突甚至反感。而如果訪談者先從比較容易談的問題開始，對方就比較容易打開話匣子。

此外，出於記憶的一般特點，人們往往對自己生活中最近發生的事情記憶猶新，比較容易就這些事情進行交談，而對那些很久以前發生的事情則比較容易淡忘，需要一定的思想準備和內容提示。因此，訪談者在提問時可以採取由近及遠的策略，先從最近的事情問起，逐步延伸到那些久遠的往事。

二、訪談問題的過渡

在一個進行得比較順暢的訪談中，訪談者所提的問題相互之間在內容上應該有一定的聯繫。在一個完整的訪談紀錄中應該可以看到一條貫穿訪談全過程的內容線，而將這條線連起來的便是一個個的提問。問題與問題之間的銜接應該自然、流暢，與前面受訪者的回答在內容上有內在的聯繫。

要做到訪談問題之間過渡自然、流暢，訪談者應該注意傾聽受訪者的談話，將對方前面所談內容中的某一點作為構建下一個問題的契機。訪談問題應該以受訪者的思想作為啟承轉合的主線，問句的構成應該使用受訪者自己前面使用過的詞彙和造句方式。如果訪談者不夠靈活，頑固地堅守自己事先設計好的訪談提綱，不管對方說什麼都定期地將自己的問題一個一個地拋出去，那麼這個訪談不僅在形式上會顯得十分地生硬、僵化，而且在內容上也沒有自己內在的生命。反之，如果訪談者將自己放到與對方情感和思想的共振之中，用對方的語言和概念將訪談的問題像一串珍珠似地串起來，那麼這個訪談便不僅會如行雲流水，而且會展現出自己生動活潑的生命。

有時候，受訪者正在興致勃勃地談論某一個話題，而訪談者出於種種原因（如時間限制或者認為對方已經「跑題」了），希望轉換話題。在這種情況下，訪談者應該使用一個過渡型問題，使內容的轉換顯得比較自然（*Weiss,*

1994）。比如，當一位母親正在談她的孩子如何調皮，而訪談者希望轉到有關她的工作問題時，可以這麼問：「您的孩子這麼頑皮，這對您的工作有什麼影響嗎？」如果需要轉換的話題很難與當時受訪者正在談論的問題聯繫起來，訪談者可以用舖墊的方式為轉換話題事先作一些準備，比如：「您說的這些很有意思，可是因為時間的關係，我還想問您另外一個問題，不知道行不行？」這麼做不僅可以在時間上和談話的節奏上有所緩衝，而且可以使受訪者在心理上作好轉換話題的準備。訪談時轉換話題之所以要盡可能做得自然，這其中起碼有兩方面的考慮：一是可以使訪談進行得比較順暢，不因為話題的轉換而顯得突兀；二是可以使受訪者感到心情愉快，不因為自己「跑題」了而感到不安。

雖然上面的討論強調訪談者應該對訪談問題的順序和過渡加以注意，但在實際訪談時，如果交談雙方的關係已入佳境，受訪者往往不需要對方提問便會主動敞開自己的心扉。畢竟，在現實生活中受訪者要找到像訪談者如此有耐心、有興趣，如此尊重自己的聽眾是不容易的。因此，訪談者最需要做的不是堅持按順序問完自己訪談提綱上所有事先準備好了的問題，而是要用自己的心去體會對方的心，用自己的觸覺和直覺謹慎地、細心地、富有共情地與對方進行交流。訪談者如果有這樣一種態度，就必然會知道什麼時候該問什麼樣的問題，而所謂「訪談問題的順序和過渡」便由不得不遵守的「技術」變成了一門「藝術」。

綜上所述，訪談中的提問是一門十分複雜的技（藝）術，不像我們平時想像的那麼容易。訪談的形式看上去好像是兩個人在一起聊天，但這種「聊天」與日常人們的聊天是很不一樣的。訪談中的「聊天」不僅要求訪談者具有對受訪者的尊重、興趣和高度關注，而且需要訪談者不斷地審視自己的言語和非言語行為。訪談者提出的每一個問題都會對受訪者的回答產生制約作用，而訪談的成功與否在很大程度上取決於訪談者對自己行為的意識與調控。訪談者只有對自己的思維方式和行為習慣進行充分的反省，才可能有意識地讓提問這一技（藝）術為自己的研究目的服務。

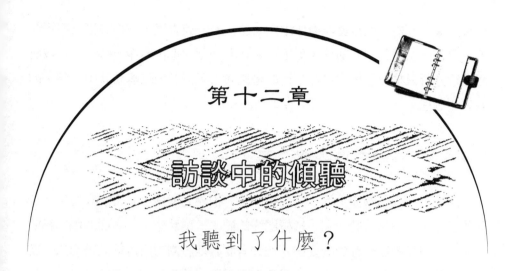

第十二章

訪談中的傾聽

我聽到了什麼？

　　在開放型訪談中，如果說「問」是訪談者所做的最主要的有形的工作，而「聽」則是訪談者所做的最主要的無形的工作。在一定意義上說，「聽」比「問」更加重要，因為它決定了「問」的方向和內容。在理想的開放型訪談中，交談雙方應該都是「聽者」；雙方如果需要「說」的話，也是作為「聽者」在說話（利奧塔，1997）。所謂先定的、固定的「說者」的位置應該是空缺的，沒有人可以先入為主地占據那個位置，交談雙方只有在「聽」的過程中才知道如何去「說」。因此，我認為，「聽」是開放型訪談的靈魂，是訪談者的心之所至。在質的研究中，訪談的主要目的是瞭解和理解受訪者對研究問題的看法，因此訪談者應該注意傾聽他們的心聲，瞭解他們看問題的方式和語言表達方式。

第一節　「聽」的方式

　　「聽」是一門綜合的藝（技）術，它不僅涉及到人的行為，而且需要心與心之間的交流。雖然下面的討論對訪談中的「聽」在行為、認知和情感三

個層面進行分析,但在實際操作中,「聽」是一種直覺,一種感悟,不可能
被分成各自相對獨立的部分,更不可能在單一層面進行運作。將「聽」按層
面進行分析只是一種權宜之計,目的是使讀者更清楚地瞭解訪談中「聽」的
狀態和過程。

一、行為層面上的「聽」

訪談者在行為層面上的「聽」指的是一種聽的態度,有可能表現為「表
面的聽」、「消極的聽」和「積極關注的聽」三種狀態。「表面的聽」指的
是訪談者只是做出一種聽的姿態,並沒有認真地將對方所說的話聽進去。訪
談者此時可能在想自己的事情,或者在對受訪者的容貌或衣著評頭論足。俗
話說「一只耳朵進,一只耳朵出」,指的就是這種情況。讓我們假設,一位
來自北京的漢族研究人員在拉薩訪談一位男性藏民時,雖然看上去是在聽對
方訴說家庭生活困難的問題,而實際上心裡卻在想:「這個人為什麼穿著這
麼奇怪呢?他的一只袖子為什麼不穿呢?」這就是典型的「表面的聽」。

「消極的聽」指的是訪談者被動地聽進了對方所說的一些話,但是並沒
有將這些話所表示的意義聽進去,當然更不用說理解對方的言外之意了。訪
談者好像是一個錄音機,只是把一些聲音機械地錄了下來,並沒有進行積極
的思維理解活動,也沒有在自己的情感上產生任何共鳴。比如,一位醫生在
訪談時說自己每天下班以後都感到「心情很不好」,如果訪談者不即時追問
對方:「『心情不好』是一種什麼狀態?這種狀態是如何發生的?為什麼會
心情不好?心情不好對你有什麼影響?心情不好與什麼其他的事情有關?」
那麼這位訪談者的「聽」就是十分被動和消極的。一般來說,如果訪談同時
有錄音機在錄音,而訪談者既沒有記筆記又沒有即時追問的習慣,便很容易
進入這種消極狀態。

「積極關注的聽」指的是訪談者將自己全部的注意力都放到受訪者的身
上,給予對方最大的、無條件的、真誠的關注。訪談者通過自己的目光、神

情和傾聽的姿態向對方傳遞的是這樣一個信息：「你所說的一切都是十分有意思的，我非常希望瞭解你的一切。」在這樣的傾聽中，訪談者給予對方的不僅僅是一種基本的尊重，而且為對方提供了一個探索自己的寬鬆、安全的環境。在訪談者的支持和鼓勵下，受訪者可能對自己過去從未想到過的一些問題進行思考，更加深入地探索自己的內心世界。作為受訪者，我自己便有過這樣的經歷。有一次，一位美國同學就中國學生在美國的學習適應情況對我進行訪談，她真誠關注的目光和親切柔和的語調使我感到她非常可以信賴，結果在訪談中向她傾訴了連我自己以前也沒有感受到的許多受挫感。由於有人積極關注地傾聽我的故事，我對自己的瞭解也因此而加深了。

很顯然，在訪談中，「表面的聽」和「被動的聽」都是不可取的態度。「表面的聽」不僅不能獲得研究所需要的資訊，而且會影響訪談者與受訪者的關係。訪談者心不在焉的神情可能使受訪者感到自己不受重視，訪談者眼光中透露出的居高臨下的評判態度也可能使受訪者產生反感甚至抵觸情緒。「被動的聽」雖然吸收了對方提供的資訊，但是如果訪談者不作出積極的反應，受訪者可能感到自己所說的話沒有意思，因此而對自己失去信心，失去繼續談話的興致。相比之下，「積極主動的聽」是訪談中最佳的選擇。在訪談者積極主動的關注下，受訪者會覺得自己十分重要，自己所說的話非常有意思，因此而一直不停地說下去。

二、認知層面上的「聽」

認知層面上的「聽」可以分成「強加的聽」、「接受的聽」和「建構的聽」三種情況。「強加的聽」指的是訪談者將受訪者所說的話迅速納入自己習慣的概念分類系統，用自己的意義體系來理解對方的談話，並且很快對對方的內容作出自己的價值判斷。比如，當聽到一位被訪的小學教師談到「我們班上有三分之一的學生是差生」時，訪談者腦海裡馬上出現「上課時大聲吵鬧、下課後相互打罵、不按時交作業、學習成績不及格」的男學生的形象。

而這位教師所說的「差生」可能並不全是男同學，上下課時也並不吵鬧，只是學習成績「不太好」而已；而所謂的「成績不太好」指的是考試平均分數在九十分以下（該學校片面追求升學率，學生考試分數在九十分以下便被校方認為是「不及格」）。由於這位訪談者對「差生」有自己先入為主的概念，不瞭解對方學校的具體情況，結果沒有理解對方的真正意思。

「接受的聽」指的是訪談者暫且將自己的判斷「懸置」起來，主動接受和捕捉受訪者發出的信息，注意他們使用的本土概念，探詢他們所說語言背後的涵義，瞭解他們建構意義的方式。比如，一位北京大學的研究生在談到報考該校的原因時說，他認為北京大學代表的是一種「知識品牌」，因此他願意到這所大學來學習。訪談者感到「知識品牌」這個概念是對方的一個本土概念，立刻就這個概念向對方進行追問。通過詳細的瞭解，訪談者得知，對方將知識比喻為「商品」。正如商品的牌子越響價錢就越高一樣，知識也有牌子，具有象徵意義：「當你是名牌大學畢業時，說明你的出身比較好；知識品牌在知識社會裡是最有力量的東西，它可以轉化成錢，也可以轉化成權力。」在這個訪談中，由於訪談者用接受的態度傾聽對方，抓住了對對方來說有意義的概念，結果比較準確地瞭解了這位學生報考北京大學的心態。

訪談中「建構的聽」指的是訪談者在傾聽時積極地與對方進行對話，在反省自己的「傾見」和假設的同時與對方進行平等的交流，與對方共同建構對「現實」的定義。比如，我就跨文化人際交往這一問題對一些中國留學生進行訪談時，在一位受訪者的談話中聽出了「如何在美國這一異文化中保持自己的中國特色」這一主題。我就自己在這方面的經歷與對方進行了探討，結果我們發現使用「文化認同」這樣一個舶來的概念可以比較確切地表達所有受訪談者的意思。在研究結束的時候，這位受訪者告訴我：「我以前從來沒有考慮過『文化認同』這個問題，你的研究使我思考了很多新的問題。」作為研究者，我自己的感受也是如此，我在研究中所獲得的成長也是自己始料不及的。

綜上所述，「強加的聽」是文化客位的做法，很容易過早地將研究者個

人的觀點強加給被研究者，得出不符合「客觀實際」的研究結果。當然，這裡所說的「客觀實際」指的是被研究者眼中的「客觀實際」，而不是一個「客觀」存在的「事實」（如果這種「事實」確實存在，並且對研究者和被研究者有意義的話）。「接受的聽」是文化主位的做法，是開放型訪談中最基本的傾聽方式，是訪談者理解受訪者需要掌握的基本功。「建構的聽」對訪談者的個人素質有較高的要求，訪談者必須具有較強的自我反省能力，能夠與對方共情，通過主體間的互動共同對「現實」進行重構。當然，「建構的聽」必須建立在「接受的聽」的基礎之上。雙方只有在真正理解了對方的意圖和思維方式以後，才有可能進行平等的對話和互為主體的建構。

三、情感層面上的「聽」

　　情感層面上的「聽」可以分成「無感情的聽」、「有感情的聽」和「共情的聽」。「無感情的聽」指的是訪談者在聽的時候不僅自己沒有感情投入，而且對對方的情感表露也無動於衷。一般來講，如果訪談者自己沒有情感表露，受訪者也不會表露情感。在與訪談者接觸伊始，受訪者的直覺就會告訴自己對方是一個什麼樣的人，對方喜歡還是不喜歡（或者允許還是不允許）情感表露，然後受訪者自己的感覺器官會受到相應的調節。如果訪談者態度十分冷竣或冷淡，受訪者會不由自主地壓抑自己的情感，拒絕接觸自己內心的情感反應。而受訪者如果無法接觸自己的情感，那就更沒有能力向別人表達自己的情感了。比如，當一位年滿三十歲的男性小學教師告訴研究者，由於工資低、沒有住房、受社會歧視，自己至今尚未成親時，如果研究者面部沒有一點表情，也沒有在言語上表示同情，對方便很可能對研究者產生不滿，停止向對方傾訴自己的苦衷。

　　「有感情的聽」指的是訪談者對對方的談話有情感表露，能夠接納對方所有的情緒反應，而且表現出自己對對方的情感表達方式可以理解。在這種情況下，受訪者會受到對方的感染，比較願意接觸和表達自己的情感。比如，

當一位年近六十的大學教師談到自己因教學任務繁重、沒有時間從事科研、結果至今沒有評上正教授、感到十分苦惱時，如果研究者全神貫注地傾聽對方，用自己的眼神、面部表情或言語（如「這對你太不公平了」、「學校也應該更加重視教學才對」）向對方表示了同情，對方便會感到遇到了知音，願意繼續傾訴自己的委屈。其實，「有感情的聽」並不意味著訪談者一定要直接用語言表露自己的情感，認真傾聽本身就表明自己具有理解對方的能力。受訪者只要感到自己的情感可以被對方所接納，便會比較自由地去體會自己和表達自己。

「共情的聽」指的是訪談者在無條件的傾聽中與受訪者在情感上達了共振，雙方一起同歡喜、共悲傷。「共情」可以進一步分成兩個層次，一種是低一級的、表示認可的共情；另一種是高一級的、準確的共情（*Egan, 1986*）。前者指的是訪談者在言語層次對對方所說的內容表示認可，後者指的是訪談者在內容上與對方準確地進行認同。比如，當一位被訪的小學校長談到自己的學校因經費短缺無法為學生修補危房、家長經常跑到學校來抱怨、自己感到十分被動時，訪談者在低級共情時可以說「是吧」、「唉」、「也真是的」諸如此類的表示認可的語言；在高級共情時則可以說：「唉，這可真是太困難了。您得操好多心啊！這也真是太難為您了。」「共情的聽」不是指訪談者居高臨下地向對方表示同情（這麼做有可能使對方感到自己不受尊重），或者有意展現自己具有理解對方的能力，而是自己確實體會到了對方的哀與樂，在自己的心中也產生了共鳴。因此，有時候（甚至是更多的時候），訪談者不必說很多話來「表示」共情，無言的傾聽和關切的目光有時比語言更加具有傳遞功能和感染力。

毋庸置疑，在質的研究中，訪談者應該學會「有感情的聽」和「共情的聽」，避免「無感情的聽」。「有感情的聽」和「共情的聽」並不排除理智上的理解，正是具有情感上的共振，訪談者才可能比較準確地理解對方。而「無感情的聽」雖然在言語層面理解了對方，但卻不能理解對方所要表達的真實意圖和人際態度。

要做到「有感情的聽」，特別是「共情的聽」，訪談者首先要學會瞭解自己的情感，特別是自己對研究問題的看法和情緒反應。訪談者只有坦誠地、勇敢地面對自己的感情，盡可能多地瞭解這個世界上人們所可能有的各種情感的類型、強度、頻度和表達方式，才會有足夠寬闊的胸懷接納這些情感，也才可能真正理解對方。其次，訪談者要學會不帶成見地對待受訪者，不因對方的長相、個性、性別、社會地位、受教育程度、說話習慣等因素而產生心理上的排斥感。如果訪談者感到自己與對方在一起時「不太舒服」，應該立刻反省自己，想辦法梳理自己個人的某些「傾見」，而不應該立刻想方設法找對方的「錯」。無論在什麼情況下，受訪者都是「對」的，應該得到訪談者的尊重、興趣和寬容。受訪者只有在感到自己被尊重、被關注、被理解時，才會真心實意地與訪談者合作，才有可能就雙方感興趣的問題進行探討。

第二節　「聽」的基本原則

在積極關注地、接受地／建構地、有感情地／共情地傾聽受訪者時，訪談者應該遵守一定的行為原則。除了上面提到的一些有關各類傾聽方式的原則以外，還有兩條適合所有情況的重要原則需要特別注意：(1)不輕易打斷對方的談話；(2)容忍沉默。這兩條原則相互之間是相輔相成的關係，缺了其中的一條，另外一條也無法有效地實施。

一、不輕易打斷受訪者的談話

在開放型訪談的傾聽中，一條重要的原則是不要隨便打斷受訪者的談話。一般來說，受訪者在說話的時候通常有自己的動機和「邏輯」。雖然訪談者可能認為受訪者已經「跑題了」，但是受訪者可能有話要說，有向訪談者表白的需要。也許，受訪者是一位不受單位領導重視的工人，平時很少有機會

與訪談者這樣耐心、虛心、尊重他人的人交談，覺得自己好不容易才遇到了一位「知音」，希望與對方多聊一聊；也許，受訪者認為訪談者是一位政界的「重要人物」，可以把自己所說的內容匯報給上級領導，可以為自己「打抱不平」；也許，受訪者認為自己目前所說的內容與訪談者所提出的研究問題有關，只是目前訪談者自己還沒有看到而已，等等。總之，受訪者通常有自己的理由和需求，他們只有在自己內心的需要得到了滿足以後，才會（甚至是無意識地）願意就訪談者認為重要的問題進行交談。因此，訪談者一定要耐心地傾聽，不僅要注意受訪者所說的具體話語，而且要思考對方是一個什麼樣的人，具有什麼樣的動機、願望和需求。比如，當一位年邁的工程師揮舞著雙臂、慷慨激昂地向訪談者談到自己工廠經濟效益不好的原因時，訪談者應該問自己：「他究竟要向我說什麼？他為什麼會如此激動？他本人有哪些工作和生活經歷？工廠的效益好壞對他意味著什麼？」

在傾聽受訪者的時候，訪談者應該不斷地問自己：「我能聽見對方內心世界的聲音嗎？我能感知其內心世界的形態嗎？我能對他的話產生共鳴嗎？能在我心中形成來回震盪的回聲嗎？我能既感知到他明確說出的意思，又能感知到他害怕談出然而又極想對人傾訴的意思嗎？」（羅杰斯，*1987: 180*）。而「回答就在這靜靜的聆聽之中，我們必須理解對方的現象世界，給他們的經驗予以無條件的同情，讓他們越來越自由、越來越準確地回憶、描述自己的思想、體驗和情感」（崔豔紅，*1997: 3*）。受訪者只有在對方不間斷的積極關注中才能充分自由地探索自己的內心，而受訪者的自由聯想通常會給訪談帶來事先意想不到的效果和結果。因此，在訪談的過程中，如果訪談者聽到了自己希望繼續追問的重要詞語，不應該立刻打斷對方，而應該等待時機，在對方談話告一段落時再對這些概念進行追問。

二、容忍沉默

除了傾聽受訪者的言語表達以外，訪談者還要特別注意傾聽沉默。「沉

默」在不同的文化中往往有不同的定義，因每個文化的容忍程度不同而有所不同。比如，在美國，如果談話一方有十秒鐘左右不說話，就會被認為是「沉默」；在中國，「沉默」可以到二十秒鐘左右；而在日本，交談時「沉默」的時間可以更長一些。此外，「沉默」在不同的文化中還具有不同的含義。跨文化交流方面的研究表明，東方文化通常賦予「沉默」更多的積極意義，而西方文化則給予它更多的消極意義（關世杰，*1995: 285*）。東方文化（如中國、日本等）一般認為，「沉默」是一個人「成熟、謙虛、懂禮貌」的表現；而西方文化（如美國、意大利等）則通常認為，「沉默」表示的是一個人「害羞、自卑、沒有想法」。

在訪談中，造成受訪者沉默的原因可以有很多，如無話可說、不好意思、有意拒絕回答訪談者的問題、思想開小差、在建設性地思考問題，等等。如果良好的研究關係已經建立起來，訪談進行得比較順利，而受訪者在談到某一問題時突然沉默了下來，這很可能是因為他／她需要一定的時間來思考問題，或者正在考慮用什麼方式將自己的想法說出來。比如，當一位年逾九十的老科學家在訪談中被問到：「您當時是如何決定回國服務的？」他沉默了足足有兩分鐘之久。很顯然，老科學家此時正在茫茫的記憶長河中搜尋這一事件的線索，需要一定的時間和空間保持沉默。在這種情況下，訪談者應該耐心地等待，不要為了打破沉默而立刻發話。

當然，訪談者如果不能確定對方長時間保持沉默是否是因為在進行上述建設性的思維活動，可以試探性地詢問對方：「請問您在想什麼？」如此溫和、友好的發問不僅可以幫助訪談者瞭解對方此時此刻的思維狀況，而且可以幫助對方對自己的思維進行清理。如果訪談者明確地知道對方保持沉默是因為害羞或害怕（如一位膽小的小學生突然被叫到校長辦公室接受訪談便很可能感到不知所措），則應該採取措施，先使對方放鬆下來，如講一個笑話、閒聊一下，然後再繼續進行訪談。

如果研究者在訪談關係尚未建立起來就詢問對方一些敏感性話題，如：「你的學習成績怎麼這麼差啊？你父母離異了對你的學習有沒有影響啊？」

對方很可能不願意回答。如果對方表示了明顯的敵意，不願意繼續與訪談者合作，訪談者可以採取委婉的方式詢問對方是否願意與自己公開地討論一下無法合作的原由。總之，當受訪者沉默時，訪談者不要馬上發話來打破沉默，而應該首先判斷對方是因為什麼原因而沉默，然後再根據具體情況作出相應的回應。

通常，訪談者在受訪者一沉默時就立刻發話是因為自己不能忍受沉默。當雙方都不說話時，訪談者往往將責任歸咎到自己身上，好像自己是一個不稱職的研究人員似的。為了打破僵局，訪談者通常馬上發話，以此來緩解自己內心的焦慮。結果，這麼做往往打斷了受訪者的思路，不僅失去了研究所需要的寶貴資料，而且剝奪了受訪者深入探索自己的機會。因此，訪談者應該首先擴大自己容忍沉默的能力。要做到這一點，訪談者首先要相信自己對所探討的問題有一定的瞭解，對訪談的情境有一定的判斷。如果訪談者自己心態平和，受訪者也會相應地感到輕鬆，也就會比較自然地表現自己，包括沉默地思考訪談者所希望瞭解的一些問題。

總之，訪談中的「聽」既是一門技術又是一門藝術，它需要訪談者不僅有意識地學會一些「聽」的技能，而且要用自己的心去體會對方的心。訪談者在「聽」對方說話時，不僅要聽到對方所發出的聲音和語詞，而且要設法體察對方那些沒有說出來的意思，包括隱含在對方所說出來的話語中的深層意義。在與受訪者對話的過程中，訪談者面對的不僅僅是一個「資訊提供者」，而且是一個活生生的人。因此，訪談者要調動自己所有的觸覺和情感去感受對方，去積極主動地、有感情地與對方交往。只有這樣，訪談的雙方才能就共同關心的問題進行深入的、建構性的探討。

第十三章

訪談中的回應

我應該如何與對方對話？

在質的研究的訪談中，訪談者不僅要主動提問題、認真地傾聽，而且還要適當地做出回應。「回應」指的是：在訪談過程中訪談者對受訪者的言行作出的反應，其中包括言語反應和非言語反應。訪談者做出回應的目的是使自己與受訪者之間建立起一種對話的關係，及時地將自己的態度、意向和想法傳遞給對方。訪談者的回應不但直接影響到受訪者的談話風格和談話內容，而且在一定程度上限定了訪談的整體結構、運行節奏和輪換規則。

第一節 回應的類型及功能

訪談者對受訪者作出回應的方式可以有很多種，一般常用的有：(1)認可；(2)重複、重組和總結；(3)自我暴露；(4)鼓勵對方。因其不同的特點，這些回應的類型可以分別（或同時）起到接受、理解、詢問、共情等作用。

▨▨▨ 一、認可

「認可」指的是訪談者對受訪者所說的話表示已經聽見了，希望對方繼續說下去。表示認可的方式通常包括兩類行為：(1)言語行為，如「嗯」、「對」、「是的」、「是嗎」、「很好」、「真棒」；(2)非言語行為，如點頭、微笑、鼓勵的目光等。在一般情況下，這兩類方式都可以起到鼓勵對方多說話的作用。如果訪談者在訪談中頻繁使用這些方式，對方會感到自己是被接受、被欣賞的，因此而願意繼續交談下去。儘管訪談者似乎並沒有直接說什麼實質性的表示鼓勵的話語，但是其面部表情、態度以及語氣已經使對方感到自己在被認真地傾聽、自己所說的話是有價值的，因此而願意繼續說下去。比如，當一位被訪的老工人在談到自己工資待遇低時，如果研究者面帶理解的表情，不時地點頭，同時輔以「嗯、是嗎」這樣的語言，對方就會繼續將自己的苦衷說出來。而如果研究者一聲不吭，只是埋頭記筆記的話，這位老工人可能會感到十分納悶，不知道對方是否理解自己，因此而產生不安全感，不願再繼續談下去。有研究表明，當訪談者做出上述認可的動作和響聲時，受訪者的回答比訪談者一聲不吭時要長三倍（*Bernard, 1988*）。

雖然我強調訪談者應該注意給受訪者以正面鼓勵，但是，如果訪談者言語反應過多，不時地打斷對方，也會產生不良的效果。受訪者可能感到十分突然，不能順暢地按照自己的思路進行談話。沿用上例，如果老工人剛剛談到自己工資待遇低，訪談者便馬上插話說：「現在做個體戶比當工人工資要高」，老工人的思路有可能被打斷，腦海中有關自己生活狀況的圖像會被這句話所擾亂。因此，在這種情況下，訪談者與其立刻對老工人表示同情，不如先採用一些上述認可的行為，注意傾聽對方陳述有關工資低的事實和感受，然後再選擇適當的時機對其進行共情。

訪談者過少或過多的言語插入通常是因為對自己作為訪談者這一角色的作用不夠瞭解或者缺乏信心。在過於沉默的情況下，訪談者一般有畏懼心理，

害怕自己的言語表達不合適或不適時。當受訪者是一個權威人物，對訪談者來說處於權力的高位時，這種情況尤其突出。在過於話多的情況下，訪談者內心通常有焦慮，認為自己作為一名「研究者」應該在訪談中說點什麼，否則就會顯得不稱職。而來自研究實地的很多實踐經驗表明，在大多數情況下，訪談者的點頭微笑以及不時的「嗯」、「是的」這類簡短的言語表達就足以鼓勵對方不停頓地說下去了。

二、重複、重組和總結

「重複」指的是訪談者將受訪者所說的事情重複說一遍，目的是引導對方繼續就該事情的具體細節進行陳述，同時檢驗自己對這件事情的理解是否準確無誤。比如，一位重點中學的女班主任談到自己每天工作十分辛苦，常常幹到夜裡十一二點才睡覺。訪談者如果想進行重複的話，可以說：「您每天工作都十分辛苦，常常幹到十一二點才睡覺啊。」通常，被訪的教師聽到這句話，會馬上接著說：「是啊，我每天都……」，下面便會引出很多有關她深夜辛勤工作的細節。

「重組」指的是訪談者將受訪者所說的話換一個方式說出來，檢驗自己的理解是否正確，邀請對方即時作出糾正，同時起到與對方進行高級共情的作用。沿用上例，如果訪談者希望對這位班主任的話進行重組的話，可以說：「您工作非常努力啊。」這時，對方多半會接著說：「是啊，每天都是這樣……」，接下來一定會有很多她辛苦工作的例子。如果她談到自己工作十分辛苦但卻樂此不疲時，訪談者也可以說：「您對教師這個職業十分熱愛啊。」在這種回應中，訪談者試圖將自己的「前見」和個人經驗暫時「懸置」起來，把自己放到受訪談者的角度，用他們的眼睛來看世界。如果訪談者的解釋符合受訪者個人的意願，受訪者會感到自己被理解、被支持，因而願意進一步對自己的意識深層進行探索。

「總結」是訪談者將受訪者所說的一番話用一、兩句話概括地說出來，

目的是幫助對方清理思想，鼓勵對方繼續談話，同時檢驗自己的理解是否正確。比如，如果訪談者希望對上面那位中學教學的話進行一番總結的話，可以說：「你們中學老師很辛苦啊。」如果對方同意這個總結，可能會立刻說：「是啊，我們每天都⋯⋯」，接下來是一大串中學老師如何辛苦的事例。而如果這位老師不同意這個總結，認為訪談者將她個人的情況過分地誇大到其他老師身上，也可能會說：「嗯，也不見得，並不是所有的中學老師都這麼辛苦。比如說我們學校那些不當班主任的老師吧⋯⋯」。

上面的例子表明，「重複」、「重組」和「總結」雖然形式不完全相同，但是它們具有類似的功能：(1)從訪談者的角度為受訪者理清所談的內容；(2)幫助訪談者確認自己的理解是否準確；(3)鼓勵受訪者繼續談下去。從內容上看，這三種方式似乎並沒有為訪談提出新的問題或看問題的角度，但是它們在訪談中占有十分重要的位置。對受訪者本人的語言和談話內容進行複述，這表明訪談者在努力將自己的問題暫時擱置起來，注意傾聽受訪者的心聲，從他們的角度對談話內容加以組織。如果受訪者感到自己所說的話是受重視的，值得對方這麼一個「重要人物」複述，便會受到精神上的鼓舞，願意繼續將自己的看法說出來。

三、自我暴露

一個成功的訪談者在訪談中並不總是一言不發、點頭微笑的，在適當的時候也應該以適當的方式暴露自己。「自我暴露」指的是訪談者對受訪者所談的內容就自己有關的經歷或經驗作出回應，如：「我本人也當過工人，我也有過這種經歷」等。這麼做可以產生至少兩個方面的作用：(1)可以使受訪者瞭解訪談者曾經有過與自己一樣的經歷和感受，因此相信對方具有理解自己的能力；(2)可以起到「去權威」的作用，使受訪者感到對方也像自己一樣是一個普普通通的人，而不是一個高高在上、無所不知、刀槍不入的研究「權威」。

訪談者適當的自我暴露不僅可以拉近自己與受訪者之間的距離，使訪談關係變得比較輕鬆和平等，而且還可以改變訪談的結構，使交談的方式變得更加具有合作性和互動性。如果訪談的形式僅僅侷限於簡單的一問一答，受訪者往往會感到十分緊張，沒有足夠的心理空間進行自我探索。當訪談者成為談話者，對自己的經驗進行描述時，受訪者在傾聽對方的過程中可以更加積極地探索自己的內心。如果訪談者的談話非常真誠、非常個人化、接觸到了自己的內心深處，受訪者通常會受到感染，因此而更加深入地進入自己的意識深層。

從某種意義上來說，訪談本身就是一個雙方共同建構現實和意義的過程（*Briggs, 1986*）。訪談者不論處於什麼位置、扮演什麼角色，都與受訪者處於互為主體的關係之中。如果訪談者將自己掩蓋得十分嚴實，不讓受訪者知道自己的任何情況，那麼受訪者可能感到對方很神秘，不知如何與其交往。結果，受訪者在談話時也會有意無意地避免涉及實質性問題。而如果訪談者適當地暴露自己，受訪者會感到對方可以接近，因此自己在談話時也會採取相應的措施向對方靠攏。

然而，訪談者的自我暴露一定要適當，過多或過少、過早或過晚都有可能產生不好的效果。如果訪談者過多地分享自己的個人經歷，訪談的重心可能會從受訪者身上轉移到訪談者身上，產生喧賓奪主的感覺。比如，如果一位被訪的公司老板正在興致勃勃地談論自己經商的成功經歷，訪談者貿然打斷對方，加入自己過去「下海」時的種種輝煌，這位老板可能會感到十分掃興，似乎自己的經歷不夠有趣，不能吸引對方的注意。如果訪談者過早與對方分享自己的經歷，也可能剝奪對方充分介紹自己的機會，同時容易給對方一個印象：訪談者有「自我中心」傾向。結果，受訪者可能對訪談者產生反感，不願意向訪談者過多暴露自己。

訪談者進行自我暴露時不僅應該注意暴露的時機是否合適，而且需要瞭解這種暴露能夠產生什麼效果。有時候，訪談者的個人經驗不一定與受訪者完全類似，暴露自己類似的經歷不一定能夠說明對方的情況，因此也不一定

能夠給對方以啟迪或共鳴。比如，當一名小學生談到自己的學業成績不好，經常受到老師的責備時，訪談者如果立刻跟上一句：「我小時候成績也不好，也經常受到老師的批評」，對方可能會想：「你怎麼知道你的情況和我的一樣呢？！你小時候？那是幾十年前的老黃曆了，怎麼會和我現在的情況一樣呢！？」如果訪談者的自我暴露使對方產生了反感情緒，不僅不會使雙方的關係接近，反而會造成雙方情感上的疏遠或隔膜。

四、鼓勵對方

受訪者通常有一些顧慮，不知道自己所說的內容是否符合訪談者的要求。儘管訪談者一再告訴對方，按照自己的思路談下去，但是受訪者往往習慣於聽到對方的肯定和鼓勵。有時候，即使是對十分自信的人，訪談者也需要給予適當的鼓勵和支持。朱克曼（1982: 370-371）在訪談美國的諾貝爾獎獲得者時就曾經面臨這種情況。有一次，一位獲獎者對自己是否應該繼續談出某些看法顯得有些猶豫不定，而朱克曼還希望他談下去，因此她回應道：

> 朱克曼：我覺得挺有意思（的是）您考慮過這件事。
> 獲獎人：我不是因為你這次採訪才考慮的。但是——順便說一下——我一直注意到這種事情……這很容易發生……有人表示感興趣，而且看來是瞭解你的，於是你就講得太多——我看我就講得太多了。
> 朱克曼：一點也不多。

有時候，訪談者問的問題可能使對方感到很為難，特別是那些似乎要求對方披露自己的個人隱私、自己生活中發生的傷心的事情或者同事之間發生衝突的細節等。在這種情況下，訪談者可以使用一定的回應方式安撫對方，表示自己並不要求對方這麼做，因此鼓勵對方就自己覺得可以談的話題繼續

談下去。比如，在朱克曼（*1982: 371*）的訪談中，有一位生物化學家在談到自己與其他同事之間產生了衝突時曾經表示了遲疑：

> 受訪者：沒有必要具體談那件事。
> 訪談者：當然沒有必要。我感興趣的並不是有關的人，而是引起衝突的那種情況以及發生了什麼事情。

通過表明自己並不是對有關的人感興趣，朱克曼使對方消除了不必要的顧慮，就自己認為可以「具體談」的話題繼續談下去。一般來說，如果受訪者對訪談者產生了信任感，對訪談關係感到放心，而這個話題又對瞭解研究的問題至關重要的話，受訪者會在自己認為「安全」的時候、以他／她自己認為「合適」的方式再次回到這個話題。

第二節 應該避免的回應方式

上面介紹的是訪談者可以使用的幾種比較合適的回應方式以及它們在訪談中所起的作用。在實際訪談中，還可能出現一些不恰當的回應方式，訪談者應該注意避免。在比較常見的不合適的回應方式中，「論說型回應」和「評價型回應」是比較典型的兩種方式。

一、論說型回應

「論說型回應」指的是訪談者利用社會科學中一些現成的理論或者訪談者個人的經驗對受訪者所說的內容做出回應。這種回應方式遵循的是「文化客位」的思路，訪談者從自己的角度對訪談內容進行評說。例如，當前述被訪的中學班主任老師談到自己工作很辛苦，每天都要幹到十一二點才睡覺時，

訪談者可能對精神分析理論略知一二，認為對方這麼做是受到自己內心某種潛意識的驅使，因此而回應說：「您這麼做是不是為了彌補自己內心的某種缺陷呢？是不是希望獲得領導和同事的讚揚而提高自己的自尊呢？」

很顯然，不論在任何情況下，訪談者都應該儘量避免使用論說型回應。論說型回應不僅在態度上給受訪者一種居高臨下的感覺，而且在知識權力上顯示出訪談者的優越感和霸權。這種方式很容易使受訪者感到自己在被分析，而不是被理解，因此而產生排斥心理，不想與對方繼續合作。比如，在上面的例子裡，如果訪談者使用精神分析的理論對受訪教師的辛勤勞動進行論說，這位教師十有八九會扭頭而去，再也不想聽這位所謂的「專家」在這裡「瞎扯」。

因此，訪談者如果確實希望瞭解自己的發現與學術界現有某些「宏大理論」是否相符，而且確實想從受訪者那裡得到驗證的話，可以採用比較間接、委婉的方式進行。比如，上述研究者如果希望對心理分析理論進行驗證，可以在訪談結束時問受訪的老師：「有學者認為，如果一個人工作過分努力，這可能說明這個人有人格上的某種缺陷。不知您對這一點有什麼看法？」或者，「根據我個人的經驗，如果一個人工作過分努力，這個人多半有心理上的問題。不知您對這如何看？」

雖然在實際訪談中，訪談者可以採取上述間接方式就有關理論向受訪者發問，但是我認為，即使訪談者希望在自己的實地研究結果和現存理論之間找到聯繫，也不必在訪談時直接詢問受訪者。受訪者通常對學術界的理論不太瞭解，很可能被訪談者的問題弄得暈頭轉向。此外，研究者如果希望對理論進行驗證，不應該直接詢問研究對象，而應該對原始資料進行分析，尋找有關的論證依據，通過歸納和演繹等手法建立自己的理論假設。

二、評價型回應

「評價型回應」指的是訪談者對受訪者的談話內容進行價值上的判斷，

其中隱含有「好」與「不好」的意思。訪談者的評價方式有的比較明顯，有的比較隱晦，但總的目的都是對受訪者所說的內容進行價值判斷。比如，當上述被訪的教師談到自己深夜還在工作時，訪談者可能出於自己的價值取向，認為幹工作不必如此賣力，因此回應說：「您工作這麼賣力又是何苦呢？您這麼幹可不太好」（而這位教師可能認為自己如此努力工作應該受到表揚而不是批評）。同樣地，也許訪談者覺得對方工作努力是一種「美德」，因此在訪談時不斷使用正面評價來強化自己的觀點：「您這麼做真是太好了！我們都應該向您學習！」（而這位教師也許認為自己如此努力是不得已而為之，別人大可不必像自己這麼辛苦）

與論說型回應一樣，評價型回應也會給訪談的進行以及訪談的關係帶來不好的影響。評價型回應通常反映的是研究者自己的價值觀念和評判標準，不僅不一定適合被研究者的具體情況，而且表現出自己對對方的不尊重。過多的評價還表明訪談者個人不夠成熟，不能接受事物的多樣性、不確定性以及道德兩難性，不能容忍受訪者有與自己不同的觀點或感受。此外，從研究者自己的利益著想，評價型回應還會妨礙受訪者自由地表露自己的思想；由於害怕訪談者對自己的想法或行為品頭論足，受訪者可能會選擇隱瞞有關的「真相」。

上面的討論表明，論說型回應與評價型回應之間存在一些共同之處。論說型回應經常隱含有評價型回應所表達的價值取向，而評價型回應也經常隱含一些論說型回應所依據的外在「理論」或研究者個人的標準，它們之間的差異主要在於各自強調的重點不同。對訪談者而言，如何對這兩種回應方式進行區分並不重要，重要的是在訪談中儘量避免使用它們。

第三節 回應的時機

在對受訪者的談話作出回應時，訪談者應該考慮到回應的時機是否合適。

回應的時機沒有一個普遍的規則，只能視訪談時的具體情況而定。一般而言，訪談者的回應應該使受訪者感到自然、及時，使訪談的進程如行雲流水，順暢地沿著受訪者的思路往前流動。訪談者最應該做的是使自己與受訪者融為一體，感受到對方的思想狀況和情感波動，與對方一起對問題進行探索。因此，對回應時機的掌握除了一些基本的原則以外，在具體實施時主要在於研究者個人的感覺和經驗。

有時候，受訪者就一個問題談得太多、太泛，訪談者認為對方已經「跑題」了，決定使用回應的方式把對方「拉」回來。在這種情況下，「拉」的方式必須十分謹慎、得體，不要讓對方覺得自己做錯了事情而感到難堪。例如，一位工廠女工在談到自己工作十分辛苦時，提到自己的丈夫不但不幫忙幹家務，而且還經常出去喝酒、打牌、深夜不歸（滑入了對丈夫不滿的冗長細節的描述），此時，如果訪談者希望將對方「拉」到工作問題上來，可以在對方略有停頓時伺機插入：「您的丈夫不幫您，這對您的工作有什麼影響嗎？」通過這種比較委婉的回應方式，訪談者不僅向這位女工表明，自己對她的家庭狀況已經有所關注，而且希望她能夠從「丈夫不幫忙」這個角度出發對「工作緊張」進行進一步的探討。如果「丈夫不幫忙」與「工作緊張」之間確實存在一定的聯繫，那麼這位女工便會「順水推舟」，對這個關係進行闡發。而如果兩者之間沒有什麼聯繫的話，這位女工也可以藉這個「台階」給自己「下台」，接著談工作緊張的問題，而不必為自己剛才的「跑題」行為而感到面子上無光。

除了是否應該（以及如何）將受訪者「拉」回軌道以外，訪談者的回應還涉及到是否應該（以及如何）打斷特別健談的受訪者。通常，訪談新手由於牢記「不要打斷」的原則，不敢隨便打斷對方。而有的受訪者特別健談，任何一個小問題都能從他們那裡得到一長串似乎永遠不會停止的回答。在這種時候，訪談者往往不知所措，不知是否應該（或如何）打斷對方。懷特（1982）根據自己多年從事實地研究的經驗指出，我們不必擔心打斷這樣的受訪者。這種人平時就特別愛說話，在日常生活中也經常被別人打斷，因此

我們不必擔心他們的自尊心會因此而受到傷害。我在自己的研究中也發現，如果我微笑著對一位談鋒甚健的受訪者說：「對不起，您說的這些內容非常有意思，但是因為時間關係，我不得不再問您另外一個問題」，對方一般都不會表現出不滿。

訪談者對回應時機的思考不僅應該考慮到「跑題者」和「健談者」，還應該照顧到另外一類缺乏如此勇氣或口才的「懷疑者」或「膽怯者」（這些人通常處於權力的低位，如被學校認為是「差生」的學生、被家長認為「害羞」的孩子、工廠裡的一般工人等）。由於平時很少有機會與訪談者這樣和善、耐心的人交談，這類人可能在談話時一時放鬆了警惕，過多地暴露了自己。過後，他們可能對自己的一時「大膽」有所察覺，感到十分害怕，因此在訪談後期表現得畏葸不前。在這種情況下，訪談者應該立刻停止追問，有意把談話轉到比較輕鬆的話題上去。如果在訪談結束的時候，受訪者仍舊顯得十分緊張，訪談者應該與其閒聊一會兒，輕鬆地談一些與訪談內容無關的話題。這樣做可以使受訪者感到自己與訪談者已經建立起了某種「關係」，自己不是暴露了個人隱私以後就被「拋棄」不顧了，對方會對自己所作的承諾（包括保密原則）負責任（有趣的是，如果訪談者直接就受訪者所談的內容與其聊天，可能會使對方更加緊張，因此採取比較迂迴的方式往往效果要好一些）。

綜上所述，訪談中的回應是一門十分複雜的技（藝）術，並不像表面看起來那麼容易掌握。在訪談中，訪談者不僅應該注意如何提問和傾聽，而且還要認真考慮自己所作出的回應對受訪者有可能產生什麼樣的影響。上面的討論表明，訪談者的任何一個舉動都會對訪談的結構、風格和進程產生不可避免的影響。因此，如何對自己的行為有所反省？如何有意識地使用（或不使用）某類回應方式？如何估量這些回應方式對訪談過程和結果的作用？——這都是質的研究者在訪談時不得不時刻掂量的問題。

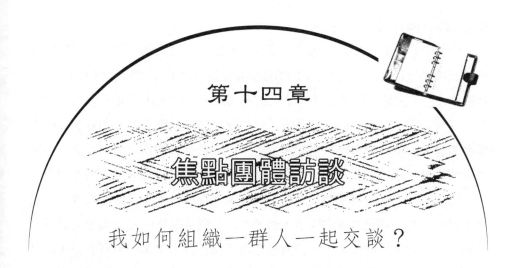

第十四章

焦點團體訪談

我如何組織一群人一起交談？

在質的研究中，訪談可以分成個別訪談和集體訪談兩種形式。「個別訪談」指的是研究者向一位被研究者進行訪談，通過兩個人之間的個人互動對研究的問題進行探討；「集體訪談」指的是一到兩個研究者同時對一群人進行訪談，通過群體成員相互之間的互動對研究的問題進行探討。「焦點團體訪談」便是一種最常見的集體訪談的形式。在這種訪談中，訪談的問題通常集中在一個焦點上，研究者組織一群參與者就這個焦點進行討論。

第一節 焦點團體訪談的起源

焦點團體訪談起源於社會學的群體訪談和歷史學中的口述史研究。在二十世紀四〇年代，著名社會學家默頓（R. Merton）便開始使用這種方法對政府發放戰爭宣傳品的效果進行檢驗（*Merton & Kendall,1946*）。他將一些具有同類社會身份的人聚集在一起，請他們就某類戰爭宣傳品對他們個人和家人的影響進行討論。通過觀察不同參與者對同一主題進行交談，他獲得了個別訪談所不能得到的看待問題的多種角度、參與者之間的相互糾正以及他們之

間的人際互動資訊。

口述史作為歷史學的一門分支學科創建於一九四八年，這是一種用口頭敘述記錄歷史的方法，主要用來瞭解參與者對事件的描述和解釋（楊雁斌，1998 / 2: 3）。這種方法特別適合下列情況：(1)參與研究的人屬於沒有書寫能力的弱勢群體，他們的聲音很難被正統的歷史文本記錄下來；(2)有關某研究課題的歷史文獻比較缺乏，需要研究者自己到實地去搜集資料。因此，研究者扮演的是一個「拓荒者」的角色，他們採取一種主動的態度去接近歷史，到普通的民眾中去發掘那些被忽略了的、或者沒有被充分發掘的史實。口述史不僅可以為文字史料提供佐證，而且可以使研究者在「看」到歷史的同時「聽」到「活生生的歷史」。由於注重從下層勞動人民那裡瞭解歷史，口述史把歷史從記錄皇宮貴族的顯赫功績恢復成了記載普通人日常生活故事的歷史，並使過去的歷史與勞動人民目前的生活現實緊密地聯繫起來。通常，研究者召集一群或親自參加、或目睹、或聽說過有關事件的知情人士，請他們就這些事件進行口頭敘述。在搜集口述憑證的過程中，研究者既是觀察者又是參與者，通過自己與對方的互動瞭解對方的敘述方式。研究者特別注重對參與者的言語進行分析，傾聽他們的話語中所表現出來的內在「邏輯」以及從中透射出來的道德意義。通過觀察不同參與者之間的言談互動，研究者還可以看到談話者之間的權力關係以及他們所信奉的意識形態（江文瑜，1996）。

社會學中群體訪談的方法和歷史學中的口述史方法為焦點團體訪談提供了一個發展的雛形。從二十世紀四〇年代到七〇年代的三十年間，團體訪談的方式主要被新聞界用來檢驗社會各界人士對新聞媒體的反應，引出焦點式討論。同時，一些社會學家也使用這種方法在群體環境裡對一些熱點問題進行討論。市場研究者看到焦點團體訪談在其他方面取得了成功，認為這種方法可以用來探測消費者的心理動力和深層動機，因此在市場調查時也廣泛使用這種方法，瞭解公眾對市場商品的價格、質量、種類、市場人員的營銷策略等所作出的反應。

　　七〇年代以後，因為種種原因，特別是量的研究在社會科學研究領域占據統治地位，焦點團體訪談的方法曾經在社會科學界沉寂一時。進入九〇年代以來，這種方法再度成為社會科學研究的一個熱門方法。原因不僅僅是因為它相對於其他研究手段更加便宜、快捷，更重要的是它注重參與者對知識建構所作的貢獻。群體成員聚集在一起，對某些問題進行即興討論，其結果往往會超出研究者事先的預設。集體討論的方式不僅可以為研究者提供每一位參與者個人的意見，而且可以提供在特定情境下特定社會公眾對特定事物的集體性解釋。由於具有以上這些特點，一些量的研究者也開始採取焦點團體訪談的方式，通過刺激—反應過程對統計上顯著的研究結果進行進一步的意義解釋。與此同時，這種方法現在仍舊被廣泛地運用於市場調查、新聞傳播、選舉行為和心理動力民族誌等社會科學研究領域。

第二節　焦點團體訪談的作用

　　焦點團體訪談有很多個別訪談所沒有的優勢，可以發揮一些比較獨特的作用。其中比較突出的作用有：(1)訪談本身作為研究的對象；(2)對研究問題進行集體性探討；(3)集體建構知識。

一、訪談本身作為研究的對象

　　在焦點團體訪談中，參與者被鼓勵相互之間進行交談，而不僅僅是向研究者談話。因此，研究者可以將訪談本身作為研究的對象，通過觀察參與者之間的互動行為來瞭解他們在個別訪談中不會表現出來的行為。研究者可以有意識地提出問題，然後通過觀察參與者的反應來辨別他們的認知方式、看問題的角度、思考問題的「邏輯」、分析問題的步驟等思維動態過程。在這種訪談中，研究者除了可以看到參與者個人的言語行為和非言語行為（這些

行為在個別訪談中也可以看到），還可以看到參與者相互之間的行為反應，如交談機會的輪換、目光的接觸、對不同人說話時的聲調和語氣、表示不同程度親密關係的身體接觸方式等。假設，某研究小組計畫就北京市出租汽車司機與交通警察之間的矛盾衝突進行研究，組織了六位出租汽車司機進行集體訪談。在訪談中，如果研究者問在場的出租汽車司機：「你們對北京市的交通警察有什麼看法？」並且鼓勵他們相互進行對話的話，可能會發現年齡較大的司機反覆強調自己的看法，不給年輕司機發表意見的機會；而年輕的司機只要有機會發言就立刻向對方發起「進攻」，態度上顯得「不夠恭敬」。通過觀察不同年齡段的汽車司機在訪談時的表現，研究者可以瞭解他們平時在一起交往時的行為模式。

不僅不同年齡的參與者在團體訪談的情境下可能會表現出一定的互動模式，而且來自不同文化群體、不同性別或不同社會階層的參與者也會有一定的行為表現。他們在團體訪談這一微觀場景下所表現出來的互動行為不僅可以反映他們平時彼此對對方的態度和看法，而且可以透視出他們所處社會中宏觀政治、經濟、文化等方面的權力關係。比如，在上述對出租汽車司機的集體訪談中，那些受到比較「正統的」共產主義教育、擔任了一定的領導職務、曾經被評為「優秀工作者」的司機對北京市交通警察的看法可能會與那些接受西方自由主義思潮比較多、沒有擔任過領導職務、從來沒有得過「優秀」獎章的司機的看法不太一樣。前者可能認為，雖然北京市有的交通警察態度比較「粗魯」，但是總的來說，他們是為了北京市的治安在辛勤地工作，應該得到理解和尊重。而後者可能認為，很多交通警察對出租汽車司機的管理（如「違章罰款」）純粹屬於「刁難」，是為了給自己的腰包增加收入而採取的創收措施。由於這兩類汽車司機在社會上占據的權力位置以及得到的利益「實惠」不一樣，他們看待交通警察的角度和看法也可能存在差異。

如果如上例所述，參與者對一些問題存有爭議，研究者可以利用團體訪談的機會激發他們彼此進行辯論。這樣做既可以達到深化主題的目的，又可以觀察參與者在遇到衝突時的行為表現。在個別訪談中，由於沒有「競爭對

手」，受訪者往往不太容易激動起來，也不太容易進入平時與別人辯論時的心態。而在團體訪談這樣一個環境裡，參與者有「對手」與自己較量，因此可能會主動調動自己的對抗能力。與自己相對平等的人在一起討論問題（而不是單獨面對一位訪談者這樣的「權威」），參與者自己平時意識不到的或者主動壓抑的一些情緒或想法也可能會主動「冒」出來。在這裡，訪談不僅僅被作為一個研究的工具，而且還被作為一個研究群體動力的對象（*Fontana & Frey, 1994: 361*）。

二、對研究問題進行集體性探討

焦點團體訪談除了可以被作為研究的對象，還可以在一個集體的環境中調動參與者一起對研究的問題進行思考。由於參與者是一個群體，而不是一個人，研究者可以充分利用群體成員之間的互動關係對問題進行比較深入的探討。大家通過相互補充、相互糾正，討論的內容往往比個別訪談更具有深度和廣度。

群體成員一起進行集體性探討可以發揮很多功用。首先，如果研究者涉入的是一個新的研究領域，自己對研究的現象不夠瞭解，可以在研究正式開始之前組織一次焦點團體訪談。在這種情況下，研究者提的問題可以寬泛一些，在傾聽參與者的對話中逐步形成自己的研究問題和理論假設。比如，我有一位美國朋友，希望對中國的幼兒教育進行研究，但是感覺自己對這方面的情況瞭解太少，無法提出有分量的研究問題。結果她先到中國組織了一次有幼兒的父母和幼稚園教師參加的焦點團體訪談，請他們就中國的幼兒教育現狀、成人對幼兒的期待、國家對幼兒教育的要求和有關政策、學校和公眾媒體對幼兒教育的影響等方面的問題進行廣泛的討論。通過幾次這樣的集體討論，她發現中國人的幼兒教育與中國政府、學校、公共媒體以及孩子家長對未來的設想有關；通過對幼兒使用特定的教育思想、方法和手段，有關社會機構和個人希望在孩子身上塑造自己理想中的「未來」。因此，她在這個

假設的基礎上提出了一個很有趣的研究問題：「孩子是人類的未來——中國的幼兒教育與中國人對未來社會的構想之間的關係」。

如果研究的問題已經確定，但是研究的具體計畫尚未落實，研究者也可以組織一次焦點團體訪談，在比較短的時間內廣泛瞭解有關人對研究設計的意見，以便進行修改。比如，一位上海的社會學家計畫對鄭州某居民小區的文化娛樂活動進行參與性觀察，但是由於自己以前從來沒有在那個地區生活過或訪問過，對觀察的具體時間、地點、內容和方式都不是特別清楚。此時，這位社會學家可以組織該小區的一部分「知情人士」（如小區家委會的幹部、在該地居住長久者、退休的居民等）進行一次焦點團體訪談，以此來確定自己的觀察計畫和觀察提綱。通過傾聽這些人的談話，他／她可能決定在早上六點到七點、晚上八點到九點分別在小區的活動中心、小花園和球場上觀察居民下棋、跳舞和打球等娛樂活動。

如果研究已告一段落，研究者已經獲得了初步的結果，計畫繼續進行後續研究，此時也可以採用焦點團體訪談的形式對今後的研究進行籌劃。研究者可以將自己的初步研究結果告訴參與者，徵求他們的意見，探尋下一步繼續研究的線索。比如，在上面的研究項目中，上海的社會學家已經對鄭州的一個居民小區進行了一個月的參與型觀察，得出了一些初步的結論（如「早上在小花園跳舞的多半是年過五十的婦女」，「晚上在活動中心下棋的多半是年過六十的老頭兒」等）。現在，如果他／她打算繼續就這個現象進行研究，可以再組織一次焦點團體訪談，邀請經常在小花園跳舞的年過五十的婦女和經常在活動中心下棋的年過六十的老頭兒參加。在這次訪談中，他／她可以詢問這些人為什麼選擇這個特定的時間從事這種特定的娛樂活動，這種活動對他們的日常生活有什麼意義。通過傾聽他們之間的討論，這位社會學家也許能夠瞭解這些參與者對自己行為的解釋，進而對這些居民日復一日的「現代儀式」進行更加深入的探討。

如果研究者從事的是一項行動型研究，需要提高參與者的自我意識和解決問題的能力，尋找改善現實狀況的途徑，焦點團體訪談也可以作為一種十

分有用的手段。在集體環境中，研究者可以最大限度地調動大家的智慧，使所有在場的人（通常是與需要解決的問題有關的當地人）群策群力，一起參與到對有關問題的探討之中。通過提建議、相互辯論、比較不同方案、共同協商解決辦法等不同方式，這種訪談不僅可以使大家共同面對現存的問題，而且（更加重要的是）可以使大家都參與到民主參政的過程之中。比如，在一項有關改革退休工人生活待遇的行動型研究中，我的一位朋友（他是一位社會活動家）將一些退休工人召集到一起，共同探討解決自己生活困難的辦法。通過暢所欲言，這些退休工人提出了很多有益的建議（如向市民政廳申請提高退休金、增加再就業機會、向銀行申請貸款從事個體經營等）。由於平時很少有機會與其他退休工人在一起討論這些與自己的日常生活利益攸關的問題，參與訪談的退休工人都感到非常興奮。事後，幾乎所有的人都反映說，他們在訪談之前前根本沒有想到自己其實有這麼多辦法可想，作為一個群體，退休工人可以如此有力量。很顯然，通過這次訪談，他們不僅發現了自己的智慧，而且感到了民主參與的甜頭。

此外，研究者還可以通過焦點團體訪談中的集體性思維對自己的初步研究結果進行效度檢驗，以確定目前搜集到的資料以及做出的結論是否符合參與者的實際情況。研究者在訪談中可以將自己的初步結論呈現給參與者，徵求他們的意見和建議。如果研究者對自己的某些結論還不太滿意或不太肯定，也可以利用這個機會請參與者對其進行補充或進一步的闡發。我個人以及我的一些學生的研究經驗表明，在研究後期使用這種方法特別有效。例如，在一項對亞洲孩子在美國中學遇到的文化適應問題進行的調查中，我首先對八名亞洲中學生（分別來自日本、韓國、新加坡、越南）進行了個別訪談，得出了一個初步的研究結論。但是，我感覺自己的結論比較膚淺，主要是一些事實的羅列和個別零碎的解釋，因此決定將這些中學生召集在一起進行一次集體座談。結果，在這次座談中，這些中學生彼此之間討論得非常熱烈，一些在個別訪談中沒有出現的問題被提了出來，一些曾經被個別提到過的問題在這裡得到了深化。特別是當我告訴他們自己的初步結論以後，很多同學都

提出了補充和修改意見，使我在短時間內獲得了十分豐富的資訊，為研究結論的檢驗和深化提供了非常有益的依據。

三、集體建構知識

除了上述作用以外，焦點團體訪談的另外一個十分重要的功能是對知識的建構。傳統意義上的個別訪談主要是基於一種個體主義的、實證的知識建構方式，認為在個體身上存在一些「知識」，需要研究者想辦法去「挖掘」。雖然近年來質的研究中的建構主義流派認為，個別訪談中的知識獲知也是訪談者與受訪者之間的一種共同建構，但是由於種種原因這種觀點仍舊沒進入質的研究的主流，而且（更加重要的是）個別訪談這一形式本身在知識建構上不如團體訪談有效。雖然訪談者可以向受訪者聲明自己不是一個「權威」，對方應該與自己「平等地」交談，但是學術研究的傳統已經使受訪者落入了「被研究」的陷阱；而且個別訪談這一形式本身（主要是「問」與「答」之間的交流）也很容易使受訪者不得不扮演「資訊提供者」的角色。

而在一個理想的焦點團體訪談中，參與者不是單獨地「對著」研究者說話，而是自己相互之間進行交談，參與者相互之間的激勵和刺激是產生思想和情感的主要手段。焦點團體訪談的一個理論假設是：個體的知識是從一個複雜的、個體與他人互動的人際網絡中湧現出來的；在這種網絡互動中，參與者的視角會通過集體的努力而得到擴展，進而接觸到更加具體的知識內容，深入到更加深刻的認知模式、人際情感和價值評價，並引發出個人以往經驗和現有意義之間的聯繫（*Morgan, 1988*）。個體的知識不是一個獨立的、先在的存在，而是在與其他群體成員進行交流時產生的。與其他成員在一起會使個體產生自己獨處時不會產生的一些想法和感受，激發個體即興的創造力和想像力，從而產生預想不到的結果。

焦點團體訪談不僅可以將群體成員的認識往前推進，共同建構新的知識，而且可以加強群體成員相互之間的瞭解，消除（或減少）彼此之間的隔閡。

我認為，通過人際交流所帶來的人際關係的改善也可以被認為是一種「知識」的增長，涉及到質的研究十分看重的人的「實踐性知識」。例如，當北京大學「人才素質與課程體系研究」課題組對生物專業的教學改革進行個案調查時，我們組織了生命科學院的部分教師和學生進行焦點團體訪談。訪談開始時，主動發言的主要是教師，學生們一直沉默不語。我們可以明顯地感到，教師和學生之間存在隔膜，學生對教師的發言有很大的抵觸情緒（比如，當一位教師談到「現在很多大學生都沒有遠大的人生理想，沒有為科學獻身的精神」時，在座的不少學生都流露出不以為然的表情）。後來，經過我們的一再調動，學生終於慢慢地參加了進來。當討論進行得比較熱烈時，有一位學生甚至向上面那位批評現在的大學生沒有理想的教師主動「發難」：「剛才這位老師說我們大學生沒有人生理想，但是我們考慮的是自己在學校學到的東西是不是能夠為我們提供足夠的知識和能力，我們今後是不是能夠找到一份合適的工作，這是我們最關心的。而學校的領導和老師並不瞭解我們，學校提供的課程也很不合理」。接著，這位學生列舉了一些「課程不合理」的具體實例。在場的教師們似乎很受啟發，都在認真地傾聽這位學生的發言。訪談結束時，不少老師和學生說，這次訪談不僅對有關的問題進行了探討，而且增進了師生之間的交流和瞭解。以前雖然學生與老師也經常見面，但是從來沒有機會這麼認真地坐下來，一起討論如此具體的問題。他們都向課題組表示感謝，說我們為他們提供了一個很好的彼此交流的機會。通過這次座談，他們感覺師生之間的關係更融洽了，學生對老師的「神秘感」、「敬畏感」和「抵觸情緒」減少了，老師對學生的「理解」和「同情」也增加了。

四、焦點團體訪談的弊端

　　儘管焦點團體訪談法有上述各類優點，但同時也有一些弊端。這些弊端通常是在與其他研究手段（如個別訪談或參與型觀察）進行對比時才凸現出來的。首先，與個別訪談相比，雖然焦點團體訪談可以節省時間，在較短的

時間內獲得較豐富的資訊，研究者的控制比較少，可以給參與者比較大的自由，但其弱點是：在一個群體裡，總是有人比較喜歡出頭露面、夸夸其談，而與此同時也總有一些人比較含蓄、害羞、不善言談。那些不善言談的人可能會感到心理上受壓抑，沒有機會像在個別訪談時那樣比較充分地發表自己的意見。如果群體被個別有強烈領導欲、試圖影響其他成員的人所控制，形成了一種思維和談話的定勢，其他成員往往會隨波逐流，不願意或不敢違背主流趨勢。群體中的成員通常有一種從眾心理，團體內部的動力會創造出一種集體性思維，對成員之間的交談方式和內容產生導向作用。

比如，我的一位學生對部分北京大學研究生報考北京大學的動機進行一項小型研究時，對四名研究生進行了個別訪談，之後又組織了一次焦點團體訪談。結果，他十分吃驚地發現，這些同學的表現與以前很不一樣：有的同學提出了不同的報考北京大學的理由，有的改變了自己原來的看法，還有一位同學現在提供的理由與在個別訪談中所說的理由自相矛盾。通過與班上同學一起對訪談紀錄進行仔細的分析，他發現，這些同學的「不同」表現在很大程度上與他們相互之間的關係以及他們當時的言語交流有關。比如，其中一位女同學在個別訪談時曾經談到自己報考北京大學的主要原因是因為自己的男朋友在北京讀書，自己希望今後和他在同一個城市裡工作。可是，在團體訪談時，她卻改變了說法，說自己報考的主要原因是「希望到北京大學自由寬鬆的學術環境裡來學習」。經過對團體訪談的人際關係進行分析，我的學生認為，由於當時在場的其他三位同學都是男生，這位女生可能不想在男生面前表現得「女孩子氣」或「小家子氣」，不願意承認自己報考北京大學是出於自己個人生活的考慮。而其他幾位男生的「不同」表現也許與這位女生的發言有關。由於她在當時的討論中第一個發言，結果後發言的幾位男生也提出了比在個別訪談時更加「堂而皇之」的理由，如「北京大學的名聲比較好」、「北京大學的師資水平比較高」等（而在個別訪談中替代這兩個理由的分別是：「本科畢業以後沒有找到自己喜歡的工作」、「從北京大學畢業以後可以有更多的機會出國」）。由於這個群體所提供的特殊互動關係，

參與者在此時此地對自己的行為構建了新的意義解釋。

　　當然，我們不應該說，這些同學在個別訪談中提供的理由「比較真實」，而在焦點團體訪談中提供的理由「不夠真實」。這些理由都是特定研究環境下的產物。個人在私下所說的話與在群體中所說的話有「出入」，這說明群體勢力對在場的個人的思維方式和行為決策產生了影響。一般來說，如果談論的話題比較敏感，涉及到參與者個人的隱私，有可能遭到其他參與者的輕視，或者有可能給參與者本人帶來麻煩，參與者多半不願意就這些話題表露自己的「真實」想法。

　　與個別訪談相比，焦點團體訪談的另外一個困難是：由於參與者不止一個人，獲得的訪談內容可能比較雜亂。研究者在團體訪談中的控制比在個別訪談中要小（在某種意義上這是前者的一個優勢），但因此而獲得的資料也比較混亂，給今後的資料整理和分析帶來一定的困難。

　　與參與型觀察相比，雖然焦點團體訪談比較節省時間，可以在較短的時間內獲得較多的資訊，但是（與其他類型的訪談一樣）團體訪談的情境是研究者人為製造的，不像參與型觀察那麼自然。雖然研究者的控制比較小，但是參與者的談話內容和基本走向仍舊受到研究者的控制。此外，在焦點團體訪談中，雖然研究者可以觀察參與者的非言語行為和行為互動，但是研究者瞭解的主要是參與者的語言表達，沒有機會像在參與型觀察中那樣看到他們自然地生活和工作。因此，在焦點團體訪談中（如其他類型的訪談一樣）研究者很難獲得參與型觀察時能夠獲得的非語言資料。

第三節 焦點團體訪談前的準備工作

　　在正式進行焦點團體訪談之前，研究者需要做一些必要的準備工作，如探討研究者自己的角色、對訪談進行設計、對參與者進行抽樣等。

一、焦點團體訪談中研究者的角色

焦點團體訪談中的研究者主要不是一個提問者，而是一個仲介人、輔助者或協調人。研究者的主要職責是促使參與者積極參加討論，密切注意群體的動力結構和成員之間的互動模式，在需要的時候適當地對群體進行干預。

首先，研究者應該想辦法將談話的主動權交給參與者，鼓勵他們即興發言、相互對話、積極參加討論，不要依靠研究者這個「權威」。而研究者要達到「去權威」的目的，自己必須有意識地保持一種低調姿態（low profile），即不要輕易發表自己的意見，也不要隨便打斷群體的討論。如果訪談的目的主要是對一個尚未定型的研究問題進行探索，研究者應該嚴格採取「不干預」政策，讓參與者自由地對這個問題進行探討。如果訪談的目的主要是檢驗研究早期的初步結論，或者對從其他管道獲得的資料進行相關檢驗，研究者的參與可以稍微積極一些。但是，總的原則是：讓參與者自己相互說話，研究者儘量在旁邊觀察和傾聽。如果在訪談的過程中，有的參與者出於平時的習慣，只面對研究者一個人說話，或者使用的言語中表現出研究者是唯一的聽眾，研究者應該及時提醒大家，將所有在場的人都作為自己對話的伙伴。

為了達到讓參與者自己相互交談的目的，研究者還要設法使所有在場的人感到輕鬆、安全，可以自由地表現自己。要做到這一點，研究者自己首先要放鬆。不論是在情緒上還是在行為舉止上，研究者都應該表現得自然、隨和。一般來說，在一個集體場合，如果主持活動的人態度民主、開放，其他的人也會相應地感到輕鬆、愉快，沒有精神上的壓抑。如果團體暫時出現冷場的現象，研究者不必緊張，也不要馬上打破沉默，因為這個沉默很可能是一種有意義的情感表示，研究者應該給予足夠的時間和空間讓其流露出來。總之，研究者要努力創造一個舒適、寬鬆的環境，使參與者不把過多的精力放到自我形象整飾和人際爭鬥上面。

研究者除了自己保持輕鬆的心態以外，還應該設法保證在場的每一個人

都有發言的機會。如果在訪談的過程中有人因個性或社會地位方面的優勢造成了「領導效應」，研究者應該注意在不傷害他們情感的前提下調動其他成員發表意見。研究者應該明確告訴參與者，不要害怕發表自己的看法，如果自己不同意其他成員的意見，應該主動提出來。團體往往會壓抑個別人的參與，因此研究者應該鼓勵那些說話比較少的人多說話，調動團體對他們的支持。在對這些人進行鼓勵時，研究者要注意策略，多觀察他們的行為和語言線索，順著他們的思路鼓勵他們發言，不要造成勉強和尷尬的局面。

在訪談的過程中，參與者可能會詢問主持人一些問題。如果這些問題只是為了澄清研究的目的和有關訪談的規則，研究者可以直接就問題進行解答。而如果這些問題是表達者借以避免表達自身感受而採取的一種轉移注意力的策略，研究者則應該採取一些技巧重新引導討論。比如，研究者可以重新陳述或澄清對方的感受，將關注的「球」踢回給提問的人；也可以就這個問題反問其他成員，調動大家一起參與思考（胡幼慧，1996: 235）。

不論是為了達到哪一類目的，研究者在訪談期間都要認真記筆記。與個別訪談相比，團體訪談的人數比較多，交叉發言的情況時有發生，即使使用錄音機或錄影機也很難準確地判斷講話內容與發言者之間的關係。因此，研究者應該保持記筆記的習慣。筆錄的內容不僅可以日後與錄音、錄影等其他類型的資料進行相關檢驗，而且可以為訪談後期進行追問提供線索。

二、焦點團體訪談的設計

由於焦點團體訪談注重瞭解參與者相互之間的即興互動行為，其設計相對個別訪談來說應該更加開放一些。一般來說，訪談的結構應該視研究的目的而定。如果研究的目的是對同一團體中的不同成員進行對比，看他們對研究問題的看法存在什麼異同，可以採取如下幾種策略：(1)在同一團體中使用相同的訪談問題，看不同參與者的回答是否存在異同；(2)在同一團體中就同一研究問題使用不同的訪談問題進行提問，看這些不同的訪談問題是否會導

致參與者提供不同的回答；(3)對同一團體系統地變換提問題的程序以及問題的語言表達，看成員之間的反應有什麼區別。

如果研究的目的是對一個社會現象進行追蹤調查，瞭解同一團體在一段時間內就該社會現象的看法或態度所發生的變化，我們可以在不同時段對這一團體進行訪談。如果訪談的目的是對不同團體之間的異同進行比較，我們可以對這些團體詢問同樣的訪談問題，看它們的反應是否存在差異。如果研究的目的是對數個團體在時間上的變化進行對比研究，我們可以同時對數個團體進行多次追蹤訪談，在考察每一個團體是否發生變化的同時，對比數個團體所發生變化之間的異同。在進行追蹤訪談時，如果第二次訪談的內容比第一次集中，為了節省人力和時間，可考慮將原有各團體的部分成員混合在一起組成一個新的群體進行訪談。為了檢驗「研究效應」，我們也可以將以前參加過團體訪談的成員與新加入的成員混合在一起，看他們的反應有什麼不同。

如果我們在進行集體訪談之前不能肯定這個方法是否適合自己的研究，還可以先進行一個「預研究」。預研究時使用的訪談問題和抽樣人群應該與正式訪談時的基本一致，以便對方法和結果進行類推。如果參與者反應熱烈，積極參加討論，能夠滿足焦點團體訪談的基本要求，我們便可以確認這個方法適合本研究項目，具有一定的可行性。

與個別訪談相比，焦點團體訪談的訪談提綱應該更加靈活機動。我們只需將自己希望探討的問題範圍列出來，寫在一張紙上作為提示。在具體進行訪談時，可以隨進程的變化適當進行提問和導引。

三、焦點團體訪談的抽樣

在焦點團體訪談中，為了便於交流，所有的成員都應該可以面對面地看到對方，也都應該有充分發言的機會。因此，團體的樣本不宜過大，一般為六至十人。如果研究的目的只是對有關問題進行初步的探索，希望在短時間

內得到較多人的看法，也可以適當增加人數。

如果研究涉及到多個團體，應該根據研究的目的以及經濟效益來確定團體的數量。一般來說，團體的數量為三至四個比較適宜。如果研究的目的是盡可能多地獲得對有關議題的不同看法，需要對資料進行細緻的內容分析，那麼也可以適當增加團體的數量，如六至八個（胡幼慧，*1996: 233*）。通常，團體成員在個人背景和看問題角度方面的同質性越大，需要的團體數量就越少。從經濟效益考慮，如果增加團體並不會增加新的內容，那麼目前的數量就應該是合理的，可以就此打住（*Calder, 1977*）。

在挑選參與者時應該注意其同質性，因為具有同質性的成員通常有比較多的共同語言，相互之間比較容易溝通。如果他們在社會地位、教育背景、職業、性別、種族、年齡、輩分等方面異質性太強，可能會產生戒備心理，不願意主動發言。這種情況對社會經濟地位較低的人來說尤其明顯（*Cabanero-Verzosa, 1993*）。應該指出的是，「異質性」指的是參與者的個人背景和生活經歷方面的不同，而不是態度和看法上的不同。後者正是焦點團體訪談所希望發現的。

當然，如果研究的目的是瞭解具有不同背景的人聚在一起時如何互動，我們也可以有意把他們放到一起進行訪談。比如，如果我們希望瞭解父親和母親對自己孩子的教育有什麼不同的看法，就應該將父親和母親召集到一起進行討論。雖然焦點團體訪談的長處是通過成員互動將問題引向縱深，而不只是停留在表面的爭執上，但是將不同的人聚集在一起也可以揭示一些我們希望瞭解的事情。比如，當父母聚集在一起對孩子的教育進行討論時，我們不僅可以瞭解父親和母親在態度和看法上存在的異同，而且可以觀察他們相互之間的互動關係。因此，樣本應該「同質」還是「異質」的問題，主要取決於研究的問題和目的。

抽樣時還要考慮的一個問題是：我們應該選擇熟人還是生人作為參與者？這個問題至少涉及兩個方面的情形：(1)參與者對研究者來說是熟人還是生人？(2)參與者相互之間是熟人還是生人？我認為，除非有特殊要求，最好選

擇對研究者和參與者都是生人的人。原因是：生人彼此不熟悉，對研究更加
有新奇感，可能比較積極地投入討論。此外，生人之間不必像熟人那樣講究
交情和面子，可以比較坦率地發表自己的看法。從研究者的角度看，我們對
生人的情況不瞭解，他們提供的資訊應該更加有價值。當然，如果討論只適
合在參與者相互之間是熟人的情況下進行（比如，某商店內部營業員對該商
店經營管理的看法），我們只能選擇熟人。但是應該特別注意的是，不要把
對研究者是熟人和生人的人同時混合在一個團體內。如果這兩種人混在一起，
研究者可能有意無意地對他們表露出親疏之分，如對熟人面帶笑容直呼其名，
而對生人則以「那位先生」、「這位女士」這類比較生分的稱謂。研究者這
種區別對待的態度可能使參與者產生不平等感，特別是對那些與研究者是生
人的人來說。

　　另外，在挑選參與者時，我們還要考慮這些人對研究的問題是否感興趣，
是否有話可說，是否願意在一個群體環境裡說話，而且更加重要的是，是否
對同一問題有不同的看法。比如，卡巴尼羅‧沃佐沙（Cabanero-Verzosa）等
人（1993）在幾內亞一個村子裡對一群正在哺乳的婦女進行了兩次焦點團體
訪談，詢問她們對當地從西方引進的一種新型的哺乳食品的看法。訪談採取
的是實驗型設計，一次在使用該食品之前，一次是在試用之後。由於參與者
都是正在哺乳的母親，而且都正在試用這種新型的食品，因此她們相互之間
有話可說。這種食品可以幫助她們緩解哺乳中遇到的一些困難，因此她們都
願意就食品的準備和質量等問題提出自己的看法。由於食品是從西方國家引
進的，與當地的飲食習慣有一個適應的過程，她們對此也各有自己不同的做
法。此外，在使用食品的前後對哺乳的婦女各進行一次訪談，這種方式還為
研究者提供了豐富的對比資料。

焦點團體訪談的實施

焦點團體訪談的實施一般包括如下幾個方面：安排物質空間、開始訪談、組織進行訪談、結束訪談。

一、安排物質空間

在訪談開始之前，研究者應該事先選擇訪談的地點。集體訪談的物質空間安排十分重要，因為它直接表達了研究者對團體關係的一種暗示。如果條件允許，座位應該儘量排成圓圈，以表示所有在場的人（包括研究者本人）都是平等的，彼此不分高低。如果研究者多於一個人，最好坐在一起，不宜分散於圈內，以免參與者圍繞著研究者形成多個小團體，同時各自自己對話。此外，焦點團體訪談中偶發事件比較多，研究者需要經常在一起商量對策，如果坐在一起，可以比較方便地交換意見。

研究者將參與者的座位安排以後，可以請大家自由就坐。此時，觀察參與者選擇坐在什麼地方、與什麼人坐在一起，能夠為研究者提供十分有意思的資訊。比如，如果某一位參與者故意避免與研究者坐在一起，這也許說明：(1)他／她比較害怕「權威」；(2)他／她對研究者有反感；(3)他／她平時就對研究者這樣的人（處於權力高位、來自學術圈子、「自視清高」等）敬而遠之。又比如，一位女性參與者有意選擇與其他女性坐在一起，這也許說明：(1)她的性別認同意識比較強烈；(2)她對男性有「偏見」；(3)她與同性在一起感到比較安全，等等。有時候，雖然研究者將座位排成一個圓圈，有的參與者可能有意將自己的座位拉到圓圈外面，坐到其他參與者的背後。這也許說明：(1)這個人不喜歡拋頭露面；(2)這個人在這裡感到不安全；(3)這個人希望與眾不同，有「反社會傾向」，等等。總之，研究者可以利用就坐的機會對

參與者的行為進行觀察，透過他們自己對物質空間的選擇來瞭解他們的個性以及他們對現場的反應。

二、開始訪談

大家就坐以後，研究者就可以開始訪談了。無論研究者採取什麼具體的策略，訪談都應該以輕鬆、愉快的方式開始。比如，研究者可以先講一個與在場的某些參與者有關的幽默故事，或者講一個有關研究者本人或研究項目的笑話。這樣可以使大家精神上有所放鬆，減輕他們初次來到陌生地方常有的防禦心理。另外一種開場的方式是讓所有的參與者（包括研究者本人）各自介紹自己，使大家對在場的人有一個基本的瞭解，以便決定自己應該以什麼姿態參與訪談。此外，研究者也可以請每個人談一談自己最近生活中發生的好事情，將大家的注意力先放到比較輕鬆愉快的事情上面。總之，研究者應該盡一切努力，使參與者感到放鬆、舒服、安全。

訪談開始時，研究者可以對自己的研究項目作一個簡短的介紹，其中包括研究的問題、研究的目的、處理結果的方式、志願原則和保密原則等。介紹研究項目的方式與個別訪談基本類似，研究者的態度應該誠懇、坦率；介紹的內容可以概括一些，不必過分交代細節。與個別訪談不同的是，研究者在介紹保密原則時，不僅要許諾自己對參與者的資訊絕對保密，而且應該要求參與者對彼此的資訊絕對保密。這一點在團體訪談中特別重要，因為它直接關係到參與者對訪談的信任程度，對訪談的質量有很大的影響。

介紹了研究的項目和有關事宜以後，研究者還要向參與者交代團體訪談的基本規則，如：(1)一次只允許一個人說話，別人在說話時不要與自己旁邊的人「開小會」；(2)所有的人都應該有機會發言，不要讓少數幾個人統治會場；(3)參與者可以自己組織討論，不必等待研究者介入，發言的人要面向大家，不要只是朝著研究者一個人；(4)討論的問題應該比較集中，就大家共同關心的問題進行討論，後面發言的人應該儘量與前面發言人的談話內容掛上

鉤；(5)儘量使用自己的日常語言，不要使用一些時髦的政治術語和口號式的語言；(6)所有在場的人的經歷和看法都同樣重要，沒有「好壞」之分，歡迎發表不同意見，等等。

為了避免「集體性思維」和「同伴壓力」（peer pressure），研究者還可以在訪談正式開始時，建議每一位參與者作一個簡短的發言。待每個人都有機會發表自己的看法以後，再放開討論。另外一個辦法是，請所有參與者在發言之前先花幾分鐘寫下自己的想法，以便強化他們在團體中發言的願望和能力。既然他們已經將自己的想法寫了下來，希望說話的願望會更加強烈一些，說話的能力也會增強。如果研究者不擔心參與者中有人會統治會場，也可以直接介紹一個話題，讓參與者自己展開討論。

三、進行訪談

焦點團體訪談中引進話題的順序與個別訪談一樣，應該像一個倒置的金字塔，開始時比較寬泛，然後逐步收緊。轉換話題要流暢、自然，避免過分強制、操之過急。追問時應該儘量使用參與者自己提供的概念線索，而不是生硬地「另起爐灶」。

為了使參與者接觸自己內心的感受，研究者可以讓對方重述具體的情境和事件的細節。當參與者對一個事件進行描述時，研究者應該注意捕捉線索，幫助對方不斷接近具體細節，避免泛泛而談。

在對研究問題進行討論時，研究者還要注意哪些問題參與者認為比較有意思、比較重要，哪些問題他們認為沒有意思、不重要，然後重點就前者進行討論。有時候，參與者談到的問題可能是研究者事先沒有想到的，但是與研究的問題密切相關。此時，研究者應該鼓勵對方就此問題進行深入的討論。

為了瞭解參與者的態度和價值觀念，研究者還可以適當地使用控制式投射法，如問參與者：「有人認為……不知你們怎麼看？」當參與者對一些問題形成了對抗，有的人表示同意，有的人表示反對時，研究者應該注意他們

彼此的態度和神情，瞭解他們在面對衝突時的處理方式。

四、結束訪談

訪談結束的時候，研究者可以請每一位參與者簡單地總結一下自己的看法，或者補充自己想說而沒有機會說的話。這樣做一方面可以使大家進一步理清思路，另一方面也可以為那些沒有機會或機會較少的人提供一個說話的機會。

通常，在一個集體活動結束的時候，參與者往往期待著組織者作一個總結，對大家的看法作一個概括性的評價。但是，我認為，在焦點團體訪談中研究者應該避免這麼做。原因是：我們不應該讓參與者認為研究者具有最後的「權威」，可以對討論的內容作一個總結和評價。如果研究者只是就大家談論的內容作一個簡要的概括，同時表示這些資料對自己十分有用，參與者會帶著開放的心態離開會場，回去以後還可能對有關的問題進行思考。而如果研究者在訪談結束的時候對討論的內容下一個定論，那些被肯定的人可能感到比較高興，而那些被否定（哪怕是間接地被否定）的人會感到比較喪氣。更加重要的是，研究者在訪談過程中煞費苦心經營起來的「去權威」的氣氛會因此而毀於一旦。

訪談結束的時候研究者還需要做的一件重要的事情是：再一次向參與者強調保密原則。雖然在訪談開始的時候研究者對這個問題已經有所強調，但是經過兩個小時的訪談以後，有的參與者可能對這個原則有所淡忘；有的參與者可能與群體中的一些人已經建立起了良好的關係，認為大家已經成了「熟人」，沒有保密的必要。另外，在訪談的過程中可能有的參與者暴露了自己的一些個人隱私，或者就某些敏感話題發表了意見，這些人可能會感到不安全，需要研究者和其他參與者的進一步保證。因此，研究者應該利用這個機會再次慎重地對保密原則加以強調。團體訪談與個別訪談一個很大的不同是，參與者不止一個人。因此，在團體訪談中，不僅研究者應該為參與者保密，

所有在場的人都要做到這一點。而這不是一件十分容易的事情，需要研究者不斷地給大家敲警鐘。

　　當然，訪談結束以後，研究者還應該向參與者表示感謝，感謝他們為自己的研究投入了寶貴的時間、精力和信任。如果財力允許的話，研究者還可以利用這個機會向每一位參與者送一件小禮品，以表達自己的感激之情。（有關質的研究中的回報問題，詳見第二十五章第四節）

　　綜上所述，一個「成功的」焦點團體訪談應該達到如下幾方面的效果：(1)能夠讓所有參與者都積極參加討論，就有關議題激發出最大範圍的反應；(2)參與者相互之間進行平等的對話，不頻頻向研究者尋求批准或支持；(3)參與者的反應生動、具體，有一定的深度，反映了他們自己對有關議題的感受、認知和評價，而不是停留在抽象、籠統的概念層面；(4)參與者的談話內容反映了他們個人的生活經驗以及他們親身經歷過的有關事件的情境脈絡，參與者能夠在自己過去的經歷和現在自己的反應之間建立起聯繫（*Merton, 1987*）。焦點團體訪談是訪談的一種形式，它具有個人訪談所沒有的一些特點和作用。作為一種特殊的研究手段，焦點團體訪談可以幫助研究者瞭解一個特定的人群在集體場合思維、表達、交流和建構知識的方式。群體成員聚集在一起進行交談——這種形式本身就為研究者提供了一個觀察他們互動的絕好機會。如果與個人訪談結合起來使用，這種訪談形式還可以為研究結果提供相關檢驗的機會。因此，我們應該學會有效地使用這種方法，使其最大限度地為自己的研究目的服務。

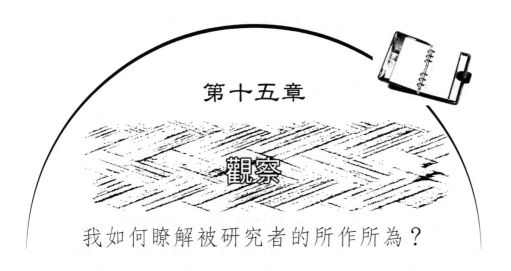

第十五章

觀察

我如何瞭解被研究者的所作所為？

　　除了上面提到訪談方法，質的研究中另外一個主要的搜集資料的方法是觀察。觀察是人類認識周圍世界的一個最基本的方法，也是從事科學研究（包括自然科學、社會科學和人文學科）的一個重要的手段。觀察不僅僅是人的感覺器官直接感知事物這麼一個過程，而且是人的大腦積極思維的過程。正如愛因斯坦所說：「你能不能觀察到眼前的現象取決於你運用什麼樣的理論，理論決定著你到底能觀察到什麼」（引自趙慕熹，*1991: 44*）。感知是人頭腦中的認知圖式和意向與感覺材料之間相互作用的結果，人通過腦外感知所獲得的物理場必須與腦內感知所獲得的心理場相互對應，才會產生認知上的體驗（阿恩海姆，*1966: 309*）。所謂的「把某物作為某物而看見了」（seeing-as）這類活動本身就是一個既在「看」又在「想」的過程（*Wittgenstein, 1953*）。觀察者必定從自己的觀察中創造出某種東西，而這種創造在於觀察者與被觀察對象之間的關係。就人對事物的認知而言，世界是由各種關係而非事物本身構成的，事物的真正本質不在於事物本身，而在於觀察者在各種事物之間構造、然後又在它們中間感覺到的那種關係（霍克斯，*1987: 8*）。

　　與上述觀點類似，質的研究認為，觀察不只是對事物的感知，而且取決於觀察的視角和透鏡。觀察者所選擇的研究問題、個人的經歷和前設、與所

觀察事物之間的關係等都會影響到觀察的實施和結果，需要認真進行分析。

第一節 觀察的分類

一般來說，觀察可以分成兩大類型：(1)日常生活中的觀察；(2)作為科學研究手段的觀察。日常生活中的觀察是人的一種最基本的生存方式，沒有明確的目的性和計畫性。就好像人需要呼吸一樣，人生活在世界上也需要不斷地對周圍的事物進行觀察。由於這種觀察是人的一種本能的活動，如果不通過有意識的反思，人一般對自己的觀察習慣沒有意識。在科學研究中，觀察是研究者有目的、有計畫的一種活動。觀察者運用自己的感覺器官或借助科學儀器能動地對自然或社會現象進行感知和描述，從而獲得有關的事實材料（水延凱，*1996: 172*）。本書主要對社會科學領域內質的研究方法中的觀察手段進行探討，而質的研究中的觀察是一種有意識、有目的的研究活動，因此我在此只對「作為科學研究手段的觀察」進行探討。

作為「科學研究手段的觀察」還可以進一步分成實驗室觀察和實地觀察兩種形式前者通常在備有單向透鏡、攝影機、錄音機等設備的實驗室內或者事先有所控制的自然場所中進行；後者是在自然環境下對當時正在發生的事情進行觀看、傾聽和感受的一種活動。質的研究主要使用實地觀察的方式，所以我在此不討論實驗室觀察所涉及的問題。

一、參與型觀察與非參與型觀察

質的研究中的實地觀察可以進一步分成參與型觀察與非參與型觀察兩種形式。在參與型觀察中，觀察者和被觀察者一起生活、工作，在密切的相互接觸和直接體驗中傾聽和觀看他們的言行。這種觀察的情境比較自然，觀察者不僅能夠對當地的社會文化現象得到比較具體的感性認識，而且可以深入

到被觀察者文化的內部，瞭解他們對自己行為意義的解釋。在操作層面上，研究者可以隨時問自己想瞭解的問題，並且可以通過觀看被研究者的行為而發問。這種觀察具有開放、靈活的特點，允許研究者根據研究問題和情境的需要不斷調整觀察的目標、內容和範圍。由於其參與性質，觀察者具有雙重身分，既是研究者又是參與者。觀察者不僅要和當地人保持良好的關係，而且在參與當地人活動的同時必須保持研究所必需的心理和空間距離。觀察者與被觀察者之間的關係比較靈活，不是一方主動、一方被動的固定關係，研究的過程也不完全先入為主地由某種外在的、機械的模式所決定，而是融入了參與雙方的決策、選擇和互動。

最早使用「參與觀察」一詞的學者是林德曼（Lindemann），他在 1924年提出將社會科學研究中的觀察者分成兩大類型：客觀的觀察者和參與觀察者（*Friedrichs & Ludtke, 1974*）。最早將參與觀察法運用於田野工作的是馬林諾夫斯基（*1922*），他於一九一五年到一九一七年在特羅比恩島上對當地的土著進行了兩年之久的參與型研究。基於他自己田野工作的經驗，馬林諾夫斯基建立了社會人類學中的功能主義學派，其中三個主要的論點是：(1)研究文化不能把文化的某些個別方面分割開來，而應把文化的不同方面放在它們實際用途的背景下進行考察；(2)社會人類學者不應依賴被研究者的口頭言論和規則來研究人，而應該重視他們的行為；(3)如果人類學者已經理解被研究者的行為，並且把這些行為放在一定的場合中考察的話，那麼他們就會發現「野蠻人」的頭腦與西方人一樣具有理性，因為他們也懂得如何操作和利用可能的機會（*王銘銘，1997: 133*）。現在八十多年過去了，雖然馬林諾夫斯基有關「野蠻人」的論說在用詞和態度上顯然已經過時了，但是以上這三點發現至今對社會科學研究中的參與型觀察仍舊具有十分重要的指導意義。對整體情境的考量、對參與者行為的關注、對當地人理性的尊重——這仍舊是參與型觀察的主要特點。

與參與型觀察不同的是，非參與型觀察不要求研究者直接進入被研究者的日常活動。觀察者通常置身於被觀察的世界之外，作為旁觀者瞭解事情的

發展動態。在條件允許的情況下，觀察者可以使用錄影機對現場進行錄影。非參與型觀察的長處是研究者可以有一定的距離對研究對象進行比較「客觀」的觀察，操作起來也比較容易一些。但其弱點是：(1)觀察的情境是人為製造的，被研究者知道自己在被觀察，往往比參與型觀察受到更多的「研究效應」或「社會贊許」的影響（楊宜音，*1998: 19*）；(2)研究者較難對研究的現象進行比較深入的瞭解，不能像參與型觀察那樣遇到疑問時立刻向被研究者發問；(3)可能受到一些具體條件的限制，如因觀察距離較遠，研究者看不到或聽不清正在發生的事情。

其實，參與型觀察和非參與型觀察不一定是一個相互截然分開的類型，它們之間還可以有很多結合的形態。我們可以將「參與」和「觀察」這兩個概念暫時分開，然後在不同的參與程度和觀察角色上將它們進行各種不同的兩兩結合。比如，我在第三章討論質的研究的分類時提到高德（*1958*）的觀察連續體，遵循的就是這種思路。他將參與觀察分成四種類型：(1)完全的觀察者；(2)作為參與者的觀察者；(3)作為觀察者的參與者；(4)完全的參與者。

上面這種將觀察活動分成「參與型」和「非參與型」的分類方式（包括在這兩類之間進一步分出不同變種的做法）在我看來代表的是實證主義的觀點，即認為「參與」和「非參與」之間的區別是十分明顯的，研究者應該做的是在觀察（特別是參與型觀察）時努力排除自己的「前設」，儘量獲得「客觀」、「真實」的事實。而建構主義者則認為，從某種意義上來說，所有的社會科學研究都是一種「參與型觀察」。研究者只有成為社會世界的一部分，才有可能理解這個世界，真正意義上的「局外人」是不存在的（*Hammersley & Atkinson, 1983*）。研究者從歷史發展進程中獲得的「前理解」是理解當下事物的必要條件，所謂的「前設」和「偏見」是人類相互交流、相互理解必不可少的條件（加達默爾，*1994*）。所以，研究者要做的不是努力排除自己的「偏見」，而是有效地利用這些「偏見」，並且對自己的「視域」、被研究者的「視域」以及雙方「視域融合」的方式有盡可能清醒的認識。

因此，隨著近年來質的研究往建構的方向發展，上述高德列出的四種觀

察者身分也開始發生變化，觀察者的參與性在逐漸增大。有學者認為，現在質的研究者在從事實地研究時大多採取如下三種身分：「完全成員式研究者」、「積極成員式研究者」和「邊緣成員式研究者」（*Adler & Adler, 1994: 379*）。這些身分的共同之處是：它們都具有「成員」的成分，強調觀察的「參與性」。雖然比較起來，有的身分（如「完全成員式研究者」）中「成員」成分相對多一些，有的身分（如「邊緣成員式研究者」）中「成員」成分相對少一些，但是它們都認可這樣一個「事實」，即研究者如果要理解被研究者，不能（也不可能）只是站在外面「觀察」對方；研究者只有作為被研究者文化群體中的一個「成員」（雖然涉入的程度有所不同），參加到他們的生活中去，才可能真正理解他們。

二、其他分類法

除了參與型和非參與型觀察這一分類方式以外，社會科學中的實地觀察還可以按照公開程度、結構狀態、接觸程度、運動形態、觀察目的以及時間安排等維度進行分類。這些分類方式從觀察活動的不同側面對觀察進行分類，相互之間並不完全排斥。其中有的類別可能在同一個觀察活動中同時發生，在此分開討論只是為了理解上的方便。

按照公開的程度分，質的研究中的觀察可以分成隱蔽型與公開型。前者指的是觀察者在被觀察者不知道的情況下進行觀察，被觀察群體不知道研究者的真實身分。這種觀察方式的優點是：不影響或破壞觀察對象原有的社會結構和內部人際關係，能夠獲得比較「真實」、自然的資訊。但其缺點是違背了社會科學研究中有關「志願」這一倫理原則，沒有徵求被研究者是否願意被觀察。公開型觀察指的是被觀察者知道研究者在對自己進行觀察，研究者事先向他們說明了自己的身分和任務。這種觀察方式的優點是研究獲得了被觀察者的同意，符合研究的倫理規範。但弱點是有可能造成「研究者效應」，被觀察者有可能有意改變自己的行為方式。在質的研究領域，學者們

對這兩種觀察方法有不同的看法。有人認為,人的天性之一就是向外人隱瞞自己內心的真實想法,因此只有通過隱蔽的研究活動才能發現「真實」的情況(*Douglas, 1976*)。而主張公開型的人則認為,研究的情境本身就是一個「真實」的環境,如果被觀察者選擇「做假」,這本身就是現實生活中的「真實」,因此研究者不應該「做假」(*Maxwell, 1996*)。

除了公開和隱蔽的分類以外,實地觀察還可以按照觀察本身的形式分成結構型和無結構型。前者是一種比較程式化的觀察活動,研究者事先設計了統一的觀察對象和記錄標準,對所有的觀察對象都使用同樣的觀察方式和記錄規格。這種觀察的主要目的是獲得可以量化的觀察數據,對觀察到的內容進行統計分析。無結構觀察是一種開放式的觀察活動,允許觀察者根據當時當地的具體情境調整自己的觀察視角和內容。觀察者事先可能設計一個觀察提綱,但是這個提綱的形式比較開放,內容也比較靈活,可以根據當時當地的情形進行修改。在質的研究中,研究者通常使用無結構的觀察方式,目的是對社會現象進行探索性的、不斷深化的研究。

根據觀察者以及所觀察事物的狀態來分,質的研究中的觀察還可以分成靜態觀察和動態觀察兩種。從觀察者的角度講,靜態觀察指的是觀察者固守在一個地點,對某一現象進行觀察,觀察的對象則可以是靜態的,也可以是動態的。動態觀察指的是觀察者與被觀察的對象一起移動,隨對象的地點、時間變化而變化。動態觀察可以是一個短時間的觀察,也可以是一個長期的追蹤調查。由於長期的動態觀察可以捕捉到事情發展的過程和變化形態,大部分人類學家在實地作觀察時都採取這種方法。

按照觀察的目的,實地觀察還可以分成探索型實地觀察和驗證型實地觀察兩種形式。前者的主要目的是對社會現象(通常是對研究者來說不熟悉的現象)進行初步的、比較全面的瞭解,以便為今後進一步深入研究奠定基礎。在驗證型觀察中,研究者已有自己初步的理論假設,觀察的目的是對這些理論假設進行檢驗。在質的研究中,研究者大多使用探索型觀察的形式,因為質的研究的主要目的不是驗證現有理論,而是理解社會現象。

根據觀察者與觀察現象的接觸方式來分，質的研究中的觀察還可以分成直接型觀察和間接型觀察。直接觀察指的是對那些正在發生的社會現象進行觀察，研究者身臨其境，親眼看到和聽到所發生的事情。間接觀察指的是：研究者通過對物化了的社會現象進行查看，以此來認識研究的對象；其手段包括物質痕跡觀察（如通過查看哪些書刊磨損得比較嚴重來推測這些書刊比較受讀者歡迎）、累積物測量（如通過觀察私人書架上的灰塵猜測主人對書籍的喜好程度）（袁方，1997）。與直接觀察相比，間接觀察對被觀察者的正常生活不會產生什麼干擾，研究者有足夠的時間和空間對觀察的現象進行考察。但是，由於間接觀察的內容與被觀察者的活動不同步，研究者很難對觀察的結果進行效度檢驗。比如，造成上述書刊磨損的原因也許不是因為受讀者歡迎，而是因為圖書館本身管理不善所致。因此，在這種情況下，質的研究者通常結合間接觀察、直接觀察以及其他研究方式（如訪談）對研究的結果進行多方驗證。

按照觀察的時間安排來分，實地觀察還可以分成長期觀察、短期觀察和定期觀察。長期觀察是一種連續不斷地、在較長時間內對社會現象進行觀察的活動。其優點是可以比較全面、細緻地瞭解被研究的現象；但比較費時、費精力，對被觀察者的干擾也比較大。短期觀察相對來說精力和時間比較集中，可以在較短的時間內對研究現象獲得一個即時的瞭解；但其弱點是：只能對研究的現象獲得一個片刻的印象，很難獲得比較全面、深入、整體性和過程性的瞭解。定期觀察是在某個指定的時段內對社會現象進行反覆的觀察，觀察內容一般比較集中，而且可以通過重複觀察對初步的研究結果進行驗證；但是這種研究往往只能瞭解到某個特定時段的情況，較難看到社會現象的連續性。質的研究通常根據研究的具體要求以及實際條件選擇不同的觀察方式。一般來說，如果條件允許的話，研究者大多進行比較長期的觀察，以便對研究現象的社會文化情境以及現象的運動過程有一個比較整體性的、深入的、動態的瞭解。

綜上所述，質的研究往往使用參與的、公開或隱蔽的、無結構的、動態

的、探索型的、直接的、長期的觀察方式。在某些情況下，研究者也可能使用其他的觀察方式（例如在研究項目後期對初步結果進行驗證型觀察），但是在一般情況下（或者說理想的情況下），研究者通常使用體驗性的觀察方式。因此，從現在起，除了特別說明外，本書中所說的「觀察」一律指具有上述特點的「參與型觀察」。

第二節 觀察的作用

有學者認為，參與型觀察的主要目的是「從紮根在人類日常生活的有關事實中發掘實踐性真理和理論性真理」（*Jorgensen, 1989: 14*）。在參與型觀察中，由於研究者親身參與到所觀察的活動之中，可以對當地的社會文化情境有比較直接的感性認識，可以看到行為或事件的發生、發展、變化過程。通過這種觀察活動，研究者可以掌握有關研究對象的第一手資料，為構建自己的有關理論提供具體的論證基礎。

通過對有關觀察的文獻進行檢索（*Glesne & Peshkin,1992; Jackson,1987; Jorgensen, 1989*）以及我個人的研究經驗，我認為參與型觀察對如下情況最為有用：

(1)當有關社會現象（如同性戀、吸毒、監獄生活等）很少被人所知時。相對其他研究方法，參與型觀察（在這種情況下通常是隱蔽型）可以保證研究者比較順利地進入研究現場，獲得相對「真實」的資訊，同時對當地人生活的打擾也比較少。但是，進行這種觀察活動的最大問題是違背了社會科學研究中的參與者志願原則。

(2)當研究者需要瞭解有關事情的連續性、關聯性以及背景脈絡時。在有的研究項目中，這些方面的資訊對回答研究的問題至關重要，研究者必須獲得這方面的資訊。

(3)當研究者（以及一般公眾）看到的「事實」與當事人所說的內容之間

存在明顯的差異，或者「局外人」與「局內人」對同一事物的看法很不相同時。比如，一般人可能認為學校裡有的學生參加青少年流氓集團是道德品質敗壞的表現，而這些學生自己可能認為這是他們尋找友誼和身分認同的一種積極的方式。如果研究者參與到這些學生的日常活動之中，與他們建立了相互信任的關係，便有可能瞭解他們的具體行為方式以及他們自己真實的想法。在這裡，研究的主要目的是瞭解局內人的意義建構以及他們的行為互動方式。

(4)當研究者需要對社會現象進行深入的個案調查，而且這些個案在時空上允許研究者進行一定時間的參與型觀察時。通過參與型觀察，研究者可以將所研究的個案放到當時當地的社會文化情境之中，對事件的發生過程以及社會成員之間的行為互動關係獲得較為直接、完整和全面的瞭解。

(5)當對不能夠或不需要進行語言交流的研究對象進行調查時，比如，對嬰兒或聾啞人進行研究時無法使用語言；對處於不同文化背景之中的人們進行研究時（如漢族研究者對藏族人進行研究），雙方的語言可能不通。在這種時候，參與型觀察具有一定的優勢，儘管語言的缺失使研究失去了一個十分豐富的資訊管道。

(6)當研究者希望發現新觀點、建構自己的「紮根理論」時。由於探索型參與觀察允許研究者靈活地調整和重新定義自己的研究問題，研究者在築構自己的理論時可以採取一種開放、靈活的發現邏輯。根據搜集到的原始材料，研究者可以提出自己的初步理論假設，然後通過解釋的循環不斷修訂自己的觀點，直至形成基本理論。

(7)對其他研究方法起輔助作用，比如在訪談之前進行一次預備性的觀察，可以使訪談的內容更加有針對性。

一般來說，參與型觀察不適合如下情況：(1)在面上就研究問題對研究對象進行大規模的宏觀調查；(2)對過去的事情、外域社會現象以及隱秘的私人生活進行調查；(3)對當地人的思想觀念、語詞概念和意義解釋進行細密的探究；(4)對社會現象進行數據統計和量化分析；(5)對社會現象進行因果分析。關於最後一點，質的研究界存在分歧。有學者認為，通過細密、深入的觀察

也可以對人們行為的原因進行一定的推論（*Maxwell, 1996*）。我本人同意另外一些學者的看法，即這種推論有很大的冒險性。觀察可以比較明確地回答「誰在什麼時間、什麼地方與誰一起做了什麼」這類問題，但很難準確地回答「他們為什麼這麼做」（*Whyte, 1984: 84*）。

第三節 不同流派對觀察的理解

對觀察的實質和作用的理解取決於研究者個人的立場以及他們對「知識」的定義，持不同觀點的研究者往往有不同的理解。由於他們對「知識」的理解不同，對獲致「知識」的方式（如觀察與「知識」的關係）也很不相同。下面，借鑒 P. 阿德勒（P. Adler）和 P. A. 阿德勒（P. A. Adler）的有關分析（*1994*）以及我個人的理解，分別從經驗主義、象徵互動主義、戲劇社會學、存在主義社會學和常人方法學等流派的角度對觀察的作用進行一個簡單的探討。

一、經驗主義的觀點

從經驗主義的角度看，「知識」是可以直接感知和觀察到的。研究者通過自己的感官或科學儀器，可以直接觀察到「客觀」、「真實」的「事實」。因此，「科學的」觀察方法是獲得「事實」和各種直接性「知識」的基本方法。主動的研究者可以（而且也可能）對被動的被研究者進行觀察，從而獲得有關後者的「知識」。這種觀點基本上遵從的是實證主義的思路，認為主體和客體是相互分離的，主體可以對客體進行「客觀的」觀察。只有可以感覺到的東西才是「真實」的存在，研究者只要按照嚴格的「科學」觀察手段和程序，就可能「真實地」獲得有關被研究者的資訊。

二、象徵互動主義的觀點

從象徵互動主義的角度看，人類社會是行動者參與過程的集合，個人的行為是人際互動的結果（*Blumer, 1969*）。人類的「知識」產生於人與人之間互動的過程和情境脈絡之中，理解只有通過人際之間的互動才可能呈現（*嚴祥鸞，1996: 201*）。因此，研究者必須與被研究者進行互動才能獲知對方的意義建構。參與型觀察便是使研究者與被研究者之間產生互動的一種十分有效的方式。一般來說，任何一個文化群體都有自己的一些假設，而該群體的成員們通常對這些假設習以為常，很難用語言表達出來。因此，如果研究者通過參與型觀察這類與研究對象直接互動的方式，便有可能直接接觸到那些隱含在對方行為中的理論假設，進而對有關社會現象進行比較深入的分析。

三、戲劇社會學的觀點

戲劇社會學的觀點與象徵互動主義十分相似，只是更加強調人在社會場合通常戴著的「戲劇」性「面具」。這種觀點認為，人在公眾面前的自我呈現通常有自己個人的意圖在背後支撐（*Adler & Adler,1994*）。人通常比較在意自己在別人面前的形象，因此會想方設法用自認為最好的形象來表現自己（*Goffman, 1959*）。相對其他形式的研究方法（如訪談），參與型觀察對於瞭解被研究者的「戲劇面具」更為有效。參與型觀察強調研究者對被研究現象進行個人體驗，並且與被研究者之間產生共情。因此，這種觀察的方法可以使研究者深入到被研究者的自我形象整飾過程之中，瞭解他們掩蓋在「面具」背後的選擇策略和決策方式。

四、存在主義社會學的觀點

存在主義社會學認為，對他人的理解必須通過與他人生活在一起，通過

親身的感受、接觸、傾聽和觀看來達到對他人的理解。理解涉及到一個雙重
視角之間相互作用的問題，研究者既是研究的主體，又是研究的客體（如果
我們認為主客體是可以分開的話）。作為主體的研究者在與他人互動中，通
過對作為客體的自己的體驗而達到主客體的統一。雙重視角之間的互動不僅
可以使理解成為可能，而且可以為研究提供一定的深度。參與型觀察將研究
者本人作為觀察的工具，因此研究者可以沉浸到自己與被觀察者所共享的日
常生活之中。這種與他人共同生活的研究方式提供了一個理解他人的有效途
徑。

五、常人方法學的觀點

常人方法學主要通過觀察平常人的生活習慣和行為方式來瞭解他們的思
維方式和看待世界的角度。因此，從常人方法學的角度，參與型觀察可以有
效地幫助研究者瞭解被研究者是如何具體生活的。通過分析他們的語言和行
為，研究者不僅可以觀察他們做（說）了什麼，而且可以瞭解他們是如何做
（說）的、如何想的。

上面的討論表明，不論從何種思想流派的角度出發，質的研究中的觀察
方法都具有自己的特點和作用。雖然經驗主義的觀點仍舊停留在對「客觀」、
「真實」的追求上，但其他流派已經超越了實證的範圍，把觀察看成是一種
主體之間的互動活動。它不僅使我們「看」到了觀察的對象（或者說觀察的
對象是因為我們對它「看」才得以產生），而且同時促使我們對觀察的對象
進行「思考」和「建構」。質的研究要求研究者在自然情境中與被研究者一
起工作和生活，通過自己親身的體驗來獲得對對方的理解。因此，如果我們
真正將自己放到研究的現象之中，在注意被研究者的同時注意自己的思想和
情感反應，我們應該可以比較深入地進入對方的生活世界。

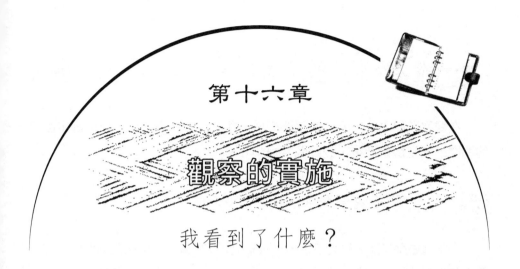

第十六章

觀察的實施

我看到了什麼？

　　在討論了觀察的分類和作用以後，現在讓我們來看一看觀察是如何具體實施的。質的研究中的觀察一般包括如下幾個步驟：確定觀察的問題、制定觀察計畫、設計觀察提綱、進入研究現場、進行觀察活動、記錄觀察資料、整理和分析觀察資料、檢驗研究結果、撰寫研究報告等。雖然這些階段可以相對獨立出來，但是在實際操作中各個階段之間的分界並不十分清楚。由於質的研究本身具有循環往返的特性，觀察中不同的階段實際上都在以螺旋上升的方式往前發展，各自之間也有不同程度的交叉和融合。

　　由於本書其他部分已經對質的研究中進入研究現場、整理和分析資料、檢驗研究結果、撰寫研究報告等方面有一個整體的介紹，而觀察中的這些部分與其他方法（如訪談、實物分析）基本一致，可以在如上部分一起進行討論，因此本章只對觀察中其他比較獨特的部分進行討論，如：(1)觀察前的準備工作；(2)具體進行觀察的方法和策略；(3)記錄觀察內容的方式；(4)觀察者的自我反思。

第一節 觀察前的準備工作

　　在觀察開始之前，研究者需要先做一些必要的準備工作，如：確定觀察的問題、制定觀察計畫、設計觀察提綱等。

一、確定觀察的問題

　　在實施觀察之前，研究者首先應該確定觀察的問題。與訪談的問題一樣，觀察的問題是一個次級問題，與研究的問題是不一樣的。「研究的問題」是研究者在所要探究的研究現象中提煉出來的、學術界或實踐界尚有疑問的、研究者個人認為有必要回答的問題；而「觀察的問題」是研究者在確定了「研究的問題」之後決定選擇使用觀察的方法，根據觀察的需要而設計的、需要通過觀察活動來回答的問題。提出「觀察的問題」的目的是為了回答「研究的問題」，前者是完成後者之使命的一個工具。例如，我有一位在芝加哥大學人類學系攻讀博士學位的美國朋友，她的博士論文研究的問題是「從中國的幼兒教育看中國社會變遷與全球資本主義之間的關係」。她準備使用多種研究方法（包括參與型觀察、訪談、實物分析、搜集統計數據等）對這個問題進行研究，其中參與型觀察是最主要的方法。她計畫在北京一個中國家庭裡住一年，對這個家庭以及其他二十個家庭進行觀察，瞭解家長教育孩子的方式。家庭按經濟收入分成富裕家庭和貧困家庭，孩子的年齡在六到十歲不等。在這個研究設計中，她提出了很多觀察問題，其中包括：「孩子平時穿什麼衣服？吃什麼食品？玩什麼玩具？看什麼電視節目？在哪裡上學？和誰一起玩耍？孩子平時讀什麼課外書？一個月自己有多少零花錢？誰可以決定上面這些事情？孩子自己有多大的自主權？」等等。從這個例子中，我們可以看出，研究的問題可以是一個比較抽象的問題，而觀察的問題（像訪談的

問題一樣）則應該比較具體。根據這些具體可操作的問題，研究者才可能設計自己的觀察計畫和觀察提綱。

二、制定觀察計畫

觀察的問題確定以後，我們可以著手制定一個初步的觀察計畫。一般來說，觀察計畫應該包括如下幾個方面。

(1)觀察的內容、對象、範圍：我計畫觀察什麼？我想對什麼人進行觀察？我打算對什麼現象進行觀察？觀察的具體內容是什麼？內容的範圍有多大？為什麼這些人、現象、內容值得觀察？通過觀察這些事情我可以回答什麼問題？

(2)地點：我打算在什麼地方進行觀察？觀察的地理範圍有多大？這些地方有什麼特點？為什麼這些地方對我的研究很重要？我自己將在什麼地方進行觀察？我與被觀察的對象之間是否有（或有多遠的）距離？這個距離對觀察的結果有什麼影響？

(3)觀察的時刻、時間長度、次數：我打算在什麼時間進行觀察？一次觀察多長時間？我準備對每一個人（群）或地點進行多少次觀察？我為什麼選擇這個時間、長度和次數？

(4)方式、手段：我打算用什麼方式進行觀察？是隱蔽式還是公開式？是參與式還是非參與式？觀察時是否打算使用錄影機、錄音機等設備？使用（或不使用）這些設備有何利弊？是否準備現場進行筆錄？如果不能進行筆錄怎麼辦？

(5)效度：觀察中可能出現哪些影響效度的問題？我打算如何處理這些問題？我計畫採取什麼措施獲得比較準確的觀察資料？

(6)倫理道德問題：觀察中可能出現什麼倫理道德問題？我打算如何處理這些問題？我如何使自己的研究儘量不影響被觀察者的生活？如果需要的話，我可以如何幫助他們解決生活中的困難？這麼做對我的研究會有什麼影響？

三、設計觀察提綱

　　初步計畫擬定以後，我們可以開始編制具體的觀察提綱，以便將觀察的內容進一步具體化。觀察提綱應該遵循可觀察原則和相關性原則，針對那些可以觀察得到的、對回答觀察問題具有實質意義的事情進行觀察。我們可以先確定自己希望觀察的具體內容，然後將這些內容進行分類，分別列入觀察提綱。通常，觀察提綱至少應該回答如下六個方面的問題（*Goetz & LeCompte, 1984*）。

　　(1)誰？（有誰在場？他們是什麼人？他們的角色、地位和身分是什麼？有多少人在場？這是一個什麼樣的群體？在場的這些人在群體中各自扮演的是什麼角色？誰是群體的負責人？誰是追隨者？）

　　(2)什麼？（發生了什麼事情？在場的人有什麼行為表現？他們說／做了什麼？他們說話／做事時使用了什麼樣的語調和形體動作？他們相互之間的互動是怎麼開始的？哪些行為是日常生活中的常規？哪些是特殊表現？不同參與者在行為上有什麼差異？他們行動的類型、性質、細節、產生與發展的過程是什麼？在觀察期間他們的行為是否有所變化？）

　　(3)何時？（有關的行為或事件是什麼時候發生的？這些行為或事件持續了多久？事件或行為出現的頻率是多少？）

　　(4)何地？（這個行為或事件是在哪裡發生的？這個地點有什麼特色？其他地方是否也發生過類似的行為或事件？這個行為或事件與其他地方發生的行為或事件有什麼不同？）

　　(5)如何？（這件事是如何發生的？事情的各個方面相互之間存在什麼樣的關係？有什麼明顯的規範或規則？這個事件是否與其他事件有所不同？）

　　(6)為什麼？（為什麼這些事情會發生？促使這些事情發生的原因是什麼？對於發生的事情人們有什麼不同的看法？人們行為的目的、動機和態度是什麼？）很顯然，這個問題需要通過一定的推論，不能完全通過外部觀察

而獲得。當然，參與型觀察不排除現場詢問，因此也可以通過這類方式獲得當事人的想法。

從上面列出的問題中，我們可以看出，質的研究中的觀察提綱與量的研究很不一樣，要求有一定的開放性和可變通性。與質的研究中的訪談提綱一樣，觀察提綱提供的只是一個大致的框架，為觀察活動提供一個方向。研究者來到研究實地進行觀察時，應該根據當時當地的具體情況對提綱進行修改。

第二節　進行觀察

觀察的步驟一般是從開放到集中，先進行全方位的觀察，然後逐步聚焦。不論是在開放還是聚焦的過程中，研究者都面臨著如何與被觀察者互動以及如何選擇觀察內容的問題。下面就這幾個方面的問題分別進行討論。

一、開放式觀察

在質的研究中，觀察的方式在不同階段通常呈現出不同的風格。一般來說，在觀察的初期，研究者通常採取比較開放的方式，用一種開放的心態對研究的現場進行全方位的、整體的、感受性的觀察。研究者儘量打開自己所有的感覺器官，包括視覺、聽覺、嗅覺、味覺、觸覺以及所有這些感覺的綜合運用，用自己身體的所有部分去體會現場所發生的一切。比如，如果一位研究者希望對晚上某公園舞場裡跳舞的人們相互之間的行為互動進行研究，那麼在觀察的前幾次，他／她應該先對舞場周圍的物質環境和人文環境有一個整體性的瞭解。他／她可以先在公園裡閒逛，對前來跳舞的人們以及周圍圍觀的人們進行觀察，有機會時與他們閒聊，自己參加跳舞體會公園舞者的心情，感受舞場的音樂、燈光對舞者的影響等。在對舞者所處的大環境有了一個比較完整的、全方位的瞭解以後，再開始對他們的行為互動進行細部的

觀察。

在對觀察現場獲得一個整體感受的同時，作為觀察者，我們還應該訓練自己對周圍事物的敏感和反思能力。跨入現場的一刻，我們就應該問自己：這是一個什麼樣的地方？這個地方有什麼特色？這個地方的空間是如何安排的？這種安排有什麼特色？在這個空間裡有什麼具體的擺設？在場的有多少人？他們是幹什麼的？他們的年齡、性別、衣著和行為舉止有什麼特點？是否可以從這些特點中看出他們的社會地位、經濟地位、受教育程度、婚姻狀態和職業？這些人聚在這裡幹什麼？他們相互之間是一種什麼關係？在詢問這些問題的時候，我們不僅要瞭解自己目前所處的現場有哪些人和東西，而且要知道這些人和東西所處的狀態以及他們之間的相互關係。就像一張家具清單反映不出一個房間的原貌一樣，對所觀察到的事物進行簡單地相加也反映不出這個現場的本來面貌（徐友漁等，*1996: 55*）。與此同時，我們還可以問一些有關觀察方法方面的問題，比如：「我來到這裡有什麼感覺？我為什麼會有這種感覺？我是通過什麼方式對上述問題進行探討的？我是不是覺得有些問題無法用觀察的方式來瞭解？」等等（*Jorgensen, 1989: 82-83*）。

在這個階段，觀察紀錄應該以全面描述為主，儘可能記錄下所有看到、聽到和體會到的東西。如果研究的場景對我們來說是陌生的，初次的感覺會比較敏銳，對周圍事物的新鮮感也會比較強烈，因此應該及時地將這些感觸記錄下來。即使研究的環境對我們來說是熟悉的，我們也應該保持開放的態度：也許我們過去的印象是「錯誤」的，也許這一次會有不同的感受。從建構主義的觀點看，人對現實的每一次理解都是一次重構。因此，我們也許會發現自己以前習以為常的東西現在因為自己身分的變化而變得「面目全非」了。

二、逐步聚焦

對觀察的整體現場獲得了一定的感性認識，明確了自己希望回答的觀察

問題以後，我們便可以開始聚焦了。聚焦的程度取決於研究的問題、具體的觀察對象以及研究的情境等因素。沿用上例，如果觀察的問題是「晚上公園裡跳舞的人們相互之間是如何認識的」，那麼觀察的焦點最終必須落到跳舞的人們相互交談的具體內容上面。而如果觀察的問題是「晚上公園裡跳舞的人們是如何邀請對方跳舞的」，那麼觀察的焦點落到人們相互邀請對方跳舞的動作上就可以了。

　　一般來說，聚焦時的視野可以有狹窄單一和開闊的兩種方式。前者焦點比較集中，對單一現象或行為進行集中的觀察（類似西洋畫中的焦點透視）；後者的焦點比較開闊，強調對整個事件進行全方位的關注（類似中國畫中的散點透視）。比如，如果上述研究者主要對公園裡某一對舞伴跳舞時目光的注視的角度進行觀察，觀察的焦點始終放在這一對舞伴的眼睛上，那麼這便是一個比較狹窄的聚焦視野。而如果該研究者對公園裡所有舞伴的目光注視方式進行觀察，觀察的焦點比較寬泛，同時囊括所有舞者的眼睛，那麼這就是一個比較開闊的聚焦視野。

　　在實際觀察中，研究者可以（而且應該）變換使用狹窄的視野和開闊的視野。比如，如果上述研究者希望對公園裡舞伴們目光注視的現象進行觀察，他／她可以在人們跳舞時目光注視的整體狀況和某一對舞伴的目光注視之間來回聚焦。通過這種不斷、來回的拉鋸，研究者可以同時在宏觀和微觀層面獲得比較豐富的資料。這種方法類似有的學者所說的「分析綜合法」，即先觀察事物的局部，然後再觀察事物的整體；或者反之，先觀察事物的整體，然後再觀察事物的局部（水延凱，*1996: 179*）。在如此反覆移動焦點、擴大或縮小視野的同時，研究者可以對觀察的內容進行綜合和分析。

　　除了視野上的不同，聚焦還可以採取一些不同的程序和步驟，如主次程序法、方位程序法、動與靜結合法、時間抽樣法、場面抽樣法、追蹤法等。例如，在「主次程序法」裡，研究者可以先觀察研究現象中主要的觀察對象和部分，然後再觀察次要的對象和部分。沿用上面的例子，如果觀察的問題是公園裡舞者的互動行為，研究者可以先對他們相互邀請跳舞的動作、目光

注視的方式等進行重點觀察，然後再觀察舞場周圍的物質環境（如音樂的高低、燈光的亮度、舞場的大小等）和人文環境（如那些站在旁邊不跳舞的人的表情和動作），看這些次要部分對舞場內跳舞的人們的行為互動有什麼影響。

在「方位程序法」裡，研究者可以按照觀察對象所處的位置採取由近到遠或由遠到近、由左到右或由右到左、由上到下或由下到上的方法逐次進行觀察。比如，在上述對舞者行為互動的觀察中，研究者可以先從左邊舞場進口處觀察舞者剛剛到達舞場時的行為表現，然後再觀察他們在右邊舞場中心跳舞時的互動行為。完成了一（或數）輪從左往右的觀察以後，研究者也可以從右往左進行觀察，看這麼做與前面相反的方向有什麼不同。又比如，研究者在對某一對舞伴進行狹窄式觀察時，可以採取從上往下的方位程序，先觀察兩個人的頭部動作，然後逐漸往肩膀、上身、腰部、腿、腳等部位移動。

在「動與靜結合法」中，研究者可以選擇從靜態到動態或從動態到靜態輪流進行聚焦。比如，在對公園舞場的觀察中，研究者可以先對舞場的靜態環境進行觀察，重點放在舞場內那些站在圈外觀看、自己不跳舞的人；然後再把視點放到那些正在翩翩起舞的人身上。反之，研究者也可以先對動態的人群進行重點觀察，然後再對靜止的人群進行觀察；既可以對兩者進行比較，也可以考察這兩個不同人群對彼此行為的影響。

在「時間抽樣法」裡，研究者首先選擇一個特定的時間段，然後對這個時間內發生的事情進行觀察。比如，上述研究者通過幾次開放型觀察以後發現，晚上八點到九點這段時間跳舞的人最多，氣氛最熱烈，人們相互之間的接觸（如邀舞、交談、相互學習跳舞等）也最頻繁。因此，他／她決定選擇這個時段，重點對這個時段內來跳舞的人們的類型、相互之間邀舞的動作、跳舞時相互之間的目光注視等現象進行觀察。

在「場面抽樣法」裡，研究者首先選擇一類活動場面，然後對這個場面重點進行觀察。例如，上述研究者通過一定的前期觀察以後發現，在舞者中很多舞伴雙方都是女性，而這必然會打破傳統的由男性邀請女性跳舞的慣例。

他／她認為這個現象非常有趣，決定將觀察焦點放在舞者對舞伴的選擇上面，如：在什麼情況下男性主動邀請女性？什麼樣的男性行為比較主動？什麼樣的女性經常被男性邀請？這些女性在被邀請（或不被邀請）時有什麼行為表現？在什麼情況下女性邀請女性？她們是如何相互邀請的？她們相互之間是什麼關係（如是否原來就是熟人）？等等。

如果研究的項目涉及到研究對象在時間和空間上的變化過程，研究者還可以使用「追蹤法」對研究對象進行比較長期的、持續性的觀察。例如，上述研究者在研究開始時的第一次開放式觀察中發現，很多舞者在進入舞場時首先很快地對舞場環視一周，然後選擇一個地點將自己駐紮下來；然後，在整夜的跳舞過程中，除了特殊情況，他們總是回到自己原來選擇好的地點，在那裡出發去邀請別的舞伴，或接受別的舞伴的邀請。因此，研究者決定對舞者的位置選擇和位置保持這一現象進行追蹤研究。他／她可以就這個現象在整晚的觀察中追蹤幾位舞者的情況，也可以在連續幾個晚上的觀察中對這些舞者進行重點追蹤。

需要特別指出的是，聚焦式的（focused）觀察不等於封閉式的（closed）觀察。前者指的是一種雖然有焦點但形式開放的聚焦方式：研究的問題相對比較集中，但是觀察的方式始終是開放的。比如，在上面對公園舞者的觀察中，研究者的問題比較集中：對舞伴的目光注視模式進行觀察，但其觀察的方式卻是開放的，即允許任何方式的目光注視成為觀察的內容，研究者對所有可能性行為都採取接受的態度。而「封閉式的觀察」是一種事先設定了角度和內容的觀察方式，只對某一類行為進行觀察，而且對觀察到的內容進行量的計算。比如，在上面的觀察中，研究者在一定的時間間隔內只觀察男性舞伴注視女性舞伴的次數以及女性舞伴回避男性舞伴的次數，然後將這些次數記錄下來，進行統計分析。當然，如果研究者對觀察的內容採取的是開放的態度，但同時使用一些量化的數據來說明自己的研究結論，這種做法在質的研究中也是可以接受的。但總的來說，質的研究中的觀察特別強調開放性和靈活性，即使是在聚焦時也是如此。

三、回應式互動

在觀察的過程中，研究者應該儘量自然地將自己融入當地的文化之中。要做到這一點，研究者可以有意識地採取一些策略，如與當地人在一起生活，與他們一起做事，保持謙遜友好的態度，不公開表示自己與當地人不一致的意見，觀察活動盡可能與當地人的日常生活相一致等。在可能採取的種種策略中，一個被認為十分有效的策略是回應式（reactive）反應，即對當地人發起的行為作出相應的反應，而不是自己採取主動的（active）行動。

例如，寇沙若（W.Corsaro,1985: 117）在對幼稚園兒童之間的人際交往行為進行觀察時便著意使用了這種方式。在對這些兒童進行參與型觀察時，他十分注意他們對他提出的各種問題以及他們要他參加遊戲的邀請，然後根據當時的需要作出必要的回應，如回答他們的提問、反問他們、參加他們的遊戲等。與現實生活中很多成年人所習慣的行為不同，寇沙若沒有主動問這些孩子任何問題，也沒有為了引起他們的注意而主動為他們做一些事情。相反，他力圖保持幼稚園內孩子們自己原有的互動模式和行為節奏，同時通過回應式反應的方式將自己融入對方現有的行為慣例之中。比如，當他看到兩個四歲的女孩貝蒂和珍妮在一起玩兒時，他沒有走過去說：「你們在玩兒什麼啊？」而是站在旁邊看她們玩兒，直到貝蒂開始了下面這段對話：

貝蒂：你不能和我們一起玩兒！

比爾：為什麼？

貝蒂：因為你太大了。

比爾：那我坐下吧。（他邊說邊坐下來）

珍妮：你還是太大了。

貝蒂：是啊，你是大比爾。

比爾：我只看行嗎？

珍妮：行，但是什麼也別碰！

貝蒂：你只看，好嗎？

比爾：好。

　　在前幾個月的觀察中，他一直保持這樣一種低調的姿態，直到後來孩子們讓他參加進來，一起玩耍。通過回應式反應和其他適應性策略（而不是主動反應和干涉性策略），他自己親身體驗了這些孩子的日常活動規範。

　　回應式行為不僅可以幫助研究者比較自然地融入當地人的日常活動，避免使當地人對研究者的存在感到突兀（當被觀察的當地人相對研究者來說在年齡、職位等方面處於低位時尤其如此），而且可以幫助研究者比較深入地理解當地人的文化。在很多情況下，那些被學術界認為對於瞭解當地人的文化最為重要的事情往往不被當地人自己所認識，他們認為這些事情是家常便飯，是生活中理所當然應該發生的事情，沒有什麼可以大驚小怪的。如果研究者不真正參與到當地人的日常活動之中，作為一名群體「成員」與他們分享生活經驗，便很難瞭解當地人這些習以為常的文化習俗。但是，即使是與當地人一起生活，如果研究者死死抱住自己的思維方式不放，一味地按照自己的計畫向當地人發問，那麼也無法進入對方的「生活世界」。而如果研究者採取回應的方式，根據當地人發起的行為做出回應，那麼研究者遵循的就是對方的行為模式，而不是自己的文化習慣，因此可以比較深入地理解對方。

四、選擇觀察內容

　　無論是在觀察的早期、中期還是晚期，研究者都需要對觀察內容進行選擇。研究者不得不經常問自己的問題是：「我到底打算觀察什麼？什麼內容對我比較重要？我觀察的內容應該寬泛到什麼程度？應該具體、細緻到什麼程度？」比如，當我們在觀察一所學校的大門口時，看到很多汽車來來往往，我們是否應該注意這些汽車呢？如果應該注意，應該注意這些汽車的哪些方

面呢？數量？顏色？牌子？新舊程度？司機？駕駛速度？很顯然，無論如何
努力，我們也不可能什麼都注意到。因此，我們需要進行選擇，而且應該是
有意識的選擇。

那麼，如何才能做到有意識的選擇呢？我個人認為，無論對什麼現象進
行觀察，我們都必須時刻牢記自己的研究問題。問題明確了，才能確定觀察
的重點，然後才能對所看到的事情進行選擇。沿用上例，如果我們觀察學校
大門的目的是瞭解那裡的交通情況，當然應該注意各種交通工具的流量和行
駛情況。但是，如果我們的目的是瞭解過往行人在進入校門口時的行為，我
們便無須過分注意汽車的情況。當然，如果行人的行為受到過往汽車的影響，
我們也得注意到汽車的駕駛情況，但是有關汽車的顏色和牌子等細節則變得
無關緊要了。

其實，觀察的內容與研究的問題之間不僅僅是一個後者決定前者的關係，
在一定情況下前者也可能對後者產生影響。雖然研究者事先腦子裡有一個研
究的問題，但是到達現場以後，如果發現自己觀察到的內容與原來的設計不
太一樣，完全可以改變自己的研究問題。比如，我的一位同學原來計畫對一
所小學的校園文化進行研究，重點觀察學生在校園裡活動的情況；結果發現
那所小學非常擁擠，根本沒有「校園」可言，沒有任何空地供學生開展校外
活動。結果，她將自己的研究問題改成對學生課間活動的研究，重點觀察學
生下課後在教室內或走廊上展開的活動。

觀察內容的選擇不僅取決於研究的問題，而且取決於觀察者本人的習慣。
觀察不僅僅是研究者瞭解別的人和事的一個過程，同時也是研究者自己觀察
習慣的再現。比如，我班上的一些研究生在對學校大門進行了開放型觀察以
後，組成小組對自己的觀察方法進行討論。結果他們驚異地發現，同學們各
自都有自己的觀察風格和習慣，而這些風格和習慣都與自己的生活經歷、性
別、職業、個性等因素有關。比如，一位大學的行政管理人員十分注意門衛
的換崗時間和動作；一位本科學工程的學生特別注意在一定時間內出入門口
的人數；一位平時重視穿著打扮的女生對過往行人的衣服的顏色特別注意；

一位文學愛好者對溫煦的氣候、藍天白雲以及周圍的景色深有感觸。很顯然，由於這些同學平時的觀察習慣不一樣，雖然他們在就同一觀察問題對同一現象進行觀察，每個人具體觀察的內容卻很不一樣。

因此，作為觀察者，我們應該在進行觀察時注意瞭解自己的觀察風格。如果我們對自己的習慣瞭解得比較透徹，便有可能知道自己是如何觀察到所觀察的事情的、自己是如何選擇觀察內容的、自己的觀察結果是否「可靠」。通過對自己以及別人的觀察行為進行反省，我們還可以有意識地培養自己從不同的角度、用不同的方式（特別是自己不習慣的方式）進行觀察。

第三節 觀察的記錄方式

在進行觀察時，研究者除了可以使用自己的眼睛、耳朵、鼻子等知覺器官以及其他儀器設備（如錄影機、錄音機）以外，還可以使用筆對觀察的內容進行記錄。記錄在觀察中占有十分重要的位置，是觀察中一個必不可少的步驟。

一、記錄的重要性

在質的觀察中，記錄的作用十分重要。首先，人的記憶是有限的，不可能將所有看到和聽到的事情都回憶起來。即使我們認為「回憶」是一種「重構」，時間先後和地點差異也會對「重構」的質量產生影響。很顯然，時間上滯後的「重構」顯然與當時當地的「重構」不一樣。記錄下來的內容可以為研究者事後分析問題提供一個基本的文本，「白紙黑字」比「憑空回憶」總歸是要「可靠」一些。

其次，記錄可以使我們對自己所觀察到的事情更加熟悉。通過逐字逐句地將自己看到的東西記錄下來，我們對這些東西的印象會更加深刻。記錄實

際上是一個將現象變成文字的編碼過程，被用文字符號編碼過的現象有利於我們在記憶中進行歸類和儲存。

再次，記錄本身便是一個澄清事實、組織思路的過程，書寫本身便是思考。我們在進行筆錄時，實際上是在進行一系列決策活動（如選擇、歸類、比較等），反映的是我們與觀察現象之間的一種互動。我們實際上將觀察到的現象在自己的腦子裡過濾了一遍，經過了思考和篩選以後才記錄下來。因此，我們在從事觀察活動時，不應該放棄這樣一個寶貴的思考機會。

此外，記錄不僅可以幫助我們對手頭的資料進行整理，而且記錄這一過程本身便是一個十分有價值的資料來源。如果我們在進行筆錄的同時對自己的這些決策活動進行反思，不僅可以瞭解自己的決策依據和決策邏輯，而且這種反思本身可以為研究提供十分有意義的資料。

最後，記錄可以對我們的記憶力和關注力進行訓練，及時周密的記錄不僅可以使我們的記憶力增強，而且可以使我們的注意力在觀察的時候變得更為集中。

二、記錄的程序

觀察記錄可以有很多不同的方式，我們可以根據自己的習慣、觀察的問題、觀察的內容、地點、時間以及使用的工具來進行選擇。通常，觀察伊始，我們可以先就觀察的現場畫一張現場圖。這張現場圖不僅應該包括觀察現場的物質環境（如教室內桌椅板凳的布置、牆上懸掛的圖片和標語等），還應該包括觀察現場的人文環境（如學生就坐的位置、教師活動的範圍等）（見圖表 16-3-1）。在觀察的過程中，如果我們發現現場內某些物體擺設或人員位置有所變動，可以隨時畫新的現場圖。畫現場圖是質的觀察中一個十分有用的手段，可以對觀察現場提供一個直觀、二維、超越語言表述的圖像展示。現場圖畫好以後，我們還應該在下面附上一段文字說明。這段文字不僅應該對觀察的現場進行比較詳細的說明，而且應該介紹研究者本人來到觀察現場

圖表 16-3-1　　觀察現場圖

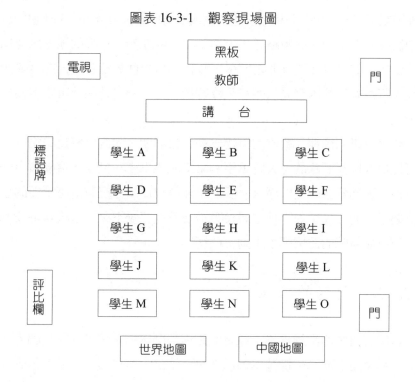

的第一反應。

　　對觀察活動進行記錄要求按時序進行，所記的事情之間要有連續性，一個事情一個事情地記，不要對所有事情作一個整體性的總結。這樣做一方面可以保持事件發生時的時序和情境，有利於今後分析時查找；另一方面保留了大量有關事件的細節，便於今後為建構理論提供具體的素體。

　　與量的研究不同，質的研究中的觀察是非結構型的，要求盡可能將所有的事情都記下來。特別是在觀察的初期，記錄的完整性和豐富性是觀察筆記的一個首要要求。質的研究要求對研究現象進行「深描」，要有具體的細節，使讀者彷彿身臨其境。因此，我們在做實地筆記時必須注意完整、細密，以便為今後在研究報告中進行「深描」提供資料基礎。

　　在實地進行觀察時，我們要有意識地訓練自己的筆錄能力。如果當場有

的細節記不下來，可以先使用一些代號或縮寫形式，事後再找機會追記詳情。實地觀察者常用的一個策略是「上廁所」，躲在無人知曉的地方迅速補記重要的資訊。如果時間確實非常緊張，我們還可求助於錄音機，在合適的時間和地點將觀察到的內容先口頭錄入錄音機，待今後有時間時再逐字逐句地整理出來。

如果在研究後期，觀察的目標已經比較明朗、內容已經比較集中，我們也可以採取摘要記錄的方式將重要的事情記錄下來。但是，這樣做有一定的冒險性，因為隨著研究的深入，我們可能發現原來自己認為不重要的事情變得重要了。而如果這些事情當時沒有被及時地記錄下來，過後無論我們如何回憶也不如當時的記憶那麼生動、確切。

三、記錄的格式

質的觀察中的記錄規格不像量的觀察那麼統一、固定，往往因人或因研究的具體情境而異。一條基本的原則是：清楚、有條理、便於今後查找。通常的做法是：在記錄的第一頁上方寫上觀察者的姓名、觀察內容的標題、地點、時間、本筆記的標號、此套筆記的名稱，然後在筆記的每一頁標上本筆記的標號和頁碼。筆記的段落不宜過長，每當一件新的事情發生、一個不同的人出現在現場、一個新的話題被提出來，都應該重起一個段落。

實地筆記的紙張應該比較大，在記錄的左邊或者右邊留下大量的空白，以便今後補充記錄、評說、分類和編碼。記錄紙的頁面應該分成至少兩大部分，從中間垂直分開，左邊是事實筆記，右邊是研究者個人的思考。「事實筆記」部分記錄的是研究者在觀察中看到和聽到的「事實」，是可以感覺和知覺到的東西。如果這部分記錄了被觀察者所說的原話，應該用引號標示出來，以區別於研究者的重述或說明。「個人思考」部分記錄的是研究者本人對觀察內容的感受和解釋，是對研究者的同步思考活動的一個現場記錄。這個部分非常重要，應該及時地記錄下來，但記錄的時候應該注意與「事實筆

記」分開。

　　敘茲曼（L. Schatzman）和斯特勞斯（1973）提出了比我上面提議的更加精緻的現場記錄格式。他們將現場觀察筆錄分成四個部分：(1)「實地筆記」，專門用來記錄觀察者看到和聽到的事實性內容；(2)「個人筆記」，用來記錄觀察者個人在實地觀察時的感受和想法；(3)「方法筆記」，記錄觀察者所使用的具體方法及其作用；(4)「理論筆記」，用於記錄觀察者對觀察資料進行的初步理論分析。他們的四分法實際是將我上面所說的兩分法中的第二部分「研究者個人的思考」進一步分成了三個部分：個人感受、方法反思、理論思考。他們的分類中的第一部分「實地筆記」與我上面說的「事實筆記」是一回事。

　　下面讓我們看一下敘茲曼和斯特勞斯的記錄方式是如何被使用的。讓我們假設有一位觀察者從中午十二點到十二點三十分在一所大學的食堂裡作觀察，他／她將自己看到、聽到和想到的事情分別填入下表中有關的檔目裡（見圖表 16-3-2）。

四、記錄的語言

　　觀察紀錄除了對格式有一定的要求以外，還對記錄的語言有一定的要求。記錄的實際作用是將研究者在觀察時看到和聽到的「事實」概念化、文字化。研究者使用的文字不僅可以對所觀察到的「事實」進行概念化，而且為概念的「編碼」和「解碼」提供了物質形態。任何文字對「事實」的構型都會產生影響（在某些情況下甚至決定了對「事實」的構型），因此也就在很大程度上決定了研究者（以及讀者）對這些「事實」的解釋。觀察中的文字記錄提供的是有關觀察活動的一個文本，而這個文本是今後讀者（包括研究者本人）理解觀察中的「事實」的一個依據。因此，研究者在作記錄時，一定要對自己使用的語言進行嚴格的推敲，力圖具體、清楚、實在地對觀察到的現象進行描述。

圖表 16-3-2　實地觀察記錄表

實地筆記	個人筆記	方法筆記	理論筆記
12：00——食堂裡大約有 300 人，10 個窗口前隊伍平均有 4 米長。	我感覺很擁擠。	這個數字是我的估計，不一定準確。	中午 12 點似乎是學生就餐的高潮。
12：05——在賣餡餅的窗口排了一個足有兩米長的隊，而且排隊的大部分（大約四分之三）是男生。	我想是不是今天的餡餅特別好吃？是不是男生特別喜歡吃餡餅？	我站在離賣餡餅的窗口有 5 米遠的地方，看不清楚餡餅的質量，不知道這些人買餡餅是否因為餡餅好吃。	也許買某一樣食物的人數與該食物的質量之間有正相關關係？
12：10——食堂裡有 5 對成雙的男女坐在一起吃飯，兩個人坐得很靠近，都是男的坐在女的左手邊。	也許他們是戀人。	我只是根據他們坐在一起的親密樣子判斷他們是戀人，這個猜想需要進一步檢驗。	也許在食堂裡就餐時，男生習慣於坐在女生的左手邊？
12：20——一位女生將一勺菜送到旁邊男生的嘴邊，望著對方的眼睛說：「想不想吃這個菜？」	為什麼這些「戀人們」在公共食堂裡如此「放肆」？！我對此有反感。	我現在與他們坐在同一張桌子上，可以聽到他們的對話。	似乎女生喜歡主動向男生「獻殷勤」，這一點與我平時的印象不一樣，需要進一步觀察和檢驗。

1.具體、清楚、實在

　　觀察記錄的語言要求盡可能具體、清楚、實在。這三個標準是一種相互關聯的關係，做到了其一，便會影響到其二和其三。具體的語言會使記錄的內容顯得比較清楚、實在；清楚的語言會使記錄的內容看上去比較具體、實在；而實在的語言也會使記錄的內容顯得比較具體、清楚。下面雖然將這三

條標準分開來討論，但是我們在作觀察記錄時應該同時兼顧，並且考慮到它們的綜合效果。

首先，研究者在做觀察筆記時，應該使用具體的語言，不要用抽象的、概括性的或總結性的詞語。比如，當我們在觀察一個商店的經營情況時，如果我們寫下「商店裡十分蕭條，營業員人浮於事，工作沒有效率」這樣的筆記，就顯得過於抽象和概括。一個改進的辦法是：在實地筆記部分寫下：「在這個面積二百平方米的商店裡有十名顧客、二十名營業員」，然後在個人筆記中寫下：「我感覺這個商店工作效率不高。」

當然，紀錄內容的具體和抽象程度應該因具體情境不同而有所不同。比如，當對一本書進行描述時，我們是應該只停留在「一本書」這樣抽象的層面呢？還是應該具體到「一本十六開的、封面是紅色的、厚度為兩厘米的、紙張相當白的、內容是有關中國歷史的教科書」呢？很顯然，如果這項觀察是在一堂歷史課上進行的，研究者的目的只是希望知道在歷史課上同學們是否人手一冊書，那麼只提到「一本書」這樣的程度就夠了。但是，如果這項觀察的目的是記錄有關這本書的資訊，以便告訴出版界有關教學課本的裝潢情況，那麼有關這本書的開本、顏色、厚度乃至紙張的質量便是必不可少的了。更有甚者，如果我們假設地球上來了外星人，他們不知道被地球上的人稱之為「書」的東西是什麼的話，那麼我們便不得不更加具體了：「一個長方型的、封面上有一些圖畫的、由大約二百頁紙張裝訂在一起的、紙上寫滿了字的東西」。當我們如此細緻地進行描述的時候，我們還必須假設這些外星人已經知道了「長方型、封面、圖畫、大約、二百、頁、紙張、裝訂、字」等概念的意義。否則，我們的描述將不得不更加細緻和具體。

從上面這個例子中，我們可以看出，當我們對一個讀者可能不熟悉的東西進行描述時，具體一點總是比抽象一點要保險。上面我們向外星人描述「書」時所使用的語言雖然顯得有點「笨拙、累贅」，但是如果他們知道什麼是「長方型、封面、圖畫、大約、二百、頁、紙張、裝訂、字」這些概念的話，也許可以通過對這個比較具體的描述進行推測而形成有關「書」的概

念。而如果我們使用比較抽象的語言來描述我們概念中的「書」（如「一個人們用來表達思想的工具」），我們的外星人朋友可能更加不知道我們在說什麼了。

　　實地記錄使用的語言不僅要求具體、細緻，而且要求清晰、易懂。當然，「清晰、易懂」的程度可能因研究者而異，這裡主要是針對那些有可能閱讀我們的觀察紀錄的讀者而言。假設，我們在對一個工廠的食堂進行觀察時看到那裡人「很多」，顯得很「擁擠」，結果在觀察紀錄中寫道：「食堂裡人很多，很擁擠。」而讀者在讀到這類描述時，很可能感到不清楚，不知道食堂裡具體的情形是什麼樣子。他們可能要問：「食堂裡到底有多少人？食堂有多大？多少人算是『很擁擠』？『擁擠』的標準是怎麼定的？是根據誰的標準定的？」可以假設，對於一個生長在上海的中國人來說，一個一百平方米大小的食堂裡有三百人可以說是「很擁擠」；而對於一個來自加拿大北部的人來說，同樣的面積裡裝上五十人便可能被認為「很擁擠」了。

　　在作上述紀錄的時候，也許我們自己心裡有一杆秤，知道自己在說什麼，但是其他不明「真相」、不在實地的人是很難根據這種描述作出「準確」判斷的。事實上，這種含混不清、指代不明的紀錄對我們自己也是一個十分危險的陷阱。若干時間以後，如果我們還需要找回當時的紀錄進行核對的話，可能會發現，當時的情形已經淡忘了，而眼前的紀錄又是如此地含糊不清，即使我們自己也很難根據這些紀錄「回憶」起當時的具體情形。因此，當我們說，紀錄要考慮讀者時，這個「讀者」也包括若干時間以後的我們自己。「讀者」的意義在這裡已經擴大了，包括所有我們可以設想到的現在和將來有可能進入我們的「交往共同體」的人。

　　觀察紀錄不僅應該具體、清晰，而且應該實在、平實。研究者在做記錄時應該儘量使用樸實、「中性」的語言，避免使用過於文學化的語言（如隱喻、雙關語等）、具有特定含義的用語（如成語、歇後語等）、過於通俗的民間語言（如俗語、俚語等）、過於程式化的語言（如新聞口號、政治套話等）以及學術行話。文學語言雖然具有生動再現當時情境的作用，但由於其

空白和未定性，給讀者留有較大的想像空間，容易造成解釋上的歧義（金元浦，*1997*）。成語通常來自一定的歷史典故，帶有獨特的民族文化特色，讀者需要一定的文化（或跨文化）功底才可能理解。特別是當研究涉及國際交流時，成語這類表達法很容易造成理解上的困難或誤會。民間俗語一般比較詼諧、精練，但通常帶有強烈的感情色彩，容易妨礙讀者「客觀地」瞭解觀察的內容。像成語和歇後語一樣，對俗語的理解也取決於對特定人群或文化的瞭解，圈外人往往不知所云。套話通常具有特定的社會政治背景，內容比較概括、空泛，不適合對具體的觀察內容進行記錄。學術行話的意義一般比較專一，帶有學術行會的特點，不易跨學科交流，也不易為一般讀者所理解。

下面列出的幾段觀察筆記來自我的學生的觀察練習作業，它們都在不同程度上表現了上述問題。

(1)觀察某學校升旗儀式時：「升旗儀式莊嚴肅穆，四處萬籟俱寂、鴉雀無聲。儀仗隊隊員一個個英俊瀟灑，昂首闊步，觀看的人心潮澎湃，但見五星紅旗冉冉上升。」

(2)觀察食堂就餐情況時：「食堂裡人山人海，熙熙攘攘；同學們一個個摩拳擦掌，準備開始一場飯的戰鬥。」

(3)觀察餐廳內人際互動行為時：「一對熱戀中的情侶走進餐廳，男士人高大，女士嬌小玲瓏，一副小鳥依人的樣子。一個奶油小生模樣的傢伙正和他旁邊的小姐談笑著。他的吃相顯得很做作，右手小指古怪地向上翹著，很女性化。那位小姐慢條斯理地在吃一條魚，像一隻吃東西的波斯貓。兩個人吃完以後把餐具扔在桌子上就走了，義無反顧。」

2.命名準確

在對觀察進行筆錄時，我們還經常面臨如何為事物命名的問題。「命名」

指的是給事物起一個名字，用這個名字來指稱這個事物，如用「單人摩托車」來指「一種交通工具，由金屬做成，有兩個輪子，由動力機驅動，只能供一個人使用」。「命名」至少涉及如下幾個方面：命名的語言、命名的角度、命名在不同語言中的翻譯、命名所指向的讀者類型。

一般來說，當我們看到一個在自己的語言中有相應詞語表達的事物時，可以直接使用這個詞語為該事物命名，如上面所說的「單人摩托車」。而如果我們的語言中沒有這類詞語，便不知如何為其命名了。例如，在一次課堂觀察練習中，我的一位加拿大助手帶來了一些西方兒童「辦家家」時常用的玩具，其中有一個幾乎每一個西方家庭都有的烤麵包機的模型。結果，在場的大部分學生都不知道這是一個什麼玩意兒，使用了各種詞語來描述它：「一個長方形的、中間有一條縫的東西」，「這個東西旁邊有一道槽，槽裡可以放入一片東西，用手一按把柄，中間的那個東西就會跳起來」，等等。由於這些學生不知道這是一個烤麵包機，無法「確切地」對這個東西進行指稱，於是只好借助他們所知道的有關形狀、空間和其他物品（如「把柄」）的概念來對其進行間接的描述。而這種描述比較「累贅」、「笨拙」、「間接」，很容易給讀者帶來理解上的困難❶。

有時候，我們知道所看到的事物的用途和形狀，但是卻不知道這個事物的名稱。在這種情況下，也需要採取其他途徑來解決命名的問題。比如，在對某大學的食堂進行觀察時，我的一位學生寫道：「很多學生把碗放到一個有很多格子的類似屏風的木架子上。」很顯然，這位學生注意到了這個架子

---

1. 這個例子同時說明，作為觀察者，我們對事情的定義和理解在很大程度上取決於我們生長於其中的文化。我們的文化使我們習得了一套定義事物的語言，而這套語言又反過頭來成為我們看待事物和理解事物的必要手段。如果我們沒有相應的語言來指稱自己觀察到的東西，就會陷入「命名的困境」。在上面的事例中，由於大部分中國人常用的食品器皿中沒有烤麵包機，他們的思維中沒有這個概念，而且中國的語言中也沒有這個詞語，因此我的這些學生不知道如何指稱這個「奇怪」的東西。

的用途：這是一個被用來放碗的架子，而且由於它所在的位置使它同時發揮了屏風的作用。但是，由於在觀察者的語言中沒有一個固定的詞語來指稱這種類型的架子，於是她便使用了上述比較迂迴、具體的描述方式。如果她只告訴我們這是一個「木頭碗櫃」，我們便無法獲得有關這個特殊碗櫃的「有很多格子」的形態和作為「屏風」的作用了。

當我們為自己觀察到的事情命名時，還不得不考慮「從誰的角度」、「使用誰的語言」來為事物命名的問題。這裡我們起碼應該考慮三個不同的人群：(1)作觀察時的觀察者本人及其所代表的研究者群體；(2)被觀察者及其所代表的文化群體；(3)讀者（包括觀察過後的觀察者本人）。例如，我們在一所幼稚園對兒童進行觀察時，看到一個小女孩將一塊桌布蓋在一個布娃娃身上。這種時候，我們是應該把這塊布稱為「桌布」還是「被子」呢？很顯然，從這個小女孩的角度看，這是一床「被子」；但是，從我們觀察者（大人）的角度來看，這應該是一塊「桌布」。而觀察筆記的最終目的是服務於讀者，是為了給研究報告的讀者以及分析紀錄的研究者本人提供資料依據。因此在記錄時，為了讓讀者瞭解觀察者和被觀察者在角度和語言上的不同，我們可以在實地筆記中寫下：「一塊桌布」（或者「一塊布」），然後在個人筆記中寫下：「我想她是把這當成一床被子了」。

如果觀察筆記需要進行翻譯，我們還需要考慮不同語言之間的可譯性以及翻譯中的命名問題。比如，「菜」這個詞在中國只指副食（如蔬菜、魚肉等），不包括米飯和麵條。但是在英文中，「菜」的翻譯「dish」卻可以包括中國人的主食，而且經常被作為一個計量單位使用，相當於中文中「一盤（包括飯和菜在內的）食物」（a dish of food）。因此，如果我們翻譯觀察紀錄時將「菜」譯成「dish」，就很容易在說英語的人中間引起歧義。與其逐字逐句地將「菜」硬譯成「dish」，不如選擇其他更合適的（能夠具體說明這種情況的）詞語，如「vegetable」（蔬菜）、「meat」（肉）、「fish」（魚）等。

在對觀察紀錄進行翻譯時，我們還要考慮到讀者的文化背景，以免造成

不同讀者對不同命名的誤解。例如，我的學生在觀察一所大學的食堂以後所作的紀錄「學生們使用的飯卡不利於健康」便使我的美國同行感到困惑不解。首先，他們不知道什麼是「飯卡」；其次，他們不明白「飯卡」與「健康」之間有什麼關係。而作紀錄的學生卻認為這是十分清楚的事情：「飯卡」是學生事先在學校伙食科購得的、代表了一定金額的、可以直接用來買飯的卡片；由飯卡導致的「健康」問題是因為學生的飯卡使用時間過長以後表面十分骯髒，在與服務員相互傳遞之間容易給食物帶來污染。而在美國，大部分學校的食堂都已經社會化了，即使是在學校內經營的餐廳裡也都是使是現金購買食品。因此，在這種情況下，觀察者如果知道自己的紀錄將會有來自不同文化的讀者群，應該對「飯卡」的定義和用途以及因為飯卡使用時間過長變得骯髒進而影響學生身體「健康」的問題作一些必要的說明。

我之所以在這裡將「命名」的問題提出來討論，是因為它在觀察中（不僅僅是觀察紀錄中）非常重要。「命名」在表面上看是將一個名稱放到一個與其相應的事物上面，但它實際上反映的是觀察者通過自己的語言對觀察到的事物進行選擇的過程。通常，在觀察時我們只可能對那些自己可以概念化和符號化的事物進行選擇，那些非概念的、非符號的東西很難進入我們的觀察筆記。因此，只有找到既可以比較確切地描述我們所觀察到的東西，又可以使讀者確切地理解我們的意思的命名，我們的觀察結果才會比較「確切」。如果觀察紀錄要做到「確切」，我們必須對自己看到和聽到的東西感覺「確切」，而「感覺確切」在很大程度上取決於我們是否有相應的語言對自己看到和聽到的東西進行識別。如果我們找到了這樣一種語言，對觀察內容的「編碼」和讀者的「解碼」經過了一個共同語言的中介，那麼有關各方對觀察內容的理解就會更加準確一些。

第四節　觀察者的反思

在質的觀察中，研究者除了對看到和聽到的事實進行描述以外，還應該反思自己是如何看到和聽到這些「事實」的、自己在觀察的過程中走過了一條什麼樣的心路歷程。這種反思活動可以在上面介紹的觀察紀錄中的「個人筆記」、「方法筆記」和「理論筆記」部分進行，也可以通過事後寫備忘錄的方式進行。

波格丹（R. Bogdan）和比克蘭（S. Biklen）認為（ 1982: 87-88 ），觀察者在做實地筆記時應該對如下幾個方面進行反思：(1)反省自己的思維方式，詢問自己是如何進行觀察的，如何注意到目前自己手頭搜集到的資料所反映的觀察內容的，自己為什麼會對這些內容加以注意；(2)瞭解自己使用的具體研究方法和過程，分析自己觀察的角度、記錄時使用的語言等；(3)對觀察中出現的有關倫理道德問題進行反省，檢查自己是否在某些地方違背了公認的倫理原則和研究規範；(4)反省觀察者自己對研究問題的前設、個人生活經歷、政治立場、宗教信仰、種族、性別、社會地位、受教育程度等；(5)對目前自己仍感困惑的問題加以澄清，對實地筆記中一些不清楚的地方加以說明，對錯誤的地方進行糾正。

根據我個人作觀察以及觀察別人作觀察的經驗，我感覺觀察者可以從很多方面對自己的思維方式和使用的方法進行反思，其中最重要的幾個方面是：觀察者進行推論的依據、觀察者本人的心情對觀察的影響、觀察者的敘述角度。

一、觀察者的推論

從上面的討論中，我們已經知道，觀察不是一個簡單的感知活動，必須

依賴觀察者本人的推論。觀察者必須使用自己的理性思考，才可能「觀察」自己所看見的東西。任何觀察活動都離不開觀察者的思考，都必須經過觀察者推論的過濾。因此，在進行觀察活動和作觀察紀錄時，我們需要有意識地對自己的推論進行反省，儘量將自己所做的推論與自己觀察到的事情分開。雖然這麼做十分困難，但是人為地這麼做可以使我們對自己的思維活動更加清楚，不把自己的「私貨」偷偷地塞入「事實」裡面。例如，我的一位學生在對課堂上學生就坐的行為模式進行觀察時作了如下一段記錄：「同學們一走進教室就開始選擇座位，大部分人都選擇坐在熟人旁邊。」這個紀錄除了對同學們的行為進行了描述以外，還夾雜了觀察者本人對同學們行為意圖的推論。其實，如果僅從這個紀錄所表現的同學們的外顯行為，我們很難知道他們是在「選擇」座位，也很難知道他們「選擇」的鄰居是「熟人」。很顯然，在這裡觀察者動用了自己的常識，對同學們這些行為的目的進行了推論。因此，為了使那些缺乏此類常識的讀者能夠理解觀察者是如何得出這個推論的，觀察者可以在實地筆記部分寫下：「同學們一走進教室就左顧右盼，眼光從一個座位移向另外一個座位；在五十名學生中，有三十六人坐下來以前或者以後與他們旁邊的人說話、微笑或握手」，然後在「個人筆記」部分寫下：「我想這些同學是在選擇座位，而且大部分人選擇坐在自己的熟人旁邊。」

當我們在觀察無法直接看見或品嘗的東西時，也會遇到需要推論的難題。如在觀察一節化學實驗課時，我們就無法知道教師從一個玻璃水杯裡倒入試管中的是自來水、蒸餾水還是鹽水。在這種情況下，比較安全的做法是：在實地筆記中寫下：「教師將大約兩立升的液體從一個玻璃水杯裡倒入試管中」；然後在個人筆記部分寫上：「根據我個人對這類實驗的瞭解，我想教師倒的是蒸餾水」；同時在方法筆記部分寫上：「課後應該進一步向教師驗證」。

如果觀察者對自己的思維活動意識不足，在作觀察的時候很容易從一個自己看到的「事實」推出錯誤的結論。比如，我的一位學生在食堂作觀察時，

看到很多女生都排隊買牛肉麵，因此便在筆記中寫道（他沒有將實地筆記和個人筆記分開）：「很多女同學在排隊買牛肉麵，好像女同學都喜歡吃牛肉麵。」而根據我自己的經驗以及平時的瞭解，我感覺「排隊買牛肉麵」與「喜歡吃牛肉麵」之間也許並沒有直接的因果關係。這些女生在牛肉麵櫃台前面排隊，也許是因為牛肉麵比較便宜，也許是因為吃麵條比吃米飯和饅頭節省時間，也許是這些女同學中有人今天過生日，大家希望用吃麵的方式慶祝她的生日，也許……這種假設可以無止境地設想下去。

因此，問題不是不能對所看到的事實做推論，而是應該將事實與推論區別開來。而且，更加重要的是，觀察者在進行推論的時候應該給出相應的證據，仔細檢查自己的前設，說明自己是如何得出這個推論的。比如，在上述情況下，這位學生也許可以通過觀察這些女生吃牛肉麵的情形來判斷她們的飲食習慣：如果她們吃的時候面露不快，吃的速度很慢，而且剩了很多麵條，那麼他也許可以因此而推論她們並不喜歡吃牛肉麵（起碼是這個食堂在這一頓飯時做的牛肉麵）。同時，如果合適的話，他也可以去問排隊的女生她們在此排隊是不是因為喜歡吃牛肉麵，如果不是，究竟是什麼原因。只有獲得了足夠的證據以後，他才有資格比較自信地在觀察的反思部分寫下自己的初步推論。

二、觀察者的心情

除了觀察者自己的推論以外，觀察者個人的心情也可能會影響到觀察的效果和內容，也應該在反思部分進行反省。比如，在北京大學校慶之前，我曾經組織學生在學校大門口進行了一次實地觀察。回到課堂上進行討論時，我驚奇地發現至少有四名同學對校門口掛著的一塊匾表示了極大的抵觸情緒。他們說，當他們看到這塊匾上標明北京大學這個大門是中美合資修繕時，感到「心裡很不舒服」、「很難受」、「很憋氣」，不明白「為什麼修一個大門還要他們洋鬼子來出錢」。由於這些同學對這塊牌子有怨氣，他們將觀察

的焦點從大門轉到了門前的大街上，放棄了對大門的仔細觀察。

這個例子表明，不僅觀察者個人的思維方式會影響到觀察的內容和角度，而且觀察者個人的情緒也會影響到他們的觀察行為。因此，觀察者應該密切注意自己的情緒，並且在方法筆記部分記下自己的情感反應。這種紀錄在今後對資料進行分析時將會十分有用，可以提供有意義的分析角度和觀點。

三、觀察者的敘述角度

觀察者作記錄時的敘述角度也十分重要，也需要在反思部分進行認真的思考。一般認為，在實地筆記中，研究者應該保持一種第三人稱的角度，對「客觀」事實進行如實的記載（當然，這裡的一個前設是所有的「事實」都是從觀察者本人的視角看到的）。如果研究者對觀察到的事實有疑惑或猜測，應該放到個人筆記部分，而不應該放到實地筆記部分。否則會給讀者一種錯覺，好像這也是觀察者看到的「事實」。比如，下面這段紀錄便表現出記錄者對視角的混淆：「從我的對面來了一個五十多歲的女教師，手裡拿著兩個飯盒，令人奇怪的是兩個盒裡全是菜。」首先，這個婦女的年齡和工作性質是很難直接觀察到的，需要提供一定的細節（如她的眼角有一些細微的皺紋，頭髮有點灰白，帶著一副金絲眼鏡，胳膊底下夾著一個講義夾，身上有一些粉筆灰等）。其次，如果她手裡拿著兩盒菜令觀察者本人感到「奇怪」（而不是令所有的「人」奇怪），觀察者應該將其放到個人筆記部分，而且說明為什麼自己感到「奇怪」。這裡，當觀察者使用「令人奇怪」時，事實上他已經對某種「不奇怪的」、「正常的」情況進行了一種帶有普遍意義的預設；而顯然，對這個端著兩盒菜的當事人來說，這並沒有什麼可「奇怪」的。也許，為了節省時間，她在為另外一位同伴打菜，而她的同伴正在為兩個人打飯；也許她背包裡帶有自己準備的麵包，只需要在食堂打菜就行了，而她不喜歡將兩種不同的菜放在一個盒裡。

觀察者的視角混淆還有可能在如下情況下發生：觀察者對觀察的對象來

說是一個局內人，對觀察到的一些事情有自己先入為主的理解，因此不自覺地將自己的理解與看到的「事實」混雜在一起進行記錄。比如，在下面這段紀錄中，「今天工廠的宿舍裡人很少，因為是星期天大家不上班，都出去玩兒去了」，觀察者就在利用自己個人的知識和經驗對看到的現象進行解釋。如果研究者從外部對事物進行觀察，就不應該在實地筆記部分使用局內人敘述角度。否則，角度的混淆很難使讀者明白，什麼是觀察者看到的事情，什麼是他／她本人的猜測或解釋。當然這種解釋並不是不允許，而是應該與實地筆記分開記錄。比如，如果在實地筆記中觀察者寫了「今天工廠的宿舍裡人很少」，那麼可以同時在個人筆記中寫下：「根據我自己個人對工廠的瞭解，我想人很少是因為星期天大家都不上班，出去玩兒去了。」

　　總之，質的研究中的觀察要求達到如下幾條標準。(1)準確：觀察要獲得相對「確切」的資料，即符合觀察對象的「實際」情形。雖然持不同範式的質的研究者對什麼是「準確」理解不一樣，但是他們都認為仍舊存在一個衡量是否「準確」的標準。(2)全面：觀察要求注意事物的整體狀況，特別是觀察時的社會、文化、物質背景。(3)具體：觀察要求細緻入微，注意瞭解事情的細節。(4)持久：觀察要長期持續地進行，追蹤事情的發展過程。(5)開放：觀察可以隨時改變方向、目標與範圍，觀察本身是一個演化的過程。(6)具有反思特點：觀察者要不斷反思自己與被觀察者的關係，注意這一關係對觀察的進程與結果所產生的影響。

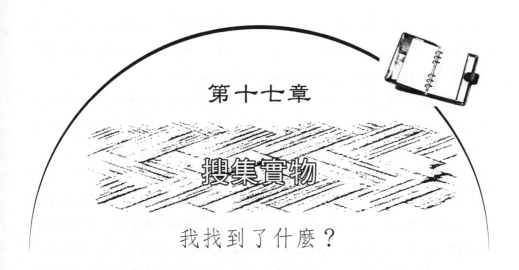

第十七章

搜集實物

我找到了什麼？

　　除了訪談和觀察以外，質的研究中另外一種主要的搜集資料的方法是實物分析。「實物」包括所有與研究問題有關的文字、圖片、音像、物品等，可以是人工製作的東西，也可以是經過人加工過的自然物。這些資料可以是歷史文獻（如傳記、史料），也可以是現時的紀錄（如信件、作息時間表、學生作業）；可以是文字資料（如文件、教科書、學生成績單、課表、日記），也可以是影像資料（如照片、錄影、錄音、電影、廣告）；可以是平面的資料（如書面材料），也可以是立體的物品（如陶器、植物、路標）。

第一節　實物分析的理論基礎

　　將實物作為質的研究的資料來源是基於這樣一個信念，即任何實物都是一定文化的產物，都是在一定情境下某些人對一定事物的看法的體現；因此這些實物可以被搜集起來，作為特定文化中特定人群所持觀念的物化形式進行分析。任何實物都具有「合同」的性質，即表現了社會上某些人相互之間或者人與環境之間的一種「契約」。它們之所以被生產出來，是因為它們滿

足了社會上某類人的需要。作為特定時代特定文化環境下的產物，實物不應該被看成「實在的」（actual）、自足的（self-contained）、不以人的主觀意識而轉移的客觀「現實」（*Hammersley & Atkinson, 1983: 141*）。

　　實物屬於一種物品文化，有其自身的特點。對實物的分析與對語言的分析是很不一樣的，遵循的是一種十分不同的邏輯。語言主要依賴於概念的使用，而實物更加依賴於形象的召喚和聯想以及物品本身的使用方式。語言分析受到語言規則的制約，是一種以規則為基礎的認知方式，依靠的是人們對語言本身的理性知識；而物品分析依賴的是一種聯想模式，其意義主要來自人們日常生活中的「實踐理性」。這些物品通過自身的被使用，不僅具有意義解釋的作用，而且具有改變特定社會規範的潛能。例如，公路上舖設的路障被稱為「睡著的警察」，它們被城市交通管理部門用來促使汽車司機減速（*Hodder, 1994*）。如果司機們遇到這些路障不減速，就有可能損壞自己的汽車。有關部門之所沒有在路邊豎立文字警告牌，是因為文字可能對大部分汽車司機不起作用。文字喚起的是汽車司機的語言知識，而語言知識主要停留在他們的認知層面。相比之下，路障這類實物性的警告付諸的是他們的實踐知識，如果不執行就會立刻產生負面效應，因此更加具有實際效果。

　　由於實物的製作是和特定的社會文化環境密切相關的，因此我們在對實物進行分析時應該將其放回到其被生產、被使用、被重複使用或者被拋棄的歷史文化背景中加以考慮。對物品的分析涉及到一定社會文化情境下人們生產、交換和消費的方式，需要我們採取一種關聯性的、歷時和共時相結合的思路。我們需要辨別實物產生的時代背景、被使用的方式、作者的意圖、使用者的目的、各類實物之間的相同點和不同點。在對一件實物進行搜集和分析時，我們應該就如下問題進行追問：「這件實物是誰製作的？是如何製作的？是在什情況下製作的？製作的目的是什麼？它是如何被使用的？誰在使用它？為什麼使用它？使用過後有什麼結果？這件實物中什麼被記載下來了？什麼被省略掉了？什麼被認為是理所當然的？為什麼製作者和使用者認為這些是理所當然的？使用者為了理解這件實物需要知道什麼？」等等（*Hammer-*

sley & Atkinson, 1983: 143）。

在上面這些問題中，製作者的目的和動機尤為重要。心理學家阿爾波特（*1942: 69*）認為，人們創造個人實物可能是出於如下幾個方面的原因：(1)為了個人心理上的滿足，如顯示自己的才能和情趣；(2)希望通過寫作這種創造實物的方式使自己的生活呈現出一種秩序，並且獲得寫作上的愉悅；(3)消除自己心理上的緊張，如通過製造實物協助自己進行心理治療，或為自己過去的過失贖罪；(4)希望通過實物保留自己的觀點，達到名垂千古的目的；(5)希望通過出售實物獲得金錢，牟取物質利益；(6)出於自己對科學研究的興趣，通過製造實物對未知進行探究；(7)希望通過製造實物為公眾服務；(8)出於外部的壓力不得不製造實物❶。

第二節 實物資料的分類

實物資料的分類通常包括兩大類：個人類和官方類。這兩類也可以按照正式程度分成「正式的官方類」資料和「非正式的個人類」資料（*Lincoln & Guba, 1985: 277*）。前者指的是那些被用於比較正規的、嚴肅的社會交往中的資料，這些資料被認為記錄了「文件類現實」，主要用來為公眾服務，因此被認為比較正式。後者主要被用來為個人目的服務，通常與個人生活有關，因此被認為不太正式。

將實物分成非正式的個人類和正式的官方類，這種分類方式類似語言學上對口語和書面語的區分。個人類類似口語，對它們的理解需要依賴它們產生於其中的具體情境；而官方類則可以相對獨立於製造人的原本意圖，只需要結合使用者的目的進行分析就行了。在質的研究中，如果研究者與被研究者建立了較好的個人關係，一般比較容易獲得他們的個人類資料。而官方類

---

1. 阿爾波特原來的分類比較瑣細，我進行了一些歸納。

資料則可能受到隱私權、保密原則或匿名法等法律條文的約束，要獲得這些紀錄比較困難（*Hodder,1994: 393*）。

一、正式官方類

「正式官方類」通常包括各種由政府部門頒發的證件和文件，如結婚證、身分證、工作證、駕駛證、銀行收支表、電話單、統計資料、報刊雜誌、歷史文獻等。雖然有的證件和文件是供個人使用和保存的，但是它們的生產者一定是官方機構。

上述各種證件是政府部門用來記錄和證實公民的特定身分、資格和任務完成情況的證據，具有法律效應。在研究中搜集這些證件可以幫助我們比較確切地瞭解有關人員是否具有某些特定的社會身分（如是否通過法律程序結婚？是否具有駕駛員資格？是否確實是北京大學的教師？），是否在行為上按法律要求行事（如是否按時向電話公司交納電話費？自己如果有汽車是否每年接受交通管理部門的年檢？作為北京大學的教師自己是否定期歸還在學校圖書館借閱的圖書？），等等。

官方統計資料是國家統計部門、各級政府部門和專業機構搜集並編製的各種統計報表和統計報告。這些資料提供的是可量化的社會現象的一般情況，對我們瞭解這些現象的整體狀況很有幫助。但是，由於各種原因，官方統計的數據不一定十分準確。有的申報單位或個人為了逃避法律上或政治上的責任可能謊報「實情」，有的則因為技術上的原因而導致資料不準確，如統計口徑不一致、計算中出現差錯等。此外，統計數據通常有自己的適用範圍，各種指標、比率和數字也有其特殊的含義。我們在搜集這些資料時要特別小心，注意這些數據是否與自己的研究問題相匹配（袁方，*1997: 395*）。此外，在使用這些數據時，我們應該持一種批判的態度，對如下問題進行追問：「是誰搜集的這些數據？這些數據是為誰搜集的？為什麼要搜集這些數據？我準備如何使用這些數據？這些數據與我的研究問題之間是什麼關係？我如何知

道這些數據是真實、可靠的？」等等。

　　報刊雜誌通常被某些社會機構或個人用來記錄、報導或解釋社會現象（或社會問題），可以為我們的研究提供豐富的二手資料。但是，在搜集這類資料時，我們應該特別注意報導人的角度、動機和興趣所在。報刊（特別是報紙）一般比較講究轟動效應，追逐的是社會上流行的熱點問題。由於時間的限制，這類資料對事情的分析通常不夠全面、細緻或深入。此外，出於某些政治或經濟上的原因，有些報刊反映的是特定社會機構的觀點，經過了某些具有自己特定動機的新聞機構的篩選，往往具有十分明顯的導向性。因此，我們在使用這類資料時應該特別小心，注意它們是否具有研究所需要的「真實性」和「客觀性」。

　　歷史文獻指的是對過去發生的、年代比較久遠的事件的記載，通常當事人已經不在人世。這些資料可以為我們提供一個瞭解過去的窗口，比較適合歷史研究，特別是在有關該歷史的見證人已不在人世的情況下。然而，任何歷史都是作者的重新解釋，而我們作為讀者對這些歷史文獻的解讀又有一次新的詮釋。因此，在使用這類資料時，我們需要特別注意歷史記載者以及我們自己的視角，對他們和我們自己作為歷史的詮釋者的作用進行反省。

　　官方機構頒發的資料還可以按照保密程度或使用範圍分成內部資料和外部資料。比如，就一所學校而言，內部資料通常包括由學校制定的課表、學生使用的課本、教師使用的輔導用書、學校行政部門頒發的各種通知、學生成績單、個人檔案、規章制度等。而外部資料指的是學校對外的資料，如學校的簡報、年度總結、給家長的信、學校的改革方案等。內部資料和外部資料對於我們從事社會科學研究都十分有用，可以幫助我們比較具體地瞭解社會機構內部的管理結構、領導風格、制度法規、時間安排等方面的情況。然而，正如上述所有正式的官方紀錄一樣，官方機構頒發的資料也是一定社會環境下的產品。我們在分析這些資料時，一定要認真結合當時當地的具體情況，不能簡單地將它們作為「客觀的事實」而接受。

　　此外，作為研究者，我們之所以決定搜集這些官方資料，是因為它們可

以滿足我們自己一定的目的和需求。因此，我們在考察這些資料的「傾向性」的同時，也要審視我們自己研究的「傾向性」。比如，在一項對某中學課程體系進行的研究中，如果我們只搜集中央政府和地方頒發的教材作為資料，而不對學校的具體教學活動進行觀察，那麼此項研究的一個前設就是：這些教材足以反映該中學課程體系的情況，或這些教材起碼可以反映該中學課程體系的一個方面。

二、非正式個人類

非正式個人類通常包括被研究者個人所寫的東西，如日記、信件、自傳、傳記、個人備忘錄等。日記是個人內心思想情感的自然流露，對於瞭解當事人的內心世界很有幫助。通過對日記內容的分析，我們可以瞭解當事人是如何看待周圍世界的。此外，日記通常是當事人按照時間順序在一定時段內持續完成的，因此可以從中瞭解過去發生的某些事情的來龍去脈。在所有個人資料中，日記是最能夠獲得相對「真實」資訊的一個來源。但是，一般來說，被研究者不會主動將自己的日記給研究者看，因此獲得日記這種個人資料的可能性相對比較小。

個人信件通常表現了寫信人在沒有外部壓力的情況下自然袒露的心情狀態，其中包括寫信人對某些事情的看法以及寫信人與收信人之間的關係。因此，如果我們希望瞭解寫信人的精神狀況、想法以及與有關人員之間的交往方式，搜集他們的個人信件會很有幫助。比如，在本書第二章介紹質的研究的歷史時我們談到，托馬斯和茲南尼斯基的《歐洲和美國的波蘭農民》（*1927*）就是通過大量的個人信件對當事人的主觀心態進行研究的一個例子。通過閱讀這些個人信件，他們從寫信人的角度瞭解了移居美國的這些波蘭人是如何看待自己的生活的（*Bogdan & Biklen, 1982: 10*）。但是，出於與日記同樣的原因，寫信人和收信人一般不願意主動為研究者提供自己的私人信件。即使這些信件不涉及個人的隱私，他們一般也不會願意將其公布於眾。像托

馬斯那樣在散步時信件「從天而降」的幸運者在這個世界上畢竟是少數。

　　自傳是作者將自己作為主人公的一種寫作方式，通常將自己從小到大的生活經歷以及各個時期發生的社會事件、家庭變故等內容比較詳細地記錄下來。因此，自傳比較適合瞭解作者本人的生活史以及他們所處的時代背景。傳記是對有關人物或歷史事件的記載，通常作者本人不是中心人物。如果我們希望瞭解一個特定的歷史時期、某些特定的歷史事件以及某些特定人群在該時期的行為，傳記可以提供比較豐富的資料。但是，在搜集自傳和傳記的時候應該特別注意其「真實性」和「準確性」。自傳和傳記都是對過去事件的追記，作者一方面可能對某些細節「記憶」有誤，另外一方面可能有意「歪曲事實」。由於現時的紀錄都會受到目前記事人觀點的影響，在一定程度上反映了當下的思想意識形態以及作者個人的動機和利益，因此我們讀到的不一定是事實的「真相」，而只是特定作者眼裡的「真相」。這些作者可能出於種種原因有意標榜自己，對有權勢的人褒多於貶，對自己不喜歡的人貶多於褒，而對那些沒有勢力的人則忽略不計。

　　除了日記、信件、自傳和傳記以外，個人文件還包括被研究者可能擁有的其他個人資料，比如，教師寫的教案、家長為自己孩子做的成長紀錄、旅行者的雜記等。教師的教案對於瞭解教師的教學思想、教學構思和個人教學風格很有幫助，特別是當這些教案伴有一些教師個人的評語時。家長為孩子寫的成長日記，通常記下每一階段（如每三天、每周、每月）孩子的生長情況，通過這些日記我們不僅可以瞭解孩子的具體成長狀態，而且可以瞭解父母如何看待自己的孩子以及父母對孩子有什麼樣的期待。被研究者的旅行雜記不僅表現了他們在特定情境下對周圍新鮮事物的反應，而且可以幫助研究者瞭解他們所處的異文化環境。

三、照片

　　照片是另外一類實物資料，可以是個人的，也可以是官方的，因此我把

它與上面的實物分開進行討論。把照片分成「個人的」和「官方的」主要體現在「照相」和「收藏」這兩個行為層面以及「目的」這一個動機層面上。它們可以有四種表現形態：(1)照片是個人照的，並且由個人收藏著，主要為個人的目的服務；(2)照片是個人照的，但是目前由官方收藏著（如放置在國家博物館或檔案館裡），主要為官方服務；(3)照片是官方照的，目前由個人收藏著，主要為個人服務；(4)照片是官方照的，目前由官方收藏著，主要為官方服務。

照片在人類學發展早期被認為是一種簡單的展示「真實」的方式，可以用來為人類種族的分類提供視覺方面的信息（*Edwards, 1992: 4*）。到二十世紀二〇年代，隨著人類學家深入實地進行長期的調查，通過參與型觀察瞭解當地人的社會結構，照片失去了往日的重要地位。當時的研究界普遍認為，照相只是一個抓住表面現象的工具，不能揭示事物的深度。在三〇年代，貝特森和 M. 米德（*1942*）使用照相的方式進行了一項長達十年的研究，總共照了兩萬五千張照片。雖然此類研究在人類學史上具有一定的地位，但是照相這種方式在當時仍舊被認為只能反映社會現象，不能對社會現象進行解釋。從六〇年代起，視覺社會學開始興起，照片的作用被進一步發掘。研究界開始認為，照相不僅可以反映社會現象，而且可以揭示照相者自己的觀點，是照相者個人視角、前見和知識的反映（*Harper, 1994*）。人們開始追問照片背後隱藏著的動機和興趣以及照片所反映的「真實性」問題：「照相人確實反映了他／她所看到的現實嗎？這個被拍下的事件有代表性嗎？這張照片意味著什麼？」人們開始意識到，所有的影像都受到特定社會形態以及技術手段的建構，是攝影師與觀看者共同創造的結果，兩者都給照片的解釋帶來了自己的意義框架。

目前在質的研究中，照片被認為是一種十分有價值的實物資料，可以為研究提供十分豐富的資訊。首先，照片可以提供非常清楚的描述型資訊，包括場景、人物和事件的具體細節。照片通常是在自然情境下拍攝的，可以相對「真實」和「準確」地記錄過去發生的事情及其場景。其次，由當事人自

己拍攝的照片可以提供瞭解他們的世界觀和人生觀的有關線索。通過仔細觀看這些照片，我們可以瞭解他們是如何看待自己周圍的世界的，什麼事情對他們來說比較重要。我們還可以在訪談時將這些照片作為一種「控制性投射」工具，請被訪者對照片作出自己的介紹和解釋。在這種情況下，通常的研究角色被顛倒了過來，被訪者成了說者，研究者成了聽者。此外，照片還可以用來糾正歷史事實，對一般人所認為的觀點進行反駁或提供多元解釋。比如，波格丹和比克蘭（1983: 104）在對二十世紀二〇年代一所專門招收智力低下兒童的州立小學進行研究時，發現在所有與這所學校有關的照片中，學生們看上去都非常整潔、行為端莊，與來自中產階級家庭的孩子沒有什麼兩樣。這些照片所顯現的學生們的形象與當時一些專業人士對這類兒童的描述形成了十分鮮明的對照。二十世紀二〇年代在美國是優生學運動的高峰期，專業人士一般認為智力低下的人是對社會的禍害，對人類的福祉是一個威脅。所以，他們對這些兒童的介紹往往帶有貶義，給後人造成一種十分恐怖的印象。波格丹和比克蘭通過對這些照片的分析，提供了一個與當時專業人員不同的解釋。

　　儘管照片有上述各種用途，但是我們必須牢記，照片都是某個特定的人拍攝的，這個人一定有自己的目的、視角和照相的方式。比如，個人拍攝的照片可能是為了記錄下某一重要的歷史時刻、一次重要的聚會、一個印象深刻的場景；官方拍攝的照片可能是為了紀念某一個重要的場合、將某一歷史事件記錄下來、為新聞報導提供直觀的資訊和可信度等。因此，在對照片進行分析時，我們應該考慮到照相人的動機和目的以及形成這些動機和目的的歷史文化背景。

　　此外，與文字資料相比，照片中隱含的政治權力通常比較抽象或隱蔽，很難從表面上直接看到。因此，我們在使用照片的時候應該結合有關的文字資料，在兩者之間進行相關檢驗。如果我們在研究報告中提供有關的照片，應該配上相應的文字說明，特別要說明攝影師的身分、攝影的目的和攝影的具體場景，使讀者對其中的權力關係有比較清楚的認識。

四、其他分類方式

　　除了上述分類以外，實物還可以按其他方式進行分類。比如，以其產生的時間為界，可以分成兩大類：研究開始之前已經存在的實物、研究開始之後產生的實物。前者指的是在研究者開始研究之前已經存在的實物資料，包括上述大部分個人文件、官方紀錄和照片。後者是研究開始以後由於研究的需要而出現的資料，這些資料可以以很多不同的形式出現，比如：(1)研究者根據研究的需要要求被研究者按照一定規格產生的資料（如研究者要求被研究者每天記的日記）；(2)研究者事先設計一些情境，要求被研究者作出有關書面回應（如假設被研究者是一位住院醫生，請寫下自己打算如何處理醫患關係）；(3)出於研究的需要，研究者臨時設計的招聘被研究者的廣告；(4)在研究過程中，研究者對有關人員發放的研究計畫和修改方案等（*Bogdan & Biklen, 1982: 98*）。

　　以搜集資料的方式分，實物還可以進一步分成偶然發現型和特意搜集型。比如，上面提到的托馬斯和茲南尼斯基在對美國的波蘭移民進行研究時獲得的信件就屬於偶然發現型。而大多數情況下的實物搜集都是在研究者的計畫之內，是研究者的主動行為。比如，研究者可以到被研究者家裡搜集照片，到歷史檔案館搜集歷史文獻，要被研究者在接受訪談之前指導研究者對他們認為重要的物品進行拍照等。

　　一般來說，質的研究中的實物應該是「真實的」，而不是虛構的，即使是上面談到的自傳和傳記也應該是建立在「真實」發生的事實之上的。但是，在現代主義民族誌的實驗型研究中，一些來自第三世界地區的小說和文學作品也正在成為分析的對象（*Fischer, 1984*）。這些文學作品不僅可以為研究者提供其他形式所無法替代的有關當地人的生活經驗表達，而且構成了作為本土評論的自傳體民族誌。使用文學作品作為分析的資料──這顯然犯了「科學」的大忌，但是這些作品確實可以為不瞭解當地文化的研究者提供探究的

指南，形成了具有一定價值的研究對象（馬爾庫斯，費徹爾，*1988: 111*）。

第三節　搜集實物資料的方式

搜集實物可以有很多不同的方法，應該視每一項研究的具體情況進行選擇。一個總的原則是：搜集實物必須獲得當事人的同意。不論是個人非正式的資料還是官方正式的紀錄文件都有自己的「守門人」，我們在搜集這些資料的時候必須瞭解他們是誰，如何最順利地獲得他們的首肯。如果他們不同意提供這些資料，我們應該尊重他們的選擇。當然在可能的情況下，我們可以想辦法說服對方，表明我們的誠意和研究的「純潔性」，並且許諾保密原則。

在搜集實物資料的同時，我們還要考慮到實物的用途和價值，以及實物的主人對這方面的打算。比如，如果我們計畫搜集當事人目前日常生活中正在使用的一個瓦罐，我們應該問對方是否願意賣給我們、價值多少。如果這個瓦罐是當事人家裡的傳家寶，不願意轉讓給別人，我們應該想其他的方法與其協商，比如，為瓦罐拍一張照片？又比如，如果我們計畫搜集當事人的日記，而對方不願意將原件留在我們手中過久，我們也許可以徵求對方的意見，是否可以對有關內容進行複印？如果對方不同意複印，我們也許可以與對方商量，看是否可以在對方在場的情況下閱讀一遍？總之，不論採取什麼措施，我們應該在尊重對方意願的基礎上與對方協商具體搜集實物的方式。

為了搜集比較逼真的資訊，有時候研究者提議為當事人照相。這種方式有可能使當事人感到不自然、不安全，特別是在那些對照相不適應或甚至認為照相是禁忌的文化之中。研究者提出來為當事人照相，還可能使自己愈發顯得是外來人，因此會進一步拉大與當事人之間的距離。所以，在研究的初期，研究者應該避免為當事人照相。隨著關係的逐步深入，當事人對研究者已經有了一定的信任以後，研究者再提出類似的要求可能會顯得自然一些。

因此，在搜集照片這類實物的時候，我們應該考慮的一個重要問題是：「什麼時候、在什麼地方、以什麼方式、找誰搜集何類資料比較合適？」其中一條重要的原則是：盡量少地影響當事人的正常生活。研究者在照相之前應該徵求當事人的同意，照完相之後應該詢問他們今後自己是否可以在研究報告中使用這些照片。當然，不同的文化對個人「隱私」以及「內」「外」之別的定義和處理方式有所不同，因此對上述要求也有所不同，需要酌情考慮。（有關這方面的討論，詳見第二十五章）

在搜集實物資料時，為了使自己的目的明確，搜集的內容相對集中，我們需要經常問自己一些聚焦類和前瞻性的問題，比如：「我為什麼要搜集這些物品？這些物品可以如何回答我的研究問題？這些物品如何與其他管道（如訪談和觀察）所獲得的資料相補充？它們與其他資料有何相同和不同之處？我將如何分析這些物品？我的理論分析框架是什麼？我的分析可以與什麼宏大的理論聯繫起來？」通過詢問這些問題，我們可以在搜集實物資料的同時就開始形成自己的理論假設和分析框架，使搜集活動更加具有目的性和方向性。

第四節 實物分析的作用

與其他研究手段相比，實物分析有自己的長處和短處。首先，作為質的研究的一種資料形式，實物可以擴大我們的意識範圍，增加多種研究手段和分析視角。與其他方式相比，實物可以為我們提供一些新的概念、隱喻、形象和聯想，使我們的視野更加開闊。例如，通過觀察一個家庭裡家具的擺設，我們可以看到該家庭女主人沉默的表達方式（如果該家庭的物質環境安排是以女主人的意志為主的話）。雖然她沒有機會（或者甚至沒有能力）直接說出自己對「家」的定義或嚮往，但是她的家庭擺設卻生動、直觀地表現了她的內心世界。

　　實物通常是在自然情境下生產出來的產品，可以提供有關被研究者言行的情境背景知識。由於研究者的直接干預相對其他研究方式比較少（特別是對那些在研究開始之前就存在的實物而言），實物所提供的這些背景知識往往比研究者使用人為的方式（如訪談和觀察）所獲得的資料更加「真實」、「可信」。

　　此外，實物在一些情況下可以比訪談中受訪者使用的語言更加具有說服力，可以表達一些語言無法表達的思想和情感。比如，當一位受訪者在談到自己遠在他鄉的家庭成員時，如果研究者同時要她／他對這些家人的照片進行回憶和評說，可以喚起她／他比較強烈的、深層次的情感。通常，具有立體感、顏色、付諸視覺的人物和景物形象能夠刺激起當事人的深層記憶，使她／他的談話變得更加生動、具體。

　　從研究的「可靠性」考慮，實物分析還可以用來與從其他管道獲得的材料進行相互補充和相關檢驗。例如，研究者可以利用實物分析的結果檢驗被研究者在訪談時所說的話以及在觀察時所做的事是否「真實」。假設一位學生在訪談時說：「我的學習成績很好，在全班排名總是在前五名，」結果我們在全班的成績單上卻發現他常常排名在第十到十五名，那麼我們便需要採取措施對這個相互矛盾的「事實」進行檢驗。

　　除了上面談到的各種長處，實物分析也有自己的短處。首先，實物的作者有可能有意美化自己，製造不符合「事實」的實物資料。比如，自傳的作者可能有意無意地往自己臉上「貼金」，希望自己的形象在讀者眼裡比實際情形要「光彩奪目」一些。其次，實物紀錄的製造者通常是社會權貴，因此這些資料可能反映的是有權有勢的人或社會機構的價值觀念和行為準則，對無權勢和弱勢的人們的聲音反映較少。再次，很多實物紀錄（如歷史文獻、傳記）是後人所為，他們的記憶可能衰退，對有關的事實細節表述有誤或表述不清。此外，實物是一種比較間接的資料，不像文字資料那樣可以直接進行研究。實物的意義比較隱晦、含蓄，留有多重解釋的餘地，容易造成理解上的歧義。

　　本章對實物分析的理論基礎、分類、實施方式和作用進行了一個簡要的評介。總的來說，實物分析是質的研究中一個非常有效的搜集資料的方式。遺憾的是，目前人們對這種方法的有效性還認識不夠，通常將其作為訪談和觀察的輔助手段，沒有給予它應有的重視。從上面的討論中，我們可以看到，如果被有效地利用的話，實物分析不僅可以為研究提供一些物質依據，而且可以揭示製作者和使用者的動機和意圖。如果我們仔細探究實物的象徵意義，可以從中獲得很多訪談和觀察所無法獲得的資訊。

第四部分

質的研究的資料分析

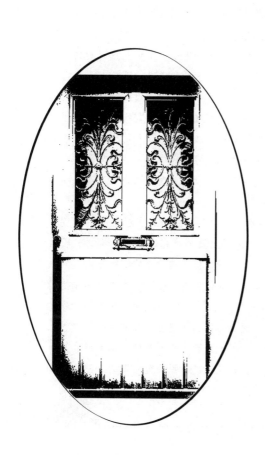

在質的研究中，對資料進行分析時最重要的問題是：「如何從資料中發掘意義？研究者如何可能理解被研究者？被研究者文化主位的意義如何通過研究者文化客位的解釋獲得意義？主體間性的解釋性理解具體是如何發生的？」

　　本書的資料分析部分由四章組成（第十八章到第二十一章），呈現的是質的研究者對原始資料進行分析的過程、手段和方法以及在原始資料的基礎上建構理論、撰寫研究報告的方式。

　　首先，本書使用兩章的篇幅對質的研究中的資料整理和分析進行了探討。第十八章「資料的整理和初步分析」主要介紹了資料整理和分析特點、時機的把握、基本的思路（如互動模式）、具體的步驟（如登錄、尋找本土概念等）。第十九章「資料的歸類和深入分析」對資料分析中的具體分析方式（如類屬分析、情境分析）、歸類的形式以及歸類時研究者思維活動等進行了進一步的探討。第十八章介紹的內容可以被看做是資料整理和分析中比較基礎的、比較「機械的」工作，與前面的資料搜集部分關係比較密切。第十九章討論的是資料分析中比較深入、比較「理性」的工作，與後面的建立結論部分有更加密切的聯繫。然而，正如前面所強調的，質的研究是一個循環往返的過程，資料的整理和分析與資料的搜集以及結論的建立之間不僅僅是一個前後順序的關係，而且是一個相互滲透、相互作用的關係。即使是在第十八章和第十九章的內容之間也並不存在一個必然的先後順序，它們在實際研究中通常是同時發生或交叉進行的，在此將它們分開討論，一是為了理解上的方便，二是為了突出大部分研究者進行資料整理和分析工作時的一般狀況。

　　第二十章「質的研究中的理論建構」探討了質的研究者對理論的態度、對理論的定義、理論在質的研究中的作用以及質的研究者建構理論的一般做法。與此同時，本章著重介紹了一種目的在於建構理論的質的研究方法：紮根理論，其中包括建構紮根理論的基本原則（如從資料產生理論的思想、保持對理論的敏感性、不斷比較的方法、理論抽樣的方式）以及三級登錄的具體步驟。

　　第二十一章對質的研究報告的寫作進行了探討，包括寫作的定義和作用、質的研究中進行寫作的基本原則、一般方式和具體步驟。此外，本章還介紹了民族誌研究中常用的寫作手法以及現代主義民族誌呈現研究結果的方法，並提供了具體實例加以說明。

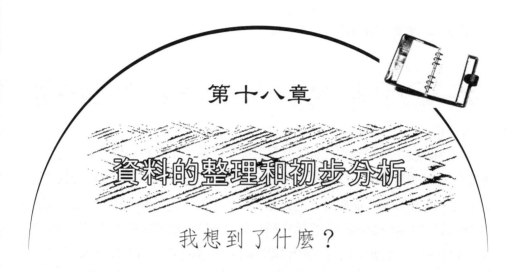

第十八章

資料的整理和初步分析

我想到了什麼？

　　資料搜集上來以後，研究者需要對資料進行整理和分析。「整理和分析資料」指的是根據研究的目的對所獲得的原始資料進行系統化、條理化，然後用逐步集中和濃縮的方式將資料反映出來，其最終目的是對資料進行意義解釋。在質的研究中（與所有其他形式的社會科學研究一樣），沒有任何「客觀存在」可以自己為自己說話。「客觀存在」之所以存在，之所以有「意義」，是因為經過了研究者的分析和解釋（*Denzin, 1994: 500*）。研究者之所以能夠理解被研究者，是因為前者在對自己與後者的互動過程中所發生的事情進行了意義上的解釋。所以，任何搜集到的資料都已經經過了研究者視域的掃視（或者說研究者透鏡的透視），對其進行整理和分析只不過是將這個理解進一步深化、具體化、可操作化而已。整理和分析資料是意義解釋的必由之路，是保證研究結果「嚴謹」、「確切」的一個重要手段。

　　就像質的研究中其他的組成部分一樣，資料的整理和分析也沒有一套固定的、適用於所有情境的規則和程序。意義闡釋既是一項研究活動，又是一門藝術，不可能機械地、按照一套固定的程序來進行。下面介紹的有關方法主要來自有關文獻以及我自己的經驗。讀者在閱讀的時候應該保持自己的批判精神，在作每一項具體的整理和分析時，針對自己的研究目的以及自己資

料的特性選擇合適的方法。

第一節 質的研究中資料整理和分析的特點

英國經驗主義科學家培根認為，對原始資料的處理有三種方法，可以與蜘蛛、螞蟻和蜜蜂的工作狀況進行類比（陳波等，*1989: 238*）。蜘蛛只從自己的肚子裡吐絲佈網，脫離外面的實際情況，不管是否有無證據，自己一個勁地埋頭製造理論。螞蟻只是搜集資料和證據，將其堆積起來，不進行分析，也不建立理論。而蜜蜂既從花園裡採集資料，又對這些資料進行消化和加工，釀出蜂蜜。因此，科學研究應該採取蜜蜂的方法，從大量的事實證據中抽象出關於事物本質的知識來。雖然培根的觀點在持建構主義觀點的質的研究者看來犯了二元論（即理論與事實之分離）的大忌，但是我認為這種類比對於質的研究中的資料整理和分析還是十分恰當的。質的研究者（像蜜蜂一樣）雖然不一定要「抽象」出關於事物「本質」的知識，但是對資料的整理和分析確實是研究者的一種加工，是通過一定的分析手段將資料「打散」、「重組」、「濃縮」的一個過程。

一、整理和分析同步進行

在概念上，整理資料和分析資料這兩個活動似乎可以分開進行，我們可以分別對它們進行辨析。但是，在實際操作時，它們是一個同步進行的活動，整理必須（也必然）建立在一定的分析基礎之上，而任何一個整理行為又都受制於一定的分析體系。正如下面的圖表 18-1-1 所示，整理和分析實際上是一個整體，不可能截然分成兩個相互獨立的部分。它們相互之間來回循環，同時受到研究中其他部分的制約。

整理資料這一工作看起來十分機械、單調，但實際上其本身便是一個十

分重要的分析過程。通過對資料進行一步步具體的梳理，研究者往往能夠獲得不這樣做便無法得到的啟示和頓悟。因此，我在此將資料的整理和分析一起進行討論。

圖表 18-1-1　資料整理和分析關係圖

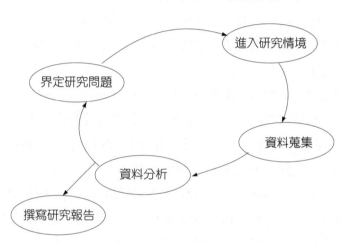

⚙️ 二、整理和分析要求及時

　　在質的研究中，不僅資料整理和分析不能作為兩個截然分開的階段區別對待，而且整理／分析資料作為一個整體與搜集資料之間也不是兩個分開的階段。這兩者之間也是一個相互交叉、重疊發生、同步進行的過程。對資料及時進行整理和分析不僅可以對已經搜集到的資料獲得一個比較系統的把握，而且可以為下一步的資料搜集提供方向和聚焦的依據。因此，整理和分析資料的時機應該越早越好，不應拖到積累了很多資料以後才進行。克威爾（*S. Kvale, 1988: 90*）曾經對一位研究新手提出的問題「我如何才能找到一個方法來分析我已經搜集的一千頁訪談紀錄？」回答說：「在作訪談研究時，永遠不要讓自己落到不得不問這樣一個問題的地步。」如果研究者不及時對資料

進行整理和分析，堆積如山的資料不僅會使研究者感到無從下手，而且會使研究失去方向，變成純粹的資料堆積。波格丹和比克蘭（*1982: 146-165*）也對研究新手提出了類似的忠告。他們認為，在實地搜集資料的同時對資料進行整理和分析可以起到如下作用：(1)強迫研究者逐步縮小研究的範圍，儘早就研究的方向和類型作出決定；(2)幫助研究者提出一些可以統攬所有資料內容的觀點，發展出一些可供進一步分析的問題；(3)使研究從原始資料向理論建構的方向過渡；(4)幫助研究者在整理資料的基礎上暸解自己還需要哪些方面的資訊，以便下一步有計畫地搜集資料。

上述兩位學者還提出，如果研究者是一位十分有經驗的老手，研究的規模比較小，搜集的研究比較少，而且研究的目的也比較單一的話，那麼研究者也許可以採取一次性分析的方法，直接對資料進行「整體觀看」（eye ball），然後憑記憶寫出研究報告。而如果研究者是一位新手，這麼做會比較困難，應該採取搜集在前、分析在後這樣一個順序，以便把握住實地工作的進程。我個人認為，無論是新手還是老手，都應該及時地對資料進行整理和分析。研究者只有自己親自動手對資料進行一點一點的辨析，才可能沉浸到資料之中，真正與其進行對話。當然，如果整理和分析資料的工作量太大，研究者也可以僱用助手，以減輕自己的負擔。但是，自己親手做和不做是很不一樣的，即使是僱用助手自己也應該參與到對主要資料部分的分析之中。

在強調及時整理和分析資料的同時，我們也應該看到，實際上研究者在搜集資料（包括同步的分析）之後是需要一段時間來專門進行分析的。這個時間可以是幾個星期，也可以是幾個月，而且應該是一個整段、持續、不受到其他事情干擾的時間。有的研究者從實地回來以後，習慣讓原始資料放一段時間，然後再全力以赴地投入分析。這麼做是為了使自己轉換一下腦筋，從沉浸在實地工作的心態轉入與資料保持一定距離的分析狀態。但是，應該特別注意的是，我們不應該把這一心態的轉換當成一種拖延、一個逃避對資料進行分析的藉口。在某種意義上說，分析資料在難度上比搜集資料更大，因此我們很容易沉迷於對資料的搜集之中。此外，我們往往擔心自己已經搜

集的資料不夠用，總是希望盡可能多地搜集資料。因此，如果不及時對現有的資料進行分析，我們可能又會找很多藉口去搜集更多的資料。結果，我們便會停滯在搜集資料的階段，無法將研究向前推進。

由於時間的關係，實地記錄通常做得比較倉促，書寫可能不太清楚，細節也記錄得不夠全面，因此需要及時地進行整理。如果研究是由一個課題組共同承擔，紀錄必須在成員中分享的話，則更應該對實地筆記進行及時的整理。研究者從實地回來以後，應該在記憶消退以前立刻對初級筆記進行清理，補上遺漏的資訊和必要的內容細節。在開始整理筆記以前，注意不要向別人談論自己的觀察活動。談話往往會根據雙方的關係、心情、時間、地點等因素而對原始資料的內容進行有意無意的篩選，造成紀錄的「失真」。為了保證自己的思路暢通，工作的時間一定要有所保證，不要讓自己被其他的瑣事所打擾。整理實地筆記時不宜同時進行文字上的編輯，因為實地筆記的最大價值在於「原始」（crude），越是能保持其「原汁原味」，今後使用起來越能凸現當時的「真實」情形。

我的一位學生通過一個學期的學習以後，深深地感到及早整理資料的重要性。她在期末的研究報告中這樣寫道：

　　「資料整理應該越及時越好……一是可以防止遺忘，因為常常在打開錄音機之前或關閉錄音機之後有許多重要的資訊，及時整理可以幫助我們增補資訊；二是可以記下訪談過程中最真切的感受，剛剛訪談完備，心中常常會感受到一種衝動和激情，而此時應該及時地用文字保存下來，否則時間久了，不但失去了激情，淡化了情感，反而不願再做那種煩瑣的工作；三是可以在記錄的過程中發現問題，在下面的訪談中加以改進，或及時繼續同一個對象的再次訪談以補充遺漏的資訊，追問忽略的問題。」

三、分析前的初步整理

　　雖然我們說資料整理和資料分析是密不可分的一個過程，但是有一些比較具體可見的整理工作具有一定的相對獨立性，可以在分析之前完成，如檢查原始資料是否完整、準確，對多種資料來源進行相關檢驗等。

　　質的研究中的資料整理要求比較嚴格，通常需要將資料的內容一字不漏地記錄下來。比如，訪談中的錄音記錄必須逐字逐句地整理出來，不僅包括被訪者的言語行為，而且包括他們的非言語行為（如嘆氣、哭、笑、沉默、語氣中所表現的遲疑等）；觀察筆記事後必須進行處理，對遺漏的細節進行補漏，對簡化的內容進行擴展；實物資料如果有不全或錯誤記錄的地方，應該及時補充或糾正。質的研究之所以要求對所有的資料都進行整理，是因為這種研究認為「所有的事情都是資料」。有時，在整理資料時研究者認為不重要的東西可能今後在分析資料時被發現有非常重要的價值，而如果當初不記錄下來，可能就永遠地被遺漏了。

　　在具體整理資料之前，我們可以先給每一份資料編號，然後在這個基礎上建立一個編號系統。編號系統通常包括如下幾方面的資訊：(1)資料的類型（如訪談、觀察、實物）；(2)資料提供者的姓名、性別、職業等；(3)搜集資料的時間、地點和情境；(4)研究者的姓名、性別和職業等；(5)資料的排列序號（如對某某人的第一次訪談）等。為方便起見，我們可以給每一項賦予一個標號。比如，有關被訪談者的職業，我們可以用 J 表示教師，X 表示學生，G 表示工人，N 表示農民。所有的書面資料都應該標上編號，並且按頁標上頁碼，以便今後分析時查找。

　　原始資料經過初步的整理和編號以後，我們還應該將所有這些資料複印一份，以便分析時用來剪貼和分類。原件應該保持原封不動，以便今後查找。如果有電腦進行文字處理，也可以存一個備份。今後在對一些被挑選出來的資料片斷進行分析時，我們可能需要參照與這些資料片斷有關的其他事件或

細節，甚至可能需要查看這些片斷的上下文出處。因此，在整理資料時，應該時刻保存一份按時序記錄的原始資料。

第二節　資料分析的基本思路

　　資料分析的基本思路是按照一定的標準將原始資料進行濃縮，通過各種不同的分析手段，將資料整理為一個有一定結構、條理和內在聯繫的意義系統。有關這一點，質的研究界主要存在兩種模式，一種是線性的、自下而上對資料進行抽象的模式；一種是循環往返、分析部分相互互動的模式。

一、線性模式

　　這種模式認為，資料分析可以被看成一個階梯，自下而上不斷地對資料進行抽象（見圖表 18-2-1）。

　　在圖表 18-2-1 裡，資料分析被視為一個自下而上、逐步上升的「抽象」階梯，其中包括三個主要的層次。第一個層次和第三個層次又各自進一步分成兩個子層次。在第一個層次裡，研究者的主要任務是對原始資料進行總結和重新包裝，具體有兩個步驟：(1)通過整理原始資料建立一個可供分析的文本；(2)對文本進行登錄（coding），通過寫分析型備忘錄（memo）的方法對文本進行意義解釋，尋找登錄類屬（category）。第二個層次的主要任務是在第一個層次的基礎上對資料重新進行匯集和包裝。具體的做法是：通過寫分析型備忘錄尋找資料中存在的各種意義關係，發現資料內容中的重點和空白點，確認資料內容的主題和基本趨向。第三個層次的工作是：對在前兩個層次的基礎上建立起來的有關命題進行進一步的擴展或檢驗，以便建構一個可以用來解釋資料整體內容的理論框架。這個部分分成兩個子層次：(1)對初步的研究結論進行相關檢驗，對主要命題進行分析，對研究的假設進行驗證，

圖表 18-2-1　分析抽象階梯
（資料來源：Carney, 1990）

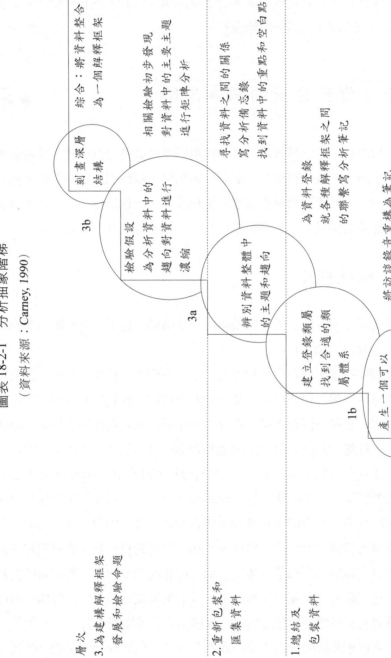

層次

3. 為建構解釋框架
　發展和檢驗命題

綜合：將資料整合
為一個解釋框架

刻畫深層
結構

相關檢驗初步發現
對資料中的主要主題
進行矩陣分析

檢驗假設
為分析資料中的
趨向對資料進行
濃縮

尋找資料之間的關係
寫分析備忘錄
找到資料中的重點和空白點

辨別資料整體中
的主題和趨向

2. 重新包裝和
　匯集資料

建立登錄類屬
找到合適的類
屬體系

為資料登錄
就各種解釋框架之間
的聯繫寫為分析筆記

產生一個可以
分析的文本

1. 總結及
　包裝資料

將訪談錄音構為筆記
對個別訪談進行總結

同時進一步濃縮資料,分析資料中呈現的基本趨勢;(2)將資料整合為一個解釋框架,描繪出資料的深層結構。

萊斯曼(C. Riessman, 1993: 10)的「社會成員經驗世界的再呈現」模式也是一個線性的結構,從下往上經過五個層次的提升。這個模式的主要目的是說明研究者在呈現被研究者的生活經驗時所走過的分析歷程(見圖表18-2-2)。

圖表 18-2-2　社會成員經驗世界的再呈現

(資料來源:Riessman, 1993: 10)

閱讀此再表達之經驗(reading)

分析此訴說之經驗(analyzing)

轉錄此訴說之經驗(transcribing)

訴說此經驗(telling)

關注此經驗(attending)

原始經驗(primary experience)

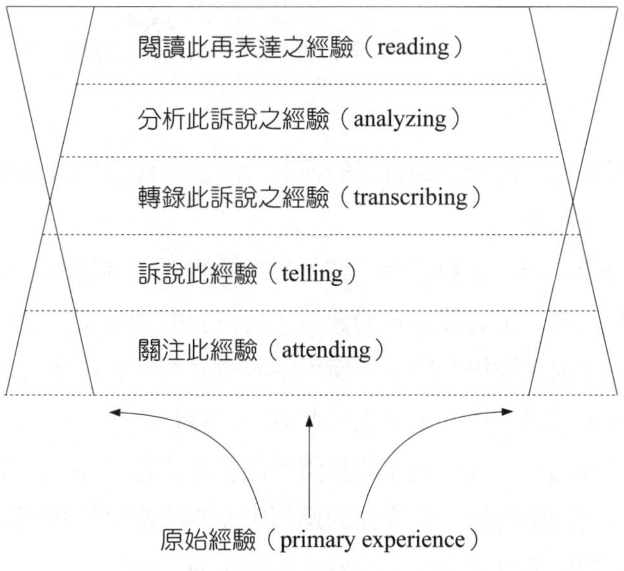

二、互動模式

另外一些研究者(包括我自己)認為,質的研究中的資料分析更像是一個圓圈,圈中各個部分相互關聯、循環往返(見圖表 18-2-3)。雖然在實際操作中,分析通常是從一個部分開始,但是各個部分都可以作為開始的起點。

社會科學質的研究

圖表 18-2-3　資料分析的組成部分：互動模式

（資料來源：*Huberman & Miles, 1994: 429*）

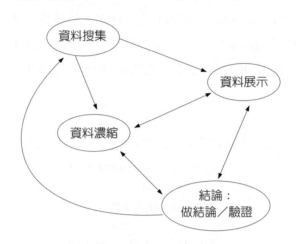

資料的濃縮與其他的部分（如資料的搜集、展示、建立結論與檢驗結論等）相互結合、相互照應。

在圖表 18-2-3 中，資料濃縮是資料分析的實質，其目的是將具體、零散的資料提煉為具有一定意義關聯的資料。資料濃縮的步驟主要有：將資料中重要的核心概念或主題提升出來，使用這些概念或主題將所有的資料內容統領起來，然後再將這些核心概念或主題放回到資料之中，使它們在特殊、具體的事物中表現出來。資料濃縮的具體手段包括比較、類比歸納、外推、演繹、溯因、分析和綜合等。在濃縮的過程中需要經常尋找類屬之間的相關關係，將不同的類屬合併成類群（*Miles & Huberman, 1994*）。

資料濃縮與資料分析中其他的部分（如資料搜集、資料展示和做結論）之間是一個相互作用的關係。資料搜集上來以後需要同時進行濃縮和展示，展示是濃縮的一種方式，濃縮又為展示提供了可能。資料經過濃縮和展示以後導致結論的產生，而結論又反過來為資料濃縮和展示提供線索。結論產生以後經過論證可能發現仍舊存在漏洞，需要更多的或其他的資料進行論證，這又為資料搜集提供了依據。此後，進一步的資料搜集又為資料濃縮和資料

展示提供了素材……如此往返循環，直到資料飽和、結論充實為止。

　　因此，我認為質的研究中的資料分析是一個循環的過程，而不是如圖表18-2-1和圖表18-2-2所展示的一個自下而上進行「抽象」的過程。當然，上述兩圖所展示的也可以被看成是資料分析過程中的一個環節，類似的環節可以無止境地循環下去。在第一輪中已經整合起來的解釋框架可以作為第二輪的原始資料，在下一個分析循環中重新開始。

第三節　資料分析的具體步驟

　　如果我們將資料分析作為一個環節來看的話，其具體步驟主要有如下幾個方面：(1)閱讀原始資料；(2)登錄；(3)尋找「本土概念」；(4)建立編碼和歸檔系統。在實際操作時，(2)和(3)有時可以同時進行，也可以有意識地將(3)分出來進行重點分析。

一、閱讀原始資料

　　分析資料的第一步是認真閱讀原始資料，熟悉資料的內容，仔細琢磨其中的意義和相關關係。在對資料進行分析之前，研究者起碼應該通讀資料兩遍，直到感覺已經對資料瞭如指掌，完全沉浸到了與資料的互動之中。

　　1.「投降」的態度

　　在閱讀原始資料的時候，研究者應該採取一種主動「投降」的態度。這意味著研究者把自己有關的前設和價值判斷暫時懸置起來，讓資料自己說話。研究者只有徹底敞開自己的胸懷，騰出一定的空間，才能讓資料進到自己的心中。質的研究認為，搜集到的資料已經成為了「文本」，而文本是有它自己的生命的。如果我們不注意它的聲音，很可能會過多地受到自己前設的影

響，過多地讀進去很多文本本身沒有或者沒有強調的問題（*Eco, 1992*）。我通過自己作研究的經歷也深深地感到，資料確實有它自己的生命，只有當我與它單獨待在一起到一定的時間，與它有足夠的互動以後，它才會相信我，才會向我展現自己的真實面貌。

在閱讀原始資料的時候，除了向資料「投降」，我們還要向自己在與資料互動的過程中產生的感覺和體悟「投降」（*Lofland, 1971*）。雖然資料本身有自己的特性，會對人的理解範圍有所限定，但是閱讀情境的可能性卻是無窮的。文本內在的風格會對讀者的閱讀起到一定的約束作用，但是讀者本人的生活經歷和閱讀本領也會影響到自己對文本的解讀。每一次閱讀都是讀者與作者和文本之間一次新的遭遇，都可能產生新的意義火花（*Eco, 1992: 121*）。因此，我們在閱讀資料時不可避免地會產生一些思想上和情緒上的反應，而這些反應是理解資料的一個有效的來源。我們只有深切地體會到自己對資料的反應，才有可能瞭解自己是如何理解資料的。任何理解都離不開參與者的前設和個人背景，因此對資料的分析在某種意義上來說也就是研究者對自己的分析。

我自己有一個例子可以用來說明上述問題。我在美國留學時曾經對中國留學生初到美國時的文化適應情況作了一個調查。大量的資料搜集上來以後，我開始坐下來仔細閱讀這些資料。結果，資料中反覆出現的「困難」、「挫折」、「困惑」、「徬徨」等詞語立刻揪住了我的心。這些詞語如子彈般一個一個地從字裡行間蹦出來，猛烈地敲打著我的心和每一根神經。我常常是一邊聽磁帶、做筆錄，一邊淚流滿面、全身震顫。後來，在研究報告中，我試圖對自己的情緒反應進行反省。結果我發現，自己之所以對這些資料產生了如此強烈的反應，是因為我自己三年前剛到美國時也感覺非常不適應，幾乎經歷了所有我所調查的中國留學生們提到的這些困難。他們的傾訴使我彷彿又回到了最初那幾個月難熬的日子，又一次在心靈上和肉體上經歷了一次強烈的衝擊。他們的訴說不僅使我再次回到了自己過去的生活體驗之中，而且使我更深地瞭解了自己。通過對他們的情緒反應進行分析，我對自己過去

的受挫感有了更加深刻的體驗和認識。與此同時，我也意識到，自己之所以選擇這個課題，決定對中國留學生的文化適應進行研究，這本身就是與我自己的生活經歷和關心的問題分不開的。

2.尋找意義

在閱讀原始資料的時候，我們除了應該採取一種向資料自身以及我們自己的感受「投降」的態度，還必須完成在資料中尋找意義的任務。閱讀資料這一活動本身便是一個在資料中尋找意義的過程，可以從很多不同的層面進行。比如，我們可以在語言層面尋找重要的詞、短語和句子及其表達的有關概念和命題；在話語層面探詢資料文本的結構以及文本內部各部分（句子之間、段落之間）的聯繫；在語義層面探討有關詞語和句子的意義；在語境層面考察語詞出現的上下文以及資料產生時的情境；在語用層面尋找有關詞語和句子在具體語境中的實際用途；在主題層面尋找與研究問題有關的、反覆出現的行為和意義模式；在內容層面尋找資料內部的故事線、主要事件、次要事件以及它們彼此之間的關係；在符號學的層面探討資料文本的內容與相關的符號系統及其社會、文化、政治、經濟背景之間的關係。

讓我舉一個例子來說明上述各種閱讀層次以及它們之間的關係。假設我們面前現在有一份關於中國人人際交往習慣的訪談紀錄，受訪者是一位四十五歲的工程技術人員，男性。在這份長達三十頁的訪談紀錄中，受訪者十分詳細地介紹了自己平時與人交往的原則和行為以及他認為的中國人一般的人際交往習慣。通過仔細閱讀訪談紀錄，我們可能會發現，在語詞的層面，他使用了很多諸如「禮尚往來」、「面子」、「交情」、「講義氣」之類的詞語。在話語的層面，在一段有關他與鄰居交往的陳述中，他不時地回到前面他所談到的與同事交往時所遵循的一些原則，在話語上形成了一個比較完整的前後呼應的結構。在語境的層面，我們發現，每當他談到自己的朋友時都會提到「鐵哥們」，而且會同時提供一些十分具體的有關「鐵哥們」相互之間「兩肋插刀」的生動故事。在語用的層面，他在訪談過程中不止一次提到

「我要在五點鐘去接我的孩子」，而這個看起來似乎與訪談內容無關的陳述可能是受訪者在使用一種典型的中國式的委婉方式向對方表示自己希望訪談在五點鐘以前結束。在主題的層面，受訪者反覆提到「人情」、「關係」、「善解人意」，這幾個概念可以用來解釋他所提到的有關中國人人際交往的基本原則和行為規範。在內容的層面，他談到自己與家人、朋友、同事、同學、同鄉等不同人群交往的行為慣例，從這些敘述中能夠發現他從小到大的人際交往脈絡。在符號的層面，我們可以將他所提供的內容與中國的語言、繪畫、詩歌、戲劇等符號系統聯繫起來，分析他所談到的中國人的人際交往行為與中國社會大背景（如家族傳統、鄉土社會、農耕經濟、儒家思想等）之間的聯繫。

上面的例子只是一個非常膚淺的說明，在實際閱讀中情況可能要複雜、豐富得多。至於究竟應該選擇（或者說是否可能選擇）哪些層面來捕捉資料中哪方面的意義，取決於研究的問題、研究的目的、研究者個人的思維方式和閱讀習慣，以及目前所擁有資料本身的特性。我認為，重要的並不在於一定要在某個層面進行意義上的解讀，而是應該瞭解我們自己和我們的資料，在盡量開放自己的同時有意識地選擇解讀的層面。一般來說，如果條件（時間、精力、閱讀能力）允許的話，我們應該儘量敞開自己的胸懷，盡可能多地從不同的層面解讀資料，讓盡可能多的意義進入我們的意識。多層次的解讀可以從不同的角度對資料進行透射，使資料本身所蘊含的多重意義透過多重視角顯現出來。

二、登錄

尋找意義的工作主要是通過登錄來完成的。登錄是資料分析中最基本的一項工作，是一個將搜集的資料打散，賦予概念和意義，然後再以新的方式重新組合在一起的操作化過程。登錄要求研究者具有敏銳的判斷力、洞察力和想像力，不僅能夠很快地抓住資料的性質和特點（特別是那些隱藏在語言

下面的深層意義），而且可以很快地在不同概念和事物之間建立起聯繫。

登錄時經常遇到的一個問題是：「哪些資料應該登錄？」這個問題實際上涉及到對資料的抽樣問題，需要為選擇資料設立一定的標準（*Berg, 1998: 235*）。通常，我們搜集的原始資料很多，內容也非常龐雜，如果對每一個詞都進行登錄，那顯然是不切合實際的。因此，就像對研究現象和研究對象進行抽樣一樣，我們也需要對所搜集到的資料進行「目的性抽樣」，即抽取那些能夠最有力地回答研究問題的資料。

資料的抽樣在很大程度上取決於研究的問題，但兩者之間不是一個單向的關係，而是一個相互作用的關係。如果我們對資料的取捨舉棋不定，對研究問題進行思考可以幫助我們進行選擇；但是，如果我們的研究問題尚不確定，或者我們來到實地以後發現自己原來設計的問題並不符合當地的實際情況，那麼對資料進行初步的抽樣可以幫助我們形成、穩定或發展研究的問題。在後一種情況下，選擇資料沒有具體的「標準」可言。我們應該對資料採取完全開放的態度，注意資料本身呈現的特性。其實，即使是在前一種情況下，我們也應該保持一種開放的態度，既牢記自己的研究問題，又同時尊重資料本身。

1.思考單位

確定了選擇資料的基本方向以後，我們便可以開始對資料進行登錄了。登錄可以從不同的思考單位（thought unit）入手，根據資料的具體特性進行選擇。J. 羅夫蘭（J. Lofland）和L. 羅夫蘭（L. Lofland）提出了如下九類思考單位（*1984: 72-91*）。

(1)被研究對象群體或個人的意識形態和世界觀、他們定義自己生活世界的方式；

(2)被研究者的行為規範、規則以及意義建構，包括那些他們明確說出來的、隱蔽的和有意拒絕回答的意義；

(3)被研究者的社會實踐，包括他們平時行為中最小的單位以及那些對於

他們來說具有戲劇性和特殊性的事件；

（4）被研究者的社會角色，包括先賦的角色（如種族、性別、年齡等）和正式的角色（如職業、職務等）、人格特徵、交往角色、角色策略、當事人故意做出某種角色姿態的原因和動機；

（5）人際交往、社會系統中的人際關係、社會成員之間的邂逅相遇，包括交往的主要階段如相遇、相知、共同建構關係、關係低落、重新恢復關係、分手等；

（6）群體（如社會階層、團伙和正規社會組織）及其適應社會環境的功能；

（7）居住地（由複雜的、相互關聯的人、角色、群體和組織所組成）、居住地的邊界領域及其維持生命的功能；

（8）社會世界（由一個巨大的但邊界模糊的人群所組成，中心權威比較弱，具有高頻度的社會變遷，人們的社會角色不正規）；

（9）生活方式（一大群居住在同類環境下的人們為了適應生活而採取的一種總體方式）。

在選擇上述思考單位時，我們還可以問自己：(1)這個單位的結構是什麼❶？(2)這個單位出現的頻率是多少？(3)導致這個單位發生的原因是什麼？(4)與這個單位同時出現的還有什麼其他的單位？(5)這個單位的發展進程（如階段、時段、層面、螺旋上升、循環、前後序列）呈現一種什麼樣的狀態？(6)這個單位所造成的後果是什麼？（*Lofland & Lofland, 1984*）。讓我舉一個例子來回答這些問題。假設我們對某國營企業的人員管理工作進行了一項調查，在閱讀原始資料時發現其中有很多有關「人際交往」的內容，因此決定從這個思考單位入手對資料進行登錄。通過對資料進行仔細的分析，我們發現：

（1）「人際交往」這個思考單位的「結構」是由企業員工的社會角色、相

───────────────

1.「結構」在這裡指的是一事物內部各組成要素之間相對確定的關係，是如下三個要素的統一：一定的構成部分、各部分在時空上相對穩定的秩序、各部分之間相互聯繫與相互作用的方式和規則。

互關係、接觸方式和交往規則所形成的，這些部分相互之間互相制約、相互影響，形成企業內部人際交往的基本模式；

(2)「人際交往」在資料中出現的「頻率」非常大，每一個訪談、觀察和實物分析的記錄中都有這方面的內容；

(3)導致「人際交往」頻繁發生的「原因」是該企業人事上正在進行大幅度的改革，很多工人都面臨下崗的危險，因此人際活動頻繁，很多人希望透過這種管道為自己爭得一定的利益；

(4)與「人際交往」這個思考單位同時出現的其他思考單位還有：國營企業內人們看待周圍環境的方式、他們的基本行為規範和社會角色等；

(5)「人際交往」的發展進程呈一種逐步惡化的「狀態」，隨著大批工人面臨下崗，企業內部的人際關係變得日益緊張，很多人都感覺人心惶惶；

(6)這種「人際交往」帶來了非常嚴重的「後果」，很多工人反映沒有安全感，不知道明天會發生什麼事情，無法控制自己的命運。

上面所說的「思考單位」主要從資料的意義內容入手，而在對資料進行登錄時，我們也可以從資料的語言單位入手，如詞、短語、句子、一個段落、幾個段落、整個文本、幾個文本等。整理和分析資料時應該根據研究的要求決定最基礎的單位是什麼。比方說，如果搜集的資料比較多，研究的問題比較宏觀，可以從段落大意開始進行登錄。而如果研究的重點是被研究者的本土概念，則必須從每一個詞語著手。一般來說，在首次對資料進行開放型登錄時，應該從最基礎的層面開始，對資料中的每一個詞語都進入認真的考量。隨著分析的不斷深入，可以逐步擴大分析的範圍，從語詞擴大到句子、段落和話語。如果研究者對資料分析比較有經驗，也可以同時從幾個層面進行登錄。

2.設碼

登錄的一個十分重要的、具體的工作是找到對本研究問題有意義的登錄碼號（code）。「碼號」表示的是資料分析中最基礎的意義單位，是資料分

析大廈中最小的磚瓦。例如,在對課堂教學中師生互動模式的觀察紀錄中,我們注意到學生問了很多問題教師都沒有回答,那麼我們便可以建立一個「未予回答的學生的問題」這樣一個碼號來表示這一類現象。

尋找碼號的一個標準是有關詞語或內容出現的頻率。如果某些現象在資料中反覆出現,形成了一定的「模式」(pattern),那麼這些現象往往是資料中最為重要的內容,是被研究者關注的焦點,需要進行重點登錄。比如,在我對中國留美學生的一項調查中,學生們反覆談到在美國「人情味比較淡」;不僅同一位受訪者在不同的訪談中反覆提到,而且不同的受訪者也多次提到這個概念。因此,我便提取了「人情」這個概念作為一個碼號,在資料中注意尋找這方面的內容,重點對其進行登錄。

在設立碼號時,我們還應該考慮到碼號與碼號之間的關係,注意它們所代表的不同現象之間的聯繫。通過在碼號之間建立起相關關係,資料的內容會不斷濃縮,登錄的碼號也會更加集中。比如,在對一部分中國男青年的擇友觀念進行調查時,我的初級編碼非常零散,似乎有關男女擇友的所有方面都涉及到了。後來,通過一遍又一遍的分析、比較和篩選,我在一些碼號之間找到了聯繫。比如,將「聰明」、「能幹」、「溫柔」和「善解人意」都歸到「強女人」這個碼號下面,將「聰明」、「能幹」、「強悍」和「剛愎」都歸到「女強人」下面;同時在「強女人」和「女強人」這兩個主要碼號之間找到了一些十分有意思的聯繫,如都很「聰明」、「能幹」,但前者主要體現的是「女人」的特點,而後者表現的主要是「強人」的特徵。

為了使登錄快捷、節省空間,登錄中的每一個碼號都應該有相應的數字或符號加以表示。如「1」代表「學習成績」、「2」代表「學習態度」、「3」代表「學習效果」等。如果使用語言符號,通常取碼號中每一個詞的首字母作為代表,比如上述「未回答學生問題」可以用「USQ」(unanswered student question)。符號也可以與數字結合起來使用,如「1USQ」代表第一位被訪的教師未回答學生的問題;「2USQ」代表的是第二位教師類似的情況。選擇何種數字和符號取決於研究的需要,特別是研究者個人辨認和查找

碼號的方便，沒有一個固定的程式。

　　為使登錄方便、直觀，登錄可以直接在原始資料複印件的空白處進行。重要的詞語和短語應該用筆圈起來，碼號可以寫在靠近所登錄的資料旁邊。用來分析的原始資料應該看上去是「使用過的」，不必保持整潔。完成一份資料的登錄以後，可以將所有的碼號及其所代表的意義抄到一張紙上，與原始資料裝訂在一起，以便今後查找。如果條件允許的話，所有這些工作也可以在電腦上進行。目前電腦界已經發明了不少為質的研究進行資料整理和分析的軟體，如ETHNO、TAP（Text Analysis Package）、QUALPRO、The Eth-nogrph、TEXTBASE ALPHA、HyperQual 等（*Tesch, 1990*）。

　　為了使讀者對資料登錄有一個比較直觀的瞭解，我從波格丹和比克蘭的《教育中的質的研究》（*1982: 168*）一書中引用了一個被登錄過的訪談片斷，在此作登錄的示例（見圖表18-3-1）。這個訪談來自比克蘭的博士論文研究，內容是成年婦女對自己小學時所受教育的回顧和反思。由於該書出版較早，研究者分析資料時使用的仍舊是「剪刀＋糨糊」的辦法。不過，我認為，這種辦法在登錄的思路上與電腦登錄沒有什麼兩樣，只是後者在編排上速度更快一些而已。

三、尋找「本土概念」

　　為了保留資料的「原汁原味」，登錄時我們應該儘量使用被研究者自己的語言作為碼號。被研究者自己的語言往往代表的是對他們自己來說有意義的「本土概念」，作為碼號可以更加真切地表現他們的思想和情感感受。

1.什麼是「本土概念」

　　首先，「本土概念」應該是被研究者經常使用的、用來表達他們自己看世界的方式的概念。這些概念通常有自己的個性特色，與學術界或社會上一般人使用的概念不太一樣。比如，我在上面提到過的「強女人」這個概念就

圖表 18-3-1　訪談資料登錄舉例

（資料來源：Bogdan & Biklen, 1982: 168）

訪談片段：一位二十五歲的婦女對自己小學時所受教育的看法

#101，第 2 頁

(101)

6

35

15

受訪者：我記得當時對自己的相貌很在意。我比所有其他的人衣服都多。

訪談者：為什麼會這樣呢？

受訪者：我的姨媽是一位服裝設計師，我當時的衣服是其他女孩的 10 倍。

訪談者：你當時有什麼感覺？

(101)

6

10

受訪者：嗯，那時我是大家注意的中心。我享有所有的特權和地位。我記得當時我總是被挑選出來代表合唱團答謝觀眾，因為我頭髮上總是插著鮮花。你知道，事情就是這樣。我總是把裙子上的帶子解開，而老師就會花很多時間為我把帶子給繫上，然後拍拍我的頭。

訪談者：你是說，你有意把彩帶解開是為了得到關注？

受訪者：是啊。

訪談者：那是幾年級的事情？

受訪者：我想是四年級吧。

訪談者：讓我們繼續往下談吧──關於五年級你記得什麼事嗎？

(101)

4

受訪者：我記得我總是帶領別人做宣傳板報。這是學校的工作──我喜歡做這些事情；我喜歡念書，儘管我花費更多的時間在課外閱讀，讀那些學校不要求讀的東西。我記得自己曾經為很多報告做封面。

訪談者：比內容還多嗎？

(101)

4

受訪者：是的。儘管我通常做得很好，但是我記得這種事情不是特別激動人心。我不記得自己真正興奮過。我變得……我記得曾經因為得到 A 而非常激動，但是至於那些為了得到 A 而做的工作，我卻一點也不記得了。

(101)

9

41

六年級的時候必須在家政課上學縫紉，我恨死了。

花了我差不多一年才縫了一件東西。

訪談者：為什麼你恨裁縫？

受訪者：我只記得老師經常說：「不是機器的原因，是操作者的原因。不是機器的原因，是操作者的原因。」而我在想：「就是他媽的機器的原因。」那時候我沒有想到「他媽的」這個詞；我當時還不知道這個詞。但是我有這種感覺。我簡直不能相信自己怎麼會這麼無能，我竟然不能使那個繞線筒按要求轉起來，而我一直做不到這一點。我感覺這似乎是我應該做的，但是我卻不喜歡它。

碼號翻譯

6＝關注／表揚	35＝衣服	15＝相貌
4＝學校工作	9＝性別角色意識／期待	41＝方法問題

是我所訪談的男青年們經常使用的一個本土概念，這個概念就比學術界常用的概念（如「能幹的女性」、「現代女性」、「雙肩挑的女性」）要來得真切、有力、有內蘊。

其次，本土概念不必是研究者本人或研究者所屬文化群體不知道的概念，只為被研究者群體所占有。即使一個概念在研究者看來「非常平常」，但是只要這個概念對被研究者來說具有一定的意義，就可以被認為是他們的本土概念。比如，我的一位學生在整理自己對一位大學生的訪談紀錄時，發現在一萬多字的紀錄中對方使用了三十餘次「安靜」這個詞。雖然這個詞看起來十分普通，訪談者本人及其學術團隊都知道這個詞的意義，但是在這個具體的訪談資料中，它表達了很多不同的意思，根據不同的語境而有所不同，比如：「儘量少和周圍同學接觸、交往」、「不介入班級或外界事務」、「家庭和睦，生活安定」、「與世無爭，少惹是非」、「平凡、安於現狀」等。

本土概念不僅不必被研究者群體所獨自占有，而且也不必是在他們之間普遍使用的用語，可以是被研究者個人經常使用的特殊語言。比如，我的一位學生在對一位曾經產生過輕生念頭的受訪者訪談時發現，她對「幸福」和「快樂」這一對概念有自己「不同尋常」的理解：

> 「我有好多事情不用操心，家裡的好多事情我也不用操心，我又能上學，又不擔心什麼，經濟上也不是很拮据……我這樣已經算是很幸福的了，但是我並不快樂……因為我必須什麼時候都要去適應別人，必須要做一個和大家一樣的、讓大家看你是一個正常的人……大家如果都喜歡又鬧又玩，我也得儘量地去適應大家……別人去做那種事情是去尋找快樂，但我並不覺得那是快樂。」

我的學生在對這一對概念進行分析時認為，「在我們一般人看來，『幸福』與『快樂』是很難區分的，而在她看來，『幸福』好像是一種物質上的、

外在的、賦予的東西,而『快樂』才是自我的、主觀的、內在的滿足。」由於這位受訪者正在成長的過程中,從兒童期滿足他人的期望逐漸轉向青春期追求自主獨立,因此她不僅需要別人賜予的、外在的「幸福」,而且需要自己親身感受到的、內在的「快樂」。

在尋找上述本土概念的時候,我們還要特別注意,不要將語詞和概念混為一談。通常,我們以為對方使用的語詞與自己所理解的概念之間存在一致的關係,而實際上對方是在用一個相同的語詞表達一個不同的概念。比如,我的一位學生在對一位在美國家庭當保姆的中國婦女訪談時,對方反覆使用了「生活習慣」這個詞。通過分析訪談紀錄,他發現這位阿姨所說的「生活習慣」實際上指的是他(以及他所屬的學術群體)所認為的「文化」。也許是由於她的文化程度和瞭解範圍所至,她所說的「生活習慣不同」包含了所有那些她認為中國文化和美國文化之間的差異。因此,如果這位學生將「生活習慣」理解為一般人意義上的「生活習慣」,如飲食、說話、衣著方式等,他就會大大地縮小這位婦女所指概念的範圍。

有時候,我們找到的本土概念可能不是由一個詞,而是由一個句子來表達的。這種時候,我們需要首先對這個句子中的每一個概念進行澄清,然後再陳述自己找到的本土概念。比如,我的一位學生在調查大學生的衛生意識時,一位被訪者說:「博士生的本分就是把學問做好,衛生意識不重要。」在這裡,我們首先需要瞭解對這位被訪者來說這句話裡的一些概念(如「本分」、「博士生的本分」、「學問」、「做學問」、「做好學問」、「衛生意識」、「重要」、「不重要」)是什麼意思,然後才可能對這整句話進行分析。如果這些概念不弄清楚,整個句子所代表的本土概念便會含混不清。

2.如何尋找「本土概念」

尋找本土概念沒有一定的程式可循,主要依靠研究者的直覺和經驗。如果我們一定要尋找某些「規律」的話,我認為,那些被研究者經常使用的概念對他們來說通常比較重要。如果這些概念反覆被他們使用,這說明這些概

念在他們的生活中占據比較重要的位置，使用的頻率比較高。其次，被研究者在使用的時候帶有強烈感情色彩的概念往往比較貼近他們的心。這些概念不必多次被使用，但是如果被使用的時候伴隨著明顯的情感表達，便表明它們對被研究者來說是十分重要的。再次，如果我們相信自己的判斷力的話，那些在閱讀的時候容易引起我們注意的概念通常也是有其存在的道理的。如果這些概念在上下文中明顯地凸現出來，這說明它們對我們有吸引力，值得我們注意。

例如，我在對中國學生交友方式的研究中，發現很多人將一般人稱之為「朋友」的人叫做「鐵哥們」。他們不僅在訪談時反覆地使用這個詞（女性則使用「鐵姐們」），而且在使用的時候帶有明顯的情緒偏愛（如面帶笑容，表情柔和）。我自己也很快就受到了這個詞的吸引，立刻抓住不放，反覆進行追問。結果，我在分析資料時便採用了這個概念作為中國學生交友觀念中一個重要的碼號。

當然，如果有的現象很難找到一個本土概念作為碼號，我們也可以採用一個文化客位的概念（即研究者自己的概念或學術界普遍接受的概念）作為替代。比如，如果一位受訪者在訪談時反覆地說「我不知道」這句話，研究者不知道該用受訪者的什麼話來直接命名這個現象，可以選擇一個「進口」的概念，如「自我懷疑」。在很多情況下，文化客位與文化主位的分析方法可以結合起來使用，研究者「遠經驗」的概念和被研究者「近經驗」的概念可以相互補充、相輔相成。根據格爾茨（1973a）的觀點，研究者並不需要完全移情或進入被研究者的頭腦才可能理解對方，雙方概念之間的並置和協商可以使雙方的理解不斷得到交換和校正。當然，這裡所說的「遠經驗概念」不是那些脫離社會背景的概念，而是研究者在特定情境下與被研究者互動時產生的概念。

雖然在需要的時候我們可以適當地借用一些文化客位的語言，但是需要特別強調的是，在登錄的時候應該儘量使用文化主位的語言，特別是在進行第一輪開放型登錄時（今後隨著分析層次的提高可以適當增加文化客位語言

的運用）。通常，文化主位的語言比較直觀、具體、靠近被研究者自己看問題的視角，比較適合第一輪開放型登錄。而文化客位的語言往往比較抽象、概括，理性分析的成分比較大，如果一開始就使用這種語言進行登錄，很可能會忽略被研究者自己的本土概念。

四、建立編碼和歸檔系統

第一輪登錄完成以後，我們可以將所有的碼號都匯集起來，組成一個編碼本。這是一個將所有的碼號按照一定的分類標準組合起來的系統，反映的是資料濃縮以後的意義分布和相互關係。編碼本有兩個主要的作用：(1)將碼號系統地排列出來，使我們瞭解現有碼號的數量、類型以及碼號所代表的意義之間的聯繫，由此而決定現有的碼號是否合理、是否需要增加新的碼號或減少舊的碼號、是否需要改進碼號系統的整體結構；(2)為我們今後查找碼號（特別是碼號所代表的具體意義）提供方便。編碼本中的碼號不宜過多，應該比較集中地反映原始資料的內容。有學者認為，第一次登錄時採用的碼號不應該超過三十到四十個（*Bogdan & Biklen, 1982: 166*）。隨著研究的逐步深入，編碼會逐漸集中，數量也會相應地減少。編碼本中的碼號系統不應該一次定終身，應該根據資料內容的變化以及碼號本身的變化而變化。

編碼本所反映的編碼系統是研究者目前對資料進行分析的基本概念框架，是對資料進行解讀的一種方式。有關編碼系統的內容和結構，一些研究者提出了自己的經驗之談。比如，波格丹和比克蘭（*1982: 157-162*）提出，在一般情況下，登錄系統可以包括如下十一個方面：(1)場景／情境；(2)被研究者對事情的定義；(3)被研究者看問題的角度；(4)被研究者看待人和事的方式；(5)有關事情的過程；(6)活動；(7)事件；(8)策略；(9)人際關係和社會結構；(10)研究者使用的方法；(11)研究者事先設定的編碼系統。斯伯萊德里（*1980: 78*）提供了另外一套實地筆記的分類系統，其中包括九個方面的內容：(1)空間（地點的物質環境）；(2)行動者（參與事件的人）；(3)活動（有關人員從事

的一系列相關行為）；(4)實物（在場的物品）；(5)行為（有關人員的單一行為）；(6)事件（有關人員從事的一系列相關活動）；(7)時間（事件發生的前後序列）；(8)目標（有關人員希望完成的事情）；(9)感受（人們所感受到的和表現出來的情緒）。

上面介紹的兩個編碼系統只是這幾位研究老手的經驗之談，而且針對的是實地研究的一般情況。在我們自己的研究中，我們還必須考慮到自己的研究問題的特殊要求以及自己所關心的事情，建立自己相應的編碼系統。比如，如果我們對中小學生課業負擔重這一現象進行調查，我們的登錄系統很可能包括：時間的安排（上課時間、課外活動時間、家庭作業時間、課外輔導時間、睡眠時間）、作業量（課堂作業、家庭作業、課外輔導）、作業難度、考試頻率和類型，等等。因此，登錄的時候必須考慮到自己研究的目的和問題，不必機械地套用別人的模式。

此外，分析資料時首次建立的編碼系統通常只是一個初步的嘗試，不必是一個唯一的、「正確的」，甚至不必是「最好的」選擇。質的研究中的資料分析是一個不斷演化的過程，在分析的過程中，一些新的碼號可能出現，某些舊的碼號可能需要修改或拋棄，一些下位類屬和上位類屬也可能會從原來的碼號中分化出來。因此，我們需要對現有的編碼系統進行相應的調整。J. 羅夫蘭和 L. 羅夫蘭（*1984: 134*）提出了一個檢驗現有編碼系統是否合適的「絕招」。根據他們的經驗，如果研究者根據自己目前的編碼系統對資料進行登錄時，發現自己搜集的資料中只有很小一部分「有意義」、「有用」，可以被登錄進來，或者需要登錄的內容特別多、自己正在花費大量的時間「吭哧吭哧」地對所有的資料進行登錄，這可能說明自己手頭的這個編碼系統存在問題，需要進行調整。

在建立編碼系統時，我們不僅要檢驗該系統是否反映了原始資料的「真實」面貌，而且還要考慮這個系統是否能夠在今後自己撰寫研究報告時有效地為自己服務。研究報告的撰寫與原始資料的登錄之間存在著密切的聯繫。如果我們認為研究結果可以按照某一種風格撰寫出來，那麼目前的登錄系統

也應該適當地與其匹配。比如，如果我們推測自己的研究報告將以主題的方式呈現（如男性擇偶的標準是「女強人」、「強女人」等），那麼我們在分析資料時就可以考慮將資料按主題進行登錄和歸檔。而如果我們的報告將以敘事的方式進行（如「王小二的擇偶觀念」和「張大山的擇偶標準」），那麼我們的登錄則可以以個案的方式進行。當然，寫作方式的確定受制於原始資料的登錄，不可能完全超出後者的特點和形式。在此強調這一點是為了提醒研究者，在分析資料的階段就注意兩者之間存在的互動關係。

對原始資料進行登錄以後，我們還需要建立一個隨時可以儲存和調出的系統，這包括一個簡明的檢索系統（其中包括交叉參照體系）以及相關的資料分類檔案袋（*Huberman & Miles, 1994: 430*）。檢索系統可以寫在一張或數張卡片上，按字母、數字或主題符號排列，以便找查或修改。如果條件允許的話，也可以在電腦上將檢索系統存成一個新文件。由於同樣的資料可能被歸類到不同的類屬下面，因此還需要一個交叉參照體系，在必要的地方作出標示。

檔案系統是對資料進行歸類的具體體現，需要經常進行調整和完備。新的碼號需要增加新的檔案袋，舊的不適用的碼號需要將其相應的檔案袋取消。如果某一個檔案突然變得過於臃腫，這可能表明這個碼號需要進一步被細化。總之，編碼系統及其檔案系統都不是一成不變的，需要不斷地隨著研究的變化而變化。

有研究者提議將檔案系統分成三大類：(1)一般的檔案（記錄有關人員、地點、組織、文件等資料）；(2)分析檔案（搜集在分析中已經出現的碼號和主題）；(3)實地工作檔案（記載研究者從事研究的方法和個人的反思）（*Lofland & Lofland, 1984: 132-133*）。我認為，無論檔案採納什麼方式，它反映的都是研究者分析資料的指導思想，受到研究者頭腦中目前對資料分析所具有的導向理論的影響（*Glesne & Strauss, 1967*）。這個指導思想有可能隨著分析的深入而發生變化，但是目前為研究者在資料的大海中航行起到了一個導航的作用。

　　本章對質的研究中資料整理和分析進行了一個簡單的介紹，重點主要放在整理和分析資料的特點、時機、思路和步驟上面（有關資料分析的具體思路和歸類方法，下一章還有詳細的討論）。整理和分析資料是質的研究中一個十分重要的部分，是一個在原始資料中尋找意義解釋的過程。通過不斷地在資料的分與合之間反覆拉鋸，我們可以挖掘出對被研究者來說重要的主題，提煉出反映他們生活經歷的故事，建構出對研究雙方都有意義的社會現實和社會理論。

第十九章

資料的歸類和深入分析

我可以做什麼？

　　對原始資料進行登錄並且建立了編碼本和檔案袋以後，研究者需要對所有的資料按照一定的標準進行歸類和進一步的分析。「歸類」指的是，按照編碼系統將相同或相近的資料合在一起，將相異的資料區別開來，找到資料之間的聯繫。「深入分析」指的是將資料進一步濃縮，找到資料內容中的主題和／或故事線，在它們之間建立起必要的關係，為研究結果做出初步的結論。

　　在質的研究中，選擇歸類方式的標準不是絕對的、唯一的，存在很大的人為因素和相對性。一旦某一個標準被選定，分析便會突出符合此標準的有關資料，而將那些沒有被納入該標準的資料掩蓋或忽略不計。歸類標準的選擇在很大程度上受到研究者本人所持理論假設的影響，其本身就是對研究現象的一種歸類分析。比如說，如果我們認為現實是由相同或不同類型的現象所組成的，那麼我們便會傾向於使用分類的方式對資料進行歸類。如果我們認為現實是由一個個具體的事件和過程所組成的，具有連續性和動態性，那麼我們便會採取敘事的方式對資料進行歸類。因此，作為研究者，我們應該對自己的理論假設有所意識，在選擇歸類標準時注意自己的哪些假設以何種方式影響了自己的哪些決策行為。

　　對資料進行歸類可以有很多不同的、靈活的方式，但是必須遵守的一個重要原則是：結合研究目的的需要以及資料本身的特點選擇合適的歸類方式。比如，如果研究的目的是對某個村莊裡不同人群對村史的描述和解釋，主要的資料搜集方法是訪談，而且訪談是按照一定的主題進行的，那麼對資料的整理和分析就可以採取類屬分析的形式（categorization）。而如果研究的目的是瞭解該村歷史發展的脈絡，搜集到的資料既有訪談又有觀察紀錄和實物，資料呈現出過程性和動態性的特點，那麼對資料的整理和分析則可以採取情境化的分析方式（contextualization）（*Maxwell, 1996*）。對上述這兩種比較常用的歸類方式，其他學者曾冠以一些不同的名稱，如「變量取向」和「個案取向」的方法（*Ragin, 1987*）、「以問題聚焦的分析方法」和「以個案聚焦的分析方法」（*Weiss, 1994*），「社會學的分析」和「歷史的分析」（*Wievorka, 1992*）等。下面對這兩種比較常用的分析方式作一簡單介紹。

第一節 類屬分析

　　在對類屬分析進行介紹之前，首先需要討論一下什麼是「類屬」。「類屬」是資料分析中的一個意義單位，代表的是資料所呈現的一個觀點或一個主題。類屬與前面所說的「碼號」有所不同，「碼號」是資料分析中對資料進行登錄的最小意義單位，而「類屬」是資料分析中一個比較大的意義單位。「碼號」是資料分析中最底層的基礎部分，而「類屬」則是建立在對許多「碼號」的組合之上的一個比較上位的意義集合。一個「碼號」可以分別歸到不同的「類屬」下面，一個「類屬」也可能包含幾個相關的「碼號」。比如，在一篇對中國人人際關係的資料分析中，我們可以將「謙和」、「含蓄」、「面子」、「回報」和「送禮」等碼號都歸到「人情」這個類屬下面。而根據資料的具體情況，「送禮」這個碼號也可以既被歸到「人情」這個類屬下面，也被歸到「社會交往行為」、「利益的互換」等其他類屬下面。

　　類屬和碼號的定義是相對而言的，依據研究者為主題分層的形式不同而有所不同。在某一個分類系統中是碼號的概念可能在另外一個分類系統中成為類屬，而在某一個分類系統中是類屬的概念可能在另外一個分類系統中成為碼號。比如，上面的碼號「面子」在其他的研究情境下有可能成為「害羞」、「迴避衝突」、「使用委婉用語」等碼號的類屬，而上面的類屬「人情」也可能在一個意義層次更高的類屬（如「人際交往」）中成為一個碼號。

一、類屬分析的定義

　　「類屬分析」指的是在資料中尋找反覆出現的現象以及可以解釋這些現象的重要概念的一個過程。在這個過程中，具有相同屬性的資料被歸入同一類別，並且以一定的概念命名。類屬的屬性包括組成類屬的要素、內部的形成結構、形成類屬的原因、類屬發揮的作用等。

　　類屬分析的基礎是比較，因為有比較才有鑒別，才能區別此事物與他事物的異同。比較可以採取很多不同的方式，如同類比較（根據資料的同一性進行比較）、異類比較（根據資料的差異性進行比較）、橫向比較（在不同的資料之間進行比較）、縱向比較（對同一資料中的各個部分進行前後順序的比較）、理論與證據比較（將研究者的初步結論與後續搜集到的資料進行比較）等。

　　通過比較設定了有關的類屬以後，我們需要對類屬之間存在的關係進行識別，如因果關係、時間前後關係、語義關係、邏輯關係、平行關係、包含關係、下屬關係，等等。將類屬之間存在的關係建立起來以後，我們還可以發展出一個或數個「核心類屬」。核心類屬是所有類屬中最上位的意義單位，可以在意義上統領所有其他的類屬（關於這一點，參見第二十章）。與此同時，每一個類屬下面還可以進一步發展出下屬類屬，表示的是該類屬所包含的意義維度和基本屬性。為了使資料分析直觀、明瞭，我們在建立不同類屬之間的關係時可以使用畫圖的方式，如樹枝形主從屬結構、網狀連接形結構

等。例如，在一項對大學畢業生就業的調查中，我們北京大學課題組對北京市的一些人才洽談會進行了現場觀察和訪談，結果發現用人單位在挑選大學生時使用了很多重要的概念，如：「做人」、「做事」、「敬業精神」、「團隊精神」、「職業道德」等。經過討論和畫圖，我們將「做人」與「做事」作為「合格的大學生」的兩個核心類屬，在「做人」這個類屬下面我們列下了「敬業精神」、「團隊精神」和「職業道德」等下屬類屬；在「職業道德」這個下位類屬裡我們又分出了「自我定位」（即不輕易「跳槽」）、「自我評價」（即正確評價自己的能力，不認為自己大材小用）、「自我約束」（即不打招呼就「跳槽」了）等（見圖表 19-1-1）。

圖表 19-1-1　類屬分析圖舉例

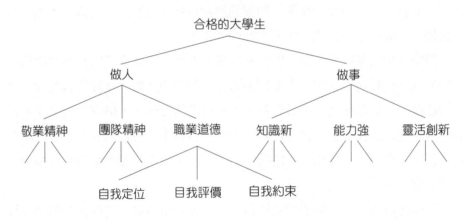

二、設定類屬的標準

設定類屬應該有一定的標準，不能隨心所欲。在質的研究中，一條最重要的標準是：按照當事人自己對事物的分類設定類屬。即使當事人的分類方式也許在社會科學研究界看來「不合邏輯」、「缺乏理性」，但是如果這種分類方式表現的是他們看待世界的方式，就應該被認為是「合適的」、「有

理性的」。

　　國內很多關於社會科學研究的文獻都提到，對資料進行分類時要注意避免「邏輯錯誤」，如「子項相容」和「子項過多」（李秉德，1986；裴娣娜，1994；水延凱，1996；袁方，1997；趙慕熹，1991）。「子項相容」指的是：分類標準不統一，分類後的各子項其外延不相互排斥，如「我們對該學校進行了智力測驗、態度測驗、文字測驗和非文字測驗」。「子項過多」指的是：分類不相稱，分類後所得子項的外延之和與母項的外延不相等，如「大學包括文理工科和中專」。上述原則在「傳統的」研究方法及其思維方式中有其明顯的「合理性」，但是在質的研究中卻不盡「合理」。由於質的研究強調從當事人的角度看世界，選擇類屬時不應該使用我們自己或學術界公認的「邏輯」，而應該注意當事人自己的「邏輯」，使用他們對事物的分類標準對概念進行分類，即使這些標準在我們看來是不符合「邏輯」的。比如，一位研究人員在訪談一位二年級的小學生時，問她語文課上老師念的一篇文章「寫得怎麼樣」時，小學生回答說：「寫得很好聽」。此時，如果按照大人的「邏輯」，我們一定會認為這個孩子說得不對，應該改成「寫得很好／很美」。但是，如果我們仔細深究孩子的思維，可能會發現，她這麼說是因為剛剛聽過老師的朗誦，認為老師「讀得很好聽」。當她說「寫得很好聽」時，她是將自己的聽覺感受與文章的書寫效果結合在一起了。這是一種兒童所擁有的典型的「通感」現象，在沒有經過嚴格的成人社會化過程之前是孩子們一個十分寶貴的特色。

　　當然，如果我們有足夠的證據說明，當事人「不合邏輯」的表現有其隱蔽的原因，如故意撒謊、神志不清，那麼我們可以反駁當事人的說法，提出自己「合乎邏輯」的意見。但是，我們一定要認真反省自己是如何面臨這類思想上的衝突的，是如何協調學術界的「邏輯」與當事人的「不合邏輯」之間的「矛盾」的。這類思考本身便是十分有價值的原始資料，不僅應該在分析資料的過程中積極地加以運用，而且應該在研究報告中加以詳細的報導。

第二節 情境分析

「情境分析」指的是：將資料放置於研究現象所處的自然情境之中，按照故事發生的時序對有關事件和人物進行描述性的分析。這是一種將整體先分散然後再整合的方式，首先看到資料的整體情形，然後將資料打碎、進行分解，最後將分解的部分整合成一個完整的、坐落在一個真實情境中的故事。情境分析強調對事物作整體的和動態的呈現，注意尋找將資料連接成一個敘事結構的關鍵線索。

情境分析的結構可以有很多不同的組成方式，如前因後果排列、時間流動序列、時空回溯、圓周反覆等方式。情境分析的具體內容也十分豐富，可以是研究現象中的主題、事件、人物、社會機構、時間、地點、狀態、變化等。內容的前後順序可以按照當事人的言語、事件發生的時間或語意上的聯繫進行組織。情境分析的具體手段包括輪廓勾勒（profile）、片斷呈現（vignette）、個案、訪談片斷、觀察事件、故事等。對資料進行情境分析的具體操作方式因資料的特性不同而有所不同，我們既可以將一次訪談或一次觀察的內容寫成一個情境片斷，也可以將對一個人的幾次訪談寫成一個故事，還可以將幾個人的故事連成一體，組成一個綜合個案。

一、情境分析的理論基礎

情境分析主要基於這樣一種理論，即語言可以為人類做很多事情，如表達思想或情感、滿足物質上的需求、對生活經歷進行意義建構、保持和發展個人身分、將自己介紹給別人、指導日常生活、對生活中的無序現象進行排序、分配責任、說服別人、分享信息和價值觀、通過講述自己的故事使自己變得更加有力（因為被聽到的故事可以對個人所屬集體文化的建構產生影

響），等等。而語言在發揮這些作用的時候，一定要借助特定的語言情境和社會文化情境。抽空了情境的語言是空洞的、無意義的，只有將它們放置到一定的語用情境之中，它們才可能發揮上述功能。因此，如果我們希望理解被研究者，對他們的語言進行情境化的分析是一個十分有效的途徑。

情境分析這種方法可以追溯到結構主義語言學、符號互動論、後現代主義等研究傳統（*Manning & Cullum-Swan, 1994: 467*）。結構主義語言學認為，意義依賴於結構的組成形式以及結構中各個部分之間的關係。因此，對原始資料進行分析時，必須將其放到特定的語言情境之中，在情境結構的關係中對其意義進行探究。符號互動論認為，意義產生於人際之間的互動，而語言是人類互動的主要符號。語言之所以產生意義，是因為它被使用於人的社會交往之中。因此，只有在社會交往的情境中對語言符號進行分析，才可能瞭解說話人的意義建構。後現代主義認為，一個文本裡有很多不同的聲音，不同的讀者可以有不同的解讀方式，傳統的「元情境」（meta-context）已經不復存在了，對任何文本都必須進行具體的、區域性的分析。「情境分析」便是這麼一種針對原始資料具體所處情境所進行的分析，資料不具有自身獨立的生命，必須被放回產生它的源頭和情境脈絡之中才具有意義。

情境分析的具體操作方式主要來自兩個傳統：(1)語言學中的話語分析；(2)人類學和社會學中的常人方法學。話語分析注重對文本的語言結構進行細緻的辨析，強調在句子結構之上（即話語的層面）考察語言的意義和功能。比如，著名語言學家拉波夫（*W. Labov, 1982*）的情境結構分析主要集中分析一個情境結構中有關事件和行動的時間序列（如導向、事件、問題的解決、結束、評價）；哈里德（*M. Halliday, 1973*）的語言功能分析認為，語言具有三種功能：理念表達、人際功能、文本功能，研究者可以通過對話語功能不同層面進行分析而瞭解說話者的思想觀念和人際交往意圖。

二十世紀七○年代發展起來的常人方法學特別強調在分析資料時使用情境分析的方法。該流派認為，社會現實是由社會成員所具有的意義解釋形成的，意義解釋是他們借以產生和組織自己日常生活的基礎（*Holstein & Gubrium,*

1994: 264-266）。社會成員在研究中提供的文本不是「客觀現實」的再現，而是對特定社會的重構。他們所陳述的生活故事不僅僅是一種「社會真相」，而且是他們個人經驗的再呈現（*胡幼慧，1996: 160*）。社會成員使用的語言不是對現實的描述（description），而是對現實的銘刻（inscription）。語言不只是一種透明的傳達或反映「事實」的媒介或工具，其本身就是一種行動。社會成員之所以有某些行為習慣是因為他們持有某些行為規範，而遵守這些行為規範是他們建構生活意義的一種策略。因此，他們的行為都有自己的結構，都具有特定的情境特徵和意義，沒有任何細節可以被認為是「混亂的」、「偶然的」或與正在進行的互動「無關」。生活的意義就坐落在具體的情境之中，為意義提供情境的那些環境本身就是有意義的。因此，研究者應該將這些情境和環境本身作為分析的內容，而不僅僅是作為交流某些更加深刻的社會現象或「本質」的工具。

二、情境分析的具體步驟

一個好的敘事體故事往往使讀者感到將這個故事整合在一起似乎是一件十分容易的事情，而實際情況卻不是如此。表面看起來，敘事或如行雲流水，娓娓道來，或驚心動魄、跌宕起伏，似乎是作者一個人在任意地「講故事」。而實際上，要把從被研究者那裡搜集到的既豐富又複雜的原始資料整合成一個具有內在聯繫的故事，這並不是一件容易的事情。構造一個不僅生動有趣而且有實際資料支撐的故事，研究者必須一步步對資料和自己的構思進行認真細緻的推敲和斟酌。通常，質的研究界對敘事體故事最好的評價是「看起來似乎很簡單」（deceptively simple），然而在「簡單」的背後卻隱藏著作者長期、艱苦的勞動。

對資料進行情境分析的主要思路是：把握資料中的有關重要資訊，找到可以反映資料內容的故事線，發展出故事的有關情節，對故事進行詳細的描述。進行情境分析時應該特別注意資料的語言情境和社會文化情境、故事發

生的時空背景、敘述者的說話意圖、資料所表達的整體意義以及各部分意義之間的相關聯繫。

　　情境分析的第一個步驟是系統認真地通讀資料，發現資料中的核心敘事、故事的發展線索以及組成故事的主要內容。核心敘事是情境分析中最中心、內容最密集的部分，代表了資料的整個意義。在核心敘事中應該有一條故事線，圍繞這條故事線可以追溯故事發生的時間、地點、涉及的人物、事件、過程以及故事發生的原因等。核心敘事可能是對資料中多個個案的一個匯總，用一個典型個案的方式表達出來；也可以以一個個案為主，輔以其他個案的內容作為補充。尋找核心敘事和故事線的工作可以通過「頭腦風暴」的方式進行，研究者可以一個人獨自思考，也可以組織課題組成員一起進行思想上的碰撞。在思考和討論的時候，研究者應該儘量讓自己放鬆，調動自己的想像力，讓思想自由地從腦子裡流出來、大聲地從嘴裡說出來（*Mishler,1986: 67*）。在閱讀原始資料時，研究者應該注意隨時寫下自己即興的想法，將關鍵的詞語列出來作為碼號。同時，研究者還可以將有關場景以及從資料中湧現出來的主題列成圖表，使自己對資料有一個比較直觀、明瞭的把握。

　　情境分析的第二個步驟是按照已設立的編碼系統為資料設碼。像上面介紹過的設碼工作一樣，通篇資料都要經過仔細的斟酌，將有關的片斷用符號標出來。與類屬分析不同的是，情境分析中的設碼不是將資料按照差異原則進行分類，而是尋找資料中的敘事結構，如引子、時間、地點、事件、衝突、高潮、問題的解決、結尾等。在尋找這些因素的同時，我們還應該對它們之間的關係及其與其他因素之間的關係進行探討，如什麼是主要事件？什麼是次要事件？它們彼此之間的聯繫是什麼？這些事件可以如何系統地被組織起來？在情境分析中對資料進行設碼，其目的是功能性的，而不是實質性的（*Mishler, 1986: 82*）。這些碼號主要用來對情境結構中的不同部分進行標示，而不是按照一定的類屬系統對資料進行編碼。

　　設碼的工作完成以後，下一步的任務是對資料進行歸類。歸類的具體做法與上面介紹的有關類屬分析的做法基本相同，但是歸類以後對資料的處理

有所不同。類屬分析是把相同的資料內容放在一起，然後進行分門別類的陳述；而情境分析是在歸類的基礎上將內容濃縮，然後以一個完整的敘事結構呈現出來。因此，在情境分析中，資料歸類以後，需要將有關內容整合為一個具有情境的整體。這個整體的各個部分之間應該具有內在的聯繫，包括時空、意義或結構上的聯繫。

如果依靠資料內容本身很難建立起一個連貫的、具有內在聯繫的整體，研究者也可以將自己的聲音放進去，通過自己的再述說把資料各部分之間的關係表述出來。有關如何處理研究者自己的聲音及其與被研究者的聲音之間的關係問題，研究界始終存在爭議。雖然本書一再強調研究者的聲音不可能從資料分析中消失，不論我們承認還是不承認它，它總是存在，但是，在具體操作時，研究者的聲音仍舊存在明顯或不明顯的區別。當資料本身的「邏輯」關係非常明顯時，研究者往往將自己的聲音退居其後；而當資料本身需要比較多的「解釋」時，研究者的聲音則變得比較明顯。因此，問題不是是否應該（或可以）否認或排除研究者的聲音，而是如何使用研究者的聲音。研究者的聲音是研究中一個十分有價值的組成部分，應該加以「合適的」運用。如果我們將自己的聲音作為一個聯繫資料的紐帶，同時注意資料本身的特質，也許可以不僅保持資料的「原汁原味」，而且還可以體現出我們自己對資料內容的理解和組織能力（*Weiss, 1994: 169*）。

第三節 類屬分析和情境分析的利弊及結合

從上面的討論中我們可以看出，類屬分析和情境分析各有千秋，也各有自己的弊端。基於對現實不同的理解，它們對資料的解讀也是很不一樣的。類屬分析根據的是一種「差異理論」，認為現實是由相同或不同類型的現象所組成的，因此對社會現實的認識必須通過並列比較的手法。情境分析根據的是一種「過程理論」，認為社會現實是由具體的事件和過程所組成的，具

有連續性和動態性，因此資料必須復原到事物發展的進程之中，尋找處於特定情境中事件發生和發展的動態過程以及各個因素之間共時的聯繫（*Maxwell, 1992*）。

一、類屬分析和情境分析的特點

　　類屬分析的長處是：將一部分資料（或概念、主題）從它們所處的情境中抽取出來，通過比較的手法凸現它們之間的關係。這種處理資料的方式比較符合一般人對事情進行歸類的習慣，能夠對資料進行比較系統的組織，突出表現資料之間的異同，並且對資料所反映的有關主題進行強調。其短處是容易忽略資料之間的連續性以及它們所處的具體情境，無法反映動態事件的流動過程。此外，分類的方式有可能將一些無法分類、但是對回答研究的問題十分重要的資料排除於研究的結果之外。

　　情境分析的長處是：更加貼近當事人的生活真實，敘事的結構本身與他們的日常生活比較類似。與類屬分析相比，情境分析更加符合當事人的意義建構方式，也更加尊重他們的說話習慣。通過直接再現當事人的聲音，敘事故事可以使他們感到自己更加有力量，可以為自己置身於其中的社會現實的建構提供自己的角度。其短處是：可能會忽略敘事或情境中存在的一些基於相似性基礎之上的意義關係，對資料內容的相同點和不同點視而不見。研究者可能深深地陷入故事的情境之中，以致無法看到使用其他資料分析方法（如類屬分析方法）的可能性。

二、兩者之間的結合

　　雖然類屬分析和情境分析各有其利弊，但是它們在實際分析中是可以相互包容對方的。一個類屬可以有自己的情境和敘事結構，而一個情境故事也可以表現一定的意義主題（*Merriam, 1998; Yin, 1984*）。在對資料進行分析時，

兩者可以有機地結合起來使用。比如，在情境分析中，我們可以按照一定的意義分類系統將故事進行分層，使故事按照一定的主題層次展開敘述；在類屬分析中，我們可以在主題下面穿插一些故事片斷和輪廓分析，讓這些故事性的描述對該主題的內容加以展示和說明。與此同時，我們還可以先後交替使用這兩種方法，如先使用類屬的方法對資料進行歸類，然後將已經被歸類過的資料坐落在一定的情境中作因果型或關聯型的分析。此外，我們也可以先將資料進行整體性的情境性分析，然後對其中的一些概念或類屬進行總結性的分析。

例如，我的一位學生在對北京大學四位碩士研究生報考北京大學的原因進行訪談時就結合使用了這兩種分析方法。首先，他從類屬分析的角度將這些受訪者所陳述的原因歸納為四大類，然後根據每個人的特殊情況對他們報考研究生的過程以及相關的生活故事進行了情境分析。他認為，類屬分析中獲得的原因只是幾個「點」，如果把這些「點」還原到每一個人，他們便都各自展現出一條邏輯的「線」。通過將「點」與「線」結合起來，他不僅對所有被訪的學生報考北京大學的原因獲得了一個整體性的瞭解，而且對其中每一個人的特殊情況也有了具體的感受。

將類屬分析和情境分析結合起來使用可以獲得單獨使用其一所不能獲得的效果：情境分析可以為類屬分析補充血肉，而類屬分析可以幫助情境分析理清意義層次和結構。結合兩者可以達到共時性與歷時性的統一，不僅可以在敘述一個完整的歷時性故事的同時進行共時性的概念類別分析，而且可以在共時性的概念類別框架內敘述歷時性的故事。這樣做可以比較完整地保存當事人實際生活經歷的原貌，而不是人為地將其進行概念上的切割或情節上的拼湊（*Viney & Bousfield, 1991: 764*）。

三、一個結合分析的實例

下面，讓我們來看一個結合兩者對資料進行分析的實例。圖表 19-3-1 中

的資料片斷來自我的一位學生的訪談紀錄，訪談的問題是「家長對孩子教育問題的看法」。訪談者是一位男性，三十五歲，是北京某大學的教學管理人員，目前在攻讀在職碩士學位。受訪者也是男性，四十七歲，在北京某大學任教，他的孩子是女孩，現年十七歲。我在此試圖從類屬分析和情境分析兩個角度同時對資料進行分析，分析的思路有的來自課堂上學生的反饋，有的來自我自己的思考，有的來自我們共同的討論。由於這個訪談片斷來自一位初學者的課外練習，其訪談技巧仍舊存在一些問題。比如，他提問的方式比較程式化，主要按照自己的思路進行提問，對受訪者所說的大部分內容沒有進行追問，因此對方沒有機會充分發表自己的意見，結果得到的資訊比較單薄。我選擇這個訪談片斷作為分析的素材不是因為該訪談本身做得非常出色，而是因為它比較適合同時進行情境分析和類屬分析，為我提供了一個比較便捷的例子。在實際研究中，研究者搜集到的資料通常要繁雜、豐富得多，分析起來難度也會更大一些。因此，在下面的例子中，我在對資料進行初步分析的同時，將那些我認為需要繼續追問的地方標示出來，為後續研究提供一些線索。

图表 19-3-1　訪談分析舉例

訪談者：您的孩子上小學以前，您對她是怎麼要求的？是否讓她參加一些學習班？

受訪者：她上小學前我們讓她參加繪畫班。1983 年我去美國時給她買了一個電子琴，注意對她在心靈上進行陶冶。1986 年孩子上小學，上小學前本來不在本校幼稚園，我們托人給她送到了外面的一個幼稚園。

訪談者：為什麼給她送到那個幼稚園？

受訪者：那裡條件好，老師的素質高，對孩子的影響好。

訪談者：那裡的條件怎麼好？您看重的素質是什麼呢？

受訪者：那裡的老師都是幼師畢業的，而且本校幼稚園沒有整托，那裡有整托。

訪談者：在那裡學習什麼？

受訪者：拼音、詩歌、美術等等，學到了一些東西。但是那裡也有一個毛病，吃完晚飯以後六、七點鐘就讓孩子上床了。老師走了以後孩子就開始鬧了，有人放哨，老師一來放哨的就打一個暗號，孩子們就假裝睡覺。所以孩子從小就學會了

撒謊,用撒謊來保護自己。還有一個問題就是她在幼稚園裡年齡是最小的,所以總是受欺負。

訪談者:您孩子上小學的情況如何?

受訪者:孩子上小學時我們又有兩個錯誤的選擇。本來孩子是劃片上小學,上本校的附小。我們托人讓孩子上了外面一所小學。第一個錯誤的選擇是孩子年紀小,比一般的孩子小一歲。第二個錯誤是讓孩子上了實驗班,要求五年的時間學完六年的課程。由於孩子年齡小,在實驗班裡學習比較吃力。老師對學習吃力的孩子通常採取批評的態度,她總是感到受壓抑。

訪談者:您的孩子在中學的情況如何?

受訪者:中學有一段時間出現反彈,也許是因為在小學太受壓抑了,在中學階段就要反彈。她自己想揚眉吐氣,她個子高,跑得快,在體育上出風頭。

訪談者:學習成績如何?

受訪者:學習成績屬於中等。初中畢業時面臨兩個選擇,或者是上普通高中,或者是上中專。我們沒有替她選擇,而是與她商量,向她擺出路,哪條路都行,讓她自己選擇。她堅決不去高中,而是報考了一個中專。我們上門看了,還不錯。

訪談者:她在這個學校學習情況怎麼樣?

受訪者:也許是她自己選擇的,所以學習比較努力,學習成績也不錯。她自己有很強的奮鬥精神,表示什麼課都要學好。

訪談者:你們作為父母對孩子的學業有什麼希望或要求?

受訪者:我們的想法是,我們根據你的情況,你能夠學到什麼程度,我們就供你到什麼程度。

訪談者:如果您的孩子學完中專就不再學習了,您怎麼看?

受訪者:我們也不會干涉。

訪談者:據我所知,一般的家庭對子女大多有一個比較明確的期望,而您和您的愛人似乎有所不同。您是怎麼看這個問題的呢?

受訪者:一般的家庭有一個明確的期望,但是我覺得這樣做不符合人的發展。人的發展必須有內在的動力。現在的孩子都比較早熟,一般都有自己的判斷。作為父母,只能對孩子進行引導,而不能強求。孩子如果沒有自己的內在動力,是發展不好的。……我們對孩子的要求是比較嚴格的,不允許孩子有奢侈的要求,不准超過允許的範圍。我們注重孩子的營養,孩子打扮得比較樸實。我們經常在一起聊天,用間接的方式,而不是直接的方式,是用誘導的方式。

(下面繼續討論自己對教育孩子的看法和做法)。

1.情境分析舉例

從情境分析的角度，我們可以首先將孩子的學習經歷以及家長的態度和有關行為列出一條故事線。

(1)上小學前，家長為了讓孩子受到「心靈上的陶冶」，送孩子參加繪畫班，為她買電子琴（這是一種什麼類型的「心靈陶冶」？──可繼續追問）。與此同時，家長把孩子送到一個家長認為「條件好」的幼稚園：老師的素質高（標準是：老師都是幼師畢業），對孩子實行整托制，在那裡可以學習拼音、詩歌、美術等，孩子在那裡「學到了一些東西」（學到了具體什麼「東西」？──可繼續追問）。但是，在這個幼稚園孩子遇到的問題是：由於被要求過早上床睡覺，孩子學會了撒謊，「用撒謊來保護自己」；此外，由於孩子年齡是最小的，在幼稚園總是受到別的孩子的欺負（具體發生了什麼事情？「撒謊」和「受欺負」對孩子的成長有什麼具體的影響？）。

(2)上小學時，家長有意托人送孩子上了一個不在區域之內的學校（為什麼？──受訪者沒有說明，但這個信息似乎非常重要，應該追問）。此時，家長又做了兩個「錯誤的選擇」：第一個「錯誤」與上幼稚園時所犯的「錯誤」一樣，孩子年齡比別的孩子小；第二個「錯誤」是送孩子上實驗班，五年要學完六年的課程。由於家長所犯的這兩個「錯誤」，孩子學習感到十分吃力。因為學習吃力，孩子經常受到老師的批評，感到受壓抑（具體發生了什麼事情？其他孩子是如何對待她的？老師是如何批評她的？她學習時什麼方面感到吃力？她感到受壓抑有什麼表現？這幾件事情之間的因果關係：年齡小＋實驗班─學習吃力─老師批評─受壓抑，是否確實如此明確？）。

(3)初中期間，孩子出現了「反彈」（即對小學階段受壓抑的一種反抗，想「揚眉吐氣」）。她個子高，跑得快，在體育上出風頭（「體育」對她意味著什麼？「體育好」的學生在學校裡處於什麼地位？）。她的學習成績屬於中等。初中畢業時，家長沒有替孩子選擇，而是與她商量（當時家長有什麼具體的考慮？他們相互之間是如何商量的？）。孩子自己堅決不去高中（為

什麼？她對高中有什麼情緒和想法？），自己選擇去了一個中專。家長去學校進行了考察，比較滿意。

(4)中專期間，孩子學習比較努力，成績也不錯（什麼情況屬於「不錯」？）。自己有很強的奮鬥精神，什麼課都希望學好。家長認為，孩子這方面的變化可能是因為學校是孩子自己選擇的（是否真的如此？孩子具體有什麼想法？家長是如何知道孩子的想法的？）。

(5)對孩子的未來，家長的態度是：根據孩子的情況，儘量供她到可以達到的學習程度。即使孩子中專畢業以後不再上學了，家長也不會干涉（為什麼不干涉？什麼情況屬於「干涉」？家長對孩子的未來有什麼設想？）。

(6)家長對孩子的教育現在的態度是：人的發展必須有內在動力（這是一個非常重要的概念，應該重點探討），內在動力只能通過間接的方式（如交談）進行「引導」或「誘導」，不能「強求」（什麼情況屬於「強求」？是否有具體的例子說明？）。現在的孩子都比較早熟，一般有自己的判斷（這是一個「標記」，他似乎在暗示自己的孩子有這方面的表現，應該繼續詢問）。他對自己的孩子有一些基本的要求，而且要求比較「嚴格」，如身體健康、外貌樸素，不允許孩子有奢侈的要求，不許超過允許的範圍（家長的「範圍」在哪裡？具體所指是什麼？如果孩子違背了這些要求，家長是怎麼做的？「要求嚴格」表現在哪裡？）。家長所採取的措施是注重孩子的營養，與孩子聊天（效果如何？是否還採取了其他的措施？為什麼這麼做？）。

從上面的時序分析中，我們可以看到，家長的態度隨著孩子的成長在發生變化，從控制比較多到逐步放開，然後到比較尊重孩子自己的選擇。在孩子上幼稚園和小學時，家長決定孩子所有的事情：學習的內容、上幼稚園和上小學的年齡、幼稚園和學校的類型、班級的選擇等。到孩子上初中的時候，家長似乎有所「悔悟」（這是我的詞語），不但認可了孩子在體育上的專長（而在我看來，大部分中國知識分子家長不一定認為「體育好」是一個值得驕傲和鼓勵的「優點」），而且在孩子初中畢業時與孩子商量何去何從。現在孩子在上中專，家長對孩子教育方面的思考似乎進入了一個比較「超脫」

的境界。他認為家長不應該對孩子有明確的期望，這麼做「不符合人的發展」。「人的發展」必須有自己「內在的動力」，父母應該對孩子進行引導。雖然他仍舊強調對孩子有「比較嚴格」的要求，但是可以看出，他總的基調與訪談者和他自己所認為的「一般人」的做法是不一樣的。

追溯這位家長對自己孩子成長過程的回顧，我們不僅看到了孩子在不同階段的有關情況，而且可以聽出家長自己的反省（雖然這種反省沒有明顯的語言標示，大多暗含在他對有關事情的描述中）。在他的陳述中表現出一種自我批評的態度，似乎對自己過去管束孩子過多而感到後悔（如，他對幼稚園全托給孩子帶來「撒謊」問題的反省，「孩子上小學時我們又有兩個錯誤的選擇」等）。通過幼稚園和小學的教訓，他在孩子上中學以後開始對孩子採取比較民主的態度，而且收到了比較好的成效（如「她學習比較努力，學習成績也不錯」）。

當然，這段訪談是家長對自己孩子成長過程的一個回溯性的描述和評價，難免受到家長目前對「什麼是好的教育孩子的方式」的看法的影響。我們很難知道在孩子上幼稚園和小學時，他對自己和妻子的決策持什麼態度。很有可能當時他們並不認為送孩子上實驗班是一個「錯誤」。「錯誤」這一標籤是若干年後他看到了該決定的負面效果、自己改變了教育孩子的看法以後加上去的。因此，我們的敘事故事應該採取一種回溯、建構的手法，而不是一種現實主義的、事實性的描述。

2.類屬分析舉例

對上述訪談片斷中的內容，我們還可以從類屬入手進行分析。對資料進行類屬分析可以有很多切入點，其中一種方式是將資料內容分成三大類：(1)家長對孩子的要求；(2)家長提供的外部條件；(3)家長教育孩子的方式。在第一類裡面，家長對孩子的要求可以進一步分成五個方面：(1)心靈方面（心靈方面的陶冶）；(2)智力方面（學習有關的知識和技藝）；(3)道德方面（不應該撒謊）；(4)個性方面（不要受壓抑，受欺負）；(5)身體方面（體育拔尖，

注重營養，打扮樸素）。在第二類裡面，家長為孩子提供的外部條件有：上繪畫班，買電子琴，上「條件好」的幼稚園，上實驗班，上幼稚園和小學的年齡提前。初中和中專時的有關資料缺乏。在第三類裡，家長教育孩子的方式是：(1)家長自己作決定（主要在幼稚園和小學期間），後來家長對自己的「錯誤」有所反省；(2)尊重孩子自己的選擇，但同時非常關心孩子的選擇（如孩子初中畢業時與孩子商量去向，並且「上門看了」孩子選擇的中專）；(3)認識到孩子「早熟」的傾向，任孩子自由發展，同時有一定的要求範圍（如注重孩子的營養和衣著，不允許奢侈的要求），通過間接的方式（如聊天）給予引導，調動孩子的「內在動力」。

　　通過對這段資料的分析，我們對這位家長目前教育孩子的方式似乎可以得出一個初步的結論：聊天—引導—調動內在動力—達到人的發展。雖然他對孩子有這樣那樣的希望和要求，在孩子成長的重要階段做了很多決策，採取了一系列的行動，但是現在他的認識是：教育孩子不能強求，一定要尊重孩子自己的意願，用間接的方式對孩子進行引導。這大概可以作為我們對這段資料進行分析的「核心」概念。

　　下面我從類屬分析的思路就上面的分析設計了一個概念圖，試圖將上述三類資料內容整合到一個圖中，同時標示出家長態度變化的過程（見圖表19-3-2）。

第四節　歸類的方式和手段

　　無論是對資料進行類屬分析還是情境分析，我們都需要使用一定的操作方式和分析手段對資料進行歸類。質的研究傳統非常豐富、複雜，對資料進行分析的方式和手段也十分繁雜，不可能十分清晰、有條理。下面從操作方式和分析手段這兩個方面進行討論，只是一種人為的將複雜的實踐活動進行簡化的嘗試，在實際操作中，研究者可能使用很多即時發明的、符合自己的

圖表 19-3-2　資料分析概念圖舉例

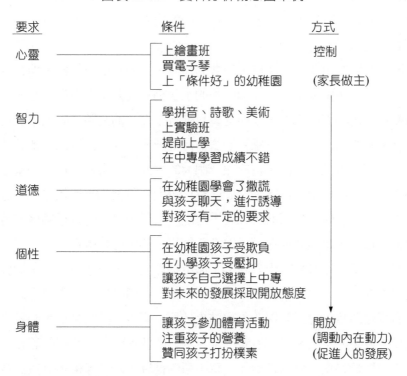

要求	條件	方式
心靈	上繪畫班 買電子琴 上「條件好」的幼稚園	控制 （家長做主）
智力	學拼音、詩歌、美術 上實驗班 提前上學 在中專學習成績不錯	
道德	在幼稚園學會了撒謊 與孩子聊天，進行誘導 對孩子有一定的要求	
個性	在幼稚園孩子受欺負 在小學孩子受壓抑 讓孩子自己選擇上中專 對未來的發展採取開放態度	
身體	讓孩子參加體育活動 注重孩子的營養 贊同孩子打扮樸素	開放 （調動內在動力） （促進人的發展）

具體情況的方式和手段。

一、具體操作方式

　　在電腦軟體出現之前，歸類主要以手工操作為主，多使用「剪刀＋糨糊」法。研究者在資料複印件上進行登錄以後，用剪刀將相關的部分剪下來，標上代碼，然後分門別類放入檔案袋裡。現在，隨著高科技的發展，很多電腦軟體已經被發明出來，大大加快了整理和分析資料的過程（*Tesch, 1990*）。電腦歸類主要有兩種方式：(1)按等級分類，即將資料中的概念按照一定的等級排列成不同的層次，類似金字塔型；(2)按網絡分類，即將資料中的概念按照其內在關係組成各種不同的網狀結構。用電腦進行歸類的一般程序是：研究

者首先將所有的原始資料都輸入電腦，在人工製定了編碼本以後，在電腦上將已經符號化了的碼號逐一地標在資料的空白處，然後給出相應的指令，電腦便開始對資料進行歸類。

雖然電腦的出現大大加快了歸類的速度，但是電腦只能機械地對資料進行歸類，設定分析框架、類屬和碼號的工作仍舊需要由人來做。此外，資料分析需要一定的直觀視野，以便對資料進行全方位的觀照，因此目前很多研究者仍舊對原始的「剪刀＋糨糊」法情有獨鍾。這種方法可以將屬於某一碼號或幾個相關碼號的全部資料放在一個大的平面上（桌子、地板或牆上），同時對其觀看或移動、拼接。由於面積比較大，移動起來比較方便，這種傳統的方法反而比較容易幫助研究者「看出」資料中隱含的各種關係。而電腦的屏幕比較小，研究者要在腦子裡進行拼接，感覺比較困難。

歸類這個工作看起來十分簡單，甚至枯燥乏味，但是做與不做對資料分析的結果會產生完全不同的效果。特別是對一項規模較大的課題來說，如果研究者只是憑藉自己的記憶在研究結束時撰寫報告，其結果很可能與研究者自己事先設想的不相上下，沒有什麼新意。即使提出了一些新的觀點，但是由於沒有對資料進行認真細緻、一絲不苟的挖掘，研究者很可能無法再現資料的豐富細節以及各種因素之間的複雜關係。很多研究老手都報導說，實實在在地將自己搜集到的資料一句一句地登錄、剪貼、歸類、一一放到檔案袋裡，不時地將檔案袋裡的資料拿出來，鋪展在一個寬大的桌面上仔細觀看和拼接——這個過程本身經常給他們帶來意想不到的驚喜（*Maxwell, 1996*）。將自己的注意力長時間地集中在資料的拼接上，使他們對自己的資料產生了一種直觀的、整體的、三維的、切身的感覺（而不只是線性的、概念化的文字描述）。將資料打散以後再拼接起來，這個過程本身便會產生意想不到的奇蹟。著名人類學家列維‧斯特勞斯（*1966: 17*）認為，所謂的研究者就是「作為拼接者的實地工作者」（field-worker-as-bricoleur）。雖然他所指的是對現實的拼接，而我認為對資料的拼接也是一種解讀文本的方式。

二、分析手段

在對資料進行分析的時候，質的研究者（像量的研究者一樣）需要使用一些分析的工具或手段。然而，與量的研究不同的是，質的研究一般不使用現成的量表，而是更加依賴能夠隨研究情境而靈活調整的方式。

1.寫備忘錄

質的研究中一個最重要的分析手段是寫備忘錄，又稱分析報告。「備忘錄」是一種紀錄（同時也是思考）研究者自己的發現、想法和初步結論的方式，其主要的目的是通過寫作對自己的研究進行思考。

「備忘錄」可以分成很多類型，如：(1)描述型，對所發生的事情以及被研究者所說的話用描述的語言表現出來；(2)分析型，對一些重要的現象和概念進行分析，特別是被研究者的本土概念；(3)方法型，對研究者自己從事研究的方法進行反省，討論研究方法可能給研究結果帶來的效度和倫理道德問題等；(4)理論型，對資料分析中開始出現的初步理論進行探討，隨著研究的深入逐步建立假設和理論；(5)綜合型，結合以上各種類型進行綜合分析。

在各類備忘錄中，分析型備忘錄是最常用的一種形式，通常用來討論研究者自己目前已經找到的本土概念。在這種備忘錄中，研究者需要回答如下問題：「我目前找到了什麼本土概念？我是如何找到這個本土概念的？我為什麼認為這是一個本土概念？這個概念表達的是一個什麼問題？我有什麼資料可以用來說明這個問題？這些資料可以對這個本土概念作出什麼解釋？是否可以有其他不同的解釋？我將如何處理這些不同的解釋？這個本土概念與其他哪些理論或社會、文化方面的問題有聯繫？將來我可以如何進一步就這個概念進行探討？」

寫分析備忘錄的主要目的是：(1)將自己在研究過程中產生的想法及時地記錄下來；(2)將分析集中到某些重要的現象、概念和主題上；(3)記錄自己是

如何發現這些重要的現象、概念和主題的;(4)幫助自己理解資料的內容,記錄下自己對有關問題的理解和思考;(5)從資料中提升出主題,將資料內容逐步聚焦;(6)提出今後繼續進行研究的方向等。備忘錄主要是寫給研究者自己看的,是為了幫助研究者自己思考問題,讓思想主動、自然地流溢出來,因此寫作時研究者的心態應該輕鬆、真誠。寫作的風格應該比較隨意,不必刻意使用正規的語言,也不必擔心別人會怎麼看。

例如,貝克等人(1977)在對波士頓一所醫院裡的男性實習醫生進行的一項研究中,發現他們經常使用「crock」這個詞。通過反覆地觀察和詢問,他寫了下面這篇分析型備忘錄(圖表 19-4-1)。

在這個備忘錄裡,貝克回答了前面我提出的在寫分析型備忘錄時應該回答的絕大多數問題。

(1)「你目前找到了什麼本土概念?」——回答:「crock」。

(2)「你是如何找到這個本土概念的?」——回答:對病人與醫生之間的互動進行觀察,詢問實習生,多次與他們進行討論。

(3)「你為什麼認為這是一個本土概念?」——回答:因為這個概念被實習生們反覆使用,而且帶有明顯的情緒反應;研究者本人對「crock」這個詞不瞭解,剛到醫院進行實地研究不久就注意到了這個詞。

(4)「這個概念表達的是一個什麼問題?」——回答:這些實習生如何看待病人以及病人對自己在實習時學習醫學知識所起的作用。

(5)「你有什麼資料可以用來說明這個問題?」——回答:這些實習生們使用「crock」這個詞時帶有明顯的貶義;他們不喜歡這樣的病人,因為這些病人所抱怨的許多症狀都找不到器官上的病變,對他們學習醫學知識沒有幫助;他們不喜歡醫院將「crocks」分配給自己進行檢查和診斷;研究者多次看到,當這樣的病人被分配給他們時,他們總是表現出厭惡情緒。

(6)「這些資料可以對這個本土概念作出什麼解釋?」——回答:這些實習生主要把病人當做一種學習醫學知識的工具,通過病人可以學到書本上或老師授課中無法學到的一些臨床醫學知識。而從「crock」身上他們學不到任

圖表 19-4-1　分析備忘錄舉例

（資料來源：Becker et., 1977）

我最初聽到「crock」這個詞是我在剛開始實地研究不久，當時這個詞被用來描述一位病人。這是一位肥胖的中年婦女，她痛苦地抱怨說她身上很多不同的地方都很疼。當我問那位使用了這個詞來描述這位病人的實習生，這個詞是什麼意思時，他說這個詞被用來指所有那些因心理問題而抱怨自己有軀體反應的病人。我問他，病房裡那位年輕的 X 先生，他的胃潰瘍曾經被一位外科醫生認為是典型的心理疾病軀體化，是不是一個「crock」，這位實習生說，這麼用不對，但是他說不清楚為什麼這麼用不對。

幾個星期以後，通過對上午值班時所看到的各種病案與實習生們進行了多次討論以後，我終於理解了這個詞的意思。我意識到，這個詞指的是這樣一種病人，他們所抱怨的許多症狀都找不到器官上的病變。我一開始就注意到這個詞帶有貶義，並且問實習生們，為什麼他們不喜歡醫院將「crocks」分配給自己進行檢查和診斷。起初，這些學生不承認這個詞帶有貶義。但是後來我多次看到，當這樣的病人被分配給他們時，他們總是表現出厭惡情緒，因此我認為他們的否認是不現實的。最後，有幾位學生終於向我解釋了他們不喜歡這類病人的原因。下面這句話可以說比較典型地表達了他們的意思：「一個真正的 crock 是一個你為他花費了很大的力氣，他身上有所有這些含糊的症狀，而你卻找不到他的病因到底是什麼。」

進一步的討論使我更加清楚地認識到，這些實習生主要將病人當做一種學習的工具，通過病人可以學到書本上或老師授課中無法學到的一些臨床醫學知識。而「crock」通常花費掉他們大量的時間（而他們的時間總是很緊），卻不能展示出任何有意義的、可以使他們從中學到東西的疾病狀態，因此在這些病人身上花費時間純屬浪費。這個發現提示我，也許我可以進一步對這些實習生對醫學院的一般看法進行研究，這方面的看法導致了他們用這樣的標準來判斷自己的病人。與此同時，這個發現還為我如何看待有關醫院等級制度的價值觀念提供了一些假設，在這個等級制度中這些實習生處於最底層。

何東西，反而花費掉自己大量的時間；使用「crock」這個貶義詞表現了這些實習生對這類病人的基本態度。

(7)「這個本土概念與其他哪些理論或社會、文化方面的問題有聯繫？」——回答：「crock」這個概念也許與醫院內部的等級制度（在其中實習生處於

最底層）有關，它從一個側面體現了這些實習生對醫學院的一般看法，這些看法影響到他們判斷病人時所使用的標準。

(8)「今後你可以如何就這個概念進行進一步的分析？」——回答：對這些實習生對醫院的一般看法進行進一步的研究，瞭解醫院的等級制度以及有關人員對這種等級制度所持的價值觀念。

2.寫日記、總結和內容摘要

如果研究者有良好的記日記的習慣，應該在實地研究時保持下來。每天記日記是一個非常有效的分析資料的手段，不僅可以隨時記下自己的感受和想法，而且可以利用記日記的機會有意識地反省自己當天的活動。上面所說的備忘錄可以被看成是一種分散型的實地日記，其時間密度不如實地日記那麼大。實地日記和備忘錄都可以作為研究報告的草稿，經過修改以後納入最後的研究報告。

除了備忘錄和實地日記，另外一個分析資料的方式是寫總結和內容摘要，目的是對資料內容進行簡化，將資料的精髓以濃縮的方式表現出來。就資料內容所呈現的意義而言，研究者可以圍繞某些主題對資料進行總結，也可以按照內容本身的前後順序（如時間序列、因果關係、情境程序）進行總結。就資料數量上的處理而言，研究者可以就一篇資料的內容進行匯總，也可以就分散在數篇資料中、但在內容上有相似性的資料進行匯編。與總結不同的是，內容摘要不是對資料內容的匯總或概括，而是將資料中一部分內容原封不動地提取出來。內容摘要通常從資料中資訊比較密集的部分摘取，原則是該資訊對回答研究的問題比較有效。不論是總結還是內容摘要都應該標有明確的參照體系，與相應的原始資料形成交叉參照，以便今後需要時查找。

3.畫圖表

濃縮資料的方式除了寫總結以外，還可以用圖表展示。圖表是對線性文字資料進行的一種立體濃縮，可以通過三維直觀的方式比較集中地、生動地

展現資料中蘊涵的各種意義關係。質的研究中常用的圖表有矩陣圖、曲線圖、等級分類圖、報表、網絡圖、認知圖、模型、本地人分類圖、決策模式、因果關係圖等（*Miles & Huberman,1994: 95-135*）。由於篇幅所限，這裡只列出幾種比較常用的、同時又比較容易理解的圖表以供參考。如果讀者希望更加詳細地瞭解使用分析圖表的方式，可以參見邁爾斯和惠泊曼的《質的資料分析》（*1994*）。

下面的圖表 19-4-2 是一個反映一位大學生學習和工作經歷的流程圖。左邊表示的是該生的主要生活經歷，右邊是研究者對那些導致該生從一個生活事件轉向下一個生活事件的動力的總結。圖中的加號（＋）表示的是這些動力所具有的強度；減號（－）表示的是該生對下一段生活經歷不滿意程度。這種網絡圖的長處是可以一眼看到這位大學生的主要生活事件以及他自己的反應，具有簡潔、直觀的效果。如果我們希望將這位大學生的生活經歷與其他大學生的生活經歷進行對比的話，使用這種圖表會特別有用。這種將生活事件壓縮到一個網絡圖中的分析方法需要研究者將大量的資料進行處理，然後從中提煉出一條生活主線。

圖表 19-4-3 是一個矩陣圖，將所搜集到的有關某一個方面（如「支持改革的條件」）的資料按照兩個維度（如「有關的人」和「有關的條件」）進行分類，然後將這些資料集中填入一個表格中。在這裡，研究者同時使用了當事人的語言和自己的總結性語言對資料進行綜合。這種表格的長處是，可以將大量繁雜的資料進行標準化濃縮，使研究者一眼便看到自己目前已經搜集到的有關資料，而且可以對比不同的被研究群體（如「使用者」和「管理者」）對不同的條件（如「責任」、「理解」）所作出的不同反應。這種表格的短處是：(1)由於篇幅有限，研究者不得不強行對資料進行簡化；(2)出於對比的需要，研究者不得不按照一定的規格對資料進行量的測量（如使用了從「無」到「強」的計量單位）。

圖表 19-4-2　事件流程網絡圖：一位學生的學習和工作經歷

（資料來源：Miles & Hubeman, 1994: 114）

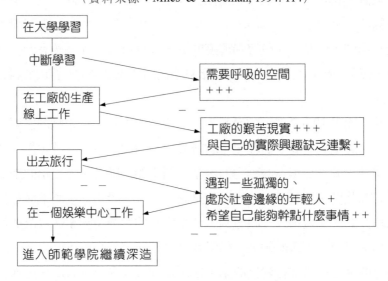

圖表 19-4-3　清單矩陣圖：某學校支持改革的條件

（資料來源：Miles & Huberman, 1994: 95）

目前存在的支持改革的條件

條件	對於使用者而言	對於管理者而言
責任	強：「希望使它變得有效」。	弱：在基礎層次。 中心辦公室的主要推動者很負責；其他的人不負責任。
理解	「一般」：對於教師而言（「我覺得我可以做，但是我就是不知道怎麼做。」） 缺乏：對於教學助手而言（「不理解我們怎麼會得到這一切。」）	缺乏：在基礎層次和教輔人員中間。 一般：對兩個主要推動者而言（「從發展者那裡得到了所有我們需要的幫助。」） 缺乏：對其他的中心辦公室的人員而言。
物質	不合適：定貨太晚，令人困惑（「和我以前使用過的所有的東西都不一樣」），被棄之不用。	與此無關

條件	對於使用者而言	對於管理者而言（續表）
前後的培訓	「粗略」：對教師而言（「這麼快就全完了」）；沒有示範課。沒有：對教學助手而言（「完全沒有準備……我不得不和孩子們一起學」）。	中心辦公室的主要推動者在發展者所在地受訓；其他的人沒有得到任何培訓。
技能	從弱到合適：對教師而言。「沒有」：對教學助手而言。	一位主要推動者（羅伯遜）對內容很熟悉；其他的人都不熟悉。
持續性服務	沒有：除了每個月開一次委員會會議；沒有替代資金。	沒有
計畫及合作時間	沒有：雙方使用者在白天都在幹別的事情；實驗室時間安排很緊，沒有任何空餘時間。	沒有
排除障礙的準備工作	沒有：沒有系統的準備；使用者在夏天臨時做一些工作。	沒有
學校管理部門的支持	合適	與此無關
中心管理部門的支持	非常強：就主要推動者而言。	基礎管理部門只在中心辦公室的職責基礎上行動。
以前相關的經驗	強：在兩種情況下不僅強而且有用；對個人進行了指導，幫助低成就者開展工作。但是教學助手沒有診斷經驗。	存在：在中心辦公室不僅存在而且有用，特別是羅伯遜（專家）。

圖表 19-4-4 是一個事件—狀態網絡圖，目的是將一些先後發生的事件及其狀態在時間的維度上表現出來。該圖中方形的盒子表示的是事件，圓形的氣球表示的是狀態。盒子和氣球之間的連接線表示的是它們之間的所屬關係。製作這樣的圖可以採取如下步驟：(1)首先將所有發生的事件都列出來，將一個事件寫在一張卡片上；(2)將每一個事件的狀態寫在相應配套的卡片上，然後與事件卡片放在一起；(3)將事件及其狀態呈現的網絡關係畫在一張大紙上，同時用箭頭將這些關係標示出來。畫圖時研究者應該經常回到原始資料，

圖表 19-4-4　事件—狀態網絡圖

（資料來源：Miles & Haberman, 1994: 116）

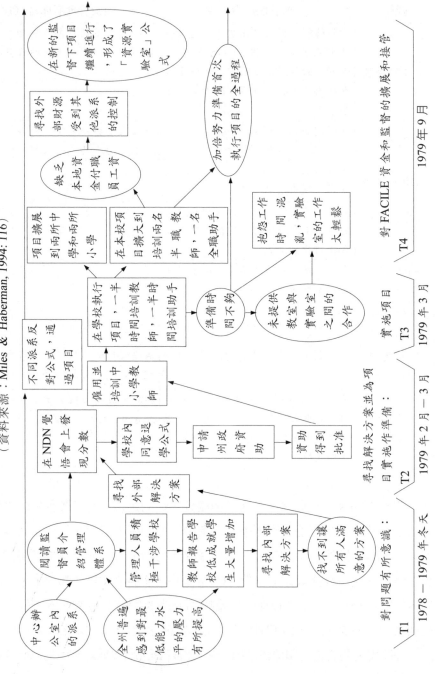

檢查各類事件之間的因果關係和時間前後關係，比如某些特定事件產生了什麼後果？在這些事件發生之前發生了什麼事情？與此同時，研究者需要對各個事件之間的形成性動力進行思考，並且對自己的理解進行反省。通過畫此類圖表，研究者可以使自己心目中一些隱蔽的，對事件之原因的理解逐步明朗化，對於分析因果動力等因素尤其有效。

在畫此類圖表的時候，我們還可以問一些關係性的問題：「這個圖表是否可以表現我所找到的資料的內容？資料的各個部分之間是一種什麼關係？這部分資料是否可以歸到上一層次的類屬之中？這部分資料是否還可以歸到其他的類屬之中？」圖表中的關係可能錯綜複雜，需要用一些符號標示，如單箭頭表示一方導致另一方，雙箭頭表示雙方相互作用，直線表示相互之間有一定的邏輯關係，虛線表示相互之間有一定的關聯。畫圖伊始，不必追求準確、完美，可以一邊思考一邊進行，邊畫邊想。設計圖表本身就是一個思考的過程，目的是通過圖像的方式簡潔、直觀地再現資料的核心內容和有關關係。

4.與外界交流

在分析資料時，我們可以使用的另外一個輔助性手段是與外界交談思想。我所說的「交流」包括與其他研究者、同行、同事、朋友和家人交談以及閱讀有關的文獻。在上面的討論中，我似乎把整理和分析資料描繪成一個非常「孤獨」的工作：研究者常常是一個人在家裡（或者在研究實地臨時搭起的帳篷裡）一個字一個字地整理訪談錄音，重寫觀察筆記，對資料進行登錄、歸類、歸檔，寫備忘錄，寫日記，寫總結，寫內容摘要、畫圖表……而且我還一再警告讀者——現在的和未來的研究者——在寫這些東西之前不要與別人交談，以免對自己的資料進行預先過濾，或減少自己寫作的熱忱。但與此同時我也意識到，雖然研究者確實需要單獨完成上面所有這些工作，而且單獨做這些事情確實有無法估計的效果，但是在分析資料時與別人交流也是一個十分有益的手段。研究者與那些自己信任的、有一定理解能力的、對自己

的研究比較瞭解的人交流思想可以擴展分析資料的思路、發現新的分析角度、開闊自己的視野。特別是當研究者自己的分析走入「死胡同」時，與一位善解人意的、善於傾聽的朋友交談，往往可以為自己提供一些意想不到的靈感和啟迪。

除了與其他人交流以外，與外界交流還可以通過讀書的方式進行。閱讀有關的研究文獻可以使研究者瞭解本領域內的「大師們」是如何分析資料的，進而在自己的資料分析中借鑒他們的經驗和教訓。前人的研究不僅可以為研究者提供一定的理論指導，而且也可以在一定程度上減少研究者個人的「孤獨」感。在讀書的過程中，研究者有可能感到自己不是孤單一人，而是屬於一個學術傳統和學術群體。

有關閱讀文獻的時間問題，質的研究界存在一定的分歧。有人認為，在研究開始的時候不要讀前人有關的研究，以免受到學術界某些宏大理論的影響，無法看到自己資料中呈現的本土概念。另外一些人則認為，可以在研究開始之前閱讀有關文獻，因為這些文獻可以為自己的研究提供一個導向，瞭解前人做過什麼、自己可以在哪些方面有所創新。還有的人認為，閱讀文獻應該在實地工作時進行，特別是分析資料的時候，廣泛的閱讀可以使自己有比較開闊的思路，使自己的頭腦更加活躍。我認為，閱讀前人的研究報告對我們自己的研究無疑是有幫助的，但與此同時，我們也要特別注意不要將前人的理論當做自己分析資料的替代物，把自己的資料生硬地塞到前人預定的理論框架中。頭腦中有一個導向理論可以幫助我們對資料進行聚焦，但是如果過於固執地堅持某個先入為主的大理論，可能會使我們的研究結論出現偏差或偏執。

第五節　資料分析的思維方式

不論是寫備忘錄、做總結、畫圖表，還是閱讀文獻，其中的分析工作都

涉及到研究者個人的思維。從某種意義上來說，質的研究是一種介於「客觀主義」和「主觀主義」之間的研究，它既強調對社會現象進行經驗主義的調查，又重視研究者個人對社會現象的理解和解釋。質的研究反對將社會現象當成一種自然現象，通過搜集可感知到的資料找到事情的「客觀規律」。質的研究同意韋伯的觀點，認為「社會事實最終歸結為可理解的事實」，研究必須依靠研究者對所觀察的現象進行意義上的解釋（袁方，1997: 34）。所以，當研究者對研究的資料進行分析時，除了應該注意一般的操作技巧和工作程序以外，還應該特別注意自己的思維方式和思維特點。

　　研究者從事研究的時候可能有很多不同的、複雜的思維活動，很難將其歸納為幾個方面。下面，我挑選了四個方面進行探討，不是為了完整地對所有質的研究者的思維方式進行概述（這也是不可能的），而是針對我個人以及有關文獻認為比較重要的思維方式作一簡單的探討。

一、因果分析

　　對資料進行濃縮的一個十分重要的工作是尋找資料內容之間的因果關係。雖然質的研究強調不要過早將因果概念強加到資料之上，應該注意資料本身所呈現的關係，但是因果關係確實是社會現象中一個十分重要的現象，不得不加以注意。然而，與量的研究不同的是，質的研究中的因果關係不是在脫離具體情境的條件下進行邏輯推理而獲得的，而是在探究特定事件發展的過程中獲得的。我們要問的問題是「如何」而不只是「是否」。通過對事情發展過程的分析，我們可以發現不同事件發生的時間順序、它們之間的相關關係以及它們內部存在的各種因素，因而對事件之間的因果關係進行推導（Denzin, 1970: 26）。

　　在用這樣的方法對因果關係進行探索時，我們需要對事件發生的前後順序進行描述，考察某一個因素在事情發展的過程中是如何導致另外一個因素的出現的。如果我們發現同一順序發生在不同的被研究者身上，或者同一順

序在不同的情形下同樣發生，那麼我們便可以就此順序建立一個初步的假設，然後對這個假設進行檢驗或修正。為了說明某一事件導向了另外一個事件的發生，我們不必付諸一個統一的、在任何情況下都適用的發生過程。我們只需要說明，這個過程在這個（些）特定的情境下是如何從原因走向結果的就行了（*Weiss, 1994: 180*）。

二、部分和整體之間的闡釋循環

對資料進行思考的另外一個方式是「闡釋循環」。「闡釋循環」有兩個主要的意思：一指的是在文本的部分和整體之間反覆循環論證，以此來提高對文本的理解的確切性。二指的是在闡釋者的闡釋意圖與闡釋對象（文本）之間的循環，尋求兩者之間的契合。我認為，在質的研究的全過程，我們都可以用這兩個層面的循環來對資料進行分析和檢驗。在對質的研究的效度進行討論時（第二十三章第四節），我著重介紹了後者，現在主要就前者來探討對資料進行分析的闡釋循環。

就像攝影技術中的全息照相一樣，解釋學認為文本中的每一部分都包攝了整體，對部分的理解依賴於對整體的理解；而整體是由部分組成的，對整體的理解又依賴於對部分的理解。如果我們對部分進行檢驗，就必須對整體有所理解，瞭解部分在整體中所處的位置和關係。而如果我們要對整體進檢驗，就必須對部分進行分析，瞭解部分是如何與整體發生關係的。「一切個別性與整體性之間的一致是理解的正確性的當時標準，未出現這種一致就意味著理解的失敗」（加達默爾，引自徐友漁等，*1996: 175*）。一個文本就像是一個文化，「在每一個文化內部，不同的部分和方面之間不但彼此關聯和相互滲透，而且共享和體現著這個文化的一般精神。所謂文化就是一個層層疊架而又相互包容的複雜和龐大的系統，其真實意義只能在不斷地從整體到部分、再從部分到整體的循環往復中得到說明」（梁治平，*1994: 32*）。

在質的研究中，資料的分析是一個整—分—合的過程，我們可以在部分

和整體之間來回拉鋸，運用自己的想像對資料進行逐步的螺旋式提升。分析伊始，我們可以有兩種「出發」的方式（如果我們可能從某一點「出發」的話）：(1)首先對資料獲得一個整體的印象，然後將其分解為數個部分，深入其內部瞭解各個部分的特性，掌握各個部分之間的關係，然後在此基礎上進行概括，形成一個新的整體；(2)從局部開始，對一些具體的部分進行分析，然後整合為一個整體。這兩條路線可以分別進行，也可以同時進行，總的原則是在部分和整體之間形成一個「闡釋循環」。

分析資料時在整體和部分之間往返觀照是為了既見木又見林，不因顧及部分細節而忘記了整體全貌，也不因陶醉於整個景觀的欣賞而忽略了細部的「深描」。比如，在對一份訪談資料進行分析時，我們不僅應該考慮受訪者所說的每一句話，而且要考慮這句話與訪談資料中其他部分是什麼關係，訪談內容與說話者的個人背景、興趣和意圖有何關聯，這位受訪者究竟想說什麼，他／她這次說的話與他／她在其他地方所說的話和所做的事有什麼關係，他／她所說的話和其他有關的人所說的話之間有什麼聯繫。在對一部分資料進行解讀時，我們可以同時考慮到資料的整體意義；在對資料的整體意義進行把握時，我們又可以不斷地回到資料的細部進行細緻的考察。假設，當我們讀到一位受訪者對自己離婚後的痛苦心情的陳述時，我們可以將這段陳述放到受訪者的整個一生的故事中進行考察。結果，我們可能發現，她的父母在她和姐姐還未成年時就離婚了，給她和姐姐的生活帶來了很多困難和傷害。為了逃避自己父母的命運，她決定嫁給一位年齡比她大很多的男人，結果沒有想到自己對對方的依賴（以及其他一些原因）最後導致了婚姻的破裂。如果我們把這位受訪者目前因離婚而帶來的痛苦與她的父母的婚姻結合起來考慮，我們能夠更加深刻地理解她的痛苦心情。

闡釋循環的目的是將最地方性的細節與最宏觀的結構結合起來，使它們兩者同時進入分析的視野（*Bernstein, 1983: 95*）。通過在宏觀與微觀之間、地方與整體之間，個別與總體之間不斷循環，我們可以獲得更加豐富的、多層次的、高密度的研究結果和意義解釋。這是一種「思想互構」的方式，即趙

汀陽（*1998a*）所說的「一個或所有問題」的思想狀態——當我們思考某一個問題時，不得不同時思考所有的問題；而當我們思考所有的問題時，又不得不落實為某一個問題。這是一種「在餘地裡思考」的方式，當我們集中看一個點時，這個點的其他方面是一直在場的，而且正是由於其他方面的在場，這個點才能夠被看清楚❶。

三、回溯覺察之重組

對資料進行分析的另外一個手段是「回溯覺察之重組」（reconstruction in retrospective consciousness）（*Kau, 1981: i-ii*）。這種方法在進程上與上述方法正好相反，即研究者已經對資料有了自己的理解，採取回溯的方式，回想自己是如何得到這些結論的，自己有哪些資料可以支撐這些結論。使用這種方法有兩個要點：(1)檢視參與研究各方在不同時間和場合對有關事件或主題的看法；(2)報告研究者本人在不同時間、從不同角度對於某一現象或主題的認識所發生的變化。

我的一位加拿大朋友在對中國農村婦女育兒方式的研究中便使用了這種

---

1. 雖然我們可以使用「闡釋循環」的方法在資料的部分和整體之間進行循環檢測，但與此同時我們也面臨一個無法解決的難題：在理解和闡釋的過程中，我們必須從局部開始；而要理解局部的意義，我們又必須對整體的意義有所理解。這似乎便形成了一個邏輯上的惡性循環：理解整體只能從理解局部開始，但若沒有對整體的理解，對局部的理解又是做不到的。有學者認為，這個惡性循環實際上在人們的社會實踐中已經得到了解決（徐友漁等，*1996: 266*）。其實並沒有絕對的局部意義，也沒有絕對的整體意義，更沒有一次性的對意義的充分理解。我們不能說，對意義的理解如果是不充分的和不全面的，就不是理解。在實踐中，我們總是不充分、不全面、不深刻地理解局部的意義，達到對於整體意義的大致把握，然後重新閱讀，加深對於各個局部的理解，從而提高對於整體的理解。因此，循環是自然的、必要的，但它在社會實踐中呈現的是一個良性的狀態，而不是一個如上所說的、邏輯上的惡性循環。

方法對資料進行分析。她所領導的課題組在一個村子裡住了三個月，通過訪談和觀察搜集了大量的原始資料。由於資料是如此的龐雜，她感到很難進行逐字逐句的分析。結果，她召集課題組成員一起進行「頭腦風暴」，探詢大家對研究結果的預感。在初步搜集了大家的感覺以後，成員們被要求反省自己是如何獲得這些感覺的。為了說明自己的感覺，課題組返回到原始資料，一步一步尋找可以對自己的感覺進行證實或證偽的依據。

　　這種分析思路似乎與我上面強調的對原始資料一個字一個字地進行分析的方式是相悖的，似乎研究者可以先有自己的結論，然後再回到資料中尋找證據。如果讀者得到這樣一個印象，那麼我不得不說這是一個誤會。我在此介紹「回溯重組」的方法是因為我認為這不失為一個有效的分析資料的方法，特別是當原始資料特別多、特別雜時。如果使用得當的話，「回溯重組」的方法可以使研究者暫時擺脫資料細節對自己的纏繞，跳出來大膽地設想一下自己的結論。但是，這種方法並不意味著研究者可以（或者說應該）到資料中尋找「證實」自己結論的根據。雖然研究者已經對研究的結論有一些初步的假設，但是在返回原始資料時必須保持質的研究所應該具有的開放態度，不僅在自己的假設和資料之間建立起牢固的聯繫，而且對其他可能性結論敞開自己的胸懷。在這種分析方法中，研究者對自己結論的假設與其他實驗型研究中的假設是不一樣的。前者要求有研究者自己搜集的原始資料作為基礎，是研究者對資料內容的一個跳躍式總結；而後者產生於研究開始之前，是研究者根據前人的理論建立起來的，可能不完全符合本研究的具體情況。

　　雖然「回溯重組」的分析方法有自己的長處，但是我不提倡將這種方法作為資料分析的主要手段。由於它本身所具有的對結論進行證實的「傾向性」，如果使用不當很容易違背質的研究的基本精神：開放。因此，我仍舊認為，在資料分析的初期對資料進行最基礎的、一步一步的整理和分析是非常重要的，「回溯重組」的方法只是在需要的時候作為一種補充。

四、直覺與想像

資料分析中經常使用的另外一種思維方式是直覺與想像。雖然在上面很多地方我一再強調「機械的」登錄和歸類在資料分析中十分重要，但與此同時我也意識到直覺和想像在資料分析中的作用。將資料按照碼號和類屬打碎以後再組合包裝起來——這種做法很容易毀掉質的研究所追求的自然、完整、原汁原味的、未經「抽象」的「原貌」（高一虹，1998: 10）；而研究者的直覺和想像在把握其「原貌」，以濃縮的方式「重構」其豐富、複雜的狀態方面可以起到不可或缺的作用。前人的經驗表明，即使是在自然科學中，科學家也要大量運用直覺和想像。不論是對事物進行概念定義，還是就研究的現象建立理論假設，科學家都離不開直覺和想像（趙慕熹，1991: 189）。

「直覺」是一種潛意識的活動，是一種思維的感覺。它能夠一下子抓住事物的本相，但又完全沒有邏輯程序，是一種突如其來的感悟。因此，直覺可以用來選擇登錄中的重要概念，並且對資料的整體內容建立假設。「想像」是以人的大腦中的表象為基礎，進行分析、綜合、加工、改造而構成新形象的一個思維過程；它是形象思維的高級形式，是通過圖像來思考問題、解決問題的一種方式。「事實和設想本身是死的東西，是想像賦予它們生命」（貝弗里奇，轉引自趙慕熹，1991: 181-183）。想像是進行模擬和類比的重要手段，可以為資料分析產生假設，也可以將相互孤立的資料片斷有機地聯繫起來。質的研究強調有意識地進行創造性想像，在資料分析時自由地使用比喻、隱喻和聯想。

直覺產生的條件是全神貫注，集中注意力，長期對某一個問題十分關注，抱有濃厚的興趣，有解決問題的強烈願望，思維敏捷、靈活，有豐富的生活經驗，能夠及時捕捉那些隨時可能降臨的靈感。想像產生的條件是儘量使自己思考的問題具體化，形成直觀、清晰的形象，並且善於反省自己，將研究者本人對象化。這些條件對質的研究者進行資料分析的啟示是：(1)長時間地

與原始資料呆在一起，保持對資料全神貫注的關注；(2)經常對自己進行「頭腦風暴」，隨身攜帶記事本，隨時隨地記錄下自己腦子裡飛掠而過的靈感、圖像和情緒感受；(3)保持思維的靈活、敏捷和發散性，設想用不同的語詞、不同的概念組合和不同的思考角度呈現資料的內容，嘗試使用不同的暗喻、明喻、類比來表達資料，對資料進行自由聯想，嘗試將論理推到極端看可能產生什麼效果；(4)造一些不同的短語來捕捉自己已經發展出來的假設；(5)不要害怕猜測，「事實可以使推理有條理，但是推理是所有學習領域裡的嚮導」（*Mills, 1959: 205*）；(6)將自己站到資料之外，用輕鬆、娛樂的方式對待自己的分析工作。

有研究表明，形象（直覺）思維與抽象邏輯思維之間具有相互聯繫，相輔相成的關係。斯佩里（*1982*）的裂腦研究表明，人的大腦的兩個半球不僅具有差異性，而且具有互補性。在工作時，兩個腦半球緊密結合如同一個單位，它們之間的通路胼胝體對意識的整合具有極大的重要性。這說明形象思維和抽象邏輯思維之間不是相互隔離，而是相得益彰、相互滲透的。因此，在分析資料的過程中，我們應該在創造性與嚴謹、想像力與理論敏感性之間保持一種平衡。

本章繼上一章之後對質的研究中資料的歸類和深入分析進行了探討，主要介紹了「類屬分析」和「情境分析」兩種歸類方式，同時對歸類的具體操作手段以及資料分析的主要思維方式進行了討論。質的研究中的資料分析是一個十分艱苦、費時、有時甚至是枯燥的工作，需要研究者具有毅力、耐心、熱情和靈活性。雖然這兩章對資料整理和分析的基本思路和方法進行了一個初步的介紹，但是在真正從事研究的時候，研究者仍舊需要根據自己的實際情況加以調整。質的研究不僅僅是一門「科學」，而且是一門藝術，需要研究者將自己的全身心、全部智慧和想像力都投入進去。

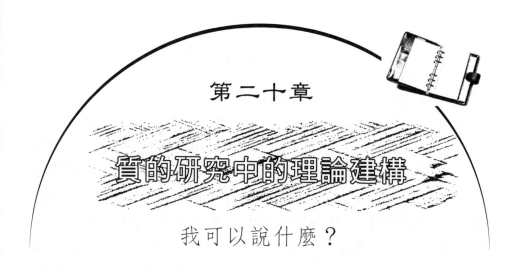

第二十章

質的研究中的理論建構

我可以說什麼？

　　通過分析資料對研究結果做出初步的結論以後，我們就可以開始建構有關的理論了。建構理論是社會科學研究的內在要求，也是研究結果的一個必然歸宿。這是因為人類任何有意義的行為都隱含了一定的理論，需要將其明朗化、系統化。正如美國哲學家威廉·詹姆斯（W. James）所說的，「你即使是在田野裡撿石頭也需要理論」（*Agar,1980: 23*）。理論就像鍛鍊身體或者吃維他命 C，有的人過分上癮，有的人很少考慮，但是沒有人可以沒有它（*Wolcott, 1995: 183*）。社會科學研究是一種有目的的理性活動，比日常生活更需要瞭解其中隱含的理論。任何研究都始於問題，而問題的形成和發展在很大程度上依賴於研究者腦子裡有關的理論思考。

第一節　什麼是「理論」

　　質的研究對「理論」這個概念的定義以及建構理論的態度與其他研究方法不太一樣。下面分別對這兩方面的問題進行討論。

▨▨▨ 一、質的研究對「理論」的定義

在傳統的意義上，「理論」被認為是「為了解釋和預測現象，確定變量之間的關係，用系統的觀點將相互關聯的概念、定義和命題組織在一起的總和」（*Kerlinger, 1986*）。「理論」是一組被推論和被修正的法則，包括從單一、簡單的判斷到複雜法則的組合；所有理論中的陳述不管它是解釋的還是被解釋的都具有普遍意義，用以解釋它物的判斷被稱為「公理」，被解釋的判斷則被稱為「定理」（*Brobeck, 1963*）❶。很顯然，上述定義根據的是一種自然科學的法則，認為理論是「公理」和「定理」，對事物具有普遍的解釋意義，可以用來確定事物之間的關係，並且還可以用來對未來的情況進行預測。

有學者認為，理論可以分成「廣義的理論」和「狹義的理論」兩種類型（陳波等，*1989: 269*）。「廣義的理論」指的是一系列具有內在聯繫的範疇的體系或命題的集合，是關於特定領域或對象的系統化知識。「狹義的理論」是經過實踐檢驗的理論，在真實性上是可靠的，與尚未得到實踐檢驗的、不可靠的理論（即「假說」）相對。根據這樣一種分類，上面柯林杰（F. Kerlinger）和比羅貝克（M. Brobeck）的定義均屬於狹義的範疇。

「理論」還可以按照另外一種標準分成兩種類型：「形式理論」和「實質理論」。「形式理論」指的是系統的觀念體系和邏輯架構，可以用來說明、論證並預測有關社會現象的規律。上述「狹義的理論」基本上屬於這種類型。「實質理論」是在原始資料的基礎上建立起來的、適於在特定情境中解釋特定社會現象的理論。

根據上面的定義和分類，我認為，質的研究中的「理論」大多屬於廣義的、實質理論的範疇。質的研究的目的是對特定的現象本身及其內在聯繫進行探究，注重人的實踐理性和實踐知識，因此其理論也具有一定的特殊性和

─────────────

1. 這兩個定義均引自維爾斯曼（*1997: 21*）。

實踐性。質的研究中的理論不是對社會現實的概念化和形式化，而是特定研究者從特定的角度通過特定的研究手段對特定的社會現象作出的一種解釋。這種理論具有一定的時間性和地域性，必須根據具體情況的變化而加以修正。

質的研究通常將「大寫的理論」（即上述「定理」和「公理」、「狹義的理論」、「形式理論」等）與「小寫的理論」（如「假設」、「觀點」、「猜測」、「想法」等）區別開來。後者一般被傳統社會科學認為不屬於「理論」的範疇，或者不屬於上面所定義的「狹義的理論」，是沒有經過檢驗的、「不可靠的理論」。但是，質的研究卻認為它們是十分合理的「理論」。雖然這些「小寫的理論」在「抽象」層次上不如「大寫的理論」高深，概括性不如「大寫的理論」廣泛，但更具有針對性，更注意研究現象的個性和複雜性，有時可以比「大寫的理論」更具有解釋力度。

「理論」還可以進一步分成「個人的理論」和「公眾的理論」、「小理論」和「大理論」等類別。「個人的理論」是對被研究者一個人而言的、可以對其行為和思想進行解釋的理論；「公眾的理論」則是那些相對一個特定的人群而言的、對其具有解釋意義的理論。由於質的研究所具有的特殊性和地方性，研究者一般傾向於建立「個人的理論」。但是，如果所研究的公眾有一個明確的範圍（而不是一個包括所有人的概念），質的研究也可以對該人群的有關理論進行探討。

「小理論」指的是區域性的、針對某一個（些）特殊情況而言的理論，其抽象程度一般比較低，旨在說明一個（些）具體的問題，與上面所說的「實質性理論」有類似之處。「大理論」指的是那些旨在說明世界上所有同類情形的、自稱具有普適性的理論，如皮亞傑的發生認識論、弗洛伊德的精神分析理論等。質的研究通常將重點放在「小理論」的建構上，因為這屬於它力所能及的範圍。它不但不認為自己可以建構「大理論」，而且認為這些「大理論」也必須放到具體的社會文化情境中才有意義。

從另外一個角度看，質的研究中的「理論」至少包括三個方面的內容：前人的理論、研究者自己的理論、資料中呈現的理論。「前人的理論」是研

究界在本領域目前已經建立起來的、被公認的理論；「研究者自己的理論」指的是研究者自己對本研究現象的假設、觀點、前見等；「資料中呈現的理論」是研究者從被研究者那裡直接獲得的，或者通過對原始資料進行分析以後獲得的意義解釋。這三種理論相互之間是一個互動的關係，它們共同對研究最終做出的理論假設提供思路、角度和觀點。在研究的過程中如何協調這三者之間的關係？——這對質的研究者來說是一個極大的挑戰。

此外，非常重要的一點是，對質的研究者來說，「理論」這個詞應該總是複數，而不是單數。對同一問題的探討可以產生很多不同的理論，對同一現象的解釋也可以使用多種不同的理論。質的研究講究從不同的角度探討問題，從多方面揭示問題的複雜性和豐富性，因此其理論建構也應該是多元的、豐富多采的。

※※※ 二、質的研究對「理論」的態度

由於質的研究比較重視對社會現象進行描述和「移情」式的理解，因此並不要求所有的研究項目都建立理論。如果某一項研究沒有產生理論，那麼它就是一項「非理論的」研究，其價值就在於對現象本身進行描述。質的研究結果可以有很多不同的表現形式，既可以建構不同層次的理論，對現象進行總結和概括，也可以純粹讓當事人自己說話，從他們的角度展現其生活世界；而在這兩者之間存在著很多不同的變體。雖然描述性研究也必然受到研究者一定理論導向的影響，理論闡釋也不得不涉及到對具體問題的描述，但是很多時候質的研究結果可以以描述為主，不一定非要建立「理論」。

事實上，很多質的研究者並不熱衷於建構理論。例如，存在主義理論建構者認為，被研究者日常生活中的常識足以幫助研究者發展自己的研究方法、策略和步驟，研究的目的是尋找人類生存的使用性知識，而不是抽象的理論（*Adler & Adler, 1987; Douglas, 1976*）。研究者從自己的直接觀察和體驗中獲得的知識可以作為解釋社會現象的生成性概念，不必去尋找或借用那些形式化

的、絕對的理論（*Jonhson, 1975; Kotarba & Fontana, 1984*）。

闡釋學方法的倡導者對理論持更加激進的態度（*Agar, 1986; Bruyn, 1966; Cicourel, 1974*）。這些人認為，人類的生活受到特定歷史時期的限定，現實生活可以被看成是一個文本，具有一定的歷史性。對文本的解釋或理解需要研究者對文本提出問題，與文本之間進行互動（*Clifford & Marcus, 1986; Goffman, 1974*）。對一個問題的解決將導致更多問題的產生，部分的理解和整體的理解是一個不斷相互印證的過程，是一個闡釋的螺旋。每一個解釋都是暫時的、相對的。解釋永遠不會停止，也永遠不會完滿。因此，任何先見的或固定的理論對文本的解釋都是無濟於事的。

還有一些研究者認為，研究的目的不是為了建立理論，而是為了解決問題。判斷理論的標準不是「正確」與否，而是「有用」與否。研究者無法對理論進行證實，而只能說某些理論對具體問題進行解釋或說明時是否「合理」、「有效」、「有解釋力度」。理論必須有事實作為依據，必須與特定的使用情境相聯繫，抽象的理論對具體的研究沒有什麼意義。他們認為，目前社會科學研究界各種各樣的理論太多了，常常使研究者感到不知所措。這些理論不僅沒有幫助研究者更加清楚地認識自己所研究的問題，反而使他們變得更加糊塗了。建立理論的目的應該是指導研究者進行研究，而不是用來嚇唬別人（包括研究者自己），也不是為了理論本身。正如費孝通曾經指出的「我們的理論不在道破宇宙之秘，只是幫你多看見一些有用的事實，理論無非是工具」（引自丁元竹，*1992*）❶。

---

1. 藍永蔚（*1999: 34*）認為，上述狹隘的「實用主義」的觀點不可取。實際解決問題的辦法受各種因素的制約，往往是一種權衡，在此之上還有實施謀略的運用。因此，研究的結果與解決問題之間還存在很大的距離，是兩個完全不同的層面，屬於不同的範疇。如果研究的目的不是為了建立理論，而是為了解決問題，那麼研究者最好不要進行研究，而是去直接解決問題好了。此外，他認為，「如果不能建立理論，又如何解決問題？」因此，如果要處理好這兩個不同範疇的問題，正確的提法應該是：「研究的目的是建立理論，而建立理論的目的則是為了解決問題。」

　　與上述「實用主義」的觀點相比，批判理論者對「唯理論主義的理論」更具批判性。比如，批判理論的重要代表人物霍克海默（*M. Horkheimer, 1989: 187*）認為，知識不可能由純粹邏輯的或方法論的根源推演出來，而只能在社會現實的過程中加以理解。任何新的觀點（包括自然科學中的觀點）之所以能夠取得勝利，其主要原因在於當時具體的歷史環境。布迪厄也認為，自己所有的研究遵循的都是一種具體研究的邏輯，在這種研究邏輯中，理論與實踐經驗是不可分割的（*布迪厄、華康德，1998: 211-214*）：

　　　　「對我來說，理論不是一種預言性的或綱領性的話語，這種話語往往是將其他理論拆拆拼拼而成，其唯一目的就是與其他這樣的純粹『唯理論主義的理論』相抗衡……我認為科學理論應該以感知方案和行動方案──如果你願意，可以稱其為科學慣習──的形式出現，它只能在使之成為現實的經驗研究中一展身手。它是一種形塑經驗研究，但同時又是為經驗研究所形塑的臨時性構造。因此，接觸新的對象比投身理論爭辯得益更多，後者除了支持一種圍繞被視為思想圖騰的概念而創造的永不止歇、自我維持、並且往往空洞無物的元話語以外，毫無益處。要把理論作為一種做法，以實踐的方式引導並形塑科學實踐，顯然意味著我們要放棄所謂『理論家們』經常為理論所樹立的那種帶有拜物教色彩的無所不包的形象。」

　　對於布迪厄而言，理論反思只有把自身深藏在社會實踐之中，或者與社會實踐融為一體，才能真正展現自身。他引用了智者希比阿的形象來說明這個問題。在柏拉圖的《小希比阿篇》中，希比阿表現得就像一個笨伯，不能使自己超出任何具體的事例。當他被問及「美」的本質時，他頑固地堅持通過列舉各種特定的事例來作答：一個「美」的水壺、一位「美」的少女，等等。他這麼做有自己明確的意圖，即拒絕一般化的概括以及這種概括所形成

的抽象概念的物化（*Dupreel,1978*）。布迪厄認為，除了像希比阿這樣在經驗事例中進行思考的方式，我們不可能有別的更好的方式了。

除了上述各種反對意見，質的研究領域裡也有人熱衷於建構「理論」。最為明顯和公開的是「紮根理論」的倡導者，他們認為研究的目的就是建構理論。不過，他們強調理論必須從資料中產生，自下而上進行建構，而且這樣建構的理論不必都是「形式理論」，也可以是「實質理論」，與人的實踐理性和實踐知識密切相關（下面第三節對「紮根理論」有詳細介紹）。我個人認為，如果研究者有足夠的資料支撐，對資料進行了細密、嚴謹的分析，而且具有建構理論的能力，可以嘗試建構理論。但是，我非常同意紮根理論的觀點，理論一定要有資料作為根據，不能完全按照自己的直覺進行猜測。而且我個人傾向於建立「實質」小理論，對那些泛文化的「形式」大理論表示懷疑。

通常，研究新手們對建立理論和使用理論總是十分擔心，不知道自己到底有沒有理論，自己的理論在哪裡，沒有理論怎麼辦。但事實上，我們每個人（包括不從事研究工作的人）對事情都有自己的理論。比如，我們大家都知道，如果一個人白天在床上睡覺，那麼這個人多半是：(1)累了；(2)睏了；(3)生病了；(4)假裝睡覺為躲避來訪的客人，等等。這些理由雖然非常簡單，來自我們自己的生活常識，但都可以作為解釋「一個人白天睡覺」這一現象的理論。質的研究尊重研究者個人的實踐知識，特別是他們對研究問題所持的「前設」和「傾見」，認為它們是研究者從事研究的入門鑰匙。正是因為有這些「前設」和「傾見」，研究者才受到有關問題的吸引，或者說某些研究問題才會產生出來。而這些「前設」和「傾見」以及隨之產生的問題是研究者建構理論的一個堅實的基礎。因此，我認為，研究者在建構理論的時候，不僅應該尊重原始資料和前人的理論，而且應該尊重自己的直覺和「傾見」，有效地利用它們來為自己的研究服務。

雖然有的學者不重視理論在質的研究中的作用，不刻意追求理論上的建樹，但是大部分人（包括我自己）認為，建立廣義的、實質的、個人的小理論還是十分重要的。這些理論不僅可以作為資料分析的最終結果，而且可以對研究本身以及有關的後續研究提供十分有益的指導。

一、理論的作用

在質的研究中，建構理論這一工作具有很多功能。首先，理論可以賦予事實以意義，將事實置於恰當的分析角度之中。從某種意義說，研究者觀察到的經驗性事實通常沒有（或無法表達）自己的意義，只有通過研究者對其進行理論分析以後才會「產生」意義。而這些通過理論分析而「產生」的意義可以加深人們（包括研究者、被研究者以及讀者）對這些事實的認識。理論通常具有一定的抽象性和概括性，可以從經驗中提升出概念和命題，幫助人們將經驗世界與理性世界聯繫起來。理論的初級形式──「敏感性概念」（sensitizing concepts）──還可以使我們在對經驗性個案進行分析時獲得思想的啟迪，進而關注經驗世界中存在的一些共同特徵（*Blumer, 1954, 1969*）。理論的深刻性還可以使研究者所說的故事更加有意思，而不只是停留在個人日記或旅行雜記的水平。正如紮根理論的代表人物格拉斯（*1978: 8*）曾經說過的，「研究的結果很快就被人們忘掉了，但是思想卻不會被忘記。」

其次，理論可以為研究導航，研究早期獲得的初步理論可以為後期的工作導引方向（*Bensman & Vidich, 1960*）。由於一個理論中的各個概念之間通常存在一定的「邏輯」關聯，因此在建立理論的時候研究者必然會考慮到研究現象中各個方面之間的關係，如果發現前期工作中某些方面比較薄弱，可以

在後續研究中加強。來自實地的調查表明，研究不是一個按部就班的、遵照一定規則和程序進行的活動，而是一個概念和經驗事實之間互動的過程，既要使用歸納又要使用演繹的方法（*Bechhofer, 1974: 73*）。理論、方法和資料之間存在一個三角互動的關係，前期通過分析資料獲得的理論可以指導研究者使用更加合適的方法進行後續研究。

再次，由於理論具有一定的概括性，可以為那些範圍較狹窄的個案提供相對寬闊的視野和應用範圍。個案調查的樣本通常很小，面臨著沒有「代表性」的難題。研究者面臨著雙重挑戰：一方面，這些個案因其特殊性需要被研究；另一方面，研究者必須說明這些獨特的個案與大的理論問題和現實問題之間有什麼關係（*Wolcott, 1995: 183*）。我認為，理論可以將思想與個別經驗性信息結合起來，整合為一個相對完整的思想體系。通過理論的概括性「推論」，我們對具體個案的認識會更加深刻，意蘊會更加博大，應用範圍也會更加廣闊（維爾斯曼，*1997: 23*）。（有關質的研究結果的「推論」問題，詳見第二十四章）

此外，理論還可以幫助我們鑒別研究中存在的空白點、弱點和自相矛盾的地方，將一些學術界以前沒有注意到的問題或者注意不當的問題挑選出來重新進行探討。雖然我們無法證實任何事情，但是我們可以通過理論來行使證偽的權利，通過尋找反例來批駁那些不盡完善的觀點。如果我們在自己的研究中建構出來的理論比現有理論更加完善，那麼我們的理論就可以為本領域的理論建設作貢獻。這樣做的時候，我們不僅是在研究一個個案，而且是在檢驗一類社會現象和一類理論現象。

最後，從「實際」的角度看，理論因其「普遍性」可以為我們的研究成果提供一些現成的標籤，將我們的工作與前人（包括我們自己以前）的研究成果聯繫起來。理論賦予我們的研究和思想以一定特定的標記，因而使我們的研究比較容易被有關的學術群體所接受。那些與我們有共同興趣的人通過對這些理論的體認，會比較容易注意到我們的研究成果，把這些理論作為與我們討論問題的起點或焦點。

其實，理論與作研究是一個統一完整的過程，我們在研究中的所有決策和行為都受到自己理論的指導。理論不是一個孤立的東西，是與研究的所有其他部分緊密相連、相互影響的。比如，在理論和原始資料之間就存在一個相互對話、相互促進、相輔相成的關係。一方面，資料為理論的獲得提供依據；另一方面，理論賦予資料以意義，使資料具有系統性和深刻性。通過資料和理論之間的相互結合，理論變得更加充實，資料所表現的內容也變得更加有條理。理論促進了研究，研究也促進了理論的發展。因此，對理論的探討不可能被放到研究的前面或最後，也不可能被放到一個分離的盒子裡進行探究。理論就像是一張空白支票，它的潛在價值在於使用它的人以及使用它的方式（*Burgess, 1982*）。

二、建構理論的方式

傳統意義上的理論建構通常走的是自上而下的路線，即：從現有的、被有關學科領域認可的概念、命題或理論體系出發，通過分析原始資料對其進行邏輯論證，然後在證實或證偽的基礎上進行部分的創新。如果在研究開始的時候沒有現成的理論可借鑒，研究者通常根據邏輯分析或前人的研究自己預先構建一下理論，然後將其運用到對當下研究現象的分析之中。

與上述傳統的思路不同，質的研究中的理論建構走的是自下而上的路線，即：從原始資料出發，通過歸納分析逐步產生理論。通過這種方式建立的理論既可以是一個非常簡單的、單一的陳述，如「人肚子餓了要吃飯」；也可以具有十分複雜的層次結構和語義關係。哈佛大學的肖（*T. Shaw, 1993*）在其「民族誌與青少年亞文化」這門課中曾經借用 P. 佩爾托（P. Pelto）和 G. 佩爾托（G. Pelto）的理論抽象模式（*1978: 3*），對威利斯（*P. Willis, 1977*）的《學會勞動》一書中的理論作了如下建構（見圖表 20-2-1）。

圖表 20-2-1　建構理論模式舉例

（資料來源：Shaw, 1993）

抽象層次		
宏大理論 （grand theory）	社會階層在每一代新人身上得到了複製。	
一般理論 （general theory）	學校以及其他社會機構在複製社會階層上起到了工具性的作用。	
中層理論 （mid-range theory）	那些抵制學習的孩子發展出了一種反學校的文化。	
低層理論 （low-order propositions）	由於來自勞動人民家庭的孩子拒絕學校的權威，他們對學校提供給自己的東西不珍惜。	
觀察方式 （modes of observation）	與學生交談、與教師交談、與學生的家長交談、觀察學生在校內的行為、記錄學校官員對學生成功和失敗的解釋等。	
真實的世界 （real world）	事情和事件，如教室、教師、教學、同學群體、校外活動、父母的職業等。	

　　威利斯的這本專著只有一半是從實地搜集的資料，其餘一半是他從馬克思主義的理論出發對資料進行的分析。在英國對一所專門為工人階級家庭的男孩子提供中學教育的學校裡進行調查時，他發現，這類學校實際上是在複製資本主義社會所需要的底層勞動人民的品質，如身體強壯、頭腦軟弱、逆來順受的人生態度等，其目的是把他們改造成工業生產所需要的勞動力。威利斯認為，如果研究者要理解現代社會對個人進行的這種非個人化的過程，必須充分地探究其中微妙的細節、有關人員的行為方式以及他們在日常生活中展示的話語模式。雖然他的研究使用的是馬克思主義的研究範式，但是他認為必須借助民族誌的方法把大範式轉譯為建立在日常生活基礎之上的文化

術語（馬爾庫斯，費徹爾，1998: 119）。為了獲得對研究對象的透徹理解，研究者必須把他們看成具體的存在者，而不是深藏於抽象語言之中的、為了說明一個理論系統的工具。在此項研究中，他從現實資料（如學校內外發生的各種事情、學生與各種人之間的關係）出發，通過在學校裡進行觀察、交談和記錄，逐步建立了不同層次的理論。

自下而上建構理論可以有很多不同的方式，不同的研究問題、不同的原始資料可能需要不同的操作手段和步驟。一般比較普遍的做法是：(1)用簡單的理論性語言對資料進行初步的描述、分析和綜合；(2)根據資料的特性建立初步的理論框架；(3)按照初步建立的理論框架對資料進行系統的分析，如歸類和組成邏輯故事線；(4)在原始資料與理論框架中的概念和命題之間不斷進行比較和對照；(5)建立一個具有內在聯繫的理論體系或一套比較系統的理論假設。茲南尼斯基（1934, 1952, 1965）提出，建構理論可以使用「分析性歸納法」。這種方法一般具有如下四個步驟：(1)確定某一類事實的主要特性；(2)對這些特性進行抽象以後建立一個初步的假設，這個假設愈是基礎愈具有普遍性；(3)對這個假設進行檢驗，尋找其他不同假設（基礎的和非基礎的）特性；(4)按照這些特性的功能將這些假設組成一個理論系統。居金森（1989: 112）認為，茲南尼斯基所謂的「分析性歸納法」就是「通過抽象的方式從原始資料中產生具有一定普遍性的結論的方法」。但是，我認為，質的研究中的「抽象」不同於一般化的、未分離的抽象。一般化的抽象是為了發現那些不變的東西，這些東西在研究現象的其他特徵發生變化時也保持不變。而質的研究中的「抽象」是一種「分離的抽象」，意即：從一些相互的聯繫中抽出某些特徵和關係，並賦予它們某種程度上獨立自主的存在（史梯爾林，1985: 15）。

讓我從自己的研究中舉一個例子來說明，在有關的概念被發現以後，如何從一個概念開始分析，逐步擴展到其他相關概念，然後在更高層次上將這些概念聯繫起來，建立一個初步的理論假設。比如，我就擇偶觀念訪談一些男青年時，發現他們在使用「強女人」這個概念的同時還使用了很多其他的

概念如「新派女性、現代女性、有能力、開朗、活潑、有生活情趣、文靜、溫柔、善解人意、有人情味、現代、傳統、女強人」等。結果，在這些概念中，我挑選了「強女人」作為分析的起點，同時試圖在這個概念和其他的概念之間建立起意義聯繫。比如，在分析時我問自己：「如何對『強女人』這個概念進行分析？是否可以將這個概念掰開來分析？比如說，是否可以從『強』和『女人』這兩個方面來考察？『強』是否意味著『有能力、開朗、活潑、有生活情趣』？『女人』是否指的是『文靜、溫柔、善解人意、有人情味』？『女人』這個概念是否可以進一步分開來考慮？『人』主要指『善解人意』、『有人情味』，而『女』則要求『文靜』、『溫柔』等等？『強』和『女人』加起來是否指的是一種『新派女性』、『現代女性』？這是否意味著『現代』與『傳統』的結合？『強女人』這個概念與被研究者所說的其他概念（如『女強人』）之間是什麼關係？這些不同的概念可以導向什麼更大的理論問題（如『擇偶時性別角色對人們的影響』）？」通過對這些問題的探討，我最後試圖建立這樣一個理論假設：「現代思潮與傳統文化在男青年選擇擇偶標準時共同發揮作用」。

在將研究結果提升為理論時需要特別注意的一件事情是：同時照顧到資料內容內部的相同點和不同點，避免為了使理論看上去完滿、清晰而犧牲資料的豐富性和複雜性。如果資料本身呈現出不同的角度和觀點，我們應該設法讓它們表現出來。只有讓不同的聲音都為自己說話，我們的理論才會獲得概念密集的品質。比如，在我所參與的有關綜合大學理科人才素質和課程體系的研究中，我們就遇到了多重聲音的問題。在訪談學校管理人員和教師時，他們大多認為當代的大學生缺乏理想、沒有為科學獻身的精神和道德責任感。而我們所調查的大學生們卻一而再、再而三地告訴我們，在改革開放、經濟轉型的今天，他們最關心的是「情商」，是自己與人社交的能力，是找到一份可以實現自我價值的工作。為了體現老一輩和年輕人不同的價值取向，我們在研究結論中同時報導了他們的觀點，並提出了「多元價值觀念的衝突與整合」這樣一個理論假設。我們認為，雖然被訪的教師和學生所持價值觀念

有所不同，但是他們之間並不存在原則性的衝突，只是側重點不同而已。他們只是從不同的側面強調了「做人」和「做事」的標準，是當代多元價值共存現象的一種體現。結果，在保留多重聲音的同時，我們力圖在一個更高的理論層次上對不同人群的不同觀點進行了整合。

第三節 紮根理論的基本原則

在質的研究中，一個十分著名的建構理論的方法是一九六七年格拉斯和斯特勞斯提出的「紮根理論」。紮根理論是一種研究的方法，或者說是一種作質的研究的「風格」（*Strauss, 1987: 5*），其主要宗旨是從經驗資料的基礎上建立理論。研究者在研究開始之前一般沒有理論假設，直接從原始資料中歸納出概念和命題，然後上升到理論。這是一種自下而上建立理論的方法，即在系統搜集資料的基礎上，尋找反映社會現象的核心概念，然後通過在這些概念之間建立起聯繫而形成理論。紮根理論一定要有經驗證據的支持，但是它的主要特點不在其經驗性，而在於它從經驗事實中抽象出了新的概念和思想。

在紮根理論被提出來以前，社會科學研究界普遍存在理論性研究與經驗性研究相互之間嚴重脫節的現象。人們或沉溺於對純粹理論的探討，空談一些形而上的問題；或停留在對經驗事實的描述上，一味強調「可觀察性」和「可證實性」。因此，紮根理論的發起人在提出這種方法時，聲稱自己的主要目的是「填平理論研究與經驗研究之間尷尬的鴻溝」（*Glaser & Strauss, 1967: vii*）。正如康德所言，「沒有理論的具體研究是盲目的，而沒有具體研究的理論則是空洞的」（*引自布迪厄，華康德，1998: 214*），紮根理論不僅強調系統地搜集和分析經驗事實，而且注重在經驗事實上抽象出理論，因此被認為較好地處理了理論與經驗之間的關係問題。

紮根理論的方法起源於格拉斯和斯特勞斯兩人（*1965, 1968*）二十世紀六〇年代在一所醫院裡對醫務人員處理即將去世的病人的一項實地觀察研究。這

個方法的形成與兩方面的理論思想有關，分別來自哲學和社會學領域（*Strauss,*
1987: 5）。一是美國的實用主義，特別是杜威、G.米德和皮爾士（C. Peirce）
的思想。美國的實用主義強調行動的重要性，注重對有問題的情境進行處理，
在問題解決中產生方法。另外一個影響來自芝加哥社會學派。該學派廣泛使
用實地觀察和深度訪談的方法搜集資料，強調從行動者的角度理解社會互動、
社會過程和社會變化。這兩個學派都認為，變化是社會生活中一個持久不變
的特徵，需要對變化的具體方向以及社會互動和社會過程進行探究。受上述
學術傳統的影響，紮根理論方法特別強調從行動中產生理論，從行動者的角
度建構理論，理論必須來自資料，與資料之間有密切的聯繫。與其他質的研
究分支（如民族誌）相比，紮根理論認為在社會科學研究中發展理論非常重
要，各種層次的理論對深入理解社會現象都是不可或缺的（*Glaser & Strauss,*
1967; Glaser, 1978）。

一、從資料產生理論的思想

　　紮根理論特別強調從資料中提升理論，認為只有通過對資料的深入分析，
一定的理論框架才可能逐步形成。這是一個歸納的過程，自下而上將資料不
斷地進行濃縮。紮根理論不像一般的宏大理論，不是對研究者自己事先設定
的假設進行演繹推理，而是強調對資料進行歸納分析。理論一定要可以追溯
到其產生的原始資料，一定要有經驗事實作為依據。這是因為紮根理論認為，
只有從資料中產生的理論才具有生命力。如果理論與資料相吻合，理論便具
有了實際的用途，可以被用來指導人們具體的生活實踐。

　　紮根理論的首要任務是建立「實質理論」，這種理論類似默頓（*1967*）
以及 P.佩爾托和 G.佩爾托（*1970*）等人所說的「中層理論」，介於「宏觀大
理論」和「微觀操作性假設」之間（*Glaser, 1982: 226*）。與其他質的研究者不
同的是，紮根理論的倡導者雖然把重點放在建構「實質理論」上面，但也不
排除對「形式理論」的建構。然而，他們強調，形式理論必須建立在實質理

論的基礎之上，而實質理論必須紮根於原始資料之中，不能憑空製造。紮根理論的一個基本的理論前提是：知識是積累而成的，是一個不斷地從事實到實質理論，然後到形式理論演進的過程。建構形式理論需要大量的資料來源，需要通過實質理論的中介。如果我們從一個資料來源直接建構形式理論，這其中的跳躍性太大，有可能導致很多漏洞。因此，如果研究者希望建構形式理論，一定要首先在大量事實的基礎上建構多個實質理論，然後再在這些實質理論的基礎上建構形式理論。一個理論的密度不僅表現在其概括層次的多重性上、有關概念類屬及其屬性的相互關係上，而且在於這個理論內部所有的概念是否被合適地整合為一個整體。要使一個理論的內部構成獲得統一性和協調性，我們必須在不同的實質理論之間尋找相關關係，然後才能在此基礎上建構一個統一的、概念密集的形式理論。形式理論不必只有一個單一的構成形式，可以涵蓋許多不同的實質性理論，將其整合、濃縮、生成為一個整體。這種密集型的形式理論比那些單一的形式理論其內蘊更加豐富，可以為一個更廣泛的現象領域提供意義解釋。

二、理論敏感性

由於紮根理論研究方法的主要宗旨是建構理論，因此它特別強調研究者對理論保持高度的敏感。不論是在研究設計階段，還是在搜集資料和分析資料的時候，研究者都應該對自己現有的理論、前人的理論以及資料中呈現的理論保持警覺，注意捕捉新的建構理論的線索。保持理論敏感性不僅可以幫助研究者在搜集資料時有一定的焦點和方向，而且可以在分析資料時注意尋找那些可以比較集中、濃縮地表達資料內容的概念，特別是當資料內容本身比較鬆散時。

其實，人們從事任何工作都有自己的理念，問題是自己對這些理論是否瞭解、瞭解程度如何。在質的研究中，如果研究者採取紮根理論的方式進行研究，則應該對理論給予特別的關注。在研究的所有階段和層面，研究者都

應該時刻注意建構理論的可能性，將資料與理論聯繫起來進行思考。通常，質的研究者比較擅長對研究現象進行細密的描述性分析，而對理論建構不是特別敏感，也不是特別感興趣。紮根理論出於自己的特殊關懷，認為理論比純粹的描述具有更強的解釋力度，因此強調對理論保持敏感。

三、不斷比較的方法

紮根理論的主要分析思路是比較，在資料和資料之間、理論和理論之間不斷進行對比，然後根據資料與理論之間的相關關係提煉出有關的類屬及其屬性。這種比較必須貫穿於研究的全過程，包括研究的所有階段、層面和部分。因其持續性和不間斷性，這種方法被稱為「不斷比較的方法」。這種方法通常有如下四個步驟（*Glaser & Strauss,1967: 105-115*）。

(1)根據概念的類別對資料進行比較。首先對資料進行細緻的編碼，將資料歸到盡可能多的概念類屬下面；然後將編碼過的資料在相同和不同的概念類屬中進行比較，為每一個概念類屬找到其屬性。

(2)將有關概念類屬與它們的屬性進行整合，同時對這些概念類屬進行比較，考慮它們之間存在什麼關係，如何將這些關係聯繫起來。

(3)勾勒出初步呈現的理論，確定該理論的內涵和外延。將這個初步的理論返回到原始資料進行驗證，同時不斷地優化現有理論，使之變得更加精細。如果發現這些理論可以基本解釋大部分（或者所有）的原始資料，那麼其概念類屬就可以被認為是「有力的」和「合適的」。

(4)對理論進行陳述。將所掌握的資料、概念類屬、類屬的特性以及概念類屬之間的關係一層層地描述出來，最後的理論建構可以作為對研究問題的回答。

此外，研究者還可以使用「逸事比較」的方法，即回想自己在別的地方看到過或聽說過哪些類似情況，將這些情況與自己手頭已經發展起來的概念類屬或初步理論進行比較（*Glaser, 1982: 229*）。研究者不必排除自己個人的經

驗以及來自其他方面的資訊，如尚未正式發表的文章、被研究者在非研究情境下流露出來的資訊等。雖然這些資料來自非正式管道，但紮根理論認為，只要它們可以豐富研究者對本研究問題的理解就可以拿來為研究服務。既然研究者是研究工具，那麼這個工具的豐富、複雜、精緻與否是不可能脫離研究者本人的生活經歷的。研究者的學術生涯和個人生活其實是一個無法分開的整體，兩者之間是一個相互影響、互相促進的關係。但是，需要注意的是，研究者在使用這些資料的時候一定要說明出處，不要把它們與本研究特意搜集的資料混為一談。

四、理論抽樣的方法

紮根理論認為，當下呈現的每一個理論都對研究者具有導向作用，都可以限定研究者下一步該往哪裡走、怎麼走。因此，研究不應該只是停留在機械的語言編碼上，而應該進行理論編碼。研究者應該不斷地就資料的內容建立假設，通過資料和假設之間的輪回比較產生理論，然後使用這些理論對資料進行編碼。在對資料進行分析時，研究者可以把從資料中初步生成的理論作為下一步資料抽樣的標準，以指導下一步的資料分析工作，如選擇什麼樣的資料、如何設碼、建立什麼樣的編碼系統和歸檔系統等。同理，在下一輪資料搜集工作中，這些初步的理論也可以指導研究者進一步搜集資料，如在什麼時間、什麼地方、向什麼人、以什麼方式搜集什麼樣的資料。

在搜集和分析資料的過程中，研究者還應該不斷地對自己的初步理論假設進行檢驗。檢驗應該是初步的、過程性的，貫穿於研究過程的始終，而不只是在最後。經過初步驗證的理論可以幫助研究者對資料進行理論抽樣，逐步去除那些理論上薄弱的、不相關的資料，將注意力放到那些理論上豐富的、對建構理論有直接關係的資料上面。

五、文獻運用的方法和準則

　　與其他質的研究者一樣，紮根理論的倡導者也認為，研究者在進行理論建構時可以使用前人的理論或者自己原有的理論，但是必須與本研究所搜集的原始資料及其理論相匹配。如果研究者希望發展前人的有關理論，必須結合自己的具體情況進行。雖然使用有關的文獻可開闊研究者的視野，為分析提供新的概念和理論框架，但也要注意不要過多地使用前人的理論。否則，前人的思想可能束縛研究者自己的思路，有意無意地將別人的理論往自己的資料上套，或者換一句話說，把自己的資料往別人的理論裡套，也就是人們常說的「削足適履」，而不是「量體裁衣」。

　　在適當使用前人理論的同時，紮根理論也認為，研究者的個人解釋也可以在建構理論時起到重要的作用。研究者之所以可以「理解」資料是因為研究者帶入了自己的經驗性知識，從資料中生成的理論實際上是資料與研究者個人解釋之間不斷互動和整合的結果。原始資料、研究者個人的前理解以及前人的研究成果之間實際上是一個三角互動關係，研究者在運用文獻時必須結合原始資料的性質以及自己個人的判斷。因此，研究者本人應該養成詢問自己和被詢問的習慣，傾聽文本中的多重聲音，瞭解自己與原始資料和文獻之間的互動關係是如何發生和發展的。

六、檢驗與評價

　　紮根理論對理論的檢核與評價有自己的標準，總結起來可以歸納為如下四條。

　　(1)概念必須來源於原始資料，深深紮根於原始資料之中。理論建立起來以後，應該可以隨時回到原始資料，可以找到豐富的資料內容作為論證的依據。

(2)理論中的概念本身應該得到充分的發展，密度應該比較大，內容比較豐富。這種方法與格爾茨（*1973a*）所說的「深描」有所不同：前者更加重視概念的密集，而後者主要是在描述層面對研究的現象進行密集的描繪。為了獲得概念密集的品質，理論的內部組成應該具有一定的差異性，具有較大的概念「密度」，即理論內部有很多複雜的概念及其意義關係，這些概念坐落在密集的描述性和論理性的情境脈絡之中。

(3)理論中的每一個概念應該與其他概念之間具有系統的聯繫。紮根理論認為，「理論是在概念以及成套概念之間的合理的聯繫」（*Strauss & Corbin, 1994: 278*）。因此，理論中各個概念之間應該具有一定的關聯，彼此緊密地交織在一起，形成一個統一的、具有內在聯繫的整體。

(4)由成套概念聯繫起來的理論應該具有較強的實用性，使用範圍比較廣，具有較強的解釋力。與由單一概念形成的理論相比，這種理論的內涵應該更加豐富，可以對更多的問題進行闡釋。此外，這種理論應該對當事人行為中的微妙之處具有理論敏感性，可以就這些現象提出相關的理論性問題（*Strauss & Corbin, 1990: 254*）。

對理論進行檢核應該在什麼程度上停止？──這取決於研究者建構理論時面臨的內、外部條件。內部的條件通常是：理論已經達到了概念上的飽和，理論中各個部分之間已經建立了相關、合理的聯繫。外部的條件主要有：研究者所擁有的時間、財力、研究者個人的興趣和知識範圍等。紮根理論中的理論建構不是一個一勞永逸的事情，不可能一蹴而就，需要不斷發展。所有的理論都是流動變化的，都具有時間性和地域性，都涉及到不同的創造者和使用者。在每一次新的探究中，已經建立起來的理論都會受到一次新的檢驗，看其是否合適、如何合適（或不合適）、今後可以如何改進。

第四節　紮根理論的操作程序

　　紮根理論的主要操作程序如下：(1)對資料進行逐級登錄，從資料中產生概念；(2)不斷地對資料和概念進行比較，系統地詢問與概念有關的生成性理論問題；(3)發展理論性概念，建立概念和概念之間的聯繫；(4)理論性抽樣，系統地對資料進行編碼；(5)建構理論，力求獲得理論概念的密度、變異度和高度的整合性。

　　對資料進行逐級編碼是紮根理論中最重要的一環，其中包括三個級別的編碼：(1)一級編碼——開放式登錄；(2)二級編碼——關聯式登錄，又稱軸心式登錄；(3)三級編碼——核心式登錄，又稱選擇式登錄（*Strauss & Corbin, 1990*）。如果抽出來看，這套編碼程序中的很多具體步驟和技巧與上一章我所介紹的編碼方式之間存在類似之處。其主要的不同在於，當這些編碼技術被運用於紮根理論這一特殊研究方法時，具有十分強烈的建構理論的目的性。

一、一級編碼（開放式登錄）

　　在一級編碼（開放式登錄）中，研究者要求以一種開放的心態，儘量「懸置」個人的「傾見」和研究界的「定見」，將所有的資料按其本身所呈現的狀態進行登錄。這是一個將資料打散，賦予概念，然後再以新的方式重新組合起來的操作化過程。登錄的目的是從資料中發現概念類屬，對類屬加以命名，確定類屬的屬性和維度，然後對研究的現象加以命名及類屬化。

　　開放式登錄的過程類似一個漏斗，開始時登錄的範圍比較寬，對資料內容進行逐字逐句的登錄，隨後不斷地縮小範圍，直至碼號達到飽和。在對資料進行登錄時，研究者應該就資料的內容詢問一些比較具體的、概念上有一定聯繫的問題。提問的時候要牢記自己的原初研究目的，同時留有餘地讓那

些事先沒有預想到的目的從資料中冒出來。這個階段研究者應該遵守的一條重要原則是：既什麼都相信，又什麼都不相信（*Strauss, 1987: 29*）。

為了使自己的分析不斷深入，研究者在對資料進行開放式登錄時應該經常停下來寫分析型備忘錄。這是一種對資料進行分析的有效手段，可以促使研究者對資料中出現的理論性問題進行思考，通過寫作的方式逐步深化已經建構起來的初步理論。這一輪登錄的主要目的是對資料進行開放式探究，研究者主要關心的不是手頭這個文本裡有什麼概念，而是這些概念可以如何使探究進一步深入下去。

在進行開放式登錄時，研究者需要考慮如下一些基本的原則（*Strauss, 1987: 30*）。

(1)對資料進行非常仔細的登錄，不要漏掉任何重要的信息；登錄越細緻越好，直到達到飽和；如果發現了新的碼號，可以在下一輪進一步搜集原始資料。

(2)注意尋找當事人使用的詞語，特別是那些能夠作為碼號的原話。

(3)給每一個碼號以初步的命名，命名可以使用當事人的原話，也可以是研究者自己的語言，不要擔心這個命名現在是否合適。

(4)在對資料進行逐行分析時，就有關的詞語、短語、句子、行動、意義和事件等詢問具體的問題，如：這些資料與研究有什麼關係？這個事件可以產生什麼類屬？這些資料具體提供了什麼情況？為什麼會發生這些事情？

(5)迅速地對一些與資料中詞語有關的概念之維度進行分析，這些維度應該可以喚起進行比較的案例；如果沒有產生可以比較的案例，研究者應該馬上尋找。

(6)注意研究者自己列出來的登錄範式中的有關條目。

二、二級編碼（關聯式登錄）

二級編碼（又稱關聯式登錄或軸心登錄）的主要任務是發現和建立概念

類屬之間的各種聯繫，以表現資料中各個部分之間的有機關聯。這些聯繫可以是因果關係、時間先後關係、語義關係、情境關係、相似關係、差異關係、對等關係、類型關係、結構關係、功能關係、過程關係、策略關係等。在軸心登錄中，研究者每一次只對一個類屬進行深度分析，圍繞著這一個類屬尋找相關關係，因此稱之為「軸心」。隨著分析的不斷深入，有關各個類屬之間的各種聯繫變得越來越具體、明晰。在對概念類屬進行關聯性分析時，研究者不僅要考慮到這些概念類屬本身之間的關聯，而且要探尋表達這些概念類屬的被研究者的意圖和動機，將被研究者的言語放到當時的語境以及他們所處的社會文化背景中加以考慮。

每一組概念類屬之間的關係建立起來以後，研究者還需要分辨其中什麼是主要類屬，什麼是次要類屬。這些不同級別的類屬被辨別出來以後，可以通過比較的方法把主要類屬和次要類屬之間的關係連結起來。所有的主從類屬關係都建立起來之後，研究者還可以使用新的方式對原始資料進行重新組合。比如，可以先設計一些圖表和模型，看它們是否可以反映資料情況，然後再考慮是否能夠通過這些圖表和模型發現其他新的類屬組合方式。

為了瞭解目前這些分析方式是否具有實踐意義，研究者還可以在對各種類屬關係進行探討以後，建立一個以行動取向為指導的理論建構雛形（*Strauss, 1987: 99*）。這種理論雛形將重點放在處理和解決現實問題上面，其理論基礎是當事人的實踐理性。

三、三級編碼（核心式登錄）

三級編碼（又稱核心式登錄或選擇式登錄）指的是：在所有已發現的概念類屬中經過系統分析以後選擇一個「核心類屬」，將分析集中到那些與該核心類屬有關的碼號上面。與其他類屬相比，核心類屬應該具有統領性，能夠將大部分研究結果囊括在一個比較寬泛的的理論範圍之內。就像是一個魚網的拉線，核心類屬可以把所有其他的類屬串成一個整體拎起來，起到「提

綱挈領」的作用。歸納起來，核心類屬應該具有如下特徵。

(1)核心類屬必須在所有類屬中占據中心位置，比其他所有的類屬都更加集中，與大多數類屬之間存在意義關聯，最有實力成為資料的核心。

(2)核心類屬必須頻繁地出現在資料中，或者說那些表現這個類屬的內容必須最大頻度地出現在資料中；它應該表現的是一個在資料中反覆出現的、比較穩定的現象。

(3)核心類屬應該很容易與其他類屬發生關聯，不牽強附會。核心類屬與其他類屬之間的關聯在內容上應該非常豐富。由於核心類屬與大多數類屬相關，而且反覆出現的次數比較多，因此它應該比其他類屬需要更多的時間才可能達到理論上的飽和。

(4)在實質理論中，一個核心類屬應該比其他類屬更加容易發展成為一個更具概括性的形式理論。在成為形式理論之前，研究者需要對有關資料進行仔細審查，在盡可能多的實質理論領域對核心類屬進行檢測。

(5)隨著核心類屬被分析出來，理論便自然而然地往前發展了。

(6)核心類屬允許在內部形成盡可能大的差異性。由於研究者在不斷地對它的維度、屬性、條件、後果和策略等進行登錄，因此它的下屬類屬可能變得十分豐富、複雜。尋找內部差異是紮根理論的一個特點。

這個階段研究者經常問的問題是：「這些概念類屬可以在什麼概括層面上屬於一個更大的社會分析類屬？在這些概念類屬中是否可以概括出一個比較重要的核心？我如何將這些概念類屬串起來，組成一個系統的理論構架？」此時研究者寫的備忘錄應該更加集中，針對核心類屬的理論密度進行分析，目的是對有關概念進行整合，直到達到理論上的飽和和完整。核心類屬被找到以後，可以為下一步進行理論抽樣和資料搜集提供方向。

核心式登錄的具體步驟是：(1)明確資料的故事線；(2)對主類屬、次類屬及其屬性和維度進行描述；(3)檢驗已經建立的初步假設，填充需要補充或發展的概念類屬；(4)挑選出核心概念類屬；(5)在核心類屬與其他類屬之間建立起系統的聯繫。如果我們在分析伊始找到了一個以上的核心類屬，可以通過

不斷比較的方法，將相關的類屬連接起來，剔除關聯不夠緊密的類屬。

讓我舉一個例子來說明上述三級編碼的過程。當我對一些在美國的中國留學生的跨文化人際交往活動進行研究時（1998），對資料進行了逐級的登錄。首先，在開放式登錄中，我找到了很多受訪者使用的「本土概念」，如「興趣、願意、有來有往、有準備、經常、深入、關心別人、照顧別人、管、留面子、丟面子、含蓄、體諒、容忍、公事公辦、情感交流、熱情、溫暖、鐵哥們、親密、回報、游離在外、圈子、不安定、不安全、不知所措、大孩子、低人一等、民族自尊、不舒服」等。然後，在關聯式登錄中，我在上述概念之間找到了一些聯繫，在七個主要類屬下面將這些概念連接起來，即「交往、人情、情感交流、交友、局外人、自尊、變化」。在每一個主要類屬下面又分別列出相關的分類屬，比如在「人情」下面有「關心和照顧別人、體諒和容忍、留面子和含蓄」等；在「局外人」下面有「游離在外、圈子、不知所措、不安定、不安全、孤獨、想家、自由和自在」等。最後，在所有的類屬和類屬關係都建立起來以後，我在核心式登錄的過程中將核心類屬定為「文化對自我和人我關係的建構」。在這個理論框架下對原始資料進行進一步的分析以後，我建立了兩個紮根理論：(1)文化對個體的自我和人我概念以及人際交往行為具有定向作用；(2)跨文化人際交往對個體的自我文化身分具有重新建構的功能。

四、過程探究和條件矩陣

除了上面介紹的逐級編碼的程序以外，紮根理論還特別重視對理論建構過程的探究。這個過程不是時間上分階段的過程，而是各種概念關係之間的互動過程。隨著各種外部條件和內部條件以及它們相互之間作用的不斷變化，概念之間的互動關係也在發生變化。因此，紮根理論要求研究者注意這些變化，根據這些變化對理論的建構作出相應的變化，用一種動態的方式建構理論。

有關理論建構的條件，紮根理論提出了「條件矩陣」的概念。「條件距陣」好像是一套圓圈，一圈套一圈，每一個圓圈代表現實世界的一個部分。靠近裡面的圓圈代表的是那些與行為和互動更加密切的條件特徵，而靠外面的圓圈代表的是那些與行為和互動比較疏遠的條件特徵。紮根理論在進行逐級編碼時，不僅要考慮到這些條件，而且應該將它們與探究的過程聯繫起來。條件、過程以及研究者的行動（包括研究者與資料之間的互動）一起結合運作，最後導致理論結果的產生。

五、一個分析實例

下面，讓我借用斯特勞斯在《為社會科學家提供的質的分析》（1987: 12-17）一書中提供的一個實例來展示紮根理論方法分析資料的過程。這個案例來自斯特勞斯和格拉斯在一所醫院裡進行的實地調查，下面摘取的只是一個十分複雜的分析過程的開頭。分析的資料主要來自研究者的實地觀察和訪談，同時伴以研究者個人的經驗性資料。

> 研究的問題是：「在醫院裡使用機器設備是否會（以及如何）影響醫務人員與病人之間的互動？」我們在病房裡看到很多機器設備被連接在病人身上，於是形成了一個初步的類屬——「機器與身體的連接」——來表示這個現象。根據觀察的結果，我們初步決定將機器分成兩大類：連接病人身體外部（如皮膚）的機器、連接病人身體內部（如鼻子、嘴巴、肛門、陰道）的機器。這個區分引出了「機器與身體」這一類屬的兩個維度：內部的連接、外部的連接。然後，我們可以對這些維度進一步細分，比如有關「內部的連接」，我們可以繼續問：「這些機器是否給病人帶來疼痛？它們對病人是否安全？是否舒服？是否可怕？」提出這些問題時，我們可以使用兩分法：

「是」或「不是」，也可以使用一個連續體，從「強」到「弱」。當然，如此分類不只是來自我們在實地搜集的原始資料，而且也來自我們自己的經驗性資料（比如，人的這些內部器官非常敏感，機器連接可能使這些部位感到疼痛；那個從病人肚子裡伸出來的管道看起來很可怕，所以這個管道可能不安全）。

上述問題與行為或事物的後果有關，如：「如果這個東西看起來如此，那麼它可能會帶來危害生命的後果嗎？」此時，我們還可以加入一些具體的條件，如：如果病人移動得太快，或者他晚上睡覺的時候翻身，或者這個管子掉出來了，他的身體發炎了，在這樣的情況下他的生命會受到威脅。我們也可以就醫務人員使用的策略發問：「為什麼他們把管子這麼插著，而不那麼插著？」或者就病人使用的策略發問：「他是否與護士協商使用另外一種方式？」我們還可以就雙方之間的互動發問：「當機器連到他身上時，他和護士之間發生了什麼事情？他們是否事先告訴他了，是否給了他一些警告？他們是不是沒有告訴他就這麼做了，結果他感到很驚恐？」（最後這個問題也涉及雙方互動所產生的結果）

對這些問題給予初步的回答以後，我們就可以開始形成假設了。有的假設還需要進一步通過觀察或訪談進行檢驗，但是使用這些假設可以使我們比以前更有針對性地進行觀察和訪談。我們也許會發現一個連接病人鼻子管道雖然不舒服，但是很安全。因此，我們可以就這一點進行訪談。如果我們希望對「導致不安全的條件」繼續進行探詢，可以問護士：「在什麼時候這些連接對病人來說不安全？」我們也可以注意觀察，當病人的鼻子被機器連接變得不安全時，有什麼條件出現，如連接突然斷了，或者連接的方式出了問題。

這一思考線索可以進一步引導我們對維度進行細分，提出更多的問題，形成更多初步的假設。比如，對那些比較容易脫落的機器連接，我們可以問：「它們是如何脫落的？是因為事故、疏忽，還是故意的（比如病人感到惱怒、不舒服或害怕時自己拉掉的）？護士使用了什麼策略和技巧盡可能避免或預防脫落？如：給病人特殊照顧？警告病人不要亂動？強調個人的安全取決於不論多麼疼都不要動或者不要拉斷連接？通過『合作』的方式，保證只連接幾個小時？定期地移走機器，使病人放鬆一下？」上述這些問題、假設和區分不一定「屬實」，但是如果「屬實」，我們可以進一步就此進行探究，找到「是—不是—可能」和「為什麼」。我們需要問很多有關條件和後果的問題，這些問題不僅涉及到病人本人，而且還涉及到病人的親屬、護士、不同的工作人員、病房的功能，還可能問到對某些機器部位的重新設計。

上述比較有針對性的探究會自然地引導我們追問：「我可以在哪裡找到『X』或『Y』的證據？」這裡提出了「理論抽樣」的問題。通過前面的調查，現在我們開始為那些初步出現的（也許是十分原始的）理論尋找有關的人群、事件和行動作為抽樣的依據。對於研究新手來說，這個抽樣通常是隱蔽地在比較的活動中進行的，主要是對不同的子維度進行對比。比如，我們可以對比那些使病人感到舒服和不舒服的機器。我們已經想到了各種機器連接會給病人帶來各種不適和焦慮，但是我們還可以到實地去觀察，對比當一個危險的脫落發生時的情形與一個不危險的脫落發生時的情形有什麼不同。假設，醫院突然停電了，我們可以觀看機器斷電時會發生什麼情況。結果，我們可能發現各個病房的情況很不一樣。在一個沒有為停電做準備的大樓裡，護士們花了整整兩個小時為病人做人工急

救。

　　受到上述理論的導引，我們還可以更加廣泛地進行抽樣。
比如，就其他機器的安全和舒適程度進行抽樣，看這些機器是
否與人的身體相連，如 X 光設備、飛機、烤麵包機、鋤草機或
那些受僱在街上打破水泥路面的工人手中的機器震動時身體的
震盪。這麼比較不是為了對所有的機器（或安全的／危險的機
器）形成一個概括性的理論，而是為了給在醫院環境下使用醫
療設備的有關理論提供理論敏感性。我們的外部抽樣是與內部
抽樣緊密相聯繫的。當然，這些比較也可以從我們自己的其他
經驗資料中獲得（即所謂的「逸事比較」）。比如，我們自己
與機器有關的個人經歷、觀看別人使用機器、閱讀有關機器的
小說或報告文學等與目前這個醫院裡的情形有什麼不同。

　　本章對質的研究中的理論建構方式進行了一個簡單的探討，重點放在質
的研究對理論的態度和定義、理論在質的研究中的作用、質的研究中建構理
論的主要思路和方法。在此，我著重介紹了紮根理論的研究方法，因為這種
方法在質的研究中是一個比較重要的旨在建立理論的方法。事實上，在質的
研究中存在很多其他不同的建構理論的方式，研究者個人所受訓練的流派不
同、看問題的方式不同、研究的情境不同，都可能使研究者採取一種不同的
對待和處理理論的方式。因此，研究者在建構理論時，需要採取一種開放、
靈活的態度。

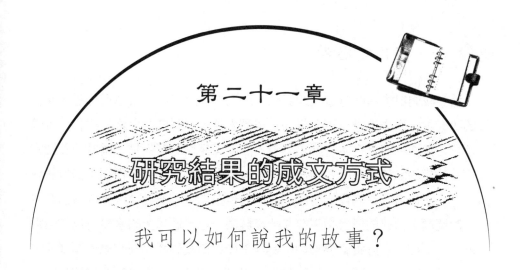

第二十一章

研究結果的成文方式

我可以如何說我的故事？

撰寫研究報告是科學研究中至關重要的一環，每一項研究都需要將最終結果呈現給公眾，接受公眾的檢驗。作為研究者和「作者」，我們在與公眾分享自己的研究成果時不僅需要有一定的研究能力和寫作能力，而且需要有一定的社會責任感。如何將我們在研究中獲得的知識用一種對讀者來說有意義的方式呈現出來，而與此同時意識到我們作為「作者」的權力和影響——這不是一件容易的事情。

第一節 什麼是質的研究中的「寫作」

從表面來看，寫作是將流動、模糊、複雜、多面相的現象和觀點用概念捕捉住，然後以具體的語言符號表現出來這麼一個過程。但實際上，寫作還可以發揮很多其他的作用。除了展示研究結果、說明研究現象以外，寫作還可以被用來思考問題、與不同意見展開辯論或對話、說服假想中的讀者、建構社會現實等。下面對質的研究中寫作的主要特點和作用作一初步探討。

一、寫作是思考

通常我們很容易同意這樣的觀點，即寫作可以幫助作者進行思考。而在質的研究中，寫作不僅可以「幫助」我們思考，對我們的思維方式和內容進行挖掘和澄清，而且它本身就是思考。思考與寫作的關係是一個既相互獨立又相互依賴的關係，在某些情況下思考可以脫離寫作，但寫作卻永遠無法脫離思考。「作者」在寫作的時候一定同時也在思考，通過寫作發現自己在思考什麼問題、自己的思考中還存在什麼漏洞、自己思想上的困惑可以如何得到解決。比如，在分析資料階段，寫作不僅迫使我們將不同旳概念類屬連接起來，重新對原始資料和分析框架進行思考，而且可能要求我們再回到實地搜集更多的或不同的資料。在撰寫研究報告時，我們不僅用語言把研究結果呈現出來，而且同時也在對研究結果進行重新構建。每一次寫作都是一個思考的活動，都可能產生原來沒有預料到的結果。從這個意義上來說，寫作還是一種求知的方式，「我寫是因為我想知道在寫之前我不知道的事情」（*Richardson, 1994: 517*）。寫作可以使我們進一步發現自我，找到自己真正感興趣的研究問題以及自己的切身「關懷」。

如果我們同意寫作本身就是思考的話，那麼寫作的過程實際上也就是作者不斷做出決策的一個過程。寫作並非是一個簡單的、工具化的機械運動，而是一個包含了理論與實踐之間相互作用的行動歷程。在寫作中，作者需要不斷地與資料和理論進行對話，從原始資料中尋找意義解釋，同時在自己的思想和現存理論中尋找分析的線索。因此，寫作不應該留到研究的最後階段進行，也不要希冀在某特定時間內一口氣完成。相反，寫作應該在研究一開始時就進行，作為一種思考活動貫穿於研究的全過程。

由於寫作是一個動態的決策過程，因此在寫作時我們應該時刻保持一種健康的懷疑態度。我們應該認識到，自己的寫作永遠只是知識建構過程中的一部分，永遠不可能完滿無缺。寫作是對「現實」一次又一次的重新解說，

目的是從不同的角度對研究現象進行結晶。每一次結晶都只是從一個角度對「現實」進行昭示，因此也必然是不完全的，不完美的。然而，通過無數次不同角度的結晶，「現實」的各個部分、各個層面和各種關係會相對明晰地凸現出來。

二、寫作是對現實的建構

由於大部分研究結果是用語言寫成的，而語言決定了我們看世界的方式，因此質的研究認為寫作本身也就是對研究現象的一種建構。語言不僅僅是一個透明的、反映客觀社會現實、傳遞思想的工具，而且具有塑模現實、創造意義的形成性力量。語言在特定的歷史和地域環境下建構了人的主觀性，塑造了人看待事物的視角和方式。例如，在質的研究中，被研究者是通過語言敘事的方式來理解自己和他人的生活的，而研究者也是通過語言敘事的方式來寫被研究者的生活的。被研究者在敘事結構中通常將自己的生活經歷用時間順序排列起來，而大部分敘事寫作就是建立在這樣一種論理形式之上的。因此，所謂「清晰的寫作」實際上是「混亂的世界」的一種重構。對他人語言的表達不應該被視為社會「真相」的反映，而應該作為作者對他人意義的呈現，反映的是他人對世界的解釋❶。

作為語言的一種形式，寫作既受到文化的制約，同時又創造了文化本身。寫作不僅可以幫助作者發現和探究現實及其文化，而且更重要的是幫助作者建構現實及其文化。作為作者，我們總是在一定的時間和地域內、通過一定

---

1. 藍永蔚（1999: 35）認為，即使「反映他人對世界的解釋」也是十分困難的，因為：(1)這種表達無論如何總是經過了作者主觀的過濾；(2)語言不能脫離時空情境，而「對他人語言的表述」很難做到，因為作者本人很難擺脫「主觀性」；(3)由於人文社會科學的模糊性，對同一語言可以有各種解釋。我非常同意他的觀點。我也認為，「對他人意義的呈現」只可能是作者與他人在特定情境下相互對話的結果，是作者在此時此地作出的解釋。

的角度、作為一個「人」在寫作,我們永遠無法(也沒有必要)避免自己的「主觀性」。因此,我們沒有必要(也不可能)希冀扮演一個「上帝」的角色,在一個文本中向所有的人說所有的事情。在社會科學中,沒有任何事情可以為自己說話,所有的研究結果都經過了研究者個人「主觀性」的過濾。「任何一個經歷都是一個被經歷著的經歷」,而不是一個「客觀的」、發生在真空中的、沒有參與者主觀意識的經歷。研究報告是研究者創造的一個文本,呈現的是研究者自己的自我,這個文本的所屬是「我」而不是「他們」(*Denzin, 1994: 503*)。作者的自我與其寫作的主題就像是一對雙胞胎,同時降生到這個世界上。寫作的主題可以由作者本人來塑形,作者寫作的時候也可以有很多不同的路可走。因此,研究者在寫作時不只是在「發現世界」,而且是在尊重原始資料的基礎上「建構世界」。

　　作為作者,我們可以對同一個故事說了又說,而如果我們交代了自己的立場和視角,所有這些版本都沒有所謂「對錯」和「高低」之分。只要我們不斷地從不同角度、用不同方式對社會現實進行勾勒和透視,在不同的時間、對不同的讀者、用不同的方式對其結晶化,那麼這個結晶體就不僅能夠反映其外部或某一部分的形狀,而且從內部折射,向不同的方向發出不同的顏色、光束和形狀。在質的研究領域,一些研究者對上述多重透視、多重結晶的方式進行了十分有益的嘗試。例如,沃爾夫(M. Wolf)在《三次述說的故事》(*1992*)中使用了三種不同的文體(虛構的故事、田野紀錄、社會科學論文),對自己的研究結果進行多重呈現。盧卡斯(J. Lukas)在《共同的立場》(*1985*)中從三個不同家庭的角度對波士頓地區中小學生種族隔離的情況進行解說:一個是長期居住在本社區的白人勞動人民家庭,一個是最初忠實於城市但最終遷居郊區的白人中產階級家庭,另外一個是曾經參與民權運動的黑人勞動人民家庭。由於各自不同的立場和利益,他們對同一事件所說的故事不僅很不一樣,而且從不同角度將同一問題透射出來。

　　除了表達被研究者的意義解釋以及建構研究者自己所瞭解的社會現實,寫作從一定意義上說還是一種召喚,作者召喚讀者與自己一起來參與對社會

現實的建構。作者通過寫作所表現的自我和主題是作者本人的一種行動表達，具有社會實踐的作用。作品是作者與讀者交流的一種方式，作者在寫作時實際上是在向讀者呼喚理解和共鳴。讀者在閱讀作品的同時也在與作者展開對話，通過自己對文本的再詮釋重新對社會現實進行一次建構。

三、寫作是權力和特權

除了思考問題和建構現實，質的研究中的寫作還是一種權力和特權。寫作是作者擁有的一種權力，作者可以通過寫作對被研究的對象進行文字上的處理。表達別人的經驗──這本身就是一種權力，就是一種「征服」。研究者借助自己的思維方式和概念體系對被研究者的生活和意義加以「理解」，並且用自己的語言表述出來，這本身就是一種權力的介入（利奧塔，*1997*）。當我們在「寫」社會科學時，我們實際上是在使用自己的權力「寫」自己的研究對象。被研究者成了我們寫作的內容，通過我們的筆，他們的生活故事被公布於眾。

寫作不僅允許我們將別人的故事說出來，而且允許我們用自己的方式把這些故事說出來。而無論我們寫什麼、如何寫，實質上都是在表現我們自己。我們透過別人的故事在陳述自己的觀點和感受，利用自己作為作者這一特權向公眾「兜售」自己的東西。而在社會科學領域，無論我們生產什麼東西都涉及到價值觀念，質的研究中的寫作也是如此。當我們選擇以某種方式寫某些事物以及這些事物之間的某些關係時，我們已經在利用自己作為「作者」的身分向公眾表達自己的某些價值取向。因此，我們應該不斷地追問自己所擁有的權力的合法性：「我在為誰說話？對誰說話？我在用什麼聲音說話？我有什麼權利為別人說話？我有什麼權利寫他們的生活？我這麼做是為了達到什麼目的？我寫作時使用的是什麼樣的標準？在我的寫作中什麼樣的社會關係、權力關係或性別關係正在被複製？我的寫作是不是又在延續一個不平等的制度？我的寫作可以如何向這個制度挑戰？」（*Richardson,1990*）

　　既然我們意識到自己所擁有的權力和特權是可以被挑戰的，那麼我們在寫作時應該有意識地控制或調整對這些權力和特權的實施。我們應該儘量地讓被研究者為自己說話，使用他們自己的語言和視角表達其觀點和感受。每個人都有自己的故事，我們應該讓他們行使把自己的故事說出來的權利。在質的研究的寫作中，說話的應該是多重聲音，而不是一個單一的「作者」的聲音。

　　與此同時，我們也應該意識到，在被研究者群體裡也存在著等級和權力上的不平等，我們應該看到他們之間的權力鬥爭，有意識地給那些歷史上沒有聲音（或聲音微弱）的人以說話的機會。我們的研究報告應該讓被研究者（無論他們的社會地位是多麼地「卑微」）使用自己的語言，講述自己的故事。而他們的故事一旦被說出來，就會對他們自己文化的建構產生影響，在其文化的形成中加入不同的聲音（*Smith, 1979: 325*）。因此，作為作者，一方面，我們應該努力「放棄」（或「懸置」）自己的權威，讓被研究者自己說話；而另一方面，我們應該擔負起作者的責作，為弱小的聲音和沉默的聲音搖旗吶喊❶。

　　質的研究中有很多可以用來表示作者對自己的特權有所意識的具體做法，其中一個比較流行的做法是使用第一人稱敘事方式寫研究報告。受實證主義的影響，二十世紀七〇年代以前質的研究報告大多採用第三人稱形式，以確保報導角度的「客觀性」。然而，近年來質的研究界越來越意識到研究者個人對研究的影響，開始使用第一人稱敘事角度再現研究者個人的身影。這麼做被認為有利於把研究者當成一個活生生的「人」，一個在其他的「人」中

---

1. 我意識到這兩種立場之間可能發生衝突，特別是在後者的情況下，我們很難知道自己為之「搖旗吶喊」的是否屬於「弱小的聲音」，自己是否真的在為他們「搖旗吶喊」，如此「搖旗吶喊」到底有什麼後果。我想，這只能依靠研究者自己根據當時當地的歷史、文化條件以及自己的價值觀念來作出判斷，希冀找到一個固定的、清楚的、適合於所有情境的衡量標準顯然是不可能的。

間進行研究的「人」，而不是一個無所不在、無所不知的權威，高踞於其他人之上對世界進行全方位的觀看。通過第一人稱作者的敘述，被研究者也成了活生生的、與研究者本人具有千絲萬縷聯繫的「人」，而不只是一個被物化了的「樣本」，被動地供研究者探究。使用第一人稱還可以使讀者透過研究者個人的眼睛看到研究的過程，瞭解研究者自己對研究方法和結果的反省❶。

　　由於質的研究者對自己作為作者之權力和特權的認識在不斷深化，質的研究報告的寫作風格也經歷了一次又一次的變革。一個總的變化趨勢是：從寫歷史「史實」到寫當事人的生活故事，從寫宏大理論到寫地域性知識，從寫學術觀念到寫實踐行動，從寫語言到「寫文化」，從表達單一聲音到表達多元聲音（*Clifford & Marcus, 1986*）。作為作者的質的研究者也越來越意識到，自己在寫作時實際上同時在扮演著不同的角色，代表著不同的身分，發出不同的聲音。這些角色、身分和聲音始終貫穿於研究者的寫作之中，研究者永遠也無法逃離自己的「主觀性」和「客觀」權力。

---

1. 雖然大部分質的研究者現在都使用第一人稱敘事角度寫研究報告，但是也有人對過分「濫用」研究者個人身分的做法提出了異議。比如，林肯和丹曾（*1994*）曾經尖銳地指出，當我們強調在研究報告中再現研究者的身影時，我們實際上是在做一個虛假的分界，似乎認為研究者的「個人自我」可以與其「研究自我」相分離，這個世界上存在著一種沒有作者痕跡的文本。而質的研究的實踐使研究者越來越明確地意識到，自己不可能變成「他人」；現在的研究者不可能再像自己的前輩那樣，聲稱自己與本地人一起生活過，因此可以瞭解他們。現在的研究者可以說的只是，自己與他們生活的距離曾經很近，因此有一些理解他們的生活世界的線索。因此，現在的任務不是讓研究者的「個人自我」完全統治文本，使研究報告成為一種「自我中心」、「自戀」和「自我放縱」的地方，把研究的內容本身擠出研究報告（*Bruner, 1993; Ellis, 1991, 1994; Ellis & Bochner, 1992*）。

第二節 成文的方式

寫質的研究報告可以有很多種方式，因研究的問題、目的、理論框架、搜集和分析資料的方法、研究的結果、研究者本人的特點以及研究者與被研究者之間的關係等不同而有所不同。研究者應該根據自己的具體情況（特別是自己所搜集的資料的特性）作出相應的選擇。

一、研究報告的組成部分

一般來說，不論研究者採取什麼樣的寫作風格，研究報告通常包括如下六個部分：(1)問題的提出，包括研究的現象和問題；(2)研究的目的和意義，包括個人的目的和公眾的目的、理論意義和現實意義等；(3)背景知識，包括文獻綜述、研究者個人對研究問題的瞭解和看法、有關研究問題的社會文化背景等；(4)研究方法的選擇和運用，包括抽樣標準、進入現場以及與被研究者建立和保持關係的方式、搜集資料和分析資料的方式、寫作的方式等；(5)研究的結果，包括研究的最終結論、初步的理論假設等；(6)對研究結果的檢驗，討論研究的效度、推廣度和倫理道德問題等。

雖然上述程式與一般研究報告所要求的程式基本一致，但是與量的研究報告相比，質的研究報告的形式一般比較靈活。首先，上述這些部分不一定在所有質的研究報告中出現。比如，有的研究報告就沒有獨立的文獻綜述部分，而是將文獻資料揉入到對原始資料的分析之中。其次，研究報告中各個部分的內容不一定嚴格按照上述秩序排列。比如，為了吸引讀者的注意，有的作者將研究結果放在報告的最前面，而把對方法的反省放在論文的最後。有的作者為了表明自己的研究結論有原始資料作為支撐，在正文中討論了研究的結果以後，把原始資料作為附錄全部附在論文的結尾。如果研究報告是

博士論文，作者大多將方法篇放在研究結果的前面，以示研究的規範性和嚴肅性。而如果研究報告作為一般的學術書籍出版，作者則大多將對方法的探討放在附錄裡，正文只討論研究的結果。有時，為了滿足特定讀者的需要，有的論文只集中討論某一方面的問題。例如，對研究的資助者，作者通常只需要提供研究的結論，因為資助者通常對研究的過程不感興趣。一般來說，不論採取什麼方式或報導順序，所有在研究設計中提到的部分都應該在研究報告中有所交代。

二、處理研究結果的方式

質的研究者在具體寫作時往往有自己處理研究結果的方式，通常是因人而異、因材料而異、因研究的目的和問題而異。比如，有的人喜歡從具體的事情開始，將自己所有搜集到的故事進行分類，然後以人物為單位進行個案的呈現。有的人喜歡從比較概括的層面開始，從研究結果中挖掘出來的理論問題出發進行探討。還有的人喜歡將資料混合使用，同時在概括和具體之間來回穿梭（*Weiss, 1994: 184-185*）。

一般來說，質的研究處理研究結果的方式可以分成兩大類型：類屬型和情境型。這兩大類型與前面第十九章中關於資料分析的思路有相似之處，但是資料分析中的「類屬分析」和「情境分析」指的是資料分析時的具體策略，而這裡所說的兩大類型是寫作研究報告時處理研究結果的方式。雖然它們在思路上十分相似，但是它們處理的是研究的不同階段和不同方面的問題。

1.類屬型

類屬型主要使用分類的方法，將研究結果按照一定的主題進行歸類，然後分門別類地加以報導。一般來說，類屬法適合如下情況：(1)研究的對象（人、社會機構、事件等）比較多，很難進行個案呈現；(2)研究的結果中主題比較鮮明，可以提升幾個主要的議題；(3)資料本身呈現出分類的傾向，研

究者在搜集資料的時候使用的是分類的方式。如比，我在對中國貧困地區的
一些輟學生進行研究時，從他們自己的角度將他們輟學的過程、原因、輟學
後的去向、心情、打算、各類人對輟學生的反應等進行了分類描述和分析。

　　類屬型寫作的長處是：(1)可以比較有重點地呈現研究結果；(2)邏輯關係
比較清楚，層次比較分明；(3)符合一般人將事物進行分類的習慣。但其弱點
是失去了如下重要信息：研究的具體場景、被訪者的個性特徵和生活故事、
研究者使用的具體方法、研究的過程、研究者與被研究者之間的互動關係等。
有時候，為了將研究的結果分成類別，研究者難免刪去一些無法進入類別但
對回答研究的問題卻非常重要的資訊。

2.情境型

　　「情境型」非常注重研究的情境和過程，注意按事件發生的時間序列或
事件之間的邏輯關聯對研究結果進行描述。由於注重研究或事件的具體情境，
情境法通常將搜集到的原始資料按照個案的方式呈現出來。個案可以涉及一
個人、一個社區或一個事件，也可以由數人、數個社區或數個事件拼接而成。
個案所表現的內容可以是一個自然發生的故事，也可以是一個按時間順序排
列的各種事件的組合。

　　情境法的長處是：(1)可以比較生動、詳細地描寫事件發生時的場景；(2)
可以表現當事人的情感反應和思想變化過程；(3)可以揭示事件之間的銜接關
係；(4)可以將研究者個人的自我反省即時地揉入對研究結果和過程的報告
中。由於個案保留了事件發生時的社會、文化和文本情境，內容比較具體、
生動、逼真，比那些抽象的、概括性的陳述更加吸引人（*Weiss, 1994: 167*）。
一個好的個案能夠將讀者直接帶到研究現象的現場，帶到當事人的生活情境
之中，使讀者對研究的問題獲得比較直接和直觀的理解。

　　雖然情境法有上述各種長處，但是也有自己致命的弱點。這種寫作手法
不太符合一般人概念中的「科研報告」，沒有將研究結果分門別類地列出來，
通常也沒有將研究方法和結果分開處理。一方面，對於那些想一眼看到研究

結果而對研究過程不感興趣的人來說，這種敘事方式往往使他們感到「浪費時間」、「不夠簡潔」、「含糊不清」；另外一方面，對於那些習慣於看到分門別類的研究結果的人來說，這種方式也顯得不太「正規」、太「文學化」、太像在「講故事」。

3.結合型

從上面的討論中，我們看到，類屬法和情境法分別有自己的長處和短處。因此，在寫作中，我們可以揚長避短，同時結合使用這兩種方式。比如，我們可以使用類屬法作為研究報告的基本結構，同時在每一個類屬下面穿插以小型的個案、故事片斷和輪廓勾勒。我們也可以以情境法作為整個報告的主幹敘事結構，同時按照一定的主題層次對故事情節進行敘述。不論是以分類為主、輔以個案舉例說明，還是以敘事為主、輔以類屬分析，結合使用兩者總會比單獨使用其一更具說服力。

我在自己的博士論文《旅居者與外國人——中國留美學生跨文化人際交往研究》（1998）的寫作中就有意識地結合了這兩種方式。論文中有關研究結果的主體部分使用的是類屬法，由我在研究中發現的七個本土概念作為七章的敘述主題。與此同時，我在這七章裡結合使用了情境法，討論每一個重要的概念時都引用了一些小故事、訪談片斷或當事人自己的敘述，將對主題的討論放置到具體的情境之中。此外，我還在這七章的前面講述了一位留學生的故事，將這個故事作為一個個案；而這個個案所呈現的主要問題又都與後面的七個主題密切相關。通過結合使用類屬法和情境法這兩種不同的寫作手法，我希望既突出研究結果的主題層次，又照顧到研究結果發生時的自然情境以及我與被研究者之間的互動關係。

然而，要在分類法和情境法之間保持一種平衡是一件很不容易的事情。在上述論文中，儘管我努力在這兩者之間求得一種和諧和互補，但是在行文時我始終感到在這兩者之間存在一種相互抗衡的張力。由於整個論文的框架是建立在分類基礎之上的，所以對研究結果的呈現仍舊顯得比較僵硬。雖然

此研究是一個追蹤調查，研究結果在很大程度上具有時間流動性，可是由於篇幅的限制以及分類型總體結構的特點，很多情境性的、動態的研究結果仍舊無法充分地表現出來。

第三節 寫作的基本原則

不論採取何種處理研究結果的方式，質的研究者在寫作時一般都遵守一些基本的原則。下面對一些在質的研究領域討論得比較多的有關的問題進行一個簡單的評介。

一、「深描」

質的研究報告特別強調對研究的現象進行整體性、情境化的、動態的「深描」。通常，研究報告在討論研究結果之前有一定的篇幅介紹研究的地點、時間、社區、任務、事件、活動等。即使在對研究結果本身進行報導時，研究者也十分注意事情的具體細節、有關事件之間的聯繫、當時當地的具體情境以及事情發生和變化的過程。質的研究的寫作的一個很大的特點就是描述詳盡、細密，力圖把讀者帶到現場，使其產生「身臨其境」之感。

之所以強調對研究現象進行「深描」，是因為質的研究認為研究的結論必須有足夠的資料支持。作者必須為研究結果中的每一個結論提供足夠的資料證據，不能只是抽象地、孤立地列出幾條結論或理論。作者在論證自己的研究結論時，必須從原始資料中提取合適的素材，然後對這些素材進行「原本的」、「原汁原味的」呈現。很多時候，資料本身的呈現就說明了作者希望表達的觀點，不需要作者明確地對自己的觀點進行闡發。如果作者一定要明確提出自己的觀點，這些觀點必須符合原始資料的內容，不能隨意超出資料所指涉的範圍。例如，心理動力民族誌研究者柯累克（*W. Kracke, 1978: 137*）

認為，研究者在提供自己的研究結果時，必須非常詳細地把自己的訪談資料擺在作品中，從各個方面向讀者展示自己進行心理分析解釋的資料基礎。與那種簡單地用結論來重複或證實自己的觀點的數學論證方法相比，民族誌研究者在提出自己的看法時必須提供詳盡得多的原始資料：

> 「重要的事並不是要迫使報導人對（某種解釋）提供肯定或否定的答案。『是』的答案也許僅僅是一種義務性的附和，『不』的回答也許只意味著他羞於承認。重要的事應該是考慮此報導人是否繼之更為公開地表達他的觀點，更加精緻地論說它，或者增添上別的思想和記憶以修飾他的觀點，使之更易理解，與他的生活的關係更明朗化。」

在「深描」中，研究者大多詳細引用當事人自己的原話，提供較多的未經研究者分析過的原始資料。有關使用當事人引言和研究者分析語之間的比例，質的研究界目前還沒有一個統一的認識（我懷疑是否有統一認識的必要，但是這個問題確實在質的研究界被認為是一個「問題」）。有人認為，引言與分析的比例應該是四比六；有人認為應該正好相反，是六比四；但是也有人認為，頻繁地從當事人引言轉到研究者的分析可能給讀者的注意力轉換造成困難，建議增加分析型描述的比例（Weiss, 1994: 192）。我認為，這個問題應該視具體情況而定，特別是應該視研究的問題和目的而定。如果研究是以描述為主，我們可以多使用當事人的直接引言和行為；而如果研究是為了探討某個理論問題，引言的比例就可小一些。無論進行何類研究，我想，應該牢記的一個基本原則是：列舉引言的目的是為了支撐作者從資料中抽取出來的有關主題，是為了說明問題，而不是為了列舉本身而列舉。因此，如果原始資料中有關某一個觀點的當事人引言比較多，通常列舉一兩個例子就可以了，不必將所有有關的例子都列舉出來。如果為了說明持同樣觀點的人很多，也可以列出有關的人數和次數。

　　在具體使用引言的格式方面，質的研究者通常持兩種不同的態度：(1)保留主義的態度；(2)標準化的態度。持前一種態度的人在引用當事人的語言時儘量使用他們的原話，甚至包括各種語氣詞（如「嗯」、「啊」、「哎」等）和停頓，目的是盡可能準確地保留說話人的言語和非言語行為，包括態度、情感等。這些研究者認為，語言（包括言語行為和非言語行為）是一個自我的呈現，應該盡可能真實地將它們再現出來。對引言持「標準化」態度的人認為，將當事人的原話原封不動地引出來可能給讀者造成困難。引言中不時穿插以停頓和語氣詞不僅不符合一般讀者所習慣的書面語的規範，而且容易給讀者一種印象，好像談話人沒有受過足夠的正規教育。因此，他們提倡對資料進行標準化的編輯，比如刪掉沒有實質性意義的語氣詞、停頓、重複的話語、非言語表情等。特利普（*D. Tripp, 1983: 35*）認為，口頭文字和書面文字在傳遞資訊方面具有十分不同的功能，如果將口頭文字逐字逐句地呈現在書寫形式中，讀者可能根本無法理解。讀者與作者對這些口頭文字的理解所具有的基礎是很不一樣的，作者曾經親耳聽到這些語言，而讀者卻只能依靠文字再現當時的情境。因此，如果作者將口頭文字照搬到寫作文本中，實際上是改變了該文字的理解基礎，因此也就改變了該文字意欲表達的意義的內容和結構（*Moffett,1968*）。因此，為了在寫作中有效地傳遞說話人的意圖，作者必須進行必要的修改。我認為，我們可以採取一種折中的方式，在儘量保持原話的同時，對一些重複的語氣詞、談話之間長久的沉默等進行編輯。如果我們對某些內容有所省略，應該用省略號標示出來，必要的時候還可以用文字直接說明（如：「此時說話人沉默了三分鐘」）。如果引言的自然順序與我們希望寫作的順序不相吻合，我們也可以在寫作時重新組織，但是應該在引言之前加以說明。

　　在寫作研究報告時，直接引言應該用引號標出來，以示與正文相區別。在寫初稿時，我們就應該將引言完整、準確地寫下來，同時將引言的具體出處標出來，如來自對某人某次訪談的紀錄的某頁。如果我們為了一時圖方便或節省時間只將引言的大意記下來的話，今後在定稿的時候會遇到很多麻煩。

由於當時沒有明確的標記，我們將很難準確地對這段引言的原文進行引用，也很難迅速地找到該引言的上下文語境。

二、注意作者自己的態度和語言

在寫研究報告時，研究者除了應該對研究的現象進行「深描」、適當地中引用當事人的語言以外，還應特別注意自己的態度和語言。由於質的研究強調對研究現象進行細緻的描述性分析，因此質的研究者一般不太習慣（或者說「不敢」）提出十分明確、肯定的政策性建議。如果一定要對某些現實問題提出改進意見的話，他們通常採用比較弱化的方式，如提出本研究結果可能產生的引申意義，分享自己對某些問題的思考，對今後的工作提出推薦性意見等。即使如此，他們也十分小心，不超出資料的範圍而空談。有時候，研究者自己對研究的現象有一些感覺、印象或猜測，但是卻沒有原始資料作為依據，此時他們可能與讀者分享自己的這些感覺，但同時說明這只是自己的感覺而已，並解釋自己為什麼會產生這些感覺。如果研究者提供一些線索作為論證的依據，讀者可以根據這些線索自己判斷該感覺是否合理。

研究者自己的語言一般可以分成描述型語言（即研究者對研究現象的描述）和分析型語言（即研究者對研究現象的分析）兩類。在寫研究報告時，我們應該注意不要把這兩者混淆在一起。雖然「描述」不應該被認為是作者對「事實」的「客觀」描述，但是對事物本身的描述與作者本人對事物的分析——這之間還是存在差異的。前者可以被視為一種「隱蔽性分析」，而後者則是一種直接的「介入性分析」。如果將兩者混在一起，很容易造成對讀者的誤導。比如，在下面這段話裡：「我在觀察汪小玲時發現她十分喜歡趕時髦，雖然來自安徽農村，卻有意識地按照上海一些年輕人的樣子把自己的頭髮染成了金黃色」，作者對汪小玲染髮的「客觀事實」進行了描述，但同時又對她染髮的動機進行了分析，如「喜歡趕時髦」、「有意識地……」這種述說方式將「事實」和作者的「推論」混雜在一起，給讀者瞭解兩者之間

的區別造成極大的困難。如果換一個說法可能會比較清楚一些,如「我在觀察汪小玲時發現她把自己的頭髮染成了金黃色,根據我對她的瞭解(這裡可以進一步列出有關的證據),我想她這麼做是為了趕時髦。雖然來自安徽農村,她希望自己看上去像一位上海的年輕人。」

　　無論是使用描述性語言還是分析性語言,研究者都應該避免使用對被研究者直接進行價值評價的語言。比如,如果研究者瞭解到按照國家的規定某少數民族人口中有百分之三十的人可以被認為是「文盲」,那麼在報告中應該如實地將這一「事實」報導出來:「該民族人口中百分之三十的人按照國家有關規定可以被認為是文盲,他們不會讀書、寫字」,或者根據國家對「文盲」的定義更加具體地對這些人的文化水平進行描述,如「該民族人口中的百分之三十是文盲,他們不能讀一般的報紙,不會寫信和一般的應用文,也不會對小學三年級的算術進行運算」。上述比較直接「客觀」的描寫可以使讀者瞭解作者所說的「文盲」是處於一種什麼具體的狀態。而如果作者像我的一位學生所做的那樣,在研究報告中寫道:「該民族人口中有百分之三十的人是文盲,這是一個落後的民族」,便非常不恰當。作者個人的價值判斷畢竟只能代表作者個人或作者所屬的某些文化群體的觀點,而作者目前所表現的這個少數民族的人們可能並不這麼認為,也許對於他們來說,「不識字」不是什麼大不了的事情,而且「不識字」並不等於他們的文化就「落後」。

　　在撰寫研究報告時,我們也可以適當地使用前人的理論,對自己的研究結果或理論假設進行補充或對照。具體地說,質的研究報告在使用前人理論時通常採取如下幾種不同的方式:(1)將理論放在結果前面的文獻綜述部分進行介紹,指出這些理論將為後面的結果分析提供一定的理論指導;(2)將理論放在研究結果之後,與前面的研究結果進行對照;(3)將理論與研究結果融合為一體,在對原始資料進行分析時有機地運用這些理論。介紹和使用前人的理論涉及到研究的「主」、「客」位關係問題:一方面,作為研究者群體的一員,我們希望與其他成員對話,使用其他成員能夠聽得懂的理論性語言討論自己的研究成果;而與此同時,我們又十分看重自己的具體研究情境,特

別是自己的研究對象所關切的問題，希望從他們的角度重構他們的世界。很
顯然，這兩者之間存在著張力。因此，在寫作階段（就像在質的研究的其他
階段一樣），我們也需要十分慎重地對待使用前人文獻的問題。

在質的研究報告中，研究者不僅要有一種開放的態度，謹慎地使用自己
的語言，而且要用一種反思的態度詳細報導研究的過程。在寫作的時候，研
究者需要不斷追問自己：「我是如何獲得手頭這些資料的？我的研究結論是
如何得出來的？我的理論假設建立在什麼基礎之上？此項研究的可靠性是如
何進行檢驗的？研究中還存在什麼漏洞？我可以如何進一步改進？」傳統的
「科學論文」一般不對研究的過程進行報導，特別是研究者個人的思考，好
像一切都在真空中發生，具有絕對的「客觀性」和價值「中立性」。這樣的
研究報告通常給讀者一種錯覺，以為科學研究就是如此進行的，對其結果不
予以任何質疑。研究者如果要幫助讀者「去除」對「科學研究」的「神秘
感」，邀請讀者參與到對社會現實的建構之中，就應該有一顆平常人的心，
像一個平常人那樣談論自己的研究，真誠坦率地與讀者分享自己內心的激動
和困惑。

三、考慮寫作的對象——讀者

在寫作質的研究報告時，我們還應該考慮到自己的讀者是誰。通常不同
的讀者群對作品有不同的要求，因此需要根據讀者的特點使用不同的寫作風
格和寫作規範。當面對不同的讀者時，我們要考慮到他們的知識水平和認知
方式，用他們聽得懂的語言與他們交流。如果我們不考慮讀者，只是根據自
己的想法進行「獨白」，那麼，即使我們的報告寫得再「好」，也無法達到
撰寫報告的目的。

一般來說，如果我們的讀者是學者，他們對研究的結論和論證過程會十
分注意，特別是建立理論的邏輯步驟和理論的豐富性。因此，我們在報告中
需要為結論提供足夠的資料證據，而且對推論過程加以詳細的說明。如果對

資料的分析可能導致不同的結論，我們還應該在研究報告中對這種可能性進行探討。

如果我們的讀者是技術人員，他們可能對研究結果的可行性十分注意，因此他們可能希望瞭解研究問題的證明過程和嚴謹程度，如使用資料的可靠性、使用的證明方法是否合適、每一步證明的邏輯性是否強、研究的設計是否可行等等（藍永蔚，1999: 36）。因此，我們在寫作的時候需要把重點放在論證的嚴謹性方面。

至於那些出錢請我們從事研究的「案主」，如企業、公司或國家機構，他們一般最希望知道我們對那些他們視為是「問題」的現象有何看法、我們認為可以如何改進。此時，我們的寫作需要明確、簡潔，列出問題所在，提出解決問題的方案（雖然只可能是初步的方案）。如果研究涉及敏感性話題，我們還需要事先與案主商量，尋求調和的辦法。

如果讀者是一般大眾，他們的主要興趣是瞭解內情，對研究的過程和結果的真實性一般不太關心。這樣的研究報告不要使用過於生僻的專業術語，以適應一般讀者的閱讀水平。對於那些過於理論性的觀點和方法論方面的問題，作者應該使用通俗易懂的語言對其進行解釋，使讀者明白作者的確切意思。為了使這些讀者把握研究的整體情況，作者在寫作研究報告的中途應該不時提供階段性總結，不要把所有的總結都放到最後。總之，這類研究報告的內容應該豐富多采，文風生動活潑，分析層次清楚，具有較強的可讀性（Weiss, 1994: 186-188）。

有時候，我們的研究報告需要同時滿足一種以上讀者群的要求，如學術界和一般民眾。在這種情況下，我們不僅應該注意文筆的生動和內容的豐富，還要注意自己論證的嚴謹性和結論的可靠性。這樣，我們才有可能照顧到兩類不同讀者群的要求，做到雅俗共賞。

總之，在撰寫研究報告時，我們不僅要對自己的工作和自己的作用十分瞭解，而且還要瞭解我們的讀者是誰，他們有什麼願望和需求。如果我們對讀者的要求保持沉默，什麼也不說，這本身便是一種姿態，說明我們對讀者

的需要不敏感、不重視。另外，從建構主義的觀點看，考慮到不同的讀者的特點和需求本身就是對他們眼中的「現實」的認可。當我們根據上述不同讀者的需求使用不同的風格寫自己的作品時，我們已經在對他們眼裡的、有可能與我們的看法不一致的社會現實進行辨認和歸類。

第四節 民族誌的寫作風格

上面我對質的研究中「寫作」的定義、成文的方式（包括研究報告的組成部分、處理研究結果的方式以及寫作的基本原則）進行了一個簡要的探討。下面，我將重點介紹質的研究中一個主要的分支「民族誌」的寫作風格。正如上面各章不時提到的，民族誌是質的研究中一個使用得十分廣泛的研究方法。這種方法不僅在研究的設計和實施方面有自己的特殊要求，而且在寫作上也具有比較明顯的特色。封·馬南（*Van Maanen, 1983, 1988*）通過廣泛的調查，認為至今為止民族誌的研究結果主要由下面七種方式寫成：(1)現實主義的故事；(2)懺悔的故事；(3)印象的故事；(4)批判的故事；(5)規範的故事；(6)文學的故事；(7)聯合講述的故事。他在《實地裡的故事》（*1988*）這本書裡主要對前面三種方式進行了介紹，並且從自己的研究報告中提供了一些實例，對後面四種方式只是簡單地討論了一下其特點。下面我結合自己的理解以及其他有關文獻對這七種寫作方式進行一個簡單的評價。

一、現實主義的故事

「現實主義的故事」的寫作風格是紀實性的，作者對一些典型事例、文化模式或社區成員的行為進行詳細的描述。使用這種文體講故事的人是現實主義者，他們力求盡可能「真實地」再現當事人的觀點，從當事人的角度來描述研究的結果，對當事人的所作所為以及作者自己認為的當事人的所思所

想進行報導。作者通常採取一種冷靜、客觀的態度，直接引用當事人所說的話以及他們對事情的解釋。通過詳細地報導當事人的言行，作者希望讀者相信這些「事實」來自當事人本人，是「真實」、「可靠」的，而不是作者自己的杜撰。作者認為，自己如果「客觀地」、「準確地」對這些資料進行報導，那麼自己的研究結果就可以代表當事人「真實的」想法。

儘管現實主義的故事注重對當事人的日常經驗進行細緻的報導，但是研究者通常對研究的現象有自己的觀點和學科方面的興趣。有關當事人日常生活的細節不是隨意地堆砌在現實主義的文本裡的，而是按照作者本人認為重要的結構或步驟進行排列的。通常這種故事關注的是某一個亞文化內人們日常的慣例性行為，而不是某些特殊個人的獨特行為。這是因為現實主義者的任務是按照一定的標準將當地的文化分成類別（如家庭生活、工作、社會網絡、權威關係、親屬模式、社會地位系統、人際互動程序等），然後通過對當事人日常生活的觀察對這些類別進行描述。因此，現實主義的故事通常表現的是一個「典型」，比如一個典型的流浪漢、一隻典型的狗、一個典型的婚姻、一樁典型的離婚案等（*Manning, 1982*）。總之，這種故事表現的是特定文化中典型成員即所謂「平均人」的日常關切，而不是個體的特殊行為和語言（*Marcus & Cushman, 1982*）。

在對原始資料的解釋方面，現實主義的作者具有一種統觀全局的視角，像「上帝」一樣無所不在、無所不知，似乎自己提供的所有解釋都是理性的，不是沒有道理的胡言。作者對當地的文化現象具有最後的裁定權，可以決定如何解釋和呈現這些現象。正如馬林諾夫斯基在日記中對自己的作者權威進行反思時所說的，「是我來描述或創造他們」（*Stocking, 1983: 101*）。作者表達的是一種社會機構的聲音，因其學者的身分和資歷而獲得作品的可信性。在這類故事中，作者本人的身分是隱蔽的，具有一種經驗主義的作者（權威）〔experiential author(ity)〕。在這種研究報告中，最為典型的表達方式是「某某做了某事」，而不是「我（作者）看見某某做了某事」。作者通常只在前言中露一次面，以示「我曾經到過那裡」、「我是一名研究者」，然後就隱

退到幕後，再也不在前台露面（*Richardson, 1994: 520*）。

　　現實主義的文體大多出現在二十世紀初到二次大戰以前的五十年間，也就是質的研究的傳統期。在這個時期裡，民族誌的研究（像其他類型的質的研究一樣）在很大程度上受到實證主義的影響，其經典著作大多使用「現實主義」的手法寫成，如埃利克森（K. Erikson）的《事事入軌》（*1976*），懷特的《街角社會》（*1943*），利波的《達利的一角》（*1967*）和斯德克（C. Stack）的《我們所有的親戚》（*1974*）等。

　　下面我借用崴斯（*1994: 189*）從格拉斯和斯特勞斯的《死亡的時刻》（*1968: 79*）一書中摘取的一個片斷來展示「現實主義的故事」的基本風格。這本書的作者對一些護士進行了訪談，這些護士的工作是上門為那些家裡有即將死去的病人的家人服務。下面這一段文字描述了作者從被訪的護士們那裡瞭解到的情況。

　　　　「通常，當即將去世的病人在家裡遲遲拖延時，越是接近尾聲，對家庭成員的照顧就變得越困難。除非這些護士以前曾經經歷過這種死亡的情形，否則事情惡化的程度以及由此而導致的工作量是她們無法想像的。結果，幾乎所有的護士都發現，自己在病人即將去世的時候都不由自主地增加了上門服務的次數；『在收尾的時候你不得不更經常地去，這使你感到結局快到了』。」

二、懺悔的故事

　　懺悔的故事文體主要出現於二十世紀五〇年代以後，也就是質的研究的現代主義時期。隨著現象學、闡釋學、符號學等解釋方式進入民族誌研究，研究者對自己的作用的意識不斷增強，其寫作風格也開始從「現實主義」往

自我反省的基調轉變。懺悔的故事要求研究者真誠、坦率,「如實交代」自己在研究中使用的方法以及在研究過程中所作的思考,再現研究的具體情境以及自己與被研究者的互動關係。

懺悔的故事通常使用第一人稱的敘事角度,作者從「上帝」的位置上降了下來,成了一個普通平凡的「人」。讀者可以看到作者是如何一步一步與被研究者接觸的、作者本人曾經有過什麼困惑、後來是如何處理這些困惑的。在這種故事中,現實主義的「客觀」敘述(如「某某做了某事」)變成了作者自己「主觀」的交代(如「我看見某某做了某事」)。通過暴露自己的行為和想法,作者有意識地將研究的過程「去神秘」了。作者個人化的自我呈現使文本與讀者之間產生一種親近的感覺,使讀者有可能自己來判斷研究的「真實性」和「可靠性」。

懺悔的故事基於這樣一種信念,即任何寫作本質上都是寫作者自己,因此作者對自己越瞭解,其寫作也就會越深刻。在懺悔的故事這樣一種敘事中,作者將自己作為一個知者和說者,主動向讀者交代自己的「主觀性」、自己作為作者的權力和使用權力的方式、自己作為研究者的反身性(reflexivity)。作者不再聲稱自己可以在外部「客觀地」觀察研究的現象,而是坦誠地說明自己在其中是如何掙扎的,交代自己對研究存有的個人偏見、自己個性上的缺陷和行為上的壞習慣,以此勾勒出一副讀者可以與其認同的、帶有漫畫風格的自畫像(「瞧,我和你一樣,也有很多缺點和怪癖」)。在這裡,現實主義者至高無上的權威口氣已經讓位於一種謙虛的、直率的風格,作者開始如實地向讀者交代自己是如何將一大堆雜亂無章的原始資料拼接成一個相對完整的故事的。

懺悔的故事通常由作者本人的實地工作經歷組成。作者一個人面對著一個新的文化,情感上產生了很多強烈的衝擊,看到了當事人不同的看待世界的方式,一些在當地人看來是日常慣例、但對研究者來說卻是始料不及的事件突然發生了——作者把這一切都如實地告訴讀者,以此說明自己是如何理解周圍發生的這些事情的。在這類故事中,作者常常會介紹自己在研究過程

中感到的驚奇、自己所犯的錯誤、自己在一個怪異的地方以意想不到的方式突然發現的秘密等等。通過將自我插入研究報告之中，揭示自己在研究過程中的遭遇，作者似乎希望告訴讀者，研究的過程與一般人日常生活的經歷並沒有什麼本質上的不同。

　　雖然這類作者力圖如實地報導研究過程中發生的事情，但是他／她並不是一個沒有個性特色的人物，被動地等待著事情的發生或者靈感的降臨（*Berrenman, 1962; Douglas, 1976*）。相反，他／她是一個十分機敏、老練、富有創造力的人，瞭解人性中的很多弱點，知道如何想辦法戰勝困難而獲得自己需要的資訊（*Gans, 1982; Powdermaker, 1966*）。通常，作者在研究的過程中會經歷一個個性方面的轉變。在開始研究時，他／她用某種方式看待自己所看到的事情，可是到研究結束時他／她可能對事情得出一個完全不同的解釋。這種人格上的變化不是突然發生的。在整個研究的過程中，他／她不斷地在「局內人」富有情感的立場和「局外人」冷靜的態度之間來回拉鋸。這是一種分裂的、自相矛盾的精神狀態，很難用恰當的文字表現出來，而作者常常用一種語詞的遊戲來表現自己既是知識的儲存器又是知識的傳送器這一雙重身分。他／她既需要用一種「投降」的態度接受在實地工作中遇到的問題，而與此同時又必須將自己從研究的情境中抽身出來對自己的工作進行反省。

　　通過對自己的研究方法和研究過程進行反省，這類研究者還希望向讀者傳遞這樣一個信息，即研究不僅僅是研究者個人對有關事件的記錄（如現實主義者所做的那樣），而是具有一定研究規範的集體性行為。通過對自己的行為進行反思，特別是對社會科學研究中經常出現的認識論方面的問題進行思考，這些作者希望為自己的研究領域設立一定的標準和規範，給「沒有秩序」的實地工作設定一定的秩序，進而提高人們對實地研究的尊重和重視。在這裡，有關異文化的「知識」的可靠性依賴於研究者在實地提供的證據，而且這些知識只能按照研究者在異文化實地學到的行為規範或解釋標準得以呈現。研究者與異文化似乎在相互尋找對方。儘管研究者可能在尋找的過程中犯很多錯誤，但是最終兩者相互之間會獲得一種契合。通過描寫自己與異

文化人群之間的共情以及自己對對方生活的參與和體驗,作者希望讀者能夠從中認定研究結果的「真實性」和「可靠性」。

根據克利福德(1983)的觀點,懺悔的故事的作者可以分成兩種類型。一種是將自己作為被研究人群的「學生」,像該文化中的一個小孩或一位外來人那樣學習有關的生活規範,或者像一名學徒那樣通過耳濡目染、察顏觀色的方式向「師傅們」學習(Van Maanen & Kolb, 1985)。另外一種是將自己作為該文化所擁有的文本的翻譯者或解釋者,對當地人的語言符號進行解碼(Geertz, 1973a)。這兩種作者因其側重不同,產生的作品也不太一樣。通常,前者導致一種側重當地人認知方式的、表現一定規律的、行為主義的作品;而後者則產生一種反思的、以語言分析為基礎的、解釋性的寫作文本。

懺悔的故事的寫作風格在研究者介紹自己的研究方法和過程時使用得比較普遍,通常作者在出版專著或博士論文時單列一章介紹自己的心路歷程。如果研究者在自己以前的著作中(通常使用的是現實主義的手法)已經獲得了一定的名氣,那麼他/她現在可能以整本書的篇幅來探討自己的知識探究過程。而如果作者是一個無名小卒,不管他/她的反省是多麼地「深刻」,讀者一般是不會有興趣閱讀他們個人的「懺悔」的。

下面我借用崴斯(1994: 190)從卡丹(M. Carden)的《新女性主義運動》(1974: 107)一書中摘取的一段文字來展示「懺悔的故事」的基本風格。作者就二十世紀六〇年代後期和七〇年代早期的女性主義運動對一些婦女進行了訪談,在研究報告中她對自己訪談時所穿的衣服進行了細緻的反省。通過描述她自己對衣著的關心,作者表現了衣著在被研究者群體中的身分認定作用:

> 「我試圖將自己的行為舉止和衣著適合周圍的環境,但同時又不違背自己的人格。比如,去參加婦女解放團體組織的會議時我穿的是一般的毛衣和裙子,但是沒有穿幾乎所有的人都穿的牛仔褲或長褲,因為我自己感覺不舒服。當一天訪談幾個

人時，我通常穿同樣的針織衣服去見婦女平等行動團的人以及
婦女解放組織的人。當訪談婦女平等行動團的人時，我通常在
衣服上加一個金色的胸飾，鞋子也穿得稍微講究一點——這是
當我可能需要講演時經常穿的衣服。當訪談婦女解放組織的人
時，我通常加一件毛衣，鞋子也穿得樸素一些——這是我去看
電影時經常穿的衣服。」

三、印象的故事

　　印象的故事通常將事件發生時的情境以及當事人的反應和表情詳細地記
錄下來，對具體的過程和細節進行生動、形象的描述。就像西方十九世紀曾
經盛行一時的印象派繪畫一樣，印象的故事表現的是作者在某一時刻對某一
研究現象的「主觀」情緒感受，不一定具有現實主義意義上的「真實性」和
「客觀性」。這種故事將所研究的文化以及研究者本人瞭解這個文化的方式
同時展示出來，同時交給讀者去檢驗。從認識論的角度來看，這種文體試圖
同時考察主體和客體兩方面的活動，將知者與被知者的體驗交織為一體進行
探討。

　　印象的故事的主要特點是將研究者個人實地工作的經驗用第一人稱的敘
述角度講述出來，故事中有密集的焦點，文體生動活潑，用詞具體、形象，
大量使用比喻和想像的手法。通常作者本人是實地經驗中的一名參與者，是
故事中的一個人物，他／她按照時間先後順序講述自己經歷過的事件。情節
的發展充滿轉折和意外，往往事情的結局與故事開始時讀者的期待截然不同。
這些故事講述的往往不是人們日常生活中經常發生的事情，而是那些較少發
生的、特殊的事情。

　　印象的故事的敘事風格具有十分明顯的戲劇效果，作者通過戲劇性的回
憶手法將自己經歷過的事件一一呈現在讀者面前，目的是把讀者帶入一個不

熟悉的環境，讓讀者自己與實地工作者一起觀看、傾聽和感受。這類故事的魅力在於：通過一些即興的、生動具體的、充滿情感力量的、相互之間密切相關的情節來引起讀者的興趣和好奇。故事通常使用現在時態，使讀者產生「你也在那裡」的感覺。作者在敘述故事的時候力圖保持一定的懸念，注意不在故事結束之前洩露故事的結局。由於作者詳細地告訴讀者故事發生的具體時間、地點和方式，讀者很容易與作者產生親近感，願意繼續與作者交流下去。

在這類故事裡，作者比較注意對人物和事情的個性特徵進行描繪，對故事中的主要人物和重要事件進行大彩筆的渲染。他們關心的不是典型的人物，也不是一類人物，而是一個個具體的人。他們筆下的人物都有自己的名字、臉面、個性、動機、行為、情感，而且當他們行動起來時都有機會為自己說話。與現實主義的故事不一樣，印象的故事表達的是個體的聲音，而不是「典型」人物的聲音，也不是某一個學術團體或社會機構的聲音。這種故事似乎告訴我們，「知識」是從特殊人物和特殊事件中獲得的，而不是對某些既定的、與某些普遍現象相關的主題進行探討而獲得的。

在印象的故事裡，作者只就發生的事情講故事，不作任何意義上的解釋。這麼做的實際效果是，作者在告訴讀者：「這裡是這樣一個世界，按你自己的願望去理解吧。」在這種故事裡，作者鼓勵讀者與自己認同，主動邀請讀者參與到研究的情境之中，要讀者自己來親身體驗這個世界。因此，讀者比較容易將自己的懷疑暫時懸置起來。在這裡，寫作的目的不是告訴讀者如何評價一個已經發生的事件，而是將這個事件從頭到尾地展現給讀者，讓他們自己參與到故事之中，隨著故事情節的發展自己來發現問題、消除困惑。

由於印象的故事提供的故事情節和場景往往是沒有規律的、意想不到的，讀者在這種故事中獲得的知識一方面斑斕多采，但同時又十分支離破碎。故事的意義可能非常含混、不確定，讀者不知道作者下一步將把他們帶向何方。因此，讀者需要自己在文本中仔細識別，通過自己的判斷確定這些「知識」是否「可靠」。其實，印象派寫作的一個目的就是為讀者提供一個探索的機

會。一些在故事開始時好像十分重要的情節到故事結尾時可能變得微不足道了，而一些在故事開頭時似乎不重要的情節到結尾時可能變得非常關鍵。讀者不知道下一步將發生什麼事情，也不知道現在讀到的內容是否有決定性的意義，因此只好隨著故事的發展仔細閱讀作者提供的每一個細小的情節。結果，在這種持續不斷的閱讀活動中，讀者彷彿親身經歷了實地工作者當時曾經經歷過的每一個具體事件。

印象的故事在第二次世界大戰以後便開始在民族誌的研究報告中出現，至今仍舊比較流行。這種文體被認為是民族誌寫作中的一個亞文體，通常被穿插於現實主義的故事或懺悔的故事之中。為了使研究結果顯得生動、有趣，有的作者使用這種風格對研究的結果部分進行重點的渲染。有的作者甚至使用虛構的方式，對自己的研究結果進行想像性的再創造（*Bowen, 1954; Lurie, 1969*）。在人類學領域使用這種寫作文體的成功典範有夏格農（N. Chagnon）的《亞努馬莫》（*1968*）、J. 比瑞格斯的《永不憤怒》（*1970*）、都蒙特（J. Dumont）的《頭人和我》（*1978*）和拉比羅（P. Rabinow）的《摩洛哥實地工作反思》（*1977*）。在社會學領域，以專著的方式寫作印象的故事的優秀作品有貝農（H. Beynon）的《為福特工作》（*1973*）、克里杰（S. Krieger）的《鏡子舞》（*1983*）和雷哈茲（S. Reinharz）的《成為一個社會科學家》（*1979*）。

下面我從封·馬南的《實地的故事》（*1988: 109*）提供的例子中抽取一段來說明「印象的故事」的寫作風格。這個片斷來自封·馬南自己在一個警察局進行參與型觀察時所寫的研究報告。原來的引文很長，因篇幅所限我在此只選擇了前面三段。

　　「這是在聯合城發生的一個故事。事情發生在我第三次到那裡去做實地調查期間，當時我認為自己對事情已經很瞭解了。我當時屬於查理三班，正與一位好朋友大衛·斯在北頭工作。那是一個星期天的夜班，沒有發生什麼事情。我們只是就

搬運貨物和交通情況作了一些記錄，處理了幾個無線電傳呼：一椿家庭糾紛……一個汽車的擋泥板掉到了湖裡。一些很平常的事情，沒有什麼希奇的事情發生。

半夜的時候周圍非常安靜，為了不老呆在汽車裡，我們到大衛的家裡去坐了一會兒。我們喝了幾杯啤酒，坐在那裡聊天，談到他的前妻、三角錦旗比賽、我們的孩子、槍和其他一些事情。過了大約一個小時，我們的手提電話收到一個電話，要我們到離警察局開車大約15分鐘遠的一個貧民住宅區去處理一起家庭糾紛。

當我們驅車開往出事地點時，另外一個班在傳呼機上說，他們現在已經到達那個貧民住宅區了，正在處理一椿搶劫案，他們完事以後就會為我們去處理那起家庭糾紛。「很好」，大衛回答說，這樣我們就不必為那個電話負責任了。只有幾個小時就要下班了。我已經很累了，而且有一點睏。我在考慮是不是要大衛在路上送我回家，不必在這個平安無事的夜晚消磨時間。但是也許是因為他剛才對我表示了好客，我決定堅持下來。」

四、批判的故事

批判的故事的寫作風格遵循的是批判理論的指導思想，主要從歷史、社會、文化的大環境對研究結果進行探討。通常，這類故事通過那些在資本主義社會中處於不利地位的弱小人群的眼睛來呈現社會現實，作者希望通過自己的寫作來揭示社會現實中存在的不公，對醜陋的現象進行攻擊。讀者通過閱讀這樣的文本，可以獲得新的看待世界的視角，達到自身意識上的解放。

批判的故事反對傳統的民族誌對異文化進行「浪漫的描寫」或脫離社會文化背景的「寫實手法」，批評自己的前輩對研究環境中的政治、經濟大背

景沒有給予應有的重視。這些作者自己的研究不再侷限在對一個文化的細微描寫上，而是將分析的視野擴大到了其他學科領域，如政治學、經濟學、歷史學和心理學等。他們大多具有新馬克思主義的思想意識，關注社會制度中存在的不平等，關心受壓迫者的生活現狀和心聲。因此，他們在選擇研究對象時，除了考慮到對方自身的文化特性，還特別關心對方的情況是否可以揭示資本主義社會中更大的政治和經濟方面的問題（*Marcus, 1986*）。

除了按新馬克思主義的思路進行寫作，一些作者也從其他的角度（如女性主義、精神分析）對社會現實進行批判。女性主義從社會對弱小人群（如婦女、兒童、少數民族、殘疾人）的剝奪入手，通過研究者與被研究者的情感滲透和關愛來幫助對方增強社會批判的能力。精神分析則從深度心理學的角度，挖掘被研究者被壓抑的無意識，幫助對方獲得瞭解自己的途徑。比如，荷齊斯齊爾德（A. Hochschild）的《被管束的心》（*1983*）使用實地調查、文獻分析、訪談和深度心理分析的手法對德爾塔（Delta）航空公司的一些「空中小姐」進行了深入細緻的研究。通過深度訪談，她瞭解了這些人作為女性的性別意識以及作為「空中小姐」而不得不「面帶微笑服務」時所感受到的情感壓力。

批判的故事面臨的一個重大的挑戰是：當研究者與被研究者之間的角度不一致時，如何進行協調。這個挑戰與吉登斯（*A. Giddens, 1979*）曾經提出的社會學中的首要問題類似，即在研究中如何將結構的（行動理論）和互動的（意義理論）結合起來。作者作為研究者群體的一分子，往往有自己的理論範式和批判立場，而被研究者自己在社會交往中也有自己的意義建構方式。因此而可能產生的問題是：如果這兩者之間不協調的話（在批判的故事中通常是如此），它們相互之間應該如何協調？誰可以來評價雙方的「合法性」和「合理性」（特別是研究者進行批判的理論和立場的「正確性」）？如何對其進行評價？

下面我從威利斯《共有的文化：年輕人日常文化中的象徵遊戲》（*1990*）一書中抽取了一段作為展示「批判的故事」的例子。威利斯通過對一些工人

階級孩子的研究，試圖說明暴力是他們展示自身能力和身分認同的一種有效方式。

> 「現在可以確認暴力是我們文化中無法挽回的一部分。對於一些年輕人來說，毆鬥釋放出一種似乎沒有受到控制和無法控制的力量。這種力量是受到羨慕的、令人激動的，而與此同時又是危險的和可怕的。這兩種情感都與中產階級以及一般人所認為的應該時刻保持控制的觀點大相徑庭，可能只有在那些『為藝術而藝術』的安全的外圍是一個例外。『堅強』享有非常廣泛的支持和尊重。它表示一個人在必要的時候以及面臨壓力的時候有所準備，敢於拿自己冒險，試圖控制暴力中的各種危險的勢力和相互衝突的勢力。
>
> 具有諷刺意味的是，對這種危險的力量進行控制和定位的文化體系涉及的主要是控制和表現：就像是一齣呈現和解讀外表和意圖的戲劇。缺乏控制是被人看不起的。控制和力量，這些非常真實的身體上的和社會性的利害因素以及在法律之外所隱含的危險性和意義使暴力及其有關的戲劇表演成為強有力的象徵材料，來代替或干擾既定的官方的意義和社會機構的意義。這些材料有利於建構和重新建構不同的在世界上生活和看待世界的方式，以及不同的對人進行評價的價值觀念和方式。」

五、規範的故事

與批判的故事的作者一樣，規範的故事的作者也希望通過自己的研究來建立、檢驗、概括和展示理論。但是，不同的是，他們對研究實地的政治、經濟和文化背景不是非常關心，而最關心的是建立規範的形式理論。在這種

敘事文體中，作者的「主觀性」比較強，觀點比較明確，具有明顯的理論導向。由於作者的目的是建立理論，因此行文的風格也比較正規、嚴肅，邏輯性很強。

雖然規範的故事也強調從資料中產生理論，但其主要目的是證實或證偽研究自己抽象出來的理論。作者在寫作時也對一些具體的人物和事件進行描寫，但是使用這些資料的目的是為了論證自己的理論假設。因此，在這種作品中引用的資料一般都具有一定的「可旅行性」，即具有一定的獨立性，不完全依賴某一個特定的情境。在對原始資料進行整理和歸類時，作者主要關心的是自己建立理論的需要，而不是資料本身的特性。

由於規範的故事關心的是建立理論，這種故事中的人物通常沒有自己的個性和特點。他們就像是馬戲演員手中的玩偶，任作者按照自己的意圖撥來撥去。在這裡，理論是至高無上的，作者關心的是如何利用有關人物或事件來為自己的理論服務，而不太關心人物的思想和情感特性及其所處的社會權力地位。因此，在規範的故事裡，作者很容易忽略研究現象中那些隱藏著的、無意識的、被虛假地意識到的、或者被認為是理所當然的意識形態。

與本書第二十章第三節介紹的「紮根理論」相比，這種寫作方式對理論的強調更加明顯。雖然兩者都強調從資料中生成理論，自下而上建構理論，但是規範的故事更加強調建立「形式理論」，而紮根理論在建立「形式理論」的同時也非常注重建立「實質理論」。「實質理論」不必像「形式理論」那樣遵守正規的邏輯法則，也不必具有普遍的說明作用，因此可以囊括更加豐富複雜的、具有個性特徵的資料。而「形式理論」有一定的邏輯規則，希望對所有的同類現象進行統一的解釋。因此，要從龐雜的原始資料中形成「形式理論」有一定的難度，特別是對研究新手而言。雖然將知識建構作為一種任務有利於研究者對自己的研究結果進行提煉，但是希冀建立形式理論的「野心」往往使實地調查變成了一種類似試驗室的工作，失去了自己的特點和獨特的貢獻。很顯然，這種做法與民族誌的傳統有一定的衝突。

六、文學的故事

　　文學的故事指的是研究者借用文學的手法講述自己在實地進行研究的經歷，其寫作風格與新聞體類似，將那些被新聞記者們認為「值得說的」（noteworthy）、「有新聞價值的」（newsworthy）的故事情節與小說家的敘事感覺和講故事的技巧有機地結合起來。這類故事的特點是：深刻的人物刻畫、富有戲劇性的情節、回想或伏筆的運用、多元的敘事角度、不同文體的對照、透明的和即興的寫作風格。這種故事將戲劇性的和日常的事件按照時序重新進行建構，圍繞一些作者認為重要的主題編織成一條明顯的故事線，同時使用大量的對話和獨白直接表現人物的內心活動和情感反應。沃爾菲（T. Wolfe）曾經在他的《新新聞學》（*1973: 28*）中就這類故事的吸引力說過如下一段話：「嘿，到這裡來吧！這就是人們現在生活的方式──這就是我要告訴你們的！你們可能感到驚奇，感到噁心，感到有趣，這裡的事情可能讓你們瞧不起，使你們發笑……但是這就是事實。沒有關係！你們不會感到乏味的！來看一看吧！」

　　文學的故事的主要目的不是對原始資料進行理性的分析，而是為了給讀者一種情感上的衝擊。因此，這種故事沒有被人為地分成相互獨立的部分進行意義分析，而是整個地以戲劇的方式呈現給讀者。作者將具有強烈感情色彩、組織得十分嚴密的情節呈現給讀者，將讀者帶到研究的現場，讓他們自己親身體驗故事的發展。像印象的故事的作者一樣，文學的故事的作者只是在講述故事，而不告訴讀者如何解釋故事的情節。

　　在文學的故事裡，作者通常採取兩種敘事方式。一種是隱藏式，作者通過故事中的人物直接說話，或者作為一個敘事者講述故事中人物的行為和想法（*Mathiessen, 1962; Wambaugh, 1984; Wolfe, 1979*）。隱含在這種敘事風格中的一個假設是：作者對研究對象生活於其中的世界是如此地瞭解，以至他／她可以代表對方說話。這種文體中經常有作者的內心獨白或者一個模擬的作者

與研究對象之間進行的對話，以示作者與研究對象之間已經獲得了完全的認同。另外一種敘事方式比較微妙，作者將自己作為一名記錄者和過濾者，通過自己的嘴巴對所發生的事情進行講述（*Bass, 1985; Kramer, 1978; Mailer, 1979*）。這種形式似乎告訴讀者，在這個世界上，除了作者自己提供的參照系以外，已經不存在其他更加有力的、可以與讀者共享的外在參照系了。由於作者使用的是自己的聲音，他／她可以隨意並用多元敘事角度，或將自己變成故事中的一個人物，或採取一種諷刺的口吻對故事進行戲弄。

　　文學的故事是由一個具有創造性的、有個性的聲音講述出來的，它具有其他文體所沒有的「自由」獨立精神。由於作者沒有受到學術規則的束縛，寫作不是為了獲得博士學位或終身教職，所以他們的故事更加具有個人的特色，更多的是為了滿足自己的好奇心和創造欲望，更加關心故事的吸引力和獨特性。這種文體為那些富有非凡想像力、具有自己獨特風格的民族誌作者提供了一個施展才華的機會，他們不必受到歷史上積澱下來的、做一個「學術人」不得不遵守的學術規範的約束。

　　當然，正因為其「自由」的文體，文學的故事在所有文體中受到學界的批評最為激烈。最典型的批評是作者本人在故事中出現得太多，或太少。在前一種情況下，作品被認為過多地受到作者本人的過濾；而在後一種情況下，作品被認為過多地受到被研究者提供的信息的控制。其次，文學的故事的一個最大的「缺陷」就是從來不引用前人的研究，似乎這些「情節」完全是作者自己嶄新的發現。他們的故事是如此地生動有趣，以至於他們不屑於去探究自己的故事與前人的理論或發現之間有什麼關係。再次，由於缺乏統一的標準，文學的故事的寫作方式通常比較鬆散，將一些相互沒有關聯的主題「任意地」串在一起。由於作者過分關心故事的戲劇效果，結果可能反而會歪曲「現實」。對行動的戲劇性描繪、豐富多采的人物刻畫、濃重的文學渲染——這一切都可能掩蓋被研究者生活中雖然平淡無奇但含蓄、莊重的特點。為了彌補（或討論）這些「缺陷」，有的作者在作品發表之後接受報界記者的採訪，通過這種方式「交代」研究過程中發生的「懺悔」的故事。利用這個

機會，他們可以向讀者說明一些在文學的故事中無法說明的問題，比如，作品中描繪的故事確實是自己親身的體驗，故事中的情節忠實於「事實」等。

七、聯合講述的故事

聯合講述的故事是由研究者和被研究者一起講述的故事，雙方同時擁有作品的創作權。與現實主義的故事不同的是，這類故事不將研究者個人的觀察和想法作為當地人的觀點呈現出來（或反之，將當地人的觀點作為研究者個人的看法表達出來），而是尊重當地人和作者雙方的觀點，將兩個不同的意義系統平行並置，將它們之間的鴻溝填補起來。這類故事可以被認為是對實地工作之真實情況的一種坦率的認可，因為任何研究成果都只可能是研究雙方共同努力的結果。也許，這可以被認為是處理上述吉登斯（1979）所說的社會學中的首要問題（即將結構的行動理論和互動的意義理論結合起來）的一個有益的嘗試。

在聯合講述的故事中，研究者引進了對位法，即讓不同的聲音和不同的觀點在文本中同時展開，特別是那些在傳統的文本中被迫沉默的聲音。它保留了文化現實中的不同視野，將文本轉換成不同視野的展示和互動。馬伊耐波（I. Majnep）與布爾麥爾（R. Bulmer）合作的《我的卡蘭鄉村之鳥》（1977）、巴赫（D. Bahr）等人合作的《皮曼人的薩滿信仰》（1974）被認為是此類合作性文本的典範（馬爾庫斯，費徹爾，1998: 106）。社會學中的生活史使用的也是這樣一種寫作方式，研究者給予對方以足夠的空間講述自己的生活故事，不對他們的故事進行翻譯或分析，與此同時，研究者在文本中提供自己的評論，與被研究者的聲音形成對照（Klockers, 1979）。

聯合講述的故事有時候可能使讀者感到，資訊提供者與研究者具有同樣的（如果不是更大的）能力呈現自己的文化，因此而提出了作品的「著作權」問題。但是，在大多數情況下，研究者在「協商」的過程中實際上始終占有優勢，起碼擁有最終編輯和出版作品的權利（Tyler, 1986）。因此，聯合講述

的故事在權利的處置上不可能是完全平分秋色的，研究者與被研究者之間的談判也不可能是完全平等的。通常的情況是：資訊提供者說，民族誌研究者寫。雖然聯合講述的故事可以為實踐者提供一個直接表達自己聲音的機會，但是作者與實踐者之間的權力平衡仍舊是一個值得認真對待的問題。

由於聯合講述的故事擁有雙重作者，不太符合一般人的閱讀習慣，因此閱讀起來比較困難。讀者必須非常有耐心，容忍文本的含糊性和複雜性。儘管如此，越來越多的民族誌研究者正在使用這種對話式的、多重聲音的文體來呈現自己的實地工作（*Clifford, 1983*）。隨著行動研究和參與型研究的日益興盛，我認為，今後這種講述故事的方式會更加流行。（有關行動研究的介紹，參見第二十六章第一節）

下面我從特利普的文章《聯合著作權及協商──作為創造行為的訪談》（*1983: 36-37*）一文中摘取一段引言來展示聯合講述的文本形式。在這段敘述中，作者（名為大衛）在與受訪的小學教師貝利討論如何教授社會研究這門課程，引言中的「隨後評論」是作者在完成初稿以後請受訪者就寫作內容所作的評論。

　　貝利（讀備忘錄）：「閱讀的目的應該是學會認路標、道路規則，然後通過書寫考試而獲得駕駛證。這可能可以為學生提供足夠的學習動力。」其他的建議有：「從投票卡片、申請休病假、申請社會服務和保險、存錢、寫支票、取錢、申請消費者保護、在超級市場認價格……」

　　然後雙方開始討論學校和家庭的作用是什麼，特別是社會研究這門課程的作用是什麼。大衛反對上述看法，認為這「簡直就不是社會研究課，社會研究應該是歷史、地理、社會學、經濟學等課程的總和」，「社會研究作為一門學科在這裡已經不存在了」。

　　（隨後的評論──貝利：「我同意──學生們已經將社會

研究作為一門副科，一門無關緊要的的課程。」）

貝利爭辯說，「此類教授基本技能的」課程可以「幫助孩子們更好地適應社會」，而社會研究的技能「可以像其他任何一門課那樣很容易就學會」。

大衛認為，這樣的課程也應該包括數學和科學（如價格比較、高科技），但是在學校裡科目教師沒有時間教這些課程，因為他們忙著教自己的科目課程，而剛才談到的課程中所出現的問題和活動其實與這些科目課程的基礎有關。

貝利回應說，課程內容只是一門課的一個部分，「最重要的是那些通過課程內容而學到的東西，也就是如何學習的方法」。因此，上此類課時，如果將學生帶到戶外去看三條河，每條河代表了一個不同的發展階段，這比「在黑板上抄資料，測試學生對這些知識的掌握程度」更加重要。

大衛建議說……貝利所舉的例子明顯的是社會研究的主題，而不是「公民課」的主題。然後，雙方開始討論應該由誰來教這門課（社會研究的主題）。如果使用探究的方式，在同樣的時間內覆蓋的課程內容會相對少一些。

（隨後的評論──貝利：「不，不一定少。我堅持認為，仍舊要完成原來的工作量，但是應該用一種更加有趣的、以學生為中心的方式。」大衛：「我仍舊認為，那麼做會花費更多的時間，即使兩者的工作量相同，所教的內容也會少一些。」）

特利普認為，在一個合作型訪談中，訪談者必須與受訪者一些協商討論，共同建構訪談的主題和結構。訪談結果出來以後，訪談者應該主動徵求對方的意見，請對方就結果的表述發表自己的看法。合作型訪談的寫作不應該只是一字一句地將雙方所說的話寫出來，也不應該只是將雙方的討論用概括的方式寫出來，而是應該處於這兩者之間。這麼做的目的是表現交談雙方對各

自的觀點所達到的共識，而不只是再現討論過程本身。由於口頭語言和書面語言之間轉換的困難，逐字逐句地將雙方的原話呈現出來並不一定就非常確切、「真實」，而通過了雙方協商以後雙方（特別是受訪者）同意寫入研究報告中的內容反而更加公正、確切。因此而導致的另外一個問題是：「協商是否應該有一定的限度？應該使用什麼標準來定義這個限度？」在合作型寫作時，有時意義確實會發生變化。如果受訪者所說的一段話被抽出特定的語言情境，與其他受訪者或訪談者的話並置在一起，有可能會變得面目全非。在這種情況下，受訪者可能會要求改變所說的內容，或者希望刪除有關段落。在這種時候，作者必須尊重他們的意願。因為他們最有權利對自己所說過的話進行判斷。與此同時，作者也可以要求對方對這些內容進行評論，然後將評論附在引言後面（如上面所做的一樣）。總之，合作型文本一定要經過雙方的協商，而且最後的報告一定要包括參與者的評論，因為這些評論可以幫助讀者瞭解研究者的有關假設和觀點。

上述七種寫作方式雖然被認為是民族誌的主要風格，但是也基本適合質的研究者寫作的一般情況。比如，格拉斯納和派司金（*1992: 163*）認為，前五類寫作方式在質的研究中非常普遍，它們分別起到了描述（相對於「現實的故事」）、分析（相對於「懺悔的故事」）、解釋（相對於「印象的故事」）、評價（相對於「批判的故事」）和規定（相對於「規範的故事」）的作用。

八、現代主義民族誌的手法

馬爾庫斯和費徹爾（*1998: 101-112*）在介紹現代主義民族誌的文本時，提到了其他一些比較激進的寫作或呈現研究結果的方式。除了上面提到的合作式文本（即「聯合講述的故事」），其他的類別有：對話、民族誌話語、超現實主義文本、詩歌、戲劇、小說、電影等。這些方式代表的是民族誌寫作中比較富有挑戰性的實驗，完全打破了傳統民族誌的寫作規則及其構建現實

的觀念。

在「對話」中，研究者將自己與被研究者在實地進行的訪談對話原原本本地呈現出來，藉此揭示民族誌知識是如何產生的。這種文本給被研究者表現自己聲音的空間，使讀者在閱讀時不得不使用多維視角。例如，德耶爾（K. Dwyer）的《摩洛哥對話》（1982）就是一本只是略加編輯的實地訪談筆錄，作者把自己在實地搜集到的全部資料都擺在讀者面前，促使讀者自己判斷這些資料能夠用來做什麼。通過重現訪談的全過程，德耶爾希望表現自己與被研究者之間的關係以及自己在一個異文化中的意識形態體驗。通過這種「反常」的方式，他還希望揭露傳統的民族誌研究者的做法，即為了掩蓋自己的目的，可以對自己的實地經驗進行乾淨俐落的文本處理，以此說明實地工作者貌似權威的論述其實通常是建立在不完善和不可靠的資料之上的。其他比較成功地使用了「對話」文本的著作還有：博文（E. Bowen）的《重返笑聲》（1964）、J.比瑞格斯（J. Briggs）的《永不憤怒》（1970）、列斯曼（P. Riesman）的《費拉尼社會生活中的自由》（1977）等。

在「民族誌話語」中，作者按照言語互動的修辭魔力來建構文本，力圖捕捉口頭話語的主動性。例如，法弗雷特－薩達（J. Favret-Saada）的作品《致命的言語：博卡吉人的巫術》（1980）使用一些修辭策略，利用自己在法國一個鄉村巫術儀式中的親身體會來修正讀者原有的對巫術的誤解。這部作品將讀者置於防衛的位置，作為作者所要揭露的一個無知的根源。以這種「被告」的姿態，讀者被逐漸地引入民族誌作者自己學習巫術的話語之中。作者的分析步驟是：首先揭示當地鄉民的話語是如何運作的，然後表現這種話語對鄉民自己的生活是如何地恰當，最後說明作者自己是如何逐漸地瞭解和運用當地人的做法的。通過閱讀這樣的文本，讀者被邀請參與作者的切身體驗，逐漸改變自己對巫術的誤解（如把它理解為一種古代的風俗或一種直接的社會控制機制），認識到巫術其實是一種反文化的話語。這種閱讀類似心理治療，使讀者同時把注意力放在語言和自己所介入的心理動力過程之中。

「超現實主義文本」也許是民族誌實驗文本中最具挑戰性的一種，以克

拉潘扎諾（V. Crapanzano）的《圖哈米：一個摩洛哥人的圖像》（1980）為主要代表。這部作品把一個人的生活史和一次訪談的闡說當成一個難題，讓讀者與作者一起對其進行解釋。對於作者（及其讀者）來說，敘述中最為困難的部分是當圖哈米使用一些生動的隱喻來表達自己的痛苦和困境時。克拉潘扎諾認為，心靈的溝通和幻想的語言隱喻是表達個人經驗的有效手段，但是在傳統的現實主義文本中根本無法充分地展開。如果作者對其進行解釋，可能會把自己的曲解強加給對方，造成一種「過度解釋」。因此，作者提供了自己編輯過的訪談筆錄，邀請讀者與他一起對這些資料進行分析。雖然他也提供了一些自己對資料的評論以及自己從事研究的感受，但留出了充分的餘地讓讀者進入到探究的過程之中。這個作品不僅展示了圖哈米用以表達自身困境的隱喻和其他手段，而且表現了這些手段在克拉潘扎諾的傳譯過程中所帶來的解釋方面的困難。這本書讓人感覺作者似乎很猶疑，不知道自己是在向讀者展示譯解當地人的話語時所面臨的困惑，還是在向讀者闡述自己的文稿確實代表了對話的原本過程。馬爾庫斯和費徹爾認為，如果作者明確地把文本定位在解釋的困惑之內，那麼它就超越了傳統民族誌現實主義的慣例，產生了喚起現實的作用。作者片斷式的描寫表現出一種超現實主義的力量，以一種捕獲風格、狀態和情感的基調熟練地使用了很多文學手法，有效地使讀者饒有興致地參與對文本的解釋之中。

在現代主義民族誌的寫作實驗中，一些研究者還使用了詩歌、戲劇、電影、小說等文學形式。這些形式與上面封・馬南所說的「文學的故事」有相似之處，已經混淆了「科學」和「藝術」、「現實」與「虛構」之間的區別。民族誌詩歌通常把土著人的口頭敘述作為分析的資料，或按照詩歌的形式來體現土著文化的原貌（Hymes, 1981），或對這些口頭文本進行寫作文本的轉換（Jackson, 1982; Tedlock, 1983），或將這些口頭詩歌體的敘述作為寫作文本的補充（Tedlock, 1985）。民族誌詩歌還包括研究者自己創作的詩歌，用來展現自己在實地的思緒情懷（Handler, 1983; Tyler, 1984）。此外，有的作者還將研究的結果寫成劇本，以舞台閱讀的方式表現出來（Rose, 1993）。

　　民族誌對影視媒體的興趣反映了人類學在二十世紀上半葉對紀實現實主義的期望。他們認為，在傳遞研究對象的經驗方面，影視媒體比書寫形成具有更大的力量和潛能，可以將研究對象的生活經歷表現得更加自然、生動。現在，民族誌研究者意識到，電影（與寫作文本一樣）也是一種被構造出來的文本，也有諸如焦點的選擇、剪輯的手段、作者的反省等問題需要考慮。不過，在視覺媒體日益強大、豐富的今天，電影、錄影、多媒體圖像等高科技手段正在以自己特有的優勢與寫作文本爭奪消費者（包括知識分子和學術界）。

　　除了詩歌、戲劇和電影，民族誌小說長期以來也被作為一種實驗形式。由於意識到傳統的科學文本不足以描繪被研究者生活的複雜性，一些研究者使用了小說的寫作手法。有時，作者將自己作為主角，用虛構的方式講述自己的故事。有時，被研究者被作為敘事的主角，主角可以是一個也可以是多個，也可以由一個主角同時表達幾種不同的聲音。有時，作者首先進入講話或敘事，然後退出場景，讓被研究者自己說話（*Richardson, 1994*）。在小說文本中，歷史小說備受青睞，通常用故事形式來處理歷史史實，使閱讀變得更加生動有趣。使用虛構的手法還可以保護被研究者的隱私，減少研究對有關人員和社會結構的影響（*Certeau, 1983; Webster, 1983*）。

　　與上述「文學的故事」一樣，詩歌、戲劇、電影和小說這些「非正統」的呈現方式與「科學專著」之間始終存在一個明顯的界限，前者通常被認為是一種次要的文本，只能作為後者的補充。近年來，一些學者公開提出，在人類歷史上，文學作品（如小說）比其他任何形式都更加敏銳、更加有力地幫助人理解自己生活在其中的世界以及周圍其他的人，今後小說這種形式有可能被某些專業（如教育學）接受為撰寫博士論文的一種文體（*Eisner & Peshkin, 1990: 365*）。目前，社會科學界之所以仍舊不能接受這種形式，是因為社會科學的傳統使我們相信，小說是虛構的產品，因此是「不真實」的。而「虛構」的東西是否就真的「不真實」呢？「知識」一定要限定在對我們這個世界上可以感知的東西的範圍之內嗎？——對這些問題的回答只可能依靠

我們自己的判斷，而我們自己的判斷不可避免地要受到我們自己職業社會化的影響。

目前上述各種寫作方式都不同程度地在質的研究報告中被使用，有時被分別用於對不同研究報告的寫作，有時候被結合起來使用於同一研究報告。在前一種情況下，研究者通常根據研究的目的和研究結果的特性選擇一種寫作風格。比如，如果研究的目的是對研究的現象進行細緻的描述，研究者可能採取「印象的故事」作為自己的主要寫作風格；如果研究的目的是對某一個理論進行論證，研究者則可能採取「規範的故事」作為寫作的主要文體。在後一種情況下，作者往往根據研究的需要，對結果中不同的部分採用不同的風格進行寫作。比如在研究的過程部分採取「懺悔的故事」，在研究結果部分採取「現實的故事」，在分析部分採取「批判的故事」或「規範的故事」等。總之，寫作方式的選擇和運用比較靈活，研究者可以根據自己的需要選擇不同的方式，或者發明創造適合自己研究的問題、自己所搜集的資料的特性以及自己的寫作習慣的文體。

第五節 撰寫研究報告的具體步驟

寫作質的研究報告是一個比較艱難的過程，沒有固定的章法可循。面對繁多混雜的原始資料，如何從中建構意義，如何將它們傳遞給讀者——這不是一件容易的事情。沃克特（*1990*）認為，寫作的過程可以大致分為四個階段：(1)起頭；(2)繼續；(3)打整；(4)收尾。我認為，他基本上勾勒出了質的研究者寫作的全部過程。但是，我感覺在寫作之前進入狀態也十分重要，因此在下面的討論中加入了這一節。

▨▨▨ 一、進入狀態

伍茲（*P. Woods, 1985: 87*）以為，寫作開頭是一件十分痛苦的事情，如果作者在開始寫作的時候不感到痛苦，這可能說明有什麼不對頭的地方。因此，我們應該訓練自己忍受或排解開頭的痛苦，訓練自己進入寫作的狀態，比如：(1)反覆閱讀自己搜集的資料和分析大綱；(2)運用自己的想像力和直覺對資料進行「頭腦風暴」；(3)使用不同的概念將資料的內容串為一個整體；(4)將各種概念之間的聯繫用圖畫出來；(5)設想使用不同的方式進行寫作；(6)假設不同的讀者群對自己的作品會作出什麼反應。

寫作之前，我們可以先制定一個比較詳細的寫作大綱，幫助自己提前思考。提綱不必過於固定，可以根據寫作的進展隨時修改。寫作質的研究報告的最大困難是資料太多，使研究者最頭疼的不是資料不夠，而是如何去掉不必要的資料。因此，在寫作大綱中，我們應該確定自己的基本故事線、講故事的主人公以及寫作的風格，從而決定原始資料的取捨。在寫作之前制定寫作大綱還可以幫助我們對寫作的具體步驟和方式有所預測。比如，我們可以事先設想一下整篇文章的長度以及各個部分的字數，然後根據這個設想對文章的詳細和緊湊程度作一個基本的估計。

在對寫作進行設計時，我們還可以在頭腦中假定一些特定讀者，調動自己的想像力與其進行對話。比如，如果我們計畫對研究結果中的理論問題進行探討，可以假設一位十分喜歡進行抽象思維的讀者將如何向我們發問，我們可以如何回答他／她的質疑。我們還可以假設自己現在面對的是學校論文委員會、資助研究的財團或上級主管部門，自己應該如何向這些不同的人群介紹自己的研究發現、如何使他們相信自己的研究結果是「可信的」和「有意義的」。我們還可以將現在的發現與自己事先的設想進行比較，看自己現在知道了一些什麼新的東西，可以如何將這些新的東西傳遞給讀者。

為了使自己進入寫作的狀態，我們在開始寫作之前還可以不斷地詢問自

己：「我的研究的問題是什麼？我現在得到的研究結果是否可以回答該研究
問題？我可以如何利用自己搜集的資料來回答這個研究問題？」在這種詢問
中，我們可以不斷地對自己的寫作構思進行調整。如果我們發現為了論證某
些觀點自己手頭的資料還不夠，可以回到實地再搜集再多的資料。如果我們
發現研究結果中仍舊存在自相矛盾的地方，可以及時地對資料進行進一步的
分析。

　　如果我們其他方面的工作很多，大腦時刻處於緊張的狀態，經常被各種
各樣的雜事打擾，這種時候一般很難進入寫作的狀態。寫作需要一定的時間，
需要沉浸到一種氣氛之中，不能過多地受到外界的干擾。當然，每個人的習
慣不一定相同，有的人可能需要絕對安靜才能開始寫作，而有的人卻習慣於
一邊聽音樂一邊寫作。有的人可能需要一張可以鋪開所有參考資料的大桌子，
而有的人則只需要茶館裡一張小圓桌。最重要的是要找到適合自己的寫作方
式和環境，立刻開始寫作。如果我們在某一時刻不得不停下來的話，應該選
擇在下一次容易繼續的地方停止，不要將自己的才思隨意打斷。下一次開始
寫作時，可以先修改上一次所寫的內容，以便恢復記憶，保持寫作的連續性。

　　為了保證自己有比較好的寫作狀態，我們在寫作期間最好有一些好朋友、
要好的同事或家人在自己的身邊。這樣，我們可以經常向這些自己信任的人
交流想法，宣洩不良情緒，以達到心理上的平衡。雖然有人認為，好的寫作
的先決條件就是能夠在既寫得很差又沒有心情寫作的時候還能夠繼續寫下去
（*Woods, 1985*），而我自己的切身體會是：一個愉快的心情通常比一個沮喪
的心情更加有利於寫作。

　　此外，我發現自己有時候在休息的時候反而更加容易進入寫作的狀態，
此時我的思想放鬆了，創造力和想像力反而變得更加活躍起來。從認知心理
學的角度看，這是一種假性消極狀態（吳文侃，*1990: 406*）。表面上看起來，
我們好像很輕鬆，正在娛樂或休息，而實際上我們的大腦正處於極其活躍的
狀態。因此，我們需要時刻將紙和筆帶在身邊，即使是在度假和睡覺的時候
也要不失時機地記錄下自己轉瞬即逝的靈感。

⠶⠶⠶ 二、開始寫作

「萬事開頭難」——這句民間的格言特別適合質的研究的寫作過程。通常，當我們著手寫作時，總是受到各種各樣的來自自身的阻抗，比如，「我的資料還不夠豐富，我還需要搜集更多的資料」；「我的資料太豐富了，我不知道該如何處理」；「我的想法還不成熟，還不能寫成文字」；「我的能力還不夠強，不能勝任寫作的任務」；「我的腦子裡想法太多，不知從什麼地方下手」；「我對自己要求很高，希望一次就能夠寫得既通順又漂亮」；「我現在時間不夠，不能進入角色」；「我周圍環境太吵，沒有寫作的心情」；「我手頭要做的事情太多，無法定下心來寫作」等等。這個單子可以無止境地列下去。

然而，正如格爾茨（1973a: 20）所說的，「為了理解某些事情，不必知道所有的事情」。我們可以從很小的一點（如一個想法、一個概念、一個事件）開始寫，然後逐步擴大開來。在實地裡搜集資料時我們就應該開始寫作，不必等到所有的資料都搜集好了、所有的問題都想清楚了才開始寫作。其實，在自己對資料還不太熟悉的時候就開始寫作有很多優勢，因為這時候我們可能有很多想法和感受，而這些想法和感受可能是最「真實」、原初、未加修飾的，最能夠反映自己當時的反應。有的學者甚至認為，研究者到實地搜集資料之前就先寫一個初稿，以便瞭解自己對研究的問題已經有了哪些瞭解、希望瞭解什麼資訊、如何去尋找這些資訊（Wolcott, 1990: 22）。此外，提前寫作還可以為研究報告提供一個初步的體例、內容的順序、篇幅限制以及研究的焦點，迫使研究者為自己的實地工作確定一個基本的方向。如上所述，寫作本身便是思考，寫作就是一個分析和建構被研究現象的過程。因此，研究開始的同時就需要開始寫作，寫作需要一步一步地進行，而不是一蹴而就。

很多成名的質的研究者寫作的一個訣竅是，不必總是從第一章寫起。他們大多是從自己認為最容易的那一部分開始，然後再按照難易程度逐個「攻

破堡壘」（*Richardson, 1990; Weiss, 1994; Wolcott , 1990*）。通常，他們從對方法的反思開始，因為這一部分比較直接，前後程序比較清楚；然後再開始撰寫研究結果，最後才寫第一章的概論。之所以將第一章放到寫作的最後，是因為通常到了這個時候他們才知道自己到底想寫什麼、已經寫了什麼，才真正瞭解自己的意圖。因此，第一次寫作時他們通常儘快地把草稿寫出來，然後再對內容進行修改。至於寫作的風格和修辭，可以等到較後階段再考慮。例如，威斯（*1994: 204*）為了在短時間內使自己知道的信息和自己的想法連貫地流露出來，首先把它們讀到錄音機裡，然後再一邊聽錄音，一邊進行整理。他感覺這樣做可以使自己的思想比較連貫，不致因文字的修飾而中斷思維。伍茲（*1985*）也認為，首先將自己所有的想法都「塞」到文章裡是寫作中必要的第一步，修改可以放到下一步進行。通常，研究者搜集的資料非常豐富，具有多元視角和多重聲音，無法在第一次就全部捕捉到，必須通過人為的一次又一次的壓縮和提煉，才可能將它們比較豐滿地表現出來。

三、繼續寫作

文章開頭以後，需要繼續進行寫作。在這個階段，保持不斷寫作的興趣和熱情是最重要的任務。我發現，要保持寫作的持續性，一個比較有效的辦法是閱讀自己前面已經完成的部分。這一部分通常與後面計畫要寫的內容之間存在相關關係，可以為我們繼續寫作提供興奮點和內容生發處。此外，閱讀自己已經完成的部分通常可以給自己一種成就感，使我們又一次看到自己已經取得的成果，可以增加信心。

為了保持寫作的興趣和熱情，我們需要不斷地想辦法給自己充電。除了自己給自己打氣以外，我們還可以有意識地為自己創造一個友好、寬鬆的環境，比如經常與那些瞭解自己的同事、朋友和家人一起交流，與他們分享自己初步的成果，徵得他們的支持以及建設性的建議，與他們分擔自己的焦慮和不良情緒等。此外，我們還需要有一定的時間保證，使自己可以不間斷地

連續進行寫作。

如果我們在寫作中遇到了阻抗，應該像在考試中遇到了難題一樣先繞過去，先撿容易的部分做，然後再回到困難的部分。假如我們對這些難題窮追不捨，不僅會浪費自己大量寶貴的時間，而且容易使自己產生受挫感，對自己的寫作能力失去信心。通常，在完成了比較容易的部分以後，我們會發現原來自己認為困難的部分已經不成問題了，自己可以輕而易舉地就攻下這些堡壘。寫作時最危險的敵人就是試圖第一次就寫「對」。

任何文章都是需要修改的，不可能一蹴而就。作為初學者，我們不應該希冀自己第一次就寫得十分出色，就像我們所羨慕的那些大作家的作品一樣。相反，我們應該從最簡單的步驟開始，一步一步地對自己的文章進行修改和潤色。其實，大作家的作品通常也不是一氣呵成的，也經過了千百遍的錘鍊。因此，我們不必過多地追求修辭和文采，應該儘可能將自己的注意力放在自己想說的事情上面，設法將它們先說出來。把自己的想法說清楚了以後，今後再慢慢修改句法和詞彙就比較容易了。

在繼續寫作的過程中，有的研究者可能容易忘記自己的研究問題。由於研究結果的內容本身是如此地豐富，他們常常被內容所吸引，忘記了自己研究的焦點是什麼、自己到底要回答什麼問題。因此，在寫作的過程中如果我們遇到了此類迷惑，可以有意識地問自己：「我到底想說什麼？我最希望說明什麼問題？我最希望向讀者傳遞什麼思想？」當然，正如前面多次討論過的那樣，研究者個人的籌謀與原始資料之間總是存在著一種張力。如何在它們之間獲得一種平衡，如何在資料極其豐富的情況下不「迷失方向」？──這是質的研究者必須時刻考慮的問題。

如果原始資料確實過多、過雜，寫作時不知如何處理，我們可以像旅行者收拾自己的箱子那樣，採取如下辦法加以解決：(1)重新安排其中的物品；(2)把不必要的東西挑出來；(3)找一個更大的箱子（*Wolcott, 1990: 62*）。第一和第三個辦法促使我們重新考慮自己的歸類標準和／或故事線是否合適，是否可能找到一個更好的「包裝」方式或更合適的容器。第二個辦法提示我們：

質的研究的寫作過程也是一個不斷聚焦的過程，就像是一個漏斗，越往下，收口越小；而聚焦就必須捨棄一些東西，「看的方式就是不看的方式」（*Burke, 1935: 70*）。用老莊的話來說就是，只有有所不為才能有所為。寫作中的聚焦也是一個不斷往返的過程，一方面需要我們逐漸靠近焦點，使描寫工作成為可能；另一方面又需要我們逐漸拉開距離，直到能夠有一定的觀看角度。

四、整理初稿

初稿完成以後，需要對其進行整理和修改。整理往往需要相當長的時間和相當多的精力，不可能期待一次性完成。在整理之前，作者可以考慮讓初稿先擱置一段時間，讓它自己慢慢醞釀、逐漸成熟。作者與自己的作品分開一段時間可以使自己在時間上、空間上和心理上拉開一定的距離，回過頭來進行修改時頭腦會比較清醒。

與此同時，我們也可以請一些思路比較清晰、對我們的研究比較熟悉的朋友或同行幫忙閱讀初稿，提供反饋意見。在選擇讀者的時候，要特別注意選擇那些與我們關係密切、相互有信任感的人。在請這些人閱讀以前，我們可以告訴他們自己需要什麼方面的幫助，以便他們有針對性地提供反饋意見。通常，在我們的指導下，這些讀者會變成對我們來說非常有幫助的讀者。我在哈佛大學學習時，就曾經參加了一個論文寫作支持小組。組員們每兩週見一次面，互相閱讀彼此的論文片斷和初稿，相互進行評判。我發現這種形式對自己非常有幫助，不僅在思想上給了我很多啟迪，而且在情感上給予了我非常大的支持。

對文稿進行編輯可以採取很多不同的形式。比如，可以從前面往後進行編輯，也可以反過來從後面往前進行編輯；可以找一個陌生的地方進行編輯，利用環境的生疏感給自己帶來對文稿的距離感；也可以大聲地閱讀自己的初稿，用聽覺來幫助自己找到紕漏和不協調之處；可以迅速地閱讀初稿，力圖抓住文章的大意和基本結構，也可以細嚼慢嚥，仔細品味文章的微妙之處。

雖然編輯文稿時可以有各種不同的方式，但是在對初稿進行修改時，一般應該從比較宏觀的層面開始。我們可以先從文章的整體層面開始，考察自己的寫作是否將研究結果中所有的部分都合適地整合起來了，各個部分之間是否具有有機的聯繫。如果有的部分與整體不相吻合，應該進行適當的調整和刪改。然後，我們才進一步對文字進行潤色。

對文字進行修改時要特別注意行文清楚、簡練、質樸、細密。雖然質的研究要求對結果進行「深描」，但文風要簡潔、幹練，不要拖泥帶水，更不要矯揉造作，賣弄「知識」。密爾斯（*1959: 218-219*）認為，很多學者之所以容易滑入表達含混的境況，是因為他們對自己的地位十分在意。因此，要克服學術語言（prose）的弊端，我們首先應該改變自己的學術姿態（pose）。

在這個階段，我們還可以考慮從不同的角度、用不同的方式來撰寫自己的研究報告。比如，我們可以假設：「如果換一個敘事角度，我們將得到一個什麼樣的故事？如果敘事者來自一個不同的文化，他／她會如何看待這個故事？如果我們與幾位研究者共同合作一起來寫這個故事，將會是什麼樣的結果？」通過這樣的設問，我們可以發現自己目前的寫作方式有何利弊，如果希望改進的話，可以如何做。

五、收尾

初稿經過反覆的整理和修改之後，我們就可以考慮結束寫作了。在結束寫作之前，我們需要提醒自己是否已經說了自己所有想說的事情。比如，我們可以問自己：「我到底想要說什麼？我是如何說的？我說的效果如何？我原來的設想與現在的成文之間有什麼不同？現在的寫作形式保留了什麼？失去了什麼？文章中的論點是否還存在問題？我如何使自己的論點更加有說服力？文章中的引言對說明我的觀點是否有用？文章各個部分之間的聯繫是否清楚？它們表達的是一些什麼關係？我是否可以用不同的方式對所搜集的資料進行解釋？我是否可以對這些解釋進行批判？我是否沉醉於某些我個人的

偏見？」等等。

一般來說，在研究報告的結尾處，作者習慣於對自己的研究結果做出一些結論性的陳述。質的研究報告一般也是如此，但是特別強調不要使用過於絕對化的語言。文章應該留有一定的餘地，讓讀者（以及作者自己）對文章中提出的問題繼續進行思考。如果我們的研究報告顯得十分完整，滴水不漏，沒有任何「不足之處」，這不但不「實事求是」，而且也容易使讀者對研究結果的「真實性」產生懷疑。我以為，最好的「閱讀」不是讀者讀到了很多「知識」，而是在讀者的心中激起了很多新的問題，激發他們進一步對這些問題進行思考。因此，在文章結尾時，我們可以對自己的研究結果作一個比較中肯的總結，同時指出研究的侷限性、尚未澄清的問題、有待進一步探討的問題以及今後繼續研究的打算等。如果我們的結論與學術界現有的理論不一樣，我們也可以告訴讀者這裡存在著什麼矛盾，可以如何對這些矛盾進行解釋。一般來說，讀者並不指望我們什麼都知道。我們與其佯裝什麼都知道，還不如「如實道來」，與讀者坦誠相待。作者的態度越坦誠，就越能夠得到讀者的信任，也就越容易使他們參與到與作者的對話之中。

一般的學術論文要求作者在文章收尾時就研究的結論提出有關政策性建議。但是，質的研究特別強調不要過分強調自己研究結果的意義和作用。如果我們提出的建議過於理想化，沒有事實作為依據，反而容易使讀者生疑。如果我們論說的態度過於激動，腦海裡有一個可能並不存在的「稻草人」，寫作時極力與之爭辯，論證的口吻缺乏冷靜和嚴謹，也容易使讀者感到作者不夠自信，只能靠貶低別人來抬高自己。但是，在避免過分抬高自己的同時，研究者也不必顯得過分卑微謙恭。如果我們過於拘謹，過低地評價自己的研究，一個勁地向讀者道歉，也很容易產生我們在利用謙虛以求得讀者的同情之嫌。總之，研究報告的結尾應該做到不卑不亢、不溫不火、平心靜氣、以理服人。

綜上所述，質的研究報告的寫作不僅僅是對研究結果的呈現，而且是一種對資料進行思考、建構社會現實以及行使作者權力（利）的活動。由於作

者思考方式的不同、看待世界的方式不同、對自己的權力（利）的意識和處理方式不同，寫作的具體實踐也呈現出千變萬化、豐富多采的樣式。本章重點介紹了民族誌的主要寫作風格、成文的具體方式以及一些研究老手們有關寫作研究報告的原則、程序、步驟等方面的經驗。作為作者，我們應該根據自己的思考、自己的角色意識以及自己研究項目的具體情況選擇合適的寫作方式，「寫」出我們自己在與被研究者的互動中所構造的社會現實。

第五部分

質的研究

的檢測手段

的研究

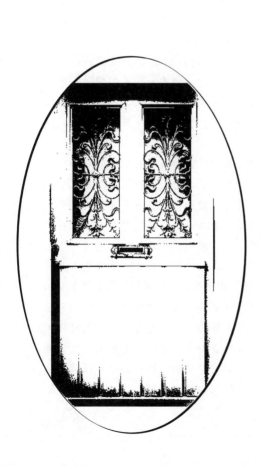

本部分探討的是質的研究中十分重要的理論問題，涉及到研究的質量、效度、信度、推論和倫理道德等，由四章（第二十二章到第二十五章）組成。這些問題目前在質的研究領域仍舊存在爭議，我在此主要作一個介紹，並提出自己的一些看法。由於質的研究在這些方面與量的研究思路不太一樣，本部分在必要的時候還對兩者之間的異同進行了比較。

第二十二章「質的研究的質量評價」處理的是一個十分困難的問題，即如何評價質的研究的質量？本章提出從「範式」的角度來看待社會科學研究的質量評價，基於「另類範式」之上的質的研究應該有與基於實證主義之上的量的研究不同的衡量標準。雖然質的研究與量的研究有不同的範式作為自己的理論基礎，但是它們相互之間可以進行對話。只有通過平等、積極的對話，參與各方才有可能形成新的、動態的、形成性的標準，也才可能真正在關係中看待研究的質量評價問題。

第二十三章「質的研究中的效度問題」討論的是質的研究的「真實性」、「可靠性」問題，這也是質的研究中的一個「老大難」問題。本章著重討論了質的研究界對效度的定義和分類、導致效度失真的原因、檢驗效度的方法等。這些問題目前在質的研究界都沒有定論，只是提出來供讀者思考。

第二十四章「質的研究中的推論問題」探討的也是質的研究中一個令人頭疼的問題，涉及到研究結果的「代表性」。由於質的研究的樣本通常比較小，研究結果很難在量的意義上進行「推論」。本章首先對質的研究界目前對「推論」的定義、希望「推論」的理論基礎以及客觀原因進行了辨析，然後提出了一條新的思考質的研究結果的「代表性」的思路。借用皮亞傑的圖式理論，我認為質的研究中的「推論」不是在量的意義上從部分到整體的「推論」，而是一種知識的逐步積累以及知識結構的不斷更新。

第二十五章「質的研究中的倫理道德問題」探討的是質的研究者不得不時刻面臨的問題。這個領域裡佈滿了「陷阱」，沒有既定的規章可循，研究者一不小心就有可能掉下去。本章對質的研究者經常遇到的一些倫理道德方面的問題進行了探討，如志願原則、尊重個人隱私和保密原則、公正合理原則、公平回報原則等，同時對質的研究者內部存在的不同意見進行了分析。

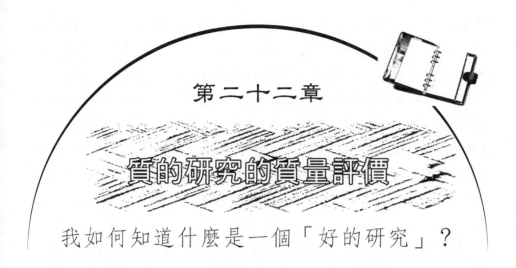

第二十二章

質的研究的質量評價

我如何知道什麼是一個「好的研究」?

　　質的研究者（像所有其他類型的研究者一樣）經常碰到的一個問題是：「什麼樣的研究是一個好的研究？評價一個好的研究的標準是什麼？」這類價值觀方面的問題通常把討論引向另外一些有關本體論、認識論和方法論方面的問題，如：「什麼是『研究』？評價『研究』的原則和標準是什麼？如何認識和發現社會事實？如何衡量研究的真實性？」等等。而對以上問題的探討又常常導致一些更具根本性的問題，如：「什麼是『事實』和『真實』？『事實』和『真實』是否存在？如果存在，如何發現它們？如果不存在，研究的本質是什麼？」結果，我們又回到了原地，即：「什麼是『研究』？」所以，如果要對研究的質量評價進行討論，我們必須從「什麼是『研究』？」這個問題開始。

　　當我們對「什麼是『研究』？」這個問題進行探討時，經常發現自己會涉及到「『研究』的目的是什麼？」這個問題：「『研究』是為了理解某一社會現象，還是就某一個問題尋找答案？是為了瞭解某一問題的複雜性，還是為瞭解決這個問題？是為了找出某一事物的『規律』，還是為了改變該事物的現存狀態？是為了對某一問題進行政策性預測，還是為了提出新的問題？」等等。與這些本體論問題相關係的認識論方面的問題又把我們帶到對

『研究』的『真實性』、『可重複性』和『代表性』的探討上：「我怎麼知道這項研究是『真實』、『可靠』的？『真實』、『可靠』指的是什麼？對誰來說是『真實』、『可靠』的？如何衡量研究結果的質量？『真實』、『可靠』是衡量研究結果的質量的標準嗎？為什麼？結果其他的研究者到同樣的地方、對同樣的研究對象、就同一問題、用同樣的方法進行這項研究，他們會得到同樣的研究結果嗎？有必要獲得同樣的結果嗎？希望獲得同樣結果的目的是什麼？我怎麼知道這項研究的結果可以『代表』所有同類的事物？『代表』的意思是什麼？為什麼要尋求研究結果的『代表性』？」等等。

　　我發現，對以上所有這些問題的探討都迫使我們首先回答一個問題，即：「我所從事的這項研究背後的指導思想是什麼？」所謂「研究的指導思想」可以借用庫恩的一個經典概念「範式」來進行討論。

第一節 什麼是「範式」

　　「範式」這一概念最初由庫恩（1968）提出來時，指的是常規科學所賴以運作的理論基礎和實踐規範。「範式」是從事某一科學的科學家群體所共同遵從的世界觀和行為方式，它包括三個方面的內容：(1)共同的基本理論、觀點和方法；(2)共有的信念；(3)某種自然觀（包括形而上學假定）。「範式」的基本原則可以在本體論、認識論和方法論三個層面表現出來，分別回答的是事物存在的真實性問題、知者與被知者之間的關係問題以及研究方法的理論體系問題。這些理論和原則對特定的科學家共同體起規範的作用，協調他們對世界的看法以及他們的行為方式。由於產生於特定的歷史時期和特定的科學家群體，「範式」的基本理論和方法不是固定不變的，隨著科學的發展而發生變化。

　　雖然庫恩有關「範式」的這個概念最初指涉的是自然科學的理論基礎和

實踐規範，是在對自然科學史進行研究時提出來的，但是近年來西方社會科學界對這個概念的借用十分廣泛。社會科學家們掀起了一場又一場「範式大戰」，對社會科學領域的各種流派在「元認知」的層面進行反省和審視。比如，一九八九年三月，美國的社會科學家們雲集舊金山，召開了題為「另類範式大會」的學術研討會，翌年出版了論文集《範式的對話》（*Guba, 1990*）。一九九四年，美國聖賢出版社出版的巨著《質的研究手冊》中有整整六章的篇幅專門用來討論範式的問題（*Denzin & Lincoln, 1994*）。在這些論文中，學者們對傳統的「實證主義」和質的研究所依據的三種「另類範式」即「後實證主義」、「批判理論」和「建構主義」進行了比較分析。本書第一章對質的研究的理論基礎進行討論時，曾經對這四種不同的範式進行了一個簡要的介紹。

第二節　從範式的角度看研究的質量評價

根據我們對範式的瞭解，我們知道不同的範式對「什麼是研究」這個問題的答案是不一樣的。實證主義認為，「研究」是通過科學的、證實的手段發現客觀存在的一種活動，研究者可以通過一套工具和一套程序對客觀現實進行經驗性的探究。後實證主義認為，「研究」是通過證偽的方式探究客觀現實，研究者雖然不可能準確地瞭解真實，但是可以通過積累不斷接近客觀真理。批判理論把「研究」作為解放人們思想意識的工具，研究者通過與被研究者之間平等的對話可以喚起對方的真實意識。而建構主義則著重於理解和解釋參與研究的各方對現實的共同塑造，「研究」是一個參與建構現實的過程。

因此，當我們考慮「什麼是『一個好的研究』？」這類問題時，必須首先問自己：「這項研究所依據的範式是什麼？在這個範式內『研究』具體指的是什麼？」只有弄清楚了這類問題，我們才有可能在特定範式的理論框架

內對該研究進行評價，而不至於犯張冠李戴、偷換概念的錯誤。當然，衡量一個研究是否是一個「好」的研究不僅僅取決於它所依賴的範式，而且包括很多其他方面的因素，如研究的目的、現象、問題、理論、對象、情境、時間、方法、過程、研究者和被研究者的關係等。然而，範式可以被認為是所有這些因素的決定性因素，衡量這些因素對研究的質量是否相關，取決於該研究的範式是什麼。因此，我在此主要從「範式」的角度來探討質的研究的質量評價問題。

▨▨▨ 一、實證主義的評價標準

如果我們可以確定某項研究依據的是實證主義的範式，那麼我們就應該將量的研究意義上的「效度」、「信度」、「推論」等作為衡量的標準。為了瞭解研究的結果是否準確地再現了我們認為可以被認識的「真實」，我們應該檢驗該研究是否使用了概率抽樣、建立常模、設立控制組等研究手段，是否嚴格遵循了一定的研究程序和過程。比如，如果某項研究的目的是調查中國家庭人口平均受教育程度與其生活水平之間的相關關係，我們必須瞭解如下情況：該研究是如何設計的？為什麼選擇這兩個變量？「家庭人口平均受教育程度」和「家庭生活水平」是如何定義的？選擇有關指標所依據的原則是什麼？指標的鑒別力、隸屬度和靈敏度如何？研究者是否在全國範圍內對所有的家庭進行了概率抽樣？樣本的精度如何？有關的數據是如何搜集和進行分析的？使用了哪些問卷和量表？研究結果的效度和信度如何？

▨▨▨ 二、後實證主義的評價標準

如果該研究依據的是後實證主義的範式，我們就應該考察它在研究的過程中進行證偽以及相關驗證的過程和方法，從而判斷其研究結果靠近「絕對

真理」的可能性程度。我們需要瞭解研究者是否具有高度的自我意識，系統、嚴謹地從事研究工作；是否對所有可能性解釋進行了檢驗，有意識地尋找並排除了不符合初步研究結果的反例；是否對自己的傾見和使用的方法進行了嚴格的審視，而且詳細、如實地報導了自己的研究過程。在這裡，重要的不是使用「好」的方法，而是如何對方法「合適地」加以運用（*Schwandt,* *1994*）。在這裡，量的研究中常用的「效度」、「信度」和「推論」等概念對檢驗研究的質量已經不再適用，取而代之的是「可信性」、「真實性」、「徹底性」、「協調性」和「可理解性」等概念（*Lincoln & Guba, 1985*）。有的研究者雖然仍舊沿用「效度」和「推論」之類的詞語，但是這些詞語所代表的意義內涵和檢測標準已經發生了變化（*Maxwell, 1996*）。「效度」不再被當作固定的、可以用量化工具測量的一個指標，而是研究項目各個部分和各個階段之間的一種「關係」。而「推論」則指的是讀者對研究結果的一種「認同」，在認同中擴展自己的認知結構和內容含量。

我個人對中國貧困地區輟學生的研究可以作為後實證主義的一個例子（陳向明，*1996/1*）。從本體論方面來看，我假設輟學生輟學是有客觀原因的，希望竭盡全力去瞭解事情的「真相」。但是，由於種種條件的限制，我對「真相」的瞭解十分有限。因此，我的研究結果只可能是我在彼時彼地一定條件下所可能得到的最佳結果。儘管如此，我在研究的過程中有意識地對研究結果的真實性進行了檢驗，採取了證偽的方式，對結果中的漏洞和疑點（如學生本人與教師提供的信息不相吻合）進行了追蹤調查，對不同的人（如學生、家長、教師、校長、學生的同學、鄰居）就有關研究結果（如學生輟學的原因）進行了相關檢驗。在研究報告中，我力圖對研究的背景、目的、方法、過程以及我和被研究者的互動關係進行詳細的報導，希望讀者通過這些細節對研究的真實性作出自己的判斷。所以，我個人對這個研究的質量評判基本上遵從的是後實證主義的原則。

三、批判理論的評價標準

　　如果某項研究依據的是批判理論的框架，目的是為了反省和改變現實，我們則應該考察研究者和被研究者相互接觸和交往的方式和過程，瞭解被研究者衝破「虛假意識」、獲得自身解放的程度和實質。在這種理論框架裡，一個「好的研究」應該將歷史形成的矛盾揭示出來，將被研究者從誤解的禁錮中解放出來，賦予他們權力和力量。因此，我們需要瞭解研究者是在一種什麼情況下、通過什麼方式與被研究者一起揭示歷史的不公，從而使後者擺脫自己被強加的「無知」和「無力」感。由於這種研究的主要手段是研究者與被研究者之間進行辯證對話，我們需要瞭解研究者是否具有自我批判的意識和能力，是否在對話中採取平等的態度，用自己對對方的尊重和真誠喚醒對方的「真實意識」。在這裡，實證主義研究中常用的衡量指標同樣不再適用，而所謂的「嚴謹」和「相關」這類衡量質量的概念也沒有固定不變的定義，因時間、地點、人物不同而有所不同。

　　我認為，在目前中國的社會科學研究領域，有不少研究在目的上可以被認為屬於批判理論的範疇。雖然研究者本人可能並沒有這樣一種意識（在這裡我自己不知不覺地扮演了批判理論者的角色），或者在方法上沒有嚴格遵守平等對話和辯證互動的原則，但是他們研究的主要目的是改造社會。我本人參與的國家教育部九年義務教育課程教學研究可以在此作為一個例子。我們認為自己已經瞭解了現存問題的嚴重性（如學生學業負擔過重、應試教育忽略了學生的身心發展等），研究的任務是找到「客觀」事實來說服有關人員進行大幅度的改革。我們的目的不僅僅是為了瞭解「事實」或證實自己的想法，而且希望通過這項研究喚起有關人員對中國基礎教育的重視，採取行動改善現有狀況。因此，如果要對這項研究的質量進行評價，我們必須遵從批判理論的框架對如下問題進行考慮：「此項研究是否真正使制定教育政策的人們、教師、家長以及受教育的孩子們更多地意識到了現存的問題？他們

是否感到自己比以前更加有力量和策略來改變不良現狀？他們是否因此而加深了對教育的本質的認識和理解？」

四、建構主義的評價標準

如果某項研究是建立在建構主義的基礎之上，承認現實是一種社會、文化、個體相互之間的共同建構，那麼我們希望看到這種建構的具體過程。基本原則是考察主體之間是否通過互動達到了某種「共識」，其過程具有「闡釋的」和「辯證的」兩個方面。前者指的是：通過對不同個體建構的不斷詮釋而盡可能達到理解上的精確；後者指的是對現已存在的個體建構（包括研究者本人的建構）進行比較和對照，使每一個個體都有機會瞭解其他人的建構，直到各方達到了某種共識。因此，對建構主義研究的檢驗不是依據一個事先設定的理性標準，而是依當時當地生活事件的具體情境而定。檢驗的原則是：主體各方達到的共識是否對他們自己具有「解釋力度」、「資訊豐富性」和「複雜精緻性」。檢驗的方式是一個開放的、不斷演化的、通過實踐而逐步修正的過程。各方通過對共識進行對比，直到找到此時此地各方認為最豐富、複雜、精緻的結果。因此，研究者必須以一種反思的態度，如實地報導自己與被研究者共同從事這種建構的方式和過程。與此同時，研究者還必須保持交流管道暢通，允許對現有解釋的豐富性和精確度進一步加以改善。

我的一位同學對中國大陸移民在美國的文化適應情況進行了研究，其中的一個片斷可以在此作為例子。一天，我的同學在一個中國移民家庭裡對其三名成員同時進行訪談：爸爸、媽媽和女兒。訪談中，爸爸談到了在美國生活的種種艱辛。當他提到當時正在美國上映的中國電影《活著》時，突然失聲哭了起來。媽媽、女兒和我的同學當時都流下了眼淚。後來，我的同學問女兒：「你看到爸爸哭有什麼感覺？」女兒回答說：「我不知道我爸爸是會哭的。我一直以為爸爸是一個冷酷的人，他到美國六年以後才把我和媽媽接

出來。」訪談結束的時候，爸爸、媽媽和女兒都告訴我的同學：「我們一家人從來沒有像今天這樣交談過」。

這個例子說明：所謂的「客觀事實」實際上是不存在的，它是研究者與被研究者在當時當地的共同建構。可以設想，如果沒有我的同學在場，如果沒有研究者和被研究者所共同創造的這個情感氛圍，這個家庭中的女兒可能仍舊認為她的爸爸是一個「冷酷的人」，家庭成員之間的交談方式可能仍舊是從前的樣子。正是由於有了這樣一個「現象場」（羅杰斯，引自陳仲庚，張雨新，*1987: 270*），女兒對爸爸的認識才加深、加寬了，家庭成員之間的相互瞭解也與以前不一樣了。同時，我的同學作為研究者與他們的關係也改變了，他對他們的瞭解和理解也大大加深了。因此，衡量這個研究的標準應該是：我的同學與這個中國家庭中的成員們相互之間是否達到了某種共識（如「爸爸不是一個冷酷的人」）；這種共識對瞭解這個家庭中的成員們在美國的移民生活是否提供了更多的資訊，是否具有更強的解釋力度，是否更加深刻地揭示了他們的內心世界。此外，我們還需要瞭解他們各方是通過什麼途徑和方法獲得這種共識的，我的同學是否經常像這次一樣與這個家庭接觸，是否反覆將各方的理解進行對照，直到獲得了當時當地各方都認為是最為有力和豐富的解釋。

第三節　不同範式之間如何交流

上面，我們從範式的角度對社會科學研究（包括質的研究）的質量評價問題進行了一個初步的探討，結論是：不同的範式代表的是不同的世界觀，因此對其指導下從事的研究進行質量評價應該採取不同的標準。那麼，有讀者可能要問：「不同的範式之間如何對話呢？不同範式指導下的研究相互之間如何進行比較和交流？如果沒有統一的標準，比較或交流是否可能？」這裡，我們似乎撞進了相對主義的死胡同。如果我們承認不同的研究代表的是

不同的範式，那麼它們之間似乎就沒有可以比較的基礎，也就沒有辦法進行交流。這是一種非此即彼的思路：要不我們就只有一個「客觀的」、唯一的、適用於一切情況的標準，要不就沒有標準，什麼都行。那麼，我們的出路又在哪裡呢？在這種普遍主義和特殊主義之間的抗衡中，我們應該採取一種什麼樣的立場呢？

根據華勒斯坦等人（1997: 63-64）的觀點，某種多元化的普遍主義是當前社會科學界話語共同體進行交流的必然要求。這種普遍主義應該超越了現代社會和現代思想所拘泥的形式，接受存在於普遍性內部的各種矛盾。就如同在印度供奉眾神的寺廟裡一個單一的神擁有許許多多的化身一樣，這種普遍主義應該是多元的、開放的、變化的。面對一個不確定的、複雜的世界，我們應該開放社會科學，以便使他們能夠對自身的偏狹所遭到的合理反對作出適當的回應。我們應該允許有多種不同的解釋同時並存，通過多元化的普遍主義來把握我們現在和過去一直生活在其間的豐富的社會現實。而要實現這種多元的、超越了偏狹和單一的普遍主義，我認為，不同的範式之間需要彼此進行對話。

一、什麼是「對話」

「對話」從字面上看指的是交往雙方相互說話，向對方表達自己的思想和意願，同時試圖理解對方的語言表達。在現在討論的這個情境裡，我所說的「對話」不僅僅（或者更極端地說，不是）指這一層意思。我認為，「對話」的實質不僅僅是對話各方在意義層面上進行交流，而且是對話各方通過互動進行意義的重構。「滲透於對話中的語言和理解總是超越對話中的任何一方的理解而擴展著已表達的和未表達的無限可能的關聯域」（王岳川，1992: 33）。在這裡，「意義」不是一個存在於單一個體身上的客觀實在，而是在人與人之間互動的過程中產生和發展出來的社會性交往產物（Blumer, 1969）。在對話過程中，各方既不是簡單地陳述自己的觀點，希望對方理解自己；也

不是一方試圖理解另一方的觀點，然後決定接受或者不接受。對話是一種言語行為，具有以言行事和以言取效的功能（*Austin, 1962*）。通過揭示交往雙方共同認可的主體間性結構，對話這一言語行為可以將交往各方個人的知識轉換成為主體間性的知識（哈貝馬斯，*1997*）。這種知識擺脫了主觀主義和客觀主義之間的對立，既主觀又客觀，對個體和社會既具有構成性，又具有被構成性。

因此，在不同範式之間的對話中，研究者可以對「什麼是研究的『質量』？什麼是一個『好』的研究？」這類問題產生新的意義解釋。各方不再只是陳述自己的觀點和立場，而是在一起探索回答這類問題的新的角度和新的內容可能性。當然，各方仍舊有自己的主觀動機和立場，但是通過平等對話刺激彼此的興趣和思維，交往各方可以共同建構出一個新的對「好的研究」的定義。目前在結合不同範式的嘗試中，質的研究與量的研究之間的結合便是一個十分典型的例子。雖然這兩種研究方法建立在十分不同的範式之上，對研究的質量有不同的衡量標準，但是很多社會科學家嘗試將兩者結合起來使用，通過協商獲得一種新的對「好的研究」的認識（有關這方面的問題，詳見第二十七章）。

二、如何對話

如果我們認為不同範式之間展開對話可以形成新的對「什麼是一個好的研究」的認識，那麼可能有讀者會問：「這種對話具體是如何進行的呢？在對話中是否存在一些原則、規律和運作機制呢？」我發現自己很難對這類問題作出回答。之所以困難其中一個重要的原因是，提出這樣的問題本身就違背了上述「對話」的精神和原則。對話本身是一個不斷演進的過程，是交往雙方的即興創造，不可能有明確固定的原則，也沒有可以預測未來的「規律」可循。這裡的「規律」就是「沒有規律」。對話過程中很多部分和環節（如果存在所謂的「部分」和「環節」的話）都無法用語言表達。要成功地

從事這類活動，對話者更多地依靠的是自己本身的素質、態度和靈感以及在當時情境下與對話伙伴的關係，而不是固定的操作方法和行為規則。因此，如果我們試圖對上述問題作出一個「回答」的話，只可能對不同範式之間「對話」的理想狀態作一個一般性的描述。當然，我們有責任將自己可以說清楚的部分說清楚，但是只可能適可而止，在一定的層面作一些比較概括性的探討。

就我自己目前的思考能力，所謂「自己可以說清楚的部分」主要有三點：(1)在對話中注意自己的話語權力；(2)在對話中強調對話雙方的相互理解；(3)承認範式的侷限性。

1.對話中的話語權力

首先，我們必須意識到，對話是與權力緊密相連的。對話這一形式本身就存在著對交往雙方的限制，存在著一種內在的不平等（利奧塔，1997）。當說者發言時，他／她似乎必須比聽者懂得更多，或者懂得比他／她認為自己實際懂得的要多；而對方作為聽者，其接受的角色已經被先天地限定了。在這樣的模式中，談話雙方不可能平等地進行交談。出於一種對權威的相信以及權威對自己被相信的需要，說者總是希望用自己的觀點來影響聽者，而聽者被無可奈何地放到了接受的位置。

因此，理想的對話方式應該是：讓說者的位置空缺。沒有人能夠把自己放在說者的位置上，也沒有人能夠成為「權威」。說者應該作為聽者而不是說者發言，雙方都只就自己聽到的東西發言，雙方都是接受者（利奧塔，1997）。理想的對話具有「在各種價值相等、意義平等的意識之間相互作用」的「對話性」（巴赫金，1979），在這種對話中，最重要的本領不是述說，而是傾聽——無條件地、全身心地、共情地傾聽。對話者應該打開自己所有的觸角，「甚至願意漠視你自己的心智所向往的東西，使它對它沒有料到的思想開放」（利奧塔，1997: 95）。只有這樣，舊的知識才能得以更新，新的知識才能得以建構。因此，當不同範式之間進行對話時，各方的任務不是對彼

此的觀點進行價值判斷或批評指責，而是注意傾聽對方的聲音❶。

建立在「另類範式」基礎之上的質的研究，與建立在實證主義基礎之上的量的研究之間，便存在十分明顯的權力之爭。由於各種歷史的和現實的原因，量的研究在社會科學研究界占據了統治地位，其衡量質量的標準幾乎成為了衡量所有社會科學研究的標準，而質的研究這些「另類」則很難在與量的研究的抗衡中保留自己的聲音。由於交往關係不平等，在雙方的「對話」中，量的研究似乎顯得「趾高氣揚」、「頤指氣使」；而質的研究則發展出一種雙重性格：一方面感到非常「自卑」，缺乏強有力的手段與對方抗衡；另一方面又非常「自傲」、「自視清高」，對對方的衡量標準不以為然。因此，目前雙方應該做的是，儘快建立起一種可以進行「理想對話」的氛圍，彼此平等相待、相互尊重。

從理論上講，參與對話的各方不論大小，應該在權力（利）上一律平等，共同對主體間性知識的構建作出自己的貢獻。但是，在實際對話時，各方必須有一定的、旗鼓相當的實力，有能力形成「對局」，才可能進行所謂「平等的」對話（趙汀陽，*1998: 17-18*）。否則便是單方面的話語，「人家的話題，人家的思路，人家的判斷」，就像蘇格拉底的「助產」，單方面地向對方施以引誘和暗示，完全控制了對話的走向。如果各方水平相當，形成了「對

---

1. 高一虹（*1998: 10*）認為，有的範式本身，如批判理論，好像就與這一原則相悖。批判理論的目的就是要把被剝奪了的「說」的權利還給「聽」者。這就為我們提出了一個問題：「如何處理範式內交流原則與範式間交流原則的不一致？」我認為，範式間交流應該採取平等對話的原則，各方傾聽彼此的意見。而如果某一範式（如批判理論）內部的交流原則與此不符，應該遵守範式間的交流原則。其實，我認為，批判理論在理論上也是倡導平等對話的，只是它意識到「客觀現實」的不平等性，希望更加歷史地、社會地看待交流各方所處的「實際」狀況，而不只是探討理想的狀況。而且，即使批判理論希望將「說」的權利還給「聽」者，達到這個目的的手段還是（也只可能是）平等對話，因為這種對話的形成本身就是使「聽」者成為「說」者的最有效手段。

局」，各方的思想才可能相互獨立，才有可能產生精彩的思想，而不是預先就在對方的圈套之中。在「對局」中，各方站在自由的思想位置，不受制於任何一個思想習慣，把自己所有的資源都看做是可利用的對象，從思考「自己占有什麼樣的過去」轉向思考「自己可以占有（或創造）什麼樣的未來」。因此，對話各方不僅需要採取平等的態度，而且需要提高自己的水平、發展自己的實力。質的研究只有真正具有了「對局」的實力，能夠提出一些有價值、有分量的看法和做法，才能真正平等地、不卑不亢地與其他研究範式進行對話，共同對「好的研究」的標準達成共識。

其實，在「理想的對話」中甚至不存在一個衡量「好的研究」的共同標準，參與對話各方不應該受到某一特定標準的約束。「好」與「不好」只是一個「看法」而已，而「看法」應該是可以討論的，沒有固定的標準可言。因此，不論自己持什麼範式，研究者不必固守某些先入為主的衡量標準，而應該根據自己研究項目的具體情況重新建構衡量標準。比如，如果我們的研究結合使用了質的研究和量的研究的方式，我們可以考察這種結合有什麼長處、結合以後比不結合是否更好地回答了研究的問題、結合以後產生的研究結論是否比不結合所產生的結論具有更強的解釋力度。

2.對話中的相互理解

如果我們同意不同範式之間的對話是一個不斷向前流動的意義建構過程，在這個流動的過程中有可能形成新的衡量研究質量的標準，那麼讀者可能會繼續問：「持不同範式的研究者是如何做到相互理解的呢？在不同的知識範式只能自我參照的情況下，研究者如何進行建設性的對話呢？」這個問題非常複雜，很難給出「確切」的回答。我在此只能提供自己目前的一點想法。

首先，我認為，在不同觀點中求得理解需要一些必要的「制度性」保證，即交往各方共同遵守的某些對話規則。任何理解都只可能發生在特定的研究者群體，需要一定的原則和規範的制約。因此，各方必須承認彼此的基本假設，並且創造一些可以共通的原則。比如，在質和量的研究之間的對話中，

雙方應該考慮到對方所依靠的範式的特點，建立一些可以進行平行比較的衡量質量的原則，如用「可信性」對等於「內部效度」。與其強行設立一些共同的標準，雙方可以將彼此「實際使用的邏輯」抽取出來進行比較，然後在此基礎上重新構築一個雙方可以進行交流的「邏輯」（*Guba, 1981*）。

當不同的範式之間進行對話時，觀點上的衝突是不可避免的。對話並不以「可通約性」作為理解的既定前提，而是承認時代差距和文化差距所帶來的「不可通約性」，將其作為對話的出發點（羅蒂，*1987*）。理解並不等於同意對方，接受對方的觀點，而是在於學會容納對方，與不同意見和平相處。對話的最終目的是不斷將對話進行下去，而不是最終發現「客觀真理」。「真理」無非是我們對前人的解釋的再解釋，而我們的前人的解釋則是對他們的前人所作的解釋的再解釋（楊壽堪，*1996: 114*）。因此，對話需要有一個民主協商的機制，充分聽取大家的意見。對話各方應該具有尊重對方、維護多元的態度，為「眾聲的喧嘩」創造一個輕鬆、愉快、安全的環境（*Quantz & O'Conor, 1988: 99*）。雖然理解不必同意對方，但是需要與對方共情的能力。這不僅僅是一種認知層面上的理解，也不只是行為上的模仿，而是交往雙方在情感上和精神上的共振。通過這樣的共振，對話雙方可以真切地感到彼此對自己的範式的熱衷強度，在情感上產生對對方的理解。

此外，作為對話中的一員，我們還需要瞭解和理解自己的理論範式和方法，並且全心全意（而不是半心半意甚至假心假意）地擁抱自己的信念。只有透徹地瞭解和理解了自己的選擇，我們才有可能去瞭解和理解別人的選擇。而只有堅信自己的主張，我們才會有能力尊重對方的主張。如果我們對自己遵從的範式不甚瞭解，對自己的主張不甚堅定，便很容易產生防禦心理，或先發制人，以免遭到對方的攻擊；或畏葸不前，羞於捍衛自己的信念。因此，在對話中，我們不僅應該保持一種對所有的意見開放的態度，而且需要瞭解自己的理論範式和方法選擇。

3.承認範式的侷限性

上面的討論表明，每一種範式（及其相應的方法）都有自己內在的侷限性（或者說是特性），都帶有既揭示又隱藏的雙重功能，即在昭示事物的某些特性的同時也隱蔽了其他的一些特性。因此，在與持不同範式的研究者進行對話時，我們應該承認自己所依據的範式的侷限性，將自己的研究結果以及對結果的質量評價限定在一定的範圍和語境之內。

承認範式的侷限性還意味著承認範式本身有可能發展和變化。隨著常規科學進入反常與危機時期，新的常規科學會在科學革命中建立起來，而與此相應的新的範式也會應運而生（Kuhn, 1968）。促成範式發展和變化的原因和條件很多，其中重要的一條便是科學家群體所從事的實踐活動。其實，範式與研究方法之間並不是一個單向的、具有決定性指導作用的關係，而是一個雙向的、相互影響的關係。範式在一定時空下指導和規範著研究者的行為；而研究者的實踐活動也同時豐富和發展著範式的定義、原則和內容。一旦時機成熟，新的範式就會在研究實踐的基礎上產生出來，為研究提出新的發展方向。本章第三節在討論從範式的角度看待研究結果的質量評價時，只是從範式出發從上往下看待研究的質量評價，而其實這個論證程序也是可以從下往上的。研究的具體實踐可能會改變範式的定義，同時也就改變了對「好的研究」的評價標準。

因此，我們不應該將現存的範式當成僵化的、固定不變的思維模式，而應該在自己的研究實踐中有意識地發展它們。在反省自己的範式的同時，我們可以有意識地總結自己的研究經驗和教訓，為範式的更新提供資源。其實，範式本身就是在特定科學家群體的研究「範例」和開放性「條目」的基礎上通過歸納而建立起來的一些標準和規範（Bernstein, 1983）。它們是特定時代人為的產物，不僅為特定時期科學話語的有效性提供標準，而且為增長知識、改革現實提供了合理運作的指南（Popkewitz, 1984: 52）。所以，它們自身必將隨著知識的增長和現實的變化而發生變化。對範式的發展我們應該採取一種

開放的態度，承認現存範式的侷限性，允許實踐對其進行改造。

　　承認某一範式的侷限性並不意味著否定這一範式，而是給予它發展和變化的空間。承認範式的存在是為了規範研究者的行為，為研究結果的意義解釋點明其理論基礎，使研究者對自己的行為更具有反思能力。但是，每一種範式的定義是可以接受不斷的詮釋和再詮釋的。只有在這樣一個開放的氛圍下，不同的範式之間才有可能進行對話；而只有在公開的對話中，範式才有可能獲得創新的契機。如果參與對話的各方意識到了話語中的權力結構，而且具有寬容的態度和共情的能力，不同的範式之間是可以共同建構出新的有關「好的研究」的定義的。在這個意義上，我們可以說，對話在不同的範式之上建立起了一座橋樑，這座橋樑為研究者進入更高層次的意義境界鋪墊了道路。

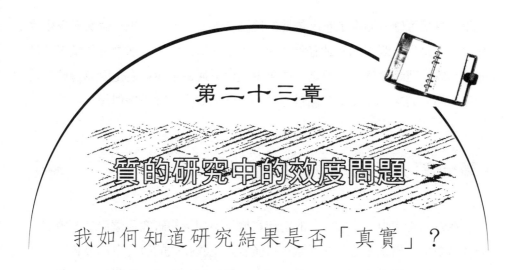

第二十三章

質的研究中的效度問題

我如何知道研究結果是否「真實」？

　　社會科學家在對社會現象進行研究時，一般要用「效度」這一概念來衡量研究結果的可靠性，即研究的結果是否反映了研究對象的真實情況。在量的研究中，「效度」指的是正確性程度，即一項測試在何種程度上測試了它意欲測試的東西。這包括兩個方面的意思：一是測查了什麼特性，二是測查到何種程度。效度越高，即表示測量結果越能顯示其所要測量的對象的真實性。量的研究在選擇測量工具以及設計問卷和統計量表時都要考慮，使用這些工具測量出來的東西是否確實是研究者所希望得到的東西，所測得的結果是否能夠正確地、有效地說明所要研究的對象。

　　在量的研究中，效度的檢驗一般分為三類：(1)內容效度；(2)效標效度；(3)理論效度（*Light et al., 1990: 151-158*）。「內容效度」指的是：一個測量工具的各個部分是否測量了研究對象的所有內容。比如，一門課的期末考試如果涵蓋了該課程本學期所教的全部內容，那麼這個考試便具有「內容效度」。「效標效度」指的是：測量工具對測量對象進行測量所獲得的結果是否與被假定的測量標準相一致。例如，研究人員要學生在一份問卷中填上自己高考時各門功課的得分，如果學生填的分數與他們實際所得的分數之間一致性程度高，則說明此測量方法「效標效度」高，反之則低。「理論效度」指的是：

測量工具是否確實測查了它所依據的理論基礎。比如，如果一個衡量學生學術水平的量表所測出的分數確實反映了學生的學術水平，那麼這個量表就具有較高的「理論效度」；反之，如果學生可以通過猜測或者是因為善於考試而獲得高分的話，那麼這個測量工具的「理論效度」就不夠理想。

第一節 質的研究對效度的定義

　　在質的研究中，「效度」的定義和檢驗不如量的研究那麼清楚、確定，研究者對這一概念普遍存在爭議。持後實證主義範式的研究者一般認為，這個詞語可以用於質的研究，但是不能沿用量的研究對這一詞語的定義和分類（*Taylor & Bogdan, 1984: 98; Merriam, 1988: 168*）。質的研究真正感興趣的並不是量的研究所謂的「客觀現實」的「真實性」本身，而是被研究者所看到的「真實」、他們看事物的角度和方式以及研究關係對理解這一「真實」所發揮的作用。因此，他們提出了各種不同的定義和分類的方式（見下面的詳細介紹）（*Erickson, 1989; Goetz & LeCompte, 1986; Kirk & Miller, 1986; Philips, 1987; Maxwell,1996*）。

　　持建構主義範式的研究者則大多認為，「效度」這個概念不適合質的研究，主張用其他的詞語來代替，如「真實性」、「可信性」、「可靠性」、「確實性」、「一致性」、「準確性」等（*Lincoln & Guba, 1985, 1990*）。

　　一些更加激進的建構主義者和批判理論者則認為，不論是「效度」還是其他類似的概念都不適合質的研究。這類概念以事物是獨立的、自足的客觀存在為前提，認為研究者可以識別並驗證其客觀真實性（*Hammersley, 1992; Wolcott, 1990*）。而質的研究的一個重要理論前提是：「客體」不是一個固定不變的實體，它是一個與主體相互配合、適應、轉換和變化的另外一個「主體」。研究者對事物的理解不是簡單的主體對客體的認知，而是主體與主體在一定社會文化環境中的重新相互建構。這是一個複雜的運動過程，主體間

的理解受制於各自所處的研究情境。例如，當我們調查某中學的紀律情況時，我們的身分和地位（研究人員、教師還是行政管理人員？國家教育部派來的還是出於個人興趣？）、調查的目的（瞭解現狀為研究所用，還是匯報上級以決定改革舉措？）、調查的對象（校長、老師、學生還是家長？）、調查的地點（在校園裡還是學生家裡？）、調查的時間（課上還是課後？）、調查的方法（參與型還是非參與型觀察？開放型還是封閉型訪談？）等都有可能影響到我們對該學校紀律的調查。由於上述諸因素的影響，我們對該學校的紀律情況獲得的認識與在其他情況下獲得的研究結果有可能很不一樣。

　　儘管學術界對質的研究中是否應該使用和如何使用「效度」這一概念有不同的意見，但是絕大部分質的研究者（特別是持後實證主義範式的研究者）仍舊沿用「效度」這一詞語來討論研究結果的真實性問題。然而，大家都同意，質的研究所使用的「效度」這一詞語不論是在概念定義、分類方法還是使用範疇上都和量的研究很不一樣。前者使用的「效度」指的是一種「關係」，是研究結果和研究的其他部分（包括研究者、研究的問題、目的、對象、方法和情境）之間的一種「一致性」。當我們說某一研究結果是「真實可靠的」時候，我們不是將這一結果與某一個可以辯論的、外在的客觀存在相比較（事實上這一「存在」並不存在）。而是指對這個結果的「表述」是否「真實」地反映了在某一特定條件下，某一研究人員為了達到某一特定目的，而使用某一研究問題以及與其相適應的方法對某一事物進行研究這一活動。假設，我們在調查了某中學學生的課外活動以後，得出了這樣一個表述：「該中學學生的課外活動非常豐富，學生參加的積極性很高，對促進他們的課堂學習產生了重要的作用」。如果我們有充分的證據表明這一表述最合理、最恰當地表現了我們在現存條件下（如雲南師範大學教育系的兩名研究人員於一九九七年九月到十二月在該中學分別使用了非參與型觀察和開放式訪談對十位教師、五位管理人員、十五名學生以及他們的家長調查了學生的課外活動情況）所得到的結果，那麼這個表述就是有效的。因此，從這個意義上來說，質的研究的效度所表達的關係是相對的，不是一種絕對的「真實有效

性」。當我們說某一表述是「有效的」時，我們並不是說這一表述是對該研究現象唯一正確的表述。我們只是表明這一表述比其他表述更為合理。

如上所述，質的研究中的「效度」這一概念是用來評價研究報告與實際研究的相符程度，而不是像量的研究那樣對研究方法本身的評估。量的研究假設研究對象是一個客觀的實體，只要研究者遵循一定的方法和操作程序就可以保證獲得可靠的數據和研究結果。而質的研究認為，客觀的、固定不變的實體是不存在的，研究是一個主體間不斷互動的過程。因此，「效度不是一個商品，可以用方法買到……效度就好像是品質、性格和質量，只能在與一定的目的和環境的關係之中加以測查」（*Brinberg & McGrath, 1985: 13*）。作為研究者力爭達到的一個目標或一種境界，「效度」不可能按照某種嚴格的、預定的研究被生產出來，只可能依賴研究中存在的各種關係因素。當我們說某一結果的效度比較「高」時，我們不僅僅指該研究使用的方法有效，而是指對該結果的表述再現了研究過程中所有部分、方面、層次和環節之間的協調性、一致性和契合性。沿用上例，當我們說我們對某中學學生課外活動的調查結果是「有效的」時，我們不僅僅指該研究使用的非參與型觀察和開放式訪談是有效的，我們指的是這些方法與研究課題的其他部分，如研究者（雲南師範大學教育系的研究人員）、研究的問題（中學生的課外活動）、研究的目的（瞭解和理解該校學生的課外活動情況）、研究的對象（教師、管理人員、學生和家長）、研究的時間（1997年9月到12月）和研究的地點（校園內）之間有一種內在的相容性。之所以「相容」是因為這些研究者使用這些方法可以在合適的時間和地點向有關的研究對象就本研究問題進行探究，獲得的研究結果達到了研究的目的。

此外，漢莫斯里（*1992: 52-54*）認為效度應該是多元的，而不是只有一種「效度」。他提出了「複雜的現實主義」（與他所謂的「樸素的現實主義」相對）的觀點。這種觀點認為，「知識」是一些具有合理效度的信念，是人的建構，具有豐富多樣的形態。所謂的「知識宣稱」必須建立在可信和可能的基礎之上，與研究者關於世界的假設具有一定的相容性。而研究者的假設

是多元的，對於同一個現象往往有相互不矛盾的多種說明，因此其效度也應該是多樣的。因此，我們應該拋棄對唯一「效度」的堅持，承認效度的多樣性、豐富性和變化性。

第二節 效度的分類

　　對效度進行分類的方法目前有很多種（*Cook & Campbell, 1979; Maxwell, 1992, 1996; Runciman, 1983*）。下面主要介紹馬克斯威爾（*1992, 1996*）的分類方式，同時結合其他一些學者的觀點作為補充。之所以選擇馬克斯威爾的分類，是因為我認為他的分類具有一定的系統性和合理性，比較貼近質的研究者的具體工作實踐，而不只是停留在理論探討的層面。作為一個後實證主義者，馬克斯威爾認為，質的研究可以繼續使用「效度」這個詞語，但是其定義和分類必須採取與量的研究不同的思路。質的研究者應該從自己從事研究的經驗出發，介紹自己在研究的過程中是如何思考、甄別和處理效度問題的。所謂「從質的研究者從事研究的經驗出發」指的是：考察在具體研究中通常會出現什麼類型的效度問題（他稱之為「效度威脅」，即對研究的真實性可能形成威脅的因素），然後反省自己是如何處理這些問題的。從研究者自己的角度來探討效度問題比站在這之外或之上評頭論足更具有可信度和說服力，因為這樣更加貼近研究的具體實踐。

　　在 1992 年的一篇論文中，馬克斯威爾（*1992*）將質的研究中的效度問題分成五種類型：(1)描述型；(2)解釋型；(3)理論型；(4)推論型；(5)評估型。在 1996 年出版的《質的研究設計》一書中，他又增加了兩種類型：(1)因研究者的傾見而造成的效度問題；(2)因研究者與被研究的關係而帶來的效度問題。我認為這兩類可以合到前五類之中，而上面的「推論型效度」可以放到下一章「質的研究中的推論問題」中進行討論，因此在這裡我只對上面的(1)、(2)、(3)、(5)四類效度問題進行探討。馬克斯威爾在討論上述類型時沒

有給予詳細的分析和舉例說明，我將在他的基本框架下結合自己的研究和教學經驗以及現有文獻進行更進一步的探討。在對他的四種效度進行探討以後，我將簡要介紹其他學者的有關觀點。

▨▨▨ 一、描述型效度

「描述型效度」指的是對外在可觀察到的現象或事物進行描述的準確程度。這一概念既適用於質的研究也適用於量的研究。衡量這一效度有兩個條件：(1)所描述的事物或現象必須是具體的；(2)這些事物或現象必須是可見或可聞的，比如，醫院裡的病房和病人，診斷時醫生向病人發問。假設一位研究人員到學校觀察課堂上老師和學生的互動關係，如果該教室臨街，外面很嘈雜，該研究人員聽不清楚老師和學生所說的話，那麼他／她對師生互動關係的描述就有可能失真。又假設一位研究人員去採訪一位工廠的工人。訪談開始後，他／她的錄音機出了毛病，沒有錄下工人所說的話。那麼，他／她事後憑記憶所作的紀錄也有可能有所遺漏和錯誤。在這種情況下，不論是研究者搜集的原始材料還是基於這些材料之上所做的結論，其描述效度都有問題。

研究結果的描述型效度還可能受到研究者個人的社會地位、價值觀念、思維方式、知識範圍、心理特徵、生理特徵等因素的影響。比如，由於人的感覺具有相對性，一個長臉的女人留長髮就比留短髮顯得臉更長；「同樣的氣候，在老年人看來似乎是寒冷的，但在壯年人看來卻似乎是溫和的；同樣的酒，那些剛吃過海棗或無花果的人覺得是酸的，而那些剛嚐過栗子或鷹嘴豆的人覺得是甜的；浴室的走廊，那些從外邊進來的人感到暖和，從裡面出來的人感到寒冷」（齊碩姆，*1988: 61*）。如果一位研究者在視覺器官十分疲勞的情況下進行觀察活動，也很容易發生觀察誤差。他／她可能將一只蘋果看成一只桃子，將十三部自行車看成十四部。

在描述型效度方面犯錯誤的情況還包括研究者在搜集和分析資料時有意

無意地省略掉某些對研究課題至關重要的資訊。比如，如果研究者在對某食堂的伙食標準進行觀察後只在報告中提到「伙食標準很高」，「飯菜價格很貴」，而不對飯菜的成本和價格進行具體的報導的話，則有可能造成資料的不真實。由於不同的人對「高」和「貴」這類判斷性概念可能有不同的理解，僅僅用這些詞語來描述飯菜的價格是不準確的，容易給讀者造成不解或誤解。

　　描述型效度還受到研究者和被研究者之間關係的影響，這種影響也被稱為「測不準效應」，即由於研究者的參與被研究者改變了自己的自然狀態（袁方，1997: 426）。比如，在進行非參與型觀察時，被研究者可能因為研究者在場而表現得與平時不一樣；在訪談時，被訪者有可能自覺或不自覺地掩飾或回避一些問題。

二、解釋型效度

　　解釋型效度只適用於質的研究，指的是研究者瞭解、理解和表達被研究者對事物所賦予的意義的「確切」程度。滿足這一效度的首要條件是：研究者必須站到被研究者的角度，從他們所說的話和所做的事情中推衍出他們看待世界以及構建意義的方法（而不是像量的研究那樣，從研究者預定的假設出發，通過研究來驗證自己的假設）。質的研究重在探索研究對象的文化習慣、思維方式和行為規範，因此研究者在搜集原始資料的時候必須盡最大的努力理解當事人所使用的語言的含義，盡可能使用他們自己的詞語作為分析原始材料的碼號，並力圖在研究報告中真實地報告他們的意義解釋。

　　另外，在試圖理解研究對象的真實想法時，我們還必須分清楚他們口頭上擁護倡導的理論和實際行動中遵循的理論之間的區別。比如，某位男教師可能認為體罰學生是不好的行為，如果有研究人員問這個問題，他也會這麼回答。可是，他在實際處理學生問題的時候有可能使用過體罰這一手段，這時候他使用的是另一套解釋原則。在這種情況下，研究者必須使用多種不同的研究方法（如訪談和觀察相結合），調查各種不同的人（如他的學生、學

生家長以及學校裡其他的老師和管理人員），詢問不同的情形（如他在什麼情況下體罰過學生？體罰過什麼樣的學生？因為什麼原因？），從而瞭解該老師所說的「體罰學生是不好的行為」到底是什麼意思：是他認為應該遵循的一種價值觀念？還是可以因具體情況的不同而不同？

　　雖然在本書中我一再強調從被研究者的角度理解他們的意義解釋，但事實上要真正做到這一點是非常困難的。解釋的活動發生在大腦內部，作為研究者，我們很難知道被研究者大腦內部的活動，我們很難從被研究者的外顯行為中發現其意義。我們只能從自己的角度說「我看見了什麼；我看見的是什麼」，而不能從對方的角度說同樣的話，更無法解釋他們「為什麼」這麼做而不那麼做。即使是將觀察與訪談相結合，直接用語言詢問對方的意義解釋，我們也很難知道自己所聽到的是否「真正」代表了對方的意思，自己的理解是否「確實」。比如，如果有一個法國人相信「土豆」就是英語中的「蘋果」，他會用「籃子裡有土豆」這樣的語言來表達「籃子裡有蘋果」這一觀點（齊碩姆，*1988: 70*）。而我們很難說，他的理解就是「不對的」。有人認為，原始的「意義」（Meaning）可以客觀地存在於被研究對象身上，而解釋的「意義」（Significance）卻有可能因研究者不同而有所不同（*Hirsch，1967: 8*）。加達默爾對這種「證實解釋學」的觀點進行了批駁，認為它實際上重蹈了實證主義的覆轍（*Smith, 1990: 174*）。這種觀點似乎認為，主體和客體可以分離，研究者的「意義」可以與被研究者的「意義」分離。而加達默爾認為，這是對理解之本質的一大誤解。理解是一個互為主體的活動，「意義」存在於關係之中（*Rorty, 1992: 92-93*）。「客觀」存在的「意義」是不存在的，對「客觀」意義的理解和解釋也是不可能的。因此，我在上面所強調的「研究者站到被研究者的角度思考問題」的說法其實也是相對而言。任何理解都需要經過研究者的推論，而推論的根據在於研究者自己的文化參照、研究者個人的背景以及研究者與被研究者之間的關係。

三、理論型效度

「理論型效度」又稱「詮釋效度」，與量的研究中的「理論效度」有類似之處，指的是：研究所依據的理論以及從研究結果中建立起來的理論是否真實地反映了所研究的現象。所謂「理論」一般是由兩個部分組成：一是概念，比如「學校」、「好學生」、「差學生」等；二是概念和概念之間的關係，如因果關係、序列關係、時間關係、語義關係、敘述結構關係等。例如：某研究人員在一所小學對那裡的教師如何看待「差生」這一現象進行了研究以後，得出如下結論：「老師稱有些學生為差生是因為他們成績不好」，這便是一個因果關係的理論陳述。如果這個理論並沒有恰當地解釋該校老師看待學生的情況，老師稱有些學生為「差生」並不僅僅是（或者並不主要是、或者並不是）因為他們成績不好，而是因為他們上課喜歡做小動作，說話粗魯，不討老師喜歡。那麼這一理論就缺乏足夠的理論效度，不能有力地、令人信服地詮釋研究的現象。

四、評價型效度

「評價型效度」指的是：研究者對研究結果所作的價值判斷是否確切。通常，出於自己的生活經驗和價值觀念，我們在設計一項研究時，頭腦中往往對要探討的現象有一些自己的「前設」或「傾見」。因此，在研究的過程中我們往往會注意到那些對自己來說「重要」的、「有意義」的東西，而忽略那些我們認為「不重要」的東西。特別是在從事一項行動研究時，我們通常帶有自己的一個理論框架（或者從研究資助者那裡得到一個明確的指示），認為被研究的現象中存在著「問題」，需要我們去發現並提供改進意見。在這種情況下，我們通常會帶著有色眼鏡去看待被研究的現象，有意無意地挑選那些可以用來支持自己的觀點的材料。比如，我的一些學生在對某工廠食

堂的就餐情況進行觀察時，出於個人平時的經驗，已經先入為主地對食堂有
一些偏見，認為食堂存在很多「問題」，比如伙食標準太高，飯菜價格太貴，
地方太擁擠，環境不衛生等等。結果，他們走進食堂時，往往不由自主地將
主要注意力放到對這些問題的關注之上，而對其他的情況則忽略不計，比如
食堂品種花樣很多、服務員態度和藹可親、食堂裡備有電視機等娛樂設施等。
由於他們採取這樣一種批評的眼光看待食堂的就餐情況，結果他們獲得的結
論很難反映食堂的真實情況，因此研究的評價效度就比較低。

五、其他類型

從上面我們對四類效度問題的討論中，讀者大概可以感到，上述對效度
的定義和分類基本上是基於後實證主義對研究結果之「真實性」的評價標準。
這種標準假設研究結果有「效度」可言，而且研究者可以有辦法對這些效度
進行監控。但認識論方面的考察告訴我們，研究者要想知道自己瞭解到的事
實是否「真實」幾乎是不可能的。首先，人的思想和行為具有極大的表面性、
偶然性和變化性，很難顯示出嚴格的「規律」，甚至「模式」。此外，觀察
者時刻處於一種「闡釋學的處境」，即在任何理解過程中主觀與客觀都是不
可分的。以觀察為例，研究者在從事觀察時不可能進行書伯所謂的「直接的
觀察性理解」（帕金，1987: 8），獲得純粹的「描述型效度」。除非觀察者知
道「為什麼」某個事情在發生，否則他／她不可能恰當地理解「什麼」正在
發生。「直接的觀察性理解」必須與「解釋性理解」結合起來，「描述型效
度」與「解釋型效度」之間的區分其實是很難分清楚的。人的觀察（包括所
有其他類型的研究活動）本身就是「主觀的」、有選擇性的（嚴祥鸞，1996:
195）。研究者自己身在觀察的場景和思維的過程之中，不可能跳出自己所處
的時空，站到外邊來觀察自己。對研究者而言，他人的行為必須透過自己與
其互動才具有意義，而意義則因時、地、人不同而有所不同（Babbie, 1995:
283）。因此，有的研究者提出了一些新的效度類型，從不同於後實證主義的

角度對效度問題進行探討。這些類型相互之間有一些類似和重疊之處，為了使讀者獲得一個比較清楚的瞭解，下面的介紹盡量將其相同之處放在一起討論，不同的地方則分開討論。

比如，拉舍（P. Lather, 1993）提出了五種新的效度類型：反身性效度、反諷效度、新實用主義效度、根狀效度（rhizomatic validity）和情境化效度。我認為「反諷效度」、「新實用主義效度」和「根狀效度」十分類似，在此把它們歸為一類進行討論。

(1)「反身性效度」指的是研究者對自己的研究過程和決策行為進行反省的程度，目的是促使研究者對自己獲得的研究結果的合法性進行挑戰。這種效度類似斯屈里奇（J. Scheurich, 1992: 1）提出的「認識論效度」，意指研究結果的「真實性」受到人們對「知識」之認識的制約。每一個文本都與「知識」的定義、知識的生產以及知識的再現規則有關，都必須在特定的條件下進行衡量，沒有固定不變的衡量邏輯和標準。

(2)「反諷效度」＋「新實用主義效度」＋「根狀效度」。「反諷效度」指的是從不同角度使用多元複製方式揭示研究結果的程度，目的是表示每一種方式都有自己的長處和短處，沒有哪一個方式比其他方式更加優越。「新實用主義效度」指的是對具有異質性的話語和意見進行比較和對照的程度，目的是把不同的話語和不同的意見放到前台，打破研究者作為知識和真理的主人地位。「根狀效度」指的是通過非線性的、具有多元中心和多元聲音的文本將被研究者對問題的定義表達出來的程度，強調的是研究結果的多元性和去中心性。上述三種效度與阿特萊奇特（Altrichter）等人（1997: 169）從行動研究的角度提出的「交流驗證」非常類似，即通過研究者與被研究者之間的對話來檢核解釋的效度，以建立一個雙方都同意的觀點。要獲得這種效度，研究者可以將自己的解釋與有關人（如將受到該分析內容影響的人）的日常經驗或者學術界其他研究者的解釋相比較。

(3)「情境化效度」指的是在特定情境下檢測研究的真實性的程度。效度的檢驗不應該遵守事先設定的標準，而應該考慮到研究的具體情境。這種類

型代表的是一種女性主義的觀點，與男性的聲音相對立。後者代表的是「科學主義」的觀點，排斥了女性的身體、情感和母性的世界。

除了上述觀點，阿塞德（D. Altheide）與約翰遜（Johnson）（1994）也從闡釋學的角度對質的研究中的效度問題提出了自己的看法。他們認為，所謂的「社會」和「知識」都是行動者建構出來的，「知識宣稱」本身便包含了許多價值觀念、權力和概念前設。傳統的實證主義的「效度」概念是為特定學者群和聽眾服務的，因此需要對其合法性和意識形態加以檢視。他們提出了以下五個方面的看法。

(1)效度即文化：傳統的質的研究（如早期的文化人類學）基本上是以自己的文化觀點來解釋其他的文化，其觀點被「包裝」在「效度」這類「科學主義」的詞彙中，沒有得到認真的挑戰。

(2)效度即意識形態：質的研究實際上是在一定的社會權力結構中進行的，受到社會中統治／服從結構以及特定思想意識形態的影響，其合法性需要被質疑。

(3)效度即性別：研究者自身帶有其文化中對性別角色的思考和判斷標準，其研究本身便是對具有性別區分的社會現象進行解釋和介入。

(4)效度即語言：研究者的文化視角已經「先天地」受到自己語言的限制，只有通過這一套語言，研究者才可能對社會現象進行定義和分類。

(5)效度即鼓動：研究者本身具有對被研究者群體賦予權力的力量，可以為改善對方的生活福利起到一定的作用。這一點與林肯和丹曾（1994: 579）所說的「宣洩效度」比較類似。他們認為，一般意義上的理性的「效度」衡量排除了弱小人群的資格，而質的研究的「效度」可以起到宣洩作用，即研究者通過與被研究群體平等的互動，賦予他們力量，幫助他們獲得思想上的解放。一個「好」的文本具有複製現實（或者說重新生產現實）的能力，可以暴露種族、社會階層和性別等因素在個人具體生活中表現出來的複雜脈絡。質的研究不僅僅是為了證實「真理」，而且服務於需要的人。因此，研究要考慮到倫理層面，如研究對於被研究者而言所具有的「公平性」、「值得信

賴程度」以及知識的應用性和實踐性（*Kvale, 1995: Lincohn, 1995*）。研究是知識建構中一種重要的權力關係和意識形態運作過程，研究者不應該忽視研究對被研究者的實際意義。

（6)效度即標準：研究活動本身就包含著對研究者所屬科學家群體之認可的需要，研究者必然地希望得到學術權威的支持，承認自己的合法化。

與上述研究者的觀點類似，漢莫斯里（*1990*）提出了「效度即反身性陳述」這一命題，提醒研究者在更高的層面反省研究過程與效度有關的五個問題：(1)被研究者（人或物）與大的文化、政治、經濟、歷史脈絡之間的關係；(2)被研究者與研究者之間的關係；(3)研究者的角度與資料解釋之間的關係；(4)閱讀研究報告的讀者的角色作用；(5)研究報告書寫的風格、資料表達和述說的權威性。總之，研究者在進行自我反省時應該盡量開放自己，與歷史對話、與被研究者對話、與資料對話、與自己對話，通過嚴格的自我反省來探尋最嚴謹的建構意義的方式。

第三節　效度「失真」的原因

在具體研究的過程中，有很多情況可能導致效度「失真」，即研究結果的「真實性」、「可靠性」和「確切性」比較低。導致效度「失真」的原因很多，也很複雜，在此只對一些經常出現的情況進行討論。

一、記憶問題

導致效度「失真」的一個比較經常的原因是人的記憶的衰退。比如，在訪談中，如果研究者要被研究者回憶過去發生的事情，被研究者可能因為時間久遠對某些具體的細節已經記不清楚了。比如，如果一位七十歲的老知識分子在一九九八年被要求回憶文化大革命時期被紅衛兵抄家的具體情形，他

可能因為事情已經過去二十多年，記不起其中具體的細節了。

當人們記憶衰退時，通常習慣於對事情進行估算，給出一個大概的描述或·個大概的數據，比如「大概有十幾個人吧」、「可能是六六年、六七年的事情」，等等。當人們進行這類大致的估算時，通常付之於自己的文化規範，按照自己文化中一般人認為比較合理的方式進行估算。即使當時發生的事情可能是違背「常規」的，但是事後回憶起來時，當事人往往將其「合理化」、「常規化」。比如，當上述老知識分子被問到在文化大革命中自己被紅衛兵抄家時是否遭到了紅衛兵的「毒打」時，即使他確實遭到了「毒打」，而且至今還落下了腰疼的後遺症，但是二十年後回憶起這件事情，他很可能對被打的情形只會作出一個大概的、輕描淡寫的估計：「好像是打了幾下」、「沒有什麼大不了的」。

此外，人不可能對過去所有的事情都牢記在心，對過去的事情的記憶通常是有選擇性的。人們往往「選擇」回憶起某些事情，而「選擇」「忘記」某些事情，而且他們往往用自己文化中一般人現在認可的標準對自己「回憶」起來的過去的事情進行評價。比如，在上述老知識分子的故事中，由於他不願意記住那些在文化大革命時期發生的令人傷心的事，結果很多具體的有關他被紅衛兵「毒打」的細節他都忘記了。不僅如此，由於受到現在公眾輿論對文化大革命中紅衛兵行為的解釋的影響，他很可能還會為這些紅衛兵的行為進行「辯護」：「他們年輕不懂事」、「他們這麼做是受到了壞人的唆使」，等等。

二、研究效應

「研究效應」指的是：當研究在一個人為的環境中進行時，被研究者可能表現得與平時不一樣，結果導致效度的失真。例如，在研究者觀察一位教師的課堂教學時，教師和學生都可能有意表現得比平時要「出色」：教師對學生可能顯得更加「和藹可親」，學生也可能比平時更加踴躍發言。在訪談

的時候，受訪者為了給訪談者留下一個「好」印象，也可能故意「誇大其詞」，有意識地往自己臉上「貼金」。如果受訪者認為「謙遜」是一個重要的美德，也可能走到另外一個極端，在訪談時故意表現得非常謙虛，不直接表現自己。有時候，受訪者認為訪談者是「重要人物」，希望投其所好，雖然自己不知道有關情況，也故意「捏造事實」。還有的受訪者出於好心，希望盡力幫助研究者，雖然自己不瞭解情況，也主動提供一些不確切的資訊。此外，有的受訪者出於自我形象整飾的目的，希望對方感到自己有能力，結果在回答問題時也常常誇大其詞。

如果觀察時有錄影機為被觀察者錄影、或者訪談時有錄音機錄音，被研究者的行為可能與日常更加不同。考慮到這些錄影和錄音可能會「名垂千古」，被研究者可能會有意做出一些被公眾認為是「好的」、「正確的」行為。他們可能會有意做出一些符合社會規範的行為，使用一些容易被公眾接受的「冠冕堂皇」的話來表達自己的想法。

雖然上述這些研究效應可能成為嚴重的「效應威脅」，但是它們也可以被作為十分有價值的資訊資料。如果研究者對這些效應有所意識，有意觀察被研究者的行為變化，可以從中瞭解對方很多有關的資訊，如他們的個性特點、政治立場、社會地位、種族、性別、宗教等。因此，在研究的過程中，我們一方面要注意避免產生這些研究效應，而另一方面也可以有意識地利用它們為自己的研究服務。

三、文化前設

導致效度失真的另外一個主要原因是研究者與被研究者的文化前設不一致。如果研究者與被研究者來自不同的文化，使用的是不同的語言，他們之間很容易產生「誤解」。比如，如果一位來自城市的研究人員問一位鄉村的婦女：「妳經常生病嗎？」這位受訪者可能回答說「不經常」。但是，如果仔細對對方進行追問的話，研究者可能會發現對方心目中有關「生病」和「經

常」的概念和自己的概念很不一樣。對研究者本人來說,所謂「生病」是指包括感冒、咳嗽、拉肚子這類一般的症狀;「經常」指的是每一個月左右一次。而對於受訪者來說,所謂「生病」指的是闌尾炎、膽囊炎之類不得不住院開刀的「大病」,至少三個月一次才算是「經常」。因此,在這種情況下,雖然研究者從對方得到了一個似乎十分明確的回答,但是這個回答所基於的前設是很不一樣的,因此而導致研究效度的失真。

不僅不同文化背景下的人們容易產生理解上的差異,而且同一文化中的人們由於對某些事情有一些固定的前設,即使看到不同的情況也會「視而不見」。例如,有人曾經作過一項實驗,對一群剛剛在一個自己不太熟悉的教室裡聽過講座的人詢問該教室內的寫字板是什麼顏色(*Bernard, 1984*)。在這個校園裡大部分寫字板的顏色都是綠色,但是這個教室裡的寫字板卻是藍色。結果,回答問題的大部分人都說是綠色,只有少數幾個人說是藍色。當研究者進一步詢問他們對自己看到的顏色是否十分肯定時,那些說藍色的人態度非常堅定,而那些說綠色的人態度則變得遲疑不定。這說明,那些說藍色的人自己確實注意到了教室裡的寫字板的顏色,而那些說綠色的人只是在按照自己的文化常規行事,因此他們的回答往往不太準確。

四、間接資料來源

導致效度失真的另外一個原因是被研究者提供的資料來自間接來源,他們自己並不知道這些資訊,而是從別人那裡獲得的二手資料。為了向研究者表示自己消息靈通,這些資訊提供者並沒有說明資訊的來源,只是根據自己的理解對資訊進行傳播或加工。由於被研究者本人不在現場,有些資訊在傳遞中可能「以訛傳訛」,到達被研究者這裡時已經是「面目全非」了。

當研究者的語言與被研究者的語言不一致、雙方之間的交流需要借助於翻譯時,也可能發生此類效度失真的情況。由於研究者聽不懂被研究者的語言,需要依靠翻譯作為中介;而翻譯可能帶來意義的流失和誤解,給雙方的

理解帶來誤差。比如，趙麗明（1998）在湖南湘西對當地一種瀕臨滅絕的語言——女書——進行研究時，就曾經遇到過這種情況。由於聽不懂當地婦女使用的這種語言，她不得不依靠一些讀過書的、被當地人認為「有文化的」仲介人（通常是當地的文化幹部或小學教師）做翻譯。結果這些仲介人往往有自己對女書的理解，提供了很多後來被發現是錯誤的解釋（如「女書是秦始皇統一中國文字時漏掉的一種文字」）。更加糟糕的是，這些仲介人經常根據自己的理解擅自對老鄉寫的字進行修改，認為她們寫的「不對」，自己寫的是「正確的」。

　　以上我們對有可能導致效度失真的幾種原因進行了一個十分簡單的討論。之所以把這些原因挑選出來進行討論是因為質的研究者在研究的過程中經常遇到此類問題。然而，在對上述原因進行討論的同時我也意識到，這種討論本身反映的是一種實證主義的思路，即認為「效度」是存在的，因此才可能有效度的「失真」。而實際上，從建構主義的角度來看，質的研究中所有的資料都是有關參與各方即時的建構，被研究者在某些特定的場合「記憶衰退」、「表現不一」、「隱瞞真相」、「撒謊」或「產生誤解」都可以被認為是他們有意識「選擇」的行為，都是他們在這些場合下「建構現實」的方式。將上面效度失真的現象提出來討論主要是為了分析和理解的方便，在現實生活中情況可能比這更加複雜、更富有動態性和互動性。

　　對研究的效度進行考察時，我們還應該注意到，人的天性中便有相互矛盾的情感和想法，人在思維和感受時並不總是前後一致，符合邏輯、嚴格遵守理性規則的。比如，在訪談中，如果訪談者詢問的問題是受訪者思考過的問題，那麼他們提供的答案可能就會比較「清楚」、「前後一致」。否則，他們可能只是為了應付訪談者，出於禮貌或習慣而「作答」，因此他們的回答可能會出現「邏輯問題」。我們應該認可被研究者身上這些「矛盾」，而不是把它們當成「問題」來看待。如果被研究者的行為與語言之間不相吻合，思想和情感之間自相矛盾，我們可以將這些現象本身作為研究的重點，將它們放到具體的人、事件、人際關係和社會權力網絡中進行考察。通過對這些

矛盾的分析，我們可以對被研究者獲得一個更加整體性的、多角度的、深刻的理解，而不只是對他們的隻字片語或即興行為所體現的效度窮追不捨。

第四節　效度的檢驗手段

　　質的研究者將那些有可能導致出錯的因素稱為「效度威脅」。在量的研究中，研究者可以在研究設計中通過隨機抽樣和控制組等手段事先將所有的「威脅」全部排除。可是，在質的研究中，「效度威脅」不可能事先被識別並通過統一的技術手段而加以排除。這是因為質的研究者認為，自己所研究的事物不是一個脫離主體而單獨存在的客觀實體，不能單方面地被認知或證實，只能被主體在與其互動的關係中重新構建。因此，其效度也只可能在這一過程中得到此時此地的、逐步的檢驗。由於質的研究將「效度」看做是某一特定條件下的產物，其「效度威脅」也是具體、個別和動態的，因不同情況而有所不同。

　　對質的研究效度的處理只可能發生在研究過程開始之後，而不是（像量的研究那樣）在開始之前。這是因為我們必須已經對一個初步的結果作出了某種假設之後，才有可能著手尋找那些有可能影響這一假設之效度的「威脅」，然後想辦法將這些「威脅」排除。「效度威脅」是研究過程中有可能發生的事件，研究者不可能事先就知道這些事件是否會發生、會以什麼方式發生，只可能在研究開始以後通過對研究過程的各個環節和層面進行考察，才能確定哪些因素有可能成為「效度威脅」，判斷它們是否已經、正在或將會影響研究的效度，然後再想辦法將它們排除。這是一個不斷循序漸進的過程，貫穿於研究的各個層面和環節。

　　對效度進行檢驗並設法排除「效度威脅」的具體手段一般有以下幾種。

一、偵探法

這一方法類似偵探人員在偵破案件時所採用的方法，一步一步地對可疑現象進行偵查，找到解決案子的有關線索，然後將線索放到一起進行對比，制定最佳處理方案，最後對「罪犯」採取行動。這是一個開放漸進的過程，研究者按照研究問題的性質、目的和所依據的理論不斷地對研究的各個層面和環節進行搜尋，找出有可能影響效度的「威脅」，對其進行檢驗，然後想辦法將其排除。

比如，在我對一位農村輟學生的研究中，根據他自己的介紹，輟學是因為有一位男教師不喜歡他，經常對他進行體罰（陳向明，*1996/1*）。為了瞭解這位學生所說的原因是否「屬實」，我首先訪談了他的母親，結果發現他的母親基本上同意他的說法，但是認為教師之所以「打」他是因為他自己「成績不好」、「不好好學」。隨後，我又訪談了學校的校長和「體罰」該輟學生的教師，結果這兩位受訪者都否認學校裡有體罰學生的現象。為了進一步解開這個「疑團」，我又走訪了這位學生的一位同學家，瞭解這位同學及其家長的看法。結果，這位同學與我調查的輟學生的說法完全一樣。之後，我又對該輟學生進行了訪談，他仍舊堅持原來的說法。與此同時，我還與該校其他一些教師和員工進行了交談，瞭解他們與學生的關係。雖然我最後並沒有真正對該生輟學的原因「破案」，但是我的工作方案基本上遵循的是「偵探法」的路子，對不同的研究對象進行調查，一步一步地尋找線索，將各種線索進行對比，確定初步的研究結論，但同時向其他的可能性結論開放。

二、證偽法

與量的研究使用證實法不同，質的研究檢驗效度時使用的是「證偽法」，即在建立了一個假設之後，想盡一切辦法證明這個假設是不真實的或不完全

真實的，然後修改或排除這一假設，直至找到在現存條件下最為合理的假設。為了證明某一個假設是目前最合理的，我們必須在已經搜集到的資料中有意識地尋找那些有可能使該假設不能成立的依據。如果我們在資料中找到了反例，則需要對原來的結論進行相應的修改，以適合原始資料的內容。經過如此不斷反覆的證偽過程，如果該假設被證明沒有漏洞，經受了證偽的考驗，我們便可以接受其真實性。否則，我們應根據檢驗的結果對其繼續進行修正或否決。

比如，在我所參與的一項對歐洲一體化與歐洲高等教育國際化的研究中，我對某些歐洲大學的校長們進行訪談以後得出了一個初步的結論：歐洲的大學對高等教育歐洲化十分支持，採取了很多有力的措施促進大學之間的交流。然後我又走訪了其他一些大學，發現有的大學並沒有採取相應的措施，只是提出一些空洞的口號，並沒有在制度上給予必要的保證。通過更加深入的調查，我發現那些採取了具體措施的大學往往是比較新的大學，具有開放辦學的傳統；而那些沒有採取具體措施的大學往往比較傳統，歷史比較悠久，對社會的發展通常採取比較謹慎的態度。結果，我修改了自己原來的結論，得出了一個可以包容上述異質性的結論：「在歐洲那些具有開放傳統的新型大學對高等教育歐洲化十分支持，採取了很多有力的措施促進大學之間的交流；而那些相對保守的傳統大學大多停留在理論層面，沒有採取很多具體措施」。

證偽的另外一個方法是：在建立初步假設的同時，根據已掌握的材料建立「另類假設」，將其與原有假設進行對比以後作出最為合理的選擇。比如，在上面的例子中，我還可以列出其他一些可能性結論，如「在開放性大學和保守性大學之間還存在很多處於中間狀態的大學，他們對高等教育歐洲化採取比較溫和的態度，不是特別積極，也不是特別消極」，「歐洲的高等教育歐洲化之所以比較發達與歐洲聯盟的建立有關，而與大學本身的傳統沒有太大的關係」，「歐洲高等教育歐洲化的程度與各大學目前的管理體制密切相關，而與大學過去的開放程度關係不大」，等等。根據我所搜集的資料，類似的「另類假設」可以列出很多。我可以根據自己手頭掌握的資料對這些假

設進行比較，排除其中不盡合理的假設，選擇一個（或數個）在目前資料基礎上被認為是最合理的假設。如果研究項目到了一定時間必須完成，而我在已有材料上建立起來的假設仍舊存在一些漏洞，可以在研究報告中對這些不一致進行報導，讓讀者自己對研究結果的效度作出自己的判斷。

三、相關檢驗法

「相關檢驗法」（又稱「三角檢驗法」）指的是：將同一結論用不同的方法、在不同的情境和時間裡，對樣本中不同的人進行檢驗，目的是通過儘可能多的管道對目前已經建立的結論進行檢驗，以求獲得結論的最大真實度。比如，如果我們使用訪談的方法對某一研究現象有所發現，可以使用觀察或搜集實物的方法對同一現象進行研究。如果我們在某時某地對某研究現象進行研究以後有所發現，可以選擇在不同的時間和地點對同一現象進行研究。如果我們從一些被研究者那裡瞭解到一些情況，可以進一步調查其他的人。

在質的研究中，最典型的進行相關檢驗的方式是同時結合訪談與觀察這兩種方法。觀察可以使我們看到被研究者的行為，而訪談可以幫助我們瞭解他們行為的動機。通過在訪談結果之間進行比較，我們可以對被研究者所說的和所做的事情之間進行相關檢驗。比如，懷特（*1984: 94*）在觀察一些工會代表與資方談判時發現，這些工會代表在提出第一個要求時顯得情緒特別激動，態度也特別強硬，而當資方拒絕了他們的第一個求以後他們提出第二個要求時則顯得十分平靜，好像這個要求對他們來說並不是十分重要。如果僅僅從外表看，好像他們十分在乎第一個要求，而第二個要求對他們來說不是特別重要。但是，後來懷特對這些工會代表進行訪談時卻發現，其實他們看重的是第二個要求。由於他們知道在談判時總是會有得有失，資方一定會討價還價，因此他們在提出第一個要求時故意表現得情緒十分激動，迫使對方的態度先軟下來。而資方由於拒絕了工會代表們的第一個要求，因而感到不得不同意他們的第二個要求。由於結合使用了觀察和訪談這兩個方法，懷特

不僅看到了這些工會代表們的外顯行為，而且瞭解了他們行為的真正意圖。從這個例子中懷特總結的經驗是：觀察只可能使我們看到人們的外顯行為，而訪談可以發現他隱藏的動機和利益。訪談時我們不僅可以詢問對方對自己所做過的事情的解釋，而且還可以設想一些我們沒有觀察到的行為，如詢問對方，如果沒有做我們看到的那些行為的話，會發生什麼事情。

在進行相關檢驗時，我們不僅可以將觀察到的結果在訪談中進行檢驗，而且也可以反過來將訪談的結果在觀察中進行檢驗。比如，我在美國學習時曾經訪談了一些在哈佛大學學習的日本學生，瞭解他們在課堂學習方面的適應情況。結果他們中很多人都說自己「適應得很好，沒有問題」。然後，我又在他們上課時對他們進行了觀察，發現大部分人上課時都不發言，只是坐著聽課或記筆記。我感覺自己觀察到的結果似乎與訪談中獲得的結果很不一致，因此又對這些學生進行了一輪訪談。結果發現，不少學生對自己上課不發言的解釋是「我們不發言並不說明我們不積極思考，我們其實是在積極地傾聽」。通過在訪談—觀察—訪談之間對得到的結果來回進行檢驗，我最後對這些日本學生在哈佛大學的課堂學習情況有了一個比較深入的瞭解。

相關檢驗不僅可以在不同的方法之間進行，而且可以在一種方法之內進行。比如，在觀察方法中，我們可以採取：(1)縱向對比觀察法，即在不同的時間對同樣的人群進行觀察。(2)橫向對比觀察法，即同時由一個以上的觀察者對同樣的人群進行觀察，然後觀察者對結果進行對比。在訪談時，我們可以在一次訪談內的不同時間反覆詢問我們認為重要的問題，使用不同的方式、從不同的角度、在不同的語境和社會情境下反覆詢問這些問題。此外，我們還可以將受訪者的言語行為和非言語行為進行對照，看他們談話時的表情動作與他們所說的話是否一致。比如，如果受訪者說：「我當時沒有做這件事」，可是他的目光卻游離躲閃，不能與訪談者對視，這時我們可以依靠「眼睛是心靈的窗戶」這句俗語對自己的體驗進行檢測，進一步對對方進行觀察和追問。同理，在分析實物資料時，我們也可以使用不同的資料來源、不同的作者的觀點、不同的搜集管道對研究的初步結果進行相關檢驗。

　　我以為，相關檢驗的方法可以與公元前二世紀柏拉圖學院的領袖之一卡爾內亞德的認識論結合起來進行討論（塞爾斯都，*1933: 87-179*）。在他的關於感覺的三個證據中，「相互引證」是一個重要的手段。他認為，人的某些知覺是同時發生並且相互聯結的，就像鏈條一樣絞合在一起，所有知覺都證實同一事實，其中任何一個都不會引起對另一個的懷疑。比如，我們相信這個人是蘇格拉底，是因為他具有蘇格拉底的所有特徵——膚色、高矮、體型、外衣以及他站在一個不再有人像蘇格拉底的地方。因此，卡爾內亞德提出來的命題是：那些處於這種相互引證關係之中的命題要比那些不處於這種關係之中的命題更為合理（齊碩姆，*1988: 84*）。

　　「相互印證」也可以用醫生對病人進行醫療診斷的過程來說明。在對一個熱病病人進行診斷時，很多醫生不是僅僅依據一種症狀——如脈搏過快或體溫很高——而是依據相互印證的一組症狀，如體溫升高、脈搏加快、關節發炎、臉色潮紅、口乾舌燥以及類似的症狀來診斷出一個真正的熱病病人。哲學家梅農對「相互引證」作了如下比喻：「我們可以想像一下撲克牌，其中任何一張牌，如果不折起來，自己是立不起來的，但是其中的幾張牌相互依靠，就能立起來。如果我們要從相互引證中導出合理性，那麼我們的相互引證的集合中的每一個命題各自都要是可以接受的。正如要使紙房子不倒坍，那麼做成紙房子的每一片紙必須自己具有一定程度的質性和剛性」（齊碩姆，*1988: 105-106*）。除了紙房子的比喻，梅農還使用了其他的比喻來論證相互引證的作用，如橋的拱頂、操場上架成尖塔形的三支槍等。

四、反饋法

　　「反饋法」指的是：研究者得出初步結論以後廣泛地與自己的同行、同事、朋友和家人交換看法，聽取他們的意見。我們可以將這些給予反饋的人分為兩大類：一類是對研究者所研究的現象比較熟悉的人；另一類是對研究者所研究的現象不熟悉的人。不論是熟悉還是不熟悉的人，他們都有可能對

研究的結果提出有用的看法和建議。熟悉的人對研究的現象往往有自己的看法，可以根據自己的經驗提出參考意見；而不熟悉的人由於是外行，往往有一些內行始料不及的新角度，提出的看法可能使研究者耳目一新。

反饋法可以為研究者提供不同的看問題的角度，幫助研究者從不同的層面來檢驗研究的效度。如果研究者所做出的結論與其他人的看法很不一致，研究者應該反省自己的研究方法和過程，看自己的結論是否存在漏洞。如果研究者發現自己的結論有堅實的原始資料作為基礎，而且論證是合理的，應該堅持自己的看法。而如果研究者發現自己的看法有問題，則需要回到原始資料，重新檢驗自己的結論。如果需要的話，研究者還可以回到實地搜集更多的材料，豐富或修改自己原有的結論。

五、參與者檢驗法

「參與者」指的是那些參與研究的被研究者，「參與者檢驗法」指的是：研究者將研究的結果反饋到被研究者，看他們有什麼反應。這個工作應該盡可能早做，在研究的初步結論出來以後便將結論返回給被研究者。如果被研究者對研究者所做的結論有不同的看法，或者認為研究者誤解了他們所做的事和所說的話，研究者應該尊重他們的意見，對結論進行修改。研究報告中應該有專門的篇幅報告研究者是如何將研究結果反饋給被研究者的，後者對研究結果（特別是研究者的解釋）有什麼反應。

有時候出於種種原因，被研究者可能改變自己的初衷，「否認」當初自己說過的話或做過的事，或者有意「歪曲」自己行為的意義。在這種情況下，研究者應該想辦法弄清楚被研究者為什麼會有這種變化，他們這麼做是出於什麼動機、利益或外部壓力。對這一變化的深入探究有時候會為研究者深入瞭解被研究者提供十分重要的資訊。如果被研究者同意的話，研究者可以將這一變化在研究報告中陳述出來，交給讀者自己去判斷真偽。

六、搜集豐富的原始資料

　　質的研究十分講究搜集盡可能豐富的原始資料，通過這些資料的豐富性來對研究結論的效度進行檢驗。質的研究中的「原始資料」不僅包括從被研究者那裡搜集到的材料，還包括研究者本人在研究過程中所做的筆記和備忘錄。由於質的研究的效度在很大程度上取決於研究者這一研究工具及其從事研究的方法和過程，研究者本人對研究過程的反省對研究結果的效度具有至關重要的作用。

　　豐富的原始資料可以為研究的結論提供充分的論證依據，進而提高結論的效度。如果訪談的全部內容都一字不漏地整理出來了，觀察時所有的場景細節、有關人物的言語和行為都仔細地記錄下來了，那麼研究者在做出初步的研究結論以後可以再回到這些原始資料對自己的結論進行檢驗。特別是在對研究的結論有爭議時，或者對某一現象存在一個以上結論時，研究者和有關人員可以將這些結論與原始資料進行對照，選擇那些最符合原始資料內容的結論。

　　寫研究報告時也是如此。原始資料提供得越充分，讀者越有可能對研究的結論作出自己的判斷。如果研究者對事件發生時的自然情境進行深描，將被研究者的行為和感受有效地通過文字描述出來，使讀者產生一種身臨其境的感覺，那麼資料的可轉換性將被提高，讀者可以在這種活生生的情境中體驗研究結果的「真實性」。如果研究報告中的結論與原始資料相吻合，對足夠多的個案以及不同類別的個案進行了分析，覆蓋了一定的空間和時間，個案分析與其情境之間達到了有機的結合，讀者將有可能對研究的「可靠性」作出比較中肯的判斷。因此，有學者認為，為了保證結論和資料之間的一致性，每一個結論起碼應該有三個以上的例證作為支持（*Seidman, 1991*）。

　　通常，在分析資料和寫作研究報告時，研究者為了使研究結果看起來有系統、有條理，往往將資料中不合主流的地方刪掉（如量的研究就是這麼做

的）。而質的研究要求保留資料的異質性，不僅不提倡刪除不合主流的資料，而且認為這些資料是表現事情豐富性和複雜性的寶貴資源。由於質的研究的目的不是對一個現象的平均狀態進行證實，而是對事情進行解釋性理解或提出新的問題，異質性在這裡不僅不被認為是一個「問題」，而且被當成一筆財富。如果這些資料被整合進來，研究的結果會更加豐富多采，更貼近被研究者的日常生活。

豐富的原始資料不僅可以使研究的效度有所提高，而且還可以彌補質的研究因抽樣太小而帶來的沒有「代表性」的問題。雖然質的研究使用的是非概率性抽樣，但認為文化意義是由特定文化群體中所有成員所共有的，可以在任何一個成員、事件或人造物品上反映出來。如果不斷地對該文化中的人和事進行抽樣，有關資訊到一定時候便會達到飽和，此時便可以找到一些共同的文化模式（*Agar, 1980*）。如果研究的結果非常豐富、非常「真實」，讀者可以通過閱讀研究報告學會像該文化中的成員那樣行事（*Wolcott, 1975*）。

七、比較法

事實上，比較的方法是我們感知和認知社會現象的一種不自覺的方式，它貫穿於研究的全過程。通常，在選擇研究的問題時，我們就已經隱含有一些比較的概念。比如，當我們計畫對一個「特殊的」現象進行調查時，我們的命題中已經隱含有對「典型的」標準的定義。例如，當我們決定對「優秀飛行員」的情況進行研究時，我們對「一般飛行員」這一概念已有一定的限定。當對「優秀飛行員」的研究結果出來以後，我們可以將其與我們心目中的、學術界認可的或航空界普遍承認的「一般飛行員」的定義進行比較，從而確定我們的結論是否成立。

在搜集和分析材料時，我們也在不斷地運用比較這一手段對材料進行甄別、剔除、分類和綜合。比如，我的一位學生在從事一項有關抽煙之利弊的研究之後，總結出了判斷對方所說的話是否「真實」的四條標準：(1)看受訪

者與一般人的看法以及權威的看法是否一致，如果是，說明這個觀點是真實的；(2)看對方回答問題的快慢速度如何，如果速度快，說明對方的回答比較真實，如果慢，則說明對方有遲疑；(3)看對方是否不斷使用別人的觀點來支持自己的觀點，如果是，說明這個觀點是對方自己真實的觀點；(4)看對方是否反覆說明自己的某一個觀點，如果是，說明這個觀點是對方真實的觀點。雖然我個人並不完全同意這位學生的衡量標準（如第一條中一般人和權威的看法並不一定就「真實」，第二條中說話慢不一定說明對方的觀點就不「真實」），但是我認為，他實際上是通過對研究過程中被研究者的行為進行比較來檢驗研究結果的真實性，而且提出了一些很有意思的衡量標準。

八、闡釋學的循環

正如我在討論資料分析時（第十九章第五節）所指出的，「闡釋學的循環」有兩個方面的意思，一指的是在文本的部分和整體之間反覆循環論證，以此來提高對文本的理解的確切性；二指的是在闡釋者的闡釋意圖與闡釋對象（文本）之間的循環，以此尋求兩者之間的契合。在對資料進行效度檢驗時，我們可以同時在這兩個層面進行闡釋的循環。比如，在第一個層面，我們可以對資料的部分結論與整體結論進行比較，看它們是否相符。假設，在一份對一位炊事員的訪談紀錄中，我們發現他在某一處說：「在食堂工作真討厭！」而閱讀完整篇訪談紀錄之後我們得到的印象卻是，他很喜歡炊事員這份工作。此時，如果我們再回到當時他說上面那句話的地方，可能會發現，他之所以說那句話是因為他不喜歡目前這個食堂的領導，而不是因為他不喜歡烹飪這個職業。

在第二個層面，我們可以使用「闡釋循環」的方法對理解的有效性問題進行檢驗，即我們如何知道自己的理解是「有效的」或「正確的」。根據加達默爾（ *1986b: 272-392* ）的觀點，使我們理解成為可能的「傾見」可以分成兩類：(1)使理解得以產生的合理的傾見；(2)阻礙理解並導致誤解的不合理的

傾見。我們只有通過區別這兩種不同的傾見來控制理解過程，克服後一種不合理的傾見，才能獲得對文本的正確理解。但是由於傾見往往是在無意識中起作用的，我們不可能自由地支配自己的傾見，也不可能事先對它們進行區分。這種區分只能在理解的過程中產生，即：當傾見在文本那裡遇到了障礙或受到刺激時，我們才有可能意識到它，然後才有可能對其進行區分。所謂「遇到障礙」指的是：(1)文本對我們不產生任何意義；(2)文本產生的意義與我們的預期不相符。這兩種情況都表明，闡釋者的意圖與文本之間的循環受阻，文本的整體意義遭到了破壞。當理解遇到障礙時，我們一方面要懸置那些遇到障礙的傾見，對文本的見解保持開放的態度和應有的敏感；另一方面，我們應該讓這些傾見「冒險行事」，給它們以充分發揮作用的餘地。只有在此張力中，我們才能充分體驗文本的見解（徐友漁等，*1996: 174-177*）。

讓我舉一個例子來說明這個問題。當我向一些中學生家長瞭解學校課業負擔對孩子的影響時，有一位家長對我說：「我的孩子的課業負擔一點兒也不重，他幾乎不用在家裡做家庭作業，所有的作業都能夠在學校完成」。這個陳述與我的預期完全相反，使我感到非常吃驚。這說明我在從事這項研究時有自己的傾見，即中學生的課業負擔很重，每天放學以後要花幾個小時在家裡做家庭作業。我的「傾見」與這位家長的「文本」所產生的意義不符，闡釋的循環受阻。因此，我需要將這個傾見懸置起來，對其進行反思，在以後有關的訪談中繼續對其進行檢驗，以區分這是一個「合理的」還是「不合理的」傾見，然後再決定取捨。

從上面的討論中，我們可以看出，質的研究中的「效度」與量的研究是很不一樣的，對研究結果的測查就是對研究過程的檢驗。對研究質量的考究就好像是對一個數學公式的檢驗，一定要仔細考察其驗證的過程才有可能知道其結果是否真實（程介明，*1997: 7*）。因此，我們在考察一項研究是否有效時，不僅要看其結果，而且要考察研究過程中所有因素之間的關係。效度產生於關係之中──這是質的研究衡量研究質量的一個重要標準。

第二十四章

質的研究中的推論問題

我如何知道研究結果是否有「代表性」？

　　質的研究者經常面臨的一個令人頭疼的問題是：「這種研究的結果如何推論？」大家之所以問這個問題是因為當我們想到「推論」這個概念時，腦子裡通常出現的是量的研究所使用的定義。在量的研究中，「推論」是一個不言自明的概念，它指的是：用概率抽樣的方法抽取一定的樣本量進行調查以後，將所獲得的研究結果推論到從中抽樣的總體。「推論」是量的研究中一個必不可少的前提，強調的是研究結果在一定範圍內的適用性。然而，在質的研究中，「推論」這一概念是很不一樣的。由於質的研究不採用概率抽樣的方法，其研究結果不可能由樣本推論總體。質的研究選擇的樣本一般都比較小，有時甚至只有一個人或一個地點（如個案調查），而且抽樣時遵循的是「目的性抽樣」的原則。因此，這種研究的結果不能按照量的研究的定義來進行推論。然後，像所有其他的研究者一樣，質的研究者也希望自己的研究成果能夠對本研究範圍以外的人和事具有借鑒意義，因此，質的研究者也不得不討論「推論」的問題。

第一節 對定義的嘗試

　　由於各方面存在的困難，質的研究者們至今為止尚未對「推論」這一概念形成一個統一、明確的定義。不過，由於這一概念在質的研究（事實上在所有的科學研究）中十分重要，質的研究者們不得不嘗試著對這個概念的定義問題進行討論。有的學者認為，在對「推論」這一概念進行定義之前，必須將「內部推論」和「外部推論」區別開來（*Maxwell, 1992*）。

一、內部推論

　　「內部推論」指的是研究的結果代表了本樣本的情況，可以在本樣本所包含的時空範圍內進行推論。在搜集資料時，我們可以將此時此地搜集到的資訊推論到研究對象所描述的彼時彼地或一個時期。例如，在一個小時的訪談中一位女律師談到自己過去六年來在一個律師所工作的情形，如果我們有根據相信她的記憶力沒有問題，她是在說真話，那麼我們就可以從這一個小時中搜集到的資料推出她六年來的生活情形。

　　在分析資料和成文時，我們實際上也在使用內部推論的原則對資料進行篩選。我們挑選某些材料而不挑選其他的材料，就說明我們認為這些材料對表現研究現象更具有代表性。沿用上例，該女士在一小時的訪談中談到六年來自己在律師所與上司相處不和，並舉了三個例子說明這個問題。我們在寫研究報告時只挑選了其中的一例加以說明。我們這麼做是相信這個例子具有內部推論度，可以代表被訪者六年中與上司相處的基本情況。

二、外部推論

與「內部推論」相比，「外部推論」的問題在質的研究中要複雜一些。「外部推論」在概念上與量的研究中的「推論」類似，指的是研究的結果可以應用於本樣本範圍之外的同類事物。有學者認為，質的研究中的「外部推論」不像「內部推論」那麼重要，因為質的研究的目的本來就不是將從樣本中得到的結果「推論」到總體。還有人認為，「外部推論度」這一概念根本不適合質的研究，因為質的研究無法通過對少數樣本的研究而找到一種可以推而廣之的普遍規律。有的學者甚至認為，質的研究的長處之一就在於它不具有將研究結果推論到樣本以外的能力（*Freidson, 1975*）。質的研究的目的是為了揭示樣本本身，通過對這一特定對象（通常是比較小的樣本）的深入研究而獲得比較深刻的理解。如果刻意將研究的結果推論到總體，勢必需要比較大的樣本，因此反而會失去質的研究的優勢，即對小樣本進行深入、長期、動態的體驗型研究。

然而，在社會科學研究中要完全避開「外部推論」的問題是十分困難的。一方面，大部分質的研究者不願意承認自己的研究對樣本之外沒有任何借鑒意義。另一方面，一些從事非質的研究的人們認為，如果研究的結果不能推論到總體，那麼這種研究便沒有實際意義，不可能對社會實踐提供「普遍的」指導作用。因此，在來自外部和內部的雙重壓力下，很多質的研究者或積極地或被迫地投入了對這一問題的探討之中❶。

目前，在同意質的研究可以進行「外部推論」的學者內部，大家基本上達到的共識是：質的研究的「外部推論」可以通過兩種途徑來完成：(1)通過對研究結果的認同來達到推論；(2)通過建立有關的理論來達到推論（*Becker, 1991; Ragin, 1987; Yin, 1994*）。前者指的是，如果從一個樣本中獲得的結果揭

---

1. 從現在起，除了特別標明以外，本書中的「推論」一詞一律指「外部推論」。

示了同類現象中一些共同的問題，讀者在閱讀研究報告時在思想和情感上產生了共鳴，那麼就起到了「推論」的作用。後者指的是，如果研究者在對樣本進行深入分析的基礎上建立了某種理論，那麼這個理論便會對類似的現象產生闡釋的作用，從而在理論的層面發揮「推論」的作用。質的研究中的紮根理論便是建立在後一信念之上的（*Galser, 1982: 231*）。例如，建立在城市標準系統之上的緊急救援系統可以用來發展另外一些新的系統，如危機干預系統。費孝通和李亦圓於一九九六年北京大學社會文化人類學第二屆高級研討班上發表的觀點也基本符合這一原則❶。費孝通認為，如果我們事先將研究的對象進行分類，然後在研究結果的基礎上建立理論模式，那麼這種理論應該具有推論作用。「如果我們用比較的方法把中國農村的各種類型一個一個地描述出來，那就不需要把千千萬萬個農村一一地加以觀察而接近於瞭解中國所有的農村了……通過類型比較法是可能從個別逐步接近整體的」（*費孝通，1996: 133*）。李亦圓認為，人類學研究主要是文化研究，揭示的是價值觀念，而不僅僅是行為表象，而文化價值觀念是具有「普遍性」的。

三、「顯而易見的推論」

與此同時，有的學者還指出，質的研究應該具有一種「顯而易見的推論性」，即：我們沒有確切的理由認為這種研究沒有推論的可能，這是一個明擺著的「事實」❷。人類的大腦具有某種自律性，人類享有很多共同的生活經歷和意義建構方式；同一文化中的人們往往共有類似的心理行為和社會反應模式，他們用以闡釋世界的思想概念也有很多相同之處。此外，我們所研究的社會現象本身也具有一定的普適性，被研究者通常對此有一定的估計，而

---

1. 資料來自我本人出席研討班時所做的筆記。

2. 這個術語出自哈佛大學教授辛格（*J. Singer*）與馬克斯威爾的私人交談之中。引自（*Maxwell, 1996: 97*）。

且本研究的情境與其他類似的情境也通常受到相同因素的影響（*Hammersley,
1992; Weiss,1994*）。因此，質的研究（像他類型的研究一樣）自然而然地就帶
有「推論」的性質和功能。

　　我認為，上面所說的「顯而易見的推論性」與我們常說的「個性」和「共
性」之間的關係有關。從每一個個體來看，我們似乎都是很不同的，都有自
己的「個性」；但是作為「人」，我們又都具有很多共同的東西，具有人的
很多「共性」。正如克拉克洪（C. Kluckhohn）和默雷（H. Murray）五十年
前曾經說過的（*1948: 35*），「在某些方面，每個人都：(1)像所有其他的人；
(2)像其他一些人；(3)誰也不像」。丹曾和林肯（*1994: 201*）在《質的研究手
冊》中也曾經指出：「任何課堂都和其他所有的課堂一個樣，但是又沒有哪
兩個課堂一模一樣。對一個特殊現象的研究就是對普遍現象的研究。」上述
學者所說的「顯而易見的推論性」指的就是這種「共性」。

　　如果我們將「個性」和「共性」的關係與質的研究和量的研究結合起來
考慮，我們會發現，不論採取什麼研究方法，如果抽取的樣本比較大，那麼
研究只可能抓到這些樣本的一些表面的共性，而不可能對這些共性下面的個
性特徵或深層意義進行有效的挖掘。在時間、精力和財力不變的情況下，大
樣本比小樣本獲得的研究結果必然要淺顯一些。十分有趣的是，雖然對大樣
本進行調查可以瞭解該樣本的「共性」，但其前提卻是建立在對「個性」的
認可之上的。當有人認為「質的研究樣本太小，沒有推論性」時，他們的意
思是：「人都是不同的（即有個性的），對小樣本進行調查無法找到人的共
同之處（即人的共性）」。但由於條件的限制，大樣本的調查所獲得的共性
必然是表面的。因此，如果我們要瞭解樣本的個性，必須對特殊的個案進行
研究。而如果我們要對樣本的個性所具有的深層共性進行研究，我們必須通
過特殊的個案往下深入，進入到共性的深層進行挖掘。我們無法直接從大樣
本的調查進入深層共性的層面，只有通過小樣本的個案（特別是一個一個個
案的不斷積累）才可能深入到共性的深層。如果我們可以把這個分析活動分
成三個層次的話（見圖表 24-1-1），在表層，從大樣本獲得的共性往往是膚

圖表 24-1-1　個性與共性在研究中的呈現

分層	表現特徵	舉例 1	舉例 2	有可能選擇的研究方法
表層	共性（表層）	「人」都有人的形狀，如兩只眼睛、兩只耳朵，一個鼻子，有語言，有思維能力，有愛和恨等情感。	天變涼了以後，人要加衣。	量的研究
中層	個性	「人」的眼睛有不同的顏色和形狀，耳朵和鼻子有不同的形狀和大小；「人」有不同的語言，不同的思維方式，不同的情感表達方式。	天變涼了以後，有的人加了衣，有的人沒有加衣。	質的研究
深層	共性（深層）	「人」的眼睛都可以視物、傳神；語言都有表意功能；思維的深度和範圍有共通性；情感都具有感染力和精神震撼作用等。	加衣不僅與天氣有關，而且與人的需要有關（如感覺冷、自我形象整飾等）。	質的研究

淺的、表面的；在中層，對小樣本的探究可以瞭解它們的個性；在深層，所有的人和事又都是相通的了，獲得了一種更加深層的共性。

　　我之所以提出上述觀點，是因為我認為，研究越是能夠深入瞭解一個人或幾個人的體驗，就越能夠在這個人或這幾個人的體驗中找到與世界上其他人的共通點。對社會現象的理解並不一定需要一個很大的樣本，對一個人或幾個人深入細緻的探究有可能發現大多數人的深層體驗。在條件有限的情況下，如果我們希望瞭解人類體驗的深處，必須從少數個案入手。「胡塞爾說得好，你必須親身投入特殊性中，以從中發現恒定性。而曾經聽過胡塞爾講授的庫瓦雷（*A. Koyre, 1966*）也宣稱，伽利略要理解落體現象，也不是非得一再重複斜面實驗不可。一個特殊的案例，只要構建得完善，就不再是特殊的了」（布迪厄，華康德，*1998: 113, 262*）。當談到自己的一項小型訪談研究時，布迪厄說：「這項研究背後的前提假設是，最具個人性的也就是最具非個人

性的。許多最觸及個人私密的戲劇場面，隱藏最深的不滿，最獨特的苦痛，男女眾生但凡能體驗到的，都能在各種客觀的矛盾、約束和進退維谷的處境中找到其根源……研究的目的就在於使那些未被闡釋的、備受壓抑的話語昭然若揭，而方法就是與各種人交談。」

　　質的研究具有在深層對人或事的「共性」進行探究的作用，這一點其實與上面所說的質的研究可以通過建立理論使其結果得以推論有共同之處。理論通常具有一定的概括性和抽象能力，力圖超越表層的、對事物進行簡單描述的層面，進入對事情進行比較「實質性」分析的層面。比如在上圖的舉例2中，「天變涼了以後，人要加衣」便是一個簡單的、對可觀察到的現象的描述，而「加衣不僅與天氣有關，而且與人的需要有關」便是對「加衣」這一動作的原因進行探究了。對原因的分析比對現象的描述具有更加「深層」的共性，因為它深入到了意義解釋的層面❶。

　　除了「個性」與「共性」之間的關係以外，我們也許還可以從G. 米德的「符號互動論」來看待質的研究中的「推論」問題。G. 米德（*1992: 79-80*）認為，任何人對其他人的理解（或者說任何「意義」的產生）都具有「普遍性」。當一個個體向他人表示一個意義時，他不僅是從自己的視域出發，而且已經占有了他人的視域。由於這個意義可以同時顯現在不同的視域中，具有同一性，因此它一定是一個普遍概念。至少就這兩個不同的視域所具有的同一性來看，這個意義是普遍的。當這個意義被表達和理解時，這兩個不同的視域被組織到一個視域之中。而將這兩個視域組織起來的原則是：承認在這兩個實際出現的視界之外存在更加廣闊的可以包容這兩者的視野，理解的普遍性在邏輯上應該可以無限制地擴展。借用G. 米德的觀點，我認為，在邏輯上任何研究者對被研究者的理解都應該具有「普遍性」。研究者之所以能夠理解被研究者是因為他們雙方的視域得到了融合，而這種融合是可以與其

_____

1. 從「個性」與「共性」之間的關係來探討質的研究中的「推廣」問題，我這方面的思考還很不成熟，希望通過這個機會「拋磚引玉」，激發更多的讀者參與討論。

他所有可能出現的交流者的視域進行融合的。

第二節 對「知識」的認識

上面我們對質的研究中「推論」這一概念所進行的探討，實際上與我們對「知識」的認識密切相關。當我們談到將研究結果進行「推論」時，實際上我們已經把這些結果當成了「知識」，而且認為這些「知識」是具有一定的「代表性」的。而質的研究之所以不能按照量的研究的方式進行「推論」是因為它對「知識」的認識是不一樣的。因此，我們在討論「推論」這一問題時，必須首先考察自己是如何認識「知識」的。如果我們對「知識」這一概念有不同的定義，對認識「知識」的方式有不同的理解，那麼我們在處理「推論」這一問題時便會有不同的態度和方法。

科學哲學方面的研究表明，科學家對「知識」的理解取決於科學家自己所持有的「範式」（*Kuhn, 1968*）。由於不同的範式在本體論、認識論和方法論方面存在差異，它們對「什麼是知識」、「如何認識知識」以及「如何推論知識」這類問題的回答是不一樣的（*Greene, 1990; Guba, 1990; Guba & Lincoln, 1994*）。

對實證主義者來說，「知識」是主體對客體的認識，具有客觀性、確定性、規律性和因果性。對「知識」的認識必須建立在經驗的基礎之上，必須得到客觀現實的證實。實證主義對「知識」的認識是量的研究以及其他實驗型研究的主要理論基礎：「知識」有其客觀的規律，具有可重複性，研究者只要遵循一定的方法規範，就可以將研究的結果在一個更為廣泛的範圍內和另外一個時空內加以推論。

而質的研究基本上遵循的是「另類」範式，如後實證主義、批判理論和建構主義。儘管從事質的研究的人有不同的理論偏好或限制，但是他們都認為對「知識」的認識不是唯一的、不變的或普適的。每一項研究都帶有自身

的獨特性，不可能在另外一個時空以同樣的方式重複發生。因此，其研究結果不可能通過對方法的控制而獲得在研究範圍之外的代表性，即上面所說的「外部推論」。

對後實證主義者而言，「知識」同樣是主體對客體的反映，但是具有複雜、多元和動態的特徵，不可能被主體完全地、正確地展現出來。因此，對「知識」的認識必然地是一個不斷積累的過程，涉及到「知識增長」的問題，是一項「社會工程」，必須通過視角、方法和理論等方面的相關檢驗，對初步結論不斷地進行證偽，才能逐步逼近客觀真理。經驗事實只告訴我們個別的知識，不具有普遍有效性，用歸納的方法不可能從個別事實推斷全體，有限不能證明無限。因此，「知識」只能被證偽，而不能被證實。正如波普（1986: 328）所說的，對於真理「我們決不可能達到它，就是達到了也不知道它就是真的」。

對批判理論者來說，「知識」仍舊具有其客觀實在性，但是它指的是人們在特定歷史條件下所獲得的思想意識和行動參與。在這裡，「知識」不是一個中性的概念，它具有明顯的價值傾向和批判意識。認識「知識」的途徑是主體之間進行積極平等的對話，通過互動逐步排除「虛假意識」，達到對「真實意識」的領悟。所謂獲得「知識」也就是參與者獲得能夠為達到自身的目標而進行思維和行動的方法和手段，而對於某一特定歷史情境中的個人有意義的思維方式和行動規則並不一定適合於其他的時空環境。因此，對於批判理論者來說，「知識」是不能推論的。

對建構主義者來說，「知識」不是一個固定不變的、單一的實體，它是在具體社會文化情境中的建構，是參與各方通過互動而達到的一種暫時的共識。「知識」沒有對錯之分，只有「合適」與否，即對有關各方是否具有實際意義。對於「激進的建構主義」來說，「知識」不存在被「認識」的問題。「知識」只能被「創造」，而不能被「發現」（von Glasersfeld, 1993, 1995）。不僅「客觀的」「知識」不存在，而且認識「知識」的方式與「知識」本身之間也不存在明顯的界限。「知識」的產生是與人的「理解」活動同步進行

的。不論是「知識」還是「理解」都不具有純粹的客觀性，意義產生的過程便是一個創造「知識」的過程。在這裡，傳統意義上的本體論和認識論之間的區別已經不存在了。因此，對建構主義者來說，「知識」也是不能「推論」的。研究所獲得的成果（即「知識」）不是對世界本相的再現，而是參與者在行動過程中對「現實」的建構（*Schwanht, 1994*）。每一次「理解」都是一次不同的「理解」，「意義」產生於「理解」這一事件本身（*Bernstein, 1983: 138-139*）。因此，知識具有「地方性」特徵，那些脫離具體情境的、抽象的、帶有普適性的原理對參與研究的個人是沒有實際意義的。在這裡，「個人的知識」與「科學的知識」，「實用的知識」與「理論的知識」已經合為一體了，「知識」具有個人特定的意義以及個人當時所處時空環境的特點。比如，當面對一只「蘋果」時，不同的人可能會有完全不同的反應：一個小孩首先想到的可能是，「這是一個好吃的東西」；一個小商販可能會想到，「這是一個價值一‧五元的商品」；一位醫生可能會說，「這是一種有豐富維生素的食物」；一位社會學家可能會指出，「這是桂花村的農民組成互助組以後獲得的勞動果實」；英國大科學家牛頓可能會說，「這是一個下落的物體」；而一個從來沒有看見過「蘋果」的外星人可能會驚訝地問，「這是什麼？」

因此，不論是後實證主義、批評理論還是建構主義指導下的質的研究都不能在實證主義指導下的量的研究的意義上進行「推論」。質的研究者認為，不同的人對同一事物的認識和反應是不一樣的，常常因自己的動機、興趣和背景以及看到事物時的具體情境不同而有所不同。如果要對這種「知識」的「真實性」進行評價的話，我們除了應該在研究的各個部分和層面之間尋找邏輯相關性以外，還應該考慮到這種「知識」在有關的時間和地點對有關的人是否具有意義。「知識」的「推論」不能只是放在數學概率的框架下進行思考，而更應該考慮到知識擁有者特定的心理特徵以及知識產生時的特定時空環境。人對事物的認識是與當時當地人的心理變化和情感因素緊密相連的，一個人在某一特定條件下獲得的知識不可能脫離其時空環境而「推論」到別的人或別的時空中去。赫拉克利特的名言「人不可能兩次踏入同一條河流」

說的就是這個道理。

第三節　為什麼要討論「推論」的問題

至此，讀者可能要問：「既然質的研究的結果（即「知識」）不能在量的研究的意義上推論到總體，那麼質的研究者為什麼也要費神來討論推論的問題呢？」這個問題問得很好，不是一個十分容易回答的問題。很顯然，將「推論」這個問題提出來討論——這種做法本身反映的就是實證主義的路子，而質的研究者在很多方面（特別是對研究結果是否具有代表性這方面）與實證主義的思路都是格格不入的。那麼，為什麼質的研究者也要加入到量的研究者的行列，對「推論」的問題如此鍥而不捨呢？

一、希望進行「推論」的原因

仔細分析起來，我認為這其中有很多方面的原因。首先，綜觀人類發展的歷史，人的一個最大的願望（同時也是一個致命的弱點）就是希望瞭解世界的全部，掌握所有的「真理」，而且總想發明出既簡單又有效率的方法來瞭解世界、證實世界和改造世界。社會科學在近一個世紀內對自然科學的推崇和借用使人們產生了一種錯覺，以為人是可以窮盡世界上一切奧秘的，包括自然界和人本身。社會科學在量的研究方面取得的進展使人們相信，從一定的樣本獲得的研究結果應該可以「推論」到從中抽樣的總體；否則這種研究就不「科學」、不「可靠」、沒有「用」。這種思維方式已經成了大部分社會科學家的一種思維定勢，結果給質的研究的評價問題造成了極大的困擾。雖然質的研究者在理論上一再聲稱自己研究的主要目的不是為了證實現實，而是為了發現問題和提出問題，但是他們自己在實際操作時也經常感到無所適從，不知道如何來評價自己的研究的質量。特別是當面臨「科學主義」的

挑戰時，他們更是感到困惑不安、疲於應付。

其次，從語言的使用現狀來看，由於社會科學受到自然科學的影響之大，衡量研究是否「科學」和「有效」的一個約定俗成的標準便是其研究結果是否可以從樣本推論到總體，而「推論」這類術語便成了討論研究質量的必用詞彙。為了與其他學者進行對話，質的研究者也必須使用「推論」這類通用的概念和詞匯來表達自己的思想。然而，由於這類詞語已經承載了大量的量的研究中的特定含義，很難被借用過來對質的研究中有關的問題進行「公正」的討論。

再次，從社會科學研究的實踐需要出發，如果社會科學研究者希望獲得有關政府、財團或個人不論是在經濟上還是精神上的支持，他們都必須說明自己的研究是否具有「普遍性」和「實用性」（後者往往以前者為主要前提）。制定政策的人們通常希望瞭解某一項研究在什麼範圍內具有「代表性」，以便在這個範圍內制定相關的對策。從事實際工作的人們也希望瞭解在別的地方進行的研究是否對自己的工作有指導意義，因此也希望研究者對結果的「代表性」有一個交代。

因此，出於上述種種原因，質的研究者不得不思考和討論研究結果的「推論」問題。不論是後實證主義者、批判理論者，還是建構主義者都面臨著這個問題的挑戰，「研究的結果是否可以（或如何）推論？」一直像一個陰魂不散的幽靈縈繞在質的研究者的腦際。

二、「推論」的合理性和合法性

然而，上面有關「知識」的探討已經表明，由於研究範式的不同，質的研究的結果是不能在量的研究的意義上進行「推論」的。質的研究本質上是對文化的研究，而「文化分析本質上是不完全的。而且，更糟糕的是，它越是深入，就越是不完全。這是一門奇特的科學：它所做出的最精闢的論斷恰恰是其基礎最不牢靠的論斷；在這門科學裡，想對手頭的問題取得任何一點

進展都只會增強你對自己以及別人對你的懷疑，那就是你並沒有把事情弄對」（*Geertz, 1973: 29*）。質的研究是一種「研究單個現象的科學」，與意在獲得普適性的科學是很不一樣的。它屬於李凱爾特（*H. Rickert, 1996*）所說的「歷史的文化科學」，表現的是現實的「異質的間斷性」。這種科學的長處就在於它的個別性和獨特性，它所表現的文化事件的意義正是依據於使這一文化事件有別於其他文化事件的那些特性。它之所以是「可靠的、客觀有效的」知識，不是因為它可以像自然科學那樣精密地預算個人命運或歷史事件，而是因為它使我們得到了一種比我們過去對人性的瞭解更加深入的知識（卡西爾，*1991: 16*）。

格爾茨（*1973a: 28*）在其文章《深描——邁向文化解釋學的理論》中講述了如下一個故事。

> 有這麼一個印度故事——至少我聽說這是一個印度故事——說的是有一個英國人，當別人告訴他世界馱在一座平台上面，這座平台馱在一頭大象的背上，而這頭大象又馱在一隻烏龜的背上時，他問道（也許他是一位民族誌學者，因為民族誌學者正是這樣問問題的）：「那隻烏龜又馱在什麼上面呢？」另一隻烏龜的背上。那麼，那一隻烏龜呢？「唉，閣下，在那以後就一直是烏龜唄。」

我想，質的研究也是如此。不論如何努力，我們永遠也無法窮盡馱著世界的最下面的那個東西到底是什麼。其實，質的研究者不可能（也沒有必要）做到這一點。我們所能做的只是設法弄清楚自己現在是否已經穩當地站在一隻烏龜背上了，是什麼保證我們不會從這隻烏龜背上掉下來。至於這隻烏龜是否與其他的烏龜長得一樣，是否「代表」了所有其他的烏龜，這並不十分重要。正如美國後現代哲學家羅蒂（*R. Rorty, 1992: 104*）所說的，「你不必去尋求比達到目前這一特定目的所需要的更多的精確度或普適性」。也許，當

我們思考「推論」這類問題時，與其問「我的研究結果可以如何推論？」這類「想當然」的技術性問題，我們應該先問自己：「我所說的『推論』是什麼意思？」「我為什麼要『推論』？」「這種『推論』是否可能？」「這種『推論』對我們認識（建構）世界有什麼意義？」

第四節 一種不同的語言

如果我們同意質的研究所獲得的「知識」不具有量的研究意義上的代表性，那麼我們是不是意指質的研究的結果就不能進行「推論」了呢？我們是不是認為每一項研究的結果都具有同等的「正確性」和「重要性」，因此也就沒有辦法對其質量進行評價了呢？在這裡，我們遇到了人類面臨的一個無法解決的難題，即語言對思維的限制。我們在談論研究結果的「代表性」問題時，使用的幾乎完全是以實證主義為基礎的量的研究的術語。在這個語言框架裡，我們只有兩條路可走：(1)我們的研究結果可以被一套「客觀」的標準所測量和驗證，這是客觀主義的思路；(2)我們只能各行其道，自圓其說，這是相對主義的思路。我們的思維無法逃脫主觀／客觀、絕對／相對這種對立模式的限制，因為我們沒有合適的語詞來表達一種與此不同的思維方式。因此，現在我們需要的是一種不同的語言，一種超越客觀主義和相對主義之對立的語言來討論「推論」的問題。正如居住在北極的愛斯基摩人對落下的「雪」、地上的「雪」和飄動的「雪」有不同的詞語來表達在其他人看來只是同一現象的「雪」一樣（王海龍，何勇，*1992: 371*），質的研究者也需要一種不同的語言來表達他們自己的研究中所體會到的「經驗型知識」。而瑞士心理學家皮亞杰（J. Piaget）的「圖式理論」便為我們提供了建立這樣一種語言的可能性（皮亞杰，英海爾德，*1980; Donmoyer, 1990*）。

一、圖式理論

　　皮亞杰的圖式理論最初主要是用來解釋兒童的認知發展階段，但後來也被用來解釋成人獲得「知識」的方式。「圖式」指的是人的認知結構，與人的知覺、意識以及外部的環境有關。在這個理論中，皮亞杰使用了四個重要的概念：同化、順應、整合和分化。「同化」指的是個體把新的知識納入自己已有認知結構中的過程；「順應」指的是個體原有的認知結構已不能同化新的知識，因而自身產生變化，促進調整原有認知結構或創立新的認知結構的過程；「整合」指的是一個特定的認知結構可以容納更多知識的能力；「分化」指的是一個特定的認知結構具有細分出更多的下屬分支的功能。「同化」和「順應」是個體認識新鮮事物的兩種功能，它們相互作用，使個體的認知結構不斷達到更高層次的「整合」和「分化」，從而使個體的認知結構得到不斷的擴展、豐富和創新。

　　讓我舉一個例子來說明這個理論。我在北京大學教授「質的研究」這門課時，給學生佈置的課外作業特別多。這麼做的一個直接後果就是，我自己不得不經常深夜還趴在桌子上批改作業。有一天，我八十三歲的婆婆對我說：「妳為什麼不改出一份標準答案，要國杰幫著妳看呢？」（國杰是我丈夫的名字）我聽了以後禁不住啞然失笑：很顯然，我婆婆對「學生的作業」這一概念的「認知結構」還不足以複雜到可以容納（即「同化」）我現在所批改的作業所包含的內容。她退休以前一直都在小學一二年級教數學，因此她不知道對研究生在社會科學方法課上所做的作業是不可能設立一份標準答案的。當然，在我向她作了解釋以後，她明白了其中的道理。通過瞭解我所批改的作業的內容、我的學生的特點以及我作為大學社會科學教師這一工作的功能，她對「學生的作業」這一概念的認識加深加寬了。通過修改自己的認知結構這一「順應」功能，她對這一概念獲得了更高的「整合」和「分化」的能力。也就是說，她明白了「學生的作業」這一概念不僅包括小學生具有統一答案

的作業，而且包括研究生因人而異的作業。她現在的認知結構不僅可以將這兩種類型的作業「整合」到一個概念之內，而且也可以將這個概念「分化」為不同的下屬分支。如果今後再遇到類似的情況，她將有能力將其「同化」到自己已經修改過的認知結構之中。

二、圖式理論對「推論」的啟示

「圖式理論」對質的研究中的推論這一問題的啟示在於：它揭示了一般人認識新知識（即新知識被「推論」到人身上）的方式和途徑。這個理論表明，一般人認識事物的方式不僅僅是從樣本調查所獲得的結果來推斷總體（這種方式類似上面所說的「同化」），而且更重要的是通過對一個個新鮮事物的逐步瞭解來擴展和修正自己的認知結構（這種方式類似上面所說的「順應」）。前者在概念上與量的研究意義上的「推論」以及上面我們討論的質的研究中的「認同」比較接近，即個體在把新事物納入自己的圖式之中時只能引起圖式在量的方面的變化；而後者對於質的研究者（特別是建構主義旗幟下的質的研究者）討論「推論」問題則具有特別重要的意義。

質的研究通常是對小樣本的調查，而且這些樣本揭示的往往是獨特的、不具有「代表性」的社會現象。從上述「圖式理論」中我們得知，認識這些獨特現象的過程就是人類認識新鮮事物、豐富自身認知結構的「順應」過程，是人類獲取新知識的一種主要途徑。其實，只要我們暫時擺脫一下「科學主義」的定勢，張開眼睛望一望周圍，而且定下心來看一看我們自己，就會發現，我們認識新鮮事物的方式主要是通過積累，對一個又一個具體「個案」的瞭解來修正和擴展我們自己的認知圖式的。因此，質的研究中所揭示的特殊個案在這裡不但不再是一個「問題」，反而變成了一筆財富。因為，這些特例為我們提供了豐富認知結構和擴展知識視野的機會。作為讀者，我們可以從這些個案中瞭解到世界上存在的不同的生活習慣、思維方式以及構造現實的方式。而對這些不同文化的瞭解不僅可以去除我們自己在這些方面的無

知和偏見，而且可以使我們反省自己的思維方式和行為習慣。通過與這些特例之間進行反覆、辯證的對話，我們自身的認知方式和建構世界的方式都會得到擴展和創新。

至此，我們可以得出如下初步結論：質的研究中的「推論」功能可以通過人類認識新事物的兩種主要方式來實現，即「同化」與「順應」。「同化」在功能上與量的研究中的「推論」以及質的研究中的「認同」十分類似，即個體將原有認知結構可以辨別的新事物接納進來，在認識上獲得一種認可。雖然這種「認同」不是像量的研究那樣可以嚴格地從樣本「推論」到總體，但是可以依賴質的研究「顯而易見的推論性」，在人類共同的大腦機制、思維方式、意義建構和情感反應等前提下達到「推論」的作用。「順應」是目前質的研究者尚未廣泛討論的另外一種「推論」方式，即當特殊案例不能被個體已有的認知結構所「同化」時，個體必須改變自己原有的認知結構來接納新的知識。「順應」的發生可以使個體在認識上達到一種「質」的飛躍，獲得概念上的更新和視界上的昇華。在閱讀有關特殊案例的研究報告時，讀者不僅獲得了來自外部的新知識，而且自己的意義建構方式也發生了「質」的變化。用加達默爾的話來說（1994），讀者與研究者（包括研究結果）之間獲得了一種「視域的融合」。

第五節　一種不同的「推論」方式

雖然在質的研究中「同化」在概念與功能上與量的研究中的「推論」有類似之處，但是質的研究中的「推論」是一個「自然」發生的過程，不可能像量的研究那樣事先通過數學概率抽樣的方式使其結果獲得推論到總體的「代表性」。不論是通過「同化」還是「順應」的方式將其結果進行「推論」，質的研究者都無法得到某種「科學的」原理或可以計算的「公式」的保證。「推論」總是發生在研究結果出來以後，而且與特定讀者的個人因素以及他

們所處的自然生活情境有關。在閱讀研究報告時，讀者通過與文本之間進行對話，不斷地調整自己原有的認知圖式，而這種知識遷移的方式是在自然情境下自然而然地發生的（*Hammersley, 1992: 63*）。通過與研究結果在某種程度、某種形式上產生共鳴、共振或對話，讀者自己便完成了對研究結果的「推論」任務。

　　事實上，讀者在讀任何一份研究報告時都帶有自己的價值傾向和判斷標準。不管研究者本人如何保證，讀者總會根據自己的經歷、喜好和標準對這份報告的「真實性」作出自己的判斷。如果研究的結果對讀者個人來說具有實際意義（如情感上的共鳴、思維上的開啟或精神上的昇華），他們便會認為這是「真」的，即使他們自己從來沒有親身經歷過這種事情。而這種「推論」是在不知不覺之中發生的，浸潤著讀者自己的情感和意義。

　　如果我們說質的研究的結果只能在自然遷移中得到「推論」，那麼這是不是意味著質的研究者在這方面就無章可循了呢？當然不是。雖然質的研究者在從事研究時風格各異，而且有的激進者還以「反規範」作為質的研究的一種「精神」，但是他們在實際操作中其實都遵循一定的原則和行為規範。正是他們共有的這些原則和實踐活動使他們的研究結果可以自然地「推論」到有關的範圍；也正是因為存在這些規範，質的研究領域才可能就這些問題進行對話，也才為我們現在的討論提供了一定的參照標準。

一、促進「推論」的行為規範

　　一般來說，質的研究特別強調在自然情境下進行體驗型研究。一個「好」的研究報告不僅應該對研究的結果進行介紹，而且應該對研究的過程以及研究對象所處的文化背景本身進行「深描」。細緻、具體的描述不僅可以使現象顯得「真實」，而且可以提高事件所代表的意義的可轉換性（*Wolcott, 1983: 28*）。如果研究的結果坐落在自然情境之中，事件的細節描寫得十分生動、具體，那麼讀者可以感到自己彷彿身臨其境，可以親身體驗研究的具體過程

以及事件發展的來龍去脈。而讀者只有對研究的情境和過程瞭解透徹了，才有可能對研究結果是否「真實」、是否可以進行遷移，如何遷移作出自己的判斷。

　　讀者對研究結果的判斷還與研究者暴露自己的方式和程度有關。近年來，質的研究者們越來越強烈地意識到，研究者本人的背景及其與被研究者的關係對研究的結果會產生非常重要的影響。我們之所以成為現在的「我們」是和我們本人的「前設」和「傾見」分不開的，而我們只有在與他人的互動過程中才有可能瞭解自己這些先在的個人特徵（*Bernstein, 1983: 123-128*）。因此，研究者在研究報告中應該詳細、坦誠地交代自己的立場和做法。這種高度透明的研究報告可以使讀者瞭解研究者本人，借助研究者的眼睛去瞭解研究結論產生的源頭和過程。只有這樣，讀者才能把研究的結果與從事研究的人結合起來，幫助自己對研究的「可靠性」作出判斷。而當讀者認為研究的結果是「可靠的」時候，「推論」便自然而然地發生了。

　　同樣，質的研究報告的形式也對研究結果的自然遷移具有一定的促進作用。近年來，越來越多的研究者採用第一人稱的敘述方式對他們的研究進行報導。這種敘述角度在心理上比較接近讀者，容易在讀者心中產生理解和共鳴。讀者不再感到有一個無所不知、無所不在、萬能的「上帝」在那裡「客觀地」陳述著「客觀的真理」；現在與他們對話的是一個和他們一樣的人，一個有血有肉、有情有欲的人。這個人與他們相互尊重、相互認可、相互理解，彼此之間可以平等地進行對話。在這裡，作者（研究者）、讀者（研究服務的對象）和文本（研究結果）三者之間產生了一種互動，讀者獲得了一種比傳統意義上的讀者更加主動的地位。讀者被允許參與到與作者和文本的積極對話之中，作者的意圖通過文本傳遞給讀者，而文本結構又對讀者多元的想像力和驅動力有所調控。在這種對話裡，讀者與作者之間的「所知」和「期待視界」可以比較自然地融合為一體。

　　除了敘述人稱以外，質的研究報告的敘事結構也對研究結果的自然遷移有一定的影響。敘述體在呈現事件發展過程以及人物心理活動方面與讀者的

現實生活更加靠近，比較容易使他們「進入角色」。相比之下，一個表格齊全，計算精確，修整得十分整齊，分析得滴水不漏的研究報告則往往容易引起讀者的懷疑。因此，有的質的研究者認為，應該在報告中儘量多地呈現原始材料，儘量保持材料被發掘時的自然狀態（*Wolcott, 1990*）。研究者應該避免作過多的推論和解釋，讓讀者結合具體情境做出自己的結論。作者越俎代庖的做法往往費力不討好，容易將個人的偏見強加到研究對象頭上，使讀者生疑。而讀者只有在不懷疑的心態下，才有可能「認可」研究結果的「可靠性」。

二、判斷「推論」的標準

當然，不同的讀者對研究的「可靠性」可能會作出不同的評價，但是在特定的科學家群體（他們同時也是讀者）內部是存在一定的共識的。這些共識不一定具有唯一性、歷時性和普適性，但是它們經歷了科學探索過程中一定的「錘鍊」。衡量研究結果的標準可以是多元的、動態的，但這並不意味著設有標準，「什麼都行」。因此，研究者有責任向讀者說明，為什麼某些結論比其他的結論更加「可靠」，這些「可靠」的結論是如何做出來的。比如，意大利文藝批評家諍寇（*U. Eco, 1992: 139*）認為，「所有的闡釋都是平等的，但是有的闡釋比其他的更平等」。有的闡釋不夠理想是因為它們像騙子一樣沉默無言，既沒有對文本作出新的闡釋，又沒有對原有的闡釋形成一種挑戰。雖然所有的闡釋在權力上是平等的，但是它們在闡釋力度上是不一樣的。

在傳統的研究中，判斷「推論」是否可能的一個重要標準是研究結果的「客觀性」。而在質的研究中，「客觀性」具有十分不同的意義。一方面，「客觀性」指的是：知識不是先驗的，通過研究我們能夠學會自己以前所不知道的東西，能夠突破原有的期待，體會到種種意想不到的驚奇。另一方面，「客觀性」可以被看成是人類學習的結果，它代表了學術研究的意圖，並且

證明了學術研究的可能性。學者們彼此試圖說服對方相信自己的發現和解釋是有效的，這是因為他們認為自己的解釋能夠最大限度地適用於現有的資料，比別的解釋更加具有力度。最終，他們必須將自己的解釋交給所有對類似的問題進行思考的人們，供其在一種主體間的情境脈絡中作出自己的判斷（華勒斯坦等，*1997: 98-99*）。

其實，即使作者與讀者之間、讀者與讀者之間對某一研究結果產生不同的意義解釋，這本身並不總是一件壞事。從辯證的角度看，這些困惑和衝突對研究結果的闡釋既是一種挑戰又是一個契機。正是因為產生了矛盾和不解，有關各方才會反省自己的觀點和動機，在對話中創造出新的看問題的視角和視野。科學史方面的研究表明，科學範式的更新就是通過從常規科學過渡到反常和危機階段，然後進入科學革命時期而完成的，科學的革命就是在這種不斷的衝突和變革之中向前推進的（*Kuhn, 1968*）。因此，科學家（特別是質的研究者）除了報告自己的研究結果以外，還應該介紹自己在這個衝突和變革過程中所採取的立場以及自己所起的作用。只有這樣，讀者才能針對有可能產生的疑惑和衝突找到與作者對話的切入點，而這種對話本身便是一種「推論」。

從上面的討論中我們可以看到，質的研究的結果不是不能進行「推論」，而是需要採取一種不同於量的研究的方式來進行。如果我們希望對質的研究的「推論」問題進行任何開創性的探討，我們急需開發（或創造）類似皮亞杰的「圖式理論」這類不同的語言。這類語言告訴我們，知識的「推論」不僅僅是一個通過樣本而推論總體的過程，而且（或者說更重要的是）包括對一個個特殊案例的理解而達到人的認知結構的不斷發展和完善。這是一種不同意義上的「推論」，是一種知識的自然遷移。在這種對「推論」的理解下，質的研究感興趣的「異質性」案例不但不再是研究的障礙，反而變成了寶貴的「知識」資源。與那些具有「代表性」的典型案例相比，這些特殊案例更加具有自然遷移「知識」的作用。它們不僅可以為社會科學研究提供新的角度和新的問題，而且可以擴展我們的視野，豐富我們的思維方式，使我們獲

得更加寬廣的胸懷、寬容的態度和寬厚的理解能力。而這種自然發生的、為我們建構新的認知結構而提供啟示和契機的機制，便是質的研究中「推論」的實質。

第二十五章

質的研究中的倫理道德問題

我如何知道研究是否符合道德規範？

　　由於質的研究關注研究者與被研究者之間關係對研究的影響，從事研究工作的倫理規範以及研究者個人的道德品質在質的研究中便成了一個不可回避的問題。質的研究不是一門「軟科學」，只需研究者隨機應變；它也有自己「堅硬的」道德原則和倫理規範，而且要求研究者自覺地遵守這些原則和規範。質的研究者相信，好的倫理與好的研究方法是同時並進、相輔相成的（Sieber, 1992）。遵守道德規範不僅可以使研究者本人「良心安穩」，而且可以提高研究本身的質量。研究者對當事人的責任與對研究的責任之間並不存在衝突，認真考慮研究中的倫理道德問題可以使研究者更加嚴謹地從事研究工作。

　　在質的研究中，研究者的倫理道德行為至少涉及如下五個方面的人或社會機構，他們相互作用，對研究者的倫理道德原則和行為規範產生不同程度和不同方式的制約（Soltis, 1990; Whyte, 1984: 193）。

　　⑴研究者本人：研究者是作為一個個體在從事研究活動，自己在研究過程中所有的行為舉止都對自己具有道德的意義。

　　⑵被研究者群體：研究者對待被研究者的態度、處理與被研究者有關的事物的方式以及研究雙方之間的關係都會反映出研究者的道德規範。研究者

的道德觀念和行為方式會對被研究者群體產生影響，有時甚至會直接影響他們的日常生活。

(3)研究者的職業群體：質的研究者群體享有一些共同的道德信念和行為規範，研究者所做的一切都來自這一集體規範或幫助形成這一集體規範。如果研究者違背職業規範，不僅會使這個職業在社會上遭到唾棄，而且會給後繼的研究者（包括研究者自己）進入研究現場帶來困難。因此，研究者遵守必要的倫理道德不僅僅是為了堅持某些原則，也不僅僅是為了別人和研究者群體，而且也是為了研究者自己的利益。

(4)資助研究的人、財團和政府機構：研究者需要對這些人和機構作出一定的承諾，而且在研究的過程中與他們頻繁接觸。研究者與他們的互動關係可以反映研究者本人的道德規範和行為準則，而且也會對他們的倫理道德觀念產生影響。

(5)一般公眾：研究者所做的一切事情都發生在社會文化的大環境中，研究者可以通過自己的具體工作推進或減弱社會公德。

此外，不同的國家和地區對從事社會科學研究一般有自己特定的法規和習俗，研究者需要事先對這些法規和習俗進行詳細的瞭解。特別是當研究者到域外地區做研究時，更加需要瞭解地方政府以及社區的有關規定。如果政府有硬性的法律規定，研究者一定要事先瞭解清楚，以免事後來不及補救。比如，在美國從事有關人的研究，就必須瞭解聯邦政府的聯邦法規第四十六條「保護作為研究對象的人」的有關條款。

質的研究中的倫理道德問題不僅涉及到所有與研究有關的人和社會機構，不僅貫穿於研究的全過程，而且本身具有十分豐富的內容層次。通過初步的歸納和整理，我認為可以從如下幾個方面進行討論：自願和不隱蔽原則、尊重個人隱私和保密原則、公正合理原則、公平回報原則。

第一節　自願和不隱蔽原則　

「研究是否要事先證明被研究者的同意，研究是否應該向被研究者公開？」——對這個問題質的研究者一直是仁者見仁、智者見智。通過閱讀文獻以及我個人的經驗和分析，我將這方面的觀點歸納為五種類型：(1)隱瞞派；(2)公開派；(3)情境—後果派；(4)相對主義的觀點；(5)女性主義的觀點（*Denzin & Lincoln, 1994: 21*）。

一、隱瞞派

持「隱瞞派」觀點的學者認為，社會科學家對社會負有追求真理、發展科學、增強瞭解的責任，因此研究者可以使用任何方法來取得所需要的資訊，包括撒謊、隱瞞自己的身分、設計人為的研究情境等（*Douglas, 1976*）。這派學者認為，人類的一個本性就是不相信別人，不願意向別人暴露自己的真實想法，那些有權勢的人（就像沒有權勢的人一樣）總是企圖向研究者隱瞞真相。「如果研究者在當事人面前對自己的活動完全直言不諱，那麼他們就會試圖隱瞞那些他們認為不好的行為和態度。其結果是，研究者為了獲得誠實的資料必須不誠實」（*Gans, 1962*）。因此，只有通過隱瞞型的研究，研究者才有可能瞭解事實真相，為了獲得可靠、真實的資訊，研究人員不必徵得被研究者的同意。

持這種觀點的人還包括這樣一些研究者，他們從事研究的目的就是發現、記錄和暴露社會上的不公正現象，如政府官員的賄賂行為、孤兒院內管理人員對兒童的虐待等（*Holdaway, 1980; Marx, 1980*）。如果他們公開自己的身分，那些從事「不公正」活動的人們肯定會將他們拒之於門外。因此，為了達到自己的研究目的，他們不得不違背有關的原則和法規來從事研究活動。

⫻⫻ 二、公開派

公開派對倫理道德問題持十分絕對的態度，認為倫理道德是研究者必須遵守的準則，沒有協商、調和的餘地。研究者沒有權利侵犯他人的隱私，一切研究都應該對被研究者公開。在開始研究之前，研究者應該徵得被研究者的同意，並且向對方許諾保密原則。不論研究效果如何，研究者都應該尊重被研究者作選擇的權利，給予他們選擇不參加和不合作的自由。研究者不應該利用自己權力上的優勢或操作上的方便而隱瞞身分、「矇混過關」。

公開派認為，隱蔽型研究是不道德的，因為這種研究不僅剝奪了被研究者志願選擇的機會，而且可能違背了他們的意願。在「受蒙騙」的情況下，被研究者沒有任何餘地瞭解自己是否願意參與研究，更不可能向研究者表達自己的意願。在隱蔽的情況下對被研究者進行調查還可能給他們帶來傷害，他們在「無知」的情況下暴露的資訊可能今後給他們自己帶來麻煩。

對上述隱瞞派有關「研究公開便無法獲得真實資訊」的觀點，公開派認為，所謂「真實」並沒有唯一絕對的衡量標準。研究者和被研究者像世界上所有的人一樣，生活在「一個真實的世界」裡，超越時空的「真實」實際上是不存在的（*Maxwell, 1996*）。被研究者在被告知的情況下對某一位特定的研究人員所提供的資訊在此時此地就是「真實」的。

與隱瞞派學者一樣，有的公開派學者也認為，由於社會科學家對社會的自我認識負有責任，如果某些隱瞞型研究有利於這種理解，在理論上應該被視為是「正當的」。但是，在原則上他們認為所有的研究都應該公開。聲稱自己的研究對社會的自我認識有利，因此可以不遵守「被研究者志願原則」——這種行為帶有非常強烈的「主觀性」，很容易在「道德」的幌子下幹自己「不道德」的「勾當」。研究者很難回答如下這些問題：哪些社會現象是「不公正」的？哪些社會機構是「黑暗的」，應該得到懲罰？如何確定衡量的標準？我們如何知道自己的標準就是「正確」的？

三、情境—後果派

「情境—後果派」對倫理道德問題持一種比較靈活的態度，認為對事情的判定必須考慮到研究的具體情境以及所產生的後果。這種觀點既不同意研究應該絕對公開，也不認為研究應該絕對隱蔽，而是應該考慮到研究進行時的各種條件、有關人員之間的關係以及研究有可能帶來的後果。研究者在道德方面所做的每一項決策都受制於參與研究雙方的價值觀，都會影響到被研究者，也都會有短期和長期的效應。

從情境—後果派的角度看，研究者在萬不得已的情況下採取某種程度上的欺騙行為是可以接受的。但是，研究者在「欺騙」的時候應該問自己：「這個隱蔽行為的性質是什麼？這個隱蔽行為對當事人、對我自己、對我的職業群體以及整個社會會帶來什麼後果？如果不隱蔽，我是否可以獲得同樣的資訊？如果不能獲得同樣的資訊，那麼這個資訊對於我的研究乃至科學的發展有多麼重要？」如果當事人不會因此而受到傷害，而研究者又能夠獲得更多的、更加有用的資料，應該允許研究者採取一定的隱瞞行為（*Punch, 1994*）。

當然，目的的正確性不應該使任何工具都自然而然地獲得合法性，研究者在做決策時應該考慮到研究的具體情況。比如，質的研究在原則上強調，研究者在實地研究時要向被研究者公開自己的身分（需要的時候要「亮工作證」），並且請對方閱讀一份研究者事先準備好的「同意書」，然後在上面簽字表示同意參加研究。在某些文化環境下（比如西方發達國家的學術圈子內）這種做法似乎沒有什麼問題，但是在有的文化情境下（如中國的鄉村）這麼做可能不僅不會使被研究者感到受尊重，而且可能使他們感到生分，不願意與研究者合作。在這種情況下，研究者與其生硬地徵求對方的同意，不如將這個程序演變成一個對話的過程。研究者可以先與對方建立一定的關係，待對方對自己產生了一定的信任以後再商談「志願」和「保密」這類事宜。具有諷刺意義的是，如果研究者事先生硬地邀請被研究者參加研究，反而會

使對方的參與相應減少。這是因為研究伊始,被研究者對研究者一無所知,不知道如何判斷對方的意圖和誠意。

因此,研究者面臨的問題不是一個「公開」與否,而是一個「公開多少」的問題;不是一個「是否公開」,而是一個「如何公開」的問題。也許,研究者不必不願一切場合對所有的人都非常「誠實」,直接告之自己的研究目的;也許在研究開始的時候可以說得少一些,隨著關係的深入逐步介紹研究的內容;也許對那些主要的資訊提供者可以多說一些,而對那些接觸不太密切的一般群眾可以少說一些,以免招來不必要的麻煩。雖然為了順利地進行研究,研究者有時候不得不在一定程度上掩蓋自己的真實身分,但是一條基本的原則是:研究者決不應該違背自己對當地人許下的諾言,不能盜竊當地的文獻資料,也不能向當地人無故撒謊。

四、相對主義的觀點

持相對主義觀點的人認為,任何倫理道德方面的判斷和決策都是相對的,不存在一個統一不變的、絕對的倫理道德標準。研究者並沒有絕對的自由來選擇自己認為「合適」的研究,研究通常與研究者自己的個人經歷以及道德標準有關。因此,選擇研究的方式應該取決於研究者個人的標準,衡量研究者行為的唯一道德標準就是研究者自己的良心,而不是某些外在的科學家群體的規範。

持這種觀點的人認為,頑固地堅守某些倫理條例並不一定是最明智的行為,重要的是要在自己的良心、自己對被研究者和研究者群體的責任之間保持一種平衡。學術領域事先設定的一些原則不一定適合所有的場合,研究者個人需要付諸自己的良心和責任感。雖然研究者可能在當地弄得「兩手骯髒」,可能他們所獲得的是「有罪的知識」,但是他們應該「出污泥而不染」,主動向讀者「坦白」自己的行為(*Polsky, 1967; Klockars, 1979*)。當遇到道德兩難問題時,研究者應該在報告中公開討論這些問題,而不應該以「自

己的目的正確」為藉口，隱瞞自己已經「被玷污了的手」（*Punch, 1994*）。因此，倫理原則可以作為研究開始之前的一個指南，但是在研究的過程中應該視具體情況而定。

對相對主義的觀點，上述派別都有微詞。比如，公開派與隱瞞派對相對主義的責難是：「什麼是研究者的良心？如何判斷這個良心是真實的？什麼樣的目的是正確的？誰的權利應該更大：當事人還是科學？」而情境—後果派雖然看起來似乎與相對主義比較相似，但是前者對研究的具體情境以及研究給被研究者帶來的後果更加重視，而不只是將責任交給研究者本人。

五、女性主義的觀點

持女性主義觀點的研究者認為，研究者與被研究者之間應該建立一種開放的、相互關懷的關係。研究的目的不是為了證實那些由男性占統治地位的學術界所認可的「知識」或「真理」，而是給予被研究者（特別是那些弱小的、在歷史發展進程中受歧視的人們，如女性、少數民族、殘疾人等）說話的聲音。研究不應該是對被研究者的剝奪，而應該是給予和解放。因此，當涉及到研究中的倫理道德問題時，問題不是「隱蔽」或「不隱蔽」的問題，而是研究者是否能夠真正做到與對方共情，使對方感到研究給予自己以更大的自我覺醒和行動的力量。

我在北京大學教授「質的研究」這門課程時，一些學生提出，在考慮研究是否應該公開的問題上研究者只要自己「將心比心」就行了❶。研究者在採取行動之前應該想一想，如果自己處在被研究者的位置，是否願意別的研

---

1. 這裡，「將心比心」主要就道德和價值判斷而言，不強調認知的層面。「將心比心」的一個前設是：雙方都是「人」，而「人」在道德判斷和反應上具有相似性。認知上的「將心比心」更多地涉及到「文化主位」和「文化客位」之間的關係、「理解何以可能」的問題，比道德上的「將心比心」更加困難一些。

究者對自己採取同樣的行為；如果別的研究者這麼做了，自己會有什麼反應。這個觀點聽起來似乎十分「平常」，但卻與康德的絕對命令、孔子的格言「己所不欲，勿施於人」以及上面介紹的女性主義的主張有異曲同工之處（*Reese, 1980: 279*）。按照這種原則，我們在做道德決策時應該真誠地追問自己：「什麼樣的行為是『欺騙』？我是否能夠接受別人『欺騙』我？什麼樣的『欺騙』行為我可以接受？什麼樣的『欺騙』行為我不能接受？如果別人『欺騙』了我，我會怎麼想？如果我事後知道別人『欺騙』了我，我會怎麼做？」如果我們不希望別人在某些方面、以某種形式「欺騙」我們，那麼我們自己在研究中也不應該這樣對待別人。

在這裡，人性的標準似乎戰勝了科學的標準，在科學規範和倫理道德之間後者更加重要。研究者作為人的生活準則成為了專業的、公共的行為衡量標準，科學與生活融為了一體。對倫理道德的界定不只考慮到是否可以瞭解「事實的真相」，而且強調對被研究者個人的關懷及其群體的成長。因此，在這種意義上，我認為女性主義的觀點實際上超越了上述四種觀點所討論的範疇。「隱蔽派」和「公開派」在倫理道德方面採取比較絕對的態度，將研究的情境和對象作為一種靜止不變的實體對待；「情境—後果派」和「相對主義」則採取比較靈活的態度，強調根據研究的具體情況或研究者個人的良心對倫理道德問題作出判斷；而「女性主義」的觀點將社會科學研究中的倫理道德問題提升到一個更高的層面，不僅僅從「知識論」的角度來探討「是否應該公開」的問題，而且從做人（包括作研究）的基本準則來對其進行討論。研究被放到對科學的理解與對道德的意識之間的張力之中，科學探究方式必須與人的日常實踐活動相吻合，被研究者被看成是有血有肉、有情感的「人」，而不是被塑造的物體。資訊提供者與朋友、思考與生活、職業與個人生活、科學與道德、客體與主體——這些似乎處於兩極對立的東西都被整合起來了（*Rosaldo, 1986: 173-174*）。

第二節 尊重個人隱私與保密原則

質的研究中另外一個經常討論的倫理道德問題是個人「隱私」和「保密原則」。「隱私」與「保密原則」之間的關係非常密切：為了遵守「保密原則」，我們必須首先弄清楚應該為被研究者保什麼「密」；為了弄清楚應該保什麼「密」，我們需要弄清楚對被研究者來說什麼是「隱私」；而為了弄清楚什麼是「隱私」，我們首先需要弄清楚對被研究者來說「個人的資訊」與「隱私的資訊」之間有什麼區別；而為了弄清楚這一對概念之間的區別，我們首先需要弄清楚對於被研究者來說「私人領域」與「公眾領域」之間的界限在哪裡。因此，我首先從最後一對概念開始，依次對上述相關的概念進行辨析，然後再對質研究中進行行「保密」的具體措施進行探討。

一、對「隱私」及其相關概念的定義

首先，讓我們先劃分一下「私人領域」與「公眾領域」之間的區別。所謂的「私人領域」指的是與被研究者個人的私事有關的、需要被研究者個人私下處理的事情的範圍；而「公眾領域」指的是被研究的社會成員在公開場合集體處理的事情的範圍。雖然我們可以在理論上對這兩個概念進行定義，但是在實際生活中不同的文化對這兩個領域的劃分是很不一樣的。例如，西方人的「人際關係」通常是由獨立的個體相互選擇而形成的，因此他們的「私人領域」的界限比較明顯，與「公眾領域」形成比較明顯的對比（楊宜音，1995: 19）。個人工作上的事情都屬於「公眾領域」，一般採取「公事公辦」的態度；而個人生活上的事情都屬於「私人」的領域，處理的時候採取相互尊重和迴避的態度。相比之下，中國人的「私人領域」和「公眾領域」之間的區別則沒有這麼明顯。中國人的「私人領域」通常比較寬泛，往往把西方

人認為是「公眾領域」的事情劃入「私人」的範疇,而「私人領域」的事情也可以進入「公眾」事物的範疇。比如,一方面,中國人的同事關係可以非常密切,彼此之間可以交談很多私人的事情;而另一方面,朋友交情對工作的影響非常大,很多工作上的事情都必須通過個人關係的仲介。公事私辦、私事公辦的情況非常普遍。

從研究的角度而言,有關被研究者的「私人領域」中的資訊還可以進一步劃分為「個人的資訊」和「隱私的資訊」。前者指的是有關被研究者個人的一些一般的情況,可以在公開場合談論;而後者指的是那些被認為屬於個人「隱秘的」、不能在公開場合談論的事情。「個人的資訊」與「隱私的資訊」之間不是一個完全對等的關係,被認為是「個人的資訊」不一定是「隱私的資訊」,而被認為是「隱私的資訊」則一定是「個人的資訊」。與「私人領域」與「公眾領域」之間的劃分一樣,「個人資訊」與「隱私資訊」之間的區別在不同的文化中也是不一樣的。比如,在中國文化裡,一個人的年齡、婚姻狀況、宗教信仰、工資收入等被視為是「個人資訊」,但是並不被劃入「隱私」的範疇。而在美國白人中產階級文化中,這些資訊則被公認為是「隱私的資訊」,研究者不能在公開的場合隨便詢問。

至此,我們的分析落實到了「隱私」的定義上面:上述「個人領域」內「隱私的資訊」便屬於質的研究中所說的個人「隱私」。對這些資訊,研究者不僅需要尊重被研究者是否願意暴露的權利,而且在對方告之以後需要對其嚴格保密。如上所述,由於不同文化的人們對這個概念的定義不一樣,研究者必須首先瞭解該文化對這個概念的定義以及處理方式,然後在研究的過程中注意尊重對方的選擇。當然,同一文化中人們對「隱私」這一概念的理解也可能是不一樣的,研究者還要考慮到可能存在的個體差異。比如,不論在中國文化還是西方文化中,離婚都被認為是一個「隱私」的話題,不應該在公眾場合公開詢問離婚的當事人。但是,如果被研究者自己並不認為這是一個「隱私」,自己主動提到這件事,那麼這個資訊就不再是「隱私的資訊」,而成了一個一般的「個人的資訊」。

對上述有關「隱私」概念的定義不僅受到特定研究情境以及被研究者之特性的影響，而且也受到社會科學研究報告（特別是質的研究報告）本身特點的制約。比如，一個人的姓名、所屬單位名稱和居住地點一般並不屬於個人「隱私」的範疇，但是如果研究報告暴露了這些資訊，也就會暴露被研究者其他方面的資訊（包括他們生活中的「隱私」）。因此，為了防止這些資訊所帶來的連鎖反應，我們將這些資訊也作為個人「隱私」，寫研究報告時使用匿名為其保密。

二、保密的具體措施

在劃分了個人「隱私」的邊界以後，研究者需要對這之內的資訊嚴格保密。由於質的研究者與被研究者必須發生個人接觸，而且在大多數情況下彼此的關係有可能變得十分親密，因此保密原則在這類研究中尤其重要。在研究開始之前，研究者就應該主動向被研究者許諾保密原則，告訴對方自己不論在任何情況下都不會暴露他們的姓名和身分，一切與他們有關的人名、地名和機關名都將使用匿名，必要時還應該刪除敏感性材料。

在研究過程中，研究者也要注意不斷提醒自己，不要因為與被研究者關係密切就可以隨便向其他人提及他們的情況。特別是當被研究者不止一個人，而他們在研究的過程中又彼此認識的話，研究者應該特別注意不要在他們中間傳播彼此的情況，並且告誡他們不要將彼此的情況告訴其他的人。如果被研究者因為與研究者關係密切，暴露了一些自己平常不會暴露的資訊，過後又感到後悔，研究者應該再一次向對方許諾保密原則，使對方放心。

事實上，研究者要做到完全為被研究者保密不是一件十分容易的事情。比如，質的研究報告通常包括一個向有關人員致謝的部分。如果作者在這個部分明確列出被研究者的名字，那麼為他們製造匿名的努力便會前功盡棄。因此，在撰寫這個部分之前，研究者需要與被研究者商量，問他們是否願意將自己的真實姓名列出來。有的被研究者也許可能需要閱讀研究報告的初稿

以後才能作出決定，在這種情況下研究者應該給他們寄一份初稿。如果研究
報告定稿之前研究者因為某些原因沒有與被研究者就這個問題達成共識，一
般的做法是在致謝部分不提及被研究者的真實姓名以及他們生活或工作的地
點。

在研究報告中使用匿名在大多數情況下也許可以隱蔽被研究者的身分，
但是有時候可能根本無濟於事。比如，有的當事人聲名顯赫，只要提到有關
的資訊，任何一位讀者都會知道這些人是誰。如果讀者屬於被研究者的文化
群體，更容易辨別研究報告中所指對象的真實身分。在這種情況下，研究者
可能採取的一個辦法是：在初稿出來以後請被研究者閱讀，看有沒有敏感的
地方需要修改或刪除。如果研究報告計畫公開出版，研究者需要在出版之前
與被研究者商量，看對方是否願意出版。在一些西方發達國家，研究生的畢
業論文和學位論文全部存放在學校的圖書館裡，任何人都有可能看到。因此，
即使這樣的論文不屬於「正式出版」的範疇，研究者也應該事先告訴當事人
這個情況，以免產生誤會。無論採取什麼方式，研究者需要事先讓對方知道，
自己的研究結果將以什麼方式呈現出來，誰將使用這些資訊，如何使用這些
資訊。如果對方對這些方式有疑慮，研究者應該給予說明，必要的時候對這
些方式進行修改。

其實，使用匿名並不是一個固定不變的原則，應該視被研究者的意願而
定。在這裡，「尊重個人隱私」與「保密原則」應該結合起來考慮。如果被
研究者明確表示希望自己的名字被公眾所知（以此獲得有關部門的注意，給
予他們所需要的幫助和支持，或提高自己的名聲），那麼研究者就不必嚴格
遵守保密原則。

雖然與被研究者共同商量如何處理敏感性資料不失為一個可行的方案，
但有時候研究者可能會遇到根本無法與被研究者商量的情形。他們可能會「害
怕」與對方商量，甚至會陷入十分尷尬的道德兩難境地。一般來說，每一個
社會團體（或「團夥」）都有自己「見不得人」的事情，研究者一旦深入到
內部，便會發現自己很難保持中立。假設我們的研究對象「碰巧」是行為「不

軌」者（如販毒、盜竊），我們是否應該將他們的不法行為報告警方呢？如果對方向我們表達了殺人放火的意圖，我們是否應該立刻報警？如果我們拒絕向官方洩露自己所知曉的有關犯罪團夥的行為，自己是不是應該被指控為「窩藏罪」？

　　崴斯（*1994: 132*）在談到這類問題時，曾經從自己的親身經歷中列舉了一些例子來說明自己的立場和做法。一般來說，如果他知道自己的訪談對象曾經犯過法（如偷盜、販毒、搶劫），他不會主動向警方報告；但是如果他可以確定自己的訪談對象將馬上自殺或殺人，他會立刻與有關當局聯絡。他一生中遇到過一件十分棘手的事情；他的訪談對象是一位愛滋病患者，從小就受到男人的虐待，正在想方設法與男人約會，希望用愛滋病來報復世界上所有的男人。正當崴斯感到十分為難，不知是否應該採取措施制止她這麼做時，她遇到了一位理解她並且愛她的男人，於是便停止了這種活動。崴斯說，如果她不是碰巧遇到了這位男友並且停止了與其他男人約會的話，他可能會直接告訴這位婦女不要這麼幹，同時還會去找為她治病的醫院的負責人，想辦法阻止她這麼做。而在另外幾個類似的例子中，他對患有愛滋病的受訪者明知故犯的做法表示了驚異和關注，但是沒有給予任何直接的建議。在這種情況下，他認為自己面臨著至少三條原則的衝突：(1)為受訪者保密；(2)尊重受訪者自己解決問題的人格和能力；(3)自己作為一個公民為社會上其他的人以及受訪者自己的安全負責。在作每一個決定的時候，他都不得不在這三條原則之間取得平衡。崴斯沒有直接說明，自己為什麼有可能會對那位患愛滋病婦女提出建議並且採取措施阻止她的行為，而對其他人卻沒有這麼做。我想，根據他列出來的三條原則，也許對這位婦女他更加感到自己作為公民的責任，而對其他的人他覺得他們有能力自己解決問題。當然，不言而喻的是，不論面對什麼類型的被研究者，這種情形對研究者來說都是一個十分嚴峻的道德困境。我們很難清楚地知道自己究竟應該遵守哪一條原則，可以放棄哪些其他的原則。

　　因此，崴斯就如何比較有效地實施「保密原則」提了一個建議：研究者

可以事先在需要被研究者簽字的「同意書」上標明自己可以洩密和不可以洩密的事情，比如，如果被研究者提供的資訊涉及到人身安全，研究者有權向有關部門報告。特別是有的研究項目本身就蘊含著明顯的社會衝突和道德悖論（如同性戀問題、吸毒問題），研究者應該事先與有關部門和個人就哪些資訊可以透露給哪些人或機構取得共識。但即使是這樣，研究者也要保持一種道德上的平衡，注意不要對當事人造成傷害。如果確實沒有其他更好的辦法，而披露「內幕」有可能會給事情帶來轉機，那麼研究者可以選擇這麼辦。

　　崴斯的建議聽起來有一定的道理，但是很明顯，如果我們採取這個建議，幾乎不可能對那些社會認為是「不合法」的行為進行研究。被研究者在研究開始之前就會拒絕我們進入現場，而且披露他們的「不法」行為也不可能不對他們個人造成「傷害」。因此，我認為，研究者在面對這類情況時，不得不依靠自己的道德判斷。我們在進行研究時應該認真地追問自己：「如果我洩露被研究者提供的有關資訊，是否可能給他們帶來傷害（如損害他們的名聲、使他們失去工作）？如果我不洩露他們提供的有關資訊，他們是否有可能發生人身危險（如自殺、殺人）？這個危險會有多大？這個危險是否會立刻發生？如果我有可能對他們的行為進行干涉，效果會如何？我干涉以後，對被研究者的代價是什麼？對研究本身有什麼影響？如果我不採取任何行動，會有什麼後果？」

　　由於不同文化對「隱私」和「隱私權」等概念的理解存在差異，研究者有可能由於缺乏必要的意識而做出「侵權」的行為。比如，在美國這類社會科學研究相對「發達」的國家，當事人的自我保護意識比其他「欠發達」國家（如中國）的人要強。因此，在美國這類國家作研究時需要遵守的規範，似乎在中國這類國家裡顯得不太需要。比如，我的很多學生在上質的研究這門課時嚴格地遵守「保密」原則，主動向被研究者許諾保密原則，但是他們發現大部分被研究者都顯得很不在意的樣子，不認為有必要對自己的資訊保密。當這些學生問他們是否可以對訪談進行錄音、許諾錄音整理以後立刻銷毀錄音帶或者給他們自己處理時，他們似乎沒有自己明確的態度，認為「怎

麼樣都行」、「無所謂」、「可以隨便處理」。正如一位學生後來在分析備
忘錄中所反省的，在這種情況下，研究者不僅不應該感到「無所謂」，可以
「隨便處理」，反而應該特別小心，主動為被研究者保密。正是因為對方缺
乏足夠的意識，研究者才更加有責任這麼做。

> 「也許中國人還不像美國人那樣具有那麼多的自我保護意
> 識，所以他們並沒有意識到有那麼多的道德、法律方面的問
> 題。也許我自己在過去也同樣未曾仔細思考過那麼多的個人隱
> 私權的道德、法律方面的問題。這是不是提醒我們作準研究的
> 人，當訪談對象對我們疏於防範之時，我們應該更加理智、更
> 講道德地來保護手無寸鐵的訪談對象的個人權益不受到絲毫的
> 侵犯呢？學者的道德也許是我們這些人應該經常反省的一個問
> 題。」

總之，作為研究者，我們享有一定的特權，可以進入別人的生活，傾聽
別人的生活故事，通過別人的眼睛看世界。因此，我們不僅要珍惜自己的這
些特權，而且要意識到這些特權有可能被誤用。在研究的過程中，我們應該
謹慎小心地行使自己的權利，注意不要給對方造成傷害。一條基本的原則是，
不論發生了什麼問題，我們應該首先考慮到被研究者，然後才是我們自己的
研究，最後才是我們自己：被研究者第一，研究第二，研究者第三（*Fontana
& Frey, 1994: 373*）。

第三節 公正合理原則

「公正合理原則」指的是研究者按照一定的道德原則「公正地」對待被
研究者以及搜集的資料，「合理地」處理自己與被研究者的關係以及自己的

研究結果。當然,對什麼是「公正」和「合理」,不同的研究者可能有自己不同的理解。但是,我比較贊同上面談到的「情境─後果派」的觀點,研究者在作出「公正合理」的決定時,必須考慮到研究的具體情境以及該決定有可能對被研究者產生的影響。同時,我也贊同「相對主義派」的觀點,研究者應該詢問自己的「良心」,看自己的決定是否符合自己的道德標準。此外,我更加贊同「女性主義」的觀點,研究者應該考慮到自己的決定是否使被研究者感到「公正合理」,是否使他們覺得自己的權利得到了應有的尊重。

一、如何對待被研究者

公正合理原則可以表現在研究者對被研究者的態度和評價上,前者可能在很多情況下注意不夠而違背了這一原則。比如,如果研究者與被研究者在文化、種族、性別上存在差異,前者可能在態度上有歧視後者的表現。如果研究者來自發達的城市文明,而被研究者處於比較「原始」的游牧狀態,前者可能認為後者的很多生活習慣「不衛生」、「不符合健康標準」。研究者雖然在口頭上聲稱「尊重被研究者的文化習慣」,但是從心眼兒裡可能看不起對方,甚至「出於好心」向對方提出很多「改進生活質量」的建議。特別是當第一世界國家的研究人員到第三世界國家去作研究時,可能出於「無知」或「傲慢」,將當地人的文化風俗作為奇風異俗加以取笑。

如果研究者從事的是一項評估型研究,研究者對被研究者的評估是否公正合理──這是一個非常重要的問題。如果研究者的評估將直接影響到當事人的生存狀態(如失去工作、降級、降工資),那麼研究者則需要確切地知道自己的評估是否確切、中肯。

如果研究的目的是對現實進行干預和改造,我們面臨的道德問題會更加艱難:我們怎麼知道現存狀況不「好」、需要改造?我們怎麼知道自己的干預是對的?我們有什麼權力這麼做?我們如何知道自己的干預不會給當事人帶來傷害?我們怎麼知道自己不是在操縱和控制對方?如果被研究者之間有

派系分歧，我們應該站在哪一邊？有關對被研究者的生活和工作進行干預的問題，質的研究界一直存在爭議。有人認為，研究應該停留在瞭解現狀的層面，研究者不應該（也沒有權力）對被研究者「指手劃腳」，干預已經超越了研究的職責範圍。另外一些人則認為，「正當」的干預可以給當地人帶來好處，重要的問題不是不能干預，而是如何干預、干預多少（*Pelto, 1970: 223*）。

　　有時候，即使研究者的意圖不在干預，但是自己的研究結果卻可能被有關人員或社會機構所利用。這些人員或機構為了達到自己的目的，在研究者不知道的情況下使用研究結果與被研究者作對。比如，懷特（*1984: 195*）曾經受一個工廠資方的資助對該廠的工會進行調查，以幫助資方改進與工人的關係。研究完成以後，他被資方告之，如果不是因為他所提供的資訊，資方不可能在當時的一次選舉中擊敗工會。懷特感到非常吃驚，萬萬沒有想到自己的研究結果會被用來反對為自己提供資訊的人。後來，他反省說，如果當時資方告訴他這項研究會用來擊敗工會的話，自己是一定不會同意進行這項研究的。因此，假如我們對某個社會機構有所承諾，答應與其分享研究結果的話，我們一定要注意，不要讓對方利用研究結果來反對那些幫助過我們、我們最不願意反對的人。有時候，即使我們對這些社會機構有所承諾，也應該伺機而動。如果我們嚴格履行自己的諾言，一絲不苟地遵守既定法規，這在法律上似乎十分「公正」，但是在一定情況下並不一定符合自己的道德標準，也不一定對被研究者「公正」。

　　公正原則還涉及到研究是否會給被研究者帶來不公正的待遇，使被研究者的正常生活和工作得到干擾。比如，如果為了研究的需要我們設立了試驗組和控制組，使用一種我們知道比較「落後」的方法與另外一種比較「先進」的方法進行對比研究，那麼控制組的成員也許會因為參加研究而給自己的工作和學習帶來不良影響。在這種情況下，研究者需要向控制組的成員明確說明可能發生的後果，得到他們的首肯以後才開始進行研究。

⧄⧄ 二、如何處理衝突

「公正合理」原則還涉及到當研究者與被研究對資料的解釋不一致時如何處理衝突的問題。有時候，研究者的研究結果與被研究者自己認為的不太一樣，被研究者可能感到十分生氣，對研究者產生敵對情緒。在這種情況下，研究者應該認真考慮雙方的觀點，衡量彼此的異同，找到協調的可能性，然後採取合適的策略處理衝突。

懷特（*1984: 202-203*）提供了他的學生、著名的組織理論研究者阿吉里斯曾經遇到的一個麻煩。阿吉里斯的博士論文是在懷特的指導下完成的，內容是有關一個工廠領導班子的工作情況，特別是有關一位領導（匿名為湯姆）的工作作風。阿吉里斯對湯姆的評價持一種矛盾心理，因為湯姆雖然十分聰明能幹，但是卻非常霸道，不講民主。後來有一家出版社決定出版該論文，懷特和阿吉里斯都覺得其中有關湯姆的內容比較敏感，不願意傷害他，因此把文稿寄給了該廠的一位副廠長，徵求他的意見。幾個星期以後，懷特收到了副廠長的電話，說他們（包括湯姆）都已經讀過了文稿，湯姆對文稿極不滿意，惱怒至極。懷特和阿吉里斯急忙驅車趕到湯姆所在的工廠，與他進行了整整一天的商榷。湯姆就文稿中很多地方進行了申辯，而對他的每一個質疑，阿吉里斯都非常心平氣和地說：「我理解您的心情，但是我想說的是××。那麼現在我有什麼辦法可以既不放棄這個觀點，又可以用另外一種方式說出來呢？」通過整整一天的商談，雙方最後終於達到了共識。會議結束時，湯姆甚至主動邀請他們到他家喝一杯，並且說：「我好久沒有這麼和人爭論了。」這個例子說明，當研究者與被研究者對研究結果的理解不一致時，研究者可以採取合適的策略與對方商榷，在不妥協重大結論的前提下對自己的用詞作一些修改。這樣做，研究者不僅尊重了被研究者的意願，而且對研究的結果也保持了自己應有的公正。

公正處理研究結果有時候還與資助者與研究者的關係有關。比如，在合

同研究中，資助者可能與研究者在研究的目的上存在不同的意見。出於自己的一些目的，資助者可能限制研究者自由地進行研究，要求研究者在既定的範圍內活動，或者要求研究者將那些不利於資助者的內容從報告中刪除，甚至根本不通報研究者就自行刪除。在這種情況下，研究者應該在可能的範圍內與資助者據理力爭，盡可能在研究報告中公正地報導「真實」情況。

三、如何結束研究關係

公正合理原則還涉及到研究者如何結束與被研究者的關係這個問題。研究在某一時刻必須結束，而研究者和被研究者之間可能已經建立起了某種友誼，有的研究者長期生活在本地以後已經「變成了本地人」。本地人中與研究者關係密切的人也對研究者產生了情感上的牽掛，如果研究者離開可能會使他們感到很失望。有的研究者在當地不僅是一名研究者，而且同時扮演了一個公務人員的角色（如廟裡的讀簽人、小學代課教師），如果離開可能會給當地人的生活帶來不便。而研究畢竟要結束，研究者畢竟是一位旅居者，他／她終究不得不離開研究的現場。因此，研究者不得不面對如何離開現場這個令人頭疼的問題：我應該在什麼時候、什麼情況下、以什麼方式離開？離開以後是否應該與對方保持聯繫？以什麼方式保持聯繫？保持多久？

一般來說，研究者大都在自己預先計畫的時間結束之前離開研究現場。如果研究沒有固定時間的限制，他們通常在資料達到飽和的時候離開（所謂「資料飽和」指的是研究者所搜集的資料已經非常豐富、全面，再搜集的資料開始出現重複的現象，已經沒有新的資料出現）。有時候，一些意外的情況可能發生，迫使研究者不得不提早離開，比如：研究者與當地人的關係弄僵了，自己無意中捲入了當地的派系鬥爭，研究者自己突然得病，等等。研究老手們對離開現象的一個建議是：逐步地離開現場，事先慢慢減少研究的密度，提前一段時間告訴有關人員自己將要離開，使對方有一定的心理準備。如果研究者與當地人關係很好，更加需要提早給對方一些暗示。

研究者離開現場以後，不應該如「石沈大海」，而應該努力與被研究者保持聯繫。如果條件允許的話，研究者還應該定期回去看望他們。如果研究者為當地人照了很多照片，許諾回去以後寄給他們，一定要認真兌現。如果研究者曾經答應研究報告的初稿出來以後給當地人審查，也應該如實履行自己的諾言。比如，趙麗明（1998）十年前開始在湘西一個大山溝裡對女書進行研究，此後她一直與研究對象保持通信，並且每年兩到三次到當地去看望她們，為她們帶去需要的日常用品。當她們生活上遇到困難時，她總是想辦法幫助她們，並且給她們寄錢和糧票。她認為：

> 「作實地研究最忌諱的就是一次性掠奪，這是最傷他們的感情的。你一定要尊重他們，要真誠，不要把他們當成索取的獵物。你是不是真誠，老鄉是看得出來的……最重要的是研究者本人心地要善良，要有良心，有惻隱之心……如果你自己有一種負罪感，覺得自己打擾了他們的生活，自己的行為非常謹慎，對他們很尊重，他們是看得出來的。」

而在同樣的一些研究地點，在趙麗明去之前，一些研究者收走了所有可以找到的資料，沒有給當事人任何報酬就離開了研究現場，然後就「杳無音信」了。結果，當趙麗明再到這些地方時，當地人向她索取報酬。她不得不花費很多精力向他們解釋，自己和那些人不是「一夥的」。據她所知，那些研究者再也不敢回到這些地方來，因為當地人揚言要「打他們」。趙麗明感覺，對這種地方進行後續研究非常困難，自己感到「很不舒服」。這個例子說明，在實地研究中研究者從事研究（包括離開現場）的方式對自己的名聲以及後續研究者會產生非常重要的作用。當然，這些人的行為不僅涉及到離開現場的方式，而且與下面要談的「公平回報原則」有密切的關係。

第四節 公平回報原則

在質的研究中，被研究者通常需要花費很多時間和精力與研究者交談或參加其他一些活動，他們為研究者提供對方需要的資訊，甚至涉及到自己的個人隱私。因此研究者對被研究者所提供的幫助應該表示感謝，不應該讓對方產生「被剝奪」感。但是，研究者應該用何種方式向被研究者表示感謝呢？什麼感謝方式可以真正表達研究者的感激之情？研究者的感激是否可能用一些有形的方式表達出來？──這些問題目前在質的研究中一直是十分令人棘手的問題。

一、回報的方式

有關回報的方式，質的研究者有很多不同的看法。有人認為，無論是禮品還是真誠的口頭表達，都無法回報被研究者所給予的幫助。研究本身就是一個權利不平等的關係，涉及到雙方的利益問題。研究者往往可以從研究成果中獲得利益（比如發表論文、晉升、成名等），而被研究者在某種意義上不但沒有得到任何利益，而且還可能被研究者所「利用」。

另外一些人則認為，一定的回報不但是應該的，而且是可能的。無論研究者內心感到如何歉疚，一定的物質和語言多少能夠表達自己的感激之情。比如，研究者可以根據被研究者「貢獻」的時間長短以及工作難度支付一定的勞務費。如果被研究者需要自己花錢為研究服務（如坐出租車到研究者的住所來、複印有關資料等），研究者一定要為這些費用報銷。在很多情況下，研究者得到了財團或政府機構的經費支持，應該將其中的一部分作為被研究者的報酬。如果經費比較少，或者直接給被研究者金錢不太合適，也可以送給對方一些禮品，以表達自己的感激之情。當然，選擇具有何等價值的禮品

也是一個令人頭疼的問題。如果經費太少，禮品的分量太輕，研究者可能感到這些禮品似乎不能表達自己的心意。

除了上述「直接」的回報方式，有的研究者還主動採用一些「間接」的方式向對方表達自己的心意，如幫助對方種地、蓋房子，為他們的孩子補習功課，幫他們處理法律糾紛，借自己的東西給他們用，幫他們在城裡買東西等。有的研究者還主動做當地人的聽眾，聽他們訴說自己生活中的困難，幫助他們出謀劃策。比如，趙麗明（1998）在湘西作研究時，就經常到縣裡為當地的老鄉「爭利益」、「說話」，幫助他們搞經濟開發脫貧致富。有人認為，主動為被研究者做事比直接給他們金錢更好，因為後者會使被研究者感到自己與研究者之間是一種「公事公辦」的關係，因此很難與其建立研究所需要的「友誼」（Jorgensen, 1989: 72）。這種說法聽起來似乎有點「虛偽」、「做作」，但是，我想，如果研究者在這麼做的時候是真心希望幫助對方，而不是為了「建立關係」而建立關係，那麼對方是可以感覺得到的。

有學者認為，目前大多數中國學者都沒有足夠的物質條件給對方報酬，而且對方也沒有這樣的期待（高一虹，1998: 10）。對此我沒有作過專門的調查，但據我所知，在一些研究者（特別是西方人）經常去的地方，當地人已經「學會」了索取報酬。在一些比較極端的情況下，這種「索取」可以變得對研究者來說非常不「公平」。比如，我所認識的一位朋友十年前在一個十分貧困的村落裡作研究時，當地的人雖然生活很窮，但都「非常樸實」，並不期待著從她那裡獲得什麼。他們說：「妳從北京來看我，我就很高興了。」但是，由於當地生活十分困難，她便經常給他們帶去一些日常生活用品。結果在當地一些「有文化的人」的「教唆」下，這些「資訊提供者」開始主動向她要錢：「我跟妳談話半天沒做工，妳要給我錢」。有的人甚至連照一張相也要五元錢，因為「照相對人體有害，殺死了我的細胞」。而一些不知情的人也跑來主動要求當研究對象，或者聲稱那些知情的人是自己教的，要求付錢。我的朋友回京以後，每當有當事人生病或遇到其他方面的困難，她就給他們寄錢。結果一些沒有生病的人也來信說自己生病了，或者自己要蓋房

子，要求給他們寄錢。對方不斷地向她「索取」，而且相互攀比，使她感到很為難。結果，她只好偷偷地把錢夾在信裡面（而不是通過公開匯款的方式），寄給那些確實需要幫助的人，並且要他們不要告訴別人。後來，事情弄得越來越複雜，她不得不公開地告訴對方，自己並沒有富裕的研究經費，給他們寄的錢都是從自己的工資中節省出來的。終於，對方諒解了她的處境，也就沒有再「索取」了。

上面的例子表明，對被研究者回報應該把握一個「度」，研究者應該事先與對方有一個交代，不能過於「好心」。否則，則可能鬧出我的朋友上面遇到的麻煩。而與此同時，我認為，被研究者向研究者要求一定的物質報酬，這也是十分正當的，是他們應該擁有的「權利」。如果研究者沒有條件提供報酬，應該事先向對方說明。高一虹（1998: 10）擔心，如此創造出來的「研究文化」（即要求研究者給被研究者物質報酬）可能使研究權被少數「有錢／權人」所壟斷。我感覺，目前在世界範圍內這已經是一個「不爭的事實」。雖然存在程度上的不同，但總的來說，沒有研究經費，研究者是很難進行研究的。而沒有錢就意味著沒有權。

雖然我認為研究者應該對被研究者進行物質上和行為上的回報，但是也有很多例子說明，即使沒有報酬被研究者也不會在意（Glesne & Peshkin, 1992）。他們感到研究過程本身對自己來說就是一種回報，任何物質上的表示都無法與這種回報的價值相比。通常，他們很少有機會與別人分享自己內心的想法和感受，現在有人如此耐心、關切地傾聽自己，這本身就是一種「享受」。許多被研究者反映，他們在與研究者的交談中宣洩了自己長期積壓的情緒，對自己有了新的發現，從研究者的關注中找到了自尊和自信。還有的人認為，雖然平時自己有朋友和家人進行交談，但是像現在這樣與研究者一起就自己的生活經歷和觀點進行如此細緻、深入的探討還是第一次。一個「成功的」訪談不僅可以為對方緩解心理上的壓力，還可能給對方帶來其他一些意想不到的收獲。如果研究者不僅對被研究者給予了極度的尊重和關注，而且提出了一些發人深省的問題，對方對生活的認識會得到升華，感到生活更

加有意思，自己更加有力量。正如一位被研究者曾經說過的：「我好像多年
生活在這同一個屋子裡，我知道每一張椅子和桌子放在那裡。但以前我是在
黑暗中。突然，他（研究者）打開了燈，使我更清楚地看到了屋子裡的一切」
（*Weiss, 1994: 122*）。因此，有人認為，只要研究者對被研究者表現出真正的
尊重和理解，被研究者就會從中得到一種情感上的回報，而這種回報往往比
金錢更可貴。

雖然研究可以給被研究者帶來心理上的舒緩和思想上的啟迪，但是研究
者應該特別注意研究型訪談與心理諮詢中的訪談之間的區別。在這兩種情況
下，受訪者都可能獲得一種情緒釋放後的輕鬆感，但是作為訪談者，各自的
責任和作用是不一樣的。在研究型訪談中，訪談的目的主要是獲取資訊，訪
談者與對方是夥伴關係，一起尋找和建構知識；而在心理諮詢中，訪談關注
的焦點是受訪者目前面臨的心理問題，訪談者的責任是幫助對方成長。因此，
如果在研究型訪談中，受訪者表現出對對方過分的依賴，希望得到對方的愛
和改進建議，希望長期與對方保持關係，這時候訪談者要考慮將對方介紹給
心理工作者。如果受訪者堅持要研究者提供評價意見和改進建議，研究者可
以一個夥伴的身分真誠地與對方分享自己的想法，但是要注意不要將自己
的意見強加給對方。

公平回報原則的實施不僅受制於研究者個人的心願、財力和能力，而且
受到研究者與被研究者之間關係的影響。一般來說，如果被研究者對研究者
來說是生人，那麼對他們進行回報會相對容易一些。而如果雙方是朋友，回
報可能會比較困難。對生人，研究者可以採取一般社會上認可的方式進行回
報，對方也不會有太多的顧慮。而對於朋友，問題就複雜多了。一方面，朋
友雙方都可能感到沒有必要回報，如果研究者一味堅持，可能反而顯得生分、
不自然；另一方面，如果研究者處理不當，不按照一般社會認可的方式進行
回報，也可能會給本來友好的關係帶來陰影。因此，研究者在給自己的朋友
回報時往往需要更加小心，應該根據每一位朋友的特點以及自己與其關係的
深淺作出決定。

無論是對生人還是朋友，研究者在與對方討論回報問題時都需要十分坦率、直接。有時候，被研究者可能會直接問研究者：「我能從這個研究中獲得什麼？」在這種時候，研究者應該實事求是地告訴對方自己能幹什麼，不要許諾自己做不到的事情。居金森（1989: 71）報告說，他在對一些從越戰復員回來的軍人進行研究之前，就有人問過他這個問題。當時他直接告訴對方，自己不可能為對方的實際生活帶來任何實質性的改變，從事此項研究只是可能使社會對他們更加瞭解，特別是從他們自己的角度看待復員軍人的生活。與此同時，居金森也坦率地告訴對方，通過這項研究自己可以發表文章，而且可以因此而成名。由於這些復員軍人對社會普遍懷有一種憤世嫉俗的態度，對所謂的「科學家」沒有好感，對那些「科學研究可以解決人們實際生活中的問題，可以為社會做好事」的論調嗤之以鼻，當然更不相信這些研究能夠給他們自己帶來什麼好處，因此居金森坦率、誠實的回答反而使他們卸下了武裝。後來，居金森反省說，如果自己當時回答他們的問題時拐彎抹角，也許這些復員軍人早就拒絕他的請求了。

二、對回報問題的思考

　　上面當我們討論應該以什麼方式回報被研究者時，我們似乎仍舊是在用一種實證主義的思路思考問題。我們似乎假設，研究中的主體和客體是可以相對分離的，研究只為研究者帶來利益，被研究者必須透過其他的一些管道得到應有的尊重和補償。因此，社會可以設立一些法律、法規來約束研究者的行為，保證研究者履行自己對被研究者的職責。

　　而在建構主義者看來，現實是一種社會建構，研究中會出現許多事先無法由法律來設定的道德兩難境況，被研究者需要與研究者一起來處理這些問題。被研究者不應該被當做達到研究者個人目的的一種手段，而是應該從中收益，感到自己在研究的過程中被賦予了力量和行動的能力。他們不僅僅應該是行動者、決策者，而且是研究的合作參與者。正如康德的「絕對命令」

之下的一個下屬命令「實踐性命令」所提出的：將每個人自身都當成一個目的，而不只是一個工具（*Reese, 1980: 279*）。我們對被研究者進行研究不是為了利用他們，而是使他們參與到研究之中來，或換言之，我們請他們讓我們參與進來，請他們告訴我們：「需要研究什麼？為什麼需要研究這些問題？我們可以如何進行研究？」（*Lincoln, 1990*）從這種意義上來說，被研究者從一種需要保護的對象變成了可以決定研究的方向和焦點的有力的參與者。被研究者不再是一個被研究的客體，需要研究者想辦法對其進行補償和回報，而是一個積極的參與者，與研究者一起進行「互構」。

此外，對「公平」、「回報」這類「社會交換」原則進行討論顯得十分「西化」（高一虹，*1998: 10*），似乎只要研究者「公平地回報」了對方，雙方的關係就兩清了，研究者就可以「良心安穩」了。而在中國文化中，人和人之間的「關係」是清不了的。與西方人清算、明算、等價、不欠的回報原則相左，中國人的回報必須以不均等為原則，因為只有這樣才能使人際關係延續下去（楊宜音，*1993*）。中國人的回報不僅僅是物質上的交換，而且還帶有強烈的關係性和情感色彩，施與者給予對方的不僅僅是「好處」，而且還有「好心」。因此，受施者為了表達自己領情和還情之意，在回報時往往要增值。這樣一來二去，層層加碼，雙方的「關係」就變得愈來愈緊密和牢固了。因此，在中國這樣一個重人際交往、輕「社會互換」的國度裡，研究者如何與被研究者保持、發展和結束關係，顯得比在西方國家更加複雜。

質的研究領域裡的倫理道德問題是一個十分複雜的問題，特別是當涉及到文化差異時情況更加微妙。上面提出的很多問題都是一些懸而未決的問題，在質的研究領域至今尚無定論。這個領域就像是一塊沼澤地，沒有人能夠為其畫出一幅清晰的地圖，每個人必須在這裡自己找路。在實際操作中，考慮倫理道德問題需要隨機應變，不可能事先設定固定的法則和規範。因此，對研究者來說，最重要的不是牢記有關的原則和法規，絲絲入扣地遵守這些原則和法規，而是對有可能出現的倫理道德問題保持足夠的敏感，當場敏銳地加以識別，意識到自己應該承擔的責任，採取相應措施適當地加以處理。

第六部分

質的研究的發展前景

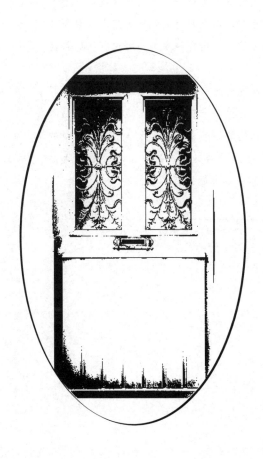

此部分由兩章（第二十六章到第二十七章）組成，主要對質的研究的未來發展趨勢、質的研究與量的研究之間結合的可能性進行了探討和展望。這個部分的大部分內容都是我個人以及質的研究界有關學者根據現在的情況對未來所作的猜測，其「可信度」值得推敲，在此僅供讀者參考。

　　在第二十六章「質的研究的發展趨勢」裡，我對質的研究在未來可能出現的五個發展趨勢進行了探討，它們分別是：(1)行動研究的進一步興盛；(2)更加強調對多元現實和多元意義解釋的尊重；(3)研究者更加重視對自己的行為以及研究的社會文化大背景進行反思；(4)在強調多元的同時堅持研究的規範性和嚴謹性；(5)研究的性質和方法受到高科技發展的影響。由於中國讀者目前對行動研究瞭解不多，本章對行動研究的定義、類型、特點、理論基礎、具體操作步驟和方法以及研究結果的檢驗進行了比較詳細的討論。

　　第二十七章「質的研究與量的研究的結合」討論的是社會科學研究界目前的一個熱點和難點問題。由於在方法論上存在差異，這兩種方法結合的可能性一直是研究界一個爭論不休的問題。本章對兩大陣營之間論爭的歷史背景、相互之間存在的差異、差異是否確實存在、兩者之間能否結合、為什麼要結合、具體可以如何結合等問題進行了探討。

第二十六章

質的研究的發展趨勢

我們將往哪裡走？

　　質的研究經歷了一個漫長而曲折的發展道路，展望未來，特別是進入 21 世紀以後，它會如何發展呢？本章打算對質的研究近期內的發展態勢作一個初步的預測。然而，對未來作預測總是一件十分危險的事情，不但不可能準確，而且在某種意義上違背了質的研究本身的宗旨。因此，我們只能根據自己過去的經驗和現在的思考，對未來作一個假設性的探討。

　　綜合有關文獻和我自己對質的研究的理解，我認為，質的研究今後可能會出現五個方面的發展勢頭：(1)越來越注重行動研究，強調讓被研究者參與到研究之中，將研究的結果使用於對制度和行為的改變上；(2)更加尊重文化多元，注意傾聽弱小人群的聲音；(3)更加重視研究者個人的反思，意識到研究者自己的權力及其對研究的影響；(4)在堅持多元的同時堅持研究的規範化，更加追求方法上的嚴謹和系統性，要求研究結果的內容高度密集，處於特定的時空情境之中；(5)資訊時代高科技的發展將對質的研究的手段和建構現實的方式產生重大的影響。下面，我對這五個方面分別進行一個簡單的探討。

第一節 提倡行動型研究

隨著社會科學界對研究的價值涉入和政治權力的意識不斷加強，質的研究越來越強調研究的行動功能，研究者越來越注意自己的研究對被研究者的實際意義以及實際工作者參與研究的可能性。質的研究在這個方面的關懷比較集中地表現在近年來對「行動研究」日益重視。

一、行動研究的定義和起源

「行動研究」這個詞語有兩個來源（鄭金洲，*1997: 23*）。一是在一九三三至一九四五年間，寇勒（J. Coller）等人在研究改善印第安人與非印第安人之間的關係時提出來的。他們認為，研究的結果應該為實踐者服務，研究者應該鼓勵實踐者參與研究，在行動中解決自身的問題。二是二十世紀四〇年代美國社會心理學家勒溫與其學生在對不同人種之間的人際關係進行研究時提出來的。他們當時與猶太人和黑人合作進行研究，這些實踐者以研究者的姿態參與到研究之中，積極地對自己的境遇進行反思，力圖改變自己的現狀。一九四六年，勒溫將這種結合了實踐者智慧和能力的研究稱為「行動研究」。

在對「行動研究」的眾多的定義中，比較明瞭的當推行動研究的積極倡導者、英國學者艾略特（*J. Elliot, 1991: 69*）的定義：「行動研究是對社會情境的研究，是以改善社會情境中行動質量的角度來進行研究的一種研究取向」。這種研究被運用於社會科學的各個領域，特別是組織研究、社區研究、醫務護理與教育。因此，在《國際教育百科全書》中，「行動研究」被定義為：「由社會情境（教育情境）的參與者為提高對所從事的社會或教育實踐的理性認識，為加深對實踐活動及其依賴的背景的理解所進行的反思研究」（*Husen, 1985: 35*）。在行動研究中，被研究者不再是研究的客體或對象，他們成了

研究的主體。通過「研究」和「行動」這一雙重活動，參與者將研究的發現直接運用於社會實踐，進而提高自己改變社會現實的能力。研究的目的是喚醒被研究者，使他們覺得更有力量，而不是覺得更加無力，在受到社會體制和其他勢力的壓迫之外還受到研究者權威的進一步壓制。在行動研究中，研究者扮演的只是一個觸媒的角色，幫助參與者確認和定義研究的問題、對分析和解決問題提供一個思考角度（賴秀芬，郭淑珍，1996）。這種研究強調將研究結果直接用來對待和處理社會問題，而不只是對社會現實進行描述和論證。

　　行動研究起源於社會心理學、自然科學、組織科學和社會規劃等學科，經歷了從理性的社會管理到反實證方法，然後再到社會變革的歷程。行動研究的先驅勒溫在自己有生之年使用這個方法建立了一系列有關社會系統的理論。他認為，行動研究主要有如下幾個特點：實踐者的參與、研究過程的民主化、研究發現可以對社會知識及社會變化作出貢獻。他將行動研究描述成一個螺旋狀逐步行進的過程，其中包括計畫、發現事實、監察、實施、評價等步驟。後來，這些步驟被其他學者明確地解釋為計畫—行動—觀察—反思—計畫的循環（施良方，1996: 501）。二十世紀五〇年代，由於哥倫比亞大學師範學院前院長寇利（S. Corry）等人的倡導，行動研究進入了美國教育研究領域，教師、學生、輔導人員、行政人員、家長以及社區內支持教育的人都參與到了對學校教育的研究之中。然而，到了六〇年代中期，因實證主義在社會科學領域十分興盛，技術性的「研究—發展—傳播」（RDD）模式逐步占據統治地位，行動研究曾經沉寂一時。七〇年代，經艾略特等人的努力，行動研究在西方社會再度崛起，特別是在教育研究領域（Susman & Evered, 1978）。進入九〇年代以來，由於人們越來越意識到實證研究已經不能解決社會問題，理論與實踐的分離已經成為社會科學領域的一個重大危機，而行動研究可以提供一些可行的變革社會的途徑，因此這種主張和方法日益受到人們的重視。

　　質的研究之所以越來越重視行動研究，是因為它能夠比較有效地糾正傳

統的質的研究中存在的一些弊端。傳統的質的研究方法通常憑研究者個人的興趣選擇研究課題，研究的內容比較脫離社會實際，既不能反映社會現實，又不能滿足實際工作者的需求。結果，實際工作者與社會科學研究者之間有一個很大的心理距離。一方面，前者得不到後者的幫助，不能直接從目前已經多如牛毛的科研成果中獲益；而另一方面，前者又因為種種原因（如工作太忙、沒有科研經費、領導不重視、缺乏指導等）不可能對自己所處的環境和面臨問題進行系統的研究。而行動研究倡導實踐者自己通過研究手段來對實踐作出判斷，在研究者的幫助下進行系統、嚴謹的探究工作，然後採取相應的行動來改善自己所處的環境。因此，質的研究認為這是一個解決現存問題的好辦法，是未來社會科學研究發展的一個方向。

二、行動研究的類型

行動研究內部有比較豐富的內容層次和方法類型，我們可以從研究的側重點、研究的發展歷程、參與者的反映以及參與者的不同類型幾個角度對行動研究進行分類。首先，按照研究的側重點，行動研究可以歸納為如下三種類型（鄭金洲，1997: 24）。

(1)行動者用科學的方法對自己的行動所進行的研究。這種類型強調使用測量、統計等科學的方法來驗證有關的理論假設，實踐者用科學的方法結合自己實踐中的問題進行研究。研究可以是小規模的實驗研究，也可以是較大規模的驗證性調查。

(2)行動者為解決自己實踐中的問題而進行的研究。這種類型使用的不僅僅是統計數據等科學的研究手段，而且包括參與個人的資料，如日記、談話錄音、照片等。研究的目的是解決實踐中行動者面臨的問題，而不是為了建立理論。

(3)行動者對自己的實踐進行批判性反思。這種類型強調以理論的批判和意識的啟蒙來引起和改進行動，實踐者在研究中通過自我反思追求自由、自

主和解放。

　　上述三種類型分別強調的是行動研究的不同側面：第一種類型強調的是行動研究的科學性；第二種類型強調的是行動研究對社會實踐的改進功能；第三種類型強調的是行動研究的批判性。雖然這些類型強調的方面各有側重，但在實際研究中，研究者有可能同時結合這個方面的特徵。

　　其次，從每一個行動研究本身內部的發展歷程來看，行動研究還可以進一步分成如下四種類型（賴秀芬，郭淑珍，*1996: 245-246*）。

　　(1)試驗型：以科學的方法探討社會問題，由研究引發的行動改變被認為是理性的活動，可以被規劃和被控制。這種類型與上面的第一種類型十分相似，都追求研究的科學性和理性。

　　(2)組織型：對社會組織內存在的問題進行研究，其核心在於創造富有生產力的工作關係。研究者與參與者共同確定問題，尋找可能導致問題的原因以及可行的改變措施，研究是一個相互合作的過程。這個類型與上面的第二種類型也有相似之處，都強調研究對社會現實的改造功能。

　　(3)職業型：研究植根於實際的社會機構之中，目的是促進和形成新的職業，如護理、社會工作、教育。研究的內容反映的是這些職業人員的抱負，通過研究提高這些職業的社會地位，與那些被社會認為重要的職業（如法律、醫學等）相媲美。同時，通過行動研究發展這些職業人員以研究為基礎的社會實踐活動。在這種研究中，發展與創新被認為是職業實踐的一個重要部分。除非實踐者對自己的價值觀念進行反思，並且尋求辦法來改變自己早已熟悉的行為實踐，否則任何改變都是不現實的（*Stenhouse, 1975*）。

　　(4)賦加權力型：這種研究與社區發展緊密相關，以反壓迫的姿態為社會中的弱勢群體搖旗吶喊。研究的目的是結合理論與實踐來解決社區的具體問題，研究者協助參與者確認研究的問題，提高彼此相互合作的共識（*Hart & Bond, 1995*）。這個類型與上面的第三種類型有一定的相似之處，都強調研究的批判功能。

　　這四個類型有如一個光譜的連續體，從左端的實驗性研究到右端的賦加

權力型研究，由理性的社會管理到結構的改變，然後往社會的衝突逐步演進。一個行動研究項目可能隨著階段的不同從某一個形態轉移到另外一個形態，也可能如同一個螺旋體，在這些不同的形態中不斷循環。

再次，從參與者對自己的行動所作的反思來看，行動研究的類型還可以分成如下三類（阿特萊奇特等人, 1997）。

(1)內隱式「行動中獲知」。通常實踐者對自己的實踐知識及其來源缺乏意識，無法清楚地用語言說出來。他們的思考和行動無法分開，「我們知道的比我們能說的要多」。例如，布如姆（R. Bromme, 1985:185-189）發現，在例行式實踐行動中，一個專業的「行家」（如成功的教師）比「非行家」（如不成功的教師）在界定和解決問題時所運用的語詞來得精練。因此，他認為，例行式行動不是「知識不足」的表現，而是代表了一種組織知識的方式，一種與工作任務緊密相關的知識的濃縮。「行家」在例行式行動中所表現的隱含性知識，是他們日益積累的實踐性知識的一種精練的展現。「行動中獲知」的研究便是對實踐者日常的例行式行動進行的研究，通過觀察和反思瞭解實踐者的內隱性知識。

(2)「行動中反思」。西雄（D. Schon, 1983: 68）的研究發現，當一個人在行動中進行反思時，他／她就成為了實踐中的一位研究者。這種研究者不是依靠現存的理論或技巧來處理問題，而是針對一個獨特的個案來建構一個新的理論。他／她將目標和手段視為一種相互建構的關係，根據彼此之間的需要進行相互的調整。這種研究者的思考不會脫離實踐事物，他／她所有的決定都一定會轉化為行動，在行動中推進自己對事物的探究。這種研究無需借助語言，它是以一種非口語的形式進行的，是一種針對特定情境而進行的反思式交談（Schon, 1987）。這種方法促使參與者將個人的思考轉換為行動，比較不同的策略，將相同的因素提出來，排除那些不恰當的做法。這種研究還可以提高參與者將知識由一個情境轉移到另外一個情境的能力，運用類比法來評估知識，並在此基礎上發展知識。這種方法通常發生在比較複雜的環境中，特別是當參與者的例行式做法不足以應付當前的問題時（Argyris & Schon,

1974: 14）。

(3)「對行動進行反思」。在這種研究中，參與者明白地用口語建構或形成知識，把自己抽離出行動，對自己的行動進行反思。這種做法可以增加參與者分析和重組知識的能力，有意識地對自己的行動進行反思。雖然這麼做減緩了參與者行動的速度，干擾了他們例行式行為的流暢性，但催化了他們對自己行動的細微分析，有利於他們規劃變革（*Cranach, 1983: 71*）。同時，將參與者的內隱知識明朗化（特別是口語化）可以增加他們的知識的可溝通性，是他們所屬職業發展的必然要求。將實踐性知識語言化，不僅可以幫助參與者應付更加複雜的社會問題，而且可以幫助他們與其他人進行溝通，從而使知識得以傳承。

此外，由於參與研究的成員成分不同，行動研究還可以分成至少三種類型（*阿特萊奇特等人，1997*；*鄭金洲，1997*）。

(1)合作模式：在這種研究中，專家（或傳統意義上的「研究者」）與實際工作者一起合作，共同進行研究。研究的問題是由專家和實際工作者一起協商提出的，雙方一起制定研究的總體計畫和具體方案，共同商定對研究結果的評價標準和方法。

(2)支持模式：在這種類型中，研究的動力來自實際工作者，他們自己提出並選擇研究的問題，自己決定行動的方案。專家則作為諮詢者幫助實際工作者形成理論假設，計畫具體的行動，評價行動的過程和結果。

(3)獨立模式：在這種研究類型中，實際工作者獨立進行研究，不需要專家的指導。他們擺脫了傳統的研究規範的限制，對自己的研究進行批判性的思考，並且採取相應的行動對社會現實進行改造。

三、行動研究的特點

有關行動研究的特點，研究界有各種說法，綜合起來可以歸納為如下幾個方面（*阿特萊奇特等人，1997: 7-8*；*鄭金洲，1997: 25*；*Holter & Schwartz-Barcott,*

1993）。首先，行動研究特別強調實際工作者的參與，注重研究的過程與實際工作者的行動過程相結合。不論是獨立進行研究還是與研究者合作，實踐者自己都必須意識到這種研究的必要性，研究的動力必須來自他們自己。行動研究的實質是解放那些傳統意義上被研究的「他人」，讓他們接受訓練，自己對自己進行研究。通過對自己的社會和歷史進行批判性反思，他們能夠瞭解那些深藏在自己文化中的價值觀念，並且找到解決問題的答案（*Greene, 1994; Hamilton, 1994; Reason, 1994*）。

如果研究屬於上面所說的「合作模式」或「支持模式」，研究者與行動者之間的相互尊重和平等合作非常重要。這種研究是在研究雙方相互接受的倫理架構中進行的，研究者與實踐者應該在沒有階層或剝削的狀況下共同參與研究。參與各方在研究中應該注意建立研究關係，因為參與者在這種關係中可以達到改變自身的效果。行動研究是建立在「實踐中的有效改變」這一信念之上的，而實現這一信念唯有在所有參與者共同合作下才有可能。因此，參與各方應該建立一個民主合作的關係（*Argyris, 1972*）。研究民主化可以使過去被當成研究對象的人進入一個與研究者擁有同等權力和責任的位置，克服傳統研究的一個弊端，即研究者過於迅速形成的抽象概念不能為實踐者所理解，結果導致抽象理論的夭折。從實質上看，行動研究表現的是一種解放的政治，這種政治認為，任何研究都應該幫助那些在某一社會或某一歷史時期受到意識形態和經濟壓迫的個人和群體，從他們的角度、願望和理想出發進行研究。雖然質的研究也強調研究者與被研究者平等，但是在現實生活中，研究者在權力、知識和社會晉升方面存在明顯的優勢。不論研究的結果受到被研究者多麼大的影響，最終結果總是屬於研究者的。所以，行動研究特別提出來，研究應該與一種政治主張結合起來，這個政治主張就是推翻一切壓迫勢力，包括研究者對行動者的壓迫（*Mascia-Lees et al, 1993: 246*）。

由於行動研究的目的是解放實踐者，提高他們的行動能力和行動質量，改變他們所處的現實處境，因此研究的問題應該起源於實踐者的日常生活和工作。從事研究的人必須是關心社會的人，參與研究的目的是改善自己的生

存狀態。因此研究不僅應該能夠改善當地人的價值觀念以及實踐者的工作條件，而且研究的方式應該與這些價值和條件之間具有相容性。行動研究不使用一些明確的、事先設定的方式和技巧，而是通過實踐者的反思開發出行動的新觀念和新策略。行動研究有十分濃厚的教育色彩，視每一個個體為特定社會團體的成員，他們的參與本身就是一個自我教育的過程。通過有針對性的行動型研究，參與者可以改變現狀，縮短理論與實踐之間的距離（*Ropoport, 1970;Webb, 1990*）。

行動研究與女性主義者有十分密切的關係。很多女性主義者認為，女性學者天生就是和行動、應用型研究聯繫在一起的，而男性學者似乎比較重視基礎研究和理論研究（*Epstein, 1970; Reiter, 1975*）。女性主義哲學家哈丁（*S. Harding, 1986*）認為，社會科學研究不只是對自然和他人機械式的觀察，而是具有政治上的介入和道德上的想像力的。女性主義的行動研究拒絕接受現狀，旨在導向社會乃至個人的改變（*Lather, 1988*）。這類研究者認為，目前社會需要的不只是對社會問題的知識，而是更多有知識的行動（*Berry et al, 1984*）。

四、行動研究的理論基礎

行動研究的理論意義在於：研究不應該僅僅侷限於追求邏輯上的真，而更應該關懷道德實踐的善與生活取向的美，理性必須返回生活世界才能獲得源頭活水，研究是為了指導人們立身處世的生活實踐。與亞里士多德對「理論知識」和「實踐知識」的區分一脈相傳，康德在其《純粹理性批判》（*1781*）中認為，人的理性活動可以區分為「科學理性」和「實踐理性」，前者指的是人對物質世界的理解，而後者是人的行為決策過程。前者不能決定後者，因為人類對世界運作方式的瞭解不等於知道如何行動。人們如何行動不僅與現存的事實有關，而且與應該怎樣行動有關（*Hamilton, 1994*）。行動研究探究的就是行動者的「實踐理性」和「實踐智能」，目的是探究他們的決策方式和過程。「實踐智能」的特點是：實踐者能夠輕鬆自如地獲得和

使用「心照不宣的知識」，而這種知識是過程式的，與行動密切相連的。學習這種知識的基本形式是通過習慣和習俗「懂得如何做」，而不一定要「懂得那是什麼」（楊宜音，*1998: 15*）。

行動理論的積極倡導者西雄（1983）提出了「技術理性」和「反思理性」之間的區別。「技術理性」作為概念化政治和行政干預的方式有三個基本的假設：(1)實際的問題可以有通用的解決辦法；(2)這些解決的辦法是可以在實際情境之外的地方（如行政或研究中心）發展出來的；(3)這些解決辦法是可以由出版物、訓練或行政命令等途徑轉換成實踐者的行動的。「技術理性」是在一種「研究─發展─傳播」的模式中進行運作的：「研究」產生「理論」，理論被用來解決實際問題，應用的結果是生產出一套為特定消費群體服務的產品（如一套課程及教材），這套產品被傳播給實踐者（如教師），各種相應的策略被用來訓練、刺激或壓迫實踐者，以使他們接受這一新產品，並且照章使用。這種工具理性的做法帶來一種信譽上的等級，發展理論和制定決策的人地位最高，專家比較教師的可信度要高，而教師又比學生更加可信。這種階層制度對實際工作者極不信任，使他們處於理論知識的最低層，他們的任務就是運用那些在權力上高於他們的學術和行政管理人員所預先界定的知識（阿特萊奇特等人，*1997: 260*）。

而「反思理性」有三個與「技術理性」不同的假設：(1)複雜的實際問題需要特定的解決辦法；(2)這些解決辦法只能在特定的情境中發展出來，因為問題是在該情境中發生和形成的，實際工作者是其中關鍵的、起決定性作用的因素；(3)這些解決辦法不能任意地使用到其他的情境之中，但是可以被其他實際工作者視為工作假設，並在他們自己的工作環境中進行檢驗。「反思理性」是行動研究的基本理論基礎，它表達的是實踐者的「實踐理論」。在這個過程中，實踐者的知識整合在行動之中，他們對自己行動的反思揭示和發展了那些潛在於他們身上的實踐理論，這些理論的發展導致他們產生行動的意念，然後產生相應的行動（見圖表 26-1-1）。

圖表 26-1-1　行動與反思的循環

（資料來源：阿特萊奇特等人，1997: 267）

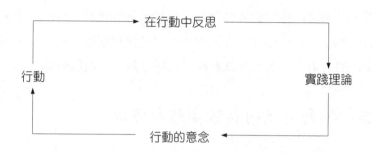

在行動中反思

行動　　　　　　　　　　　　　　　實踐理論

行動的意念

　　我個人認為，哈貝馬斯（*J. Habermas, 1971*）提出的知識旨趣的三分法也可以作為論證行動研究的一個理論基礎。針對亞里士多德曾經提出的社會理論中最根本的問題：「知識在道德抉擇和社會實踐中擔當著怎樣的角色？」哈貝馬斯認為，一切人類知識最終都靠旨趣指引，都是一種意識形態。而知識的旨趣可以分成三種類型：技術認知旨趣、實踐認知旨趣和解放認知旨趣。「技術認知旨趣」是一種工具性的、「對客觀化的過程實行技術控制的認知旨趣」，關注的是自然科學知識，其意義存在於經驗事實的範圍之內，體現的是實證主義的思路。「實踐認知旨趣」關注的是歷史—闡釋型知識，在主體間的交往活動中發揮作用，通過解釋人們日常語言中所交流的資訊和符號，將人類的文化傳統在人們的社會行為中傳承下來。「解放認知旨趣」關注的是以批判為導向的知識，使認知旨趣本身具有反思能力，揭示出一切認知旨趣的意識形態。「技術認知旨趣」完全否定社會批判，「實踐認知旨趣」將這種批判附屬於傳統繼承的前理解，只有「解放認知旨趣」具有批判的反思能力，而這是社會科學發展最重要的知識。行動研究就是一種獲得「解放知識」的方式，這種研究的目的是為了轉化研究對象的自我詮釋，認識到人類社會文化生活中的權力宰割，向權勢挑戰。

　　至此，行動型研究也從另外一個角度回答了一個經常困擾著質的研究者的問題：「理解何以可能？我如何可能理解『他人』？『他人』是誰？我與

『他人』是什麼關係？行動研究者的回答是：讓被研究者參與到研究的過程之中，研究者通過自身的體驗以及與被研究者共同行動來瞭解自己及其與對方的關係，通過合作性的研究和評估達到對世界的理解（*Reason, 1994; Miller & Crabtree, 1994*）。研究者本人在研究中不可能保持價值「中立」，如果自以為可以保持價值中立，這本身就表現了一種強烈的「價值取向」。

五、行動研究的具體步驟和方法

雖然行動研究一再強調，研究應該視每一個具體課題的情境而定，沒有統一明確的模式和步驟，但是歸納起來，我們仍舊可以找到一個大致的線索。比如，克密斯（S. Kemmis）採納了行動研究的創始人勒溫的思想，認為行動研究是一個螺旋式上升的發展過程，每一個螺旋發展圈包括四個相互聯繫、相互依賴的環節。

(1)計畫：以大量的事實發現和調查研究為前提，從解決問題的需要和設想出發，設想各種有關的知識、理論、方法、技術、條件及其綜合，以便使行動研究者加深對問題的認識，掌握解決問題的策略。計畫包括研究的總體計畫和每一個具體的行動步驟。

(2)行動：按照目的實施計畫，行動應該是靈活的、能動的，包含有行動者的認識和決策。行動研究者在研究的過程中應該逐步加深對特定情境的認識，可以邀請其他研究者和參與者參與監督和評議。

(3)考察：對行動的過程、結果、背景和行動者特點進行考察。考察沒有特定的程序和技術，鼓勵使用各種有效的手段和方法。

(4)反思：對觀察到和感受到的與制訂和實施計畫有關的各種現象進行歸納，描述出本循環的過程和結果，對過程和結果作出判斷，對現象和原因作出分析解釋，指出計畫與結果之間的不一致性，形成基本設想，總體計畫和下一步行動的計畫。

與克密斯一樣，阿特萊奇特等人（*1997: 9, 67, 152, 205*）也認為行動研究

可以由四個環節組成。雖然他們的這四個環節與上述四個環節有重疊之處，但是在某些方面又有所不同。因此，我在此對他們的步驟也簡單地介紹一下。

(1)尋找起點。這個起點可以從社會團體共同關心的問題出發，也可以從社會成員個人的生活事件中發展出來，應該是參與者個人有意投注心力去探究的一個問題。尋找起點可以從「第一印象」開始，參與者可以詢問自己：「對這個問題我的第一印象是什麼？這個第一印象是否忽略了其他已有的資訊？這個第一印象是否隱含了一些模糊、曖昧的概念？它是否只處理到事情的表面？我是否對其他的可能性解釋進行了足夠的檢驗？我是否在對其他的可能性解釋進行檢驗之前就已經接受了這個第一印象？」參與者在研究的過程中可以激發一些額外的知識和自己隱含的知識，借助於內省、對話等方式有意識地審視自己的行動，拒斥自己所熟悉的意義，將熟悉視為陌生，然後在既存情境中引發行動上的改變。之後，參與者可以發展出更加精緻的實踐理論，擬定該理論的要素，並且在各個要素之間建立起聯繫。

(2)理清情境。通過對話、訪談、觀察、記錄、搜集實物、錄音錄影、書面調查以及其他方法搜集有關資料，然後對資料進行分析，以理清研究的情境。下面這個例子可以用來說明行動研究者在理清情境時的一種分析過程（見圖表 26-1-2）。

參與者在理清情境時可以就資料寫內容摘要，對資料進行歸類和編碼，撰寫理論筆記等。在搜集資料時，研究者應該給弱者的觀點以更多的關注，減低弱者所受到的壓力，同時引發各方參與討論。對資料進行分析時，參與各方對研究的初步發現進行討論，對研究的交流效度進行檢驗，即通過對話檢核解釋的效度，以建立一個各方都同意的觀點。

(3)發展行動策略並付諸實施。「行動策略」指的是這樣一些方案，它們與實踐有關，將作為行動研究的結果，可以用來解決實際問題。設定行動策略的目的是在不同層面上引發實踐者在行動上作出改變。行動策略不一定能夠解決所有的問題，不一定完全按照行動者事先設定的目標完成任務，有可能產生一些副作用。因此，行動者在實施一個行動策略以後應該問的問題是

圖表 26-1-2　行動研究的分析歷程

（資料來源：阿特萊奇特等人，1997: 152-153）

事例描述	分析
一位老師在觀察一位低成就學生的行為表現，她的名字叫蘇西。在這之前他沒有特別注意她。	(1)觀察事件的發生。 (2)觀察的焦點有所選擇，主要放在低成就的學生身上。
現在他開始注意到她在聽他講課。過了一會兒，她問了一個敏銳的問題，使他對她的印象立刻加深了。	(3)事件被系統組織起來以後呈現為一個和諧的心理圖像，即形成了一個情境理論。老師把一些從不同角度獲得的信息相互聯繫起來（如蘇西在聽，她問了一個敏銳的問題）。
老師很快地產生了一個解釋和感受：「蘇西參與進來上課了」，「也許她今天心情比較好」，「也許我低估她的能力了」。	(4)解釋所知覺的情境：老師對蘇西的行為做了一些結論。
但是這位老師仍舊不是十分確定，「她是真的參與上課了，還是假裝而已，她又沒有記什麼筆記」。他為了更加確定自己的這個想法，問了蘇西一個問題，如果她真的在聽課，就應該能夠回答這個問題。結果，蘇西對他問的這個問題回答得很不錯。老師望著她滿意地笑了。	(5)對情境的理解進行檢核。老師不僅在知覺事件的基礎上建構理論，而且還用批判的問句來詢問這個理論。分析的批判部分與建設性部分是緊密相連的。在這個例子裡對理論的檢驗是通過內在問句「她是假裝的嗎」，通過自己的觀察（而這個觀察一開始似乎與當時的解釋是相互矛盾的）「她又沒有記什麼筆記」，通過一個明確的行動（問一個問題）而完成的。

「我們喜歡自己所得到的收獲嗎」，而不只是「我們達到了預定的目標嗎」（*Argyris et al., 1985; Schon, 1983*）。行動策略的來源有如下幾個管道：行動研究者自己對實踐的理解、行動研究者搜集的資料、行動研究者自己的價值觀念和終極關懷（如應該改變什麼？什麼令我不滿意？）、行動研究者與同行

和同事討論的結果。行動研究者可以首先選擇一個行動策略，運用到自己的實際工作中，然後交叉核對其可行性。如果新的行動策略無法如期解決問題，實踐者需要檢核自己的行動，從經驗中學習，以便進一步改進行動策略。於是，研究過程又回到了上面的(2)，進入一個新的理清情境階段，然後再回到(3)，重新發展新的行動策略。

(4)公開實踐者的知識。行動策略發展並實施以後，實踐者可以公開自己的知識。具體公開的方式有：口頭報告或書面報告、圖表、影視媒體手段、電腦網絡、展覽、開始行動。通過這些方式，實踐者的收獲與洞察得以開放地在批判性討論中得到檢驗。公開知識對實踐者非常重要，因為這樣做不僅可以強化他們的自信心，提高他們的自尊，而且可以增加他們的反思能力，提高他們所屬職業的責任要求和社會地位。這麼做有利於他們的職業發展，特別是在對新手進行培訓時。此外，公開實踐者的知識可以使他們的知識免於被遺忘或被忽略，讓他們的知識參與到社會公共決策的過程之中。

上面的四個環節組成了一個理性的社會管理過程，其中包括一系列規劃、行動、發現結果和檢核結果的步驟。其運作過程也是一個不斷螺旋上升的循環，所有的步驟完成以後，馬上又進入新的一輪循環。

有關行動研究的具體操作方法，很多方法都與其他類型的質的研究相似。其中一個十分重要的方法是撰寫研究日誌，即參與者每天將自己的研究實踐記錄下來，並且進行反思。這是一個伴隨研究全過程的重要方法，不僅僅是一個搜集和分析資料的工具。撰寫研究日誌的意義在於：(1)這種方法為實踐者所熟識，比較簡單可行；(2)可以記錄很多方面的資料，包括那些可以通過參與觀察、訪談和對話等方式搜集到的資料；(3)可以隨時記下自己的靈感和偶發事件，反省每天的研究結果，對原始資料作解釋性評論；(4)可以對研究者自己的身分和使用的方法進行反思，增加對自我的瞭解；(5)研究日誌中記錄的思想可以發展為理論架構，憑藉這個架構可以進一步搜集資料和分析資料。

行動研究的研究報告有自己的特色，允許採取很多不同的寫作形式。其

最大的特點是把「他人」納入研究報告的寫作中，讓所有的參與者都參與寫作，讓具有批判能力的朋友、協同研究者和同行參加到對研究報告的評議中。比如，參與者可以共同撰寫敘事故事，一起創造試驗性的雜亂文本，讓不同的、多元的聲音一起說話（*Richardson, 1994; Marcus, 1994*）；也可以編制一系列自傳、個人的敘述、生活經驗、詩歌、甚至文學文本，讓當事人直接向公眾說話（*Clandinin & Connelly, 1994; Richardson, 1994*）。行動研究的文本已經超出了科學與文學的界限，正在向科學研究的極限挑戰。

六、行動研究的結果檢驗

上面的討論表明，行動研究在理論和方法上都對傳統的研究提出了挑戰，而它的創新也給研究的評估帶來了一定的難度。比如，傳統意義上的「信度」和「效度」等問題已經不可能在這個框架裡進行討論，傳統的評價社會研究的方式在這裡也已經不再奏效。行動研究不僅抹平了本體論和認識論之間的區別，而且引入了價值觀念和權力的向度。此外，行動研究的研究與行動之間是相互滲透的，兩者無法分開來看待。建構知識的過程就是一個行動的過程，而行動的過程也就是一個檢驗知識的過程，行動的結果就代表了知識的檢驗。知識的建構（反思）與檢驗（行動）之間的階段是不可分割的，反思就是在行動中發生的。行動研究的嚴謹性表現在實踐者是否可以敏銳地感覺到自己的實踐理論中存在的錯誤，在情境中進行一種「回顧式交談」。通過這種交談，實踐者反思的結果可以轉化為實踐，而實踐又反過來激發反思理性和實踐知識向前發展。通過行動與反思之間持續的互動，實踐理論中的弱點會逐步地被檢驗出來，而有用的行動策略會被識別並得到發展。於是，實踐者的行動品質以及他們的研究過程便得到了檢驗。

基於上述評價行動研究的特點，我認為行動研究的質量衡量標準可以從如下幾個方面進行考慮：(1)研究是否有利於發展和改善目前的社會現實，是否解決了實際的問題或者提供了解決問題的思路；(2)研究是否達到了解放實

踐者的目的，使他們不再受到傳統科學研究權威的壓迫，提高了他們自己從事研究的自信和自尊；(3)研究設計和資料搜集的方法與實踐的要求是否相容（如時間、經濟條件、職業文化等）；(4)研究是否發展了實踐者（如教師、社會工作者、護理人員）的專業知識，加深了他們對實踐的瞭解，改進了他們的工作質量和社會地位，使他們的職業受到社會更大的重視；(5)研究是否符合倫理道德方面的要求，研究的方法是否與具體情境下的行動目標以及民主的價值觀念相容，倫理原則是否制定成具體的倫理守則，使其更加具體化、情境化，讓所有的參與者事先進行討論，並隨時對其進行修改（阿特萊奇特等人，1997）。

　　上面我們從行動研究的定義、起源、類型、特點、理論基礎、操作方法和檢驗標準等各個方面對行動研究進行了一個比較詳細的討論。由於國內對這方面的介紹比較少，所以我在此不僅僅指出行動研究可能是今後質的研究的發展方向，而且占用了較大的篇幅介紹有關的理論和實踐方面的問題。下面的四個趨勢代表的更多的是一種態度或狀況，而不是一種具體的研究方式，因此討論會相對簡略一些。

第二節　尊重多元

　　興盛於二十世紀下半葉的後現代主義思潮給質的研究帶來的一個重要影響就是重視文化多元。由於不同的人有不同的歷史、社會、文化背景，人們對現實的解釋可以是很不一樣的。在後現代的今天，社會科學研究者的解釋不再具有固定的、單一的、最終的權威，研究者也不再有權利說自己的報告是（最）權威的，科學的「元話語」已經失去了統治地位。西方思想界長期以來所習慣的「鏡喻」（意識是對現實的反映）和「樹喻」（知識是建立在一個牢固的基礎之上的、具有等級結構的系統）已經被「莖塊式思維」所替代，即：哲學思維之樹及其第一原則被連根拔起，樹根和基礎被根除了，昔

日的二元對立被打破了，根與枝在不斷地蔓延；知識成了一個非中心的、多元的、發散性的系統，既沒有起點，也沒有終點（楊壽堪，*1996: 103-104*）。在這種思潮的衝擊下，質的研究者也認為，不論我們對現實的構建多麼精緻，沒有任何一幅圖畫是完整的、準確的。我們必須從不同的角度觀看自己的研究對象，傾聽來自不同文化的聲音，才可能相對深入地理解社會現象。

在未來的世界裡，文化全球化的趨勢將給文化多元化帶來更多新的挑戰。一方面，更多的超民族、超國家的價值觀和行為規範可能出現，生活在地球上的人們將具有更加廣闊的國際意識。而另一方面，重視本土文化的意識也會日益加強，為了在「地球村」裡擁有一席之地，各個民族將更加注意保持和發展自己的文化特色。這種傾向在質的研究中的表現是：一方面，研究者在對一個特定的文化群體進行研究時，力圖把自己以及被研究的文化群體置身於世界權力格局中進行考慮，兼顧對大的社會體系的描寫；另一方面，研究者會更加注意尊重來自不同文化的人們看待世界的方式，傾聽他們的聲音，特別是那些在世界權力格局中占據弱小地位的文化和人群的視角和觀點。

在看待世界的差異性方面，質的研究者不再用探險時代的眼光去發現異域文化的奇風異俗；也不再像在殖民主義和發達資本主義時代那樣試圖去「拯救」那些獨特的文化（當然，在這種所謂的「拯救」之中他們也在用自己的生活方式和意識形態改變著這些被「拯救」的對象）（藍永蔚，*1990: 40*）。他們不再試圖通過對他人文化的研究反觀西方自己的文化，促使西方人檢討自己一些想當然的觀點。在後現代的今天，質的研究已經意識到，文化多樣性必須因其自身的價值而受到尊重和肯定，並且具有實踐的意義（馬爾庫斯，費徹爾，*1998: 228*）。

在這個文化多元的時代裡，質的研究一方面將繼續進行一些跨文化比較的研究，但與此同時將把更多的注意力放到處於一定文化和歷史情況下的個人，特別是這些個人與他們所處的獨特的社會情境之間的互動。研究將更加著重每個人的具體生活經歷以及他們個人的關懷，特別是研究中的情感成分（*Denzin, 1994: 509*）。研究者不再把社會理論作為一種孤立、自足的東西，

而是不同人在不同時空中所作的意義解釋。文化不再是一個獨立於個人的系統，而是與個人的自我中最深沉的部分緊密相連的、個人在世界上生存的方式（*Harper, 1994: 407*）。將來的質的研究不是更加遠離生活、走向抽象，而是回到人的生活經歷；研究的目的不是為了發展統一的、確定的知識，而是建構不同個人的生活經歷。存在著的、政治的、情感的、置身於特定歷史文化情境之中的個人將用更加清楚和有力的聲音說出自己的心聲，從自己的生活故事出發向周圍的經驗世界擴展，創造出一個新的生活世界。由於每個人對世界的解釋和處理方式都可能是不一樣的，研究者必須與每一位被研究者進行對話，將研究紮根在具體的情境之中，通過互為主體的方式來獲得知識。在這裡，研究的效度具有了不同的意義，它不再是一個可以抽空出來進行測量的實體，而是具有被反思、被使用的和情境化的特點（*Lather, 1993*）。

由於現實已經變得五彩斑斕，研究報告的寫作也開始呈現「雜亂」的趨勢。矛盾並列法被作為一種常用的手段，將相互無法通約的表達放在一起，形成一種強烈的反差。對比的成分似乎是一些不可通約的「分離的世界」，但是這便是我們生活在其中的世界，它更符合現實的「真實」。這種手法是對傳統比較法的一種更新，是對傳統時空觀的一種挑戰，表現的是一種掙扎，一種對傳統表達方式的反抗，是在可能的範圍內創造新的現實的嘗試。過去通常將相互協調的部分在一定的時空中進行壓縮，然後以一定的結構呈現出來；而現在，矛盾並列的手法已經打破了這種定勢。目前的寫作風格已經失去了傳統寫作中所希望表現的完整性和協調性，特別是功能主義者所希望的整體性。在雜亂的文本裡，完整性不是來自於內容，而是來自研究的過程。研究者對自己在一定地理範圍內所從事的活動進行報導，而不是從一個超脫的、分離的點來呈現事件的整體（*Marcus, 1994*）。這種雜亂的文本強調開放性、不完整性、不確定性，因此它沒有終結，沒有結論。採用這種文體是因為研究者意識到，意義永遠是多元的、開放的，每一個敘述都有政治權力的涉入。與不同讀者對話需要一個開放的結構，知識的建構需要讀者的參與，需要他們從不同角度對知識進行批判性的解讀。

第三節 重視反思

　　二十世紀後半葉後殖民主義思潮和後現代精神的巨大衝擊給質的研究者帶來了更加敏銳的反思意識。與以前相比，研究者和研究報告都更加具有反思性，研究者對自己的行為具有更加強烈的責任心和道德感。華特森（*G. Watson, 1987*）認為，「反思性」通常包括兩種類型，一種是實質性的反思，另外一種是派生的或者說是「意識形態的」反思。前者是所有思維和話語中必不可少的一部分，我們不可能選擇不具有實質性反思的行為，它存在於所有的語言之中。而後者則是一種有意識的主觀活動，是為了達到某種目的而選擇的處理問題的策略。質的研究者的反思就屬於後一種即「派生的反思」，這是一種有意識的努力，是通過不斷地訓練而逐步完善起來的。

　　傳統的研究方法（如量的研究方法）為了獲得研究的「客觀性」和「中立性」，十分強調排除研究者的個人因素。相比之下，質的研究（特別是女性主義的研究）特別強調研究過程中研究者的自我反省。研究者不被認為是一個客觀的、權威的、中立的觀察者，站在外面或上面進行觀察，而是一個處於一定歷史時期、一定地區、富有人性的、對人類生活進行觀察的人。他／她必然對研究的現象以及被研究者有自己的關懷，研究本身是一個充滿人性情感的活動。

　　研究者的個人反思還涉及到研究者對自己與「他人」關係的考量。隨著社會科學家群體對自己的作用不斷進行反省，質的研究者認識到，自己永遠不可能成為「他人」，「他人」不可能被消費、被征服、甚至被體驗。因此，研究者不能因為曾經與被研究者一起生活或工作過，就聲稱自己可以進入他們的「皮膚」或「大腦」，真正地理解他們。研究者一定要反思自己的反身性，探究自己是如何與被研究者互動的，自己是如何獲得手頭的資料的，自己又是如何對這些資料進行解釋的。

如果研究者保持了這種反思性，研究本身不僅會改變被研究者，而且會極大地改變研究者本人。他／她會變得更加開放和寬容，有耐心，能夠容忍更多的模糊和不確定性。他／她在自己個人的生活以及其他工作中也會變得更加具有反省能力。

上面的討論可以看出，質的研究者始終處於一種兩難的境地：一方面希望自己的研究是「真實可靠的」，有一定的「確定性」和「確切性」；另一方面又聲稱沒有任何一個文本是完整的，任何研究都受到歷史、政治和文化區域的限定。研究者就像自己所創造的文本，永遠不可能超越自身。為了處理這種兩難的處境，近年來在質的研究領域出現了將科學與神學相結合的趨勢。社會科學家們重新在尋找一種意義的核心，使自己的工作與一種完整性、整體性、崇高感結合起來。比如，雷森（*P. Reason, 1993*）提出了「神怪的科學」的說法。他認為，對科學的使用不僅僅是知道和理解，而且應該是精神上的成長，靈魂不應該與世俗的關懷分家。趙汀陽（*1998a, 1998b*）也認為，科學只能給生活帶來能力，卻不能帶走意義；而宗教雖然給出了意義，卻又是生活外的意義。因此，他提倡在現實生活中尋找一種新的「智慧」，從「認識眼光」轉向「創作眼光」，從「解釋性的反思」到「創造性的反應」。他認為，目前人文社會科學（特別是哲學）基本上是在用一種「知識論」的方式對世界進行認識和論證，而人們生活於其中的真實的世界需要行動的「智慧」和創造的靈感。因此，我感覺，對研究的反思（就像很多質的研究者已經敏銳地預感到的）很快會面臨更加大的思維困境。

第四節　堅持研究規範

雖然質的研究不認為存在一套普適的、固定的研究規範，但是這並不意味著「什麼都行」。質的研究者反對極端的相對主義態度，特別是在對待研究規範這個問題上。即使有研究者認為，在本體論和認識上難以建立統一的

規範，但是在方法論上仍舊可以堅持一定的原則。比如，研究者應該尊重當事人的觀點，瞭解他們的心聲，從他們的角度描述他們眼裡的世界──這本身就是一種對研究規範的要求。雖然在這種原則的指導下，研究者似乎可以「八仙過海，各顯神通」，但這個原則本身就是一條原則制約。即使是在堅持文化多元、對世界進行多面相的呈現時，研究者所使用的方法仍舊應該是有章可循的。

外界對質的研究規範進行質疑的主要矛頭通常指向建構主義範式和批判理論，但是即使是在這些範式內部，對規範的討論也是非常認真的。比如，建構主義的大師級人物封・格拉舍斯非爾德（*von Glasersfeld, 1993: 37*）認為，建構主義可以抵禦那些假宗教式的信仰，即只要是尋求「真理」，什麼工作都可以使用，信徒們可以因此而對所有可能產生的後果不負責任。建構主義者始終意識到，雖然他們看待事物的方式只是世界上存在的多種可能性方式中的一種，但是他們應該對自己的方式以及由此而帶來的後果承擔責任。

目前質的研究者在堅持研究規範方面存在一些趨向，對一些問題有不同的意見和做法。林肯和丹曾（*1994*）等人認為，質的研究界應該認真對待和處理如下三個方面的問題。

(1)矯枉過正的傾向。目前在質的研究中存在一種矯枉過正的傾向，即：如果研究者堅持一種範式，就一定意味著拋棄其他與其相對的範式，特別是那些被認為「過時的」、「傳統的」做法。這種極端排他的做法對質的研究所提倡的開放性、綜合性和傳統的連續性十分有害。過去的、傳統的以及其他範式指導下的研究對所有現代的研究者都具有十分重要的意義，我們應該重新認真地學習這些傳統，為現在的研究提供參照。此外，學習其他類型的研究傳統還可以幫助我們理解過去的大師們是如何在當時的理論和實踐架構下從事研究的，瞭解自己現在對其進行的批判是否合理。

(2)範式大戰過於激烈。目前在質的研究中不同範式之間的相互批評太多，而且過於抽象，往往使實際從事研究的人們感到無所適從。對那些到實地去作研究的人來說，這種爭論往往害大於利，不但不能為他們提供具體的

指導，反而使他們感到害怕。研究的目的其實可以用非常簡單的語言表述出來，可以使用更加簡單的、貼近研究者實踐的論爭語言。

(3)對後實證主義的過度批評。在質的研究中，目前有一股對諸如紮根理論這樣的後實證主義的方法進行批判的思潮。雖然後現代主義者對後實證主義的思想和實踐進行了比較激烈的批評，但是很多研究者認為從資料產生理論、在自然情境下通過觀察和互動自下而上建立解釋性理論的精神應該保持不變。無論如何，研究者必須尊重被研究者的經驗，研究報告中的引言必須出自當事人自己的嘴，而不是研究者自己的憑空捏造。總的來說，質的研究仍舊非常強調從實地出發，從相互作用的個人出發，在歷史和文化的大背景下進行關聯性的研究。

應該強調的是，雖然質的研究今後可能更加堅持研究的規範，但是這並不意味著固步自封。很多研究者（包括我自己）都認為，在堅持基本原則的同時，我們應該更加清楚地表明自己的立場，更加有力地提出自己的見解。我們不應該過多地受到既定傳統的約束，應該不斷地在方法上創新。與此同時，堅持方法上的規範並不等於沒有思想創新的餘地。研究畢竟不只是按照一定的方法、手段和步驟就可以完成的，還需要提出問題、捕捉靈感和運用直覺和想像。

第五節　高科技的影響

隨著世界從工業時代走向資訊時代，社會科學研究的手段也在日益更新。電子聲影技術正在改變我們的研究方式，手提電腦已經被帶到了研究的實地，電子聯網使我們可以與世界上任何一個地方的人們進行既快捷又便宜的聯絡。高科技方面取得的成果為研究帶來了很多新的、更加迅速的處理原始資料的方法，從前的「剪刀＋糨糊」的方法進一步被電腦軟體所替代。電子郵件已經代替了印刷品，研究成果的傳播正在不斷地加速。很多新的、在傳統社會

無法想像的研究課題（如計算空間的自我和身分等）開始出現了。研究報告開始使用聲影形式，用立體的方式呈現研究的結果，克服了語言的平面性和概念化。

　　科技方面的變化正在迅速地改變質的研究者群體，寫作的人代替了面對面交談的人。這些沒有面孔的人置身於一個複製的現實之中，所有傳統的概念和觀念都得到了不同程度的挑戰。比如：什麼是「公眾的領域？」什麼是「私人的領域」？什麼是「神怪的」？什麼是「世俗的」？什麼是「理性的」？什麼是「非理性的」？誰是「讀者」？誰是「作者」？──這些問題雖然在質的研究中似乎是一些老問題，可是在現在的資訊時代卻都變成了新的、需要重新探討的問題。在科技高度發達的資訊時代，「私人的」事情已經越來越「公眾化」了；「神怪的」東西已經越來越「世俗化」了；「理性」與「非理性」之間的區別已經很難辨別；而傳統意義上的「讀者」與「作者」已經轉換了位置，「讀者」已經變成了「作者」，成為了社會現實的「拼湊者」。在高新科技的幫助下，他們可以隨時隨地參與到寫作之中，按照自己的意願將不同的資訊碎塊拼合起來，組成對他們自己來說有意義的社會現實。

　　總而言之，後現代的多元文化觀和世界性視野帶來了學科邊界的模糊，大大擴展了社會科學「研究」的定義、邊界和作用。隨著質的研究進入二十一世紀，各種不同的解釋風格將進入研究的行列。研究者會更加關注處於社會中的個人的生活經歷，同時注意個人的種族、性別、社會地位及其文化在世界權力格局中的位置。衡量研究質量的標準也發生了變化，研究者群體是一個多元的解釋群體，不同的流派之間可以相互交流，通過「對話」的方式來檢驗自己的「知識宣稱」。任何一項研究都是坐落在具體的情境之中的，所謂「描述」的時代已經結束了，研究者所做的一切都是在「銘刻」，作者在創造著自己所研究的世界（*Denzin, 1994: 509*）。關心的倫理、個人責任的倫理、研究的情感成分，以及行動和實踐的取向將更加受到質的研究領域的重視。

第二十七章

質的研究與量的研究的結合

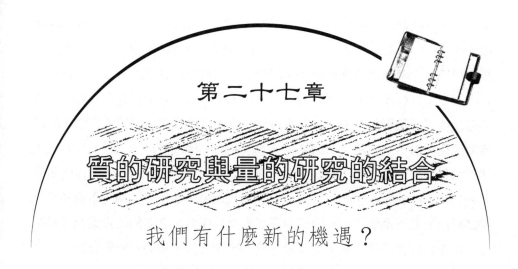

我們有什麼新的機遇？

　　質的研究是在與量的研究相抗衡的環境中發展起來的，因此這兩種研究方法之間的異同以及相互結合的可能性一直是社會科學研究界討論的熱門話題。「質的研究與量的研究各有什麼利弊？兩者是否可以結合使用？為什麼要結合？如何結合？結合起來會有什麼問題？如何處理這些問題？」——這些問題近年來越來越受到社會科學研究界的注意。在第一章第三節中，我已經對質的研究和量的研究之間的異同進行了對比，現在主要討論兩者之間的結合問題。

第一節 結合的背景

　　有關量的研究與質的研究相互之間結合的問題，社會科學研究界早在四十年前就曾經有過一些呼籲。在量的研究占主導地位的二十世紀五〇年代，特羅（*M. Trow, 1957*）就提出，沒有任何一種研究方法應該成為對社會現象進行推論的主宰，占主導地位的量的方法在發揮自己作用的同時也應該吸收別的研究方法的長處。近年來，隨著質的研究方法的不斷壯大，有關這兩種研

究方法相互結合的呼聲也越來越高（*Campbell, 1978; Pelto & Pelto, 1978; Reichardt & Cook, 1970; Meyers, 1981*）。一九七三年，西伯（*J. Sieber, 1973*）明確提出，社會科學研究者應該適當地同時使用實地工作和抽樣調查的方法。一九七九年，庫克（T. Cook）和雷查德特（C. Reichardt）（*1979*）在進行教育評估時同時使用了量和質的方法，其文章得到了學術界的重視，被正式發表。最能說明學術界對不同方法之間的結合給予重視的一件事情是，一九八二年《美國行為科學家》雜誌用了整整一期的篇幅全部刊登使用多元方法所作的研究的報告（*Smity & Louis, 1982*）。進入九〇年代以來，在世界範圍內重視多元、強調對話的思潮推動下，社會科學研究界對多種方法之間的結合問題日益關注。而作為社會科學研究中兩種最主要的研究方法，量的研究與質的研究之間的結合問題已經成為一個跨學科、跨範式的熱門話題。

一、有關「區別」的論爭

儘管學術界對質的方法與量的方法之間的結合有所呼聲，但是對「量的研究和質的研究之間究竟有什麼不同？是否真正存在不同？它們是否可能結合？」等問題的爭論仍然方興未艾。量的研究和質的研究兩大陣營之間的「挑戰」由來已久，至今已有一百多年的歷史。十九世紀中葉，隨著以孔德為代表的實證主義的興起，學術界開始對量的方法產生興趣，認為量化具有自然科學的「客觀性」和「科學性」，應該引入社會科學研究領域。當時爭論的焦點主要集中在歷史學和社會科學研究是否具有「科學性」這類問題上面（*Hammersley, 1992: 159-160*）。二十世紀二、三〇年代，美國社會學界在個案研究與統計分析這兩種方法之間展開了一場辯論，目前很多有關量的研究與質的研究的觀點都可以在當時的論戰中找到源頭（*Hammersley, 1989*）。到四五十年代，以抽樣調查和實驗為主要形成的量的研究方法在社會學、心理學以及其社會科學領域裡占據了主導地位。直到六〇年代，質的研究方法才在這些領域重新興起，其合法性逐漸得到較為廣泛的認可。目前，雖然雙方開

始討論結合的可能性，但對立情緒仍舊非常激烈，使用了很多帶有火藥味的、與戰爭有關的語言。比如，丹曾和林肯（*1994*）使用了「範式大戰」來指稱這場論戰；萊斯特（*R. Rist, 1977*）使用了「（國際關係）緩和」的字眼來描述目前暫時的「停戰」狀態；依阿尼（*F. Ianni*）和歐（*M. Orr*）使用了「恢復友好關係」來表示交戰雙方目前的基本態度（*1979*）；特萊恩德（*M. Trend, 1978*）使用了「言歸於好」來表現目前兩大陣營之間的相關友好姿態。

　　之所以存在如此激烈的論戰，是因為社會科學研究界普遍認為，量的研究與質的研究是兩種十分不同的研究方法。它們分別被認為屬於「硬科學」和「軟科學」，遵循的是不同的「科學主義」和「人文主義」路線，從事的是「控制型」研究和「自然主義的」研究。量的研究者往往對數字的精確性情有獨鍾，不信任質的研究的「本質直觀」。而質的研究者則偏好豐富翔實的情境細節，不相信純粹的「數據填充」（*Kidder & Fine, 1987*）。建立在實證主義範式之上的量的研究認為，質的研究只能對研究的問題進行初步的探索和描述，不能進行邏輯的論證和科學的檢驗（*Eisner & Peshkin, 1990; Guba, 1990; Rose, 1982*）。而建立在建構主義範式之上的質的研究則認為，自己的研究傳統無論是在經驗的層面、哲學的層面還是倫理的層面都比量的研究更加優越（*Cuba & Lincoln, 1989; Mishler, 1986*）。

　　兩大陣營之間的論戰似乎隱含著這樣一個假設，即在社會科學研究領域存在著一條唯一正確的道路、一個唯一的質量等級以及一套唯一的衡量這個等級的標準（*Maxwell, 1995*）。對量的研究者來說，唯一規範的「科學的」研究路徑應該是：對研究現象進行描述—探討現象內部有關變量之間的相關關係—使用實驗手段對假設進行檢驗和論證。按照這種思路，似乎只有實驗型研究才能合法地回答因果問題。而對質的研究者來說，只有在自然情境下長期進行體驗型的活動，對社會現象進行整體的、動態的、情境化的探究，才可能獲得對現象及其意義的「真正」理解和領會。因此，論戰的兩邊都認為相互之間的區別是存在的。

二、「區別」是否存在

儘管一百多年來量的研究和質的研究兩大陣營一直在進行不同程度的「論戰」，但是也有一些研究者認為，這兩種方法之間其實並不存在如此明顯的、實質性的區別。將這兩種研究方法對立起來不但沒有反映目前方法多元的現實，而且對實踐者的指導弊多於利。比如，漢莫斯里（*1992: 160-172*）認為，目前我們所擁有的如此豐富的研究方法和技巧不能僅僅被納入這兩種類型，而且研究方法也不能只在哲學和政治的層面進行探討。他對人們一般認為的、量的研究和質的研究之間存在的七種區別進行了批駁，指出這些區別都是不「真實」、不「確切的」，是研究界人為創造出來的產物。

(1)質的資料與量的資料之間的區別。漢莫斯里認為，在實際研究中，這兩種資料之間的區別其實是不存在的，量的研究可以對研究的現象進行描述，質的研究也可以使用數量作為資料。人們之所以將這兩種資料進行對立，是因為他們認為質的研究的資料不夠「精確」。但是，他認為，對「精確」的要求應該視研究的要求而定，有時候在需要含糊的時候過於「精確」反而會使研究結果變得不「確切」。比如，如果樣本很小（如只有五個人）還要在數量上追求精確（如 3/5 的人如何如何），這麼做不但沒有統計意義，而且還會對結果的「推論性」產生誤導。此外，在一定的時間和資源條件下，對精確過分追求還可能犧牲研究的廣度和開放性。

(2)對自然情境進行研究與對人為情境進行調查的區別。漢莫斯里認為，所謂「自然情境」和「人為情境」之間並沒有本質的區別，只是一個程度上的問題。研究者所置身的任何環境都是社會環境的一部分，被研究者選擇在這些環境中以特定的方式表現自己，這本身就是一種社會現象，就值得研究。

(3)探究的焦點放在意義上或放在行為上的區別。漢莫斯里認為，人們的行為和意義其實是無法分開的，對行為的探究不可能脫離對意義的探究。

(4)採納或拒絕自然科學作為研究的模式。漢莫斯里發現，即使是在自然

科學領域也存在不同的傳統，比如物理學和生物學就十分不同；即使是在同一自然科學領域裡，也存在不同的解釋模式，比如在物理學中就存在實證主義的、通俗的和現實主義的解釋模式。而且，在自然科學發展的不同時期也呈現出很多不同的形態。在進行社會科學研究時，我們不可能將該自然科學的所有方法和所有方面都借用過來，只可能採納其中的一些部分。因此，我們應該問自己：「我們採納的是什麼自然科學？是該自然科的哪些解釋模式？是該自然科學發展中哪個時期的形態？是該自然科學中哪些具體的方法？」而不能籠統而談。如果我們仔細分辨便會發現，質的研究與量的研究只是在不同程度上採納或拒絕了自然科學的研究模式。它們相互之間並沒有採取完全不同的立場，特別是質的研究中的後實證主義與量的研究沒有太大的差別。

(5)歸納的方法或演繹的方法的區別。其實，任何研究都需要同時使用歸納和演繹的方法。很多量的研究也停留在對現象的歸納描述上，而質的研究在分析階段也需要對概念進行演繹推理。歸納和演繹之間的區別其實是分不出來的，人的思維必然地包含了兩者。

(6)辨認文化模式還是尋找科學規律的區別。漢莫斯里認為，這兩個目的之間的區別也是不存在的。一些量的研究的目的也是為了瞭解研究現象的形態，而一些質的研究也試圖對科學理論進行探討，如紮根理論的方法。

(7)理念主義和現實主義的區別。其實，並不是所有量的研究都是現實主義者，也並不是所有的質的研究者都是理念主義者。重要的問題不是將這兩種主義並列起來，而是應該超越「樸素的現實主義」，發展出一種「複雜的現實主義」。這種「現實主義」應該超越主觀主義和客觀主義的對立，在現實情境中具體處理問題。

基於對上述七個區別的逐一批判，漢莫斯里認為，與其將量的方法和質的方法按照一些人為的標準對立起來，不如將它們作為很多選擇中的兩種選擇。它們之間的關係與其像是一個十字路口，不如更像是一座迷宮，研究者來到路口時不只是面臨兩種選擇：不往左，就往右；而是在行進中時刻面臨多種選擇，而選擇的每一條道路又都與其他的道路相互交叉重疊。

　　除了上述不同意將量的研究和質的研究對立起來的觀點以外，有的學者還明確提出，不同意使用「範式」這個概念來指稱這兩種方法背後的哲學基礎（*Meyer, 1981*）。他們認為，研究方法不一定與範式密切相連，不同的範式可以作為同樣方法的哲學基礎，同樣的範式也可以為不同的方法提供理論根據。比如說，量的方法不一定就是實證主義的，而質的方法也不一定就是現象學的（*Cook & Reichardt, 1979; Daft, 1983*）。「方法論具有排他性，而方法卻具有互補性」（顧明遠，薛理銀，*1996: 113*）。

　　此外，還有學者將「方法」和「方式」作為兩個不同的層次來探討量的研究和質的研究之間的區別問題。他們認為，量的研究和質的研究在「方法」上並沒有什麼本質上的區別，區別主要是在整體的探究「方式」上。比如，可德（L. Kidder）和費恩（M. Fine）提出了「大寫的質的研究」和「小寫的質的研究」之間的區別（*1987: 57*）。前者是一種真正意義上的、以歸納為研究路線的「方式」，其主要研究策略是田野工作、參與觀察、民族誌等。這種「方式」沒有固定的研究設計，研究的問題可以根據當時當地的情況發生變化，對資料的搜集和分析主要採取歸納的方法，自下而上發展出假設以後再建立紮根理論。而後者是一些質的研究的具體操作「方法」，比如在一個抽樣調查或實驗研究中所使用的開放型訪談。因此，他們認為，量的研究與質的研究的區別主要是在「大寫」的層面，而不在「小寫」的層面。

　　除了在「方法」和「方式」之間進行區分之外，還有的研究者在「方法」和「技巧」之間作一區別。埃利克爾森（*F. Erickson, 1986*）認為，使用某種研究「技巧」並不必然形成一種研究「方法」。比如，敘事描述的技巧如果被解釋主義者採用，關注的焦點是當事人的意義建構以及事情發生時的特定情境。而這種技巧如果被實證主義者採納，也可以用來對「現實」進行「客觀的」描繪，通過對前後事件的敘述來表現事情之間的因果關係，但拒絕對當事人的觀點進行解釋（*Kidder & Fine, 1987: 62*）。所以，具體的技巧使用與否並不重要，重要的是如何被使用以及被用來幹什麼。

　　此外，還有學者從「方法」和「資料」之間的區別對量的方法和質的方

法之間的對立是否有效進行了討論（*Skrtic, 1990*）。他們認為，在「方法」層面，量的研究和質的研究其實並不存在本質上的區別，區別主要在「資料」的層面，比如資料是數據資料還是文字資料。而在資料的層面劃分區別並沒有多大的意義，因為同樣的資料類型可以使用於不同的研究，而不同的資料類型也可以同時使用於同一類研究。將量與質的方法對立起來只揭示了原始「資料」所具有的不同形式，而沒有看到它們各自的分析取向以及所產生的知識類型。比如，實證主義得到的通常是代表研究者觀點的實驗型知識，而建構主義範式獲得的主要是代表被研究者視角的解釋型知識。而要獲得這兩種知識，研究者既可以使用量的方法也可以使用質的方法。

上面的討論表明，量的研究和質的研究之間的種種區別可能是一個「虛假的」現象，在研究者的具體實踐活動中可能並不是如此涇渭分明。如果我們將這些區別仔細「掰開」來考察，可能會發現在「範式」、「方式」、「方法」、「技巧」、「資料」等各個層面都存在相互滲透的情形。質的研究和量的研究與其說是相互對立的兩種方法，不如說是一個連續統一體。它們相互之間有很多相輔相成之處，其連續性多於兩分性。因此，我們面臨的問題不是繼續在兩大陣營之間進行針鋒相對的、水火不相容的論戰，而是應該探討能否結合以及如何結合的問題。

第二節　能否結合

對於量的方法和質的方法是否可以相互結合的問題，社會科學研究界一般有三種觀點：(1)純正派；(2)情境派；(3)實用派（*Rossman & Wilson, 1985*）。

一、純正派的觀點

純正派主要將討論的焦點集中在範式的層面，認為量的研究和質的研究

分別基於不同的科學研究範式，前者是科學實證主義的範式，後者是自然主義、人本主義的範式（*Bryman, 1984; Collins, 1984; Guba & Lincoln, 1981, 1989*）。兩種範式在本體論、認識論和倫理價值方面都存在不同，對社會的理解以及對研究的本質也有一些不同的假設。這些不同的理論假設決定了它們服務於不同的研究目的和研究情境，彼此之間是一種相互排斥的關係（*Britan, 1978; Burrell & Morgan, 1979; Smith, 1983*）。堅持其中一種範式就意味著對一套理論假設的認可，也就必然排斥另外一種範式（*Rist, 1977*）。因此，建立在不同範式之上的這兩種方法彼此之間是不相容的。為了保持研究的純潔性，不應該將兩種不同的理論範式和研究方法混雜在一起使用。

　　持這種看法的人似乎認為，範式內部具有一種整體的一致性。範式是由一些以獨特方式整合起來的、內部具有一致性的整體所組成的（*Maxwell, 1995*）。這些整體不能被拆開，也不能與其他範式中的某些部分結合起來使用。我認為，持這種觀點的人不僅認為範式的組成部分不能被拆開，而且範式所指導的研究方法內部也不能被分解。如果將不同方法的一些組成部分抽取出來結合使用，就會導致哲學上和實際應用上的不相容。

二、情境派的觀點

　　情境派主要將討論的焦點放在研究的問題和情境上，認為量的方法和質的方法各有自己的長處和短處，應該根據研究的具體情況決定是否可以結合以及如何結合。持這種觀點的人認為，範式與方法之間的關係是一個經驗的問題，應該通過考察研究者的具體工作來進行探討，而不只是停留在抽象的理論探討上（*Pitman & Maxwell, 1992: 732*）。他們不同意純正派的觀點，反對把量的研究和質的研究之間的區別作為範式之間的區別。他們認為，這樣做實際上混淆了真正重要的問題，而且在研究實踐中導致了不必要的分野。在實際研究中，方法不一定與範式密不可分，研究者可以混合使用各種技巧，為自己的研究問題和具體情境服務（*Reichardt & Cook, 1979*）。

　　情境派不認為範式可以決定方法，也不認為範式與方法無關，但是範式可以在達到具體的目標上、在澄清或模糊不同的搜集和解釋資料的方法上、在強調或忽視某些具體的效度或倫理問題上對研究者或有所幫助或有所妨礙。因此，應該放棄那種認為所有的研究都一定基於一種範式的看法，注意考察研究者在結合兩種研究方法的實踐中所使用的論理邏輯以及實際結合的可能性。持這種觀點的人一直在進行實踐方面的探索，試圖發展出一些原則和衡量標準，以決定在什麼情況下需要使用什麼方法來搜集什麼類型的資料（*Rossi & Berk, 1981; Vidich & Shapiro, 1955; Zelditch , 1962*）。

三、實用派的觀點

　　與情境派相比，實用派也認為質的方法可以與量的方法結合使用，但是他們更加注重研究的具體功用。他們將討論的焦點主要放在方法的使用上面，不討論範式以及建立系統的結合方式和衡量標準的。他們認為，理論上的探討往往流於空泛，並不能反映研究者的實際工作。如果仔細考察研究者的具體實踐，兩大陣營之間的對壘之牆便可以不攻自破，範式之間的區別實際上是比較模糊的。研究者可能同時在不同範式的範圍內活動，或者在研究的不同階段和環節上使用基於不同範式基礎之上的研究方法和手段。一項研究可以既調查「事實真相」，又瞭解當事人的觀點；既關注研究者和被研究者雙方的事實建構，又達到改造現實的目的。由於社會現象紛繁複雜，社會科學研究往往具有較大的包容性，可以同時發揮以上各種範式所具有的不同功能。

　　因此，這些學者認為，在社會科學領域內不同的方法可以彼此相容、同時使用（*Firestone, 1990; Howe, 1988*）。多種方法併用可以幫助研究從不同的角度看待事物的面貌和性質，從而達到近似地把握事物的全部。對此，人格心理學家赫根漢（*1988: 14*）曾做過一個形象的比喻：研究對象就像是漆黑房間裡一件不能直接觸摸到的物體，研究範式則是從各個角度投向該物體的光束。光束越多，照射角度越不同，人們對該物體獲得的資訊就越多。實用派認為，

所謂的「範式」就像是文化，跨範式的研究就像跨文化的研究，可以提供多重視角，可以對研究的現象進行多層次的透視，其質量是不能用一個尺度來衡量的。方法畢竟只是「方法」，是為研究服務的。只要有用，任何方法都可以拿來使用，不應該受到名義上的限制。如果通過多元方法可以更加有效地揭示研究的現象、可以更加有力地闡釋有關的觀點、可以更加便捷地解決現存的問題，那麼這種結合就是「好」的。

這個流派的主要代表人物 P. 佩爾托和 G. 佩爾托（1978）認為，在人類學研究中可以也使用量的研究方法，如結構型訪談、抽樣調查、問卷、投射技巧、隱蔽測量等。使用這些方法不但不會影響研究的質量和性質，而且可以提高研究的「真實性」。由於滿足了研究問題中不同方面的要求，使用這些方法可以使讀者對研究結果的「可靠性」更加信服。

綜上所述，在量的研究和質的研究能否結合的問題上存在三種主要的觀點：純正派基本上不贊成兩種方法進行結合，而情境派和實用派贊成結合。後兩種觀點的不同之處是：情境派強調在一定的研究場合根據當時的條件決定是否結合以及如何結合，而實用派主要從研究的結果入手，認為只要結合以後所產生的結果強於單獨使用一種方法所產生的結果，那麼就應該結合。後兩派彼此之間沒有根本的矛盾，只是側重點不同而已。

（第三節）為什麼要結合

如果我們暫時撇開純正派的觀點不論，同意量的方法和質的方法彼此之間是可以結合的，那麼勢必需要首先明確「為什麼要結合」的問題。我認為，之所以要在這兩種方法之間進行結合是基於這樣一種信念，即質的研究和量的研究各有其利弊，結合起來使用可以相互取長補短，比單獨使用一種方法更有優勢。在本書第一章第三節，我曾經對這兩種方法的異同進行了對比，下面主要就它們各自的長處和短處以及結合以後的前景進行一個簡單的探討。

一、量的研究的長處和短處

一般來說，量的研究方法有如下長處：(1)適合在宏觀層面大面積地對社會現象進行統計調查；(2)可以通過一定的研究工具和手段對研究者事先設定的理論假設進行檢驗；(3)可以使用實驗干預的手段對控制組和實驗組進行對比研究；(4)通過隨機抽樣可以獲得有代表性的數據和研究結果；(5)研究工具和資料搜集標準化，研究的效度和信度可以進行相對準確的測量；(6)適合對事情的因果關係以及相關變量之間的關係進行研究。

量的研究的短處是：(1)只能對事物的一些比較表層的、可以量化的部分進行測量，不能獲得具體的細節內容；(2)測量的時間往往只是一個或幾個凝固的點，無法追蹤事件發生的過程；(3)只能對研究者事先預定的一些理論假設進行證實，很難瞭解當事人自己的視角和想法；(4)研究結果只能代表抽樣總體中的平均情況，不能兼顧特殊情況；(5)對變量的控制比較大，很難在自然情境下搜集資料。

二、質的研究的長處和短處

質的研究方法一般比較適宜於下列情況：(1)在微觀層面對社會現象進行比較深入細緻的描述和分析，對小樣本進行個案調查，研究比較深入，便於瞭解事物的複雜性；(2)注意從當事人的角度找到某一社會現象的問題所在，用開放的方式搜集資料，瞭解當事人看問題的方式和觀點；(3)對研究者不熟悉的現象進行探索性研究；(4)注意事件發生的自然情境，在自然情境下研究生活事件；(5)注重瞭解事件發展的動態過程；(6)通過歸納的手段自下而上建立理論，可以對理論有所創新；(7)分析資料時注意保存資料的文本性質，敘事的方式更加接近一般人的生活，研究結果容易起到遷移的作用。

質的研究的短處是：(1)不適合在宏觀層面對規模較大的人群或社會機構

進行研究；(2)不擅長對事情的因果關係或相關關係進行直接的辨別；(3)不能像量的研究那樣對研究結果的效度和信度進行工具性的、準確的測量；(4)研究的結果不具備量的研究意義上的代表性，不能推廣到其他地點和人群；(5)資料龐雜，沒有統一的標準進行整理，給整理和分析資料的工作帶來很大的困難；(6)研究沒有統一的程序，很難建立公認的質量衡量標準；(7)既費時又費工。

三、兩者結合的利與弊

從上面的討論中我們可以看出，量的研究的長處恰恰是質的研究的短處，而質的研究的長處恰恰可以用來填補量的研究的短處。因此，不言而喻的是，將這兩種方法結合起來使用一定有很多單獨使用其一所沒有的好處。

1.結合的好處

首先，在同一個研究項目中使手這兩種不同的方法，可以同時在不同層面和角度對同一研究問題進行探討。研究可以結合下列各種兩兩對立（如果它們確實存在的話）：宏觀和微視、人為情境和自然情境、靜態和動態、文化客位和文化主位、行為和意義、自上而下驗證理論和自下而上建構理論。

此外，如果研究的問題中包含了一些不同的、多側面的子問題，研究者可以根據需要，選擇不同的方法對這些問題進行探討。不同的方法之間可以相互補充，共同揭示研究現象的不同側面。比如，如果一項對上海市生態環境的調查既需要瞭解每個家庭一個月的平均用水量，也需要瞭解家庭成員對用水的觀念，那麼前者就可以使用量的方法進行抽樣調查，後者則可以採取質的方法進行無結構或半結構式訪談以及參與型或非參與型觀察。

在同一研究中使用不同的研究方法還可以為研究設計和解決實際問題提供更多的靈活性。一個研究項目可以同時提出量的和質的研究問題，也可以同時搜集不同類型的原始資料。這種靈活性在社區發展研究中尤為重要，因

為社區是一個十分複雜的系統，具備「地」、「時」、「人」等多層面向，受經濟、社會、文化、政治和科技各方面的影響。社區內部結構中各個成分之間的關係十分複雜，決策控制和權力網絡錯綜迷離，特別需要研究者靈活地使用多種方法，根據當地的實際情況對各個層面和角度進行探究（胡幼慧，1996: 282）。

使用不同的方法還可以對有關結果進行相關檢驗，從而提高研究結果的可靠性（Fielding & Fielding, 1986）。由於使用了不同的方法對同一研究問題進行探討，因某一種方法本身的限制而導致錯誤結論的可能性有可能減少。正如丹曾（1978）所指出的，任何一種資料、方法或研究者都有各自的偏差，只有聯合起來才能「致中和」（Jick, 1979）。如果不同方法產生的結果彼此相容，便提供了相關檢驗的證據。而如果結果彼此不相容，則要求研究者提高分析的層次，進行更高層次的綜合，從不同的解釋中提出一個第三解釋。這個解釋應該是從原始資料中歸納出來的，是可以檢驗的，而且可以說明研究者手頭所有的資料內容（Trend, 1978）。通常，研究雙方並不懷疑對方的結論，只是對同樣的事實有不同的解釋，或者在不同的抽象層面對事物進行解釋。因此，如果提供了必要的管道和措施，雙方是可以通過協商達到一定的共識的。

2.結合的問題

雖然結合使用不同的研究方法可以有很多好處，但與此同時也存在一些問題。首先，如上所述，由於量的研究和質的研究基於不同的理論範式，結合起來時難免產生認識論上的衝突。比如，實證主義和建構主義對「事實」的看法就很不一樣，如果同時使用，很容易給研究的結論造成「不倫不類」的感覺。不同的方法所涉及的相關研究問題、研究的目的和理論假設可能很不一樣，在質量的檢測方面也存在十分不同的衡量標準。正如本書有關研究結果的檢測部分所言，量的方法和質的方法在研究結果的效度和推論方面存在十分不同的衡量標準，很難用一種一致的語言來對結合以後的研究的「真

實性」和「代表性」進行評價。與效度和推論相比，這兩種方法在「信度」上的分歧更加重大。如果兩位量的研究者對同一問題獲得了同樣的結論，研究界認為這兩個研究「信度」很高。而如果兩位質的研究者用同樣的方式述說一個同樣內容的故事，其中之一則很可能被指控為「剽竊」（*Runyan & Seal, 1985*）❶。因此，正如第五章第八節所提到的，質的研究者內部一般對「信度」問題避而不談。

其次，平行使用這兩種方法還可能為研究結果的價值評價和倫理道德關懷帶來困難。比如，量的研究可能認為自己的研究結果更加「客觀」、「科學」，而質的研究則可能認為自己的研究更加「可信」、「確切」。在倫理道德方面，量的研究認為研究者可以保持「價值中立」，不必擔心自己的研究對被研究者有什麼影響；而質的研究認為研究必然涉及「價值判斷」，一定會對被研究者的日常生活產生影響。雖然以上這些差異可以幫助研究者更好地瞭解不同研究方法可能帶來的複雜作用，但是同時也會給研究的實施帶來很多具體的困難。當面臨兩種方法所帶來的價值衝突時，理論上說研究者應該可以進行平等的對話，但是在實際操作時卻不是那麼容易。由於社會科學界受到實證主義的影響是如此之深，當談到研究的評價問題時，人們往往習慣於用量的研究的概念、語詞和指標來衡量所有的研究。而「另類範式」（特別是批判理論和建構主義）指導下的質的研究無法完全用傳統的概念來對自己進行評說。因此，它常常陷入無法言說的窘境。

同時使用不同的範式還有可能促進「機會主義」的傾向。研究者可以在對範式沒有自覺意識的情況下進行研究，事後擇其所好和所長任意對研究結果進行解釋。如果研究者事先對自己所依據的範式並不清楚，在沒有意識的狀態下從事了一項綜合性的研究，那麼對這種研究的質量將很難加以評價。

───────────────────

1. 瑞楊（S. Runyan）和塞爾（B. Seal）用這個例子說明的是量的研究者與傳記作家的不同，我以為質的研究者在這裡類似傳記作家，也面臨被指控為「剽竊」的危險，故做了如此改動。

各種不同的評價標準摻雜在一起，很容易魚目混珠。有時候，研究者在操作層面上將不同的方法加以融合是出於某一實用的動機，往往忽略了「程序或技術的方法」與「邏輯證明的方法」（或者說是「發現的程序」與「論證的邏輯」）之間的區別，對自己使用的方法背後的方法論缺乏自覺和反省（*Smith & Heshusius, 1986*；譚方明，*1998*）。結果，有關的科學家群體很難對他們的研究進行質量評價。

　　由於標準不同，研究者在評價研究的質量時必須十分小心。比如，如果一項研究同時使用了量和質的方法，研究者在討論其中量的結果時，應該按照數字概率的規則將研究的結果推廣到從中抽樣的總體。而在討論質的結果時，研究者必須遵循「讀者認同」的原則，不能將結果推廣到本研究現象以外的範圍。如果研究者將量的結果（如統計數據）與質的結果（如個案）結合起來進行討論，在介紹了有關的統計數據和定量分析的結果以後列出一個或數個個案來支持定量分析的結果，那麼研究者必須事先聲明：量化的有關數據可以代表從中進行概率抽樣的總體；而個案只是用來描述、說明或解釋上面的數據所標示的情況。個案不能代表數據所指的所有情況，只是對其中某些情況進行描述和舉例說明而已。

　　因此，重要的問題不是基於不同範式的方法是不是可以同時使用於同一項研究，而是研究者是否對自己在方法上的選擇和使用有所意識，並且在研究結果中真誠地、詳細地報導自己的方法選擇原則和使用方式。「方法論是由技術的外表呈現給人們的，而它的基礎卻無從一眼瞥見」（陳緒剛，*1996: 82*）。因此，如果一項研究同時將幾個不同的範式作為自己的理論基礎，研究者應該在研究報告中說明自己的立場和研究過程。除了陳述各個範式對研究各部分的影響以外，研究者還應該特別說明自己是如何協調不同範式之間的關係的。在分析結果和做結論時，研究者應該考慮到不同的範式對研究的「真實性」、「可重複性」和「代表性」問題進行討論時所使用的原則、規範和語言是不一樣的，不能混為一談。

　　如果這兩種方法產生的結果相互之間有衝突，研究者不應過早地解決這

些衝突,而是應該讓不同的方法發展出自己對研究現象的結果表述,然後再試圖在兩者之間做出必要的妥協。在研究的早期,可以將從不同的方法中獲得的結果分開,讓不同的解釋有出現和「成熟」的機會;不要過早排斥那些與大多數觀點不同的結果,等它們各自都「發育成熟」以後再進行整合。不同的研究方法代表的是不同研究者的立場和態度,應該讓不同的研究者的聲音出來,有機會讓自己的故事與別人的故事進行比較。這一點對於質的結果尤為重要,因為觀察和訪談的結果沒有固定的測量標準,很容易被研究者過早排斥掉。特別是當面臨「硬科學」的量的研究的挑戰時,質的研究者很容易「敗下陣來」。

將質的研究與量的研究所產生的不同結果進行並列對照,這不僅可以為不同的聲音提供表現的機會,而且還可以為研究者尋找其他可能性解釋提供動力。如果過早排斥不同意見,研究者便不會對研究的問題繼續進行探討,因為目前的答案已經十分和諧完美,已經不再需要其他的說明了。正如科學哲學家費伊阿本德(*P. Feyerabend, 1970: 209*)所說的:

> 「在科學的實際發展中,堅韌和多元之間的相互互動似乎
> 是一個最重要的特徵。似乎並不是那些解謎語的活動為我們增
> 加了知識,而是那些被人們頑固堅守的不同觀點之間的積極互
> 動給我們帶來了知識的增長。」

此外,結合使用不同的方法需要研究者具有一種以上方法的訓練。如果研究者只是對一種方法比較熟悉,很容易在使用時「偏心眼」,對這種方法的使用多於(或優先於)另外一種方法。如果研究者缺乏訓練,很容易產生膚淺的、質量不高的結合方式。這種結合不但沒有發揮兩種方法各自的長處,反而使各自的短處暴露無疑(*Ianni & Orr, 1979; Rist, 1980; Fetterman, 1982*)。

此外,與單獨使用一種方法相比,使用不同的方法相對來說需要更多的時間、經費、研究人員和人緣關係。研究者隊伍的規模可能相對比較大,兩

者之間的協調需要更多的時間和精力，在發放問卷和統計報表的同時到實地進行訪談和觀察需要更多的財力和時間。此外，與量的研究相比，兩種方法結合使用需要動用更多的人際關係，有時候還會觸及比較敏感的政治話題和個人隱私。

鑒於結合兩種不同的方法可能導致上述問題，我們在打算結合時應該仔細考慮自己的研究項目是否存在結合的需要。在研究設計中，我們應該明確地說明自己為什麼要結合不同的方式，結合使用兩種方法有什麼長處。無論如何，結合的目的是為了更好地回答研究的問題，而不是為了趕時髦，為了結合而結合。

第四節　如何結合

到目前為主，有關量的研究方法和質的研究方法相結合的方式通常是以一種方法為主，另外一種方法為輔。在這種結合中，一種方法被用來為另外一種方法服務，沒有自己的獨立地位。比如，布魯姆斯丹（Blumstein）和斯瓦茲（Schwartz）在對一些美國夫妻的研究中同時使用了抽樣調查和深度訪談的方法，但是他們的結論完全來自抽樣調查的結果，訪談的結果只是被用來對問卷的結果進行進一步的說明和解釋（*Maxwel, 1995*）。

與上述「主從式結合」不同的是另外一種更加理想的結合方式，在這種方式中量的方法和質的方法有自己獨立的地位和作用，它們相互補充，互相對話，從不同的角度和層面對研究的問題進行探討。對這些結合形式的分類目前有很多種，尚沒有統一的衡量標準。比如，格林（J. Greene）等人（*1989*）對一九八〇至一九八八年間所發表的五十七個多元方法評估研究進行了分析，認為這些研究可以分成三種類型：互補式、同步進行式、系列進行式。可萊斯威爾（*J. Creswell, 1994*）在文獻檢索的基礎上，將多元方法的組合方式分成三種模式：(1)二階段式設計；(2)主—輔設計（同步三角檢測）：

(3)混合設計。他曾經以高果林（L. Gogolin）和斯瓦茲（F. Swartz）的一項整合質的研究和量的研究為例（1992），畫出了一個該研究項目的流程概念圖（見圖表 27-4-1）。

　　上述學者的分類與下面我要介紹的馬克斯威爾（1995）的分類有重疊之處，但是都沒有後者的完整系統。因此，我下面主要介紹馬克斯威爾的分類方式。他將理想的結合式方成兩個類別：(1)整體式結合；(2)分解式結合。在這兩種結合類型下面又各自有三種不同的結合形式。

一、整體式結合

　　整體式結合的方式是將量的研究和質的研究當成彼此分開的兩個部分，在一個整體設計中將這兩個部分各自完整地結合起來。在這類設計中可以有如下三種不同的設計方案：(1)順序設計；(2)平行設計；(3)分叉設計。

1.順序設計

　　順序設計典型的做法是：首先使用一種方法，然後再使用另外一種方法，兩種方法的使用存在一個前後順序。通常的做法是先作一個質的研究，使用歸納的手段發展出理論假設，然後再使用量的方法，通過演繹的手段對這些假設進行檢驗。當然，將這個順序翻轉過來也同樣適用。比如，我們可以先對一個比較大的人群作一個統計調查，然後根據研究問題的重點從中選擇一些人進行深度訪談。這樣做不僅可以幫助我們有目的地選擇資訊提供者，而且可以深入地探討他們在問卷中所作的回答。

　　除了按先後順序以外，這兩種方法還可以在時序上往返循環使用。這樣做可以使研究的問題不斷深化，各自的結果得到相互補充和澄清。比如，薩頓（R. Sutton）和拉法利（A. Rafaeli）（1988, 1992）在對一些雜貨店內營業員的行為及其情感表達之間的關係進行研究時，首先對營業員的行為進行隱蔽式觀察，同時搜集了公司的有關資料，然後使用多元回歸分析的手段對這

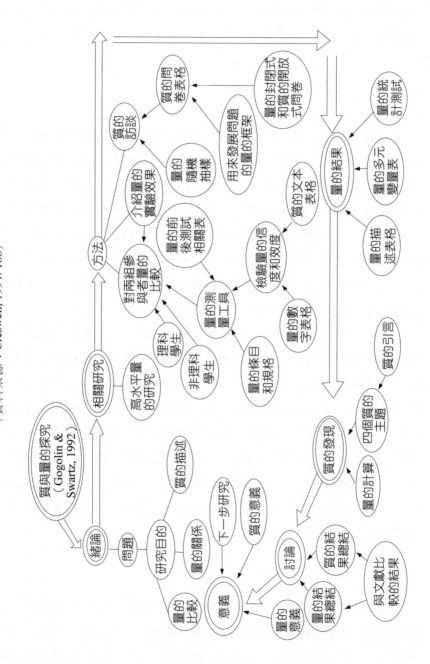

圖表 27-4-1　質的研究與量的研究流程概念圖

（資料來源：Creswell, 1994: 188）

些資料進行量化分析。當這些分析不能支持他們的假設時，他們又在這些商店裡進行了質的觀察和訪談，使用這些資料對修改過的假設進行進一步的檢驗。

2.平行設計

在這種設計裡，不同的方法被同時使用，而不是按先後順序進行。比如，在研究一個工廠時，我們可以一邊對工廠的職工進行抽樣調查，一邊對工廠的環境和活動進行參與性觀察。這種方法在規模比較大的研究中非常普遍，特別是當研究者的人數比較多時。比如，我所參與的中國貧困地區中小學生輟學的研究、初中階段滲透職業技術教育成分的研究、中國九年義務教育課程體系改革研究等都使用了這種結合方式。在這些項目中，我負責質的研究部分，組織課題組成員進行訪談、觀察和實物分析，與此同時一個負責量化研究的小組進行問卷調查和統計報表的填寫。

使用這種方式的好處是：可以對從不同方法中得出的研究結果及時進行相關檢驗和相互補充，研究的結果比較豐富，不僅有骨頭框架而且有血肉的支持，不僅有面上的分布狀態而且有點上的過程和變化。而與此同時有可能出現的問題是：如果使用不同方法得出的結論不一樣，很難將其進行整合。在這種情況下，我們可以將研究的重點放在分歧上繼續進行研究。通過深入的探討，可能發現由其中一種方法獲得的結果是「對」的，而另外一種是「錯」的（*Kaplan & Duchon, 1988*）。在另外一些情況下，也許結果沒有「對錯」之分，我們必須修正自己的整體結論，設法將不同的結果整合到一個更具概括性的結論之中（*Trend, 1978*）。

3.分叉設計

這種研究設計實際上是結合了上述順序設計和平行設計兩種形式。通常，在研究開始的時候使用一種方法，然後在繼續使用這種方法的同時使用另外一種方法。分叉設計的方式結合了上述兩種方式的長處：不僅可以使我們在

前期結果的基礎上進行後期的設計，而且可以在後期使用平行法時對兩種方法所產生的結果進行相關檢驗和相互補充。

馬克斯威爾等人（1995）對一個醫院住院部教學週期的研究便使用了這種研究設計。他們首先對整個教學週期進行了參與性觀察，同時對一些醫生和實習生進行了開放式訪談。有關這一部分的研究結果被寫入一個有關影響教學週期效果的因素分析報告。然後，他們使用量的方法對教學週期中有關人員的行為表現進行測量，同時對醫生和實習生進行質的開放型調查。在這個研究中，研究者首先使用了質的方法，對醫院有關部門實施教學週期的具體情況進行初步的瞭解，然後在質的研究結果的基礎上同時使用質的方法和量的方法，對人們的行為表現、他們對教學週期的看法以及這些看法如何影響到他們的學習方式進行了比較深入的調查。

二、分解式結合

第二類大的結合方式是「分解式結合」。這種方式將不同方法中的各個部分進行分解，然後將其中某些部分重新進行組合，形成一個完整的設計。在這類設計下面通常也有三種不同的設計方案：(1)混合式設計；(2)整合式設計；(3)內含型設計。

1.混合式設計

提倡混合式設計的主要代表人物是派頓（1990: 186-198）。他認為，將不同研究方法中的某些部分提取出來，然後結合成一些混合型的方法策略——這麼做對社會科學研究具有十分重要的建設性意義。他將量的研究和質的研究範式分為三個部分：(1)研究設計（如自然主義的設計或實驗的設計）；(2)測量（質的測量或量的測量）；(3)分析（內容分析或統計分析）。研究者可以使用不同的方式將這些不同的部分組合起來，形成一系列不同的組合設計。他設想了一些混合結合的可能性，提出了四種整合形態：(1)量的實驗設計，

質的資料搜集與分析；(2)量的實驗設計，質的資料搜集和量的統計分析；(3)
質的自然研究設計，質的資料搜集和量的統計分析；(4)質的自然研究設計，
量的資料搜集和量的統計分析。

派頓的設想是在理想的狀態下進行的，然而在實際研究中並不乏使用這
種設計的實例。比如，費斯廷杰（L. Festinger）等人（1956）對一種信奉世
界末日的宗教以及該宗教預測不靈對信徒的影響進行研究時，便使用了這種
混合式設計。在這個研究中，他們按照前後順序將質的方法和量的方法混合
起來使用。首先，他們根據前人的有關理論和研究結果，得出了如下假設：
在一定條件下信徒們的信仰被證偽時，他們的信念會變得更加堅定。然後，
他們假扮為該宗教的皈依者，暗中在「最後審判日」臨近和過去時對所發生
的事情進行參與性觀察。這些觀察資料被按照預先設定的變量進行統計分析，
目的是對研究者自己的理論假設進行檢驗。這是一個在自然狀況下從事的實
驗型研究，搜集的是質的資料，分析時採取的是量的方式，目的主要是驗證
假設，變量是從前人的研究中獲得的。然而，由於樣本量比較小，資料分析
不完全具有嚴格的統計意義。

這類設計的弱點是：研究過程中所有的選擇都必須是兩者必擇其一，不
是質的方法就是量的方法，不能同時使用不同的方法。例如，如果分析資料
的時候使用的是統計的方法，就不能同時使用敘事分析的方法。

2.整合式設計

在這種設計中，量的研究和質的研究在不同的層面（如問題、抽樣、資
料搜集和分析）同時進行。並且不斷地相互互動。比如，米爾格阮（S. Mil-
gram, 1974）對權威作用的研究，使用的就是這樣一種設計。該項目總體框架
是一個隱蔽的實驗型研究，目的是瞭解人們在受到權威的指示時如何對其他
人施虐。參與研究的被試者不瞭解研究的真正目的，以為自己的作用是幫助
研究者瞭解人們在學習中受到懲罰時的行為反應。研究者扮演的是權威的角
色，命令被試者不斷地向一位研究對象施行電療，而這個研究對象是研究者

的同謀，在電療時假裝與被試者不合作。研究者對被試者使用的電流強度進行測量，這個強度被用來表示被試者服從權威的程度。此外，研究者還使用了很多不同的試驗條件來決定其他不同的因素對被試者服從權威程度的影響，觀察了被試者對研究者的命令所做出的回應過程、理解和反應的行為、服從或反對權威的原因。在實驗中，研究者暗中記錄了被試者的行為，而且過後對他們進行了長時間的深度訪談。他們搜集的主要是質的研究資料，但是與量的資料之間的結合非常密切。在討論效度威脅時，研究者同時引用了量的和質的資料作為辯解的證據。這個研究使用了實驗干預、實驗室控制、量的測量、質的觀察和訪談等手段，試圖同時回答量的和質的研究問題。

此類整合式設計的長處是：研究可以成為一種真正的方法之間的對話。對話不僅僅發生在研究結果之間，而且貫穿於整個研究過程之中。這種方法的短處是：當不同方法產生的研究結果出現衝突時，研究者傾向於將一種結果作為主導，壓倒另外一方。因此，我們應該注意研究設計中不同成分之間的聯繫以及使用這些不同成分對研究的影響，不要讓其中一種方法占據統治地位。

3.內含型設計

在這種設計方式裡，一種方法「坐巢」於另外一種方法之中。一種方法形成研究的整體框架，另外一種在這個框架中發揮作用。通常，一個研究項目使用的是實驗型或半實驗型的總體設計，對實驗條件和控制條件進行對比，具體的操作方法通常是民族誌或其他質的方法。比如，倫德斯伽德（H. Lundsgaarde）等人（1981）對電腦資訊系統對醫院醫生和病人的影響進行的研究，使用的就是這種內含型設計。他們選擇了一個醫院內的兩個病房作為觀察地點，使用民族誌的方法對醫院電腦資訊系統對這兩個病房的影響進行了實地研究。首先，他們將這個系統用於一個病房，將另外一個病房作為控制組。然後，他們使用質的資料對這兩個病房所受影響的不同進行了對比。

馬克斯威爾（1986）等人的研究也可以作為一個內含型設計的例子。他

們結合使用了量的方法和質的方法中兩個極端的形式——民族誌和實驗設計，對一所醫院裡外科大夫的教學活動進行評估研究。研究的設計大框架是實驗干預，但是搜集資料的主要方法是民族誌。他們首先使用民族誌的方法瞭解了醫院的基本情況，通過參與觀察、訪談和會議紀錄寫出了一份民族誌描述。然後，他們設計了一個教學模式，使用多項選擇測試的方法，設立實驗組和控制組對不同教學模式的效果進行對比。此外，他們還在同一模式內使用了控制題，瞭解不同測試題對醫生們的影響。結果他們獲得了十分豐富的資料，不僅包括有關研究結果的量化數據，而且瞭解了醫生們的學習過程。通過對實驗前後以及參加實驗和未參加實驗的人員進行對比，他們對研究的結果進行了相關驗證，排除了那些證據不充足的假設。由於有可能對不同的假設進行對比（而不是固守研究方法上的一致性），他們認為這項研究的可靠性比較大。

反之，內含型研究設計也可以以質的方法為主要框架，量的方法「坐巢」於其中。比如，貝克等人（*1961/1977*）對波士頓一所醫學院學生的研究就是使用質的研究方案作為總體框架，然後搜集半統計數據，瞭解這些學生對醫學院的看法。研究者的報告中除了質的描述性和分析性資料以外，還引用了五十多個統計圖表。

從表面看起來，內含型設計似乎與上述混合型設計和整合型設計十分類似，但是它們的運作邏輯其實是很不一樣的。內含型設計不是同時並行使用兩種方法，也不是先後使用兩種方法，而是在一個方法的內部系統地、具有內在聯繫地使用另外一種方法。

至於，有關量的研究和質的研究的結合問題，我們大概可以做出如下初步的結論：結合是可能的，也是有益的，但是必須考慮到結合的必要性以及隨之而來的理論假設方面的問題。雖然，量的研究方法和質的研究方法可以用很多不同的方式結合起來使用，但是我們並不希望完全消除兩種方法之間的區別。方法就像文化一樣，應該是越豐富多彩越好，而不應該過於簡單單一。正如可德和費恩（*1987: 57*）所強調的：「我們贊同『綜合』的說法，但

是同時我們希望保持兩種文化之間的重要區別。與其將研究方法和文化同質
化，我們更加希望看到研究者成為雙文化人。」所謂「雙文化人」的建設需
要從兩元對立的方法論往對話理論轉移。中國的老莊哲學和西方的對話理論
都告訴我們，真理是兩極在相互肯定與相互否定中生發出來的（藍永蔚，*1999:*
42；滕守堯，*1997*）。只有通過不同範式之間和不同方法之間平等的對話，才
能真正使研究者和被研究者獲得解放，也才能在「視域的融合」中找到新的
生長點和新的生成境界。

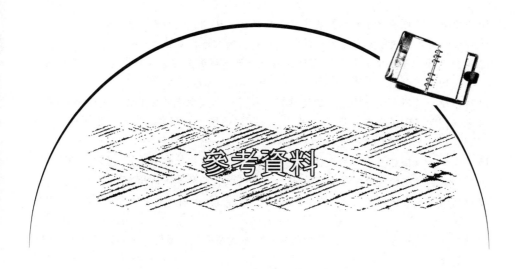

參考資料

中文

1.阿恩海姆著：《走向藝藝心理學》，加利福尼亞州大學出版社，1966；轉引自金元
　浦著：《文學解釋學》，東北師範大學出版社，1997。

2.阿特萊奇特（H.Altrichter）等著，夏林清等譯：《行動研究方法導論──教師動手
　做研究》，（台北）遠流出版事業股份有限公司，1997。

3.巴赫金（Bakhtin）著：《陀思妥耶夫斯基─書的改寫》，載《話語創作美學》，莫
　斯科，1979。

4.巴赫金（Bakhtin）著：《陀思妥耶夫斯基詩學問題》，三聯書店，1992。

5.北晨編譯：《當代文化人類學概要》，浙江人民出版社，1988。

6 貝特生著，第 234 － 251 頁；轉引自趙旭東著：《系統家庭治療的理論與實戰》
　（一），第9頁，昆明醫學院附一院精神科，1995。（該文沒有列出原書的書名和
　出版社名）

7.波普（K.Popper）著，傅季重等譯；《猜想與反駁》，上海譯文出版社，1986。

8.布迪厄（P.Bourdieu）：《文化資本與社會煉金術──布爾迪厄訪談錄》，上海人民
　出版社，1997。

9.布迪厄、華康德著，李猛、李康譯：《實踐與反思──反思社會學導引》，中央編
　譯出版社，1998。

10. 卜衛著：《理解定性研究》（未發表文章），中國社會科學院，1997。

11. 陳波等編著：《社會科學方法論》，中國人民大學出版社，1989。

12. 陳伯璋著：《教育研究方法的新取向——質的研究方法》（台北），南宏圖書公司，1989。

13. 陳緒剛：《傳統法律認識論的逆轉》，載《北京大學研究生學刊》，1996（4）。

14. 陳向明：《王小剛為什麼不上學了——一位輟學生的個案調查》，載《教育研究與實驗》，1996（1）。

15. 陳向明：《社會科學中的定性研究方法》，載《中國社會科學》，1996（6）。

16. 陳向明：《定性研究中的效度問題》，載《教育研究》，1996（7）。

17. 陳向明：《研究者個人身份在質的研究中的運用》，載《教育研究與實驗》，1997（2）a。

18. 陳向明：《教育研究的質量評價標準》，載《高等教育論壇》（北京大學），1997（2）b。

19. 陳向明：《訪談中的提問技（藝）術》，載《教育研究與實驗》，1997（4）a。

20. 陳向明：《質的研究中研究者如何進入研究現場》，載《教育研究與實驗》，1997（4）b。

21. 陳向明：《質的研究中的局內人和局外人》，載《社會學研究》，1997（6）。

22. 陳向明：《從範式的角度看社會科學的質量評價問題》，載《中國社會科學季刊》（香港），1997／12冬季號。

23. 陳向明著：《旅居者和「外國人」——中國留美學生跨文化人際交往研究》，湖南教育出版社，1998。

24. 陳向明：《教育研究中訪談的回應技（藝）術》，載《教育科學》，1998（6）。

25. 陳仲庚，張雨新編著：《人格心理學》，遼寧人民出版社，1987。

26. 崔艷紅：《對大學生學習態度變化過程的研究》（碩士論文），北京大學，1997。

27. 德里達（J.Derrida）著，何佩群譯：《一種瘋狂守護著思想：德里達訪談錄》，上海人民出版社，1997。

28. 鄧正來著：《研究與反思——中國社會科學自主性的思考》，遼寧大學出版社，1998。

29. 丁元竹：《費孝通治學特色與學術風格》，載《社會科學戰線》，1992（2）。

30. 董小英著：《再登巴比倫塔——巴赫金與對話理論》，三聯書店，1994。

31. 費孝通著：《江村經濟》，1939；轉引自袁方主編：《社會研究方法教程》，第55頁，北京大學出版社，1997。

32. 費孝通著：《三訪「江村」》，1980；轉引自袁方主編：《社會研究方法教程》，第56頁，北京大學出版社，1997。

33. 費孝通著：《學術自述與反思》，三聯書店，1996。

34. 高承恕著：《社會科學中國化之可能性及其意義》，載楊國樞，文崇一編：《社會及行為科學研究的中國化》，（台灣）中央研究院民族學研究所，1982。

35. 高敬文著：《質化研究方法論》，（台北）師大書苑有限公司，1996。

36. 高一虹：《從量化到質化：方法範式的挑戰》，在第三屆北京應用語言學／外語教學研討會上的發言稿，北京外國語學院，1998 年 7 月 27 － 29 日。

37. 高一虹：閱讀完本書的初稿以後與筆者的口頭討論，北京大學，1998 年 10 月。

38. 顧明遠，薛理銀著：《比較教育導論——教育與國家發展》，人民教育出版社，1996。

39. 關世杰著：《跨文化交流學》，北京大學出版社，1995。

40. 哈貝馬斯（J.Habermas）著，李安東、段懷清譯：《現代性的地平線：哈貝馬斯訪談錄》，上海人民出版社，1997。

41. 哈貝馬斯（J.Habermas）著，張博樹譯：《交往與社會進化》，重慶出版社，1989。

42. 赫根漢著：《人格心理學》，作家出版社，1988；轉引自劉晶波著：《師幼互動行為研究》（博士論文），第 14 頁，南京師範大學，1997。

43. 洪漢鼎著：《詮釋學從現象學到實踐哲學的發展》，載《中國現象學與哲學評論》第一輯《現象學的基本問題》，上海譯文出版社，1995。

44. 胡塞爾（E.Husserl）著，張慶熊譯：《歐洲科學危機和超驗現象學》，上海譯文出版社，1988。

45. 胡塞爾（E.Husserl）著，倪梁康譯：《現象學的方法》，上海譯文出版社，1994。

46. 胡幼慧主編：《質性研究》，（台灣）巨流圖書公司，1996。

47. 胡幼慧著：《多元方法：三角交叉檢視法》，載胡幼慧主編：《質性研究》，（台灣）巨流圖書公司，1996。

48. 華勒斯坦等著，劉鋒譯：《開放社會科學》，三聯書店，牛津大學出版社，1997。

49. 霍克海默（M.Horkheimer）著，李小兵等譯：《批判理論》，重慶出版社，1989。

50. 霍克斯著，瞿鐵鵬譯：《結構主義和符號學》，上海譯文出版社，1987。

51. 霍蘭德著：《文學反應的共性與個性》，載《西方二十世紀文論選》第 3 卷，中國社會科學出版社，1989。

52. 加達默爾（H.Gadamer）：《解釋學 I：真理與方法——哲學解釋學的基本特徵》，載《加達默爾全集》第 1 卷，圖賓根，1986；轉引自倪梁康著：《現象學及其效應——胡塞爾與當代德國哲學》，第 234 頁，三聯書店，1994。

53. 加達默爾（H.Gadamer）著，夏鎮平、宋建平譯：《哲學解釋學》，上海譯文出版社，1994。

54. 江文瑜著：《口述史法》，載胡幼慧主編：《質性研究》，（台灣）巨流圖書公司，1996。

55. 姜靜楠，劉宗坤著：《後現代的生存》，作家出版社，1998。

56.姜靜楠，劉宗坤著：《後現代主義與文化理論》，北京大學出版社，1997。

57.金元浦著：《文學解釋學》，東忠師範大學出版社，1997。

58.景天魁著：《社會認識的結構和悖論》，中國社會科學出版社，1993。

59.景天魁著：《現代社會科學基礎——定性與定量》，中國社會科學出版社，1994。

60.卡西爾著，沈暉等譯：《人文科學的邏輯》，中國人民大學出版社，1991。

61.賴秀芬，郭淑珍著：《行動研究》，載胡幼慧主編：《質性研究》，（台灣）巨流圖書公司，1996。

62.藍永蔚：閱讀本書書稿後與作者的討論，1999。

63.李秉德主編：《教育科學研究方法》，人民教育出版社，1986。

64.利奧塔（J.Lyotard）著，車槿山譯：《後現代狀態：關於知識的報告》，三聯書店，1997。

65.利奧塔（J.Lyotard）著，談贏洲譯：《後現代性與公正游戰》，上海人民出版社，1997。

66.梁治平著：《法律的文化解釋》，三聯書店，1994。

67.林毓生著：《中國傳統的創造性轉化》，三聯書店，1988。

68.劉放桐等編著：《現代西方哲學》，修訂本，人民出版社，1990。

69.劉鋒：《語言與人類的交往理性——哈貝馬斯的普遍語用學》，載《北京大學學報》（英語語言文學專刊），1992（2）。

70.劉晶波著：《師幼互動行為研究》（博士論文），南京師範大學，1997。

71.羅蒂(R.Rorty)著，李幼蒸譯：《哲學和自然之鏡》，三聯書店，1987。

72.羅杰斯（C.Rogers）著：《與人交往》，載林方主編：《人的潛能和價值》，華夏出版社，1987。

73.馬爾庫斯（G.Marcus）、費徹爾（M.Fischer）著，王銘銘、藍達居譯：《作為文化批判的人類學》，三聯書店，1998。

74.梅（Rollo May）著，馮川、陳剛譯：《人尋找自己》，貴州人民出版社，1991。

75.倪梁康著：《現象學及其效應——胡塞爾與當代德國哲學》，三聯書店，1994。

76.帕金著，劉東、謝維和譯：《馬克斯·書伯》，四川人民出版社，1987。

77.裴娣娜編著：《教育研究方法導論》，安徽教育出版社，1994。

78.齊碩姆著，鄒惟遠、鄒曉蕾譯：《知識論》，三聯書店，1988。

79.覃方明：《社會學方法論新探（上）——科學哲學與語言哲學的理論視角》，載《社會學研究》，1998（2）。

80.施良方主編：《中學教育學》，福建教育出版社，1996；轉引自鄭金洲；《行動研究：一種日益受到關注的研究方法》，載《上海高教研究》，1997（1）。

81.史梯爾林著，1985；轉引自趙旭東著：《系統家庭治療的理念與實戰》（一），第

8頁，昆明醫學院附一院精神科，1995。（該文沒有列出原書的書名和出版社名）

82.水延凱著：《社會調查教程》，中國人民大學出版社，1996。

83.恩披里柯：《反邏輯學家》第1冊，第160段，載《塞爾斯都‧恩披里柯全集》第2卷，勞伯經典文庫，哈佛大學出版社，1933；轉引自齊碩姆著，鄒惟遠、鄒曉蕾譯：《知識論》，第81－86頁，三聯書店，1988。

84.斯佩里：《分離大腦半球的一些結果》，載《世界科學》，1982（9）；轉引自趙慕熹著：《教育科研方法》，北京教育出版社，1991。

85.滕守堯著：《文化的邊緣》，作家出版社，1997。

86.王海龍，何勇著：《文化人類學歷史導引》，學林出版社，1992。

87.王銘銘著：《文化格局與人的表述》，天津人民出版社，1997。

88.王銘銘著：《村落視野中的文化與權力》，三聯書店，1997。

89.王岳川著：《後現代主義文化研究》，北京大學出版社，1992。

90.維爾斯曼（W.Wiersma）著，袁振國主譯：《教育研究方法導論》，教育科學出版社，1997。

91.吳文侃主編：《當代國外教學論流派》，福建教育出版社，1990。

92.謝慶錦主編：《現代西方哲學評介》，廈門大學出版社，1991。

93.徐友漁等著：《語言與哲學——當代英美與德法傳統比較研究》，三聯書店，1996。

94.嚴祥鷥著：《參與觀察法》，載胡幼慧主編：《質性研究》，（台灣）巨流圖書公司，1996。

95.楊國樞，文崇一編：《社會及行為科學研究的中國化》，（台灣）中央研究院民族學研究所，1982。

96.楊壽堪著：《衝突與選擇——現代哲學轉向問題研究》，北京師範大學出版社，1996。

97.楊雁斌：《口述史百年透視》（上），載《國外社會科學》，1998（2）。

98.楊雁斌：《口述史百年透視》（下），載《國外社會科學》，1998（3）。

99.楊宜音：《報：中國人的社會交換觀》，載李慶善主編：《中國人社會心理研究論集，1992》，（香港）時代文化出版公司，1993。

100.楊宜音：《試析人際關係及其分類》，載《社會學研究》，1995（5）。

101.楊宜音著：《「自己人及其邊界」——關於「差序格局」的社會心理學研究》（博士論文），中國社會科學院，1998。

102.葉秀山著：《思‧史‧詩——現象學與存在哲學研究》，人民出版社，1988。

103.袁方主編：《社會研究方法教程》，北京大學出版社，1997。

104.張祥龍：在「社會科學跨學科方法論研討班」上的講座記錄，北京師範大學，1998年7月18日。

105.趙麗明：與筆者就有關問題的口頭探討，清華大學，1998。

106.趙慕熹著：《教育科研方法》，北京教育出版社，1991。

107.趙汀陽著：《一個或所有問題》，江西教育出版社，1998a。

108.趙汀陽：《智慧復興的中國機會》，載趙汀陽等著：《學問中國》，江西教育出版社，1998b。

109.趙旭東：《系統家庭治療的理論與實踐》（一），昆明醫學院附一院精神科，1995。

110.鄭金洲：《行動研究：一種日益受到關注的研究方法》，載《上海高等研究》，1997（1）。

111.《中國心理衛生雜誌》編輯部：《心理衛生評定量表手冊》，北京醫科大學，1993。

112.朱紅文著：《人文精神和人文科學——人文科學方法論導論》，中共中央黨校出版社，1994。

113.朱克曼著，周葉謙、馮世則譯：《科學界的精英——美國的諾貝爾獎金獲得者》，商務印書館，1982。

114.朱蘇力：《我們需要什麼知識？》，在「文化自覺與文化對話——第三屆社會文化人類學高級研討班」上的發言，1998 年 6 月 15 － 7 月 5 日，北京大學。

西文

1.Adler, P. & Adler, P. A.（1987）. Membership Roles in Field Research. Beverly Hills: Sage.

2.Adler, P. & Adler, P. A.（1994）. Observational Techniques. In N. K. Denzin &Y. S. Lincoln（Eds.）Handbook of Qualitative Research. Thousand Oaks: Sage.

3.Agar, M. H.（1980）. The Professional Stranger: An Informal Introduction to Ethnography. New York: Academic Press.

4.Agar, M. H.（1982）. Whatever Happened to Cognitive Anthropology？A Partial Review. Human Organization, 41, pp.82-85.

5.Agar, M. H.（1986）. Independents Declared. Washington, D.C.: Smithsonian Institution Press.

6.Allport, G.（1942）. The Use of Personal Documents in Psychological Science. New York: Social Science Research Council.

7.Altheide, D. L. & Johnson, J. M.（1994）. Criteria for Assessing Interpretive Validity in Qualitative Research. In N. K. Denzin & Y. S. Licoln（Eds.）Handbook of Qualitative Research. Thousand Oaks: Sage.

8.Altkinson, P. et al.（1988）. Qualitative Research Tradition: A British Response to Jacob. Review of Educational Research, Vol.58, No.2, pp.231-250.

9.Argyris, C.（1972）. Unerwartete Folgen 「Strenger」 Forschung. Grupperndynamik 3, 1: 5-22.

10.Argyris, C. et al.（1985）. Action Science: Concepts, Methods, and Skills for Research and Intervention. San Francisco: Jossey-Bass.

11.Argyris. C. & Schon, D. A.（1974）. Theory in Practice: Increasing Professional Effectiveness. San Francisco: Jossey-Bass.

12.Atkinso, P. & Hammersley, M.（1994）. Ethnography and Participant Observation. In N. K. Denzin & Y. S. Lincoln（Eds.）Handbook of Qualitative Research. Thousand Oaks: Sage.

13.Austin, J. L.（1962）. How to Do Things with Words. Oxford: Oxford University Press.

14.Babbie, E.（1995）. The Practice of Social Research. 7th Ed. Belmont, CA: Wadsworth.

15.Bahr, D. et al.（1974）. Piman Shamanism and Staying Sickness. Tucson: University of Arizona Press.

16.Barone, T. E.（1992）. On the Demise of Subjectivity in Educational Inquiry. Curriculum Inquiry, 22（1）, 25-37.

17.Barker, R. G. & Wright, H. F.（1955）. Midwest and Its Children. New York: Harper & Row.

18.Barrett, R. A.（1974）. Benabarre: The Modernization of a Spanish Village. New York: Holt, Rinehart & Winston.

19.Barry, K. et al.（Eds.）（1984）. International Feminism: Networking Against Female Sexual Slavery. New York: The International Women's Tribune Center, Inc.

20.Bass, T. A.（1985）. The Eudaemonic Pie. Boston: Houghton Mifflin.

21.Bechhofer, F.（1974）. Current Approach to Empirical Research: Some Central Ideas. In J. Rex（Ed.）Approaches to Sociology: An Introduction to Major Trends in British Sociology. London: Routledge & Kegan Paul.

22.Becker, H.（1967）. Whose Side Are We On? Social Problems, 14, pp.239-248.

23.Becker, H.（1970）. Problems of Inference and Proof in Participant Observation. In H. Becker（Ed.）Sociological Work: Method and Substance. New Brunswick, NJ: Transaction Books（Article originally published in 1958）.

24.Becker, H. S.（1986）. Writing for Social Scientists: How to Start and Finish Your Thesis, Book, or Article. Chicago: The University of Chicago Press.

25.Becker, H. S.（1991）. Generalizing from Case Studies. In E. Eisner & A. Peshkin（Eds.）Qualitative Inquiry in Education: The Continuing Debate. New York: Teachers College Press.

26.Becker, H. S. et al.（1977）. Boys in White: Student Culture in Medical School. New Brunswick, NJ: Transaction Books（Original work published in 1961）.

27.Belenky, M. et al.（1986）. Women's Ways of Knowing: The Development of Self, Voice and

Mind. New York: Basic books.

28. Bensman, J. & Vidich, A. J.（1960）. Social Theory in Filed Research. American Journal of Sociology. Vol.65, No.6, pp.577-584.

29. Berg, B.（1998）. Qualitative Research Methods for the Social Sciences. Boston: Allyn & Bacon.

30. Bernard, H. R.（1984）. The Problem of Informant Accuracy: Thy Validity of Retrospective Data. Annual Review of Anthropology. 1984, 13: 495-517.

31. Bernard. H. R.（1988）, Unstructured and Semistructured Interviewing. Research Methods in Cultrual Anthropology. Newbury Park: Sage.

32. Bernard, H. R.（1988）, Unstructured and Semistructured Interviewing. Research Methods in Cultural Anthropology. Newbury Park: Sage.

33. Berreman, G.（1962）. Behind Many Masks. Monograph 4. Society for Applied Anthropology. Ithaca: Cornell University Press.

34. Beynon, H.（1973）. Working for Ford. London: Penguin.

35. Bleicher, J.（Ed.）（1980）. Contemporary Hermeneutics. London: Routledge & Kegan Paul.

36. Blumen, H.（1954）. What Is Wrong with Social Theory? American Sociololgical Review, 19: 3-10.

37. Blumer, H.（1969）Symbolic Interactionism: Perspective and Method. Englewood Cliffs: Prentice-Hall.

38. Bogdan, R. C. & Biklen, S. K.（1982）. Qualitative Research for Education. Boston: Allyn and Bacon.

39. Bogdan, R. & Taylor, S.（1975）. Introduction to Qualitative Research Methods: A Phenomenological Approach to the Social Sciences. New York: John Wiley & Sons.

40. Bogdewic, S. P.（1992）. Participant Observation. In B.F.Crabtree & W.L.Miller（Eds.）Doing Qualitative Research. Newbury Park:Sage.

41. Bourdieu, P.（1977）. Outline of a Theory of Practice. Cambridge, UK:Cambridge University Press.

42. Bourdieu, P.（1984）. Distinction: A Social Critique of the Judgment of Taste. Cambridge, USA:Harvard University Press.

43. Bowen, E. S.（pseudo. of Laura Bohannan）.（1954）. Return to Laughter. New York: Harper and Row.

44. Bredo, E. & Feinberg, W.（Eds.）（1982）. Knowledge & Values in Social & Educational Research. Philadelphia: Temple University Press.

45.Bredo, E. & Feinber, W.（1982）. Conclusion: Action, Interaction, and Reflection. In E. Bredo & W. Feinberg（Eds.）Knowledge and Values in Social & Educational Research. Philadelphia: Temple University Press.

46.Briggs, C. L.（1986）. Learning How to Ask. Cambridge, UK: Cambridge University Press.

47.Briggs, J.（1970）. Never in Anger: Portrait of an Eskimo Family. Cambridge, USA: Harvard University Press.

48.Brinberg, D. & Joseph, E. M.（1985）. Validity and the Research Process. Newbury Park: Sage.

49.Britan,G. M.（1978）. Experimental and Contextual Models of Program Evaluation. Evaluation and Program Planning 1: 229-234.

50.Brodbeck, M.（1963）. Logic and Scientific Method in Research on Teaching. In N. L. Gage（Ed.）Handbook of Research on Teaching. Chicago: Rand McNally.

51.Bromme, R.（1985）. Was sind Routinen im Lehrerhandeln? Unterrichtswissenschaft. 2, 182-192.轉引自（阿特萊奇特等，1997）.

52.Browne, A.（1987）. When Battered Women Kill. New York: Free Press.

53.Bruner, E. M.（1993）. Introduction: The Ethnographic Self and Personal Self. In P. Benson（Ed.）Anthropology and Literature. Urbana: University of Illinois Press.

54.Bruyn, S. T.（1966）. The Human Perspective in Sociology. Englewood Cliffs: Prentice Hall.

55.Bryman, A.（1984）. The Debate about Quantitative and Qualitative Research: A Question of Method or Epistemology? British Journal of Sociology 35: 75-92.

56.Burke, K.（1935）. Permanence and Change. New York: New Republic.

57.Burgess, R. G.（1982）. The Role of Theory in Field Research. In R. G. Burgess（Ed.）Field Research: A Source Book and Field Manual. London: George Allen & Unwin（Publishers）Ltd.

58.Burgess, R.（1984）. Introduction. In R. Burgess（Ed.）The Research Process in Educational Settings: Ten Case Studies. London: Falmer.

59.Burrell, G. & Morgan, G.（1979）. Sociological Paradigms and Organizational Analysis. London: Heinemann.

60.Cabanero-Verzosa, C. et al.（1993）. Using Focus Groups to Develop and Promote an Improved Weaning Food Product. In K. Kumar（Ed.）Rapid Appraisal Methods. World Band Regional and Sectoral Studies, Washington, D.C.

61.Calder, B. J.（1977）. Focus Groups and the Nature of Qualitative Market Research. Journal of Market Research, 14, pp.353-364.

62.Campbell, D.T.（1978）. Qualitative Knowing in Action Research. In M. Brenner et al.

（Eds.）The Social Contexts of Method. New York: St. Martin's.

63.Campbell, d. T. （1988）. Methodology and Epistemology for Social Science: Selected Papers. Chicago: University of Chicago Press.

64.Carden, M. L. （1974）. The New Feminist Movement. New York: Russell Sage Foundation.

65.Camey, T. F. （1990）. Collaborative Inquiry Methodology. Windsor, Canada: University of Windsor, Division for Instructional Development.

66.Certeau, M. de. （1983）. History: Ethics, Science and Fiction. In N. Haan et al. （Eds.）Social Science as Moral Inquiry. New York: Holt, Rinehart and Winston.

67.Chagnon, N. （1968）. Yanomamo. New York: Holt, Rinehart and Winston.

68.Champaigne, S. （1996）. Personal communication with me. Beijing: Peking University.

69.Cheng, K. M. （1994）. Education Research in Mainland China: Views on the Fence. Paper prepared for the international conference on "Chinese Education for the 21th Century", August 15-20, 1994, Shanghai, China.

70.Cicourel, A. V. （1964）. Method and Measurement in Sociology. New York: Free Press.

71.Cicourel, A. V. （1974）. Theory and Method in a Study of Argentine Fertility. New York: John Wiley.

72.Clandinin, D. J. & Connelly, F. M. （1994）. Personal Experience Methods. In N. K. Denzin & Y. S. Lincoln （Eds.）Handbook of Qualitative Research. Thousand Oaks: Sage.

73.Clement, d. （1976）. Cognitive Anthropology and Applied Problems in Education. In M. V. Angrosino （Ed.）Do Applied Anthropologists Apply Anthropology? Southern Anthropological Society Proceedings. No.10. Athens: University of Georgia Press.

74.Clifford, J. （1983）. On Ethnographic Authority. Presentations I: 118-146.

75.Clifford, J. & Marcus, G. E. （Eds.）（1986）. Writing Culture. Berkeley: University of California Press.

76.Clough, P. T. （1992）. The End （s）of Ethnography: From Realism to Social Criticism. Newbury Park: Sage.

77.Collini, S. （Ed.）（1992）. Interpretation and Overinterpretation. Cambridge, UK: Cambridge University Press.

78.Collins, R. （1984）. Statistics Versus Words. In R.Collins （Ed.）Sociological Theory. San Francisco: Jossey-Bass.

79.Cook, T. D. & Campbell. D. M. （1979）. Quasi-Experimentation: Design & Analysis Issues for Field Setting. Boston: Houghton Mifflin.

80.Cook, T. D. & Reichardt, C. S. （Eds.）（1979）. Qualitative and Quantitative Methods in Evaluation Research. Beverly Hills: Sage.

81.Corsaro, W.（1985）. Entering The Child's World. In J. Green & C. Wallat（Eds.）

82.Cranach, M. V.（1983）. Gber die bewubte Representation handlungsbezogener Kognioner. In L. Montada（Ed.）Kognition and Handeln, Stuttgart: Klett-Cotta.轉引自（阿特萊奇特等，1997）.

83.Crandall, D. P.（1990）. Peering at Paradigms Through the Prism of Practice Improvement. In E. G. Guba（Ed.）The Paradigm Dialogue. Newbury Park: Sage.

84.Crapanzano, V.（1980）. Tuhami: Portrait of a Moroccan. Chicage: University of Chicago Press.

85.Creswell, J. W.（1994）. Research Design: Qualitative & Quantitative Approaches. Newbury Park: Sage.

86.Cusick, P.（1985a）. Review of Reading, Writing and Resistance. Anthropology Quarterly, 16, 69-72.

87.Cusick, P.（1985b）. Commentary on the Everhart / Cusick Review. Anthropology and Education Quarterly, 16, 246-247.

88.Daft, R. L.（1983）. Learning the Craft of Organizational Research. Academy of Management Review 8: 539-546.

89.Dallmayr, F.（1981）. Beyond Dogma and Despair. Notre Dame: University of Notre Dame Press.

90.Descartes, R.（1968）. Discourse on Method and the Meditations. Harmondsworth: Penguin.

91.Denzin, N. K.（1970）. The Research Act. Chicago: Aldine.

92.Denzin, N. K.（1978）. The Research Act: A Theoretical Introduction to Sociological Methods. 2nd Ed. New York: McGraw-Hill.

93.Denzin, N. K.（1994）. The Art and Politics of Interpretation. In N. K. Denzin & Y. S. Lincoln（Eds.）Handbook of Qualitative Research. Thousand Oaks: Sage.

94.Denzin, N. K. & Lincoln, Y. S.（Eds.）（1994）. Handbook of Qualitative Research. Thousand Oaks: Sage.

95.Donmoyer, R.（1990）. Generalisability and the Single-Case Study. In E. W. Eisner & A-Peshkin（Eds.）Qualitative Inquiry in Education: The Continuing Debate. New York: Teachers College Press.

96.Douglas, J. D.（1976）Investigative Social Research. Beverly Hills: Sage.

97.Douglas, J. D. & Rasmussen, P.K. with C. A. Flanagan.（1977）. The Nude Beach. Beverly Hills, Sage.

98.Du Bois, W. E. B（1967）. The Philadelphia Negro: A Social Study. New York: Benjamin Blom（Original work published 1899）.

99.Dumont, J. P. (1978). The Headman and I. Austin: University of Texas Press.

100.Dupreel, E. (1978). Les Sophistes: Protagoras, Gorgias. Prodicus, Hippias. Paris: Editions Griffon (Bibliotheque Scientifique).

101.Dwyer, K. (1982). Moroccan Dialogues: Anthropology in Question. Baltimore: The John Hopkins University Press.

102.Eco, U. (1992). Reply. In S.Collini (Ed.) Interpretation and Overinterpretation. Cambridge, UK: Cambridge University Press.

103.Edwards, E. (Ed.) (1992). Anthropology and Photography 1860-1920. New Haven: Yale University Press.

104.Egan, G. (1986). The Skilled Helper. 3rd Ed. Pacific Grove: Brooks / Cole Publishing Company.

105.Eisner, E. (1992). Introduction to Special Section on Objectivity, Subjectivtiy, and Relativism. Curriculum Inquiry, 22 (1), 6-15.

106.Eisner, E. (1996). The Promise and Perils of Alternative Forms of Data Representation. Educational Researcher, Vol.26, No.6, pp.4-10.

107.Eisner, E. & Peshkin, A. (Eds.) (1990) Qualitative Inquiry in Education: The Continuing Debate. New York: Teachers College, Columbia University.

108.Elliot, J. (1991). Action Research for Education Change. Milton Keynes & Philadelphia: Open University Press.

109.Ellis, C. (1991). Emotional Socilolgy. Studies in Symbolic Interaction, 12, 123-145.

110.Ellis, C. (1994). Telling a Story of Sudden Death. Sociological Quarterly, 35.

111.Ellis, C. & Bchner, A.P. (1992). Telling and Performing Personal Stories: The Constraints of Choice in Abortion. In C. Ellis & M. G. Flaherty (Eds.) Investigating Subjectivity: Research on Lived Experience. Newbury Park: Sage.

112.Ely, M. et al. (1991). Doing Qualitative Research: Circles within Circles. London: The Falmer Press.

113.Emerson, R. (1983). Contemporary Field Research: A Collection of Readings. Prospect Heights, Illinois: Waveland Press.

114.Engels, F. (1969). The Conditions of the Working Class in England. London: Panther (Original work published 1845).

115.Epstein, C. F. (1970). Women's Place: Options and Limits in Professional Careers. Berkeley: University of California Press.

116.Erickson, F. (1986). Qualitative Methods in Research on Teaching. In M. C. Wittrock (Ed.) Handbook of Research on Teaching. New York: Macmillan.

117.Erickson, F.（1989）. The Meaning of Validity in Qualitative Research. Unpublished paper presented at the annual meeting of the American Educational Research Association, March 1989.

118.Erickson, F. & Mohatt, G.（1982）. Cultural Organization of Participation Structures in Two Classrooms of Indian Students. In G. Spindler（Ed.）Doing the Ethnography of Schooling: Educational Anthropology in Action. New York: Holt, Rinehart & Winston.

119.Erickson, F. & Wilson, J.（1982）. Sights and Sounds of Life in Schools: A Resource Guide to Film and Videotape of Research and Education. East Lansing, MI: Institute for Research on Teaching, College of Education.

120.Everhart, R.（1985a）. Review of The Egalitarian Ideal and the American High School. Anthropology and Education Quarterly, 16, 73-77.

121.Everhart, P.（1985b）. Comment on the Everhart / Cusick Reviews. Anthropology and Education Quarterly, 16, 247-248.

122.Feld, S.（1982）. Sound and Sentiment: Birds, Weeping, Poetics, and Song in Kaluli Expression. Philadeplhia: University of Pennsylvania Press.

123.Fernandez, J. W.（1994）. Time on Our Hands. In D. D. Fowler & D. L. Hardesty（Eds.）Others Knowing Others. Washington, DC: Smithsonian Institution Press.

124.Festinger, L. et al.（1956）. When Prophecy Fails. Minneapolis: University of Minnesota Press.

125.Fetterman, D. M.（1982）. Ethnography in Education Research: The Dynamics of Diffusion. Educational Researcher（March）: 17-29.

126.Feyerabend, P.（1970）. Consolations for the Specialist. In L. Lakatos & A. E. Musgrave（Eds.）Criticism and the Growth of Knowledge. Cambridge: Cambridge University Press.

127.Fielding, N. & Fileding, J.（1986）. Linking Data. Beverly Hills: Sage.

128.Filstead, W. J.（Ed.）（1970）. Qualitative Methodology. Chicago: Markham.

129.Firestone, W. A.（1990）. Accommodation: Toward a Paradigm-Praxis Dialectic. In E. G. Guba（Ed.）The Paradigm Dialogue. Newbury Park: Sage.

130.Firestone, W. A.& Herriott, R. E.（1984）. Multisite Qualitative Policy Research: Some Design and Implementation Issues. In D. M. Fetterman（Ed.）Ethnography in Educational Evaluation. Beverly Hills: Sage.

131.Fischer, M.（1984）. Toward a Third World Poetics: Seeing Through Fiction and Film in the Iranian Culture Area. Knowledge and Society 5: 171-421. New York: JAI Press.

132.Fontana, A., & Frey, J. H.（1994）. Interviewing: The Art of Science. In N. K. Denzin & Y. S. Lincoln（Eds.）Handbook of Qualitative Research. Thousand Oaks: Sage.

133.Freidson, E.（1975）. Doctoring Together: A Study of Professional Social Control. Chicago: University of Chicago Press.

134.Freire, P.（1992）. Pedagogy of the Oppressed. New York: The Continuum Publishing Company.

135.Friedrichs, J. & Ludtke, H.（1974）. Participant Observation: Theory and Practice. Westmead, UK: Saxon House.

136.Favret-Saada, J.（1980〔1977〕）. Deadly Words: Witchcraft in the Bocage. Cambridge: Cambridge University Press.

137.Gadamer, H.（1986a）. On the Scope and Function of Hermeneutic Reflection. In B. Wachterhauser（Ed.）Hermeneutics and Modern Philosophy. Albany: State University of New York Press.

138.Gadamer, H.（1986b）. Wahrheit und Methode. Tuebingen.（轉引自徐友漁等，1996: 166）

139.Gans, H. J.（1962）. The Urban Villagers: Group and Class in the Life of a New Suburban Community. London: Allen Lane.

140.Gans, H. J.（1982）. The Participant-Observer as a Human Being. In R. G. Burgess（Ed.）Field Research. London: Allen and Unwin.

141.Geertz, C.（Ed.）（1973a）. The Interpretation of Cultures. New York: Basic Books.

142.Geertz, C.（1973b）. Deep Play: Notes on the Balinese Cockfight. In C. Geertz（Ed.）The Interpretation of Cultures. New York: Basic Books.

143.Geertz, C.（1976）. From the Native's Point of View: On the Nature of Anthropological Understanding. In Rabinow and Sullivan（Eds.）Interpretive Social Science: A Reader.

144.Geertz, C.（1980）. Blurred Genres. American Scholar, 49: 165-179.

145.Geertz, C.（1983）. Local Knowledge: Further Essays in Interpretative Anthropology. New York: Basic Books.

146.Geertz, C.（1988）. Works and Lives: The Anthropologist as Author. Stanford: Stanford University Press.

147.Giddens, A.（1979）. Central Problems in Social Theory. Berkeley: University of California Press.

148.Glaser, B.（1978）. Theoretical Sensitivity. Mill Valley: Sociology Press.

149.Glaser, B.（1982）. Generating Formal Theory. In R.G.Burgess（Ed.）Field Research: A Source Book and Field Manual. London: George Allen & Unwin（Publishers）Ltd.

150.Glaser, B.（1987）. Qualitative Analysis for Social Scientists. Cambridge: Cambridge University Press.

151.Glaser, B. & Strauss, A.（1965）. Awareness of Dying. Chicago: Aldine.

152.Glaser, B. & Strauss. A.（1967）. The Discovery of Grounded Theory: Strategies for Qualitative Research. Chicago: Aldine.

153.Glaser, B. & Strauss. A.（1968）. Time for Dying. Chicago: Aldine.

154.Glesne, C. & Peshkin, A.（1992）. Becoming Qualitative Research. White Plains: Longman.

155.Goetz, J. & LeCompte, M.（1984）. Ethnography and Qualitative Design in Educational Research. Orlando: Academic Press.

156.Gogolin, L & Swartz, F.（1992）. A Quantitative and Qualitative Inquiry into the Attitude toward Science of Nonscience College Students. Journal of Research in Science Teaching, 29（5）: 487-504.

157.Goldstein, K. S.（1964）. A Guide for Field Workers in Folklore. Hatboro, PA: Foklore Associates.

158.Goffman, E.（1959）. The Presentation of Self in Everyday Life. New York: Anchor Books.

159.Goffman, E.（1974）. Frame Analysis. New York: Harper & Row.

160.Gold, R.L.（1958）. Roles in Sociological Field Observations. Social Forces, 36, 217-223.

161.Goodman, N.（1978）. Ways of Worldmaking. Indianapolis: Hackett Press.

162.Grady, K. A. & Wallston, B. S.（1988）. Research in Health Care Settings. Newbury Park: Sage.

163.Greene, J. C.（1990）. Three Views on the Nature and Role of Knowledge in Social Science. In E. G. Guba（Ed.）The Paradigm Dialogue. Newbury Park: Sage.

164.Greene, J. C.（1994）. Qualitative Program Evaluation: Practice and Promise. In N. K. Denzin & Y. S. Lincoln（Eds.）Handbook or Qualitative Research. Thousand Oaks: Sage.

165.Greene, J. C. et al.（1989）. Toward a Conceptual Framework for Mixed-Method Evaluation Designs. Educational Evaluation and Policy Analysis,11（3）.

166.Griffin, D.（Ed.）（1988）. The Reenchantment of Science. Albany: State University of New York Press.

167.Guba, E. G.（Eds.）（1990）. The Paradigm Dialogue. Newbury Park: Sage.

168.Guba, E. G. & Lincoln, Y. S.（1981）. Effective Evaluation. San Francisco: Jossey- Bass.

169.Guba, E. G.& Lincoln, Y. S.（1989）. Fourth Generation Evaluation. Newbury Park: Sage.

170.Guba, E. G.& Lincoln, Y. S.（1994）. Competing Paradigms in Qualitative Research. In N. K. Denzin & Y. S.Lincoln（Eds.）Handbook of Qualitative Research. Thousand Oaks: Sage.

171.Habermas, J.（1971）. Knowledge and Human Interests. Translated by J. J. Shapiro. Boston: Beacon Press.

172.Habermas, J.（1980）. The Hermeneutic Claim to Universality. In J. Bleicher（Ed.）Comtemporary Hermeneutics. London: Routledge & Kegan Paul.

173.Habermas, J.（1987）. The Philosophical Discourse of Modernity: Twelve Lectures（F. Lawrence, Trans.）Cambridege: Polity.

174.Halliday, M. A. K.（1973）. Explanations in the Functions of Language. London: Edward Arnold.

175.Hamilton, D.（1994）. Traditions, Preferences, and Postures in Applied Qualitative Research. In N. K. Denzin & Y. S. Lincoln（Eds.）Handbook of Qalitative Research. Thousand Oaks: Sage.

176.Hammersley, M（1984）. The Paradigmatice Mentality: A Diagnosis. In L. Barton & S. Walker（Eds.）Social Crisis and Educational Research. London: Croom Helm.

177.Hammersley, M（1989）. The Dilemma of Qualitative Method: Herbert Blumer and the Chicago Tradition. London: Routledge.

178.Hammersley, M（1992）. What's Wrong with Ethnography? London & New York: Routledge.

179.Hammersley, M. & Atkinson, P.（1983）. Ethnography: Principle in Practice. London & New York: Routledge.

180.HandleR.（1983）. The Daity and the Hungry Man: Literature and Anthropology in the Work of Edward Sapir. In G. Stocking, Jr.（Ed.）Observers Observed: Essays on Ethnographic Fieldwork. Madison: University of Wisconsin Press.

181.Harding, S.（1986）. The Science Question in Feminism. New York: Cornell University Press.

182.Harding, S.（1987）. Feminism & Methodology: Social Science Issues. Bloomington and Indianapolis: Indiana University Press.

183.Hargreaves, D.（1967）. Social Relationship in Secondary School. London: RKP.

184.Harper, D.（1994）. On the Authority of the Image: Visual Methods at the Crossroads. In N. K. Denzin & Y. S. Lincoln（Eds.）Handbook of Qalitative Research. Thousand Oaks: Sage.

185.Harris, M.（1968）. The Rise of Anthropological Theory: A History of Theories of Culture. New York: Thomas Y.Crowell.

186.Hart, E. & Bond, M.（1995）. Action Research for Health and Social Care: A Guide to Practice. Buckingham: Open University Press.

187.Hirsch, E.（1967）. Validity in Interpretation. New Haven: Yale University Press.

188.Hochschild, A.（1983）. The Managed Heart. Berkley: University of California Press.

189.Hodder, I.（1994）. The Interpretation of Documents and Material Culture. In N. K. Denzin & Y. S. Lincoln（Eds.）Handbook of Qalitative Research. Thousand Oaks: Sage.

190.Hodgan, M. T.（1964）. Early Anthropology in the Sixteenth and Seventeenth Centuries. Philadelphia: University of Pennsylvania.

191.Holdaway, S.（1980）. The Occupational Culture of Urban Policing: An Ethnography Study. Unpublished doctoral dissertation, University of Sheffiled.

192.Holland, D. C.（1985）. From Situation to Impression: How Americans Get to Know Themselves and One Another. In J. W. D.Dougherty（Ed.）Directions in Cognitive Anthropology. Urbana: University of Illinois Press.

193.Holstein, J. A. & Gubrium, J. F.（1994）. Phenomenology, Ethnomethodology, and Interpretive Practice. In N. K. Denzin & Y. S. Lincoln（Eds.）Handbook of Qualitative Research. Thousand Oaks: Sage.

194.Holter, I. M. & Schwartz-Barcott, D.（1993）. Action Research: What Is It? How Has It Been Used and How Can It Be Used in Nursing? Journal of Advanced Nursing, 18, pp. 298-304.

195.Honigmann, J. J.（1982）. Sampling in Ethnographic Fieldwork. In R. G. Burgess（Ed.）Field Research: A Sourcebook and Field Manual. London: George Allen & Unwin（Publishers）Ltd.

196.Howard, V. A. & Barton, J. H.（1986）. Thinking on Paper. New York: Morrow.

197.Howe, K.（1988）. Against the Quantitative-Qualitative Incompatibility Thesis or Dogmas Die Hard. Educational Research, 17, pp.10-16.

198.Huberman, A. M. & Miles, M. B.（1994）. Data Management and Analysis Methods. In N. K. Denzin & Y. S. Lincoln（Eds.）Handbook of Qualitative Research. Thousand Oaks: Sage.

199.Husen, T.（Ed.）（1985）. The International Encyclopedia of Education, Vlo.1.

200.Hymes, D.（1981）.「In Vain I Tried to Tell You」: Essays in Native American Ethnopoetics. Philadelphia: University of Pennsylvania Press.

201.Ianni, F. A. J. & Orr, M. T.（1979）. Toward a Rapproachement of Quantitative and Qualitative Methodolgies. In T. D.Cook & C. S. Reichardt（Eds.）Qualitative and Quantitative Methods in Evaluation. Beverly Hills: Sage.

202.Jackson, B.（1987）. Fieldwork. Urbana and Chicago: University of Illinois Press.

203.Jackson, M.（1982）. Allegories of the Wilderness: Ethics and Ambiguity in Kuranko Narratives. Bloomington: Indiana University Press.

204.Jackson, P.（1968）. Life in Classrooms. New York: Holt Rinehart & Winston.

205.Jacob, E.（1987）.Qualitative Research Traditions: A Review. Review of Educational Research, Vol.57, No.1, pp.1-50.

206.Janesick, V. J.（1994）. The Dance of Qualitative Research Design: Metaphor, Methodology, and Meaning. In N. K. Denzin & Y. S. Lincoln（Eds.）Handbook of Qualitative Research. Thousand Oaks: Sage.

207.Jick, T. D.（1979）. Mixing Qualitative and Quantitative Method: Triangulation in Action. Administration Science Quarterly, 24, 602-611.

208.Johnson, J. M.（1975）. Doing Field Research. New York: Free Press.

209.Jorgensen, D. L.（1989）. Participant Observation: A Methodology for Human Studies. Newbury Park: Sage.

210.Junker, B.（1960）. Field Work. Chicago: University of Chicago Press.

211.Kaplan, B. & Duchon, D.（1988）. Combining Qualitative and Quantitative Methods in Information Systems Research: A Case Study. Management Information Systems Quarterly 12: 571-586.

212.Karp, D. A.（1980）. Observing Behavior in Public Places: Problems and Strategies. In W. B. Shaffir, R. A. Stebbins and A.Turowetz（Eds.）Fieldwork Experience: Qualitative Approaches to Social Research. New York: St. Martin's Press.

213.Kau, C. J.（1981）. Growth of a Teacher in a Communication Project. Unpublished doctoral dissertation, University of Illinois, Urbana-Champaign.

214.Keesing, R. & Keesing, F.（1971）. New Perspectives in Cultural Anthropology. New York: Holt, Rinehart & Winston.

215.Keiser, R. L.（1970）. Fieldwork Among the Vice Lords of Chicago. In G. D. Spindler（Ed.）Being an Anthropologist. New York: Holt, Rinehart & Winston.

216.Keller, E.（1983）. A Feeling for the Organism: The Life and Work of Barbara McClintock. New York: Freeman.

217.Kerlinger, F. N.（1986）. Foundations of Behavioral Research. 3rd Ed. New York: Holt, Rinehan & Winston.

218.Kidder, L. H. & Fine, M.（1987）. Qualitative and Quantitative Methods: When Stories Converge. In M. M. Mark & R. L. Shotland（Eds.）Multiple Methods in Program Evaluation: New Directions in Program Evaluation. San Francisco: Jossey-Bass.

219.Kirk, J. & Miller, M.（1986）. Reliability and Validixy in Qualitative Research. Newbury Park: Sage.

220.Klockars, C. B.（1979）. Dirty Hands and Deviant Subjects. In C. B. Klockars & F. W.

O'Conner（Eds.）Deviance and Decency: The Ethics of Research with Human Subjects. Beverly Hills: Sage.

221.Kluckhohn, C. & Murray, H.（Eds.）（1948）. Personality in Nature, Society, and Culture. New York: Alfred A.Knopf.

222.Kondo, D.（1986）. Dissolution and Reconstitution of Self: Implications for Anthropological Epistenology. Cultural Anthropology 1, pp. 74-88.

223.Koyre, A.（1966）. Etudes d'Histoire de la Pensee Scientifique. Paris: Presses Universitaires de France.

224.Kotarba, J. A. & Fontana, A.（Eds.）The Exitential Self in Society. Chicago: University of Chicago Press.

225.Kracke, W.（1978）. Force and Persuasion: Leadership in an Amazonian Society. Chicago: University of Chicago Press.

226.Kramer, J.（1978）. The Last Cowboy. New York: Harper and Row.

227.Krieger, S.（1983）. The Mirror Dance. Philadelphia: Temple University Press.

228.Kuhn, T.（1968）. Structure of Scientific Revolution. New York.

229.Kuhn, T.（1970）. The Structure of Scientific Revolution. 2nd. Ed. Chicago: University of Chicago Press.

230.Kuzel, A. J.（1992）. Sampling in Qualitative Inquiry. In B. F. Crabtree & W. L. Miller（Eds.）Doing Qualitative Research, pp.31-44. Newbury Park: Sage.

231.Kvale, S.（1995）. The Social Construction of Validity. Qualitative Inquiry, 1（1）: 19-40.

232.Kvale, S.（1988）. The 1000- Page Question. Phenomenology and Pedagogy, 6（2）, 90-106.

233.Labov, W.（1982）. Speech Actions and Reactions in Personal Narrative. In D. Tannen（Ed.）Analysing Discourse: Texts and Talk. Washington, D.C.: University of Washington Press.

234.Langness, L. L.（1974）. The Study of Culture. San Francisco: Chandler & Sharp.

235.Lather, P.（1986）. Issues of Validity in Openly Ideological Research: Between a Rock and a Soft Place. Interchange, 17, 63-84.

236.Lather, P.（1988）. Feminist Perspectives on Empowering Research Methodologies. Women's Studies International Forum, 11（6）.

237.Lather, P.（1993）. Fertile Obsession: Validity After Poststructuralism. Socilolgical Quarterly, 35.

238.Lave, C. A. & March, J. G.（1975）. An Introduction to Models in Social Sciences. New York: Harper & Row.

239.Layder, D. (1993). New Strategies in Social Research. Cambridge: Polity Press.

240.Levi-Strauss. C. (1966). The Savage Mind. 2nd Ed. Chicago: University of Chicago Press.

241.Lewis, O. (1953). Control and Experiments in Field Work. In A. K. Kroeber (Ed.) Anthropology Today. Chicago: University of Chicago Press.

242.Liebow, E. (1967). Tally's Corner. London: Routledge & Kegan Paul.

243.Light, Richard J. et al. (1990). By Design: Planning Research on Higher Education. Cambridge: Harvard University Press.

244.Lincoln, Y. S. (1990). Toward a Categorical Imperative for Qualitative Research. In E. W. Eisner & A. Peshkin (Eds.) Qualitative Inquiry in Education: The Continuing Debate. New York: Teachers College, Columbia University.

245.Lincoln, Y. S. & Lincoln, N. K. (1994). The Fifth Moment. In N. K. Denzin & Y. S. Lincoln (Eds.) Handbook of Qualitative Research. Thousand Oaks: Sage.

246.Lincoln, Y. S. & Guba, E. G. (1985). Natualistic Inquiry. Beverly Hills: Sage.

247.Linden, R. (1992). Making Storeis, Making Selves: Feminist Reflections on Holocaust. Columbus: Ohio State University.

248.Loflan J. (1971). Analyzing Social Settings: A Guide to Qualitative Observation and Analysis. Belmont, CA: Wadsworth.

249.Lofland, J. & Lofland, L. H. (1984). Analyzing Social Settings: A Guide to Qualitative Observation and Analysis. 2nd Ed. Belmont, CA: Wadsworth (Original work pulished 1971).

250.Lukas, J. A. (1985). Common Ground. New York: Knopf.

251.Lundsgaarde, H. el al. (1981). Human Problems in Computerized Medicine. Lawrence, KS: University of Kansa Publications in Anthropology, No. 13.

252.Lurie, A. (1969). Imaginary Friends. New York: Bantam.

253.Lynd, R. S. & Lynd, H. M. (1937). Middletown in Transition: A Study in Cultural Conflicts. New York: Harcourt, Brace.

254.Lynd, R. S. & Lynd, H. M. (1956). Middletown: A Study in Modern American Culture. New York: Harcourt, Brace (Original work published 1929).

255.Mailer, N. (1979). The Executioners' Song. Boston: Little, Brown.

256.Majnep, I. & Bulmer, R. (1977). Birds of My Kalan Country. Auckland: Oxford University Press.

257.Malinowski, B. (1922). Argonauts of the Western Pacific. New York: Dutton.

258.Malinowski, B. (1948). Magic, Science and Religion, and Other Essays. New York: Natural History Press (Orginal work published 1916).

259.Malinowski, B.（1967）. A Diary in the Strict Sense of the Term. London: Routledge & Kegan Paul.

260.Manis, J. & Meltzer, B.（Eds.）（1978）. Sympolic Interaction: A Reader in Social Psychology. Boston: Allyn & Bacon.

261.Manning, P. K.（1982）. Analytic Induction. In R. B. Smith & P. K. Manning（Eds.）Social Science Methods, Vol I. New York: Irvington Press.

262.Manning, P. K & Cullum-Swan, B.（1994）. Narrative, Content, and Semiotic Analysis. In N. K. Denzin & Y. S. Lincoln（Eds.）Handbook of Qualitative Research. Thousand Oaks: Sage.

263.Marcus, G. E.（1986）. Contemporary Problems of Ethnography in the Modern World System. In J. Clifford & G. E. Marcus（Eds.）Writing Culture. Berkley: University of California Press.

264.Marcus, G. E.（1994）. What Comes（Just）After「Post」? The Case of Ethnography. In N. K. Denzin & Y. S. Lincoln（Eds.）Handbook of Qualitative Research. Thousand Oaks: Sage.

265.Marcus, G. E. & Cushman, D.（1982）. Ethnographies as Text. Annual Review of Anthropology, II: 25-69.

266.Marcus, G. E. & Fischer, M.（1986）. Anthropology as Cultural Critique: An Experimental Moment in the Human Sciences. Chicago: University of Chicago Press.

267.Martin, J.（1982）. A Garbage Can Model of the Research Process. In J. E. McGrath, J. Martin & R.Kulka（Eds.）Judgment Calls in Research. Beverly Hills: Sage.

268.Marx, G.（1980）. Notes on the Discovery, Collection and Assessment of Hidden and Dirty Data. Paper presented at the annual meeting of the Society for the Study of Social Problems, New York.

269.Mascia-Lees, F. E. et al.（1993）. The Postmodernist Turn in Anthropology: Cautions From a Feminist Perspective. In P.Bemson（Ed.）Anthropology and Literature. Urbana: University of Illinois Press.

270.Mathiessen, P.（1962）. Under the Mountain Wall. London: Penguin.

271.Matza, D.（1969）. Becoming Deviant. Englewood Cliffs, N.J.: Prentice-Hall.

272.Maxwell, J.（1992）, Understanding and Validity in Qualitative Research. Harvard Educational Review, 62, 279-300.

273.Maxwell, J.（1993）. Using Qualitative Research to Develop Causal Explanations. Unpublished paper, Cambridge, US: Harvard Graduate School of Education.

274.Maxwell, J.（1994）. Handouts for the course「Qualitative Research in Education」.

Cambridge, US: Harvard Graduate School of Education.

275.Maxwell, J.（1995）. Integrating Quantitative and Qualitative Research Design. Handouts for the course 「Integrating Quantitative and Qualitative Research Methods」. Cambridge: US: Harvard Graduate School of Education.

276.Maxwell, J.（1996）. Qualitative Research Design: An Interactive Approach. Thousand Oaks: Sage.

277.Maxwell, J. A. et al.（1986）. Combining Ethonographic and Experimental Methods in Evaluation Research: A Case Study. In D. M. Fetterman & M. A. Pitman（Eds.）Educational Evaluation: Ethnography in Theory, Practice, and Politics. Newbury Park: Sage.

278.McCarthy, J.（1992）. Hermeneutics. In D. Nusser & J. Price（Eds.）A New Handbook of Christian Theology. Abrungdon Press.

279.McMillan, J. H. & Schumacher, S.（1989）. Research in Education: A Conceptual Introduction. 2nd Ed. Glenview, IL: Scotl, Foresman.

280.Mead, M.（1949）. The Mountain Arapesh. V. The Record of Unabelin with Rorschach Analysis. New York: Anthropological Papers of the American Museum of Natural History 41（Part 3）.

281.Mead, M.（1953）. National Character. In A. L. Kroeber（Ed.）Anthropology Today. Chicago: University of Chicago Press.

282.Meltzer, B. et al.（1975）. Symbolic Interactionism: Genensis, Varieties and Criticism. London: Routledge & Kegan Paul.

283.Merriam, S. B.（1991）. Case Study Research in Education: A Qualitative Approach. San Francisco: Josssey-Bass.

284.Mertor, R. K.（1967）. On Theoretical Sociology. New York: Free Press.

285.Mertor, R. K.（1987）. The Focused Interview and Focus Groups: Continuities and Discontinuities. Public Opinion Quarterly, 51, pp.550-556.

286.Merton, R. K. & Kendall, P. L.（1946）. The Focused Interview. American Journal of Sociology, 51, pp.541-557.

287.Meyers, W. R.（1981）. The Evaluation Enterprise. San Francisco: Jossey-Bass.

288.Miles, M. B. & Huberman, A. M.（1984）. Qualitative Data Analysis: A Sourcebook of New Methods. Beverly Hills: Sage.

289.Miles, M. B. & Huberman, A. M.（1993）. Qualitative Data Analysis: A Sourcebook of New Methods. 2nd Ed. Newbury Park: Sage.

290.Milgram, S.（1974）. Obedience to Authority: An Experimental View. New York: Harper & Row.

291.Miller, W. L. & Crabtree, B. F.（1992）. Primary Care Research: A Multimethod Typology and Qualitative Road Map. In Crabtree & Miller（Eds.）Doing Qualitative Research. Newbury Park: Sage.

292.Miller, W. L. & Crabtree, B. F.（1994）. Clinical Research. In N. K. Denzin & Y. S. Lincoln（Eds.）Handbook of Qualitative Research. Thousand Oaks: Sage.

293.Mills, C. W.（1959）. The Sociological Imagination. London: Oxford University Press.

294.Mishler, E. G.（1986）. Research Interviewing: Context and Narrative. Cambridge. USA: Harvard University Press.

295.Mishler, E. G.（1990）. Validation in Inquiry-guided Research: The Role of Exemplars in Narrative Studies. Harvard Educational Review, 60, 415-441.

296.Moffet, J.（1968）. Teaching the Universe of Discourse. Boston: Houghton Mifflin.

297.Morgan, D.（1988）. Focus Groups as Qualitative Research. Newbury Park: Sage.

298.Morse, J. M.（1994）. Designing Funded Qualitative Research. In In N.K.Denzin & Y.S. Lincoln（Eds.）Handbook of Qualitative Research. Thousand Oaks: Sage.

299.Moustakis, C.（1990）. Heuristic Research Design, Methodology, and Applications. Newbury Park: Sage.

300.Nader, L.（1972）. Up the Anthropologist: Perspectives Grained from Studying Up. In D. Hymes（Ed.）Reinventing Anthropology. New York: Pantheon.

301.Nash, D. & Wintrob, r.（1972）. The Emergence of Self-Consciousness in Ethnography. Current Anthropology, 13: 527-542.

302.Noblit, g. W.（1988）. A Sense of Interpretation. Paper presented at the Ethnography in Education Research Forum, Philadelphia, Feb. 1988.

303.Noddings, N.（1984）. Caring: A Feminist Approach to Ethics and Moral Education. Berkeley: University of New York Press.

304.Oakley, A.（1981）. Interviewing Women. In H. Roberts（Ed.）Doing Feminist Research. London: Routledge.

305.Olesen, V.（1994）. Feminisms and Models of Qualitative Research. In N. K. Denzin & Y. S. Lincoln（Eds.）Handbook of Qualitative Research. Thousand Oaks: Sage.

306.Osborne, G.（1991）. The Hermeneutical Spiral: A Comprehensive Introduction to Biblical Interpretation. Downers Grove, IL: Inter Varsity Press.

307.Owens, R.（1982）. Methodological Rigor in Naturalistic Inquiry: Some Issues and Answers. Educational Administration Quarterly, Vol.18, No.2（Spring 1982）, 1-21.

308.Paul, B.D.（1953）. Interview Techiniques and Field Relationships. In A. L. Kroeber（Ed.）Anthropology Today. Chicago:University of Chicago Press.

309.Patton, M. Q.（1990）. Qualitative Evaluation and Research Methods. 2nd Ed. Newbury Park: Sage.

310.Peacock, CJ. L.（1986）. The Anthropological Lens: Harsh Lights, Soft Focus. Cambridge: Cambridge University Press.

311.Peirce, C. S.（1932）. Collected Papers of Charles Sanders Peirce. Vol. 2: Elements of Logic, C. Hartshorne & P.Weiss（Eds.）. Cambridge, USA: Harvard University Press.

312.Pelto, P.（1970）. Anthropological Research: The Structure of Inquiry. New York: Harper & Row.

313.Pelto, P. & Pelto, g.（1978）. Anthropological Research: The Structure of Inquiry. 2nd Ed. New York: Harper & Row.

314.Pike, K.（1966〔1954〕）. Language in Relation to a Unified Theory of the Structure of Human Behavior. New York.

315.Pitman, M. A. & Maxwell, J. A.（1992）. Qualitative Approaches to Evaluation. In M. D. Lecompte et al.（Eds.）The Handbook of Qualitative Research in Education.San Diego: Academic Press.

316.Polgar, S. & Thomas, S. A.（1991）. Introduction to Research in Health Sciences. 2nd Ed. Melbourne: Churchill Livingstone.

317.Polsky, N.（1967）. Hustlers, Beats, and Others. Chicago: Aldine.

318.Popkewitz, J.（1984）. Paradigm and Ideology in Educational Research.

319.Popper, K.（1968）. Conjecture and Refutations. New York: Harper.

320.Punch, M.（1994）. Stranger and Fiend. New York: Norton.

321.Punch, M.（1994）. Politics and Ethics in Qualitative Research. In N.K.Denzin & Y.S.Lincoln（Eds.）Handbook of Qalitative Research. Thousand Oaks: Sage.

322.Rabinow, P.（1977）. Reflections on Fieldwork in Morocco. Berkley: University of California Press.

323.Ragin, C. C.（1987）. The Comparative Method: Moving Beyond Qualitative and Quantitative Strategies. Berkley: University of Califronia Press.

324.Reason, P.（1993）. Sacred Experience and Sacred Science. Journal of Management Inquiry, 2, 10-27.

325.Reason, P.（1994）. Three Approaches to Partcipatory Inquiry. In N. K. Denzin & Y. S. Lincoln（Eds.）Handbook of Qualitative Research. Thousand Oaks: Sage.

326.Redfield, R.（1953）. The Primitive World and Its Transformations. Chicago: University of Chicago Press.

327.Reese, W. L.（1980）. Dictionary of Philosophy and Religion. Atlantic Highlands: Humanities Press.

328.Reichardt, C. S. & Cook, T. D.（1979）. Beyond Qualitative Versus Quantitative Methods. In T. D. Cook & C. S. Reichardt（Eds.）Qualitative and Quantitative Methods in Evaluation. Beverly Hills: Sage.

329.Reinharz, S.（1979）. On Becoming a Social Scientist. San Francisco: Jossey-Bass.

330.Reiter, R.（Ed.）（1975）. Toward an Anthropology of Women. New York: Monthly Review Press.

331.Richardson, L.（1990）. Writing Strategies: Reaching Diverse Audiences. Newbury Park: Sage.

332.Richardson, L.（1994）. Writing: A Method of Inquiry. In N. K. Denzin & Y. S. Lincoln （Eds.）Handbook of Qualitative Research. Thousand Oaks: Sage.

333.Riesman, P.（1977）. Freedom in Filani Social Life: An Introspective Ethnography. Chicago: University of Chicago Press.

334.Riessman, C. K.（1993）.Narrative Analysis. Newbury Park: Sage.

335.Rist, R. C.（1977）. On the Relations Among Education Research Paradigms: From Distain to Detente. Anthropology and Education Quarterly, 8.2: 29-42.

336.Rist, R. c.（1980）. Blitzkrieg Ethnography: On the Transformation of a Method into a Movement. Education Researcher（February）: 8-10.

337.Ritzer, G.（1983）. Sociological Theory. New York: Alfred Knopf.

338.Roberts, H.（Ed.）（1981）. Doing Feminist Research. London: Routledge & Kegan Paul.

339.Rohner, R. P.（1966）. Franz Boas: Ethnographer on the Northwest Coast. In J. Helm （Ed.）Pioneers of American Anthropology. Seattle: University of Washington Press.

340.Ropoport, R. N.（1970）. Three Dilemmas in Action Research. Human Relations,23（6）. pp.499-513.

341.Rorty, R.（1992）. The Pragmatist's Progress. In S. Collini（Ed.）Interpretation and Overinterpretation. Cambridge, UK: Cambridge University Press.

342.Rosaldo, R.（1993）. Culture and Truth: The Remaking of Social Analysis. Boston: Beacon Press.

343.Rose, D.（1982）. Occasions and Forms of Anthropological Experience. In J. Ruby（Ed.）A Crack in the Mirror: Reflexive Perspectives in Anthropology. Philadelphia: University of Pennsylvania Press.

344.Rose, D.（1983）. In Search of Experience: The Anthropological Poetics of Stanley Diamond. American Anthropologist, 85（2）:345-355.

345.Rose, D.（1993）. Ethnography as a Form of Life: The Written Word and the Work of the

World. In P. Benson（Ed.）Anthropology and Literature. Urbana:University of Illinois Press.

346.Rose, G.（1982）. Deciphering Social Research. London: Macmillan.

347.Rossi, P. H. & Berk, R. A.（1981）. An Overview of Evaluation Strategies and Procedures. Human Organization, 40, 4: 287-299.

348.Rossman, G. B. & Wilson, B. L.（1985）. Number and Words: Combining Quantitative and Qualitative Methods in a Singe Large-scale Evaluation Study. Evaluation Review, Vol. 9, No. 5（October）: 627-643.

349.Runciman, W. G.（1983）. A Treatise on Social Theory, Vol. 1: The Methodology of Social Theory. Cambridge, Uk: Cambridge University Press.

350.Runyan, S. E. & Seal, B. C.（1985）. A Comparison of Supervisors' Ratings While Observing a Language Remediation Session. Clinical Supervisor, 1985, 3, 61-75.

351.Schachtel, E.（1959）. Metamorphosis: On the Development of Affect, Perception, Attention and Memory. New York: Basic Books.

352.Schatzman, L. & Strauss, A.（1973）Field Research Strategies for a Natural Sociology. Englewood Cliffs, NJ: Prentice-Hall.

353.Scheurich, J. J.（1992）. The Paradigmatic Transgressions of Validity. Unpublished manuscript. Quoted from Lincoln & Denzin（1994）.

354.Schon, D. A.（1983）. The Reflective Practitioner. London: Temple Smith.

355.Schon, D. A.（1987）. Educating the Reflective Practitioner: Towards a New Design for Teaching and Learning in the Professions. San Francisco: Jossey-Bass.

356.Schwandt, T. A.（1994）. Constructivist, Interpretivist Approaches to Human Inquiry. In N. K. Denzin & Y. S. Lincoln（Eds.）Handbook of Qualitative Research. Thousand Oaks: Sage.

357.Scriven, M.（1974）. Maximizing the Power of Causal Investigations: The Modus Operandi Method. In W. James（Ed.）Evaluation in Education-Current Applications. Berkeley: McCutchan Publishing Corporation.

358.Seidman, I. E.（1991）. Interviewing as Qualitative Research: A Guide for Researchers in Education and the Social Sciences. New York: Teachers College.

359.Shaw, T.（1993）. Handouts for the course "Ethnography for Youth Cultures". Cambridge, US:Harvard Graduate School of Education.

360.Sieber, J. E.（1992）. Planning Ethically Responsive Research. Newbury Park: Sage.

361.Sieber, S. D.（1973）. The Integration of Fieldwork and Survey Methods. American Jorunal of Sociology, 73: 1335-1359.

362.Skrtic, T. M. (1990) . Social Accommodation: Toward a Dialogical Discourse in Educational Inquiry. In E. G. Guba (Ed.) The Paradigm Dialogue. Newbury Park: Sage.

363.Smigel, E. (1958) . Interviewing a Legal Elite: The Wall Street Lawyer. American Journal of Sociology, Vol. 64, pp.159-64.

364.Smith, a. D. (1989) . The Ethnic Origin of Nations. New York: Basil Blackwell.

365.Smith, A. G. & Louis, K. S. (Eds.) (1982) . Multimethod Policy Research: Issues and Applications. American Behavioral Scientist, 26, 1: 1-44.

366.Smith, J. K. (1983) . Quantitative Versus Qualitative Research: An Attempt to Clarify the Issue. Educational Researcher (March) : 6-13.

367.Smith, J. K. (1990) . Alternative Research Paradigms and the Problem of Criteria. In E.G. Guba (Ed.) The Paradigm Dialogue. Newbury Park: Sage.

368.Smith, L. (1979) . An Evolving Logic of Participant Observation, Education Ethnography, and Other Case Studies. In Shulman (Ed.) Review of Research in Education, Vol.6, pp. 316-377. Itasca, IL: Peacock.

369.Smith, L. (1990a) . Ethics in Qualitative Field Research : An Individual Perspective. In E. W. Eisner & A. Peshkin (Eds.) Qualitative Inquiry in Education: The Continuing Debate. New York: Teachers College, Columbia University.

370.Smith, L. (1990b) . Ethics, Field Studies, and the Paradigm Crisis. In E. G. Guba (Ed.) The Paradigm Dialogue. Newbury Park: Sage.

371.Soltis, J. (1990) . The Ethics of Qualitative Research. In E. W. Eisner & A. Peshkin (Eds.) Qualitative Inquiry in Education: The Continuing Debate. New York: Teachers College, Columbia University.

372.Spradley, J. P. (1970) . You Owe Yourself a Drunk: An Ethnography of Urban Nomads. Boston: Little, Brown.

373.Spradley, J. P. (1979) . The Ethnographic Interview. New York: Holt, Rinehart & Winston.

374.Spradley, J. P. (1980) . Participant Observation. New York: Holt, Rinehart & Winston.

375.Spradley, J. P. & Mann, B. (1975) . The Cocktail Waitress: Women's Work in a Male World. New York: Wiley.

376.Spradley, J. P. & McCurdy, D. W. (1972) . The Cultural Experience: Ethnography in Complex Society. Chicago: Science Research Associates.

377.Spretnak, C. (1991) . States of Grace: The Recovery of Meaning in the Postmodern Age. New York: Harper Collins.

378.Stenhouse, L. (1975) . An Introduction to Curriculum Research and Development. London: Heinemann.

379.Stewart, J. （1989）. Drinkers, Drummers and Decent Folk: Ethnographic Narratives of Village Trinidad. Albany: State University of New York.

380.Stocking, G. W. （Ed.）（1983）. Observers Observed. Vol.1 of History of Anthropology. Madison: University of Wisconsin Press.

381.Stoller, P. & Olkes, C. （1987）. In Society's Shadow: A Memoir of Apprenticeship Among the Songhay of Niger. Chicago: University of Chicago Press.

382.Strauss, A. （1987）. Qualitative Analysis for Social Scientists. Cambridge,UK: Cambridge University Press.

383.Strauss, A. & Corbin, J. （1990）. Basics of Qualitative Research: Grounded Theory Procedures and Techniques. Newbury Park: Sage.

384.Strauss, A. & Corbin, J. （1994）. Grounded Theory Methodology. In N. K. Denzin & Y. S. Lincoln （Eds.）Handbook of Qualitative Research. Thousand Oaks: Sage.

385.Sullivan, H. S. （1970）The Psychiatric Interview. New York: W. W. Norton & Company.

386.Susman, G. I. & Evered, R. D. （1978）. An Assessment of the Scientific Merits of Action Research. Administrative Science Quarterly, 23. pp.582-603.

387.Sutton, R. I. & Rafaeli, A. （1988）. Untangling the Relationship Between Displayed Emotions and Organizational Sales: The Case of Convenience Stores.Academy of Management Journal, 31（3）: 461-487.

388.Sutton, R. I. & Rafaeli, A. （1992）. How We Untangled the Relationship Between Displayed Emotions and Organizational Sales: A Tale of Bickering and Optimism. In P. Frost & R. Stablein （Eds.）Doing Exemplary Research.

389.Taylor, S. J. & Bogdan, R. （1984）. Introduction to Qualitative Research Methods. 2nd.Ed. New York: Wiley.

390.Tedlock, D. （1983）. The Spoken Word and the Work of Interpretation. Philadelphia: University of Pennsylvania Press.

391.Tedlock, D. （Trans.）（1985）. The Popol Vuh. New York: Simon & Schuster.

392.Tesch, R. （1990）. Qualitative Research: Analysis Types & Software Tools. New York: The Falmer Press.

393.Thomas, W. & Znaniecki, F. （1927）. The Polish Peasant in Europe and America. New York: Knopf.

394.Trend, M.G. （1978）. On the Reconciliation of Qualitative and Quantitative Analyses: A Case Study. Human Organization, 37: 345-354.

395.Tripp, D. （1983）. Co-Authorship and Negotiation: The Interview as Act of Creation. Interchange 14/3. The Ontario Institute for Studies in Education.

396.Trow, M.（1957）. Comment on Participant Observation and Interviewing: A Comparison. Human Organization, 16: 33-35.

397.Turner, V. & Brunner, E.（Eds.）（1986）. The Anthropology of Experience. Urbana: University of Illinois Press.

398.Tyler, S.（1969）. Introduction. In S. Tyler（Ed.）Cognitive Anthropology. New York: Holt, Rinehart & Winston.

399.Tyler, S.（1984）. The Poetic Turn in Post-Modern Anthropology: The Poetry of Paul Friedrich. American Anthropologist, 6（2）: 328-336.

400.Tyler, S.（1986）. Post-Modern Ethnography. In J.Clifford and G.E.Marcus（Eds.）Writing Culture. Berkeley: University of California Press.

401.Van Maanen, J.（1983）. The Moral Mix: On the Ethics of Fieldwork. In R. Emerson（Ed.）Contemporary Field Research. Boston: Little, Brown.

402.Van Maanen, J.（1988）. Tales of the Field: On Writing Ethnography. Chicago & London: The University of Chicago Press.

403.Van Maanen, J. et al.（1982）. Varieties of Qualitative Research. Beverly Hills: Sage.

404.Van Maanen, J & Kolb, D.（1985）. The Professional Apprentice. In S. B. Bacharach（Ed.）Perspectives in Organizational Sociology. Greenwich, CT: JAI Press.

405.Vaughan, D.（1992）. Theory Elaboration: The Heuristics of Case Analysis. In H. Becker & C. Ragin（Eds.）What Is a Case?. New York: Cambridge University Press.

406.Vidich, A. J. & Lyman, S. M.（1994）.Qualitative Methods: Their History in Sociology and Anthropology. In N. K. Denzin & Y. S. Lincoln（Eds.）Handbook of Qualitative Research. Thousand Oaks: Sage.

407.Vidich, A. J. & Shapiro, G.（1955）. A Comparison of Participant Observation and Survey Data. American Sociological Review 20: 28-33.

408.Viney, L. L. & Bousfield, L.（1991）. Narrative Analysis: A Method of Psychosocial Research for Aids-Affected People. Social Science and Medicine, Vol. 32, No.7, pp.757-765.

409.von Glasersfeld, E.（1993）. Questions and Answers about Radical Constructivism. In K. Tobin（Ed.）The Practice of Constructivism in Science Education. Hillsdale, NJ: Lawrence Erlbaum Associates.

410.von Glasersfeld, E.（1995）. Radical Constructivism: A Way of Knowing and Learning. London: The Falmer Press.

411.Walkerdine, V.（1990）. Schoolgirl Fictions. London: Verso.

412.Wambaugh, J.（1984）. Lines and Shadows. New York: Bantam.

413.Watson, G.（1987）. Make Me Reflexive-But Not Yet: Strategies for Managing Essential

Reflexivity in Ethnographic Discourse. Journal of Anthropological Research, 43, 29-41.

414.Wax, M. L. (1967). On Misunderstanding Verstehen: A Reply to Abel. Sociology and Social Research, 51: 323-333.

415.Wax, M. L. (1971). Tenting with Malinowski. American Sociological Review, 37: 1-13.

416.Wax, R. H. (1971). Doing Fieldwork: Warnings and Advice. Chicago: University of Chicago Press.

417.Webb, C. (1990). Partners in Research. Nursing Times, 14, pp. 403-410.

418.Webster, S. (1983). Ethnography as Storytelling. Dialectical Anthropology, 8: 185-206.

419.Weiss, R. (1994) Learning from Strangers: The Art and Method of Qualitative Interview Studies. New York: The Free Press.

420.West, C. (1989). The American Evasion of Philosophy. Madison: University of Wisconsin Press.

421.Whitten, N. (1970). Network Analysis and Processes of Adaptation Among Ecuadorian and Nova Scotian Negroes. In M. Freilich (Ed.) Marginal Natives: Anthropologists at Work. New York: Harper & Row.

422.Whyte,W. F. (1943). Street Corner Society. Chicago & London: The University of Chicago Press.

423.Whyte, W. F. (1982), Interviewing in Field Research. In R. G. Burgess (Ed.) Field Research: A Source Book and Field Manual. London: George Allen & Unwin.

424.Whyte,W. F. (1984) Learning From the Field. Newbury Park: Sage.

425.Wievorka, M. (1992). Case Studies: History or Sociology? In C. C. Ragin & H. S. Becker (Eds.) What Is a Case? Cambridge, Uk: Cambridge University Press.

426.Willis, P. (1977). Learning to Labor: How Working Class Kids Get Working Class Jobs. Farrborough: Saxon House.

427.Willis, P. (1990). Common Culture: Symbolic Work at Play in the Everyday Cultures of the Young. Boulder & San Francisco: Westview Press.

428.Wilson, R. (1989). Moral Culture and Chinese Culture: Patterns of Harmony and Discord. In Proceedings of CCU-IUP International Conference: Moral Values and Moral Reasoning in Chinese Societies (1990). Taiwan: Chinese Culture University, May 25-27, 1989.

429.Wintrob, R. M. (1969). An Inward Focus: A Consideration of Psychological Stress in Fieldwork. In F. Henry and S. Saberwal (Eds.) Stress and Response in Fieldwork. New York: Holt, Rinehart & Winston.

430.Wittgenstein, L. (1953). Philosophical Investigations. New York: Macmillian Company.

431.Wolcott, H. F. (1975). Criteria for an Ethnographic Approach to Research in Schools. Human Organization, 34, pp. 11-127.

432. Wolcott, H. F.（1983）.Adequate Schools and Inadequate Education: The Life Story of a Sneaky Kid. Anthropology and Education Quarterly, 14: 3-32.

433. Wolcott, H. F.（1990a）.Writing Up Qualitative Research. Newbury Park: Sage.

434. Wolcott, H. F.（1990b）.On Seeking — and Rejection — Validity in Qualitative Research. In E. W. Eisner & A. Peshkin（Eds.）Qualitative Inquiry in Education: The Continuing Debate. New York: Columbia University.

435. Wolcott, H. F.（1992）. Posturing in Qualitative Inquiry. In M. D. LeCompte et a.（Eds.）The Handbook of Qualitative Research in Education. New York:Academic Press.

436. Wolcott, H. F.（1995）.The Art of Fieldwork. Walnut Creek: Altamira Press.

437. Wolf, M.（1992）. A Trice-Told Tale: Feminism, Postmodernism, and Ethnographic Responsibility, Stanford: Standford University Press.

438. Wolfe, T.（1973）. The New Journalism. New York: Harper and Row.

439. Wolfe, T.（1979）. The Right Stuff. New York: Farrar, Straus and Giroux.

440. Woods, P.（1985）. New Songs Played Skillfully: Creativity and Technique in Writing Up Qualitative Research. In Robert Burgess（Ed.）Issues in Educational Research. Philadelphia: Palmer Press.

441. Wright, H. F.（1967）. Recording and Analyzing Child Behavior. New York: Haper & Row.

442. Yin, R. K.（1994）. Case Study Research: Design and Methods. 2nd Ed. Thousand Oaks: Sage.

443. Young,M. F. D.（1971）. Knowledge and Control. London: Collier-Macmillan.

444. Zelditch, M. Jr（1962）. Some Methodological Problems of Field Studies. American Journal of Sociology, 67: 566-576.

445. Znaniecki, F.（1935）. The Method of Sociology. New York: Holt, Rinehart& Winston.

446. Znaniecki, F.（1952）. Cultural Sciences. Urbana: University of Illinois Pr ess.

447. Znaniecki, F.（1965）. Social Relations and Social Roles. San Francisco: Ch andler.

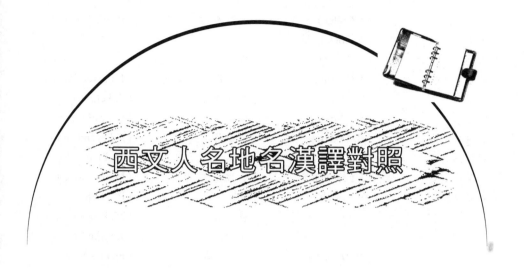

西文人名地名漢譯對照

A

P. 阿德勒	（P. Adler）
P. A. 阿德勒	（P. A. Adler）
阿爾波特	（G. Alport）
阿塞德	（D. Altheide）
阿吉里斯	（C. Argyris）
阿爾修舍	（Althusser）
阿特肯森	（P. Atkinson）

B

巴赫	（D. Bahr）
巴克	（R. Barker）
巴萊特	（R. Barrett）
貝特森	（G. Bateson）
巴特	（R. Bathes）
貝克	（H. Becker）
本尼狄克特	（R. Benedict）
貝農	（H. Beynon）
比克蘭	（S. Biklen）
布魯默	（H. Blumer）

布魯姆斯丹	（Blumstein）
博厄斯	（F. Boas）
波格丹	（R. Bogdan）
布思	（C. Booth）
布迪厄	（P. Bourdieu）
博文	（E. Bowen）
C. 比瑞格斯	（C. Briggs）
J. 比瑞格斯	（J. Briggs）
比羅貝克	（M. Brobeck）
布如姆	（R. Bromme）
布朗	（A. Browne）
布魯納	（E. Bruner）
布爾麥爾	（R. Bulmer）

C

卡巴尼羅·沃佐沙	（Cabanero-Verzosa）
卡丹	（M. Carden）
卡斯塔尼達	（Castaneda）
夏格農	（N. Chagnon）
克利福德	（J. Clifford）

哈丁　　　　　　　（S. Harding）

海德格爾　　　　　（M. Hedgel）

赫爾墨斯　　　　　（Hemes）

何萊奧特　　　　　（R. Herriot）

荷齊斯齊爾德　　　（A. Hochschild）

霍克海默　　　　　（M. Horkheimer）

惠泊曼　　　　　　（M. Huberman）

哈貝馬斯　　　　　（J. Hubermas）

I

依阿尼　　　　　　（F. Ianni）

J

杰克布　　　　　　（E. Jacob）

亨利・詹姆斯　　　（H. James）

威廉・詹姆斯　　　（W. James）

約翰遜　　　　　　（J. Johnson）

居金森　　　　　　（D. Jorgensen）

K

卡浦　　　　　　　（D. Karp）

克密斯　　　　　　（S. Kemmis）

柯林杰　　　　　　（F. Kerlinger）

可德　　　　　　　（L. Kidder）

科克　　　　　　　（J. Kirk）

克拉克洪　　　　　（C. Kluckhohn）

孔杜　　　　　　　（D. Kondo）

庫瓦雷　　　　　　（A. Koyre）

柯累克　　　　　　（W. Kracke）

克里杰　　　　　　（S. Krieger）

克羅伯　　　　　　（A. Kroeber）

庫恩　　　　　　　（T. Kuhn）

克威爾　　　　　　（S. Kvale）

L

拉波夫　　　　　　（W. Labov）

拉舍　　　　　　　（P. Lather）

拉夫　　　　　　　（C. Lave）

雷德　　　　　　　（D. Layder）

列維・斯特勞斯　　（C. Levi-Strauss）

勒溫　　　　　　　（K. Lewin）

利波　　　　　　　（E. Liebow）

林肯　　　　　　　（Y. Lincoln）

林德曼　　　　　　（Lindemann）

林頓　　　　　　　（R. Linden）

J. 羅夫蘭　　　　　（J. Lofland）

L. 羅夫蘭　　　　　（L. Lofland）

羅威　　　　　　　（R. Lowie）

盧卡斯　　　　　　（J. Lukas）

倫德斯伽德　　　　（H. Lundsgaarde）

林德　　　　　　　（Lynd）

M

梅勒　　　　　　　（Mailer）

馬伊耐波　　　　　（I. Majnep）

馬林諾夫斯基　　　（B. Malinowski）

馬奇　　　　　　　（J. March）

馬爾庫斯　　　　　（G. Marchs）

梅　　　　　　　　（R. May）

麥克林托克　　　　（B. McClintock）

麥克米蘭　　　　　（Mcmillan）

G. 米德　　　　　　（G. Mead）

M. 米德　　　　　　（M. Mead）

默頓　　　　　　　（R. Merton）

邁爾斯　　　　　　（M. Miles）

密爾夫容特　　　　（Milfrount）

米爾格阮　　　　　（S. Milgram）

M. 米勒　　　　　　（M. Miller）

托馬斯	（W. Thomas）	書伯	（M. Weber）
特萊恩德	（M. Trend）	崴斯	（R. Weiss）
特瑞里得德	（Trinidad）	懷丁	（N. Whitten）
特羅比恩	（Trobriand）	懷特	（W. Whyte）
特羅	（M. Trow）	威利斯	（P. Willis）
特納	（V. Turner）	溫特羅布	（R. Wintrob）
		威斯勒	（C. Wissler）
V		沃克特	（H. Wolcott）
封·馬南	（Van Maanen）	沃爾夫	（M. Wolf）
沃封	（D. Vaughan）	沃爾菲	（T. Wolfe）
		伍茲	（P. Woods）
W		瑞特	（H. Wright）
沃克丹	（V. Walkerdine）		
威爾斯頓	（B. Wallston）	**Z**	
華特森	（G. Watson）	茲南尼斯基	（F. Znaniecki）
威克斯	（R. Wax）		

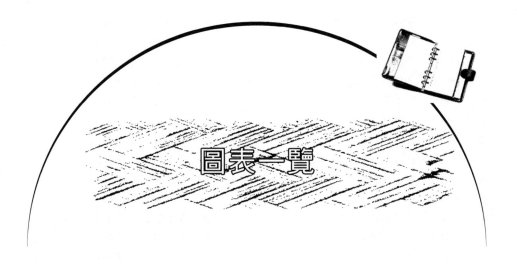

圖表一覽

國家圖書館出版品預行編目資料

社會科學質的研究／陳向明著. ―― 二版.
　―― 臺北市：五南圖書出版股份有限公司,
　2024.04
　面；　公分
　ISBN 978-626-393-159-6（平裝）

1.CST: 社會科學　2.CST: 研究方法

501.2　　　　　　　　　　113002929

1J29

社會科學質的研究

作　　者 ― 陳向明

發 行 人 ― 楊榮川

總 經 理 ― 楊士清

總 編 輯 ― 楊秀麗

副總編輯 ― 黃文瓊

責任編輯 ― 黃淑真

出 版 者 ― 五南圖書出版股份有限公司

地　　址：106臺北市大安區和平東路二段339號4樓

電　　話：(02)2705-5066　　傳　　真：(02)2706-6100

網　　址：https://www.wunan.com.tw

電子郵件：wunan@wunan.com.tw

劃撥帳號：01068953

戶　　名：五南圖書出版股份有限公司

法律顧問　林勝安律師

出版日期　2002年2月初版一刷（共二十四刷）
　　　　　2024年4月二版一刷

定　　價　新臺幣780元

經典永恆・名著常在

五十週年的獻禮——經典名著文庫

五南，五十年了，半個世紀，人生旅程的一大半，走過來了。

思索著，邁向百年的未來歷程，能為知識界、文化學術界作些什麼？

在速食文化的生態下，有什麼值得讓人雋永品味的？

歷代經典・當今名著，經過時間的洗禮，千錘百鍊，流傳至今，光芒耀人；

不僅使我們能領悟前人的智慧，同時也增深加廣我們思考的深度與視野。

我們決心投入巨資，有計畫的系統梳選，成立「經典名著文庫」，

希望收入古今中外思想性的、充滿睿智與獨見的經典、名著。

這是一項理想性的、永續性的巨大出版工程。

不在意讀者的眾寡，只考慮它的學術價值，力求完整展現先哲思想的軌跡；

為知識界開啟一片智慧之窗，營造一座百花綻放的世界文明公園，

任君遨遊、取菁吸蜜、嘉惠學子！